회 사 법

제4판

이 종 훈

박영사

제4판 머리말

제3판 출간 후, 벌써 2년 6개월이 지나갔다.

그동안 한미 양국이 공동운영하는 Fulbright 재단의 후원하에 미국 UC Berkeley School of Law에 6개월 그리고 연이어 독일 Tübingen 대학에 6개월의 각 방문학자로서의 경험은 내게 새로운 학문적 지평을 넓혀준 너무나 소중한 기회였다. 이전에 미국 동부의 Cornell Law School에서 2년 동안 공부한 바 있었지만, 이번 서부의 생활은 전혀 다른 미국의 자연환경적, 문화적 모습을 나에게 보여주며, 다시 한번 미국의 저력을 느끼게 해 주었다. 특히 샌프란시스코 시장실 방문 및 전 세계에서 모인 후원교수들과의 교류 등을 포함한 Fulbrighter로서의 현지 활동들은 내게 다른 차원의 경험을 제공해 주는 매우 뜻깊은 자리였다. 또한 Berkeley의 연구환경은 매우 우수하여 짧은 시간이었지만 충실히 나만의 공간에서 논문을 완성할 수 있었다.

그리고 한국에서 미국으로 떠나기 2달 전에 갑작스레 정한 독일대학으로의 여정 특히 Tübingen 대학은 이제까지 내가 경험한 미국, 영국과는 완전히 다른 장단점을 보여주며, 나를 충격에 빠뜨렸다. 학교 밖에서의 독일어 소통의 문제점 및 교수사회의 위계서열적 모습은 나를 답답하게 하였으나, 그러나 법대가 본부 건물을 사용할 정도로 어마무시한 파워에 놀랐고, Binder 교수 등과의 대화 속에서 독일인들의 진솔함이 느껴졌으며, 얻기 어려운 저렴한 Guesthouse까지 우리 가족을 위해 제공해 준 점 및 법대 도서관 별관이 있는 구 물리학과 건물(입구에 TV브라운관을 발명한 브라운 교수님의 현판이 걸려 있음) 1층에 사실상 나의 독방까지 마련해 준 점에 다시 한번 감사의 말씀을 드린다.

지난 국내외에서의 기간 동안, 코로나 사태로 어려웠지만, 꾸준히 판례를 추가하였고, 내용도 수정·보완하는 등 새로운 변화를 추구하였다. 그러나 항상 아쉬움이 많이 남는다.

이 책이 나오기까지 감사의 말씀을 드려야 할 분들이 많이 계시는데, 먼저 예수님께 이 책을 출간하게 해 주신 데 대해 감사의 기도를 드린다. 그리고 작고 하신 존경하는 부모님께 다시 한번 부족한 아들로서 감사의 말씀을 올리며, 항상 힘든 시절을 함께 보냈던 아내 신보애, 딸 해나와 아들 창진에게도 고마움을 표한다.

또한 영원한 스승이신 송상현 서울법대 은사님께도 부족한 저를 지금까지 이끌어 주신 데 대해 감사의 말씀을 올린다. 또한, 내게 미국법의 진정한 모습을 보여주신 전 Cornell Law School 은사셨던 현 Yale Law School의 Jonathan R. Macey 교수님, Berkeley를 경험할 수 있게 해 주신 John Yoo 교수님 그리고 전 University of Oxford의 교수였던 당시 Oxford 법대를 경험하게 도와주신 현 Cambridge Law School의 Gullifer 교수님, 1년 6개월 전 연구년 귀국길에 잠시나마 Cambridge에 초대해 주신 Law School의 Cheffins 교수님 및 내 인생의 마지막 독일대학 경험을 최선을 다해 도와주신 Binder 현 독일 Tübingen 대학 법대학장님께도 감사함을 전한다.

끝으로 제4판을 출간해 주신 박영사 안종만 회장님, 안상준 대표님 그리고 최선을 다해 교정을 도와주신 윤혜경 대리님 및 김민규 대리님께도 감사를 표한다.

2024년 2월
거북골로에서
律洰 李宗勳 識

제3판 머리말

제2판을 출간한 지, 벌써 1년 6개월이 지났는데, 코로나 사태로 미루어진 Fulbright재단 후원하의 미국 UC Berkeley Law School로의 내 인생 마지막 연구년을 앞두고, 새로이 제3판을 출간하게 되어 감회가 무량하다.

그동안에 나온 새로운 판례들을 추가하였고, 내용도 새로이 보강하였는바, 특히, 2020년 말에 이루어진 상법개정내용을 반영하였다. 한편, 박영사와 의논하여 표지색깔도 일부 변화를 주었는바, 발전적으로 변화하고자 하는 나의 노력이라고 독자들께서 알아주었으면 한다.

이 책이 나오기까지 감사의 말씀을 드려야 할 분들이 많이 계시는데, 먼저 주님께 이 책을 내게 해 주신 데 대해 무어라 감사의 말씀을 올려야 할지 모르겠다. 그리고 나를 낳아주시고 길러주신 부모님과 아내 신보애, 딸 해나와 아들 창진과도 이 기쁨을 함께하고자 한다.

또한 영원한 스승님이신 송상현 유니세프 한국위원회 회장님께도 젊은 시절부터 가르쳐 주신 은공에 조금이라도 보답하는 마음에서 감사의 마음을 올린다. 한편, 내게 새로운 세상을 보여주신, 미국 Yale Law School의 Jonathan R. Macey 교수님, Berkeley Law School의 John Choon Yoo 교수님, 그리고 영국 Cambridge Law School의 Louise Gullifer 교수님께도 감사의 마음을 전한다.

그리고 제3판이 나오기까지 교정작업을 도와준, 내 제자 명지대학교 고범승 교수와 자료수집에 도움을 준 홍사균 회계사에게도 고맙다는 말을 전하고 싶다.

끝으로 이 제3판을 출간해 주신 박영사 안종만 회장님, 안상준 대표님 그리고 교정에 최선을 다해 주신 윤혜경 과장님, 온갖 궂은일을 도맡아 해 주고 계신 정성혁 대리님께도 감사의 마음을 전한다.

2021년 9월
거북골로에서
율전 이종훈 지

제2판 머리말

처음으로 이 책이 나온 지 어언 3년 6개월이 지났다. 그동안 많은 새로운 판례가 나왔으며, 그간의 강의경험에서 내용의 부족한 점을 느끼고 있던 터에, 마침 책의 재고가 거의 소진된 상황에서 제2판을 내는 것이 적절한 시점이 되었다고 생각하여 드디어 제2판을 출간하게 되었다. 지난 기간동안의 꾸준한 개정작업 및 노력이 있었기에 이번 제2판이 나오기까지 큰 어려움이 없었음을 다행으로 생각한다.

한편, 제1판을 기초로 하여, 세계적인 출판사인 Wolters Kluwer를 통해 2018년 3월에 "Corporation Laws and Cases of South Korea"라는 우리나라 회사법과 판례를 전 세계에 소개하는 책이 나오게 된 것을 또한 의미있게 생각한다.

이 제2판이 나오게 된 데에 도움을 주신 분들이 많다.

먼저 예수님께 감사의 기도를 올리며, 하늘에 계신 부모님께도 낳아주시고 키워주신데 대해 뭐라 고마움을 표시해야 할지 모르겠다.

또한, 항상 내 곁에 있으며 기쁨과 어려움을 함께하고 있는 아내 신보애와 해나, 창진에게도 고맙다는 말을 전한다.

나아가, 학문적인 토대를 마련하는 데 큰 힘을 주셨으며 저의 은사이시자 mentor이신 전 서울법대교수, 국제형사재판소 소장이시자 현 유니세프한국위원회 회장이신 송상현 선생님, 그리고 저로 하여금 학문적 의욕을 불태우도록 만들어 주신, 미국 Cornell Law School 당시 저의 은사이시자 현재 미국 Yale Law School 교수이신 Jonathan R. Macey 교수님 그리고 영국 Oxford Law School로 저를 불러주셔서 새로운 경험의 장을 마련해 주신 분이시자 최근 Cambridge Law School로 옮기신 Louise Gullifer 교수님께도 정말 감사하다는 말씀을 전하고 싶다. 회계적인 자료제공과 조언을 아끼지 않은 홍사균 회계사에게도 심심한 고마움을 표한다.

끝으로 이 제2판이 나오기까지 교정작업에 수고해 준, 올해 동아대 로스쿨 입학을 앞두고 있는 황일용 군, 내 조교이자 올해 로스쿨시험을 준비하고 있는 정희영양, 법원공무원으로 근무하고 있는 제자 김규섭 군 그리고 무엇보다도 제1판부터 수고해 준 제자 고범승 교수에게 감사하다는 말을 전하고 싶다.

끝으로, 출간을 도와주신 박영사 안종만 회장님, 안상준 대표님, 우석진 위원님, 윤혜경 과장님, 정성혁 대리님께도 고맙다는 말씀을 드린다.

2020년 3월
律洄 李宗勳

머 리 말

회사법은 전 세계 경제를 지배하고 있다고 해도 과언이 아닌 법 분야이다. 또한 현대 산업자본주의하에서 회사법은 주식회사법을 중심으로 빠르게 변화하고 있다. 한편, 회사법은 그 구조적 복잡성으로 인하여 쉽게 이해하기 어려운 법 영역이다. 이러한 점을 감안하여, 본서에서는 회사법에 관한 중요한 내용을 모두 수록하면서도 동시에 보다 간단·명료하게 설명함으로써 독자의 입장 즉, 회사법을 공부하는 입장에서 보다 쉽게 파악하고, 이해할 수 있도록 도움을 주자는 데 그 중점을 두었다.

우리나라 회사법이 해방 이후 비약적으로 발전해 온 것은 사실이다. 그러나 아직 미비한 점이 많으며, 특히 우리나라 회사법은 미국이나 영국 등 서구 선진국의 회사법과 비교할 때 아직도 개선해야 할 점이 많음을 부인할 수 없다. 특히 우리 회사법이 그 존재이유 즉, 회사에 몸담고 있는 모든 이해관계인들이 경쟁과 형평을 통해 이윤추구뿐만 아니라 공리를 극대화시킬 수 있도록 발전해 나가야 한다는 점은 아무리 강조해도 지나치지 않다.

30여 년간 법조계에 몸담으면서 체험한 여러 경험 중 특히, 법무법인 김신유 등 로펌에서 한국·미국 뉴욕주 변호사로서 국내외 유수기업들에게 제공한 법률서비스 및 미국 코넬대학과 영국 옥스포드 법대에서의 학문적 연구 그리고 대학교수 및 서울특별시, 국토교통부, 관세청 등 정부부처의 법률고문으로서의 활동이 본서를 집필하는 데 많은 도움이 되었다.

본서를 집필하는 데 나름대로는 최선을 다하였으나, 천학비재한 몸이라 부족한 점이 많음을 다시 한번 통감한다.

　　본서가 나오기까지 많은 분들의 도움이 컸다. 특히, 오늘이 있기까지 도와
주시고 격려해 주신 송상현 전 국제형사재판소 소장님이시자 서울법대 교수님
등 여러 은사님 및 기타 선배님, 동료 그리고 후배님들께 감사의 말씀을 올린다.
특히 생전에 헌신적인 사랑을 베풀어 주신 부모님께 이 모든 공을 돌린다. 또한
오직 믿음으로 함께한 아내 신보애와 해나, 창진에게도 고마움을 전하며, 본서
가 나오기까지 색인, 교정 등을 자기 일처럼 도와준 명지대학교 박사과정 고범
승 군에게도 고맙다는 말을 전한다. 끝으로 박영사의 안종만 회장님, 출판과정
에서 애를 써 주신 우석진 위원님, 송병민 대리님과 권효진 님께도 고맙다는 말
씀을 드린다.

2016년 8월
거북골로에서
이 종 훈 識

차 례

제1편 통 칙

제2편 주식회사

XV. 회사의 회계 / 414

XVI. 준 비 금 / 434

XIX. 회사의 종료 / 502

XX. 주식회사의 합병 / 519

제 3 편   유한회사

Ⅰ. 총   설 / 594

Ⅱ. 유한회사의 설립 / 595

제 4 편 합명회사

제 5 편   합자회사

Ⅰ. 총   설 / 656

Ⅱ. 설   립 / 656

Ⅲ. 내부관계 / 657

제 6 편　유한책임회사

Ⅰ. 총 설 / 666

Ⅱ. 유한책임회사의 설립 / 667

참고문헌

강희갑, 회사법강의 - 판례·사례·학설 중심 -, 제2판, 책과사람들, 2006.

곽윤직·김재형, 물권법, 제8판, 박영사, 2014.

권기범, 현대회사법론, 제4판, 삼영사, 2012.

김건식, 회사법, 박영사, 2015.

김동훈, 회사법, 한국외국어대학교 출판부, 2010.

김정호, 회사법, 제4판, 법문사, 2015.

김홍기, 상법강의, 박영사, 2015.

서돈각·정완용, 상법강의(상), 제4전정판, 법문사, 1999.

서헌제, 사례중침체계 상법강의(상), 제2판, 법문사, 2007.

손주찬, 상법(상), 제14전정판, 박영사, 2003.

손진화, 상법강의, 제5판, 신조사, 2014.

송상현·박익환, 민사소송법, 신정7판, 박영사, 2014.

송옥렬, 상법강의, 제4판, 홍문사, 2014.

양명조, 회사법, 제3판, 법문사, 2014.

오현수, 일본회사법 II, 진원사, 2014.

유시창, 주식회사법, 법문사, 2011.

이기수·최병규, 회사법, 제10판, 박영사, 2015.

이범찬·임충희·이영종·김지환, 회사법, 삼영사, 2012.

이시윤, 신민사소송법, 제10판, 박영사, 2016.

임재연, 회사법 I·II, 박영사, 2013.

장덕조, 회사법, 제2판, 법문사, 2015.

정경영, 상법학강의, 개정판, 박영사, 2009.

정동윤, 상법(상), 제6판, 법문사, 2012.

정찬형, 상법강의(상), 제18판, 박영사, 2015.

정희철·양승규, 상법학원론(상), 보정판, 박영사, 1987.

채이식, 상법강의(상), 개정판, 박영사, 1997.

최기원, 신회사법론, 제14대정판, 박영사, 2012.

최완진, 신회사법요론, 한국외국어대학교 출판부, 2012.

최준선, 회사법, 제10판, 삼영사, 2015.

한국사법행정학회(편집대표 정동윤), 주석 상법 (회사 Ⅰ·Ⅱ·Ⅲ·Ⅳ·Ⅴ·Ⅵ·Ⅶ), 제5판, 한국사법행정학회, 2014.

한국상사법학회, 주식회사법대계 Ⅰ·Ⅱ·Ⅲ, 제2판, 법문사, 2016.

한창희, 최신회사법, 청목출판사, 2007.

홍복기·김성탁·김병연·박세화·심영·권재열·이윤석·장근영, 회사법 - 사례와 이론, 제2판, 박영사, 2013.

Cox & Hazen, Cox & Hazen on Corporations(2nd ed.), Aspen Publishers, 2003.

Bryan A. Garner et al., Black's Law Dictionary(10th ed.), West Publishin Co., 2014.

Dennis J. Block et al., The Business Judgment Rule(5th ed.), Aspen Publishers, 1998.

Jonathan R. Macey, Macey on Corporation Laws(Volume 2), Wolters Kluwer, 2015.

본서의 표시 원칙

1. 각주에 언급된 참고문헌의 표시는 저자표시만으로 대체하며, 하나의 각주에 복수문헌이 나열되는 경우 저자의 순서는 성명의 가나다라 순서에 따름.

2. 괄호 안에 법령의 명칭이 없는 조문은 상법조문을 의미함.

3. 저자의 견해하에 중요한 부분이라고 판단되는 부분에는 밑줄을 긋거나 굵은 글씨를 사용하여 표시하였음.

4. 본문에 음영으로 표시된 판례는 해당 부분의 내용에 대한 이해를 높이기 위함임.

5. 박스 안에 든 번호표시는 내용을 정리한다는 의미에서 저자가 임의로 부여한 것임.

6. 원형 안에 든 번호표시는 주로 법조문의 각호의 내용을 표시하기 위해 사용함.

7. 법조문의 표시 중 "제"자는 모두 삭제하였음.

제 **1** 편

통　칙

회 사 법

제1편   통   칙

Ⅰ. 회사의 특징

상법은 회사를 상행위나 그 밖의 영리를 목적으로 하여 설립된 법인으로 정의하고 있다(169조). 즉, 회사는 <u>영리성</u>과 <u>법인성</u>이라는 두 가지 특징을 보유하고 있다.[1]

1. 영리성

영리성이란 <u>이익을 추구하는 행위</u> 즉, <u>상행위</u>를 한다는 의미뿐만이 아니라 그 이익을 구성원인 주주를 포함한 사원에게 배분한다는 의미까지 포함하는 개념으로 보아야 할 것이다.[2]

이와 관련하여 회사가 비영리행위를 할 수 있는지가 문제되나, 영리행위를 추구하고 있는 이상, 이에 덧붙여 비영리행위를 추구한다 하더라도 회사의 본질에 반한다고 볼 수는 없을 것이다. 특히 현재와 같이 부의 편중현상이 심화되고 있는 고도 산업사회에서는 이를 해결하기 위한 회사의 노력 또한 필요한 것이므

---

1) 상법상 회사가 사단이라는 언급은 2012.4.15.부터 삭제되었음.
2) 권기범, 34; 김건식, 48; 김홍기, 344; 송옥렬, 688; 이기수외, 57; 이철송, 43; 임재연(Ⅰ), 44; 정동윤, 335; 정찬형, 444; 정희철외, 262; 주석상법 회사(Ⅰ), 79; 최기원, 44.

로, 부수적으로 비영리행위를 하는 회사의 존재는 허용된다고 보는 것이 타당할 것이다.

2. 법인성

회사는 자연인과 같이 권리의무의 주체가 되며, 법률에 따라 법인격이 부여된다. 즉, 회사 자신의 명의로 소송당사자가 되고, 회사재산에는 회사에 대한 집행권원으로만 강제집행이 가능하며(민사집행법 28조 1항, 56조), 회사채권자는 회사재산에 대해서만 강제집행을 할 수 있다. 따라서 회사채권자는 회사구성원의 개인재산에는 그 권한을 미칠 수 없으며, 반면에 회사구성원의 채권자는 회사재산에 대하여 강제집행을 할 수 없다. 상법은 모든 회사를 법인으로 하고 있으나, 회사를 법인으로 해야 하느냐는 이론적인 문제라기보다는 입법정책적인 문제라고 보아야 할 것이다.

3. 사단성

사단이란 재단과 같은 물적 결합체가 아닌 인적 결합체를 말한다. 상법상 회사가 사원을 중심으로 조직되고 운영된다는 점에서 사단성을 부정할 수는 없을 것이나, 1인 회사가 인정되고 있고, 물적회사인 주식회사나 유한회사에서는 사원의 개성보다는 자본이 중심이 되고 있다는 점에서, 회사에서의 사단성은 많이 약화되어 있다고 보아야 할 것이다.

II. 회사의 종류

상법상 회사에는 주식회사, 유한회사, 합명회사, 합자회사, 유한책임회사의 다섯 종류가 있다(170조). 이하에서 순서대로 살펴보기로 한다.

주식회사

제 2 편 | 주식회사

I. 주식회사법을 공부해야 하는 이유

　　자본주의체제를 따르고 있는 우리나라에서 회사는 대부분 주식회사 형태로 운영되고 있다.[1] 그만큼 현재 우리 경제구조하에서 주식회사가 영리법인인 여러 회사형태 중 핵심적 위치를 차지하고 있다고 말할 수 있다. 따라서 우리가 직장을 얻게 될 경우 취직하게 될 회사는 주식회사일 가능성이 높고, 우리가 창업을 하게 될 경우에 취하게 될 법적 형태도 주식회사일 가능성이 높으며, 우리가 영리목적인 거래를 하게 될 경우의 상대방도 주식회사일 가능성이 높다. 그러므로 우리는 주식회사와 관련한 법적 내용을 이해하고 숙지할 필요가 있는 것이다. 더 나아가, 현행 주식회사법의 장·단점을 파악하여, 장점은 더욱 살리고, 단점은 고침으로써, 우리가 원하는 이상적인 주식회사법을 만들어 나가기 위해 주식회사법을 공부할 필요가 있다.

---

[1] 2016.4.29. 현재 우리나라에 설립등기된 주식회사 수는 883,903개임. 동일자 현재 우리나라에 설립등기된 총 회사수 964,229개의 약 91.67%를 차지함(법원행정처장, 정보공개결정통지서(종합민원과-4447), 2016.5.12. 참조).

Ⅱ. 주식회사법의 특징

1. 주주유한책임

주주유한책임이란 주식회사에 자본을 제공하는 주주(Shareholder)가 회사채무와 관련하여 자신이 인수한 주식금액 한도 내에서만 책임을 부담함을 말한다 (331조).[2] 이 원칙이 있었기에, 투자자는 장래의 이익이 불확실한 사업을 영위하는 주식회사의 주식을 인수하여 주주가 될 수 있는 것이다. 즉, 자신이 투자한 주식 인수대금을 초과하는 손해가 주식회사에 발생한다 할지라도, 주주는 자신의 투자 금만 손해보면 되고, 이를 초과하는 주식회사의 채무에 대해 자신의 개인재산으로 책임을 부담하지 않아도 된다는 의미이다.

그러나 이에는 법인격부인이론의 적용에 의한 예외가 있다. 즉, 판례는 법인격부인(Piercing the Corporate Veil[3])의 이론에 의해, 주식회사가 **외형상**으로는 법인의 형식을 갖추고 있으나 **실질적**으로는 완전히 그 법인격의 배후에 있는 사람의 **개인 기업**에 불과하거나, 그것이 배후자인 주주에 대한 **법률적용을 회피하기 위한 수단**으로 함부로 이용되는 경우에는, 비록 외견상으로는 주식회사의 행위라 할지라도 주식회사와 그 배후자가 별개의 인격체임을 내세워 주식회사에게만 그로 인한 법적 효과가 귀속됨을 주장하면서 배후자의 책임을 부정하는 것은 신의성실의 원칙에 위배되는 법인격의 남용으로서 심히 정의와 형평에 반하여 허용될 수 없고, 따라서 주식회사는 물론 그 배후자인 타인에 대하여도 주식회사의 행위에 관한 책임을 물을 수 있다고 판시하고 있다.[판례1] 즉, 이 요건을 충족하는 경우에는 법인격부인의 이론이 적용되어, 그 배후자인 책임 있는 주주가 주식회사의

---

2) 영국에서는 Limited Liability Act, 1855 및 Joint Stock Companies Act, 1856을 제정, 시행함으로써 비로소 유한책임을 인정하였고(Phillip I. Blumberg, *Limited Liability and Corporate Groups*, Journal of Corporation Law, Summer 86, Vol. 11, Issue 4, p.584), 미국 캘리포니아 주법은 1849년부터 1931년까지 원칙적으로 회사전체채무에 대한 주주 각자의 주식소유비율에 따른 책임만이 인정되었다고 함(Id. p.597).

3) 이 명칭 이외에도 "disregarding the corporate fiction" 또는 "looking at the substance of the business corporation rather than at its form"으로 호칭됨(Cox & Hazen, *Cox & Hazen on Corporations*, Aspen Publishers, 2003, p.274).

채무에 대하여 자신의 개인재산으로 책임져야 하는 것이다.[4]

> **[판례1] 대법원 2008.9.11. 선고 2007다90982 판결**
>
> 회사가 그 법인격의 배후에 있는 타인의 개인기업에 불과하다고 보려면, 원칙적으로 문제가 되고 있는 법률행위나 사실행위를 한 시점을 기준으로 하여, 회사와 배후자 사이에 재산과 업무가 구분이 어려울 정도로 혼용되었는지 여부, 주주총회나 이사회를 개최하지 않는 등 법률이나 정관에 규정된 의사결정 절차를 밟지 않았는지 여부, 회사 자본의 부실 정도, 영업의 규모 및 직원의 수 등에 비추어 볼 때, 회사가 이름뿐이고 실질적으로는 개인영업에 지나지 않는 상태로 될 정도로 형해화되어야 하며, 또한 위와 같이 법인격이 형해화될 정도에 이르지 않더라도 회사의 배후에 있는 자가 회사의 법인격을 남용한 경우, 회사는 물론 그 배후자인 타인에 대하여도 회사의 행위에 관한 책임을 물을 수 있으나, 이 경우 채무면탈 등의 남용행위를 한 시점을 기준으로 하여, 회사의 배후에 있는 자가 회사를 자기 마음대로 이용할 수 있는 지배적 지위에 있고, 그와 같은 지위를 이용하여 법인제도를 남용하는 행위를 할 것이 요구되며, 위와 같이 배후자가 법인 제도를 남용하였는지 여부는 앞서 본 법인격 형해화의 정도 및 거래상대방의 인식이나 신뢰 등 제반 사정을 종합적으로 고려하여 개별적으로 판단하여야 함. [참고 판례: 대법원 2021.4.15. 선고 2019다293449 판결(개인과 회사의 주주들이 경제적 이해관계를 같이하는 등 개인이 새로 설립한 회사를 실질적으로 운영하면서 자기 마음대로 이용할 수 있는 지배적 지위에 있다고 인정되는 경우로서, 회사와 개인이 별개의 인격체임을 내세워 회사설립 전 개인의 채무부담행위에 대한 회사의 책임을 부인하는 것이 심히 정의와 형평에 반한다고 인정되는 때에는 회사에 대하여 회사설립 전에 개인이 부담한 채무의 이행을 청구하는 것도 가능함; 동지 대법원 2023.2.2. 선고 2022다276703 판결)]

2. 주식과 자본금

주식회사는 주식을 통해 자기자본 중 가장 중심이 되는 자본금을 마련함으로써 물적 기초를 갖추게 된다. 즉, 주식을 취득하고자 하는 주식인수인이 주식대금을 최종적으로 주식회사에 납입하게 되면 주식인수인은 주주가 되는데,[5] 이때 액

---

4) 기존회사가 채무를 면탈하기 위하여 기업의 형태·내용이 실질적으로 동일한 신설회사를 설립하였다면, 신설회사의 설립은 기존회사의 채무면탈이라는 위법한 목적 달성을 위하여 회사제도를 남용한 것에 해당한다. 이러한 경우에 기존회사의 채권자에 대하여 위 두 회사가 별개의 법인격을 갖고 있음을 주장하는 것은 신의성실의 원칙상 허용될 수 없으므로, 기존회사의 채권자는 위 두 회사 어느 쪽에 대하여도 채무의 이행을 청구할 수 있다.(대법원 2008.8.21. 선고 2006다24438 판결).

5) 회사 설립의 경우에는 설립등기시부터(172조), 신주발행의 경우에는 납입기일의 다음날부터(423조 1항) 주주가 됨.

면금액에 발행주식총수를 곱한 금액에 해당하는 금원이 원칙적으로 액면주식을 발행한 주식회사의 자본금이 되고, 무액면주식을 발행한 주식회사의 경우에는 설립시에 발기인의 만장일치로 주식발행사항으로써 결정하지 않는 한(291조 3호), 총 발행주식의 발행가액 중 50%를 최소한으로 하여 원칙적으로 이사회가 결정한 금액을 자본금으로 계상하게 된다(451조 1항, 2항).6) 이와 같이 형성된 자본금은 대외적으로 회사채권자들에 대해 회사신용의 기초를 이루며, 실제 배당액을 결정함에 있어 기준이 되는 배당가능이익을 결정하는 데 직접적으로 영향을 미친다.7)

한편, 주식이라는 도구를 통해 자본금을 조달함으로써, 소액투자자도 주주가 될 수 있고, 따라서 불특정다수로부터 자금을 조달할 수 있는 길이 열리게 된다.8)

3. 주주총회, 이사회 및 감사

주주로 구성되는 주주총회는 주식회사 최고의결기관으로서, 상법 또는 정관에 정하는 사항에 한하여 결의할 수 있는데(361조), 그 결의사항 중 하나는 이사를 선임하는 것이다(382조 1항). 선임된 이사는 이사회를 구성하고 이사회는 중요한 권한으로서 주식회사의 주요업무집행을 결정하는 권한을 보유하게 된다. 이사회는 회사의 주요업무집행을 결정하는 과정에서 주주총회의 간섭 없이 독자적인 권한을 가진다. 한편, 주주총회도 이사들이 사익을 추구함으로써 주식회사와 주주의 이익에 반하는 행위를 하는 경우에는 이를 견제할 수 있는 해임권(재선임 거부 포함)을 행사할 수 있다(385조 1항). 따라서 주주총회와 이사회는 계속적으로 상호 견제와 균형의 관계를 추구하게 되며, 이런 관계를 통해 주식회사 내의 모순과 비리를 최소화하게 된다.9) 한편, 주주총회에서 감사를 선출하여 이사를 견제하게

---

6) 무액면주식을 발행하는 주식회사의 경우, 정관에 의해 신주발행을 주주총회의 결의에 의하는 경우에는, 이사회가 아닌 주주총회가 발행가액 중 얼마를 자본금으로 계상할 것인가에 관한 권한을 가짐(416조, 451조 2항).

7) 배당가능이익 = 자산 - 부채 - 자본금 - 당해 결산기까지 적립된 법정준비금의 합계액 - 당해 결산기에 적립해야 할 이익준비금의 합계액 - 대통령령에서 정하는 미실현이익(자산과 부채에 대한 평가로 인하여 증가한 대차대조표상의 순자산액으로서 미실현손실과 상계하지 아니한 금액)(462조 2항, 상법시행령 19조 1항).

8) 예를 들어, 액면주식의 경우, 1주의 액면금액을 5,000원으로 책정한 경우, 돈이 부족한 투자자는 1주만을 인수할 수 있고, 자금이 풍부한 투자자는 훨씬 더 많은 주식을 인수할 수 있음으로써, 투자자의 자금사정에 따라 자신의 자금여력에 맞는 주식수를 인수할 수 있게 됨.

9) 물론 현실에 있어서는, 이사회가 주주총회에 예속되는 것이 일반적이며, 특히 우리나라의 경우,

함으로써, 이사의 사익추구의 위험에 대비하는 별도의 견제장치를 마련하고 있다. 이렇게 볼 때, 주식회사의 기관 중에서 주주총회가 그 정점에 있고, 그 아래 이사회와 감사가 위치하면서 위 3자간에 정립관계를 이루고 있다고 볼 수 있다.

4. 주주중심주의와 이해당사자중심주의

물적 회사의 대표주자인 주식회사에 있어 자기자본을 제공하는 주주는 동 회사의 중심이 되는 지위를 취득하게 되므로, 주식회사는 주주가 중심이 되고 주주의 이익만을 위해 운영되어야 한다는 것이 주주중심주의이다. 이에 반하여, 주주뿐만이 아니라 회사와 이해관계를 맺게 되는 근로자, 채권자 및 고객을 포함한 모든 이해당사자의 이익을 위하여 회사가 존재해야한다는 견해가 <u>이해당사자중심주의</u>이다. 현재 우리나라에서 발생하고 있는 부익부 빈익빈 문제, 양극화 문제 등 주식회사와 관련된 여러 문제들을 고려할 때, 이해당사자중심주의가 보다 우리가 추구해야 할 주식회사의 기본이념이 되어야 한다고 생각한다.

Ⅲ. 주식회사의 설립

1. 발기인

가. 의의

발기인은 주식회사에 있어 <u>설립의 주체</u>로서, <u>정관을 작성하고</u>, <u>기명날인 또는 서명하는 자</u>이다(289조 1항).

주주가 이사를 겸임하는 주식회사가 많아 양 기관의 견제는 별의미가 없고, 대기업의 경우 사실상 소유주에 해당하는 지배주주가 있어 자신이 조종가능한 이사를 선임하게 됨으로써, 양 기관의 견제와 균형관계는 찾아보기 어려움.

나. 필요성

발기인이 필요한 이유는, ① 주식회사의 물적 회사로서의 기초인 자본금의 확정을 위해, 이를 제공하는 주주를 확정하고, 설립등기 등 주식회사의 설립에 필요한 주요절차를 진행할 자가 필요하며, ② 주식회사 설립과정에서 하자가 발생하여 주식회사의 설립자본금이 부족해지거나 주식회사가 불성립하게 되는 경우, 이에 대한 책임을 당해 주식회사 및 기타 제3자에게 부담할 자가 필요하기 때문이다.

다. 발기인조합

발기인이 복수인 경우, 발기인 상호간의 내부관계를 규율하기 위하여 강학상 인정되는 개념이다. 다수설에 의하면, 발기인조합은 발기인 상호간에 계약을 통해 조합을 이룬다고 해석하며,10) 따라서 민법상 계약의 한 형태인 조합의 규정이 적용된다.

라. 발기인의 업무집행시 의결정족수

(1) 발기인 전체 의결권의 과반수 동의

발기인 전체 의결권의 과반수 동의를 요하는 사항으로는 모집설립시에 모집주주에 대한 주식의 배정(303조, 민법 706조 2항), 발기설립시에 이사와 감사의 선임(296조), 주식청약기간, 주금납입기일 및 납입금취급은행의 결정 등이 있다.

(2) 발기인 전원 동의

발기인 전원의 동의를 요하는 사항으로는 정관작성(289조 1항), 주식발행사항

---

10) 권기범, 334; 김건식, 95; 김홍기, 387; 서돈각외, 308; 이기수외, 153; 이철송, 220; 임재연(I), 227; 정동윤, 382; 정찬형, 633; 최기원, 143. 이에 대하여, 발기인조합은 계약이나 실체가 흐릿한 경우가 많고, 발기인의 행위의 효력이 이후 성립된 회사에 이전되는지를 따짐에 있어서도 그 행위가 발기인의 권한에 속하는지 여부만 문제될 뿐이므로, 법리적으로 발기인조합의 개념을 인정할 실익이 확실하지 않으므로, 단순히 둘 이상의 발기인을 함께 부르는 개념이라고 보면 충분하다는 견해로는 송옥렬, 736.

의 결정(291조),11) 각 발기인이 인수할 주식의 배정,12) 발기설립 또는 모집설립의 결정13)이 있다.

(3) 발기인 단독결정

발기인 단독으로 결정할 수 있는 사항으로는 주식회사의 설립을 위한 발기인의 업무집행 등이 있다.

2. 설립중의 회사

가. 인정 필요성

주식회사는 설립등기시에 성립된다(172조).14) 만일 주식회사가 성립되기 전에 발기인이 설립준비행위를 포함하여 주식회사의 성립을 위하여 한 일체의 행위의 효력이 성립 후의 주식회사에 자동적으로 이전되지 않게 된다면, 발기인의 행위는 일단 발기인 개인에게 그 효력이 귀속되었다가 주식회사 성립 후에 발기인으로부터 주식회사로 이전되기 위한 양수 또는 계약자 지위인수와 같은 별도의 이전행위가 있거나 아니면 성립 후 주식회사가 성립 전에 한 발기인의 행위를 인정하는 별도의 절차가 필요하게 될 것이다. 그러나 이럴 경우, 중복적인 비용과 절차로 인해 비경제적인 상황이 발생하는 모순이 생길 뿐만 아니라,15) 일단 발기인에게 먼저 법률행위의 효력이 귀속됨으로 인하여, 발기인의 채권자가 이에

---

11) 정관으로 달리 정하지 아니하는 경우에 한함.

12) 이철송, 221.

13) 이철송, 241: 주식회사 설립 후 신주발생시 주주 아닌 제3자에게 신주인수권을 부여할 것이냐 여부는 정관에 그 근거규정이 있어야 하는데 정관은 참석주식수의 3분의2 이상의 찬성 그리고 전체 주식수의 3분의1 이상의 찬성으로 개정되므로, 주식회사 설립시 발기인이외에 제3자 주식인수인을 모집할 것인지는 발기인 만장일치를 요하지 않아도 된다고 해석할 여지도 있으나, 주식회사 설립시 사실상 전권을 쥐고 있는 발기인들로서는 자신들 이외의 제3자 주식인수인에 의해 이사, 감사와 같은 주식회사의 기관구성이 좌우될 수도 있는 모집설립방법을 만장일치에 의해 결정하지 않는다는 것은 실제로 상상하기 힘들다는 점, 이러한 제3자 주식인수인이 자본구성상 반드시 필요한 경우라면 처음부터 발기인으로 초대하게 될 가능성이 높다는 점을 고려하면, 발기설립이냐 모집설립이냐의 결정은 발기인 전원의 찬성을 요한다고 보는 것이 타당하다고 봄.

14) 합명회사, 합자회사, 유한책임회사, 유한회사도 같음.

15) 예를 들어, 취득세 또는 등록세를 이중으로 부담하게 되고, 주식회사 성립 전에 선임된 이사와 감사를 인정하는 별도의 절차가 필요하게 됨.

대한 권리를 먼저 주장하게 되면, 발기인에게 귀속된 권리가 흠결 없이 완전하게 성립 후의 주식회사로 이전되지 못하는 문제점이 발생될 수 있다.[16] 그러므로 이러한 문제점을 해결하기 위해, 판례 및 학설은 주식회사 성립 전 <u>어느 시점이후부터 발기인이 한 일정한 행위의 효력에 대하여, 별도의 절차 없이, 성립 후 주식회사에게로 자동적으로 이전</u>되게 만들기 위해, 설립중의 회사라는 개념을 인정하고 있다.

나. 법적 성격

현재 다수의 학설은 설립중의 회사의 법적 성격을 민법상의 "권리능력 없는 사단"으로 보고 있다.[17]

다. 성립시기

<u>판례</u>[18]는 설립중의 회사의 성립시기를 <u>정관이 작성되고 발기인이 적어도 1주 이상의 주식을 인수하였을 때</u>로 보고 있다. 학설로는 판례와 같은 견해,[19] 정관작성시라는 견해[20] 및 발행주식총수가 인수된 때라는 견해[21]가 있다.

발행주식총수가 인수된 때라는 설은 위 3가지 학설 중 가장 늦은 시점에서부터 설립중의 회사를 인정하는 견해로서, 위 학설들 중에서 물적 회사로서의 기초가 가장 구비되는 시점을 기준으로 한다는 점에서 그 의의가 있으나, 특히 모집설립의 경우, 모집주주의 주식인수가 모두 이루어진 시점에라야 설립중의 회사를 인정할 수 있게 됨으로써, 모집주주의 주식인수가 확정될 때까지 이루어진 발

---

16) 예를 들어, 발기인이 향후 성립될 주식회사가 사용하기 위한 부동산을 구입하였는데, 발기인의 채권자가 이에 대한 보전처분 또는 강제집행절차를 경료하는 경우를 말함.

17) 권기범, 354; 김건식, 96; 김홍기, 388; 송옥렬, 755; 이철송, 222; 장덕조, 78; 정경영, 353; 정찬형, 634; 최기원, 145. 이에 반하여, 독자적 조직형태 내지 특수한 성질의 단체로 파악하는 견해로는 정동윤, 410. 한편, 성립 중의 법인으로 파악하는 견해로는 최준선, 159.

18) 대법원 2000.1.28. 선고 99다35737 판결, 대법원 1998.5.12. 선고 97다56020 판결 및 대법원 1994.1.28. 선고 93다50215 판결.

19) 권기범, 353; 김건식, 96; 김홍기, 388; 손주찬, 551; 정찬형, 635; 최기원, 148.

20) 송옥렬, 756; 이기수외, 154; 이철송, 224; 임재연(I), 230; 최준선, 161.

21) 정동윤, 410.

기인의 주식회사 설립관련행위가 설립중의 회사의 행위로 인정받지 못하는 문제점이 발생한다. 반면에, 정관작성시설에 의하면, 가장 넓게 설립중의 회사를 인정할 수 있는 장점이 있지만, 주식인수라는 물적 기초가 확실하게 되지 않은 상황에서조차도 설립중의 회사를 인정한다는 것은 물적 회사로서의 주식회사의 특성을 간과한 측면이 있다는 단점이 있다. 따라서 물적 기초의 형성이라는 측면과 설립중의 회사의 인정필요성이라는 측면을 모두 균형있게 고려한다면, 설립중의 회사의 성립시기를 <u>정관이 작성되고 발기인이 적어도 1주 이상의 주식을 인수하였을 때</u>로 보는 것이 타당하다고 판단된다.

라. 설립중의 회사의 행위로 인정할 수 있는 발기인의 행위의 범위

설립중의 회사가 인정된다 하더라도 발기인의 어느 범위의 행위까지 설립중의 회사의 행위로 인정할 것인가는 별개의 문제이다. 설립중의 회사의 행위로 인정될 수 있는 발기인의 행위의 범위와 관련하여, ① 주식회사 설립자체를 직접적인 목적으로 하는 행위(정관작성, 주식인수의 확정, 창립총회 소집 등)만으로 제한된다는 견해,[22] ② 주식회사설립을 위한 법률적, 경제적 행위(설립사무소의 임차, 주식청약서 인쇄, 모집설립시 주식모집광고 위탁 등)까지 포함된다는 견해,[23] ③ <u>주식회사의 설립에 반하지 않는 모든 행위</u>(점포 또는 공장의 임차, 기계·비품구입, 영업양수 등과 같은 개업준비행위 포함)<u>라는 견해</u>[24]가 있다. 판례는 ③의 견해를 지지하고 있다고 판단된다.[25]

살피건대, 상법에서 재산인수라는 설립 후의 회사를 위한 발기인의 행위를 적법한 행위로 규정하고 있는 점 그리고 설립중의 회사의 개념을 인정하는 취지 등을 감안할 때, 정관이 작성되어 1주 이상이 인수된 이후에 이루어지는 발기인의 개업준비행위를 포함한 주식회사의 설립에 반하지 않는 모든 행위를 설립중의 회사의 행위로 인정하는 것이, 주식회사의 설립 및 운영에 도움이 된다고 판

---

22) 김건식, 99; 이범찬외, 89; 이철송, 226. 이에 대하여, 예외적으로 개업준비행위 중 재산인수와 같이 법정요건을 구비한 행위는 할 수 있다는 견해로는 정경영, 351; 최기원, 141.

23) 강희갑, 171; 권기범, 358; 김동훈, 126; 김정호, 94; 이기수외, 153; 한창희, 89. 이에 대하여 예외적으로 "회사의 설립에 필요한 행위"를 탄력적으로 풀이하여, 필요한 경우 개업준비행위도 할 수 있는 것으로 해석해야 한다는 견해로는 정동윤, 414.

24) 김홍기, 391; 서헌제, 553; 손진화, 391; 송옥렬, 757; 유시창, 91; 임재연(I), 227; 장덕조, 81; 정찬형, 632; 최완진, 44; 최준선, 152; 홍복기외, 95.

25) 대법원 1970.8.31. 선고 70다1357 판결.

단되므로, ③의 견해가 타당하다고 생각한다.[26]

3. 주식회사의 설립절차

주식회사의 설립절차는 발기설립과 모집설립에 공통되는 절차로서, 발기인이 정관을 작성하고(288조), 주식발행사항을 결정하며, 다음으로 발기설립을 할 것인지 아니면 모집설립을 할 것인지를 결정하고, 발기인이 먼저 주식인수를 하는 순서로 진행된다. 그 이후 절차는 발기설립(발기인만으로 주주를 구성하는 방법)과 모집설립(발기인과 그 이외의 제3의 주식인수인이 함께 주주를 구성하는 방법)에 따라 달라진다. 이하에서 공통절차부터 차례로 살펴보기로 한다.

가. 정관작성

정관[27]이란 당해 주식회사에서 최고의 권위를 가지는 내부규범으로서, 단체법적으로 회사 내에서 효력을 발휘하는 조직규범을 말한다. 정관은 최초 설립시에는 발기인들의 만장일치로 작성되므로 물적 기초를 제공하는 주주들 간의 합의라는 속성을 가지고 있지만, 설립 이후에는 주식회사가 발전함에 따라 필요시, 주주총회에서 주주의 만장일치가 아닌 일정비율 이상의 찬성[28]에 의해 변화시켜 나갈 수 있는 단체규범적 성격을 가지고 있다고 볼 수 있다.

(1) 정관의 기재사항

당해 주식회사의 정관에 기재되는 사항은 절대적 기재사항, 상대적 기재사항 그리고 임의적 기재사항으로 나눌 수 있다.

---

26) ①의 견해를 지지하면서, 나머지 견해를 따를 경우 발기인의 권한남용을 우려하는 견해가 있으나, ③의 견해를 따르더라도 설립중의 회사의 불법행위능력을 인정하는 것은 아니며, ③의 견해도 주식회사의 설립에 반하지 않는 행위를 전제로 하고 있으므로, 발기인의 권한 남용을 인정하고 있는 것도 아니고, 실제도 발기인이 권한남용행위를 하느냐 여부는 어느 학설을 채택하느냐와 직접적인 관련이 있는 것도 아니라고 판단됨.

27) 일반적으로 미국에서는 Articles of Incorporation이라 칭하고, 영국에서는 Articles of Association이라 칭함.

28) 출석한 주식수의 3분의2 이상의 찬성 그리고 발생주식총수의 3분의1 이상의 찬성을 요함(434조).

(가) 절대적 기재사항

절대적 기재사항이란 정관이 적법하게 성립되기 위해 반드시 기재되어야 하는 내용으로서, 주주 및 주식회사의 이해관계인에게 중요한 사항이다. 이것이 누락되는 경우에는 정관무효 및 주식회사 설립의 무효사유가 되며, 아래와 같이 8가지(289조 1항)가 있다.

1) 목적(289조 1항 1호)

당해 주식회사가 영위하고자 하는 **영리**사업을 말한다. 실무상 구체적인 영업과 그 범위를 명시함과 동시에 말미에 포괄조항을 둠으로써, 목적사업의 범위를 가능한 한 넓히고자 하는 것이 일반적이다.[29]

2) 상호(289조 1항 2호)

자연인의 성명에 해당하는 것으로서, 다른 주식회사와 구별하기 위한 당해 주식회사 자신만의 고유한 명칭을 말한다. 주식회사에는 상호에 "주식회사"라는 문자가 반드시 포함되어야 한다(19조).[30]

3) 회사가 발행할 주식의 총수(발행예정주식총수; 289조 1항 3호)

당해 주식회사가 적법하게 발행할 수 있는 최대 주식수를 말한다. 수권자본이라고도 하며, 향후 정관의 변경에 의해 수권자본이 증가되지 않는 한, 이사회[31]는 수권자본의 범위 내에서 자본금을 증가시킬 수 있다.

4) 1주의 금액(289조 1항 4호) - 액면주식을 발행하는 경우

액면주식을 발행하는 주식회사의 경우, 1주의 금액 즉, 액면금액은 자본금을 계산하는 요소가 된다.[32] 액면금액은 균일하여야 하며, 100원 이상이어야 한다(329조 2항, 3항). 액면초과발행(실무상 할증발행이라 함)을 하는 경우, 액면을 초과하는

---

29) 2015.9.2. 등기된 삼성그룹의 실질적인 지주회사인 기존 제일모직과 삼성물산의 합병법인인 삼성물산주식회사의 법인등기부등본에 의하면, 1호(관광 숙박시설 운영업 및 음식점업)부터 114호(담수설비, 상하수도설비, 폐수처리설비 등 물 관련 설비의 제조, 판매, 건설 및 운영업)까지 목적사업이 열거되어 있고, 마지막으로 115호에서 "전 각호에 직접 또는 간접으로 부대되는 사업일체 및 투자"로 기재되어 있음.

30) 다른 형태의 회사들(합명회사, 합자회사, 유한책임회사, 유한회사)도 같음.

31) 정관으로 주주총회 결의사항으로 할 수 있음(416조).

32) 즉, 액면주식을 발행하는 주식회사의 경우, 상법에 달리 규정한 경우(자기주식소각, 상환주식의 상환, 무액면주식)를 제외하고, 자본금은 발행주식의 액면총액(액면금액 × 발행주식 총수)임(451조 1항).

금액은 자본준비금으로 전입된다(459조 1항).

5) 설립시에 발행하는 주식의 총수(289조 1항 5호)

주식회사의 최초 설립시에 발행하는 주식총수를 말하며, 액면주식을 발행하는 주식회사의 경우, 최초자본금을 계산하는 요소가 되고, 무액면주식을 발행하는 주식회사의 경우에는 정관에서 달리 정하지 않는 한, 발기인 전원의 동의로 최초 자본금으로 계상하는 금액을 정하게 된다(291조 3호).

6) 본점소재지(289조 1항 6호)

본점은 주된 영업소를 말한다. 회사의 주소가 되며(171조), 주주총회의 원칙적인 개최지가 된다.33) 또한, 회사의 대외적인 영업활동과 관련되는 채무의 이행지, 송달장소, 등기 및 관할법원 등과 관련하여 본점이 위치한 장소를 중심으로 한다는 의미이다. 본점소재지는 주식회사 이외에도 합명회사, 합자회사, 유한책임회사 및 유한회사 정관의 절대적 기재사항(179조 5호, 270조, 287조의3 1호, 543조 2항 5호)이고, 5가지 모든 회사의 등기사항(180조 1호, 271조 1항, 287조의5 1항 1호, 317조 2항 1호, 549조 2항 1호)이다.

7) 회사가 공고를 하는 방법(289조 1항 7호)

주주 또는 채권자 등 이해관계자들에게 공시해야 할 경우,34) 필요한 공고방법을 말하는데, 이에는 서면에 의한 공고와 전자적 방법에 의한 공고가 있다.

가) 서면공고

서면에 의한 공고란 관보 또는 시사에 관한 사항을 게재하는 일간신문에 하는 공고방법을 말한다(289조 3항). 따라서 TV방송, 주간지, 월간지 및 특정 분야, 직종에 관한 사항만을 다루거나 특정 독자만을 대상으로 하는 일간신문은 적법한 공고방법에 해당될 수 없다. 반대로 시사에 관한 사항을 게재하는 일간신문이면 지방신문도 해당된다.

나) 전자적 공고

전자적 방법에 의한 공고란 정관에서 정한 방법에 따라 회사의 인터넷 홈페

---

33) 정관에 다른 정함이 없으면, 주주총회는 본점소재지 또는 이에 인접한 지에서 소집하여야 함(364조).

34) 상환주식의 상환시 또는 전환주식의 발행시 주주 및 주주명부에 적힌 권리자에 대한 공고(345조, 346조), 주주명부의 폐쇄 또는 기준일의 공고(354조), 자본감소의 공고(439조), 합병공고(232조), 주식병합공고(440조) 등이 있음.

이지에 게재하는 방법을 말한다. 당해 주식회사는 인터넷 홈페이지 주소를 등기하여야 하고, 당해 정보를 인터넷 홈페이지 초기화면에서 쉽게 찾을 수 있도록 하는 등 이용자의 편의를 위한 조치를 하여야 하며, 전산장애 또는 그 밖의 부득이한 사유로 이 방법을 사용할 수 없는 경우에는 위 가)의 서면공고방법을 사용해야 한다(상법시행령 6조).35)

또한 이 경우 대통령령으로 정한 기간36)까지 계속 공고해야 하고, 재무제표의 경우 정기주주총회 승인 후 2년까지 계속 공고해야 하며, 공고기간 이후에도 누구나 그 내용을 열람할 수 있도록 하여야 하고, 당해 회사가 게시기간과 게시내용에 대해 입증해야 한다(289조 4항, 5항, 450조).

8) 발기인의 성명, 주소, 주민등록번호(289조 1항 8호)

발기인이 자연인인 경우에는 이름을 기재하고, 법인인 경우에는 상호를 기재하며, 회사등기부상의 등록번호를 기재한다.

(나) 상대적 기재사항

상대적 기재사항이란 정관에 반드시 기재되어야 하는 사항은 아니나, 당해 규정의 효력을 발생시키기 위해서는 정관에 기재되어야만 하는 사항 즉, 정관에 기재되지 아니하면, 당해 규정의 효력이 발생될 수 없는 사항을 말한다.

이에는 변태설립사항(290조), 주식매수선택권(340조의2), 이익배당, 잔여재산분배에 관한 종류주식(344조의2), 의결권의 배제·제한에 관한 종류주식(344조의3), 상환주식(345조), 전환주식(346조), 서면투표(368조의3), 이사 임기의 정기주주총회 종결시까지의 연장(383조), 자격주(387조), 대표이사의 주주총회에서의 선임(389조), 이사회

---

35) 단, 상장회사의 주주총회 소집의 경우, 100분의1 이하 소유주주에게, 정관에 따라, 총회일 2주전에 주주총회를 소집하는 뜻과 회의의 목적사항을 금융감독원 또는 한국거래소가 운용하는 전자공시시스템에 공시방법으로 상법 363조에 따른 통지를 대체할 수 있음(542조의4 1항, 상법시행령 31조 2항).

36) 대통령령으로 정한 기간이란 첫째, 법에서 특정한 날부터 일정한 기간전에 공고하도록 한 경우에는 그 특정한 날까지를 말하며(예를 들어, 주주명부 폐쇄의 경우, 폐쇄기간 최소 2주전에 공고해야 하는데, 주주명부 폐쇄기간 시작일 전일까지를 말함), 둘째, 법에 따라 공고에서 정한 기간 내에 이의를 제출하거나 일정한 행위를 할 수 있도록 한 경우에는 그 기간이 지난날까지를 말하고, (주식병합의 경우, 당해 주식회사가 1개월내에 주권을 제출할 것을 공고한 경우, 공고 후 1개월이 지난 시점을 말함) 그 밖의 경우에는 해당 공고를 한 날부터 3개월이 지난날까지를 말하며(상법시행령 6조 5항), 이 공고기간 내에 공고가 중단되더라도, 그 중단된 기간의 합계가 전체 공고기간의 5분의1을 초과하지 않으면, 당해 주식회사의 고의 또는 중대한 과실에 의한 경우가 아닌 한, 공고의 중단은 해당 공고의 효력에 영향을 미치지 않음(상법시행령 6조 6항).

소집기간의 단축(390조), 이사회 내 위원회(393조의2), 감사위원회(415조의2), 제3자 신주인수권(418조 2항) 등이 있다.37) 특히 자본충실원칙을 구현하기 위한 변태설립사항38)이 중요한 의미를 가진다. 이하에서 살펴보도록 한다.

1) 발기인의 특별이익(290조 1호)

발기인이 받을 특별이익과 이를 받을 자의 **성명**을 정관에 기재해야 하고, 그럼으로써 발기인의 특별이익의 효력이 발생한다. 발기인은 주식회사의 설립을 위한 막중한 권한과 책임을 부담하는 자이므로, 이에 대한 보상성격으로 지급하는 대가적 권리를 특별이익이란 명칭으로 부여할 수 있게 한 것이다.39) 그런데 발기인이 이를 남용할 가능성이 있으므로, 정관에 기재케 하고, 기재된 대가만 지급할 수 있으며, 법원이 선임한 검사인의 조사, 보고 또는 이에 갈음하는 공증인의 조사, 보고를 통해 통제하고 있다.

2) 현물출자(290조 2호)

현물출자란 금전 이외의 재산으로 주식인수 대가를 납입하는 것을 말한다. 현물출자를 하기 위해서는 다음 사항을 정관에 기재해야 한다.

① 현물출자를 하는 자의 **성명**
② 그 목적인 재산의 **종류, 수량, 가격**
③ 이에 대하여 부여할 주식의 **종류와 수**

주식인수의 대가는 금전으로 주식회사에 납입하는 것이 일반적이나, 금전이 부족한 주식인수인에게 그 대체물로서 재산적 가치 있는 현물40)에 의한 대가지

---

37) 이에 반하여, 예를 들어 집중투표제(382조의2)는 상대적 기재사항이 아님.

38) 이러한 변태설립사항은 모집주주에게 알리기 위해 발기인이 작성하는 주식청약서에 기재되어야 하며, 검사인의 조사, 보고 또는 이에 갈음하는 공증인의 조사, 보고 또는 공인된 감정인의 감정이 요구됨(302조 2항 2호, 299조, 299조의2, 290조).

39) 예를 들어, 당해 주식회사의 시설이용 우선권, 신주인수 우선권, 당해 주식회사와의 계속적 거래관계의 보장, 독점판매권의 획득 등이 있음. 이에 반하여 주식대금 납입의무 면제, 발기인 소유 주식에 대한 확정이자지급, 주주총회 결의에 있어 우선권은 허용되지 않는다고 보아야 할 것임.

40) 동산, 부동산, 채권, 유가증권, 지적재산권 등이 있음. 납입기일에 현물출자의 이행방법으로는, 동산은 인도, 유가증권은 배서, 교부, 채권은 통지, 승낙이 필요함. 부동산과 같이 등기, 등록 기타 권리의 설정 또는 이전을 요하는 경우에는 이에 관한 서류를 완비하여 교부하게 하고 있음(295조 2항, 305조 3항). 우리나라는 민법상 부동산에 관하여 형식주의를 취하고 있어, 소유권이전을 위해서는 이전등기를 경료해야 함. 따라서 본 상법규정의 취지는 주식회사 설립시 부동산 등 등기, 등록을 요하는 재산권의 현물출자와 관련하여, 위 규정에 의해 등기, 등록 없이 단지 이에 필요한 소요서류를 교부하는 것으로 이행한 것으로 보겠다는 의미에 불과하며, 등기, 등록을 경료하지 않고도 설립중의 회사 또는 설립등기 후의 주식회사에 법적 소유권이 이전된다는 취지는 아니라고

급을 인정해 줌으로써, 당해 주식회사로서는 자기자본 조달을 용이하게 할 수 있을 뿐만 아니라, 주식인수인 및 당해 주식회사로서는 현물을 금전으로 교환하는데 따른 절차적 번거로움 및 비용적 부담을 경감시킬 수 있는 이점이 있다. 그러나 현물출자의 대상인 현물의 가치를 객관적으로 평가하는데 어려움이 있을 뿐만 아니라 출자된 현물의 자본금으로 산입된 장부상 가치가 실제가치보다 높은 경우, 그 차액만큼 자본충실의 원칙에 어긋나게 되고 따라서 주식회사가 부실화되는 결과를 초래할 수 있다. 이러한 문제를 방지하기 위하여, 현물출자에 관한 사항을 정관에 기재케 하고 법원이 선임한 검사인의 조사, 보고 또는 이에 갈음하는 공인된 감정인의 감정을 통해 통제하고 있다.

한편, 현물출자가 과대평가되었음에도 시정되지 아니한 상태로 설립등기가 이루어진 경우, 현물출자한 재산의 실제가치가 당해 주식회사가 인정한 주식가치보다 낮은 때에는, 만일 그 차이가 경미하면 발기인 또는 이사의 손해배상책임 (322조, 323조)에 의해 해결되어야 할 것이나, 그 차이가 현저하여 이들의 손해배상으로 해결될 수 없는 경우에는, 현물출자 자체의 무효사유가 된다고 보아야 할 것이다.

3) 재산인수(290조 3호)

재산인수란 발기인이[판례2] 향후 설립될 주식회사를 위하여 필요한 특정한 재산을 소유한 자와 주식회사 설립 후에 동 재산을 인수하기로 하는 약정 즉, 발기인이 설립될 회사를 위하여 회사의 성립을 조건으로 다른 발기인이나 주식인수인 또는 제3자로부터 일정한 재산을 매매의 형식으로 양수할 것을 약정하는 계약41)을 말한다.

> **[판례2] 대법원 1989.2.14. 선고 87다카1128 판결**
>
> 설립 전에 발기인이 아닌 이사가 약정하거나 설립 후 대표이사가 약정한 경우에는 재산인수에 해당 안됨.

재산인수의 효력은 주식회사 성립 후에 인수할 것을 약정한 재산의 종류, 수량, 가격과 그 양도인의 성명42)을 정관에 기재함으로써 발생한다.

보는 것이 타당함.
41) 대법원 1994.5.13. 선고 94다323 판결.

　　재산인수는 현물출자에 대한 규제를 회피하기 위한 수단으로 악용될 위험이 있을 뿐만 아니라 인수가액의 산정이 부당할 경우 주식회사에 손해를 발생시킬 가능성이 높기 때문에, <u>현물출자와 같이 정관에 기재케 하고, 법원이 선임한 검사인의 조사, 보고 또는 이에 갈음하는 공인된 감정인의 감정을 통해 통제하고 있다.</u>

　　인수할 재산의 가액이 과대평가되었는데도 시정되지 아니한 상태로 설립등기가 이루어진 경우, 그 차이가 경미하면 발기인의 손해배상책임(322조)에 의해 해결되어야 할 것이나, 그 차이가 현저하여 이들의 손해배상으로 해결될 수 없는 경우에는, 재산인수 자체의 무효사유가 된다고 보아야 할 것이다.

　　한편, <u>정관에 기재되지 아니한 재산인수는 무효[43]이나[판례3], 판례는 무효인 재산인수라 하더라도, 상법 375조에 의한 사후설립의 요건을 구비하고, 주주총회의 특별결의에 의한 추인을 받은 경우에는 유효하다고 판시하고 있다.[44]</u> 살피건대, 재산인수와 사후설립은 상법상의 별개의 요건을 가진 별개의 제도이므로, 재산인수가 요건흠결로 무효라 하여 반드시 사후설립도 무효라고 볼 필요는 없고, 따라서 별도로 사후설립의 요건을 충족한다면 사후설립으로서 유효하다고 보는 것이 타당할 것이다.[45]

[판례3] 대법원 2015.3.20. 선고 2013다88829 판결

　　재산인수가 정관에 기재가 없어 무효라 할지라도, 회사가 설립된 지 15년이나 지난 이후에 위 무효를 이유로, 회사로 소유권이전등기가 경료된 재산인수의 대상인 토지 양도의 무효를 주장하는 것은 신의성실의 원칙에 반하여 허용될 수 없음.

---

42) 현물출자와 비교하면, "부여할 주식의 종류와 수"가 없으나, 재산인수는 양도인이 대가를 현금으로 받는 것을 전제로 하고 있기 때문임.

43) 권기범, 346; 김홍기, 399; 송옥렬, 741; 이기수외 166; 임재연(I), 241; 장덕조, 89; 정경영, 360; 정동윤, 389; 정찬형, 646; 최기원, 163. 이에 대하여 재산인수의 무효를 회사뿐 아니라 양도인도 주장할 수 있다는 것에 대하여, 재산인수규제는 양도인이 아니라 회사의 이익을 위한 것이므로, 계약을 체결한 양도인이 정관기재의 결여라는 절차적 하자를 이유로 무효를 주장하는 것을 허용할 필요가 있는지에 의문을 제기하는 견해로는 김건식, 127.

44) 대법원 1992.9.14. 선고 91다33087 판결.

45) 권기범, 346; 김건식, 127; 김홍기, 399; 송옥렬, 741; 이기수외, 166; 이철송, 238; 임재연(I), 244; 정동윤, 390; 최기원, 165. 이에 반하여 민법상 무권대리의 추인이론을 준용하여, 주주총회의 특별결의가 있는 경우 재산인수가 추인된다는 견해로는 정찬형, 647; 한창희, 99가 있으나, 재산인수라는 변태설립사항을 엄격히 통제함으로써 자본충실의 원칙을 지키려는 제도의 취지를 많이 벗어난다고 판단됨.

4) 설립비용 및 발기인의 보수액(290조 4호)

설립비용이란 주식회사의 설립에 소요되는 비용을 말하는데, 정관, 주식청약서의 인쇄비, 주주모집에 사용되는 광고비, 주금납입은행에 대한 취급수수료, 설립사무에 사용한 근로자에 대한 보수, 창립총회 개최와 관련한 비용 및 설립사무실 임차비용, 운영비용 등이 이에 속한다.46)[판례4] 설립비용은 회사가 부담할 비용이나, 발기인이 권한을 남용하여 과다청구함으로써 자본충실원칙을 훼손하고 회사에 손해를 끼칠 위험이 크므로 변태설립사항으로 규제하고 있는 것이다.

> **[판례4] 대법원 1965.4.13. 선고 64다1940 판결**
>
> 　가구의 공동생산, 공동가공, 공동소비를 목적으로 하는 조합이 설립되기 전에 발기인들이 관청에서 하는 부당한 가구 등의 도급수의계약체결을 방지하는 데 사용하고자 차입한 금원은 설립비용에 해당하지 않음. (평석: 그러나 앞에서 설명한 바와 같이, 발기인의 개업준비행위도 발기인의 권한범위 내에 속한다고 본다면, 이는 설립중의 회사의 행위로 보아 설립 후 회사가 이 비용을 부담하여야 하는 경우가 발생할 수 있을 것임)

발기인의 보수란 발기인이 회사설립을 위한 과정 중에서 제공한 노동에 대한 대가를 말하는데,47) 역시 발기인의 부당청구로 인해 자본충실원칙에 어긋날 위험이 크다.

그러므로 설립비용 및 발기인의 보수 모두 정관에 기재케 하고, 기재된 금액만 지급할 수 있으며, 법원이 선임한 검사인의 조사, 보고 또는 이에 갈음하는 공중인의 조사, 보고를 통해 통제하고 있다.

한편, 정관에 기재했다고 하더라도, 설립비용 또는 발기인의 보수가 부당하게 과다하며 그 이유가 발기인의 임무해태로 인한 경우에는 발기인은 회사에 대해 손해배상책임을 부담하며(322조 1항), 회사가 성립하지 못한 경우에는 발기인은 회사의 설립에 관하여 지급한 비용에 대해 개인적으로 책임을 부담한다(326조 2항).

---

46) 개업준비를 위해 차입한 금원은 설립비용이 아님.

47) 발기인에 대한 특별이익은 설립이라는 결과에 대한 대가로 볼 수 있는 반면에 발기인의 보수는 설립과정에 제공한 노동에 대한 대가이며, 따라서 전자는 설립 후 회사가 지급해야 하고, 후자는 설립중의 회사가 지급해야 함(이철송, 239).

(다) 임의적 기재사항

임의적 기재사항이란 정관에 반드시 기재되어야 할 사항도 아니고, 정관에의 기재여부와 상관없이 그 효력을 발생시킬 수 있는 사항을 말한다. 임의적 기재사항이 정관에 기재케 되면, 주식회사의 최고내부규정인 정관의 규범성 및 구속성이라는 효력을 얻게 된다.[48]

(2) 정관의 효력발생시점

주식회사의 최초정관은 **공증인의 인증을 받음으로써 효력이 발생함이 원칙**이다. 그러나 자본금 총액이 10억원 미만인 주식회사(이하 본서에서 "소규모회사"라 약칭)를 발기설립하는 경우에는, 각 발기인이 정관에 기명날인 또는 서명함으로써 효력이 생긴다(292조). 공증인의 인증을 받기 위해서는 비용이 소요되므로, 소규모회사의 경우 회사설립비용을 낮춤으로써 경제적 부담을 감경시켜주기 위한 규정이다. 그러나 판례는 회사설립이후의 정관변경은 변경등기 또는 공증인의 인증여부와 관계없이, 주주총회의 특별결의시(그 의결정족수가 모두 충족되는 시점)에 그 효력이 발생한다고 판시하고 있다.[49]

(3) 정관의 비치, 공시 및 열람

당해 주식회사의 이사는 정관을 본점과 지점에 비치해야 하며, 주주와 회사채권자는 영업시간내에는 언제든지 정관의 열람 또는 등사를 청구할 수 있다(396조).

한편, 주주 또는 회사채권자가 정관의 열람등사청구를 한 경우, 회사는 그 청구에 정당한 목적이 없는 등의 특별한 사정이 없는 한 이를 거절할 수 없고, 이 경우 정당한 목적이 없다는 점에 관한 증명책임은 회사가 부담한다.[50]

---

48) 예를 들어, 감사수(정관에 "감사는 2명을 둔다"라고 규정한 경우), 주식회사가 선임할 수 있는 최대 이사수(정관에 "이사는 7명 이하로 둔다"라고 규정한 경우), 주식발행사항(291조 1호 내지 3호)을 말함.

49) 대법원 2007.6.28. 선고 2006다62362 판결.

50) 대법원 2010.7.22. 선고 2008다37193 판결 및 대법원 1997.3.19.자 97그7 결정.

나. 주식발행사항의 결정

정관에서 달리 정하지 않는 한, 주식회사 **설립시에 발행하는 주식**에 관하여, 다음 사항을, 발기인 전원의 동의로 정해야 한다(291조).

① 주식의 종류와 수(동조 1호)[51]

② 액면주식을 발행하는 회사의 경우에 액면 이상의 주식을 발행할 때에는 그 수와 금액(동조 2호)[52]

③ 무액면주식을 발행하는 회사의 경우에는, 주식의 발행가액과 주식의 발행가액 중 자본금으로 계상하는 금액(동조 3호)[53]

이상의 사항들은 주식회사 성립 후에는 원칙적으로 이사회에서 결정하나, 회사 설립시에는, 정관으로 정하지 않은 경우 주식회사설립 첫 단계의 자본금을 발기인이 구성한다는 중요도에 비추어, 발기인 전원의 **만장일치**로 결정하게 한 것이다.

다. 발기설립 또는 모집설립의 결정

발기인은 위에서 설명한 바와 같은 이유에서 발기설립절차를 채택할 것이냐 아니면 모집설립절차를 채택할 것이냐를 역시 **만장일치**로 결정해야 한다.

라. 발기인의 주식인수

발기인은 자신이 인수하기로 한 설립시 발행하는 주식을 서면에 의하여 인

---

51) 예를 들어, 주식회사 정관에 보통주식, 우선주식, 무의결권주식, 전환주식, 상환주식을 발행할 수 있도록 정하였는데, 이 중에서 설립시에 보통주 200주와 우선주 100주를 발행하기로 하는 경우를 말함.

52) 예들 들어, 주식회사 정관에 수권주식을 보통주식 20,000주까지로 하고, 액면금액을 10,000원으로 정하였는데, 설립시에 발행하는 주식을 보통주식 3,000주로 하고, 그 발행가를 주당 20,000원으로 정하는 경우를 말함.

53) 예를 들어, 주식회사 정관에 무액면주식을 10,000주까지 발행할 수 있도록 정하였는데, 설립시 무액면주식 200주를 총 2,000만원에 발행하기로 하고, 그 중 1,000만원을 자본금으로 계상하고자 하는 경우를 말함.

수하여야 한다(293조, 295조 1항).54) 발기인의 서면에 의한 주식인수는 모든 발기인 각자마다의 인수내용을 명확히 하기 위함과 동시에 물적 회사인 주식회사의 물적 기초를 확보하기 위한 취지이다.

발기인이 주식인수를 하기 위하여는 주식인수에 대한 서면에 각 발기인이 기명날인 또는 서명해야 하므로, 결국 발기인 **전원의 동의**가 있어야 한다고 본다. 발기인의 주식인수의 법적 성질과 관련하여, 다수설은 합동행위라고 보나,55) 발기설립 또는 모집설립 모두에서, 발기인의 주식인수와 제3자 주식인수인의 주식인수를 구별할 필요는 없다고 보므로, 사원관계의 발생을 목적으로 하는 장차 설립될 회사로의 입사계약으로 보는 것이 타당할 것이다.56)

한편, 주식회사 설립등기 후에 아직 인수되지 않은 주식이 있거나 주식인수의 청약이 취소된 때에는 발기인이 이를 공동으로 인수한 것으로 본다(321조 1항).57)

마. 발기설립 절차

(1) 주식대금의 납입(현물출자의 이행 포함)

발기인이 주식회사의 설립시에 발행하는 주식의 총수를 인수한 때에는 지체없이 각 주식에 대하여 그 인수가액의 전액을 납입하여야 한다(295조 1항 전단). 이 경우 발기인은 납입을 맡을 은행 기타 금융기관과 납입장소를 지정하여야 한다(동항 후단). 현물출자를 하는 발기인은 납입기일에 지체없이 출자의 목적인 재산

---

54) 상업등기규칙 129조 2호에 의하면, "주식의 인수를 증명하는 정보"를 주식회사 설립등기 신청시에 제공하도록 규정하고 있음.

55) 발기인의 주식인수의 법적 성질과 관련하여서는 많은 견해의 대립이 있음; 발기설립과 모집설립 모두를 설립중의 회사에의 입사계약으로 보는 견해로는 이철송, 242; 임재연(I), 248, 255; 최완진, 55, 58. 발기설립과 모집설립에서의 법적 성질을 모두 다자간 조직계약(단체법상의 특수한 계약으로서의 조직계약)으로 보는 견해로는 정동윤, 394, 400. 발기설립과 모집설립에서의 법적 성질을 모두 (설립중의) 회사를 창설하여 그 구성원이 되기 위한 설립행위 중의 하나로 추상적으로 이해하는 견해로는 권기범, 351. 발기설립에서의 법적 성질은 합동행위로, 모집설립에서의 법적 성질은 설립중의 회사에의 입사계약으로 보는 견해로는 김홍기, 402, 403; 이기수외, 117, 184; 정찬형, 650, 651; 최기원, 173, 187. 발기설립에서의 법적 성질은 합동행위(다만 발기인이 1인인 경우는 단독행위)로, 모집설립에서의 법적 성질은 설립중의 회사에의 입사계약으로 보는 견해로는 김동훈, 95, 96. 설립절차의 각 단계별 개별적 행위의 효력을 따지면 충분하므로 논의의 실익이 없다는 견해로는 송옥렬, 733.

56) 대법원 2004.2.13. 선고 2002두7005 판결 참조.

57) 이 경우 발기인은 손해배상책임도 부담할 수 있음(315조).

을 인도하고, 등기·등록 기타 권리의 설정 또는 이전을 요할 경우에는 이에 관한
서류를 완비하여 교부하여야 한다(동조 2항). 이는 금전을 비롯한 주식인수의 대가
가 회사에 실제로 들어오게 함으로써, 자본충실의 원칙을 지키기 위함이다. 소규
모회사의 발기설립에 있어서는 은행이나 그 밖의 금융기관이 발행하는 납입금
보관증명서를, 은행이나 그 밖의 금융기관의 잔고증명서로 대체할 수 있고(318조 3
항). 이 은행이나 그 밖의 금융기관은 증명한 보관금액에 대하여는 납입이 부실하
거나 그 금액의 반환에 제한이 있다는 것을 이유로 회사에 대항하지 못한다(318조
1항, 2항).

　　발기인이 주식인수를 한 후, ① 납입의무를 이행하지 아니하는 경우에는, 발
기인을 상대로 소송을 제기하거나 회사불성립으로 종료되거나 아니면 회사불성
립을 선언한 후 다시 회사설립절차를 경료할 수 있을 것이고, ② 납입의무를 이
행하지 않았음에도 설립등기까지 마친 경우에는 불이행 금액이 경미하면 발기인
전원이 연대하여 납입담보책임을 부담하며(321조 2항),58) <u>불이행 금액이 과다하여
납입담보책임으로 해결되지 아니하는 경우에는 설립무효사유</u>가 된다.

(2) 임원선임

　　주식대금의 납입과 현물출자의 이행이 완료된 때에는, 발기인은 지체없이
<u>의결권의 과반수59)</u>로 이사60)와 감사를 선임하여야 한다. 이 경우 발기인의 의결
권은 그 인수주식 1주에 대하여 1개로 한다(296조).61) 이와 같이 선임된 이사와
감사는 주식회사 설립등기 후에도 별도의 절차 없이, 당연히 설립 후 회사의 이
사와 감사로 인정된다.

　　이 결의가 있은 후, 발기인은 의사록을 작성하여 의사의 경과와 그 결과를
기재한 후, 기명날인 또는 서명하여야 한다(297조).

---

58) 이 경우 발기인은 손해배상책임도 부담할 수 있음(315조).
59) 모집설립의 경우에는, 창립총회에서 출석한 주식인수인의 의결권의 3분의2 이상과 인수된 주식의
　　총수의 과반수의 요건을 동시에 충족해야 하므로(309조), 이사, 감사선임 결의요건과 관련하여,
　　모집설립이 발기설립의 경우보다 더 강화되어 있음. 발기인의 전횡을 견제하여 제3의 주식인수인
　　의 이익을 보호하기 위한 취지임.
60) 대표이사는 설립등기시 등기사항 중 하나이므로, 정관에 다른 규정이 없는 한, 발기설립시에는 이
　　사들이 대표이사를 선임해야 할 것임(389조 1항).
61) 이 결의는 모집설립에 있어서 창립총회가 수행하는 역할과 동일함.

(3) 설립경과의 조사

(가) 일반

이사와 감사는 취임 후 지체없이 주식회사의 설립에 관한 모든 사항이 법령 또는 정관에 위반되지 아니하는지의 여부를 조사하여 발기인62)에게 보고하여야 한다(298조 1항). 조사의 공정성을 확보하기 위하여, 이사와 감사 중 발기인이었던 자, 현물출자자 또는 회사성립 후 양수할 재산의 계약당사자인 자는 이 조사, 보고에 참가하지 못하고, 이사와 감사 전원이 이에 해당되면, 이사는 공증인으로 하여금 조사, 보고를 하게 해야 한다(298조 2항, 3항).

(나) 변태설립사항이 있는 경우

1) 원칙

위 이사 및 감사에 의한 설립경과의 조사 외에 별도로, 정관으로 변태설립사항을 규정한 경우에는, 이사63)는 이에 관한 조사를 하게 하기 위하여 원칙적으로 검사인의 선임을 법원에 청구해야 한다(298조 4항). 법원이 선임한 검사인은 변태설립사항을 조사하여 법원에 그 결과를 보고해야 하며(299조 1항), 이 경우 이 조사보고서를 작성한 후 그 등본을 지체없이 발기인에게 교부해야 하고, 이 보고서에 사실과 상이한 사실이 있는 경우에는 발기인은 그에 관한 설명서를 법원에 제출할 수 있다(299조 3항, 4항).

법원이 선임한 검사인의 조사, 보고는 ① 변태설립사항 중 **발기인의 특별이익과 설립비용, 발기인의 보수**의 경우에는, **공증인의 조사, 보고**로 갈음할 수 있고, ② 변태설립사항 중 **현물출자와 재산인수**의 경우에는 **공인된 감정인의 감정으로 갈음할 수 있다.**64) 이 경우 공증인 또는 감정인은 조사 또는 감정결과를 법원에 보고하여야 한다(299조의2).

① 법원65)은 검사인 또는 공증인의 조사보고서 또는 감정인의 감정결과와 발기인의 설명서를 심사하여 변태설립사항이 부당하다고 인정한 때에는 이를 변

---

62) 모집설립의 경우에는 창립총회에 보고함(311조 1항).
63) 모집설립의 경우에는 발기인이 담당함(310조 1항).
64) 이의 결정권은 이사에게 있다고 봄. 왜냐하면 공정성을 확보하기 위함이고 또한 이사가 법원에 검사인 선임을 청구할 의무가 있기 때문임.
65) 모집설립의 경우에는 창립총회가 담당함(314조).

경하여 각 발기인에게 통고할 수 있고,[66] ② 이 변경에 불복하는 발기인은 그 주식의 인수를 취소할 수 있으며, ③ 이 경우 정관을 변경하여 설립에 관한 절차를 속행할 수 있고, ④ 법원의 통고가 있은 후 2주내에 주식의 인수를 취소한 발기인이 없는 때에는 정관은 통고에 따라 변경된 것으로 본다(300조).

2) 적용제외

2012.4.15.부터 새로이 시행된 규정으로서, 다음 어느 하나에 해당하는 경우에는 검사인의 조사, 보고 또는 이를 갈음하는 공인된 감정인의 감정은 적용하지 아니한다.

① 현물출자 또는 재산인수의 재산총액이 자본금의 5분의1을 초과하지 아니하고, 5천만원을 초과하지 아니하는 경우(299조 2항, 상법시행령 7조 1항),

② 현물출자 또는 재산인수의 재산이 거래소에서 시세가 있는 유가증권인 경우로서, 정관에 적힌 가격이 ❶ 정관의 효력발생일로부터 소급하여, 1개월간 거래소에서의 평균종가, 1주일간의 거래소에서의 평균종가 및 직전 거래일의 거래소에서의 평균종가를 산술평균하여 산정한 금액과 ❷ 정관의 효력발생일 직전 거래일의 거래소에서의 평균종가 중 낮은 금액을 초과하지 아니하는 경우[67] 또는

③ 그 밖에 ① 및 ②에 준하는 경우로서, 대통령령으로 정하는 경우.[68]

(다) 조사절차를 거치지 아니한 경우의 효력

판례는 신주발행시 현물출자와 관련하여, 조사절차를 거치지 아니하였다 하더라도 신주발행 및 변경등기가 당연무효사유가 된다고는 볼 수 없다고 판시하고 있다.[69] 주식회사 설립시의 경우에도 같은 결론이 적용될 수 있을 것이다.

---

66) 모집설립의 경우에는 이와 같이 변경하는 경우에 발기인에 대한 손해배상청구가 가능하다는 근거조문이 있음(315조). 따라서 입법론적으로는 발기설립의 경우에도 이와 같은 경우에 발기인에 대한 손해배상청구 가능규정이 추가되어야 할 것으로 판단됨.

67) 단, 현물출자 및 재산인수의 재산에 그 사용, 수익, 담보제공, 소유권 이전 등에 대한 물권적, 채권적 제한이나 부담이 설정된 경우에는 적용하지 아니함(299조 2항, 상법시행령 7조 2항).

68) 아직까지 대통령령에서 정하고 있지 아니함.

69) 대법원 1980.2.12. 선고 79다509 판결.

바. 모집설립 절차

(1) 발기인이 아닌 제3자 주식인수인(모집주주)의 주식인수

발기인이 회사의 설립시에 발행하는 주식의 총수를 인수하지 아니하는 때에는 주주를 모집하여야 한다(301조). 즉, 모집설립에서는 발기인이 인수하고 남은 주식을 인수할 제3의 주식인수인이 필요하다. 모집주주의 수 또는 그 인수할 주식에 제한은 없다. 모집주주를 모집하기 위해 **주식청약서**[70]를 사용한다. 모집주주에게 주식청약서를 작성케 하는 이유는 인수할 주식에 대한 명백한 증거를 남김과 동시에 모집주주의 이익에 직결되는 사항들을 알려줌으로써 모집주주의 이익을 보호하기 위함이다.

판례는 주식인수의 법적 성격을 사원관계의 발생을 목적으로 하는 장차 설립될 회사로의 입사계약으로 본다.[71] 모집주주의 주식인수는 청약과 배정으로 이루어진다.

(가) 청약

주식인수의 청약을 하고자 하는 모집주주는 발기인이 작성한 주식청약서 2통에 인수할 주식의 종류와 수와 주소를 기재하고, 기명날인 또는 서명하여야 한다(302조 1항). 즉, 모집주주가 주식청약서에 위 사항들을 기재하고, 기명날인 또는 서명하여 회사에 제출함으로써, 모집주주가 주식인수를 청약한 것으로 해석된다.

(나) 배정

제3자 주식인수인의 주식청약서를 통한 주식인수 청약에 대해, 발기인은 청약자들 중 누구에게 얼마만한 주식을 배정할 것인지를 결정하게 되는데, 이러한 주식배정을 통해 주식인수자가 확정된다(303조). 이러한 배정은 민법상 승낙에 해

---

70) 주식청약서에는 다음 10가지 사항이 기재되어야 함(1. 정관의 인증년월일과 공증인의 성명, 2. 정관의 절대적 기재사항과 변태설립사항, 3. 회사의 존립기간과 해산사유를 정한 때에는 그 규정, 4. 각 발기인이 인수한 주식의 종류와 수, 5. 설립당시의 주식발행사항, 6. 주식의 양도에 관하여 이사회의 승인을 얻도록 정한 때에는 그 규정, 7. 주주에게 배당할 이익으로 주식을 소각할 것을 정한 때에는 그 규정, 8. 일정한 시기까지 창립총회를 종결하지 아니한 때에는 주식의 인수를 취소할 수 있다는 뜻, 9. 납입을 맡을 은행 기타 금융기관과 납입장소, 10. 명의개서대리인을 둔 때에는 그 성명, 주소 및 영업소; 302조 2항).

71) 대법원 2004.2.13. 선고 2002두7005 판결 및 대법원 1989.12.22. 선고 88누7255 판결.

당한다고 보아야 할 것이다.

주식청약인에 대한 통지나 최고는 주식청약서에 기재한 주소 또는 그 자로부터 회사로 통지한 주소로 하면 된다(304조 1항). 회사가 주식인수, 납입과 관련한 일련의 절차를 위해, 주식청약인과의 연락장소를 규정함으로써, 그 통지나 최고가 적법하게 이루어졌는지와 관련한 향후 분쟁을 미연에 막고자 하는 취지의 규정이다.

이 통지 또는 최고는 보통 그 도달할 시기에 도달한 것으로 본다(304조 2항). 즉, 일반적인 관점에서 정상적으로 도달할 만한 시기에 도달한 것으로 간주한다.

(다) 주식인수의 무효, 취소

주식인수의 청약에 하자가 있는 경우 일반 민법이론에 의해 주식인수라는 법률행위의 무효, 취소를 주장할 수 있을 것이나, 주식인수라는 다수당사자가 관련되는 회사법의 특성상 주식회사설립에 있어 법적 안정성이 강하게 요구되기 때문에, 상법은 두 가지 특별규정을 마련하고 있다.

1) 민법상 진의 아닌 의사표시 규정의 적용 배제

민법상으로는 상대방이 표의자의 진의 아님을 알았거나 알 수 있었을 경우에는 그 표의자의 진의아닌 의사표시는 무효로 하지만(민법 107조 1항 단서), 주식인수의 청약에는 이를 적용하지 않으므로, <u>주식청약인의 주식청약이 진의가 아님을 발기인이 알았거나 알 수 있었다고 하더라도 주식인수의 청약은 유효하다</u>(302조 3항).

2) 주장시점 제한

① <u>회사성립 후에는</u> 주식을 인수한 자는 <u>주식청약서의 요건의 흠결을</u> 이유로 하여 그 <u>인수의 무효를</u> 주장하거나 <u>사기, 강박 또는 착오를</u> 이유로 하여 그 <u>인수를 취소하지 못하며,</u> ② 회사성립 전이라 하더라도 창립총회에 출석하여 그 권리를 행사한 자는 <u>주식청약서의 요건의 흠결을</u> 이유로 하여 그 <u>인수의 무효를</u> 주장하거나 <u>사기, 강박 또는 착오를</u> 이유로 하여 그 <u>인수를 취소하지 못한다</u>(320조). 법적 안정성을 위하여, 주식회사 설립등기 후 또는 창립총회에 출석하여 의결권을 행사한 후에는 일정한 무효, 취소를 주장하지 못하게 한 것이다. 신주발행의 경우에도 동일한 취지의 규정을 두고 있다.[72]

---

72) 신주발행시에는, 변경등기를 한 날로부터 1년을 경과하거나 주주의 권리를 행사한 후에는, 신주

3) 주식회사 설립의 유·무효에 미치는 영향

주식인수가 위 특칙에 해당되는 두 가지 사유 이외의 무권대리, 허위표시, 제한능력자에 해당되어 무효, 취소가 된다고 하더라도, 발기인의 인수담보책임에 의해 해결될 수 있는 범위 내에서는 이를 주식회사 설립의 무효사유로 볼 수는 없을 것이나, <u>발기인의 인수담보책임에 의해 해결될 수 없는 과다한 금액의 주식인수가 무효, 취소되는 경우에는 주식회사의 설립무효사유가</u> 된다고 보아야 할 것이다.

(2) 주식인수가액 납입

(가) 이행 및 절차

<u>주식인수를 청약한 주식인수인은 발기인으로부터 배정받은 주식에 대한 주식대금 납입의무를 부담한다</u>(303조). 한편, 주식회사 설립시에 발행하는 주식의 총수가 인수된 때에는, <u>발기인은 지체없이 주식인수인에 대하여 각 주식에 대한 인수가액의 전액을 납입시켜야</u> 하고, 이 납입은 주식청약서에 기재한 납입장소에서 하여야 하며, 현물출자를 하는 주식인수인은 납입기일에 지체없이 출자의 목적인 재산을 인도하고, 등기, 등록 기타 권리의 설정 또는 이전을 요할 경우에는 이에 관한 서류를 완비하여 교부하여야 한다(305조, 295조 2항). 한편, 주금납입을 위한 대물변제는 회사측에서 이에 합의한 때에는 이를 절대적으로 무효로 할 이유는 없으며,73) 주금납입이 수표로 납입된 때에는 그 수표가 현실적으로 결제되어 현금화되기 전에는 납입이 있었다고 할 수 없다.74)

또한 발기인은 납입을 맡을 은행 기타 금융기관과 납입장소를 지정하여야 하고(295조 1항 후단), <u>납입금보관자 또는 납입은행을 변경할 때에는 법원의 허가를 얻어야</u> 한다(306조). 납입금을 보관한 은행이나 그 밖의 금융기관은 발기인 또는 이사의 청구를 받으면, 그 보관금액에 관하여 증명서를 발급하여야 하고, <u>이 은행이나 그 밖의 금융기관은 증명한 보관금액에 대하여는 납입이 부실하거나 그 금액의 반환에 제한이 있다는 것을 이유로 회사에 대항하지 못한다</u>(318조 1항, 2항).

를 인수한 자는 주식청약서 또는 신주인수권증서의 요건의 흠결을 이유로 인수무효를 주장하거나 사기, 강박, 착오를 이유로 인수를 취소하지 못함(427조).
73) 대법원 1960.11.24. 선고 4292민상874,875 판결.
74) 대법원 1977.4.12. 선고 76다943 판결.

(나) 실권절차[75]

발기인을 제외한 나머지 주식인수인이 주식대금납입의무를 이행하지 아니하는 경우에는, 발기인은 일정한 기일을 정하여 그 기일 내에 납입을 하지 아니하면, 그 권리를 잃는다는 뜻을 그 기일의 2주간전에 그 주식인수인에게 통지하여야 하고, 이 통지를 받은 주식인수인이 그 기일 내에 납입의 의무를 이행하지 아니한 때에는 그 권리를 잃으며, 이 경우 발기인은 다시 그 주식에 대한 주주를 모집할 수 있다. 이러한 실권절차와는 별개로, 납입의무를 이행하지 아니한 주식인수인은 손해배상책임을 부담한다(307조).

(다) 가장납입(견금 포함)

1) 주금납입의 효력

납입을 허위로 꾸민 가장납입의 경우에는 주금으로 납입된 금액이 없는 것이어서 주금납입의 효력은 없다.

한편, 견금의 경우 즉, 주식회사를 설립하면서 일시적인 차입금으로 주금납입의 외형을 갖추고 회사 설립절차를 마친 다음 바로 그 납입금을 인출하여 차입금을 변제하는 경우에도, 실질적으로 주금의 납입이 없다고 보아야 할 것이어서 자본충실의 원칙상 납입의 효력이 없다고 보아야 할 것이다.[76] 그러나 판례는 견금의 경우 주금납입의 효력이 있다고 판시하고 있다.[77]

또한 판례는 주식회사의 설립 또는 증자를 위하여 은행에 납입하였던 돈을 그 설립등기 내지 증자등기가 이루어진 후 바로 인출하였다 하더라도 그 인출금을 주식납입금 상당의 자산을 양수하는 대금으로 사용한 경우에는 납입가장죄(628조 1항)가 성립하지 아니한다고 보고 있다.[78] 즉, 설립등기나 증자등기를 마친 후 바로 그 납입한 돈을 인출하였다 할지라도 이를 회사를 위해 사용하였다면 납

---

75) 주식회사 설립 후 신주발행의 경우, 신주인수권자가 회사의 통지에도 불구하고 청약을 하지 아니하거나 납입기일에 납입하지 아니하면, 실권주가 발생함(419조 3항, 423조 2항).

76) 강희갑, 216쪽; 권기범, 377; 김동훈, 108쪽; 김정호, 116쪽; 서헌제, 575쪽; 손진화, 405쪽; 이기수 외, 186; 이범찬외, 109; 이철송, 256; 정동윤, 402; 최기원, 195; 한창희, 117. 이에 반하여 주금납입이 유효라는 견해로는 김건식, 113; 김홍기, 406; 정경영, 372; 정찬형, 658; 채이식, 423.

77) 대법원 2004.3.26. 선고 2002다29138 판결, 대법원 1998.12.23. 선고 97다20649 판결 및 대법원 1997.5.23. 선고 95다5790 판결.

78) 대법원 2005.4.29. 선고 2005도856 판결.

입가장죄가 성립되지 않는다고 판시하고 있다.[79]

2) 발기인의 민사책임

판례는, 발기인들이 주식인수대금을 가장납입하는 방법으로 회사를 설립하기로 공모하고, 회사설립과 동시에 납입하였던 주식인수대금을 인출하였다면 발기인들은 회사의 설립에 관하여 자본충실의무 등 선량한 관리자로서의 임무를 다하지 못한 자들로서 또는 회사의 소유재산인 주식인수납입금을 함부로 인출하여 회사에 대하여 손해를 입힌 공동불법행위자로서의 책임을 면할 수 없으므로, 그 발기인들은 그로 인한 회사의 손해를 회사에게 연대하여 배상할 책임이 있다고 판시하고 있다.[80]

한편, 판례는 주금의 가장납입이 일시 차입금을 가지고 주주들의 주금을 체당납입한 것과 같이 볼 수 있어 주금납입이 종료된 후에도 주주는 회사에 대하여 체당납입한 주금을 상환할 의무가 있다고 보고 있다.[81]

3) 발기인의 형사책임

회사의 발기인이 납입 또는 현물출자의 이행을 가장하는 행위를 한 때에는 5년 이하의 징역 또는 1천 500만원 이하의 벌금에 처한다(628조 1항, 622조 1항).[82] 이 행위에 응하거나 이를 중개한 자도 같은 법정형에 처한다(628조 2항).

(3) 창립총회

창립총회란 발기인을 포함한 주식인수인으로 구성된 설립중의 회사의 최고의 의결기관이다. 주주총회에 관한 규정이 원칙적으로 준용된다(308조 2항). 그러나 의결정족수는 주주총회와 달리, **출석한 주식인수인의 의결권의 3분의2 이상과 인수된 주식의 총수의 과반수**에 해당하는 다수로 하여야 한다(309조). 인수된 주식에 대한 납입과 현물출자의 이행[83]을 완료한 때에는 발기인은 지체없이 창립총

---

79) 대법원 1993.8.24. 선고 93도1200 판결.

80) 대법원 1989.9.12. 선고 89누916 판결.

81) 대법원 2004.3.26. 선고 2002다29138 판결.

82) 업무집행사원, 이사, 집행임원, 감사위원회 위원, 감사 또는 직무대행자(386조 2항, 407조 1항, 415조, 567조), 지배인 기타 회사영업에 관한 어느 종류 또는 특정한 사항의 위임을 받은 사용인도 동일한 형사책임을 짐.

83) 현물출자를 하는 자는 납입기일에 지체없이 출자의 목적인 재산을 인도하고, 등기, 등록 기타 권리의 설정 또는 이전을 요할 경우에는 이에 관한 서류를 완비하여 교부하여야 함(305조 3항, 295

회를 소집하여야 한다(308조 1항).

(가) 소집

① 창립총회를 소집할 때에는 창립총회일의 2주전에 각 발기인 및 주식인수인에게 서면으로 통지를 발송하거나 동의를 받아 전자문서로 통지를 발송할 수 있으며, 이 통지서에는 회의의 목적사항을 적어야 한다(308조, 363조 1항, 2항).

② 창립총회는 정관에 다른 정함이 없으면, 본점소재지 또는 이에 인접한 지에 소집하여야 한다(308조, 364조).

③ 발기인 또는 주식인수인은 대리인으로 하여금 그 의결권을 행사하게 할 수 있는데, 이 경우에는 그 대리인은 대리권을 증명하는 서면을 창립총회에 제출해야 하며, 창립총회의 결의에 관하여 특별한 이해관계가 있는 자는 의결권을 행사하지 못한다(308조, 368조 2항, 3항).

④ 발기인 또는 주식인수인이 2이상의 의결권을 가지고 있는 때에는 이를 통일하지 아니하고 행사할 수 있는데, 이 경우 창립총회일의 3일전에 회사에 대하여 서면 또는 전자문서로 그 뜻과 이유를 통지해야 하며, 회사는 발기인 또는 주식인수인이 주식의 신탁을 인수하였거나 기타 타인을 위하여 주식을 가지고 있는 경우 외에는 주주의 의결권의 불통일행사를 거부할 수 있다(308조, 368조의2).

⑤ 발기인 또는 주식인수인의 의결권은 1주마다 1개로 하고(308조, 369조 1항), 창립총회의 결의에 관하여는 특별이해관계가 있어 행사할 수 없는 주식의 의결권수(308조, 371조 2항, 368조 4항)와 감사선임에 있어서의 의결권의 제한84)(308조, 371조 2항, 409조 2항) 및 상장회사의 감사 또는 감사위원 선임시 의결권제한85)(308조,

---

조 2항).

84) 의결권없는 주식을 제외한 발행주식 총수의 3%를 초과하는 주식에 대한 감사선임시 의결권이 제한됨. 정관으로 이 비율을 낮출 수 있음.

85) 최대주주, 최대주주의 특수관계인 그 밖에 대통령령으로 정하는 자(최대주주 또는 그 특수관계인의 계산으로 주식을 보유하는 자 또는 최대주주 또는 그 특수관계인에게 의결권을 위임한 자; 상법시행령 38조 1항)가 소유하는 상장회사의 의결권 있는 주식의 합계가 그 회사의 의결권없는 주식을 제외한 발행주식총수의 3%를 초과하는 경우, 그 주주는 그 초과하는 주식에 관하여 감사 또는 사외이사가 아닌 감사위원회 위원을 선임하거나 해임할 때에는 의결권을 행사하지 못하며(단, 정관에서 이보다 낮은 비율을 정할 수 있음), 최근 사업연도말 현재의 자산총액이 2조원 이상인 상장회사(상법시행령 38조 2항; 이하 본서에서 "대규모상장회사"라 함)의 의결권없는 주식을 제외한 발행주식총수의 3%를 초과하는 수의 주식을 가진 주주는 그 초과하는 주식에 관하여 사외이사인 감사위원회 위원을 선임할 때에 의결권을 행사하지 못함(단, 정관에서 이보다 낮은 비율을 정할 수 있음).

371조 2항, 542조의12 4항)에 따라 그 비율을 초과하는 주식으로서 행사할 수 없는 주식의 의결권수는 출석한 발기인 및 주식인수인의 의결권의 수에 산입하지 아니한다.

⑥ 창립총회에서는 회의의 속행 또는 연기의 결의를 할 수 있으며, 이 경우 별도로 소집통지에 관한 상법 363조는 적용되지 아니한다(308조, 372조).

⑦ 창립총회의 의사에는 의사록을 작성해야 하며, 의사록에는 의사의 경과요령과 그 결과를 기재하고 의장과 출석한 이사가 기명날인 또는 서명하여야 한다(308조, 373조).

⑧ 그 밖에 창립총회에는 주주총회와 관련한 결의취소의 소(376조), 제소주주의 담보제공의무(377조), 결의취소의 등기(378조), 법원의 재량에 의한 청구기각(379조), 결의무효 및 부존재확인의 소(380조), 부당결의의 취소, 변경의 소(381조) 및 종류주주총회(435조)에 관한 규정이 준용된다.

(나) 권한

1) 임원의 선임

창립총회에서는 이사와 감사를 선임하여야 한다(312조). 발기설립의 경우와 같이 대표이사는 설립등기시 등기사항 중 하나이므로, 정관에 다른 규정이 없는 한 이사들이 대표이사를 선임한다(389조 1항).

2) 설립경과의 조사

이사와 감사는 취임 후 지체없이 회사의 설립에 관한 모든 사항이 법령 또는 정관의 규정에 위반하지 아니하는지의 여부를 조사하여 창립총회[86]에 보고하여야 한다. 발기설립의 경우와 같이, 이사와 감사 중 발기인이었던 자, 현물출자자 또는 회사성립 후 양수할 재산의 계약당사자인 자는 이 조사, 보고에 참가하지 못하고, 이사와 감사 전원이 이에 해당되면, 이사는 공증인으로 하여금 조사, 보고를 하게 해야 한다(313조 2항, 298조 2항, 3항).

한편, 변태설립사항에 관하여 원칙적으로 발기인의 청구에 의해 법원이 선임한 검사인의 조사, 보고절차를 거쳐야 하고, 이 검사인의 보고서를 창립총회에 보고하되, 공증인의 조사, 보고 또는 공인된 감정인의 감정으로 갈음할 수 있다

---

86) 발기설립의 경우에는 발기인에게 보고하여야 함(298조 1항).

(310조, 299조의2), 87)

☐1 창립총회88)에서 변태설립사항을 부당하다고 인정한 때에는 이를 변경할 수 있고, ☐2 이에 불복하는 발기인은 인수를 취소할 수 있으며, ☐3 발기인이 인수를 취소한 경우에는 정관을 변경하여 설립에 관한 절차를 속행할 수 있고, ☐4 창립총회의 통고가 있은 후, 2주내에 인수를 취소한 발기인이 없는 때에는 정관은 통고에 따라 변경된 것으로 본다(314조, 300조 2항, 3항). ☐5 그리고 이러한 변경은 발기인에 대한 손해배상청구에 영향을 미치지 아니한다(315조).

3) 정관변경 또는 설립폐지

창립총회에서는 정관의 변경 또는 설립의 폐지를 결의할 수 있으며, 이 결의는 소집통지서에 그 뜻의 기재가 없는 경우에도 이를 할 수 있다(316조), 89)

사. 설립등기

주식회사는 **설립등기에 의해 성립**된다(172조). ☐1 설립등기에 의해 설립관계자 이외의 그 밖의 모든 사람들이 주식회사의 설립을 회사등기부의 확인을 통해 통일적으로 파악할 수 있게 하고, 이러한 공시를 통해 회사와 거래하는 상대방을 보호하며 거래의 안전을 도모함과 동시에 ☐2 법원공무원을 통해 설립등기의 요건을 갖추었는지를 심사90)하게 함으로써 부실한 주식회사가 설립되지 못하게 통제하려는 취지이다.

설립등기시점과 관련해서는, 발기설립의 경우에는 이사, 감사의 조사, 보고가 종료하고, 만일 변태설립사항이 있는 경우에는 조사절차 및 법원의 변경처분절차가 종료한 날로부터 2주간내에 하여야 하며, 모집설립의 경우에는 창립총회

---

87) 이의 결정권은 발기인에게 있다고 봄. 왜냐하면 발기설립의 경우와 달리 모집설립에는 제3의 주식인수인이 포함되는 창립총회가 있으므로 발기인을 견제할 수 있어, 발기인이 이 권한을 행사하더라도 공정성을 확보할 수 있고, 또한 발기인이 법원에 검사인 선임을 청구할 의무가 있기 때문임(한편, 발기설립에 적용되는 상법 299조 2항의 내용인, 검사인의 조사, 보고 및 이에 갈음하는 공증인의 조사, 보고 또는 공인된 감정인의 감정의 적용제외규정이 모집설립에도 준용된다는 규정이 누락되어 있음. 입법적인 착오로 판단됨).

88) 발기설립의 경우에는 법원임(300조).

89) 이와 달리, 주식회사 성립 후 주주총회에서는 주주총회 소집통지서에 회의의 목적사항을 적어야 함(363조 2항).

90) 형식적 요건들을 구비했는지를 따지는 형식적 심사권에 그친다고 보아야 할 것임.

가 종결한 날 또는 만일 변태설립사항이 있는 경우에는 조사절차 및 창립총회의 변경처분절차가 종료한 날로부터 2주간내에 하여야 한다(317조 1항).

한편, 주식회사를 포함한 모든 회사관련 규정에 의하여 등기할 사항으로서 관청의 허가 또는 인가를 요하는 것에 관하여는 그 서류가 도달한 날로부터 등기기간을 기산한다(177조). 해당 관청이 서류를 발송한 날이 아닌 등기의무자에게 서류가 도달한 날로부터 등기기간을 기산함으로써 등기의무자의 이익을 감안한 규정이다.

설립등기사항은 다음과 같다(317조 2항).

① 목적, 상호, 회사가 발행할 주식의 총수, 액면주식을 발행하는 경우 1주의 금액, 본점소재지, 회사가 공고를 하는 방법(동항 1호, 289조 1항 1호 내지 4호, 6호, 7호)

② 자본금의 액, 발행주식의 총수, 발행주식의 종류와 각종 주식의 내용과 수, 주식의 양도에 관하여 이사회의 승인을 얻도록 정한 때에는 그 규정, 주식매수선택권을 부여하도록 정한 때에는 그 규정, 지점의 소재지(동항 2호 내지 3호의4)

③ 회사의 존립기간 또는 해산사유를 정한 때에는 그 기간 또는 사유(동항 4호)

④ 주주에게 배당할 이익으로 주식을 소각할 것을 정한 때에는 그 규정(동항 6호)

⑤ 전환주식을 발행하는 경우에는 주식을 다른 종류의 주식으로 전환할 수 있다는 뜻, 전환조건, 전환으로 인하여 발행할 주식의 내용, 전환청구기간 또는 전환기간(동항 7호, 347조)

⑥ 사내이사, 사외이사 그 밖에 상무에 종사하지 아니하는 이사, 감사, 집행임원의 성명, 주민등록번호 및 주소(동항 8호)

⑦ 회사를 대표할 이사 또는 집행임원의 성명, 주민등록번호 및 주소, 둘 이상의 대표이사 또는 대표집행임원이 공동으로 회사를 대표할 것을 정한 경우에는 그 규정(동항 9, 10호)

⑧ 명의개서대리인을 둔 때에는 그 상호 및 본점소재지(동항 11호)

⑨ 감사위원회를 설치한 때에는 감사위원회 위원의 성명 및 주민등록번호(동항 12호)

한편, 위 사항 중 지점에서도 등기해야 할 사항은 목적, 상호, 본점소재지, 회사가 공고를 하는 방법 및 위 ③ 및 ⑦이며, 지점설치의 등기, 본점 및 지점의

이전등기 그리고 설립등기사항에 변경이 있는 때에는 각 변경등기를 하여야 한
다(317조 3항, 4항, 181조 내지 183조).

4. 주식회사 설립의 무효

　　주식회사의 설립절차에 <u>객관적 하자</u>[91]가 있는 경우, 주식회사의 설립무효사
유가 될 수 있는데, 이 경우 주식회사 설립의 무효는 <u>설립등기가 된 날로부터 2
년내</u>에 주장하여야 하며, <u>반드시 소송의 방법을 사용해야</u> 하고, 그 <u>소송의 원고
는 주주, 이사 또는 감사만</u>이 되어야 한다(328조 1항). 무효의 소는 본점소재지의
지방법원의 전속관할에 속하며(186조, 382조 2항), 무효의 소가 제기된 경우, 당해
회사는 지체없이 공고해야 하고(187조, 382조 2항), 수개의 설립무효의 소가 제기된
때에는 이를 병합심리해야 하며(188조, 382조 2항), 그 심리 중에 원인된 하자가 보
완되고, 회사의 현황과 제반사정을 참작하여 무효로 하는 것이 부적당하다고 법
원이 인정한 때에는 그 청구를 기각할 수 있으며(189조, 382조 2항), 설립무효의 판
결은 <u>제3자에 대하여도 그 효력이 있으나 판결확정 전에 생긴 회사와 제3자간의
권리의무에 영향을 미치지 아니하고</u>(190조, 382조 2항), 설립무효의 소를 제기한 자
가 패소한 경우에 악의 또는 중대한 과실이 있는 때에는 회사에 대하여 연대하여
손해를 배상할 책임이 있으며(191조, 382조 2항), 설립무효의 판결이 확정된 때에는
본점과 지점의 소재지에서 등기해야 하고(192조, 382조 2항), 설립무효의 판결이 확
정된 때에는 해산의 경우에 준하여 청산해야 하며, 이 경우 법원은 주주 기타 이
해관계인의 청구에 의하여 청산인을 선임할 수 있다(193조, 382조 2항).

---

91) 강행법규위반(예를 들어, 설립목적이 사회질서를 위반하는 때) 또는 주식회사의 본질에 반하는
　　하자(예를 들어, 설립시 발행한 주식의 인수 또는 납입의 하자가 인수담보책임 또는 납입담보책임
　　으로 치유될 수 없고, 하자가 중대하여 발기인의 손해배상책임으로도 해결될 수 없는 경우)를 말
　　하며, 합명회사 또는 합자회사와 같은 인적회사와 달리 설립취소나 주관적 하자로 인한 설립무효
　　는 인정되지 않는다고 해석됨(권기범, 384; 김건식, 142; 송옥렬, 765; 이기수외, 203; 이철송,
　　267; 임재연(I), 272; 정동윤, 420; 정찬형, 666; 최기원, 218; 최완진, 69; 홍복기외, 118). 이에 반
　　하여 주관적인 하자라도 그 하자의 정도가 중대하다면 회사설립무효의 원인이 될 수 있다고 보는
　　견해로는 김홍기, 360.

5. 설립관계자의 주식회사설립과 관련한 책임

가. 발기인의 책임

(1) 주식회사가 설립된 경우

(가) 주식회사에 대한 책임

인수담보책임과 납입담보책임은 발기인에게 엄격한 책임을 물음으로써 설립 등기까지 마친 주식회사의 존속을 보장하고, 주식회사의 이해관계자들의 신뢰를 강력하게 보호하기 위한 규정이다.

1) 인수담보책임

주식회사 설립시에 발행한 주식으로서, 주식회사 성립 후에 아직 인수되지 아니한 주식이 있거나 주식인수의 청약이 취소된 때에는 발기인이 이를 **공동으로 인수한 것으로 본다**(321조 1항).

상법 320조에 의한 주식인수인의 주식인수 무효, 취소가 제한되는 경우에 해당되지 아니하는 다른 사유에 의한 무효, 취소사유에 의해 주식인수의 하자가 발생한 경우,[92] 발기인이 **무과실책임**을 부담하게 되고, 발기인 간에 문제된 주식을 공유하게 됨으로써 발기인 간에 **연대납입의무**가 발생한다(333조).[93]

인수담보책임은 발기인에 대한 손해배상청구에 영향을 미치지 아니하며(321조 3항, 315조), 대표소송에 대한 규정이 발기인에게 준용된다(324조, 403조 내지 406조 및 406조의2).[94] 그러나 자본충실의 원칙상 총주주에 의한 책임면제규정(400조 1항)

---

92) 회사설립 등기 전 또는 창립총회에서 의결권을 행사하기 전에, 주식인수인이 무효, 취소사유를 주장하는 경우 그리고 설립등기 후 또는 창립총회에서 의결권행사 후라도, 제한능력자인 주식인수인이 무효, 취소를 주장하는 경우 등이 해당됨.

93) 공유자는 주주의 권리를 행사할 자 1인을 정해야 하고, 주주의 권리를 행사할 자가 없는 때에는 어느 1인의 공유자에게 통지나 최고를 하면 공유자에 대한 통지나 최고를 한 것으로 됨.

94) 1% 이상을 소유한 주주는 주식회사에 대하여 발기인의 책임을 물을 소제기를 서면으로 청구할 수 있고, 30일내에 회사가 소제기를 안 하면 즉시 회사를 위하여 직접 소제기를 할 수 있으며, 회사에 회복할 수 없는 손해가 생길 염려가 있으면 30일을 기다릴 필요가 없고, 제소 후 소유주식이 하나도 없게 되는 경우가 아니라면, 제소 후 1% 미만이 되어도 제소의 효력에는 영향이 없으며, 회사 또는 소수주주는 법원의 허가가 없으면 제소 후 소의 취하, 청구의 포기, 인락, 화해를 할 수 없고, 이 경우 법원은 발기인이 회사 또는 소수주주가 악의임을 소명하였음을 전제로 상당한 담보를 제공할 것을 명할 수 있으며(176조 3항, 4항), 이 회사 또는 소수주주의 소는 당해 회사의 본점소재지를 관할하는 법원의 전속관할에 속함(186조).

은 인수담보책임에는 적용되지 않는다고 보는 것이 타당할 것이다.

2) 납입담보책임

주식회사 성립 後 발기인 또는 제3의 주식인수인의 납입이 완료되지 아니한 주식이 있는 때에는, 발기인이 연대하여 납입해야 하는 바(321조 2항), **무과실책임**이며, **연대책임**이다.

현물출자의 납입이 되지 아니한 경우에는 그 이행이 주식회사 설립에 필수불가결한 경우에는 설립무효의 사유가 된다고 할 것이나, 그렇지 아니한 경우에는 발기인이 납입담보책임을 부담한다고 보는 것이 타당할 것이다.[95]

납입담보책임은 발기인에 대한 손해배상청구에 영향을 미치지 아니하며(321조 3항), 대표소송에 대한 규정이 발기인에게 준용된다(324조, 403조 내지 406조).[96] 그러나 자본충실의 원칙상 총주주에 의한 책임면제규정은 납입담보책임에는 적용되지 않는다고 보는 것이 타당할 것이다.

3) 손해배상책임

발기인이 주식회사의 설립에 관하여 그 임무를 해태한 때에는 그 발기인은 당해 주식회사에 대하여 연대하여 손해를 배상할 책임이 있다(322조 1항).

이 책임은 **과실책임**이다. 이 임무해태에는 법령 또는 정관위반행위를 포함한다고 보아야 할 것이다. 주식회사의 설립에 관련된 발기인의 법령 또는 정관에 위반되는 행위는 사실상 고의 또는 과실이 추정된다고 보아야 할 것이어서, 반대로 이 책임에서 벗어나고자 하는 발기인이 자신이 고의 또는 과실이 없음을 입증해야 할 것이나, 임무해태로 인한 경우에는 발기인의 책임을 묻는 회사가 발기인의 고의, 과실을 입증해야 한다고 보아야 할 것이다.

한편, 발기인의 손해배상책임과 인수담보책임 및 납입담보책임과는 별개의 책임이므로, 인수·납입담보책임으로도 회복되지 못하는 손해가 존재하는 경우에는, 손해배상책임의 요건충족을 전제로 하여, 인수·납입담보책임과는 별도로 발기인에게 손해배상청구를 할 수 있다고 보아야 할 것이다.

그리고 이 손해배상책임에는 대표소송에 대한 규정이 준용된다(324조).[97] 또

---

95) 김홍기, 410; 이기수외, 196; 이철송, 261; 임재연(I), 276; 주식회사법대계I, 422. 이에 반하여 설립무효로 보는 견해로는 김건식, 126; 송옥렬, 759; 정찬형, 670; 최기원, 209. 한편, 발기인의 납입담보책임으로 전부 해결된다고 보는 견해로는 권기범, 387; 정동윤, 425.

96) 준용되는 구체적인 내용은 위 인수담보책임과 동일함.

한 이사의 회사에 대한 책임면제규정이 준용(324조)되므로, 발기인의 회사에 대한 손해배상책임은 상법 400조 1항에 따라 총주주의 동의에 의해 면제된다고 보아야 할 것이고,[98] 한편, 동법 400조 2항에 따라 정관규정에 의해 원칙적으로 발기인이 받는 1년 보수액의 6배 이내로 발기인의 손해배상책임을 제한하는 것도 가능하다고 본다.[99]

(나) 제3자에 대한 책임

발기인이 **악의** 또는 **중대한 과실**로 인하여 그 임무를 해태한 때에는 그 발기인은 제3자에 대해서도 연대하여 손해를 배상할 책임이 있다(322조 2항).

발기인이 주식회사의 설립에 관한 임무를 해태한 데에 악의 또는 중대한 과실이 있어야 하며,[100] 이로 인해 제3자[101][판례5]에게 손해가 발생하여야 한다.

> [판례5] 대법원 2012.12.13. 선고 2010다77743 판결
>
> 　이사가 회사의 재산을 횡령하여 회사의 재산이 감소함으로써 회사가 손해를 입고 결과적으로 주주의 경제적 이익이 침해되는 손해와 같은 간접적인 손해는 상법 401조 1항에서 말하는 손해의 개념에 포함되지 않음.

그 법적 성격은 상법상 특수한 손해배상책임설과 특수한 불법행위책임설이 대립하나, 주식회사에 대한 악의 또는 중대한 과실이라는 임무해태만으로 제3자에 대한 위법성 없는 손해에 대하여 책임을 묻는다는 것이므로, 일반 민법상의 불법행위로 보기는 어려우며, 따라서 상법상 인정되는 특수한 손해배상책임 즉, 법정책임으로 보는 것이 타당하다고 본다.

---

97) 위 인수담보책임과 납입담보책임에서 설명한 내용과 동일함.

98) 권기범, 389; 김건식, 137; 송옥렬, 717; 양명조, 97; 유시창, 113; 이범찬외, 118; 이철송, 263; 임재연(I), 278; 장덕조, 104; 정경영, 380; 정희철외, 364; 최완진, 73; 최준선, 208; 한창희, 128; 홍복기외, 115. 이에 반하여 발기인의 손해배상책임도 총주주의 동의에 의해 면제될 수 없다는 견해로는 서헌제, 584.

99) 송옥렬, 761; 임재연(I), 279.

100) 즉, 발기인의 제3자에게 대한 위법행위가 있음을 요건으로 하지 않으며, 발기인의 주식회사 설립에 대한 경과실은 제외됨.

101) 제3자에는 주식인수인을 비롯한 주주도 포함된다고 보아야 할 것임. 그러나 판례([판례5])는 이와 반대임.

(2) 주식회사가 설립되지 아니한 경우

주식회사가 설립되지 못한 경우에는 발기인은 그 설립에 관한 행위에 대하여 연대하여 책임102)을 지며, 이 경우 주식회사의 설립에 관하여 지급한 비용은 발기인이 부담한다(326조).

이 책임은 발기인의 주식회사 불성립에 대한 고의, 과실이 있을 것을 요건으로 하지 않으므로 **무과실책임**이며, 결국 주식회사 불성립시, 발기인을 제외한 주식인수인은 인수대금으로 책임지지 않는다는 것을 의미한다.

나. 유사발기인의 책임

① 주식청약서 기타 주식모집에 관한 서면103)에 성명과 주식회사의 설립에 찬조하는 뜻을 기재할 것을 승낙한 자는 발기인과 동일한 책임이 있다(327조).104)

거래안전을 강화함으로써 주식회사의 이해관계인을 두텁게 보호할 목적으로, 발기인이 아니더라도 주식청약서 기타 주식모집에 관한 서면에 성명과 주식회사의 설립에 찬조하는 뜻을 기재할 것을 승낙함에 의하여 주식회사 기타 제3자에게 신뢰를 부여한 자에게 발기인과 동등한 책임을 부담시킴으로써 그 책임을 엄격하게 묻도록 한 것이다.

② 단, 유사발기인의 책임은 인수담보책임과 납입담보책임 그리고 주식회사 불성립시의 설립행위에 대한 책임 및 설립비용부담으로 제한된다. 즉, 유사발기인의 책임은 당해 주식회사 및 제3자에 대한 손해배상책임을 포함하지 않는데, 그 이유는 당해 주식회사로부터 임무를 부여받은 바가 없으므로, 당해 주식회사에 대한 임무해태가 성립될 수 없기 때문이다.

---

102) 예를 들어, 주식인수인이 납입한 인수대금을 반환해야 할 의무를 말함.
103) 라디오, TV, 인터넷을 통한 경우에도 유추적용되어야 한다는 견해로는 이철송, 266. 그러나 이 견해는 해석론적으로는 무리가 있다고 판단되며, 결국 법개정을 통해 해결되어야 한다고 봄.
104) 예를 들어, 주주모집을 위한 광고에, 주식인수청약을 권유하는 문구를 자신의 이름으로 기재한 자를 말함.

다. 검사인의 책임

법원이 선임한 검사인이 <u>악의</u> 또는 <u>중대한 과실</u>로 인하여 <u>그 임무를 해태</u>한 때에는 <u>회사 또는 제3자</u>에 대하여 그 <u>손해를 배상할 책임</u>이 있다(325조).

발기인의 당해 주식회사에 대한 손해배상책임의 경우와 달리, 경과실이 있는 검사인은 당해 주식회사에 대하여 손해배상책임을 부담하지 않게 되므로, 검사인은 주식회사에 대한 책임에 있어 발기인보다 그 책임이 경감되어 있다고 볼 수 있다.

라. 이사, 감사의 책임

모집설립의 경우, 이사, 감사는 주식회사의 설립에 관한 모든 사항이 법령 또는 정관에 위반되지 아니하는지의 여부를 조사하여 창립총회에 보고해야 하고, 발기설립의 경우에는 발기인에게 보고해야 한다. 그 <u>임무를 해태</u>하는 경우 이사 및 감사는 당해 <u>주식회사 또는 제3자에게 손해를 배상할 책임</u>을 부담하며, 이 경우 발기인도 책임이 있다면, 이사, 감사, 발기인 모두 연대하여 손해를 배상할 책임이 있다(323조, 313조 1항).105)

마. 공증인, 감정인의 책임

상법상 명문의 규정은 없으나, 공증인, 감정인과 당해 주식회사는 <u>민법상 위임관계</u>에 있다고 보아야 할 것이므로, 만일 공증인, 감정인이 그 수임업무인 <u>조사, 보고 또는 감정업무에</u> 해태가 있을 경우에는 이들은 계약불이행으로 인해 손해를 입은 당해 주식회사에게 <u>손해배상책임</u>을 부담해야 할 것이다.106)

---

105) 발기인의 책임과의 균형상, 이사, 감사의 제3자에 대한 책임은 악의 또는 중대한 과실이 있는 경우에 한한다고 보는 것이 타당할 것인 바(김정호, 135; 서헌제, 587; 송옥렬, 720; 양명조, 100; 유시창, 115; 임재연(I), 281; 장덕조, 106; 정경영, 382; 최완진, 75; 최준선, 211), 입법적인 보완이 요구됨. 또한 발기설립의 경우에도 상법 298조 1항에 따라 이사와 감사가 조사, 보고의무를 해태한 경우, 상법 323조 규정이 유추적용된다고 해석해야 할 것이며, 이 또한 입법적인 보완이 요구됨.

106) 한편, 발기인, 유사발기인, 법원이 선임한 검사인 및 이사, 감사의 경우와 달리, 제3자에 대한 책임을 인정하는 명문의 규정 즉, 공증인, 감정인이 고의, 과실로 임무를 해태한 경우, 제3자에게 손해배상책임을 지는 특별규정은 상법상 없음. 단, 민법이론상 공증인, 감정인의 제3자에 대한 고의, 과실로 인한 위법행위로 제3자에게 손해배상책임을 지는 것을 생각해 볼 수는 있음.

Ⅳ. 주식, 주권 및 주주명부

1. 주식

주식은 주식회사에 있어서 물적 기초인 자본을 구성하는 단위이다. 주식을 통해 당해 주식회사에 있어서의 주주의 지위가 결정된다.107) 이와 관련하여 판례는 주주권은 주식의 소각 또는 주금체납에 의한 실권절차 등 법정사유에 의하여서만 상실되는 것이고, 주주가 사실상 주권을 포기하고 주권을 멸각하거나 회사에 주식포기의 의사표시를 하고 반환하더라도 위와 같은 행위만으로는 주식이 소멸되거나 주주의 지위를 상실하지 아니한다고 판시하고 있다.108)

가. 주식이 표창하는 권리

주식이 표창하는 권리를 크게 공익권과 자익권으로 구분할 수 있는데, 주식회사의 지배, 통제, 운영에 개입하는 것을 목적으로 하는 권리를 공익권109)이라 하며, 주주가 주식회사로부터 경제적 이득을 얻는 것을 목적으로 하는 권리를 자익권110)이라 한다.

---

107) 그 법적 성질은 주주의 지위를 뜻하는 사원권으로 봄(권기범, 403; 김홍기, 414; 서헌제, 595; 송옥렬, 725; 이철송, 275; 임재연(I), 314; 정경영, 386; 정동윤, 434; 정찬형, 680; 최기원, 231; 최완진, 76; 최준선, 217; 한창희, 135).

108) 대법원 1991.4.30.자 90마672 결정 및 대법원 1963.11.7. 선고 62다117 판결.

109) 의결권(369조), 소수주의 주주총회소집청구권(366조), 법원에 대한 총회검사인의 선임청구권(367조 2항), 각종 소제기권[주식회사설립무효의 소(328조), 주주총회결의취소의 소(376조), 주주총회 결의무효확인의 소 및 주주총회결의부존재확인의 소(380조), 주주총회부당결의취소·변경의 소(381조), 대표소송(403조), 신주발행무효의 소(429조), 감자무효의 소(445조), 합병무효의 소(529조), 분할, 분할합병무효의 소(530조의11, 529조), 주식의 포괄적교환무효의 소(360조의14), 주식의 포괄적이전무효의 소(360조의23), 해산판결청구권(520조), 이사해임청구권(385조), 감사해임청구권(415조, 385조)], 이사의 위법행위유지청구권(402조), 회계장부열람권(466조), 회사의 업무, 재산상태검사권(467조) 등이 있음.

110) 이익배당청구권(462조), 신주인수권(418조), 잔여재산분배청구권(538조), 명의개서청구권(337조), 주식전환청구권(346조), 주권교부청구권(355조) 등이 있음.

나. 주식평등의 원칙

(1) 의의

주식평등의 원칙이란 주식회사가 주주들이 소유하고 있는 주식간에 차별을 해서는 안된다는 원칙 즉, 주주들을 평등하게 대우해야 한다는 원칙이다. 주주평등의 원칙이라고도 한다. 물적 회사인 주식회사에 있어 그 물적 기초를 제공하는 주주들을 그들이 제공한 자본금의 액수 즉, 주식의 수량에 비례하여 대우하겠다는 원칙으로서, 상법은 이를 명시적으로 언급하고 있지 않으나, 주식회사법을 규율하고 해석하는 데 적용되는 최고원칙 중의 하나라고 볼 수 있다. 이와 관련하여, 판례는, 이를 위반하여 회사가 일부 주주에게만 우월한 권리나 이익을 부여하기로 하는 약정을 하는 경우 이는 원칙적으로 무효라고 판시하고 있다.[111]

---

111) 대법원 2020.8.13. 선고 2018다236241 판결(주주평등의 원칙을 위반하여 회사가 일부 주주에게만 우월한 권리나 이익을 부여하기로 하는 약정은 특별한 사정이 없는 한 무효인 바, 회사가 신주를 인수하여 주주의 지위를 갖게 되는 자와 사이에 신주인수대금으로 납입한 돈을 전액 보전해 주기로 약정하거나, 상법 462조 등 법률의 규정에 의한 배당 외에 다른 주주들에게는 지급되지 않는 별도의 수익을 지급하기로 약정한다면, 이는 회사가 해당 주주에 대하여만 투하자본의 회수를 절대적으로 보장함으로써 다른 주주들에게 인정되지 않는 우월한 권리를 부여하는 것으로서 주주평등의 원칙에 위배되어 무효이다. 이러한 약정의 내용이 주주로서의 지위에서 발생하는 손실의 보상을 주된 내용으로 하는 이상, 그 약정이 주주의 자격을 취득하기 이전에 체결되었다거나, 신주인수계약과 별도의 계약으로 체결되는 형태를 취하였다고 하여 달리 볼 것은 아님), 대법원 2018.9.13. 선고 2018다9920,9937 판결(갑 주식회사와 그 경영진 및 우리사주조합이 갑 회사의 운영자금을 조달하기 위하여 을과 '을은 우리사주조합원들이 보유한 갑 회사 발행주식 중 일부를 액면가로 매수하여 그 대금을 갑 회사에 지급하고, 이와 별도로 갑 회사에 일정액의 자금을 대여하며, 갑 회사 임원 1명을 추천할 권리를 가진다'는 내용의 주식매매약정을 체결하였고, 그 후 갑 회사가 을과 '을이 위 임원추천권을 행사하는 대신 갑 회사가 을 및 그의 처인 병에게 매월 약정금을 지급한다'는 내용의 약정을 체결하여 을 등에게 매월 약정금을 지급하였는데, 갑 회사가 위 약정금 지급약정이 주주평등의 원칙에 반하여 무효라고 주장하면서 약정금의 지급을 중단하고 부당이득반환을 구한 사안에서, <u>을이 임원추천권을 가지게 된 것은 자금난에 처한 갑 회사에 주식매매약정에 따라 주식매매대금과 대여금으로 운영자금을 조달해 준 대가이므로, 임원추천권 대신 을 등에게 약정금을 지급하기로 한 위 지급약정도 그러한 운용자금 조달에 대한 대가라고 볼 수 있고, 이와 같이 을 등이 지급약정에 기해 매월 약정금을 받을 권리는 주주 겸 채권자의 지위에서 가지는 계약상 특수한 권리인 반면,</u> 을 등은 주식매매대금을 지급하고 주식을 매수한 때부터 현재까지 갑 회사의 주주이고, 이러한 주주로서의 권리는 주식을 양도하지 않는 이상 변함이 없으므로, 을 등이 갑 회사로부터 적어도 운영자금을 조달해 준 대가를 전부 지급받으면 갑 회사 채권자로서의 지위를 상실하고 주주로서의 지위만을 가지게 되는데, 채권자의 지위를 상실하여 주주에 불과한 을 등에게 갑 회사가 계속해서 지급약정에 의한 돈을 지급하는 것은 갑 회사가 다른 주주들에게 인정되지 않는 우월한 권리를 주주인 을 등에게 부여하는 것으로 주주평등의 원칙에 위배됨), 대법원 2023.7.13. 선고 2021다293213 판결(주주평등원칙이란, 주주는 회사와의 법률관계에서 그가 가진 주식의 수에 따라 평등한 취급을 받아야 함을 의미하는 바, <u>이를 위반하여 회사가 일부 주주에게만 우월한 권리나 이익을 부여하기로 하는 약정은 특별한 사정이 없는 한 무효이다.</u>

(2) 적용범위

주주총회의 의결권은 1주마다 1개로 한다는 원칙(369조 1항)은 이 원칙을 반영한 것으로 보며, 이익배당청구권 및 잔여재산분배청구권도 이 원칙에 따라 해석된다.

(3) 예외

상법상 주식평등의 원칙에 대한 예외규정이 명시되어 있다. 종류주식, 소수주주권,[112] 감사선임에 있어 의결권제한, 단주의 처리 등이 이에 해당한다.

다만 회사가 일부 주주에게 우월한 권리나 이익을 부여하여 다른 주주들과 다르게 대우하는 경우에도 법률이 허용하는 절차와 방식에 따르거나 그 차등적 취급을 정당화할 수 있는 특별한 사정이 있는 경우에는 이를 허용할 수 있음; 회사가 자금조달을 위해 신주인수계약을 체결하면서 주주의 지위를 갖게 되는 자에게 회사의 의사결정에 대한 사전동의를 받기로 약정한 경우 그 약정은 회사가 일부 주주에게만 우월한 권리를 부여함으로써 주주들을 차등적으로 대우하는 것이지만, 주주가 납입하는 주식인수대금이 회사의 존속과 발전을 위해 반드시 필요한 자금이었고 투자유치를 위해 해당 주주에게 회사의 의사결정에 대한 동의권을 부여하는 것이 불가피하였으며 그와 같은 동의권을 부여하더라도 다른 주주가 실질적·직접적인 손해나 불이익을 입지 않고 오히려 일부 주주에게 회사의 경영활동에 대한 감시의 기회를 제공하여 다른 주주와 회사에 이익이 되는 등으로 **차등적 취급을 정당화할 수 있는 특별한 사정이 있다면 이를 허용할 수 있음**. 그러나, 회사가 주주의 지위를 갖게 되는 자와 사이에 주식인수대금으로 납입한 돈을 전액 보전해 주기로 약정하거나, 상법 462조 등 법률의 규정에 의한 배당 외에 다른 주주들에게는 지급되지 않는 별도의 수익을 지급하기로 약정한다면, 이는 회사가 해당 주주에 대하여만 투하자본의 회수를 절대적으로 보장함으로써 다른 주주들에게 인정되지 않는 우월한 권리를 부여하는 것으로서 주주평등의 원칙에 위배되어 무효임) 및 대법원 2023.7.13. 선고 2022다224986 판결(회사가 신주를 인수하여 주주의 지위를 갖게 되는 사람에게 금전 지급을 약정한 경우, 그 약정이 실질적으로는 회사가 주주의 지위를 갖게 되는 자와 사이에 주식인수대금으로 납입한 돈을 전액 보전해 주기로 약정하거나, 상법 462조 등 법률의 규정에 의한 배당 외에 다른 주주들에게는 지급되지 않는 별도의 수익을 지급하기로 약정한다면, 이는 회사가 해당 주주에 대하여만 투하자본의 회수를 절대적으로 보장함으로써 다른 주주들에게 인정되지 않는 우월한 권리를 부여하는 것으로서 주주평등의 원칙에 위배되어 무효임. 이러한 약정은 회사의 자본적 기초를 위태롭게 하여 회사와 다른 주주의 이익을 해하고 주주로서 부담하는 본질적 책임에서조차 벗어나게 하여 특정 주주에게 상법이 허용하는 범위를 초과하는 권리를 부여하는 것에 해당하므로, 회사의 **다른 주주 전원이 그와 같은 차등적 취급에 동의하였다고 하더라도 주주평등의 원칙을 위반하여 효력이 없음**; 주주평등의 원칙은 주주와 회사의 법률관계에 적용되는 원칙이고, 주주가 회사와 계약을 체결할 때 회사의 다른 주주 내지 이사 개인이 함께 당사자로 참여한 경우 주주와 다른 주주 사이의 계약은 주주평등과 관련이 없으므로, 주주와 회사의 다른 주주 내지 이사 개인의 법률관계에는 주주평등의 원칙이 직접 적용되지 않는다. 주주는 회사와 계약을 체결하면서 사적자치의 원칙상 다른 주주 내지 이사 개인과도 회사와 관련한 계약을 체결할 수 있고, 그 계약의 효력은 특별한 사정이 없는 한 주주와 회사가 체결한 계약의 효력과는 별개로 보아야 함).

112) 최소 일정한 비율에 달하는 주식수가 모여야만 행사할 수 있는 주주의 권리를 말함.

[소수주주권의 종류와 행사를 위한 최소지분율]

	비상장주식회사	상장주식회사 (자본금 1천억원 미만)	상장주식회사 (자본금 1천억원 이상)
주주총회소집청구권 및 업무검사권 (542조의6 1항, 366조, 467조)	3%	1.5%	1.5%
주주제안권(542조의6 2항, 363조의2, 542조) 및 집중투표제[113](542조의7 2항, 382조의2)	3%	1%	0.5%
이사, 감사, 청산인에 대한 해임청구권(542조의6 3항, 385조, 415조, 539조)	3%	0.5%	0.25%
회계장부열람권(542조의6 4항, 466조, 542조)	3%	0.1%	0.05%
이사, 감사, 집행임원, 청산인에 대한 유지청구권(542조의6 5항, 402조, 408조의9, 542조)	1%	0.05%	0.025%
이사, 발기인, 집행임원, 감사, 불공정한 가액으로 주식을 인수한 자, 주주권리 행사와 관련해 이익을 받은 자, 청산인에 대한 대표소송 (542조의6 6항, 403조, 324조, 408조의9, 415조, 424조의2, 467조의2, 542조)	1%	0.01%	0.01%
자회사의 이사, 발기인, 집행임원, 감사, 청산인에 대한 다중대표소송 (542조의6 7항, 406조의2, 324조, 408조의9, 415조, 542조)	1%	0.5%	0.5%

다. 액면주식과 무액면주식

(1) 액면주식

　액면주식(par value share)이란 1주의 금액 즉, 액면금액이 정관에서 정해지고, 그 액면이 주권에 표시되는 주식을 말한다. 액면은 ① 100원 이상이어야 하고(329조 3항), ② 균일해야 하며(329조 2항), ③ 발행주식의 액면총액이 자본금으로 계상되고(451조), ④ 주식의 발행가 중 액면을 초과하는 금액은 자본준비금으로 계상된다

---

113) 대규모상장회사는 자본금규모에 관계없이 발행주식총수의 1% 이상 주주가 행사할 수 있고(542조의7 2항), 그 나머지 모든 주식회사의 경우에는 3%률이 적용됨.

(459조, 상법시행령 18조, 15조, 중소기업회계기준 20조 2항).

(2) 무액면주식

무액면주식(non par value share)114)이란 액면이 없기 때문에 정관에 정해져 있지 않고, 따라서 <u>주권에는 단지 주식의 수량만이 표시되는 주식</u>을 말한다. 이 경우 ① 자본금은 주식 발행가액의 <u>2분의1 이상</u>의 금액으로서 <u>발기인</u>(설립시 정관에서 달리 정하지 않는 한)115) 또는 <u>이사회</u>(설립 후 신주발행시)116)에서 자본금으로 계상하기로 한 금액의 총액이 되며, ② 이 경우 주식의 발행가액 중 자본금으로 계상하지 아니한 금액은 자본준비금으로 계상하여야 하고(451조 2항), ③ 무액면주식을 발행하는 경우에는 액면주식을 발행할 수 없다(329조 1항).

(3) 액면주식과 무액면주식 상호간의 전환

① 액면주식을 무액면주식으로 전환하거나 무액면주식을 액면주식으로 전환하는 것은 **정관**으로 정하는 바에 따라 허용되며(329조 4항), 즉, <u>정관에 규정이 있어야 액면주식과 무액면주식간의 전환이 허용되고</u>, ② **전환되더라도 주식회사의 자본금은 변경할 수 없다**(451조 3항). 이는 정관변경에 의해 액면주식과 무액면주식 중 어느 하나만을 선택할 수 있다는 것을 의미하며, 자본금의 변경을 초래하는 것은 아니므로 <u>채권자보호절차는 필요치 않다</u>.

전환절차와 관련해서는, 1월 이상의 기간을 정하여 전환의 뜻과 그 기간 내에 주권을 회사에 제출할 것을 공고하고, 주주명부에 기재된 주주와 질권자에게는 각기 별도로 통지해야 하며(329조 5항, 440조; 단, 전자등록된 액면, 무액면주식 상호간의 전환에 관하여는, 회사는 자신이 정한 일정한 날(이하 "액면무액면전환기준일"이라 함)에 주식이 전환된다는 뜻을 그 날부터 2주전까지 공고하고 주주명부에 기재된 주주와 질권자에게는 개별적으로 그 통지를 하여야 함(주식사채 등의 전자등록에 관한 법률 65조 3항, 1항)), **전환의 효력은** <u>공고기간이 만료한 때</u>에 발생하고(329조 5항, 441조 본문; 전자등록된 액면, 무액면주식 상호간의 전환은 액

---

114) 액면주식은 액면미달발행 및 주식분할에 어려움이 있으므로, 무액면주식제도를 도입함으로써 주식발행의 효율성 및 자율성이 높아질 것으로 기대됨(국회법제사법위원장, 상법 일부개정법률안(대안), 2011.3.).

115) 발기인이 만장일치로 결정해야 할 주식발행사항 중 하나임(291조 3호).

116) 만일 정관으로 주주총회에서 정하기로 한 경우에는 이사회가 아닌 주주총회에서 결정함(416조 단서).

면무액면전환기준일에 효력이 생기나, 채권자보호절차가 종료되지 아니한 경우에는 그 종료된 때에 효력이 생김(주식사채 등의 전자등록에 관한 법률 65조 3항, 2항)), 구주권을 회사에 제출할 수 없는 자가 있는 때에는 회사는 그 자의 청구에 의하여 3개월 이상의 기간을 정하고, 이해관계인에 대하여 그 주권에 대하여 이의가 있으면 그 기간 내에 제출할 것을 청구자의 비용부담으로 공고하고 그 기간이 경과한 후에 신주권을 청구자에게 교부할 수 있다(329조 5항, 442조). 전환절차에 중대한 하자가 있는 경우에는 <u>신주발행무효의 소에 관한 규정을 유추적용</u>함으로써, 단체법적 해결을 위한 대세적 효력을 인정하고, 법적 안정성을 위해 소급효를 불인정하는 것이 타당할 것이다.

라. 종류주식

상법은 <u>이익배당, 잔여재산분배, 주주총회에서의 의결권의 행사, 상환 및 전환</u>117)에 관하여 보통주식과 다른 종류의 주식을 발행할 수 있음을 규정하고 있다.118) 이 경우 <u>정관에서</u> 각 종류주식의 내용과 수를 정해야 한다(344조 2항).119) 이와 같이 종류주식을 종전보다 폭넓게 인정한 이유는, 주식평등의 원칙의 예외를 인정하여 주식회사로 하여금 보통주식과 내용이 다른 주식을 발행할 수 있게 함으로써, 자본조달을 보다 손쉽게 하여 재무구조를 개선하고 주식회사의 자금조달의 자율성을 확대시키려는 취지이다.

나아가, ① 종류주식을 발행한 때에는 <u>정관에 다른 정함이 없는 경우에도</u>, 회사는 주식의 종류에 따라 신주의 인수, 주식의 병합, 분할, 소각 또는 회사의 합병, 분할로 인한 주식의 배정에 관하여 **특수하게 정할 수 있다**(344조 3항). 이 경우, ② <u>어느 종류의 주주에게 손해를 미치게 될 경우에는 당해 종류주식의 주주</u>

---

117) 상법 344조 1항에는 "이익의 배당, 잔여재산의 분배, 주주총회에서의 의결권의 행사, 상환 및 전환 <u>등</u>에 관하여 내용이 다른 종류의 주식을 발행할 수 있다."라고 규정하고 있는데, "등"이라는 표현을 사용함으로써 마치 명시된 종류주식을 제외한 기타 여하한 다른 내용의 종류주식도 발행가능한 것처럼 해석될 수밖에 없음.

118) 위 종류주식의 성질 중 둘 이상의 성질을 포함하는 종류주식도 가능하다고 봄(예를 들어, 의결권이 배제되는 배당우선주, 의결권이 제한되는 배당우선상환주 등이 있음. 그러나 <u>상환전환주는 허용 안됨</u>(345조 5항)).

119) 주식청약서(347조), 회사등기부(317조), 주주명부(352조) 및 주권(356조)에 각 기재되어야 하며, 한편, 정관이 정한 범위 내에서 설립시에는 발기인이 주식발행사항의 하나로서 발행할 주식의 종류와 수를 정하게 되고, 설립 후 신주발행시에는 원칙적으로 이사회가 발행할 종류주식의 내용과 수를 정하게 됨.

만의 종류주주총회의 특별결의를 얻어야 한다(436조, 435조).

(1) 이익배당 또는 잔여재산분배에 관한 종류주식

주식회사는 이익의 배당에 관하여 내용이 다른 종류주식을 발행할 수 있으며, 이 경우 정관에 그 종류주식의 주주에게 교부하는 배당재산의 종류, 배당재산의 가액의 결정방법, 이익을 배당하는 조건 등 이익배당에 관한 내용을 정하여야 한다(344조의2 1항). 특히 이익배당의 우선권을 제공함으로써, 자금조달을 수월하게 할 수 있는 장점이 있으며, 뒤에 설명하는 종류주식 중 하나인 상환주식과 결합하여 장차 회사의 이익으로 소멸시킴으로써 대주주의 지배권을 유지시킬 수 있는 목적으로도 사용된다.

한편, 주식회사는 잔여재산의 분배에 관하여 내용이 다른 종류주식을 발행할 수 있으며, 이 경우 정관에 잔여재산의 종류, 잔여재산의 가액의 결정방법, 그 밖에 잔여재산의 분배에 관한 내용을 정해야 한다(344조의2 2항).120)

이러한 이익배당 또는 잔여재산분배에 있어 순위의 판단기준이 되는 주식을 보통주라 하고, 보통주보다 이익배당 또는 잔여재산분배에 있어 우선권이 보장된 종류주식을 우선주라 하며, 보통주보다 이익배당 또는 잔여재산분배에 있어 열등한 지위에 있는 종류주식을 열후주라 한다.121)

(2) 의결권배제·제한에 관한 종류주식

주식회사는 의결권이 없는 종류주식이나 의결권이 제한되는 종류주식을 발행할 수 있으며, 이 경우 정관에 의결권을 행사할 수 없는 사항122)과 의결권행사 또는 부활의 조건을 정한 경우에는 그 조건123) 등을 정해야 한다(344조의3 1항). 현재 주식시장에서 많은 수를 차지하는 소액투자자들은 의결권의 행사에는 관심이 없고 배당에만 관심이 있는 반면, 지배주주의 경우에는 자신의 지배력을 강화하

---

120) 주로 잔여재산분배의 우선순위에 관한 내용이 될 것임.

121) 보통주까지도 종류주식에 포함시키는 것을 생각해 볼 수 있으나, 상법 344조 및 344조2의 해석상, "내용이 다른 주식"을 종류주식으로 규정하고 있으므로, 원칙적으로 보통주를 종류주식으로 포함시키는 해석은 타당하지 않다고 판단됨.

122) 일정한 사항에 한하여 의결권이 제한되는 경우(예를 들어, 이사선임 또는 합병결의시에만 의결권을 행사하지 못하는 경우 등)를 포함함.

123) 예를 들어, 의결권없는 우선주의 경우, 배당우선권을 포기하면 의결권을 행사할 수 있다거나 우선배당을 받지 못할 경우 의결권이 부활된다는 내용이 이에 해당됨.

기 위해 의결권을 제한하되 배당이라는 반대급부를 제공할 경제적 동기가 있다는 점에서 이 종류주식을 발행하는 유인이 된다.124)

의결권배제·제한에 관한 종류주식의 총수는 **발행주식총수의 4분의1을 초과하지 못한다.**125) 만일 4분의1을 초과하여 발행된 경우에는 주식회사는 지체없이 그 제한을 초과하지 아니하도록 필요한 조치를 하여야 한다(344조의3 2항).

의결권없는 종류주식을 소유한 주주에게는 주주총회 소집통지를 할 필요가 없다(363조 7항 본문). 그러나 의결권 있는 일반주주에게 보낼 주주총회 소집통지서에 적은 회의의 목적사항에, 반대하는 주주의 주식매수청구권이 인정되는 사항 즉, 주식의 포괄적 교환(360조의3, 360조의5), 주식의 포괄적 이전(360조의16, 360조의22, 360조의5), 영업의 전부 또는 중요한 일부의 양도(374조 1항 1호, 374조의2), 영업전부의 임대 또는 경영위임, 타인과 영업의 손익전부를 같이하는 계약 기타 이에 준하는 계약의 체결, 변경 또는 해약(374조 1항 2호, 374조의2), 회사의 영업에 중대한 영향을 미치는 다른 회사의 영업 전부 또는 일부의 양수(374조 1항 3호, 374조의2), 회사의 합병(522조, 522조의3) 또는 회사의 분할합병(530조의3, 530조의11, 522조의3)이 포함되는 경우에는, 무의결권주식을 소유한 주주에게도 주주총회의 소집통지를 하여야 한다(363조 7항 단서).

(3) 상환주식

상환주식이란 발행 당시부터 장래에 배당가능이익으로 소멸될 가능성이 예견되는 주식을 말한다. 회사상환주식의 경우는 자금조달의 필요상 배당에 우선권이 있는 우선주를 발행했다가 회사의 자금사정이 장차 호전되면 경영권보호를 위해 우선주를 소멸시킬 필요가 있을 때 유용하며, 주주상환주식의 경우는 향후 회사재무상태가 악화될 때를 고려해 자금을 회수할 필요가 있을 때 이용된다.

---

124) 물론 배당우선권이 없으면서 의결권만이 제한, 배제되는 종류주식도 가능함.

125) 의결권없는 주식의 과도한 발행으로 인해 기존 지배주주의 지배력이 부당하게 유지될 위험성을 견제하기 위함임; 단, 상장주식의 경우에는, 4분의1을 계산하는 데는 포함되지 아니하는 경우로서, ① 외국에서 의결권없는 주식을 발행하거나 외국에서 발행한 주권관련 사채권, 그 밖에 주식과 관련된 증권의 권리행사로 의결권없는 주식을 발행하는 경우 또는 ② 국가기간산업 등 국민경제상 중요한 산업을 경영하는 법인으로서 금융위원회가 의결권없는 주식의 발행이 필요하다고 인정하는 법인이 발행한 의결권없는 주식의 경우가 있음. 그리고 이 경우에도 발행주식총수에서 ①과 ② 및 상법상 의결권없는 주식을 포함한 총 의결권없는 주식이 차지하는 비율이 2분의1을 초과하지 못함(자본시장과 금융투자업에 관한 법률(이하 본서에는 "자본시장법"이라 칭함) 165조의15 2항).

상환주식은 종류주식 중 상환주식과 전환주식을 제외한 나머지 종류주식 즉, 이익배당 또는 잔여재산분배에 관한 종류주식과 의결권배제·제한에 관한 종류주식에 한해[126] 발행할 수 있다(345조 5항).

(가) 상환주식의 유형

1) 회사상환주식

주식회사는 정관으로 정하는 바에 따라, 회사의 이익 즉, 배당가능이익으로써 소각할 수 있는 종류주식을 발행할 수 있다. 이 경우 회사는 정관에 상환가액, 상환기간, 상환의 방법과 상환할 주식의 수를 정해야 한다(345조 1항). 이 경우, 회사는 상환대상인 주식의 취득일로부터 2주전에 그 사실을 상환주식의 주주 및 주주명부에 적힌 권리자에게 따로 통지하여야 한다. 다만 통지는 공고로 갈음할 수 있다(345조 2항). 상환의 최종결정은 이사회가 하며, 이사회는 자율적인 판단에 따라 상환여부를 결정할 재량을 가진다.

2) 주주상환주식

한편, 회사는 정관으로 정하는 바에 따라, 주주가 회사에 대하여 상환을 청구할 수 있는 종류주식을 발행할 수 있다. 이 경우 회사는 정관에 주주가 회사에 대하여 상환을 청구할 수 있다는 뜻, 상환가액, 상환청구기간, 상환의 방법을 정하여야 한다(345조 3항). 주주의 상환청구여부는 주주의 재량사항이다.

---

126) 보통주를 상환주식으로 발행할 수 있느냐와 관련하여 허용되지 않는다고 보아야 할 것인데, 그 이유로는 첫째, "… 종류주식(상환과 전환에 관한 것은 제외한다)에 한정하여 발행할 수 있다."라는 문구의 문리해석상, 보통주는 종류주식이 아니므로 허용이 안 된다고 보아야 할 것이고, 둘째, 입법취지상으로도 이익배당이나 의결권이 없는 주식을 상환주식으로 발행하게 함으로써, 자금조달의 탄력성과 주주의 보호를 적절히 조화시킬 수 있고(예를 들어, 의결권없는 상환우선주발행을 통해 자금조달을 수월하게 하되, 회사입장에서는 향후 우선주의 특혜를 상환권을 통해 해소할 수 있게 하며, 주주입장에서는 장차 의결권이라는 근본적인 권리의 행사불능에서 오는 문제점을 상환권을 통해 해소할 수 있게 됨), 보통주를 상환주식으로 발행하는 것을 허용함으로써 발생하는 자본의 환급이라는 결과가 합리적 이유(우선배당권 또는 무의결권)없이 행사되는 문제점을 극복할 수 있으며, 셋째, 보통주식에 상환조건을 붙일 수 없도록 한 이유는, 이를 허용하면 초기 형태의 포이즌 필과 유사한 기능을 하게 되어 종류주식이 적대적 인수합병에 대한 방어수단으로 활용되는 것을 금지하는 입법정책과 배치되기 때문임(권기범, 437; 김건식, 170; 김홍기, 427; 양명조, 115; 이범찬외, 137; 장덕조, 123; 최완진, 82; 최준선, 232; 법무부, 상법 회사편 해설, 2011, 148쪽; 권종호, "방어수단으로서 종류주식", 상사법연구 27권 2호, 2008, 63쪽). 이에 반하여, 보통주도 종류주식의 하나이므로, 보통주식에 대한 상환이 가능하다는 견해로는 김정호, 151; 손진화, 426; 임재연(I), 372; 정동윤, 454.

(나) 상환의 대가 및 효력

주식회사는 주식의 상환의 대가로, 현금 외에 <u>유가증권</u>(다른 종류주식은 제외)이나 <u>그 밖의 자산</u>을 교부할 수 있다. 다만 이 경우에는 그 자산의 장부가액이 배당가능이익을 초과해서는 아니된다(345조 4항).

상환의 효력발생시점과 관련하여, ① 주주상환주식의 경우, 주주가 상환청구권을 행사하면 회사는 상환에 응할 의무를 부담하므로, 주주의 상환청구권이 일종의 형성권이라고 보아 <u>주주가 회사에 대하여 상환을 청구한 때</u> 상환의 효력이 발생하며,[127] ② 회사상환주식의 경우에는, 임의상환 즉, 원하는 주주만이 상환에 응하도록 회사가 허용한 경우이냐 아니면 강제상환 즉, 모든 주주가 회사의 상환요구에 응해야 하는 경우이냐에 관계없이, 상법 346조 3항의 <u>주권제출기간이 만료한 때</u>에 상환의 효력이 발생한다(350조 후단 및 441조 각 유추적용). 그러나 정관이나 상환주식인수계약 등에서 특별히 정한 바가 없으면, 주주가 회사로부터 상환금을 지급받을 때까지는 상환권을 행사한 이후에도 여전히 주주의 지위에 있다(대법원 2020.4.9. 선고 2017다251564 판결).

주식의 상환으로 인하여 그 대가로 상환주식을 소유하던 주주가 받을 금전 또는 주식에 대하여도 종전의 주식을 목적으로 한 질권을 행사할 수 있다(339조). 즉, 질권의 물상대위가 허용된다.[128]

(4) 전환주식

전환주식이란 <u>주주 또는 회사가 다른 종류주식으로 전환할 것을 청구할 수 있는 주식</u>을 말한다(346조). 예를 들어, 무의결권우선주를 보통주로의 전환을 주주가 선택할 수 있게 해 준다면, 배당에 관심을 가지고 있는 주주로 하여금 장래 배당욕구가 어느 정도 충족되었을 때, 회사의 지배권에 영향력을 행사하기 위해 의결권을 행사하는 방법을 인정해 주는 것이 되고, 이는 주주의 입장에서는 투자의

---

[127] 주주전환주식의 전환의 효력(350조 1항 전단)에 관한 규정을 유추적용하면 이러한 해석이 가능함 (김건식, 173; 김정호, 152; 김홍기, 426; 손진화, 427; 양명조, 116; 임재연(I), 377; 장덕조, 125; 정동윤, 455). 이에 반하여, 회사가 상환대가를 교부하고 주식을 이전받은 때 상환의 효력이 발생한다고 보는 견해로는 권기범, 441. 한편, 회사가 주주로부터 상환을 청구받고, 상환주식을 취득하여 주식실효의 절차를 마친 때 상환의 효력이 발생한다고 보는 견해로는 정찬형, 698.

[128] 참고로, 상환으로 인한 변경등기와 관련하여, 전환주식에 적용되는 상법 351조와 같은 변경등기 규정이 상환주식에는 명시되어 있지 아니함.

유인으로 작용할 수 있으며, 회사입장에서도 전환주식을 통한 자금조달 측면에서 유리한 점이라 할 수 있다. 한편, 회사가 무의결권우선주의 보통주로의 전환권을 행사할 수 있게 된다면, 향후 경영권을 안정적으로 이끌 수 있다는 장점도 있다.

법문에서는 전환의 대상이 "종류주식"(344조 1항에서 "내용이 다른 종류의 주식"을 종류주식으로 표현하고 있음)으로 명시되어 있어, 보통주식으로의 전환은 허용되지 않는 것으로 보이나, 실제 거래계에서도 일반적으로 보통주로 전환하는 것을 허용하고 있고, 통설 역시 보통주식을 포함하는 개념으로 해석하고 있다.129)

만일 전환의 결과 자본금이 감소하는 경우에는, 별도의 자본감소절차 내지 채권자보호절차를 반드시 거쳐야 한다고 보아야 할 것이다.130)

(가) 전환주식의 유형

1) 주주전환주식

회사가 종류주식을 발행하는 경우에는, 정관으로 정하는 바에 따라 주주는 인수한 주식을 다른 종류주식으로 전환할 것을 청구할 수 있다. 이 경우 전환의 조건, 전환의 청구기간, 전환으로 인하여 발행할 주식의 수와 내용을 정하여야 한다(346조 1항). 주주의 전환청구여부는 주주의 자유이다.

2) 회사전환주식

회사가 종류주식을 발행하는 경우에는, 정관에 일정한 사유가 발생할 때, 회사가 주주의 인수주식을 다른 종류주식으로 전환할 수 있음을 정할 수 있다. 이 경우, 회사는 전환의 사유, 전환의 조건, 전환의 기간, 전환으로 인하여 발행할 주식의 수와 내용을 정하여야 한다(346조 2항). 전환의 최종결정은 이사회가 하며, 이사회는 자율적인 판단에 따라 전환여부를 결정할 재량을 가진다.

(나) 전환주식 발행절차

주주전환주식 및 회사전환주식 모두에 적용되는 절차로서, 주식청약서 또는 신주인수권증서에 다음 사항을 적어야 한다(347조).131)

---

129) 권기범, 442; 김정호, 148; 송옥렬, 736; 유시창, 122; 정동윤, 457.
130) 권기범, 447; 손진화, 445; 임재연(I), 384; 정경영, 390; 최기원, 245; 최준선, 237. 입법론적으로는 보통주를 포함하여 전환할 수 있는 전환주식을 명시적으로 인정하되, 전환으로 인해 자본금이 감소하는 경우 자본금감소절차를 거쳐야 하는 것으로 규정하는 것이 바람직하다고 판단됨.
131) 입법론적으로는 주주의 이익보호를 강화하기 위하여 전환의 사유와 전환으로 인하여 발행할 주

① 주식을 다른 종류의 주식으로 전환할 수 있다는 뜻

② 전환의 조건

③ 전환으로 인하여 발행할 주식의 내용

④ 전환청구기간 또는 전환의 기간

한편, 정관에 명시한 각 종류주식의 수 중 새로 발행할 주식의 수는 전환청구기간 또는 전환의 기간 내에는 그 발행을 유보하여야 한다(346조 4항, 344조 2항).

(다) 전환절차

□1 주주전환주식의 경우, 주식의 전환을 청구하는 자는 청구서 2통에 주권을 첨부하여 회사에 제출해야 하며, 이 청구서에는 전환하고자 하는 주식의 종류, 수 및 청구년월일을 기재하고 기명날인 또는 서명하여야 한다(349조).

□2 회사전환주식의 경우에는, ① 전환할 주식, ② 2주 이상의 일정한 기간 내에 그 주권을 회사에 제출해야 한다는 뜻 및 ③ 그 기간 내에 주권을 제출하지 아니할 때에는 그 주권은 무효로 된다는 뜻이 기재된 통지를 그 주식의 주주 및 주주명부에 적힌 권리자에게 하여야 한다. 다만, 통지는 공고로 갈음할 수 있다 (346조 3항). 단, 회사가 <u>전자등록</u>된 종류주식을 다른 종류주식으로 전환하는 경우 이사회는 위 ②,③ 대신에 회사가 정한 일정한 날(이하 "전환기준일"이라 함)에 전자등록된 종류주식이 다른 종류주식으로 전환된다는 뜻을 공고하고, 주주명부에 주주, 질권자, 그 밖의 이해관계자로 기재되어 있는 자에게 그 사항을 통지하여야 한다(주식사채 등의 전자등록에 관한 법률 64조 1항).

전환으로 인하여 신주식을 발행하는 경우에는, <u>전환 전의 주식의 **발행가액**을 신주식의 **발행가액**</u>으로 한다(348조). 전환 전 주식의 총 발행가액과 전환 후 신주식의 총 발행가액을 동일하게 만듦으로써, 전환에 의해 자본이 감소됨에 의한 자본충실의 원칙이 훼손됨을 막기 위함이다.

(라) 전환의 효력

전환의 효력발생시점과 관련하여, □1 주주전환주식의 경우에는, 주주가 회사에 대하여 <u>전환을 청구한 때</u> 전환의 효력이 발생하며, □2 회사전환주식의 경우에는, 상법 346조 3항의 <u>주권제출기간이 만료한</u> 때에 전환의 효력이 발생한다(350조 1항). 단,

---

<u>식의</u> 수도 추가함이 바람직하다고 봄.

회사가 전자등록된 종류주식을 다른 종류주식으로 전환한 경우에는 전환기준일에 전환의 효력이 발생한다(주식사채 등의 전자등록에 관한 법률 64조 2항).

상법 354조 1항에 따른 주주명부폐쇄기간 중에 전환된 주식의 주주는 그 기간 중의 주주총회의 결의에 관하여 의결권을 행사할 수 없다(350조 2항). 즉, 구주식을 가지고 의결권을 행사할 수 있지, 신주식을 가지고 의결권을 행사할 수 없다는 의미이다.

전환에 의해 발행된 주식의 이익배당에 관하여는, 일할배당이 적용되는 것이 타당하다고 본다.

주식의 전환으로 인하여 그 대가로 구주식을 소유하던 주주가 받을 신주식에 대하여도 구주식을 목적으로 한 질권을 행사할 수 있다(339조). 즉, 질권의 물상대위가 허용된다.

주식의 전환으로 인한 변경등기는 당해 주식회사의 본점소재지에서 전환을 청구한 날 또는 주권제출기간 종료일이 속하는 달의 말일부터 2주내에 하여야 한다(351조). 단, 회사가 전자등록된 종류주식을 다른 종류주식으로 전환한 경우의 변경등기는 전환기준일이 속하는 달의 마지막 날부터 2주내에 본점 소재지에서 하여야 한다(주식사채 등의 전자등록에 관한 법률 64조 3항).

마. 주식의 공유

주식의 소유는 주주 단독소유가 일반적이나, 민법상 공유의 형태도 가능한데, 주식을 공동으로 양수 또는 인수하거나 공동상속 받는 경우가 이에 해당하며, 상법상으로는 발기인 또는 이사의 인수담보책임의 경우 공유관계가 성립한다(321조 1항 및 428조 1항).

또한 상법은 이러한 주식의 공유관계가 성립하는 경우에 주식회사와 공유주주간의 관계를 분명히 하는 특별규정을 둠으로써, 법적 안정성을 기하고자 하는데, 우선 1 수인이 공동으로 주식을 인수한 자는 연대하여 납입할 책임이 있고, 2 주식이 수인의 공유에 속하는 때에는 공유자는 주주의 권리를 행사할 1인을 정해야 하며, 3 그 자가 없는 때에는 공유자에 대한 통지나 최고는 어느 1인에 대하여 하면 된다(333조).

바. 가설인, 타인명의에 의한 인수인의 책임

① 가설인 즉, 세상에 존재하지 않는 사람의 명의로 주식을 인수하거나 타인의 승낙 없이 그 명의로 주식을 인수한 자는 주식인수인으로서의 책임이 있으며 (332조 1항), ② 타인의 승낙을 얻어 그 명의로 주식을 인수한 자는 그 타인과 연대하여 납입할 책임이 있다(동조 2항).

한편, 판례는 가설인 명의로 또는 타인의 승낙 없이 타인명의로 주식을 인수한 자가 주식대금을 납입하면, 주식인수계약의 상대방(발기설립의 경우에는 다른 발기인, 그 밖의 경우에는 회사)의 의사에 명백히 반한다는 등의 특별한 사정이 없는 한, 그 주식대금을 납입한 자가 주주가 된다.132)

한편, 타인의 승낙을 얻어 그 명의로 주식을 인수한 경우에는 누구를 주주로 보아야 할 것인지와 관련하여 실질설133)(실질적인 주식인수인인 명의차용자가 주주가 된다는 설), 형식설134)(명의상의 주식인수인인 명의대여자를 주주로 본다는 설) 및 절충설135)이 대립하고 있다. 살피건대, 명의차용자와 명의대여자간에 누구를 주주로 보아야 할 것인지 여부는 원칙적으로 당사자간의 관계를 실질적으로 판단하여 결정할 문제이지 회사와의 관계에 따라 결정되어서는 안 되는 문제이다. 따라서 특별한 사정이 없는 한, <u>당사자간에 있어서는</u> 명의차용자가 주주가 되는 것으로 합의가 되어있는 것으로 보아야 할 것이어서, 비록 명의대여자가 연대납입의무를 부담한다 할지라도 당사자간의 이러한 합의에 영향을 줄 수는 없는 것이고,136) 주주명부상에 명의대여자의 이름이 주주로 되어 있을 경우에는 회사로서는 명의대여자를 주주로 인정하면 되는 것이므로, 회사법관계에서 강하게 요구되는 법적 안정성을 실질적으로 해칠 우려가 있다고 보기 어렵다. 따라서 당사자간에서는 명의차용인이 주주가 되어야 한다고 본다. 단, 명의개서된 자만이 회사에 대하여 주

---

132) 대법원 2017.12.5. 선고 2016다265351 판결.

133) 강희갑, 208; 권기범, 397; 김건식, 240; 김동훈, 98; 김정호, 113; 송옥렬, 794; 양명조, 203; 이기수외, 182; 임재연(I), 256; 장덕조, 140; 정동윤, 399; 정찬형, 709; 최기원, 262; 최준선, 189 및 대법원 2011.5.26. 선고 2010다22552 판결.

134) 이철송, 318.

135) 대규모 회사의 경우 대량적 편의를 위해 형식설이 타당하나, 소규모 회사의 경우 실질설이 타당하다는 견해를 말함(서헌제, 623).

136) 물론 명의대여자가 연대납입의무를 이행한 경우에는 명의차용자에게 구상권을 행사하여 이행한 금원 전액을 지급받아야 할 것임.

주로서의 권리를 행사할 수 있을 것이다. 이와 관련하여 판례는 실제 출자자를 주식인수인으로 하기로 한 사실을 주식인수계약의 상대방인 회사 등이 알고 이를 승낙하였거나 명의개서가 부당지연 또는 거절되는 등 특별한 사정이 없는 한, 형식주주만이 주주로 인정되어야 한다고 판시하고 있다.[137]

2. 주권(Share Certificate)

주권이란 주식을 외형적으로 표시하는 유가증권이다. 다시 말해, 주권은 주식을 소유한 자 즉, 주주를 입증하는 수단으로 기능할 뿐만 아니라 주권의 교부를 통해 주식양도의 효력을 발생시킴으로써 거래의 안전을 기하는 효과가 있다.

가. 주권의 기재사항

주권에는 다음의 사항과 <u>번호</u>를 기재하고, 대표이사가 기명날인 또는 서명하여야 한다(356조).

　　① 회사의 상호(동조 1호)
　　② 회사의 성립년월일(동조 2호)
　　③ 회사가 발행할 주식의 총수(동조 3호)

---

137) 대법원 2017.3.23. 선고 2015다248342 전원합의체판결 및 대법원 2017.12.5. 선고 2016다265351 판결.

④ 액면주식을 발행하는 경우 1주의 금액(동조 4호)

⑤ 회사의 성립 후 발행된 주식에 관하여는 그 발행 연월일(동조 5호)

⑥ 종류주식이 있는 경우에는 그 주식의 종류와 내용(동조 6호)

⑦ 주식의 양도에 관하여 이사회의 승인을 얻도록 정한 때에는 그 규정(동조 6의 2호)

이와 관련하여, ① 대표이사가 주권에 주주명의와 발행연월일을 누락하여 발행하였다 하더라도 이는 주식의 본질에 관한 사항이 아니므로, 주권의 무효사유가 된다고 볼 수 없으며, ② 설사 대표이사가 정관에 규정된 주권의 종류와 다른 주권을 발행하였다 하더라도,138) 이는 단순히 정관의 임의적 기재사항인 주권의 종류에 관한 규정에 위반된 사실에 불과할 뿐이어서, 이미 발행된 주권이 무효라고 할 수는 없다. 그러나 주권의 부실기재 또는 미기재로 인한 이사의 회사에 대한 책임(399조) 및 이사에 대한 과태료부과(635조 1항 6호)는 면제되지 아니한다.139) ③ 판례에 의하면, 주권의 발행은 <u>특별한 사정</u>140)이 없는 한, 대표이사의 권한이다.141)

나. 주권의 발행시기

① 주식회사는 **성립 후 또는 신주의 납입기일 후**142) 지체없이 주권을 발행하여야 하며(355조 1항), ② 즉, 주권은 회사의 성립 후 또는 신주의 납입기일 후가 아니면 발행하지 못하고(동조 2항), ③ 이에 위반하여 발행한 주권은 무효로 하되(동조 3항 전단), ④ 발행한 자에 대한 손해배상의 청구에 영향을 미치지 아니한다(동조 3항 후단).

회사 성립 후 또는 신주납입기일 이후에 주식양도에 필수적인 주권을 주주

---

138) 예를 들어, 정관에는 1주권, 10주권, 100주권 3종류만을 발행할 수 있도록 규정되어 있는데, 실제로 20주권, 200주권, 2,000주권, 20,000주권을 발행한 경우를 말함.

139) 단, 주권의 부실기재 또는 미기재행위로 인하여 형을 부과하는 경우에는 과태료부과는 할 수 없음.

140) 예를 들어, 정관규정상 주주총회나 이사회의 의결을 거치도록 되어 있는 경우를 말함.

141) 대법원 1996.1.26. 선고 94다24039 판결.

142) 전환주식, 주식병합, 주식분할, 준비금의 자본전입, 주식배당, 전환사채에서의 전환권의 행사, 신주인수권부사채에서의 신주인수권의 행사의 경우에도 유추적용된다고 보아야 할 것임.

에게 발행해 줌으로써 주주가 투자금을 회수할 수 있는 권리를 보호해 줌과 동시에 그 시점 이전에는 주권을 발행하지 못하게 함으로써 혹시라도 발생할지 모를 주식회사의 불성립으로 인한 혼란을 방지하기 위함이며, 이것을 위반하여 발행된 주권을 무효로 하되, 무효로 인해 발생한 손해를 발기인(322조 2항), 이사(401조) 등이 배상토록 함으로써 위반자에게 위반행위로 인한 최종 배상책임을 부담시키자는 취지이다.

다. 주식의 전자등록

⓵ 주식회사는 **주권을 발행하는 대신**, 정관으로 정하는 바에 따라 전자등록기관(유가증권 등의 전자등록업무를 취급하는 것으로 지정된 기관)의 **전자등록부**에 등록할 수 있으며, ⓶ 전자등록부에 등록된 주식의 <u>양도</u>나 <u>입질</u>은 전자등록부에 <u>등록해야</u> <u>그 효력이 발생</u>하고, ⓷ 전자등록부에 주식을 등록한 자는 그 <u>등록된 주식에 대한 권리를 적법하게 보유한 것으로 추정</u>하며, ⓸ 이러한 전자등록부를 **선의**로 그리고 **중대한 과실 없이** 신뢰하고, 전자등록부의 등록에 따라 권리를 취득한 자는 그 <u>권리를 적법하게 취득한다</u>(356조의2).[143]

한편, 주식을 전자등록하더라도 <u>주주명부의 명의개서와는 별개의 절차</u>이다. 전자는 주권의 발행을 갈음하는 제도임에 반하여, 후자는 발행회사에 대해 주주로서의 권리를 행사하기 위한 제도이기 때문이다. 담당기관도 전자는 전자등록기관이 하는 반면, 후자는 당해 주식회사 또는 이 회사가 대행계약을 통해 지정하는 명의개서대리인이 담당한다.

라. 주권의 효력발생시점

주식회사가 <u>상법 356조에 따른 사항을 기재한 주권을 작성</u>하여, <u>이를 주주에게 교부한 때에 주권으로서의 효력이 발생</u>한다.[판례6] 따라서 주권이 당해 주식회사의 의사에 반하여 회사 밖으로 유출되거나 주주가 아닌 제3자에게 교부된

---

143) 전자등록의 절차·방법 및 효과, 전자등록기관에 대한 감독, 그 밖에 주식의 전자등록 등에 필요한 사항은 따로 법률로 정하도록 되어 있는 바, 이에 따라 "주식·사채 등의 전자등록에 관한 법률"이 제정되어 2019.9.16.부터 시행됨(동 특별법에 의하면, 상장회사는 동법적용이 의무적이나, 비상장회사의 경우에는 선택적임; 동법 25조 1항).

때에는 당해 회사의 주권으로서의 효력은 발생치 아니하므로, 그 주식의 취득자는 적법하게 주식을 취득한 것으로 인정될 수 없으며, 이 자로부터 양수한 제3자도 선의취득이 인정될 수 없다.

> [판례6] 대법원 2000.3.23. 선고 99다67529 판결 및 대법원 1987.5.26. 선고 86다카982 판결
>
> 　주주가 아닌 제3자에게 주권을 교부하여 주었다 할지라도 아직 회사의 주권으로서의 효력을 가지지 못함.

마. 주권점유의 추정력

　주권의 점유자는 이를 적법하게 소지한 것으로 추정한다(336조 2항). 따라서 주권점유의 추정력을 번복하기 위해서는 이를 다투는 상대방이 주권점유자가 적법한 소유자가 아님을 입증하여야 한다. 주권점유의 추정력이 번복되지 않는 한, 주권의 점유자는 당해 발행회사에 대하여 주주명부상의 명의개서를 요구할 수 있다.144) 주권의 점유자는 명의개서를 통해 당해 회사에 대해 주주로서의 권리를 행사할 수 있다.

바. 주권의 선의취득

　어떤 사유로든 주권의 점유를 잃은 자가 있는 경우에 그 주권의 소지인은 유효한 주권145)을 양도의 합의하에146) 무권리자로부터147) 교부받은 때148) 그 소지

---

144) 대법원 2019.5.16. 선고 2016다240338 판결.(대법원 2019.8.14. 선고 2017다231980 판결; 주권이 발행되어 있는 주식을 취득한 자가 주권을 제시하는 등 그 취득사실을 증명하는 방법으로 명의개서를 신청하고, 그 신청에 관하여 주주명부를 작성할 권한 있는 자가 형식적 심사의무를 다하였으며, 그에 따라 명의개서가 이루어졌다면, 특별한 사정이 없는 한 그 명의개서는 적법한 것으로 보아야 함)

145) 주권의 효력이 발생되지 아니한 주권, 위조된 주권, 주권불소지신고절차에 따라 무효화된 주권, 제권판결에 의해 무효가 선고된 주권은 선의취득의 대상이 될 수 없음.

146) 상속, 유증, 합병과 같은 포괄승계에 의해 주식을 취득한 경우에는 선의취득이 인정될 수 없음.

147) 주권이 도품 또는 유실물이라 할지라도 선의취득의 대상이 될 수 있으므로, 민법상 선의취득보다 거래의 안전을 폭넓게 인정하고 있음(민법 250조, 251조 참조).

148) 선의취득이 인정될 수 있는 주권의 교부방법에는 현실의 인도, 간이인도, 목적물반환청구권의 양도가 포함되나, 점유개정은 포함되지 않는다고 보는 것이 타당할 것임(왜냐하면 외관상 무권리자

인이 <u>선의이고 중대한 과실이 없는 한</u>,149) 그 주권을 반환할 의무가 없다(359조, 수표법 21조). 따라서 이와 같이 주권의 선의취득이 인정되면 종전의 권리자는 주식에 대한 권리를 상실하게 된다.

사. 주권상실시 무효를 위한 공시최고절차 및 제권판결

１ 주권을 상실한 경우에 이를 무효로 하기 위해서는 공시최고의 절차에 의하여야 하며, 주권을 상실한 자는 제권판결을 얻지 아니하면, 회사에 대하여 주권의 재발행을 청구하지 못한다(360조 1항).[판례7] 공시최고의 관할은 당해 주식회사의 본점소재지를 관할하는 지방법원의 전속관할이며(민사소송법 476조), 주권의 최종소지인이 공시최고절차를 신청할 수 있고(동법 493조), 이때 신청인은 주권의 등본을 제출하거나 또는 주권의 존재 및 그 중요한 취지를 충분히 알리기에 필요한 사항을 제시해야 하며, 신청인은 주권이 도난, 분실되거나 없어진 사실과 그 밖에 공시최고절차를 신청할 수 있는 이유가 되는 사실 등을 소명해야 하고(동법 494조), 공시최고의 허가여부에 대한 재판은 결정으로 하며, 이 경우 신청인을 심문할 수 있고(동법 478조), 공시최고의 신청을 허가한 때에는 법원은 공시최고를 해야 하는데(동법 479조), 이에는 <u>공시최고기일</u>150)까지 권리 또는 청구의 신고를 하고, 그 증서를 제출하도록 최고하며, 이를 게을리하면 권리를 잃게 되어 주권의

에게 점유가 남아있는 경우까지 선의취득을 인정한다는 것은 거래의 안전을 보호한다는 취지에서 과도하게 일탈하는 결과를 초래할 것이기 때문임; 대법원 1996.6.28. 선고 96다14807 판결도 점유개정을 불인정함). 이와 관련하여 독일 민법은 명문으로 점유개정에 의한 선의취득을 인정치 않고 있다고 함(김진우, "동산의 선의취득을 위한 양수인의 점유취득", 비교사법 제11권 4호, 2004, 180쪽).

149) 주권의 선의취득은 주권의 소지라는 권리외관을 신뢰하여 거래한 사람을 보호하는 제도인 바, 주권 취득이 악의 또는 중대한 과실로 인한 때에는 선의취득이 인정되지 않는데(상법 359조, 수표법 21조), 여기서 악의 또는 중대한 과실이 있는지는 그 취득 시기를 기준으로 결정하여야 하며, '악의'란 교부계약에 하자가 있다는 것을 알고 있었던 경우 즉, 종전 소지인이 무권리자 또는 무능력자라거나 대리권이 흠결되었다는 등의 사정을 알고 취득한 것을 말하고, '중대한 과실'이란 거래에서 필요로 하는 주의의무를 현저히 결여한 것을 말하므로, 주권 등을 취득하면서 통상적인 거래기준으로 판단하여 볼 때 양도인이 무권리자임을 의심할 만한 사정이 있음에도 불구하고 이에 대하여 상당하다고 인정될 만한 조사를 하지 아니한 채 만연히 주권 등을 양수한 경우에는 양수인에게 상법 359조, 수표법 21조 단서에서 말하는 '중대한 과실'이 있다고 보아야 한다(대법원 2018.7.12. 선고 2015다251812 판결). 선의취득을 부인하는 자가 악의 또는 중대한 과실을 입증해야 할 것임.

150) 공고종료일로부터 3개월 후로 정하고(민사소송법 481조), 만일 공시최고기일이 끝난 뒤에도 제권판결에 앞서 권리 또는 청구의 신고가 있는 때에는 그 권리를 잃지 아니함(동법 482조).

무효가 선고된다는 것을 경고해야 하며(동법 495조), 공시최고기일까지 위 신고가
없는 때에는 주권의 무효를 선고하는 제권판결을 하여야 하고(동법 496조), 신청인
은 당해 주식회사에 대하여 주권에 의한 권리를 주장할 수 있다(동법 497조).151)

> [판례7] 대법원 1981.9.8. 선고 81다141 판결
>
> 　　주권을 상실한 자가 주주일 경우뿐만 아니라 주권을 발행한 회사라 할지라도
> 제권판결이 없는 이상, 동 회사에 대하여 주권의 재발행을 청구할 수 없음.

　　② 우선 제권판결과 실질적 권리자의 권리행사와의 우선순위와 관련하여,
판례는 약속어음에 관하여 제권판결이 선고되면, 제권판결의 소극적 효력으로서
그 약속어음은 약속어음으로서의 효력을 상실하게 되어 약속어음의 정당한 소지
인이라고 할지라도, 그 약속어음상의 권리를 행사할 수 없게 되는 것이므로, 일
단 제권판결이 선고된 이상, 약속어음상의 실질적 권리자라 하더라도 제권판결의
효력을 소멸시키기 위하여 제권판결에 대한 불복의 소를 제기하여 취소판결을
받지 아니하는 한, 그 약속어음상의 권리를 주장할 수 없다고 판시하고 있다.152)
　　③ 또한 판례는 제권판결과 선의취득과의 우선순위와 관련하여, 약속어음에
관한 제권판결의 효력은 그 판결 이후에 있어서 당해 어음을 무효로 하고, 공시
최고 신청인에게 어음을 소지함과 동일한 지위를 회복시키는 것에 그치는 것이
고, 공시최고 신청인이 실질상의 권리자임을 확정하는 것은 아니나, 소지자의 약
속어음은 제권판결의 소극적 효과로서 약속어음으로서의 효력이 상실되는 것이
므로, 약속어음의 소지인은 무효로 된 어음을 유효한 어음이라고 주장할 수는 없
는 것이며, 이는 공시최고 전에 어음을 선의취득한 경우라 할지라도 동일하다고
보고 있다.153)
　　④ 한편, 제권판결 취소확정판결과 선의취득과의 우선순위와 관련하여, 판례
는 주권의 무효를 선고한 제권판결의 효력은 공시최고 신청인에게 그 주권을 소
지하고 있는 것과 동일한 지위를 회복시키는 것에 그치고, 공시최고 신청인이 실

---

151) 제권판결의 적극적 효과임.
152) 대법원 1990.4.27. 선고 89다카16215 판결(어음에 대한 판결이나 주권에 유추적용될 수 있다고 판
　　　단됨).
153) 대법원 1993.11.9. 선고 93다32934 판결(어음에 대한 판결이나 주권에 유추적용될 수 있다고 판
　　　단됨).

질적인 권리자임을 확정하는 것은 아니라고 보아야 할 것이고 따라서 주권의 정
당한 권리자는 제권판결이 있더라도 실질적 권리를 상실하지 아니하고, 다만, 제
권판결로 인하여 그 주권에 따른 권리를 행사할 수 없게 될 뿐이어서 만일 민사
소송법 490조(제권판결에 대한 불복소송), 491조(소제기기간)에 따라 제권판결에 대한 불
복의 소가 제기되어 제권판결을 취소하는 판결이 확정되면, 제권판결은 소급하여
효력을 잃고 정당한 권리자가 소지하고 있던 주권도 소급하여 그 효력을 회복하
게 되며, 한편, 기존 주권을 무효로 하는 제권판결에 기하여 주권이 재발행되었
다 하더라도, 제권판결에 대한 소가 제기되어 취소하는 판결이 확정되면 재발행
된 주권은 소급하여 무효로 되고, 그 소지인은 이 재발행된 주권을 선의취득할
수 없는 것으로 판시하고 있다.[154]

아. 주권의 불소지

(1) 의의

주주는 정관에 다른 정함이 있는 경우를 제외[155]하고는, 그 주식에 대하여
주권을 소지하지 아니하겠다는 뜻을 당해 주식을 발행한 주식회사에 신고할 수
있다(358조의2 1항).

주주는 주식을 양도하기 위해서는 주권이 필요하나, 향후 주식을 양도할 의
사가 없는 주주의 경우에 주권을 보유한다는 것이 불필요한 것이고, 주권을 분실
할 경우 제3자의 선의취득의 위험이 있을 뿐만 아니라 이를 막기 위해 공시최고
및 제권판결의 절차를 거쳐야 하는 번거로움이 있으며, 한편, 당해 주식회사의
입장에서도 이 제도를 이용할 경우 주권발행비용을 절감할 수 있는 장점이 있다.
따라서 주주의 의사에 따라 주권 불소지의 의사를 회사에 신고할 수 있게 한 것
이다.

---

154) 대법원 2013.12.12. 선고 2011다112247,112254 판결.
155) 정관에 주권의 불소지 신고에 관한 인정, 불인정에 대한 어떠한 언급도 없는 경우에는 주주가 주
   권 불소지를 회사에 요구할 권리가 인정된다는 의미이며, 만일 이 권리행사를 막기 위해서는, 정
   관에 주권의 불소지 신고를 인정하지 않는다는 명시적인 문구가 필요하다는 의미임; 현행 이사선
   출에 있어 집중투표제도도 Opt-Out방식인 점에서는 마찬가지임.

(2) 주권발행 전 주권불소지 신고의 경우

주권발행 전에 주주의 주권불소지 신고가 있는 경우156)에는, 회사는 지체없이 주권을 발행하지 아니한다는 뜻을 주주명부와 그 복본157)에 기재하고, 그 사실을 주주에게 통지해야 하며, 이 경우 회사는 그 주권을 발행할 수 없다(358조의2 2항).

만일 회사가 주권불소지 신고가 있음에도 불구하고 주권을 발행한 경우, 그 발행된 주권은 주권으로서의 효력을 가지지 못한다고 보아야 할 것이고, 따라서 선의취득의 대상이 될 수 없으며, 당해 회사는 이로 인해 당해 주주에게 발생할지 모를 모든 손해에 대한 배상책임을 부담한다고 보아야 할 것이다.

(3) 주권발행 후 주권불소지 신고의 경우

이미 주권이 발행된 후에 주권불소지 신고가 있는 경우에는 주권을 회사에 제출해야 하며, 이에 회사는 제출받은 주권을 무효로 하거나 명의개서대리인에게 임치해야 한다(358조의2 3항).

주권이 이미 발행되어 있는 경우에는 ① 주권불소지 신고시 주권을 제출하게 하여 폐기시킴으로써 향후 유통에 의한 분쟁을 사전에 차단하고, ② 주권을 제출받은 회사는 판단에 따라 향후 주주가 주권을 반환해 달라고 요구하는 경우에 대비해 명의개서대리인에게 임치시킴으로써 폐기로 인한 주권발행비용을 절감할 수 있도록 한 것이다. 그러나 만일 향후 명의개서대리인의 고의 또는 과실로 임치된 주권이 유통됨으로써 선의취득자가 발생하여 주주의 권리를 상실한 경우에는, 당해 주식회사는 이로 인해 주권불소지 신고주주에게 발생할지 모를 모든 손해에 대해 배상책임을 부담해야 할 것이다.

한편 주권을 폐기한 경우에는, 회사는 지체없이 주권을 발행하지 아니한다는 뜻을 주주명부와 그 복본에 기재하고,158) 그 사실을 주주에게 통지해야 할 것

---

156) 주권발행 전 주권불소지 신고의 경우, 주권발행금지의 효력은 주권불소지 신고시에 발생한다고 봄.

157) 상법상 복본의 정의는 어음법 64조 1항("환어음은 같은 내용으로 여러 통을 복본으로 발행할 수 있다.")와 수표법 48조 전단("다음 각호의 수표는 소지인출급수표 외에는 같은 내용으로 여러 통을 복본으로 발행할 수 있다.")의 정의를 유추적용할 수 있다고 봄. 이를 감안하면, 본문에서 복본의 의미는 복수의 주주명부를 의미하며, 이 경우 각각의 주주명부가 원본의 기능을 한다고 보아야 할 것임; 이하 본서에서 같음.

158) 주권발행 후 주권불소지 신고의 경우, 주권을 제출받아 주주명부와 그 복본에 주권을 발행하지

이며, 이 경우 회사는 그 주권을 발행할 수 없으나(358조의2 2항), 주권을 명의개서 대리인에게 임치한 경우에는 이론상 주주명부에의 주권미발행 기재나 주주에 대한 통지는 있을 수 없다.

(4) 주권의 발행 또는 반환

주권발행 전후를 불문하고, 주권불소지 신고가 있어 주권이 미발행되거나 발행된 주권을 폐기 또는 명의개서대리인에게 임치시킨 경우일지라도, 향후 주주는 **언제든지** 회사에 대하여 주권의 발행 또는 반환을 청구할 수 있다(358조의2 4항). 즉, 주식양도의 자유는 주주에게 핵심적인 권리이고 주권의 교부가 주식양도의 효력발생 요건이므로, 주식양도의 자유를 보장해 주기 위하여 주권불소지 신고 후에라도 주주가 임의로 주권의 발행 또는 반환을 청구할 수 있도록 한 것이다.

자. 주식의 등록질

주식을 질권의 목적으로 한 경우에는 당해 주식회사가 질권설정자(주주)의 청구에 따라 질권자의 성명과 주소를 주주명부에 덧붙여 쓰고 질권자의 성명을 주권에 적어야 한다(340조 1항).159)

3. 주주명부(Register of Shareholders)

가. 개념

주주명부란 주식회사 내에서 권리를 행사할 주주를 특정하기 위하여, 상법에 따라 당해 회사가 작성하여 본점에 비치하는 서류를 말한다(396조).

원칙적으로 상법상 주식양도의 자유가 인정됨으로써 주주는 자유재량으로 주식을 양도함에 의하여 투자자금을 환수할 수 있다. 주식양도와 관련하여, 당해 주식회사 입장에서는 특정시점에 특정권리를 행사할 주주가 과연 누구인가

않는다는 뜻을 기재하였을 때, 주권이 무효가 됨.

159) 이 경우 질권자는 회사로부터 이익배당, 잔여재산분배 또는 상법 339조에 따른 질권의 물상대위에 의한 금전의 지급을 받아 다른 채권자에 우선하여 자기채권의 변제에 충당할 수 있고, 회사에 대하여 전조의 주식에 대한 주권의 교부를 청구할 수 있음.

를 정하는데 어려움을 겪게 될 것이어서, 이러한 혼란을 피하기 위해 당해 회사로서는 단체법적으로 획일화된 방법에 따라 주주를 파악할 필요성이 있다. 한편 주주의 입장에서도 자신의 이름이 주주명부에 기재되어 있다는 사실만으로, 자신이 실질적인 주주임을 입증하지 않고도 회사에 대해 간편하게 권리를 행사할 수 있다는 장점이 있다. 또한 주식의 양수를 희망하는 제3자의 입장에서도 공시된 주주명부를 통해 양도인이 회사가 인정한 주주임을 확인할 수 있다는 이점이 있다.

나. 비치장소 및 열람, 등사청구

　　주주명부는 당해 주식회사의 이사가 본점에 비치해야 함이 원칙이나, 명의개서대리인을 둔 때에는 주주명부나 그 복본을 명의개서대리인의 영업소에 비치할 수 있다(396조 1항). 주주와 회사채권자는 영업시간내에는 언제든지 정관, 주주총회의사록, 주주명부, 사채원부 또는 그 복본의 열람 또는 등사를 청구할 수 있다(396조).160) 한편, 주주 또는 회사채권자가 주주명부 등의 열람등사청구를 한 경우, 회사는 그 청구에 정당한 목적이 없는 등의 특별한 사정이 없는 한 이를 거절할 수 없고, 이 경우 정당한 목적이 없다는 점에 관한 증명책임은 회사가 부담한다.161)[판례8]

> [판례8] 대법원 2010.7.22. 선고 2008다37193 판결
> 　　당해 주식회사가 주주명부 등의 열람등사청구를 거절하기 위해서는 그 청구에 정당한 목적이 없다는 점 즉, 회사를 괴롭히고 업무를 방해할 목적 있다는 점을 입증하여야 함. (동지 대법원 2017.11.9. 선고 2015다235841 판결; 자본시장과 금융투자업에 관한 법률상의 실질주주가 실질주주명부의 열람 또는 등사를 청구하는 경우에도 상법 396조 2항이 유추적용되며, 열람 또는 등사청구가 허용되는 범위도 '실질주주명부상의 기재사항 전부'가 아니라 그중 실질주주의 성명 및 주소, 실질주주별 주식의 종류 및 수와 같이 '주주명부의 기재사항'에 해당하는 것에 한정됨)

---

160) 주주가 명의개서대리인에게 직접 주주명부 열람·등사를 청구할 수 없으며, 주주가 직접 명의개서대리인을 채무자로 하여 주주명부의 열람등사 가처분을 신청할 수도 없음(대법원 2023.5.23.자 2022마6500 결정).

161) 대법원 1997.3.19.자 97그7 결정.

다. 주주명부의 기재사항

① 주식을 발행한 때에는 당해 주식회사는 주주명부에 다음의 사항을 기재하여야 한다(352조 1항).

    ① 주주의 성명과 주소(동항 1호)

    ② 각 주주가 가진 주식의 종류와 수(동항 2호)

    ③ 각 주주가 가진 주식의 주권을 발행한 때에는 그 주권의 번호(동항 2호의2)

    ④ 각 주식의 취득년월일(동항 3호)

② 한편, 정관이 정하는 바에 따라 전자주주명부를 작성하는 경우에는 위 사항들에 더하여 <u>전자우편주소</u>162)를 적어야 한다(352조의2 2항).

③ 또한 전환주식을 발행한 때에는 다음의 사항도 주주명부에 기재하여야 한다(352조 2항, 347조).

    ① 주식을 다른 종류의 주식으로 전환할 수 있다는 뜻(347조 1호)

    ② 전환의 조건(동조 2호)

    ③ 전환으로 인하여 발행할 주식의 내용(동조 3호)

    ④ 전환청구기간 또는 전환의 기간(동조 4호)

④ 그리고 주식의 등록질의 경우에도 질권자의 성명과 주소를 주주명부에 기재해야 하며(340조 1항), ⑤ 주권 불소지신고가 있는 경우에는 회사는 지체없이 주주명부와 그 복본에 주권을 발행하지 아니한다는 뜻을 기재해야 하고(358조의2 2항), ⑥ 주식이 수인의 공유에 속하는 때에는 공유자는 주주의 권리를 행사할 자 1인을 정하여야 하는 바(333조 2항), 이 경우, 공유자의 회사에 대한 신고에 따라 주주명부에 공유자를 대표하여 권리를 행사할 자 1인의 성명이 주주명부에 명시되어야 할 것이며, ⑦ 신탁재산의 표시도 주주명부에 기재하는 방식으로 가능하다(신탁법 4조, 동법시행령 2조 3호).

만일 주식회사의 이사(대표이사 포함)가 주주명부 또는 그 복본에 기재해야 할 사실을 기재하지 아니하거나 부실의 사실을 기재하여 회사 또는 제3자에게 손해를 입힌 경우에는 회사 또는 제3자에게 손해배상책임을 부담하며(399조, 401조), 500만원 이하의 과태료에 처해진다(그러나 형을 과할 때에는 과태료는 부과되지 아니함: 635조 1항 9호, 20호).

---

162) 인터넷주소자원에 관한 법률 2조 1호의 인터넷주소를 말한다고 봄: 동지 이철송, 335.

라. 주주명부의 효력

(1) 대항력

주식의 이전은 취득자의 <u>성명</u>과 <u>주소</u>를 주주명부에 기재하지 아니하면 <u>회사</u><u>에 대항하지 못한다</u>(337조 1항). 즉, 최초의 주주를 제외하고, 그 이후 주식을 양수한 자는 <u>명의개서</u>[판례9]를 하지 않는 경우 회사에 대해 주주로서의 권리를 행사할 수 없음을 의미한다(명의개서를 하지 않더라도, 주식양도 당사자간에 주식양도의 효력은 인정됨). 또한 상속, 유증, 합병과 같은 포괄승계의 경우에도 회사에 대항하기 위해서는 명의개서를 해야 하고, 원칙적으로 주권을 회사에 제시해야 하나, 주권을 상실한 자는 제권판결문으로 대신할 수 있고, 포괄승계의 경우는 그 사실을 입증하는 다른 증거로 대체할 수 있다.

> **[판례9] 대법원 2010.10.14. 선고 2009다89665 판결**
>
> 명의개서청구권은 양수인만이 행사할 수 있고, 주식회사 성립 후 6개월이 경과하도록 주권이 발행되지 아니하여 양도인과 양수인간의 주식양도의 의사표시에 의하여 기명주식이 양도되는 경우에도 양수인만이 명의개서를 회사에 청구할 수 있음.

이와 관련하여, 회사가 적극적으로 주주명부에 기재되지 않은 자를 실질적인 주주로 인정할 수 있을 것인지 여부가 문제된다. 살피건대, 주주명부상의 주주가 회사를 상대로 대항력을 행사하는 문제와 회사가 주주명부상의 주주를 반드시 주주로 인정해야 하는지의 문제는 별개의 문제로서, 회사가 주주명부상의 주주를 인정할 수 있음에도 손해배상 등의 위험을 부담하면서까지 진정한 주주의 발견이라는 구체적 타당성을 구현하기 위해 노력할 권리는 보장되어야 할 것이다. 따라서 <u>회사가 자발적으로 위험을 부담하고 명의개서를 하지 않은 자를 주주로 인정하는 것은 허용된다</u>고 해석하는 것이 타당할 것이다.163) 그러나 판례는 특별한 사정이 없는 한, 회사가 실제주주를 알았든 몰랐든 간에 상관없이, 주주명부에 기재된 주주만이 회사에 대하여 주주권을 행사할 수 있으며, 회사는 주주

---

163) 강희갑, 356; 권기범, 493; 김건식, 197; 김동훈, 192; 김홍기, 462; 손진화, 444; 양명조, 196; 장덕조, 164; 정경영, 433; 정동윤, 512; 정찬형, 770; 주식회사법대계I, 735; 최완진, 111; 최준선, 280; 한창희, 178. 이에 반하여 회사는 명의개서를 하지 않은 자를 주주로 인정해서는 안된다는 견해로는 김정호, 256; 서헌제, 652; 이기수외, 267; 이철송, 352; 최기원, 398.

명부에 기재를 마치지 아니한 자의 주주권행사를 인정할 수도 없다고 판시하고 있다.[판례10]

[판례10] 대법원 2017.3.23. 선고 2015다248342 전원합의체판결 및 대법원 2019.2.14. 선고 2015다255258 판결

특별한 사정이 없는 한, 주주명부에 적법하게 주주로 기재되어 있는 자는 회사에 대한 관계에서 그 주식에 관한 의결권 등 주주권을 행사할 수 있고, 회사 역시 주주명부상 주주 외에 실제 주식을 인수하거나 양수하고자 하였던 자가 따로 존재한다는 사실을 알았든 몰랐든 간에 주주명부상 주주의 주주권행사를 부인할 수 없으며, 주주명부에 기재를 마치지 아니한 자의 주주권행사를 인정할 수도 없다. 주주명부에 기재를 마치지 않고도 회사에 대한 관계에서 주주권을 행사할 수 있는 경우는 주주명부에의 기재 또는 명의개서청구가 부당하게 지연되거나 거절되었다는 등의 극히 예외적인 사정이 인정되는 경우에 한한다(명의개서가 이루어졌다고 하여 무권리자가 주주가 되는 것은 아니고, 명의개서가 이루어지지 않았다고 해서 주주가 그 권리를 상실하는 것도 아니다(동지 대법원 2020.6.11. 선고 2017다278385,278392 판결) 또한 채무자가 채무담보 목적으로 주식을 채권자에게 양도하여 채권자가 주주명부상 주주로 기재된 경우, 그 양수인이 주주로서 주주권을 행사할 수 있고 회사 역시 주주명부상 주주인 양수인의 주주권 행사를 부인할 수 없다(대법원 2020.6.11.자 2020마5263 결정).

(2) 자격수여적 효력

주주명부에 주주로서 기재된 자는 별도로 자신이 정당한 주주임을 입증하지 아니하더라도 주주명부상의 기재에 의해 회사에 대해 주주로서의 권리를 행사할 수 있다.

명문의 규정은 없으나, 주주명부의 대항력의 결과로 자격수여적 효력이 인정된다고 보아야 할 것이다. 즉, 주식을 인수하거나 양수하려는 자가 타인의 명의를 빌려 회사의 주식을 인수하거나 양수하면서 그 타인의 명의로 주주명부에 기재까지 마치는 경우, 주주명부상 주주 외에 실제 주식을 인수하거나 양수하고자 하였던 자가 따로 존재한다는 사실이 증명되었다고 하더라도 회사에 대한 관계에서는 주주명부상 주주만이 주주권을 행사할 수 있다.[164] 한편, 어떤 자가 주식회사의 주주명부에 주주로 기재되었다는 점은 그가 주식의 이전을 회사에 대

---

164) 대법원 2017.3.23. 선고 2015다248342 전원합의체판결로, 종전 대법원 2010.3.11. 선고 2007다 51505 판결 및 대법원 2007.9.6. 선고 2007다27755 판결은 폐기됨.

항할 수 있는 주주라는 사실을 주장하는 자가 입증해야 한다.165)

(3) 면책적 효력

위 자격수여적 효력의 반사적 효과로서, 당해 주식회사는 특별한 사정이 없
는 한, 주주명부상의 주주를 정당한 주주로 인정하는 경우, 그 책임에서 면책된
다.[판례11]

[판례11] 대법원 2009.4.23. 선고 2005다22701,22718 판결

　　주식예탁증서의 경우에는 해외예탁기관이 발행회사의 실질주주명부에 실질주주로 기
재되므로, 발행회사로서는 실질주주명부에 실질주주로 기재된 해외예탁기관에게 주주총
회의 소집통지 등을 하면 이로써 면책되고, 나아가 주식예탁증서의 실제소유자의 인적사
항과 주소를 알아내어 그 실제 소유자에게까지 이를 통지할 의무는 없음.

한편, 주주 또는 질권자에 대한 회사의 통지 또는 최고는 주주명부에 기재
한 주소 또는 그 자로부터 회사에 통지한 주소로 하면 된다(353조 1항). 이 통지 또
는 최고는 보통 그 도달할 시기에 도달한 것으로 본다(304조, 353조 2항). 따라서 회
사는 위 주소로 주주 또는 질권자에게 통지 또는 최고한 경우에 그 책임에서 면책
된다.

마. 전자주주명부

(1) 의의

주식회사는 정관으로 정하는 바에 따라166) 전자문서167)로 주주명부 즉, 전
자주주명부를 작성할 수 있다(352조의2 1항). 현대가 IT시대임을 반영하여, 회사로
하여금 주주명부를 반드시 실물이 아닌 전자적 형태로 작성할 수 있게 허용함으
로써, 당해 회사의 주주명부작성의 부담을 덜어주고 보관을 편리하게 할 수 있도

---

165) 대법원 1993.1.26. 선고 92다11008 판결.
166) 정관의 상대적 기재사항이므로, 정관에 전자주주명부에 관한 내용이 명시되어 있어야 전자주주명
　　부의 효력이 발생함.
167) 전자문서란 정보처리시스템에 의하여 전자적 형태로 작성, 송신, 수신 또는 저장된 정보를 말함
　　(전자문서 및 전자거래기본법 2조 1호).

록 고려한 규정이다.

(2) 기재사항

전자주주명부에는 다음의 사항과 함께 <u>전자우편주소</u>[168]를 적어야 한다(352
조의2 2항, 352조 1항).

> ① 주주의 성명과 주소(352조 1항 1호)
> ② 각 주주가 가진 주식의 종류와 수(동항 2호)
> ③ 각 주주가 가진 주식의 주권을 발행한 때에는 그 주권의 번호(동항 2호의2)
> ④ 각 주식의 취득년월일(동항 3호)

또한, 전환주식, 주식의 등록질, 신탁재산의 표시(신탁법 4조, 동법시행령 2조 3호), 주
권의 불소지신고 등 기타 주주명부의 기재사항도 전자주주명부에 기재되어야 한다.

(3) 비치, 열람 및 복사

주식회사의 본점 또는 명의개서대리인의 영업소에서 전자주주명부의 내용을
서면으로 인쇄할 수 있으면, 상법에 따라 적법하게 주주명부를 갖추어 둔 것으로
본다(상법시행령 11조 1항). 즉, 전자주주명부라는 전자적 파일의 특성을 고려함과 동
시에 전자주주명부를 인정한 취지를 살리기 위하여 주식회사의 본점 등에서 반
드시 이를 인쇄하여 놓고 있지 아니하더라도, 객관적으로 언제든지 서면으로 인
쇄할 수 있는 상태가 유지되고 있는 경우에는 회사는 적법하게 주주명부를 비치
한 것으로 간주한다는 의미이다.

또한 주주와 채권자는 영업시간내에 언제든지 서면 또는 파일의 형태로 전
자주주명부에 기록된 사항의 열람 또는 복사를 청구할 수 있다. 이 경우 회사는
전자주주명부에 기재된 다른 주주의 전자우편주소를 열람 또는 복사의 대상에서
제외하는 조치를 하여야 한다(상법시행령 11조 2항). 다른 주주의 전자우편주소라는
개인정보를 보호하기 위한 조치이다.

(4) 효력

전자주주명부는 문서로 작성되는 일반 주주명부와 마찬가지로, 상법상 주주

---

168) 개별 주주마다 인터넷주소자원에 관한 법률 2조 1호상의 인터넷주소를 전자주주명부에 기재해야
    할 것임.

명부로서의 효력을 보유하며 따라서 일반 주주명부와 동일한 대항력, 자격수여적 효력 및 면책적 효력을 가진다.

한편, 상법 353조 1항에 따라 회사가 주주 또는 질권자에 면책을 받기 위해 통지 또는 최고시 사용해야 하는 주주명부상의 주소에 전자우편주소도 포함될 것인지가 문제되나, 전자우편주소를 반드시 기재하도록 규정한 상법 352조의2 2항의 취지를 고려할 때,[169] 주주가 통지받을 주소로서 전자우편주소를 회사에 통지한 경우에 한해 전자우편주소가 주주명부상의 주소에 포함되는 것으로 보아 면책적 효력을 인정함이 타당하다고 본다.[170]

바. 주주명부 폐쇄제도 및 기준일제도

(1) 필요성

주식회사법상 주식양도의 자유가 원칙적으로 인정되고 있기 때문에, 주주는 언제라도 자신의 주식을 양도하여 차익을 실현할 수 있다. 그러므로 회사입장에서는 주주로서의 권리를 행사할 자가 수시로 변동됨으로 인하여 발생하는 혼란을 피하고, 일정시점에 주주의 권리를 행사할 주주를 특정하는 절차가 필요하게 된다.[171] 이러한 필요에서 생긴 제도가 주주명부의 폐쇄 및 기준일제도이다. 즉, 주주명부의 폐쇄제도를 통해 일정기간 동안 주주명부상의 주주의 변동기재를 금지하거나 기준일제도를 통해 특정시점의 주주명부상의 주주를 특정 주주권행사의 주주로 확정함으로써, 주주권행사와 관련한 분쟁을 예방하고 법률관계의 안정을 기할 수 있는 것이다.

(2) 주주명부 폐쇄제도

(가) 의의

주식회사는 의결권을 행사하거나 배당을 받을 자 기타 주주 또는 질권자로

---

169) 주소와 마찬가지로 전자우편주소도 정상적인 경우라면, 주주가 회사에 신고한 전자우편주소를 회사가 전자주주명부에 기재할 것이기 때문임.

170) 이철송, 342; 주석상법 회사(II), 552.

171) 만일 이러한 제도를 이용하지 않는다면, 예를 들어 정기주주총회 당시에 주주명부상의 주주가 의결권을 행사할 수 있다고 보아야 할 것인데, 주총 직전까지 명의개서요구가 밀려들 경우 큰 혼란이 발생할 가능성이 있음.

서 권리를 행사할 자를 정하기 위하여 일정한 기간을 정하여 주주명부의 기재변경을 정지할 수 있다(354조 1항).172) 이 경우 이 일정한 기간은 **3월을 초과하지 못하며**(354조 2항), 주주명부의 폐쇄기간이 시작되는 날부터 최소한 2주간전에 주주명부의 폐쇄사실을 공고하여야 하나, 정관에서 그 기간을 지정한 때에는 공고할 필요가 없다(354조 4항).173)

(나) 적용범위

주주명부의 폐쇄는 주주의 변동 즉, 명의개서 금지에 국한하지 아니하고, 주식의 등록질, 신탁재산의 표시(신탁법 4조, 동법시행령 2조 3호) 등 주주 및 질권자와 관련한 일체의 권리변동에 관한 기재변경의 정지를 의미한다.

또한, 주주명부 폐쇄기간 동안에 전환주식의 전환은 가능하나, 전환된 주식의 주주는 그 기간 중의 주주총회의 결의에 관하여 의결권을 행사할 수 없다(350조 2항).

그러나 주주의 개별적인 의사에 의하여 그 권리를 행사할 자가 특정되는 경우이거나(예를 들어, 소수주주권, 소제기권 등)174) 주주권의 행사와는 관계없는 경우(적대적 기업인수의 방어수단 등)175) 또는 단순한 회사업무의 편의를 위한 경우176)에는 이 제도를 이용할 수 없다고 보아야 할 것이다.

(다) 주주명부 폐쇄의 효과

주주명부를 폐쇄하는 경우 폐쇄기간 개시시점에 주주로 기재된 자가 특정 주주권을 행사할 주주로 자동 결정된다.177) 따라서 주주명부 폐쇄기간 동안 주식의 양도로 인해 주주가 변동된다 할지라도 새로운 주주는 회사에 주주권을 행사할 수 없고, 결국 폐쇄기간 개시시점의 구주주가 회사에 대한 주주권을 행사할 수 있는 것이다.178)

---

172) 행사여부는 당해 주식회사 자체의 판단 즉, 이사회의 결의에 따름.

173) 예를 들어, 당해 주식회사 정관에서 "정기주주총회에서의 의결권행사와 관련하여서는 직전사업연도 종료시점부터 당해 사업연도 정기주주총회 종료시까지 주주명부가 폐쇄된다."라고 기재되어 있는 경우에는, 별도로 공고를 할 필요가 없음.

174) 권기범, 554; 주석상법 회사(II), 554.

175) 이철송, 338.

176) 이기수외, 258; 주석상법 회사(II), 554.

177) 예를 들어, 주식회사가 정기주주총회를 2016.3.25.에 개최키로 하면서, 이 주총에서 의결권을 행사할 주주를 정하기 위해, 2016.1.1.부터 2016.3.25.까지 주주명부를 폐쇄키로 했다면, 2016.1.1. 개시시점에 주주로 기재되어 있는 자가 2016.3.25. 주총에서 주주로서 의결권을 행사할 수 있는 것임.

주주명부 폐쇄기간 중임에도 불구하고, 이를 위반하여 당해 주식회사가 주주의 청구에 따라 진행한 명의개서 기타 주주 및 질권자의 권리변동에 관한 기재의 효력여부와 관련하여, 일률적으로 무효라는 견해가 있다.[179] 그러나 위 주주명부 폐쇄기간 중의 전환주식의 전환의 경우와 같이 회사가 한 기재변동의 효력은 주주명부 폐쇄기간 중에는 인정되지 말아야 할 것이지만, 이 제도의 취지를 살리면서도 권리변동의 기재불가로 인하여 발생할 수 있는 주주 또는 질권자와 같은 주주권관련 권리자의 회사에 대한 권리보호의 미흡함을 보완해 준다는 취지에서, 폐쇄기간 중에 위법하게 명의개서가 되었더라도 <u>폐쇄기간 경과 이후부터는 그 효력을 인정해 주는 것이 타당하다</u>고 생각한다.[180]

(3) 기준일제도

회사는 의결권을 행사하거나 배당을 받을 자 기타 주주 또는 질권자로서의 권리를 행사할 자를 정하기 위하여, **일정한 날**에 주주명부에 기재된 주주 또는 질권자를 그 권리를 행사할 주주 또는 질권자로 **볼 수 있다**(354조 1항).[181] 특정시점을 기준으로 권리자를 파악하기 때문에, 주주명부의 폐쇄와 같이 장기간의 주주명부상의 권리변동 기재중단사태를 막을 수 있다는 장점이 있다. 그러나 실무상 특정시점 당시의 주주가 누구인지를 파악하는 데 어려움과 혼란이 발생하는 단점이 있다.[182]

---

178) 물론 신주주와 구주주사이의 주식의 양도는 주식양도의 요건을 모두 갖춘 경우에는 유효한 것이어서, 신주주와 구주주 사이에서는 의결권행사와 관련하여 일반적으로는 신주주의 의사대로 구주주가 의결권을 행사해야하는 경우가 발생한다고 볼 수 있을 것임.

179) 유시창, 149; 이기수외, 261; 정동윤, 475; 최기원, 394.

180) 강희갑, 305; 권기범, 489; 김건식, 201; 김동훈, 220; 서돈각외, 366; 서헌제, 644; 송옥렬, 818; 이철송, 339; 임재연(I), 487; 장덕조, 155; 정경영, 410; 정찬형, 729; 최준선, 271.

181) 단, 주식·사채등의 전자등록에 관한 법률에 의하여, 전자등록주식 등으로서 기명식 주식등의 발행인은 상법 354조 1항에 따라 일정한 날을 정한 경우에는 전자등록기관에 그 일정한 날을 기준으로 해당 주식등의 소유자의 성명 및 주소, 소유자가 가진 주식등의 종류·종목·수량 등을 기록한 명세("소유자명세")의 작성을 요청하여야 하는 바, 자본시장과 금융투자업에 관한 법률에 따라 투자신탁재산을 운용하는 집합투자업자가 집합투자기구의 결산에 따라 발생하는 분배금을 배분하기 위한 경우, 그 밖에 권리자의 이익을 해칠 우려가 적은 경우로서 자연재해, 전산시스템 장애, 그 밖에 이에 준하는 사태가 발생하여 전자등록주식 등에 대한 전자등록·기록 및 관리를 위한 업무를 정상적으로 수행할 수 없다고 금융위원회가 정하여 고시하는 사유에 해당되는 경우에는 (주식·사채등의 전자등록에 관한 법률 37조 1항, 동법시행령 37조), 이에 따라 소유자명세의 작성을 요청하지 아니하는 경우에는 전자등록주식 등의 발행인은 자신이 정한 일정한 날에 전자등록계좌부에 전자등록된 전자등록주식 등의 권리자를 그 권리를 행사할 자로 봄(동법 66조).

182) 예를 들어, B주식회사가 2016.1.15. 15:00 현재 주주명부에 기재된 주주에게 2016.3.29. 정기주

위 일정한 날 즉, 특정시점은 주주 또는 질권자로서 권리를 행사할 날에 앞선 3월내의 날로 정하여야 한다(354조 3항). 회사가 일정한 날을 정한 때에는 그 날의 2주간전에 이를 공고하여야 하나, 정관으로 그 날을 지정한 때에는 그러하지 아니하다(354조 4항).

(4) 주주명부 폐쇄와 기준일의 병행사용

예를 들어, ① 정기주주총회 의결권과 이익배당청구권의 행사와 관련하여, 당해 사업연도 종료시점을 양 권리의 기준일로 삼고, 그 후 3개월간을 주주명부 폐쇄기간으로 정하는 방법을 통해, 기준일 당시 양 권리자를 확정하는 것과 관련한 분쟁을 예방하며, ② 당해 사업연도 종료시점부터 정기주주총회일까지 주주명부를 폐쇄하여 종료시점 당시 주주들에게 정기주주총회의 의결권을 부여하고 또한 이익배당과 관련한 기준일을 정기주주총회일로 정함으로써, 양 권리를 행사할 주주명부상 주주를 동일하게 확정하는 방법으로도 사용된다.

(5) 상법상 기간을 위반한 주주명부폐쇄 및 기준일의 효력

주주명부폐쇄제도와 기준일제도의 시행여부는 당해 주식회사의 선택에 달려 있으나, 일단 정관에 시행하기로 규정한 경우에는 상법의 관련규정에 따라야 한다. 만일 이를 위반한 경우에 그 효력이 문제된다.

이와 관련하여, 주주명부의 폐쇄기간이 3개월을 초과했을 경우에 기산일 즉, 시기가 분명한 경우에는 그 초과기간만이 무효일 것이나, 시기가 불분명하다면 전체를 무효로 보는 것이 타당할 것이다.[183] 기준일이 권리를 행사할 날에 앞선 3개월을 초과하는 경우에는 그 기준일을 무효로 보는 것이 타당할 것이다.[184]

총회에서의 의결권을 주기로 결정하였다면, 2016.1.15. 14:50부터 주주의 명의개서요구가 밀려들 경우, 15:00 현재 주주명부상의 주주가 누구인지와 관련하여 일대 혼란이 발생하고, 그로 인해 법적 분쟁이 발생할 가능성이 있음. 물론 주주명부 폐쇄제도도 그 폐쇄시점에는 같은 문제가 있을지 모르나, 폐쇄시점이후 일정기간 동안의 명의개서 정지기간이 있어, 폐쇄시점에 임박하여 명의개서 요구가 몰려든다 할지라도, 기준일제도와 같이 2016.1.15. 14:59의 주주명부상 주주와 15:01의 주주명부상 주주를 어떻게 구별할 것인지와 같은 문제는 발생하지 않을 것임.

183) 강희갑, 304; 권기범, 557; 손주찬, 645; 손진화, 445; 양명조, 146; 이범찬외, 163; 임재연(I), 489; 장덕조, 156; 정동윤, 476; 정찬형, 729; 최완진, 97; 최준선, 271; 홍복기외, 160.

184) 강희갑, 306; 손진화, 445; 양명조, 146; 이기수외, 263; 장덕조, 156; 정동윤, 476; 정찬형, 729; 채이식, 618; 최완진, 99; 최준선, 271; 홍복기외, 160.

사. 명의개서대리인 제도

　1 주식회사는 정관이 정하는 바에 의하여 명의개서대리인185)을 둘 수 있다(337조 2항 전단). 당해 주식회사가 처리하기에는 번거롭고, 다른 업무와의 중복으로 인해 경제적 효용이 떨어진다고 판단하는 경우에는 명의개서업무를 담당할 자를 별도로 지정하게 된다.

　2 명의개서대리인의 구체적 선임여부는 회사의 중요경영사항의 하나로서 이사회가 결정하며, 당해 명의개서대리인과 위임계약을 통해 구체화된다.

　3 자본시장법상 금융위원회에 등록된 명의개서대행회사는 명의개서 외에 부수업무로서, 증권의 배당, 이자 및 상환금의 지급을 대행하는 업무와 증권의 발행을 대행하는 업무를 영위할 수 있다(자본시장법 366조).

　4 명의개서대리인이 취득자의 성명과 주소를 주주명부의 복본에 기재한 때에는 명의개서가 있는 것으로 본다(337조 2항 후단). 이 경우 주주명부에서 설명한 대항력, 자격수여적 효력 및 면책적 효력이 적용된다.

4. 주식의 양도

가. 주식양도의 자유

　주식은 타인에게 양도할 수 있다(335조 1항 전단). 주식양도의 자유는 물적회사인 주식회사가 발행한 주식을 인수함으로써 자금을 투자한 주주입장에서 볼 때, 배당과 함께 투자수익을 확보함과 동시에 유사시에 대비한 유동성을 확보하기 위해 반드시 필요한 원칙이다.186)[판례12], [판례13]

---

185) 민법상의 법률행위를 대리하는 "대리인"이라는 명칭은, 명의개서를 대신하여 처리해 주는 대행업무를 담당하는 자에게는 어울리지 않는 명칭이므로, "명의개서대행자"로 변경하는 것이 바람직하다고 봄(자본시장법에서도 "명의개서대행회사"라는 명칭을 사용함; 동법 365조). 현재 동법상 금융위원회에 등록된 명의개서대행회사는 한국예탁결제원, KB국민은행 및 KEB하나은행이 있음.

186) 발행주식 전부 또는 지배주식의 양도와 함께 경영권이 주식양도인으로부터 주식양수인에게 이전하는 경우 경영권의 이전은 발행주식 전부 또는 지배주식의 양도에 따른 부수적인 효과에 지나지 않아 주식 양도의무와 독립적으로 경영권 양도의무를 인정하기 어려움(대법원 2021.7.29. 선고 2017다3222,3239 판결).

[판례12] 대법원 2007.5.10. 선고 2005다60147 판결

　　주식회사의 주주의 구성이 소수에 의하여 제한적으로 이루어져 있다거나 주주 상호
간의 신뢰관계를 기초로 하고 있다는 등의 사정이 있다 하더라도, 그러한 사정만으로 인
적 회사인 합명회사, 합자회사의 사원 제명에 관한 규정을 물적 회사인 주식회사에 유추
적용하여 주주의 제명을 허용할 수 없으며, 결국 주주를 제명하고 주식회사가 그 주주에
게 출자금 등을 환급하도록 하는 내용을 규정한 정관이나 내부규정은 물적 회사로서의
주식회사의 본질에 반하고, 자기주식 취득을 금지하는 상법의 규정에도 위반되어 무효임.

[판례13] 대법원 2010.2.25. 선고 2008다96963,96970 판결

　　주식회사가 정상적으로 운영되고 있는 동안에, 주주가 투자금을 환수할 수 있는 중
요한 방법은 배당금 수령 및 주식양도임. 한편, 준비금의 자본전입 또는 신주발행을 통
해 발생하는 구체적 신주인수권은 주주의 고유권에 속하는 것이 아니고 구체적인 권리에
불과하므로, 구체적 신주인수권은 주식의 양도에 수반되지 아니하며, 따라서 주식회사가
신주를 발행하면서 그 신주인수권자를 일정시점에 있어서의 주주명부에 기재된 주주로
한정할 경우, 그 구체적 신주인수권은 실질상의 주주인가의 여부에 관계없이, 그 시점당
시 주주명부에 기재된 주주에게 귀속됨.

나. 주식양도의 효력발생요건

(1) 원칙

　　당해 주식회사가 주권을 주주에게 발행한 경우[187] 주식양도는 <u>양도인과 양
수인간의 합의</u>[188] 및 <u>주권의 교부</u>(336조 1항)가 충족되어야 그 효력이 발생된다.
[판례14], [판례15] 다시 말해, 양도의 합의 및 교부 즉, 주권의 점유를 양수인에게
이전하는 때(기명주식임에도 민법상 무기명채권과 같음)에 주식양도의 효력이 발생되는
것으로 한 것이다.

---

187) 만일 주권발행 전인 경우에는 회사성립 또는 신주의 납입기일과 그 후 6개월 되는 시점을 기준으
　　로, 이하에서 설명되는 권리주의 양도제한(319조, 425조 1항) 및 주권발행전 주식의 양도제한
　　(335조 3항)에 관한 규정이 적용됨.
188) 주식의 양도라는 준물권행위의 전제로서, 양도당사자간의 채권계약을 말함(물론, 법률행위 중 채
　　권행위와 물권행위는 추후 이행행위여부에 따라 구별되나, 물권행위의 독자성과 무인성은 인정하
　　지 않는 것이 타당하다고 판단됨; 곽윤직·김재형, 물권법, 39쪽 내지 67쪽; 대법원 1977.5.24. 선
　　고 75다1394 판결.

[판례14] 대법원 1994.6.28. 선고 93다44906 판결

합의를 구성하는 당사자의 의사표시에 대하여는 민법의 일반원칙이 적용되고, 결국 의사표시에 무효, 취소의 사유가 존재하는 경우에는 주식양도의 무효 또는 취소의 사유가 된다고 보아야 할 것임.

[판례15] 대법원 1989.7.11. 선고 89다카5345 판결

주권의 점유자가 적법한 소지인이 아니라는 사실을 주장하는 자(당해 회사 포함)는 이를 입증함으로써 위 추정력을 번복시킬 수 있음.

주권의 불소지신고가 된 주식의 경우에는 당해 회사로부터 주권을 발행받거나 반환받은 후, 양도의 합의와 함께 주권을 양수인에게 교부해야만 주식양도의 효력이 발생된다.

(2) 예외

① 회사성립 후 또는 신주의 납입기일 후 주권발행없이 6개월이 경과한 경우에는, 주권의 교부없이도 양도의 합의만으로 주식을 양도할 수 있다(335조 3항). 이와 관련하여, 판례는 회사성립 후 또는 신주의 납입기일 후 주권발행없이 6개월이 경과하기 전의 주식양도의 경우에도, 당사자 사이의 주식양도에 관한 의사표시만으로 주식양도를 목적으로 하는 양도계약은 유효하게 성립한다고 보고 있다.189) 물론 주권의 교부없이 예외적으로 당사자간의 주식의 양도가 성립된다 하더라도, **당해 주식회사에 주주의 권리를 행사하기 위해서는 명의개서**(만일 회사에 이에 응하지 않는 경우에는, 회사를 상대로 한 명의개서절차 이행의 소)**를 통해 주주명부에 당해 주주가 등재되어야** 하며 이는 신탁계약의 해지의 경우에도 마찬가지이다.

② 정관에 의해 주식의 전자등록제도를 채택한 경우에는 전자등록부에 주식의 양도나 입질을 등록하는 것만으로 주식이 양도된다.190)

③ 포괄승계(상속, 합병 및 유증 등)의 경우에는 주권의 교부없이도, 피상속인의

---

189) 대법원 2012.2.9. 선고 2011다62076,62083 판결.
190) 상장주식의 경우에는 계좌 간 대체의 기재만으로 주권의 교부가 있었던 것으로 봄(자본시장법 311조 2항).

사망시(민법 997조), 합병등기시(530조 2항, 234조) 또는 유언자의 사망시(민법 1073조)
에 주식양도의 효력이 발생한다고 보아야 할 것이다.

　④ 판례에 의하면, 주권양도계약이 적법하게 해제된 경우에는, 양수인이 양
도인에게 주권을 반환하지 않았다 하더라도, 양수인이 아닌 양도인이 주주로서의
권한을 행사할 수 있다고 보며,191) 명의신탁계약을 해지한 경우에도 주권의 반환
없이 <u>바로 주주의 권리가 명의신탁자에게 복귀</u>한다고 보고 있다.192)

(3) 주권교부의 형태

　주권의 교부란 주권점유의 이전을 말하는데, 그 구체적 교부형태로는 <u>현실
의 인도</u> 외에 <u>간이인도</u>,193) <u>목적물반환청구권의 양도</u>,194)[판례16] <u>점유개정</u>195)도
있다. 판례는 주권의 교부형태로 점유개정도 인정하고 있다.196)

> **[판례16] 대법원 2012.8.23. 선고 2012다34764 판결**
>
> 　주권의 직접점유자가 다시 주권의 점유를 타인에게 이전한 경우, 간접점유자가 반환
> 청구권의 양도에 의하여 주권의 점유를 이전하려면 간접점유자의 직접점유자에 대한 통
> 지 또는 승낙만으로 대항력이 인정되며, 간접점유자 또는 직접점유자의 타인에 대한 통
> 지 또는 타인의 승낙은 필요치 않음.

---

191) 대법원 1994.6.28. 선고 93다44906 판결.
192) 대법원 2013.2.14. 선고 2011다109708 판결 및 대법원 1992.10.27. 선고 92다16386 판결.
193) 주식의 양수인이 이미 그 주권을 점유한 때에는 양도인과 양수인간의 양도의 합의만으로 주식양
　　도의 효력이 생김(민법 188조 2항).
194) 주권을 직접 점유하지 아니하고 제3자에게 점유시킨 경우 즉, 간접점유자와 직접점유자간의 합의
　　에 따라 주권의 실제 점유는 직접점유자가 하고 있는 경우에는 주식양도시, 주식양도인인 간접점
　　유자가 직접점유자에게 가지고 있는 주권반환청구권을 주식양수인에게 양도하면, 주권을 인도한
　　것으로 보는데(민법 190조), 다시 말해서 민법상 지명채권양도의 방법에 따라, 간접점유자가 직접
　　점유자에게 주식양도의 통지를 하거나 직접점유자가 주식양도를 승낙하면 됨(직접점유자 이외의
　　제3자에게까지 대항력을 가지기 위해서는 확정일자 있는 통지 또는 승낙이 요구됨; 민법 450조).
195) 주식을 양도하는 경우에 양도인과 양수인간의 계약으로 양도인이 그 주권의 점유를 계속하는 때
　　에는 양수인이 그 주권을 인도받은 것으로 봄(민법 189조).
196) 대법원 2014.12.24. 선고 2014다221258,221265 판결.

다. 주식양도에 대한 제한

(1) 권리주 양도제한

(가) 의의

권리주란 주식회사가 성립되거나 신주의 납입기일이 경과되기 전 즉, 주주가 되기 전의 주식인수인으로서 가지는 권리를 말한다. 권리주의 양도를 회사에 대해서도 인정하는 경우에는 회사의 설립이 되지 않은 상태 또는 신주의 효력이 발생하지 않은 상태에서, 권리주의 양도와 관련된 양도당사자들의 양도합의를 확인해야 하는 번거로움 및 권리주 양도의 유효여부와 관련한 분쟁의 가능성으로 인하여 설립절차의 지연이 초래될 수 있을 뿐만 아니라 권리주의 양도가 투기의 수단으로 악용될 위험성이 있으므로, 이를 방지하자는 데 그 취지가 있다.

(나) 효력

주식의 인수로 인한 권리의 양도는 회사에 대하여 효력이 없다(319조).[197] 즉, 권리주의 양도는 <u>회사에 대해서는 효력이 없으나, 당사자간의 양도계약은 유효하게 성립한다.</u>[198][판례17], [판례18]

> [판례17] 대법원 1965.12.7. 선고 65다2069 판결
>
> 당해 회사가 권리주의 양도를 승인하는 경우에도 회사에 대한 효력은 인정되지 아니함.

> [판례18] 대법원 2012.2.9. 선고 2011다62076,62083 판결
>
> 주권발행 후의 주식의 양도는 주권을 교부하여야 효력이 발생하고, 이 경우 주권의 교부는 당사자 사이의 주식양도에 관한 의사표시와 함께 주식양도의 효력발생요건이 되지만, 주권의 교부가 없더라도 당사자 사이의 주식양도에 관한 의사표시만으로 주식양도를 목적으로 하는 양도계약은 유효하게 성립한다.

---

197) <u>신주발행의 경우에도</u> 권리주의 양도는 회사에 대해 효력이 없음(425조, 319조).
198) 이와 관련하여, 양도당사자간에서는 권리주의 양도의 효력이 발생한다는 견해가 있음(주석상법 회사(II), 272).

따라서 권리주양도와 관련하여, 주식회사의 성립 **전** 또는 신주의 납입기일 **전**에는, 당해 회사는 권리주의 양수인을 주식인수인으로 인정할 수 없다.

또한 권리주양도와 관련하여, 주식회사의 성립 **후** 또는 신주의 납입기일 **후**에도, 당해 회사는 ① 양수인이 아닌 양도인에게 주권을 발행해 주어야 하며, ② 양수인이 아닌 양도인을 당해 회사에 대하여 권리를 행사할 수 있는 주주로 인정하여야 하지만, ③ 양도인이 회사로부터 주권을 발행받는 경우에는 양수인은 양도인에게 그 주권의 인도를 청구할 권리가 있으며, 양수인이 양도인으로부터 주권을 교부받은 후에는 양수인은 당해 회사에 대해서 자신의 이름으로의 명의개서를 통해 주주로서의 권리를 행사할 수 있을 것이다.

(2) 주권발행 전 주식양도 제한

(가) 의의

당해 주식회사에 주식대금을 납입한 주식인수인은 당해 회사 설립 후 또는 신주발행의 납입기일 후에는 주주의 지위를 취득할 수 있다. 그런데 주권이 발행되기 전에 주식을 양도함으로써 당해 회사에 그 양도의 효력을 주장할 수 있게 된다면, 회사로서는 주권이 없음으로 인해 진정한 주주를 파악하는데 어려움을 겪게 될 뿐만 아니라 이와 관련한 분쟁에 휘말릴 가능성이 높으므로, 회사의 법률관계를 안정적으로 영위하기 위하여 회사 설립 후 또는 신주발행의 납입기일 후라도 주권이 발행되지 아니한 경우에는 원칙적으로 양도당사자간의 주식의 양도는 회사에 대해 효력이 없도록 한 것이다.

그러나 회사가 합리적 이유없이 무한정 주권발행을 지연시킬 경우 주주의 주식양도의 자유는 심각하게 침해될 것이므로, 회사설립 후 또는 신주발행의 납입기일 후 6개월을 경과한 때에는 주권교부없이도 양도당사자간의 주식양도가 회사에 대해서도 그 효력을 발생하도록 하였다.

(나) 회사성립 또는 신주납입기일 후 6개월 전 주식양도의 효력

1) 원칙: 회사에 대해서는 무효

회사성립 후 또는 신주의 납입기일 후 6개월 전에 한 주권발행 전 주식의 양도는 당해 주식회사에 대하여 효력이 없다(335조 3항 본문).

이와 관련하여, ① 판례는 주권발행 전의 주식양수인은 직접 회사에 대하여 주권발행교부 청구를 할 수 없고, 양도인을 대위하여 청구하는 경우에도 주식의 귀속주체가 아닌 양수인 자신에게 그 주식을 표창하는 주권을 발행, 교부해 달라는 청구를 할 수는 없다고 보고 있다.199)

또한 ② 주권발행 전에 한 주식의 양도는 회사가 이를 승인하여 주주명부에 그 변경을 기재하거나 후일 회사에 의하여 주권이 발행되었다 할지라도 회사에 대한 관계에 있어서는 그 효력이 없다.[판례19]

> **[판례19] 대법원 1987.5.26. 선고 86다카982,983 판결**
>
> 　　민법 548조에 의하여 당사자 일방이 계약을 해제한 때에는 각 당사자는 그 상대방에 대하여 원상회복의 의무가 있으나, 제3자의 권리를 해하지 못하는 바, 그 제3자는 계약목적물에 관하여 권리를 취득한 자로서 계약당사자에게 권리취득에 관한 대항요건을 구비한 자를 지칭하는 것이므로, 주권발행 전의 주식을 양수한 자로부터 이를 다시 양수받은 자는 위 주식양도 계약해제 전에 위 주식에 대하여 발행된 주권을 적법하게 취득하지 못한 이상, 위 제3자에 포함되지 아니함.

그러나 ③ 판례는 주권발행 전에 한 주식의 양도가 회사성립 후 또는 신주의 납입기일 후 6월이 경과하기 전에 이루어졌다고 하더라도, 그 이후 6월이 경과하고 그때까지 회사가 주권을 발행하지 않았다면, 그 하자는 치유되어 회사에 대하여도 유효한 주식양도가 된다고 판시하고 있다.200)

2) 예외: 양도당사자간의 양도계약은 유효

판례는 주권의 교부가 없더라도, 양도당사자간의 주식양도에 관한 의사표시만으로 주식양도를 목적으로 하는 양도계약은 유효하게 성립한다고 판시하고 있다.201)

(다) 회사성립 또는 신주납입기일 후 6개월 후 주식양도의 효력

회사성립 후 또는 신주의 납입기일 후 6월이 경과한 때에는 주권발행 전 주식의 양도도 회사에 대하여 효력이 있다(335조 3항 단서). 따라서 회사는 주권을 양

---

199) 대법원 1981.9.8. 선고 81다141 판결.

200) 대법원 2002.3.15. 선고 2000두1850 판결.

201) 대법원 2012.2.9. 선고 2011다62076,62083 판결. 따라서 추후 양도인이 회사로부터 주권을 발행받는 경우에는 양수인은 양도인에게 그 주권의 교부를 청구할 수 있을 것임.

수인에게 발행하여야 한다.[판례20] 주주의 중요권리인 주식양도의 자유를 보장해 주기 위하여 회사 성립 후 또는 신주의 납입기일 후 6월이 경과할 때까지 주권을 발행하지 아니한 경우에는 주권의 교부 없이도 회사에 대해 주식양도의 효력을 주장할 수 있도록 한 것이다.

> **[판례20] 대법원 2000.3.23. 선고 99다67529 판결**
>
> 회사성립 후 6개월이 지난 후, 주권발행 전 주식양도 사실을 통지받은 바 있는 회사가 통지받은 주식양수인이 아닌 제3자에게 명의개서절차를 마치고 나아가 그 제3자에게 기명식 주권을 발행하였다 하더라도, 그로써 제3자가 주주가 되고 주식양수인이 주주권을 상실한다고는 볼 수 없음.

따라서 회사성립 또는 신주납입기일 후 6개월 후의 당사자간의 양도의 효력은 당사자간의 의사표시 즉, 양도의 합의만으로 발생하는데,[202] ① 이를 회사에 대항하기 위해서는 민법상 지명채권의 양도방법[203]을 준용하여, 위 주권 없는 양도와 관련한 양도인의 회사에 대한 통지 또는 회사의 승낙이 있어야 하며,[204] 주식양수인이 양도인의 협력을 받을 필요 없이 단독으로 자신이 주식을 양수한 사실을 증명하여[205] 명의개서를 회사에 청구할 수 있다. ② 한편, 회사 이외의 제3자에게까지 대항하기 위해서는 지명채권양도에 준하여 회사에 대한 **확정일자 있는 통지 또는 승낙**에 의하여야 한다(민법 450조 2항).[206][판례21], [판례22]

---

202) 대법원 2007.2.22. 선고 2006두6604 판결.

203) 민법 450조 1항.

204) 대법원 2000.3.23. 선고 99다67529 판결 및 대법원 1996.8.20. 선고 94다39598 판결. 한편, 일반적으로 주식양도청구권의 압류나 가압류는 주식 자체의 처분을 금지하는 대물적 효력은 없고 채무자가 제3채무자에게 현실로 급부를 추심하는 것을 금지할 뿐이므로, 채무자는 제3채무자를 상대로 그 주식의 양도를 구하는 소를 제기할 수 있고 법원은 가압류가 되어 있음을 이유로 이를 배척할 수 없음. 다만 주권발행 전이라도 회사성립 후 또는 신주의 납입기일 후 6개월이 지나면 주권의 교부 없이 지명채권의 양도에 관한 일반원칙에 따라 당사자의 의사표시만으로 주식을 양도할 수 있으므로, 주권발행 전 주식의 양도를 명하는 판결은 의사의 진술을 명하는 판결에 해당하는 바, 이러한 주식의 양도를 명하는 판결이 확정되면 채무자는 일방적으로 주식 양수인의 지위를 갖게 되고, 제3채무자는 이를 저지할 방법이 없으므로, 가압류의 해제를 조건으로 하지 않는한 법원은 이를 인용해서는 안 되며, 이는 가압류의 제3채무자가 채권자의 지위를 겸하는 경우에도 동일함(대법원 2021.7.29. 선고 2017다3222,3239 판결).

205) 대법원 2019.4.25. 선고 2017다21176 판결, 대법원 1995.5.23. 선고 94다36421 판결 및 주석상법 회사(II), 386.

206) 양도인이 확정일자있는 주권발행전 주식양도의 통지를 하기 전에 다른 제3자에게 이중으로 양도하여 회사에게 확정일자 있는 양도통지를 하는 등 대항요건을 갖추어 줌으로써 양수인이 그 제3

[판례21] 대법원 2006.9.14. 선고 2005다45537 판결

　　확정일자 없는 증서에 의한 양도통지나 승낙 후에 그 증서에 확정일자를 얻은 경우, 그 일자 이후에는 제3자에 대한 대항력을 취득하며, 원본이 아닌 사본에 확정일자를 갖추었더라도 상관없고, 이중양도의 경우에 우선순위는 확정일자 있는 양도통지가 회사에 도달한 일자 또는 확정일자 있는 승낙의 일시의 선후에 의해 결정됨.

[판례22] 대법원 2010.4.29. 선고 2009다88631 판결

　　확정증서에 의하지 아니한 주식의 양도 통지나 승낙의 요건을 갖춘 주식양수인(제1주식양수인)에게 회사가 명의개서를 해 준 경우, 그 주식을 이중으로 양수한 주식양수인(제2주식양수인)이 확정일자 없는 통지 또는 승낙에 의한다 할지라도, 제1주식양수인에 대한 관계에서 우선적 지위를 주장할 수는 없으므로, 회사가 제2주식양수인의 청구를 받아들여 명의개서를 마쳐주었다 하더라도 이는 위법하다고 볼 것이어서, 회사에 대한 관계에서 주주의 권리를 행사할 자는 여전히 제1주식양수인임.

(3) 자기주식 취득제한

(가) 의의

자기주식이란 특정 주식의 소유자로부터 주식을 발행한 당해 주식회사가 취득하여 소유하게 된 주식을 말한다. 즉, <u>자기주식의 취득</u>이란 이와 같이 <u>주식회사가 자신이 발행한 주식을 주주로부터 양수받는 것</u>을 말한다.

(나) 제한이유 및 허용의 필요성

① 자기주식을 취득하게 되면, 회사에 들어왔던 자본이 다시 제3자에게 환급되는 결과가 되어, 회사가 발행주식의 소유자가 되더라도 그에 상당하는 자본은 회사내부에 남아있지 않게 되는 자본공동화를 초래케 됨으로서 자본충실의 원칙에 반하고, ② 이로 인하여 다른 주주 및 회사채권자들의 이익을 해하게 될 위험성이 커지며, ③ 주식회사의 주주가 회사 자신이 됨으로써 자신이 자신을 지배한다는 지배구조의 왜곡을 초래케 되는 문제점이 발생한다.

자에게 대항할 수 없게 되었고, 이러한 양도인의 배임행위에 제3자가 적극 가담한 경우라면, 제3자에 대한 양도행위는 사회질서에 반하는 법률행위로서 무효임(대법원 2006.9.14. 선고 2005다45537 판결).

그러나 자기주식취득의 장점으로는 ① 회사가 적대적 M&A의 위협에 대항하기 위해 자기주식취득을 통해 시장에서 유통되는 주식수를 감소시킴으로써 적대적 매수인의 주식취득에 대한 억제수단으로 사용할 수 있고, ② 회사의 주가가 주식시장에서 저가로 평가되는 경우 회사가 자기주식취득을 하게 되면, 시장에서 유통되는 해당 회사의 주식수가 감소됨으로써 주가를 상승시키는 수단으로 이용할 수 있으며, ③ 주식시장에서 당해 회사의 주가가 높을 경우 이미 보유하고 있던 자기주식을 시장에서 처분케 된다면 주가를 낮추는 수단이 될 수 있다.

(다) 원칙적 금지

회사 자신의 명의이건 아니면 제3자의 명의이건, 회사의 계산[판례23]으로 자기주식을 취득하는 것은 원칙적으로 금지된다.[207][판례24] 판례는 이하에서 설명하는 예외적으로 허용되는 사유에 해당되지 않는 한, 비록 회사 또는 주주나 회사채권자 등에게 생길지도 모르는 중대한 손해를 회피하기 위하여 부득이 한 사정이 있다고 하더라도 자기주식취득은 금지되며 무효라고 보고 있다.[208] 또한 판례는 주권이 발행되지 않은 주식에 관하여 체결된 매매계약이 구 상법(2011. 4. 14. 법률 제10600호로 개정되기 전의 것, 이하 같다) 341조에서 금지한 자기주식의 취득에 해당하여 무효인 경우, 매도인은 지급받은 주식매매대금을 매수인에게 반환할 의무를 부담하는 반면 매수인은 매매계약 체결 당시 이행받은 급부가 없으므로 특별한 사정이 없는 한 반환할 부당이득이 존재하지 않으며, 만약 무효인 매매계약에 따라 매수인에게 상법 337조 1항에 규정된 명의개서절차가 이행되었더라도, 매도인은 특별한 사정이 없는 한 매수인의 협력을 받을 필요 없이 단독으로 매매계약이 무효임을 증명함으로써 회사에 대해 명의개서를 청구할 수 있다고 판시하고 있다.[209]

---

207) 신주발행의 경우에도 적용됨.
208) 대법원 2006.10.12. 선고 2005다75729 판결 및 대법원 2003.5.16. 선고 2001다44109 판결.
209) 대법원 2018.10.25. 선고 2016다42800,42817,42824,42831 판결.

[판례23] 대법원 2011.4.28. 선고 2009다23610 판결

　　회사가 자신이 발행한 주식을 제3자 명의로 취득한 것이 자기주식취득에 해당되기 위해서는 주식취득을 위한 자금이 회사의 출연에 의한 것이어야 할 뿐만 아니라 <u>주식취득에 따른 손익이 회사에 귀속되는 경우이어야 함</u>.

[판례24] 대법원 2003.5.16. 선고 2001다44109 판결

　　① 회사의 제3자 명의자로의 회사주식인수를 위한 제3자에 대한 대출금과 ② 회사에게 영업정지 등의 사유가 발생함에 따른 제3자 명의자의 환매권 행사시 회사가 제3자 명의자에게 지급하여야 할 환매대금에 대한 상계약정이 체결된 경우 주식취득에 따른 손익이 회사에 귀속되는 경우임.

(라) 예외적 허용

1) 배당가능이익 범위 내에서의 취득

　　① 배당가능이익[210]이란 주주들에게 배당될 수 있는 금원으로서 사외유출이 예정되어 있는 금액이기 때문에, 회사가 배당가능이익 범위 내에서 자기주식을 취득하는 것은 허용된다(341조 1항 단서).

　　② <u>회사 자신의 명의와 계산으로만 자기주식을 취득할 수 있다</u>(341조 1항 본문).[판례25] 즉, 회사가 타인의 명의로 자기주식을 취득하거나 자신의 명의로 취득하더라도 타인의 계산으로 자기주식을 취득하는 것은 허용되지 아니한다.

[판례25] 대법원 2010.7.22. 선고 2008다37193 판결

　　자기주식을 취득한 회사는 지체없이 취득내용을 적은 자기주식 취득내역서를 본점에 6개월간 비치하여야 함. 이 경우 주주와 회사채권자는 영업시간내에 언제든지 자기주식 취득내역서를 열람할 수 있으며, 회사가 정한 비용을 지급하고 그 서류의 등본이나 사본의 교부를 청구할 수 있음(상법시행령 9조 2항). 이 경우에도 당해 주식회사가 자기주식 취득내역서의 열람, 등사 청구를 거절하기 위해서는 이 청구에 정당한 목적이 없다는 점 즉, <u>회사를 괴롭히고 업무를 방해할 목적이 있다는</u> 점을 입증하여야 할 것임.

---

210) 직전 결산기의 대차대조표상의 순자산액(자산에서 부채를 공제한 금액)에서 462조 1항 각호(① 자본금의 액, ② 그 결산기까지 적립된 자본준비금과 이익준비금의 합계액, ③ 그 결산기까지 적립하여야 할 이익준비금의 액 및 ④ 대통령령으로 정하는 미실현이익(자산 및 부채에 대한 평가로 인하여 증가한 대차대조표상의 순자산액으로서, 미실현손실과 상계되지 아니한 금액; 상법시행령 19조 1항))의 금액을 공제한 금액을 말함.

③ 미리 주주총회의 결의가 있어야 하는데, 주주총회에서 정할 사항은 다음과 같다(341조 2항).211)

① 매수할 주식의 종류와 수(동항 1호)

② 취득가액의 총액의 한도(동항 2호)

③ 1년을 초과하지 아니하는 범위에서 자기주식을 취득할 수 있는 기간(동항 3호)

④ 위 주주총회결의와는 별도로, 회사가 자기주식을 취득하려는 경우마다 <u>이사회의 결의</u>가 있어야 하는데, 이사회가 정해야 할 사항은 다음과 같으며, 주식취득의 조건은 이사회가 결의할 때마다 균등하게 정하여야 한다(상법시행령 10조 1호).

① 자기주식 취득의 목적(동호 가목)

② 취득할 주식의 종류와 수(동호 나목)

③ 주식 1주를 취득하는 대가로 교부할 금전이나 그 밖의 재산(해당 회사의 주식은 제외; 이하 "금전 등"이라 약칭)의 내용 및 그 산정방법(동호 다목)

④ 주식취득의 대가로 교부할 금전 등의 총액(동호 라목)

⑤ 20일 이상 60일 내의 범위에서 주식양도를 신청할 수 있는 기간(이하 "양도신청기간"이라 약칭)(동호 마목)

⑥ 양도신청기간이 끝나는 날부터 1개월의 범위에서 양도의 대가로 금전 등을 교부하는 시기와 그 밖에 주식취득의 조건(동호 바목)

⑤ 자기주식의 취득방법과 관련하여, 회사는 다음 방법 중 어느 하나를 선택하여야 한다(341조 1항 각호 및 상법시행령 9조 1항).

① 거래소에서 시세가 있는 주식의 경우에는 거래소에서 취득하는 방법 또는

② <u>상환주식의 경우 외에</u>212) 각 주주가 가진 주식수에 따라 균등한 조건으로 취득하는 것으로서, <u>회사가 모든 주주에게 자기주식 취득의 통지 또는 공고를 하여 주식을 취득하는 방법</u>213) 또는 공개매수에 의한 방법214)

---

211) 단, 이사회의 결의로 이익배당을 할 수 있다고 정관으로 정하고 있는 경우에는 이사회의 결의로써 주주총회의 결의를 갈음할 수 있음(341조 2항 단서).

212) 상환주식의 경우에는 발행조건으로 상환방법을 정하게 되므로(345조 1항) 제외함.

213) ① 위 상법시행령 10조 1호 내용, ② 회사는 양도신청기간이 시작하는 날의 2주전까지 각 주주에게 회사의 재무현황, 자기주식 보유 현황 및 위 ①의 6가지 사항들을 서면으로 또는 각 주주의 동의를 받아 전자문서로 통지할 것, ③ 회사에 주식을 양도하려는 주주는 양도신청기간이 끝나는 날까지 양도하려는 주식의 종류와 수를 적은 서면으로 주식양도를 신청할 것, ④ 주주가 위 ③에 따라 회사에 대하여 주식양도를 신청한 경우 회사와 그 주주 사이의 주식취득을 위한 계약성립의

⑥ 회사는 해당 영업연도의 결산기에 대차대조표상의 순자산액이 상법 462 조 1항 각호의 금액의 합계액에 미치지 못할 우려가 있는 경우에는 자기주식을 취득하여서는 아니된다(341조 3항). 즉, 직전 영업연도에 배당가능이익이 발생하였다 할지라도, 해당 영업연도에 배당가능이익이 없을 우려 즉, <u>결손이 날 우려가</u> 있는 경우에는 해당 영업연도 중에 자기주식 취득을 금지시킨 것이다.

⑦ 만일 해당 영업연도의 결산기에 대차대조표상의 순자산액이 상법 462조 1항 각호의 금액의 합계액에 미치지 못함에도 불구하고 회사가 자기주식을 취득한 경우에는, 이사는 회사에 대하여 <u>연대하여</u> <u>그 미치지 못한 금액</u>215)을 배상할 책임이 있다. 다만, 이사가 결손이 날 우려가 없다고 판단하는 때에 주의를 게을리하지 아니하였음을 증명한 경우에는 그러하지 아니하다(341조 4항). 해당 영업연도의 결산기에 결손금이 발생한 경우, 당해 연도의 자기주식 취득과 관련하여 책임이 있는 이사들에게 연대하여 회사에 손해배상책임을 인정하면서 단, 이사 중 자신의 과실 없음을 증명하는 자는 그 손해배상책임에서 면제시켜 주도록 한 것이다.

2) 회사의 합병 또는 다른 회사의 영업전부의 양수로 인한 취득

소멸회사가 소유하고 있던 존속회사의 주식을 흡수합병으로 인하여 존속회사가 취득하는 경우 또는 양도회사가 소유하고 있던 양수회사의 주식을 영업전부의 양도로 인하여 양수회사가 취득하는 경우를 말한다(341조의2 1호). 합병 또는

시기는 양도신청기간이 끝나는 날로 정하고, 주주가 신청한 주식의 총수가 위 ①의 둘째에 기재된 취득할 주식의 총수를 초과하는 경우, 계약성립의 범위는 취득할 주식의 총수를 신청한 주식의 총수로 나눈 수에 위 ③에 따라 주주가 신청한 주식의 수를 곱한 수로 정할 것(상법시행령 10조).

214) 자본시장법 133조부터 146조까지의 규정에 따름(공개매수란 불특정다수인에 대하여 의결권 있는 주식 등의 매수의 청약을 하거나 매도의 청약을 권유하고, 증권시장 밖에서 그 주식 등을 매수하는 것을 말하는데, 6개월이내에 10인 이상의 주주로부터 5% 이상을 취득할 경우에는 공개매수가 강제됨); 자본시장법상 주권상장법인의 경우에는 위 방법들 외에 신탁계약에 따라 자기주식을 취득한 신탁업자로부터 신탁계약이 해지되거나 종료된 때 반환받는 방법(신탁업자가 해당 주권상장법인의 주식을 상법 341조 1항의 방법으로 취득한 경우로 한정함)으로 자기주식을 취득하는 방법도 인정되며(자본시장법 165조의3 1항), 주권상장법인이 상법 또는 자본시장법상 자기주식 취득방법을 통해 자기주식을 취득하거나 자기주식을 처분하는 경우에는 동법시행령 176조의2에서 정한 요건과 방법 등의 기준에 따라야 함(동조 4항).

215) 예를 들어, 자기주식 취득금액이 10억원인데, 결손이 5억원 발생한 경우, 5억원을 이사들은 연대하여 회사에 배상해야 함. 반대로 자기주식 취득금액이 5억원인데, 결손이 10억원 발생한 경우에는 10억원을 배상해야 함; 단, 입법론적으로는 중간배당의 경우 배당금액이 결손금액보다 작으면 손해배상액은 배당금액으로 제한되듯이(462조의3 4항), 자기주식 취득액이 결손금액보다 작은 경우에는 자기주식 취득액만을 배상해야 하는 것으로 개정되어야 할 것임(동지 송옥렬, 839; 이철송, 390).

영업전부의 양수로 인한 당연한 결과이다.

3) 회사의 권리를 실행함에 있어 그 목적을 달성하기 위해 필요한 경우의 취득

채무자회사의 남은 유일한 재산이 채권자회사가 발행한 주식인 경우(341조의2 2호) 채권만족을 위한 최후의 방법으로써 자기주식취득을 인정한 것이다.

4) 단주의 처리를 위해 필요한 경우의 취득

회사가 주주가 보유하고 있는 단주의 처리를 위해 주주로부터 단주를 취득하는 경우를 말한다(341조의2 3호). 단주를 환가하여 그 대금을 주주에게 지급하기 위해 부득이한 경우이다. 주식분할(329조의2 3항), 주식의 포괄적 교환(360조의11 1항), 주식의 포괄적 이전(360조의22, 360조의11 1항), 준비금의 자본전입(461조 2항), 주식배당(462조의2 3항), 회사의 합병(530조 3항), 회사의 분할(530조의11 1항) 및 자본감소(597조)의 경우에는 주식의 병합에 관한 <u>상법 443조</u>216)의 단주처리방법을 준용하게 되어 있으므로, 단주처리를 위한 자기주식취득이 문제되지 않는다고 볼 수 있으나, <u>신주발행(416조)</u> 및 <u>전환주식의 전환(349조)</u>, <u>전환사채의 전환(515조)</u> 또는 <u>신주인수권부사채의 신주인수권행사로 인한 신주발행(516조의9)</u>의 경우에는 법정된 방법이 없어 <u>본 규정에 따라 자기주식취득이 허용</u>되는 것으로 볼 수 있을 것이다.

5) 주주가 주식매수청구권을 행사함으로 인한 취득

주식양도의 제한 중 정관에 의한 이사회의 승인을 요하는 경우, 주주가 양도승인을 신청함에도 회사가 이를 거절하여 주주가 회사를 상대로 주식매수청구권을 행사하는 경우를 말한다(341조의2 4호, 335조의6).217) 양수인의 양수승인신

---

216) 단주를 경매하여 그 대금을 단주의 주주에게 지급하며, 거래소의 시세있는 주식은 거래소를 통하여 매각하고, 거래소의 시세없는 주식은 법원의 허가를 받아 경매외의 방법으로 매각할 수 있음.

217) 2011. 4. 14. 법률 10600호로 개정되어 2012. 4. 15.부터 시행된 개정 상법은 종래 자기주식 취득을 엄격히 불허하였던 것에서 이를 완화하여, 341조에서 회사가 배당가능이익의 한도 내에서 거래소에서 취득하는 방법 등으로 자기의 명의와 계산으로 자기주식을 취득할 수 있도록 허용하고, 341조의2에서는 각호에서 규정한 특정한 목적이 있는 경우에는 구 상법(2011. 4. 14. 법률 10600호로 개정되기 전의 것)과 마찬가지로 배당가능이익이나 취득 방법 등의 제한 없이 자기주식을 취득할 수 있도록 허용하면서, 4호에서 주주가 주식매수청구권을 행사한 경우를 들고 있으므로 따라서 개정 상법 360조의5 1항, 374조의2 1항, 522조의3 1항 등에 따라 주주가 주식매수청구권을 행사하는 경우에는 개정 상법 341조의2 4호에 따라 회사가 제한 없이 자기주식을 취득할 수 있으나, 회사가 특정 주주와 사이에 특정한 금액으로 주식을 매수하기로 약정함으로써 사실상 매수청구를 할 수 있는 권리를 부여하여 주주가 그 권리를 행사하는 경우는 개정 상법 341조의2 4호가 적용되지 않으므로, 개정 상법 341조에서 정한 요건하에서만 회사의 자기주식취득이 허용됨. 다

청이 회사에 의해 거절된 경우에도 이 조문이 적용된다고 보아야 할 것이다(335 조의7 2항, 335조의2 4항, 335조의6).

또한 주식의 포괄적 교환(360조의5), 주식의 포괄적 이전(360조의22, 360조의5), 영업양도 등(374조의2), 합병(522조의3) 및 분할합병(530조의11, 522조의3)의 주주총회결의에 반대하는 주주가 회사를 상대로 주식매수청구권을 행사하는 경우에도 이 규정이 적용된다.

6) 질권설정

주식회사는 발행주식총수의 20분의1을 초과하여 자기의 주식을 질권으로 받지 못한다(341조의3 본문). 즉, 회사는 발행주식총수의 20분의1 이하로는 자기의 주식을 질권으로 받을 수 있다.

그러나 회사의 합병 또는 다른 회사의 영업전부의 양수로 인한 경우 및 회사의 권리를 실행함에 있어 그 목적을 달성하기 위하여 필요한 경우에는 발행주식총수의 20분의1의 한도를 초과하여 질권의 목적으로 할 수 있다(341조의3 단서).

7) 무상취득

판례는 회사가 무상으로 자기주식을 취득하는 것은 회사자산을 감소시켜 회사의 채권자를 해하거나 부당한 투기적 수단으로 이용될 가능성이 없다는 점에서 허용된다고 판시하고 있다.[218] 그러나 부담부증여의 형식으로 자기주식을 취득하는 것은 무상이라고 볼 수 없으므로 허용되지 않는다고 보아야 할 것이다.

8) 타인의 계산으로 취득

신탁회사가 위탁자로부터 자기주식을 위탁받은 경우 및 위탁매매업자가 위탁자의 계산으로 자기주식을 매수하는 경우 등이 이에 해당한다.

9) 벤처기업육성에 관한 특별조치법상 취득

상장법인을 제외한 주식회사인 벤처기업은 전략적 제휴를 위하여 정관으로 정하는 바에 따라 자기주식을 다른 주식회사의 주요주주[219] 또는 주식회사인 다

만 이와 같이 개정 상법이 자기주식취득 요건을 완화하였다고 하더라도 여전히 법이 정한 경우에만 자기주식취득이 허용된다는 원칙에는 변함이 없고 따라서 위 규정에서 정한 요건 및 절차에 의하지 않은 자기주식취득 약정은 효력이 없음(대법원 2021.10.28. 선고 2020다208058 판결).

218) 대법원 1989.11.28. 선고 88누9268 판결.

219) 해당 법인의 의결권 있는 발행주식총수의 100분의10 이상을 보유한 주주를 말함.

른 벤처기업의 주식과 교환할 수 있는 바(벤처기업육성에 관한 특별조치법 15조 1항), 이에 따라 주식교환을 하려는 벤처기업은 <u>자기의 계산으로 배당가능금액 범위 내</u>에서 미리 작성된 <u>주식교환계약서</u>[220]를 <u>주주총회에서 특별결의 받음에 의해</u> 자기주식을 취득하여야 한다(벤처기업육성에 관한 특별조치법 15조 2항, 3항).[221]

(마) 위법한 자기주식취득

위법한 자기주식취득의 효력과 관련하여, 현행 상법은 이에 대해 아무런 규정도 두고 있지 않다. 이와 관련하여, 학설은 무효설(예외적 허용사유에 해당되지 않는 한, 자본충실의 원칙 위반으로 양도인의 선의·악의를 불문하고 무효라고 보며, 판례도 이 견해임),[222] 유효설(거래안전을 위해 유효하다고 봄),[223] 그리고 상대적 무효설[224](양도인의 선의, 악의를 묻지 않고 무효이나, 다만 전득자, 압류채권자 등 선의의 제3자에 대항하지 못한다고 봄)이 있다. 살피건대, 자본충실원칙이 주식회사법에서 차지하는 중요성을 감안할 때, 상법상 자기주식취득규정에 위반하여 자기주식을 취득한 경우에는 무효[225]라고 보아야 할 것이나, 거래의 안전을 위해 중대한 과실없는 선의의 제3자에게는 대항할 수 없는 것으로 예외를 인정하는 것이 타당하다고 판단된다.[226]

한편, 위법한 자기주식취득과 관련하여, 위에서 언급한 상법 341조 4항에 따른 책임을 이사들은 연대하여 회사에 배상해야 할 것이며, 별도의 추가적인 손해

---

220) 주식교환계약서에는 다음 사항이 포함되어야 함: 1. 전략적 제휴의 내용, 2. 자기주식의 취득방법, 취득가격 및 취득시기에 관한 사항, 3. 교환할 주식의 가액총액, 평가, 종류 및 수량에 관한 사항, 4. 주식교환을 할 날, 5. 다른 주식회사의 주요주주와 주식을 교환할 경우 주주의 성명, 주민등록번호, 교환할 주식의 종류 및 수량.

221) 주식교환에 관한 이사회결의내용을 주주에게 통보하고 주식교환계약서를 열람할 수 있도록 하여야 하며(벤처기업에 관한 특별조치법 15조 4항), 벤처기업 및 주식교환의 상대방인 주식회사 또는 그 주요주주는 취득일로부터 1년 이상 이를 보유하여야 하고(동조 5항), 자기주식의 취득기간은 주주총회 승인 결의일부터 6개월이내이어야 하며(동조 6항), 주식교환에 반대하는 벤처기업의 주주는 벤처기업에 주식매수청구권을 행사할 수 있음(동법 15조의2).

222) 김건식, 655; 김정호, 227; 송옥렬, 846; 유시창, 156; 이범찬외, 169; 정찬형, 746; 대법원 2006. 10.12. 선고 2005다75729 판결 및 대법원 2003.5.16. 선고 2001다44109 판결.

223) 서헌제, 676; 채이식, 639.

224) 권기범, 518(상법 341조의2가 규정하는 특정목적에 해당하지 아니하는 경우 등 기본적으로는 상대적 무효설이 타당하나, 위법한 자기주식취득이 상법 341조가 규정하는 재원요건이나 절차요건에 위반하는 경우에는 무효설이라는 견해임); 김홍기, 480; 손진화, 460; 정경영, 425; 정동윤, 496; 정희철외, 400; 한창희, 190.

225) 단, 배당가능이익을 초과한 경우에는 그 초과부분만 무효라고 보는 것이 합리적일 것임.

226) 선의의 입증책임이 유효를 주장하는 제3자에게 있는 것이 아니라, 반대로 악의 또는 중대한 과실의 입증책임이 무효를 주장하는 측에 있다고 보아야 할 것임.

가 회사에 발생한 경우에는 상법 399조가 적용될 수 있을 것이고, 주주 등 제3자
에 대한 손해발생의 경우에는 상법 401조도 적용될 수 있을 것이며, 이사 등이
누구의 명의를 불문하고 회사의 계산으로 부정하게 그 주식을 취득하거나 질권
의 목적으로 이를 취득한 때에는 5년 이하의 징역 또는 1천 500만원 이하의 벌금
에 처한다(625조 2호).

(바) 자기주식을 소유한 회사의 권리행사

자기주식의 취득이 적법하여 보유하게 되는 회사의 자기주식과 관련하여 행
사할 수 있는 주주로서의 권리가 문제된다.

① 회사가 가진 자기주식은 의결권이 없다(369조 2항). 또한 주주총회의 결의
에 관하여는 자기주식은 발행주식총수에 산입하지 아니한다(371조 1항). 자기주식
은 소수주주권이나 각종 소제기권도 없다.

② 이익배당청구권과 관련하여, 자기주식에 대한 이익배당은 이익이 회사
밖으로 유출되지 않음으로써 이익배당을 하지 않은 것과 같은 결과가 초래되며,
주식을 발행한 회사가 자신에게 배당한다는 것은 논리적으로 모순되므로 인정할
수 없다고 보는 것이 타당하다. 주식배당도 마찬가지이다.

③ 자기주식에 대한 잔여재산분배청구권도 청산의 개념과는 양립할 수 없는
것이어서 인정될 수 없을 것이다.

④ 자기주식에 대한 신주인수권도 가공의 출자를 초래하고, 자기주식의 증
가를 만들 뿐이어서 허용될 수 없다고 봐야 할 것이다. 준비금의 자본전입도 마
찬가지이다.227)

⑤ 주식분할은 단지 주식수가 증가되는 것에 불과하므로, 자기주식에 대한
주식분할은 허용되어도 무방할 것이다.

한편, 자기주식을 소유한 회사의 권리행사가 제한된다 할지라도, 자기주식이
제3자에게 처분되는 경우에는 제3자는 아무런 제한 없이 주주로서의 권리를 행
사할 수 있다고 보아야 할 것이다.

---

227) 권기범, 520; 송옥렬, 844; 이철송, 400, 870; 임재연(I), 568; 정동윤, 495; 정찬형, 1072; 주석상
법 회사(IV), 72; 최기원, 360.

(사) 자기주식의 처분

회사가 보유하는 자기주식을 처분하는 경우에 ① 처분할 주식의 종류와 수, ② 처분할 주식의 처분가액과 납입기일, ③ 주식을 처분할 상대방 및 처분방법과 관련하여 정관에 규정이 없는 것은 이사회가 결정한다(342조).228)

즉, 이 규정에 의해 이사회가 자기주식처분과 관련하여 폭넓은 재량을 행사할 수 있게 된 것인데, 특히 처분의 상대방을 정함에 있어, 기존주주의 이해관계에 중대한 영향을 미치게 된다. 따라서 기존주주가 처분되는 주식을 자신의 지분비율대로 인수할 권리가 인정되도록 해석되어야 할 것이며, 입법론적으로는 신주발행에 관한 규정들이 준용되도록 상법의 개정이 이루어져야 한다고 본다.229)

만일 자기주식처분이 대표권의 남용 즉, 대표이사 개인의 사익추구행위에 해당되는 경우에는 원칙적으로는 유효하지만, 처분의 상대방이 사익추구행위를 알았거나 중대한 과실로 알지 못하였을 경우에는 무효로 보는 것이 타당할 것이다. 또한 자기주식처분과 관련하여 고의 또는 과실로 법령 또는 정관에 위반하거나 임무해태(특히 자기주식 처분가격이 불공정한 경우)를 한 이사는 이로 인하여 회사에 발생한 손해를 배상해야 할 것이다(399조).

(4) 자회사의 모회사 주식취득 금지

(가) 입법취지

주식회사 상호간에 상대방회사의 주식을 소유하는 형태를 상호주소유라 한다. 상호주는 실질적으로 자기주식과 동일하기 때문에 자본의 환급을 통해 순자산의 공동화를 초래케 되며,230) 양 회사의 경영진의 변동가능성을 감소시킴으로

---

228) 상환주식의 상환(345조 4항), 이익배당(462조의4) 및 합병교부금(523조 3호)의 경우에는 자기주식이 사용될 수 있는 근거규정이 별도로 있으므로, 이 경우에는 본조가 적용될 필요가 없음.

229) 개정 이전까지는 해석론적으로 상법 429조의 신주발행무효의 소를 유추적용 내지는 민법상 무효의 법리를 적용할 필요성이 있음. 왜냐하면 기존의 주주들의 이해관계에 영향을 미친다는 점에서 사실상 신주를 발행하는 것과 유사할 뿐만 아니라 개인법적 거래라 할지라도 이사회의 일방적이고도 불합리한 자기주식의 처분으로 인하여 주주의 회사지배권에 대한 중대한 침해 및 현저히 불공정한 결과를 야기할 것이기 때문임(김홍기, 484; 장덕조, 185; 정찬형, 750; 최준선, 306; 대법원 2004.6.25. 선고 2000다37326 판결 참조 및 서울서부지방법원 2006.3.24.자 2006카합393 결정). 이에 반대하는 견해로는 권기범, 521; 이철송, 398; 임재연(I), 179. 위 판결에 반대되는 판례로는 수원지방법원 성남지원 2007.1.30.자 2007카합30 결정, 서울북부지방법원 2007.10.25.자 2007카합1082 결정이 있음.

써 지배구조의 왜곡 즉, <u>기존경영진의 기득권을 불합리하게 강화시키는</u> 문제점이
있다. 이러한 문제를 해결하기 위해 상법은 어느 일방회사가 상대방회사의 발행
주식총수의 50%를 초과하는 주식을 소유하게 되면, 상대방회사는 그 일방회사의
주식을 소유하지 못하게 하고 있다.231)

(나) 원칙

다른 회사의 발행주식총수의 <u>100분의50을 초과하는 주식</u>을 가진 회사(이하
"모회사"라 약칭)의 주식은 원칙적으로 그 다른 회사(이하 "자회사"라 약칭)가 취득하지
못한다(342조의2 1항 본문). 즉, 자회사는 원칙적으로 모회사의 주식을 취득하는 것이
금지된다. 이와 관련하여, 판례는 주주명부상의 명의개서여부와는 상관없이, 실
제 소유하고 있는 주식수를 기준으로 판단해야 한다고 판시하고 있다.232) 누구의
명의이든 자회사의 계산으로 모회사의 주식을 취득하는 것은 금지된다고 보아야
할 것이다. 이 경우 다른 회사의 발행주식총수의 100분의50을 초과하는 주식을
<u>모회사 및 자회사 또는 자회사</u>가 가지고 있는 경우, 그 다른 회사는 모회사의 자
회사로 본다(342조의2 3항).233) 한편, 이 규정은 주식회사편에 명시된 관계로 모자회
사가 모두 주식회사인 경우의 상호주소유만을 규제하는 의미로 해석하는 것이
타당할 것이므로, <u>어느 일방회사가 주식회사가 아닌 경우에는 이 규정이 적용되
지 아니한다</u>고 보아야 할 것이다.234)

(다) 예외

① <u>주식의 포괄적 교환</u>(360조의3),235) <u>주식의 포괄적 이전</u>(360조의16),236) <u>회사</u>

---

230) 예를 들어, 발행주식총수가 200주인 모회사가 자회사 발행주식총수(100주)의 80%(80주)를 소유한
    경우에 자회사가 모회사 발행주식총수의 30%(60주)를 소유하게 된다면, 모회사는 48(60 × 80 ÷
    100)주에 상당하는 자기주식을 취득하게 됨.
231) 상법은 2개 회사간의 단순 상호주만 규제하나, 독점규제 및 공정거래에 관한 법률은 동법 9조 및
    9조의2에 따라, 상호출자제한기업집단에 한해 원칙적으로 단순상호출자를 금지할 뿐만 아니라 순
    환출자구조(고리형상호주)도 금지함; 순환출자에 대한 금지는 2014.7.25.부터 시행되었음.
232) 대법원 2009.1.30. 선고 2006다31269 판결; 권기범, 526; 김건식, 658; 서돈각외, 378.
233) 해석상 자회사의 범위는 무한정 확대될 수 있다고 보는 것이 합리적임(동지 김정호, 237; 손주찬,
    665; 장덕조, 187; 최기원, 368). 이에 반대하는 견해로는 강희갑, 337; 권기범, 526; 정경영, 426;
    정찬형, 754.
234) 권기범, 526; 이철송, 404; 최기원, 365.
235) 그 예로는 완전자회사가 되는 회사가 주식의 포괄적 교환이 일어나기 전에 완전모회사가 될 회사
    의 주식을 보유하고 있는 경우를 말함(상법 360조의3 6항에 의한 경우 포함).

의 합병237) 또는 다른 회사의 영업전부의 양수로 인한 때(342조의2 1항 1호) 또는
② 회사의 권리를 실행함에 있어 그 목적을 달성하기 위하여 필요한 때(342조의2 1
항 2호)에는 자회사는 모회사의 주식을 예외적으로 취득할 수 있고, ③ 흡수합병
시 존속회사가 소멸회사의 주주에게 존속회사의 모회사주식을 제공하고자 하는
경우에는 존속회사는 흡수합병 전에 자신의 모회사의 주식을 예외적으로 취득할
수 있으며(523조의2, 523조 4호), ④ 완전자회사가 되는 회사의 주주에게 제공하는 재
산이 완전모회사가 되는 회사의 모회사주식을 포함하는 경우에는 완전모회사가
되는 회사는 그 지급을 위하여 그 모회사의 주식을 취득할 수 있다(360조의3 6항, 3
항 4호, 342조의2 1항). 또한 명문의 규정은 없으나 해석상으로 ⑤ 회사분할에 따라
자회사가 모회사 주식을 취득하는 것이 허용될 수 있으며,238) ⑥ 신탁회사 또는
위탁매매인이 자신의 모회사의 주식을 신탁자 또는 위탁인의 계산으로 취득하는
경우도 허용된다고 보아야 할 것이다. 또한 질취목적취득 및 무상취득도 가능하
다고 보는 것이 타당할 것이다.

　　이와 같이 예외적으로 자회사의 모회사주식이 허용된다 할지라도, 자회사는
그 모회사주식을 취득한 날로부터 6개월이내에 처분하여야 한다(342조의2 2항). 이
와 같이 처분되기 전까지는 자기주식에서와 같이, 자회사는 모회사의 주식에 관
한 모든 권리(의결권 포함)를 행사할 수 없다(369조 3항). 물론 자회사가 모회사주식
을 제3자에게 처분한 경우에는 이를 취득한 새로운 주주는 아무런 제한 없이 의
결권을 포함한 주주로서의 모든 권리를 행사할 수 있다.

(라) 자회사의 모회사주식취득 금지 위반의 효과

　　명문의 규정은 없으나, 자회사의 모회사주식취득 금지 위반의 효력과 관련
하여서는 자기주식 취득금지 위반에서 설명한 내용이 적용될 수 있을 것인데, 원

---

236) 그 예로는 완전자회사가 되는 회사(A)가 다른 회사(B)의 주식을 소유하고 있고, 그 B회사가 다른 완
　　전자회사가 되는 회사(C)의 주식을 소유하고 있는 경우, 주식의 포괄적 이전에 의해 B가 C에 소유하
　　고 있는 주식을 설립될 완전모회사 (D)에 이전하는 것에 대한 대가로 B가 D로부터 D의 총발행주식
　　중 50%를 초과하는 주식을 제공받는 경우에는, A는 B의 손자회사(즉, 자회사)가 되므로 결국 A는 모회
　　사인 B회사주식을 취득한 것이 됨.
237) 그 예로는 흡수합병시 소멸회사가 흡수합병 이전에 존속회사의 모회사의 주식을 미리 보유하고
　　있는 경우를 말함.
238) 그 예로는 물적분할과 관련한 분할합병시, 분할회사(A)의 분할되는 영업과 합병되는 회사(B)가 분
　　할회사의 모회사(C)의 주식을 이미 보유하고 있는 상태에서, 분할회사(A)가 분할합병되는 회사(D)
　　의 발행주식총수의 50%를 초과하는 주식을 받게 되는 경우를 말함.

칙적으로 무효이나, 거래의 안전을 위해 중대한 과실없는 선의의 제3자에게는 대항할 수 없는 것으로 예외를 인정하는 것이 바람직할 것이다.

한편, 상법 342조의2에 위반하여 자회사의 모회사주식 취득금지규정에 위반하거나 허용되더라도 6개월내에 처분하지 아니한 이사 등은 2천만원 이하의 벌금에 처한다(625조의2).

(5) 비모자회사간의 주식취득과 관련한 의결권제한

(가) 의의

회사(A), 모회사(A) 및 자회사(B) 또는 자회사(B)가 다른 회사(C)의 발행주식총수의 10분의1을 초과하는 주식을 가지고 있는 경우, 그 다른 회사(C)가 가지고 있는 회사(A) 또는 모회사(A)의 주식은 의결권이 없다(369조 3항).[239] 어느 회사(A)가 다른 회사(C)의 발행주식총수의 10분의1을 초과하여 100분의50 이하의 주식을 가지고 있는 경우에 C회사가 A회사의 주식을 취득하는 것은, 자회사의 모회사주식 취득보다 그 자기주식성이 약하기 때문에 취득은 허용하되 그 의결권이 없는 것으로 규정한 것이다.

(나) 요건

① 10% 초과여부를 판단함에 있어, 주주명부상의 명의개서여부와는 상관없이, 실제 소유하고 있는 주식수를 기준으로 판단해야 할 것이다.[240] 한편, 10%를 계산함에 있어 의결권없는 주식이 포함되는지가 문제되나, 해석론적으로는 포함된다고 보는 것이 타당할 것이다.[241]

② 특정 주식회사가 단독으로 뿐만 아니라 그 회사의 자회사와 합하여 또는 그 자회사가 단독으로 다른 회사의 10분의1을 초과하는 주식을 소유하는 경우에도 이 규정이 적용된다.

---

[239] 즉, 주식회사(A)가 단독으로 또는 주식회사(A)와 그의 자회사(B)가 합하여 또는 자회사(B)가 단독으로, 다른 주식회사(C)의 발행주식총수의 10분의1을 초과하는 주식을 가지고 있는 경우, 그 다른 주식회사(C)가 가지고 있는 A의 주식은 의결권이 없다는 의미임.

[240] 김건식, 287; 김동훈, 181; 김홍기, 474; 송옥렬, 853; 양명조, 183; 임재연(I), 478; 장덕조, 188; 정동윤, 504; 정찬형, 850; 주식회사법대계 I, 987; 최준선, 374; 홍복기외, 242; 대법원 2009.1.30. 선고 2006다31269 판결 참조. 이에 반하여 주주명부상의 주주를 기준으로 한다는 견해로는 권기범, 606; 이철송, 411; 최기원, 497; 한창희, 197.

[241] 임재연(I), 479; 정동윤, 503.

③ 위 (가)의 각주에서, C회사의 자회사가 A회사의 주식을 보유하고 있는 경우, 그 의결권이 제한되는지가 문제되나, 만일 제한하지 않는다면 C회사는 자회사를 만들어 자회사로 하여금 A회사 주식을 소유하게 함으로써 C회사 대신 자회사로 하여금 A회사에 대한 의결권을 행사하게 할 수 있는 편법을 가능하게 하는 문제점이 있다. 그러나 이러한 문제점은 입법으로 해결해야 할 문제이지, 유추적용하여 해석론으로 의결권을 제한하는 것은 해석의 한계를 넘는 것으로 판단된다.242)

④ 한편, 어느 회사(A)가 타방 회사(C)의 발행주식총수의 10%를 초과하는 주식을 소유하는 경우에, C회사가 소유하는 A회사주식이 의결권이 없는 점에 대항하여, C회사도 A회사의 발행주식총수의 10%를 초과하는 주식을 소유함으로써 A회사도 C회사에 대한 의결권을 행사할 수 없도록 할 수 있다.243)

(다) 효력

어느 회사(A)가 타방 회사(C)의 발행주식총수의 10%를 초과하는 주식을 소유하는 경우에,244) C회사가 소유하는 A회사주식이 <u>의결권이 없을 뿐만 아니라245) 발행주식총수에도 산입되지 아니한다</u>(371조 1항).

또한 의결권을 전제로 한 권리(주주총회 소집청구권 등)도 제한된다고 보아야 할 것이나, 그 밖의 주주로서의 권리(소수주주권, 이익배당청구권 등)는 행사할 수 있다고 보아야 할 것이다.246)

한편, 위 A회사가 C회사주식을 처분하여 C회사 발행주식총수의 10% 이하의 주식을 소유하게 될 경우 C회사 소유 A회사주식에 대한 의결권제한은 해소되며, A회사가 C회사 발행주식의 10%를 초과하여 소유하고 있다고 할지라도, C회사가

---

242) 예를 들어, A가 B의 모회사이고, C가 D의 모회사인 경우, A 및 B가 각각 C발행주식의 7%를 소유하고 있고, C 및 D가 각각 A발행주식의 4%를 소유하고 있다면, C는 A발행주식 4%에 대한 의결권을 행사할 수는 없으나, <u>D는 A발행주식 4%에 대해 의결권을 행사할 수 있음</u>. 만일 위 경우에서 C 및 D가 각각 A발행주식의 6%를 소유하고 있다면, A도 역시 C발행주식 7%에 대한 의결권을 행사할 수는 없으나, <u>B는 C발행주식 7%에 대해 의결권을 행사할 수 있음</u>; 동지 송옥렬, 853; 임재연 (I), 476. 이에 반하여 상법 369조 3항의 유추적용을 주장하는 견해로는 이철송, 410.

243) 위 각주에서 살펴본 바와 같이, A회사 및 B회사 모두 각각 자회사를 두어 자회사로 하여금 B회사 또는 A회사의 발행주식총수의 10% 이하의 주식을 소유하게 하는 경우에는 자회사를 통해 B회사 또는 A회사에 의결권을 행사할 수는 있음.

244) 물론 50% 이하임을 전제로 함.

245) 의결권이 없다는 의미는 종류주주총회에서도 당연히 적용되어야 함.

246) 송옥렬, 854; 이철송, 411; 최기원, 496.

자신소유 A회사주식을 제3자에게 처분하는 경우 새로운 주주는 아무런 제한없이 A회사에 대한 의결권을 행사할 수 있다.

(라) 통지의무

어느 회사(A)가 다른 회사(C)의 발행주식총수의 10분의1을 초과하여 주식을 취득한 때에는 그 다른 회사(C)에 대하여 지체없이 이를 통지하여야 한다(342조의3).

본 규정의 취지는 그 다른 회사(C)로 하여금 자신이 일방회사(A)에 대하여 소유하고 있는 주식의 의결권이 없다는 점을 상기시켜 주고, 나아가 그 다른 회사(C)도 일방 회사(A)의 주식을 10% 초과하여 취득함으로 인해 그 일방 회사(A)가 소유하고 있는 다른 회사(C)의 주식도 의결권을 없도록 만들 수 있는 기회를 주고자 함에 있다.

자회사가 소유하고 있는 주식도 포함하여 10% 초과여부를 산정할 것인지와 관련하여, 규정의 취지상 포함시켜야 한다는 견해247)도 있다. 살피건대, 그 규정 취지를 공감 못하는 바는 아니나, 포함된다는 명시적인 문구가 없는 이상 자회사 소유주식도 포함하는 것으로 해석하기는 어렵다고 판단된다.248)

회사가 의결권행사의 대리권을 취득한 경우에도 본 규정이 유추적용되어야 한다는 견해249)가 있으나, 주주의 개별안건에 대하여 찬, 부의 의견을 명시하여 의결권 대리행사를 위임받은 회사가 그 의사에 따라 이를 행사하는 경우에는, 회사가 직접 주식을 취득하여 의결권을 행사하는 경우에 비하여 상대방회사에 대한 지배가능성이 크지 않으므로, 본 규정을 의결권행사의 대리권을 취득한 경우까지 유추적용하기는 어렵다고 판단된다.250)

한편, 본 규정을 위반한 경우 통지를 하지 않은 회사의 의결권이 제한되는지와 관련하여, 만일 어느 회사(A)가 다른 회사(C)에게 10% 초과 취득사실을 통지하지 아니하는 경우, C회사로서는 A회사주식을 10% 초과 취득하여 A회사가 C회

---

247) 서헌제, 686; 이철송, 416; 최준선, 315.
248) 송옥렬, 856; 임재연(I), 479. 그러나 자회사까지 포함하여 다른회사의 소유주식수를 계산함에도 통지의무에서는 자회사가 소유하고 있는 주식수를 제외하게 되면, 모회사만으로는 10%이하가 되어 통지의무대상이 아닐지라도 자회사까지 합하면 10%를 초과하는 경우, 다른 회사가 당해회사에 소유하게 되는 주식의 의결권이 없게됨으로써, 다른 회사가 자신도 당해회사의 의결권이 없게 만들 수 있는 기회를 박탈당하게 되는 문제를 야기함.
249) 이철송, 417.
250) 권기범, 529; 송옥렬, 857; 양명조, 183; 임재연(I), 479; 장덕조, 189; 정동윤, 504; 정찬형, 851; 최기원, 366; 최준선, 315; 대법원 2001.5.15. 선고 2001다12973 판결.

사 주주총회에서 의결권을 행사하는 것을 저지할 수 있는 기회를 상실하게 됨에도 불구하고 C회사만 A회사 주주총회에서 의결권을 행사할 수 없게 된다는 것은 심히 부당하다. 따라서 A회사가 C회사주식을 10% 초과하여 취득하였다는 사실을 C회사에게 통지하지 아니한 경우에는 A회사의 C회사 주식에 대한 의결권도 행사할 수 없다고 보는 것이 타당할 것이며, 만일 이에 위반하여 의결권이 행사되었다면 주주총회결의 취소의 사유가 된다고 보아야 할 것이다.251)

(6) 정관에 의한 주식양도 제한

(가) 제한이유

물적회사인 주식회사라 할지라도, 주주간의 인적 결합을 중요시해야만 하는 이유가 있는 경우에는 주주가 변경되더라도 정관에 의해 이사회 승인을 거치게 함으로써, 주식의 양도를 통해 주주간의 인적 결합을 파괴하는 행위를 제한할 수 있다. 즉, 정관에 의해 주식양도를 제한할 수 있는 방법은 <u>이사회 승인이라는 제한을 부가하는 방법만이 허용된다</u>고 보아야 할 것이다. 따라서 전면적으로 주식양도를 제한하는 정관은 그 효력이 없다.[판례26]

> **[판례26] 대법원 2000.9.26. 선고 99다48429 판결**
>
> 주식회사와 주주들 간 혹은 주주들 간에 회사의 설립일로부터 5년 동안 주식의 전부 또는 일부를 다른 당사자 또는 제3자에게 매각, 양도할 수 없다는 내용의 약정을 한 경우, 그 약정은 설립 후 5년간 일체 주식의 양도를 금지하는 내용으로 이를 정관에 규정하였다고 하더라도, 주주의 투하자본회수의 가능성을 전면적으로 부정하는 것으로서 이 정관규정은 무효이며 주주들간에도 무효임.

(나) 적용범위

주식질권의 실행과 같은 담보권실행이나 주식압류에 의한 경매의 경우에도 주주가 변동되므로 적용대상이라고 보아야 할 것이다.252) 양도가 제한된 주식도 그 전제하에서 선의취득은 인정할 수 있을 것이다.253)

---

251) 송옥렬, 857; 양명조, 183; 이철송, 417; 임재연(I), 480; 장덕조, 189; 정동윤, 504; 최기원, 366; 최준선, 316.

252) 강희갑, 313; 권기범, 501; 김건식, 208; 손진화, 464; 송옥렬, 825; 임재연(I), 417; 정경영, 413; 정동윤, 482; 정찬형, 758; 최기원, 330.

또한 이 규정은 상속, 유증 또는 합병과 같은 포괄승계에는 적용되지 않는다. 한편, 주식질권의 설정은 주주의 변동을 가져오는 것이 아니므로 이사회의 승인을 받지 않아도 된다고 보아야 할 것이고, 주주의 채권자에 의한 주식의 압류도 적용대상이 아니다.[254] 또한 정관에 의하여 합리적 범위 내에서 그 적용대상을 한정하는 것도 가능할 것이다.[255]

(다) 제한의 요건

1) 정관규정

당해 주식회사가 주식의 양도를 제한하고자 하는 경우에는, 이사회 승인을 받아야 한다는 주식의 양도제한에 관한 내용을 반드시 <u>정관에 명시</u>하여야 한다(335조 1항 후단).[256]

주식회사 설립시에는 발기인의 전원일치로 정관에 이 제한을 명시할 수 있으나, 설립 이후에는 주주총회의 특별결의에 의한 정관변경절차를 통해 이 제한을 명시할 수 있다.[257]

2) 이사회의 승인(이하 "양도승인절차 흐름도" 참조)
가) 주식을 양도하고자 하는 주주("양도인")에 의한 승인청구

<u>양도인이 주식양도 전에 회사에 사전승인을 청구하는 경우</u>인데, 양도인은 회사에 대하여 양도의 상대방 및 양도하고자 하는 주식의 종류와 수를 기재한 **서면**으로 이사회의 양도승인을 청구할 수 있다(335조의2 1항).[258]

---

253) 권기범, 502; 이철송, 364; 정경영, 413.
254) 강희갑, 313; 권기범, 501; 김건식, 208; 김홍기, 466; 손진화, 464; 송옥렬, 825; 이철송, 364; 임재연(I), 417; 정경영, 413; 정동윤, 482; 정찬형, 758; 최기원, 331.
255) 예를 들어, 우선주주에게만 주식양도시 이사회승인을 받아야 한다거나 기존주주 이외의 제3자에게로의 주식양도시 이사회승인을 받아야 한다는 내용을 말함. 강희갑, 313; 권기범, 501; 김건식, 208; 서헌제, 659; 손진화, 464; 이범찬외, 177; 이철송, 363; 정경영, 413; 정동윤, 482; 정찬형, 758; 최기원, 331; 최준선, 309; 한창희, 183; 홍복기외, 178.
256) 단, 보통주권의 상장관련한 형식적 심사요건 중 하나로, 주식양도의 제한이 없을 것이 요구되고, 상장이후 주식양도의 제한이 있을 경우 상장폐지사유에 해당됨(단, 법령에 따라 주식의 양도가 제한되는 경우로서 그 제한이 유가증권시장의 매매거래를 해치지 않는다고 한국거래소가 인정하는 경우에는 제외; 유가증권시장 상장규정 29조 1항 7호 및 48조 1항 13호).
257) 입법론적으로는 주식회사 설립 후 정관변경에 의해 이사회의 승인을 얻어 주식양도를 하도록 제한할 경우, 합병과 같이 이에 반대하는 주주에게 주식매수청구권을 인정해 주는 것이 바람직하다고 판단됨.
258) 회사는 양도인의 승인청구가 있은 날로부터 <u>1개월이내</u>에 주주 즉, 양도인에게 그 승인여부를 **서면**으로 통지하여야 하며(335조의2 2항), 회사가 위 기간 내에 양도인에게 거부의 통지를 하지 아

〈그림〉 양도승인절차 흐름도

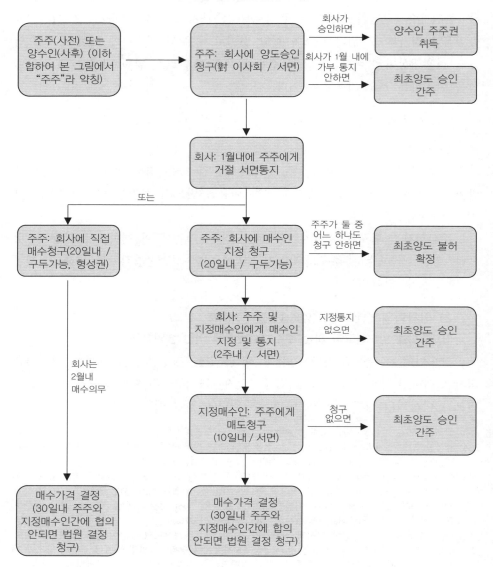

양도승인거부의 통지를 받은 양도인은 통지를 받은 날로부터 20일 내에 회사에 대하여 양도의 상대방의 지정(이하 ①) **또는** 그 주식의 매수(이하 ②)를 청구할 수 있다(335조의2 4항).

① 양도인이 양도의 상대방을 지정해 줄 것을 청구[259]한 때에는 이사회는 이를 지정하고, 그 청구가 있은 날로부터 2주간 내에 양도인 및 지정된 상대방에게 **서면**으로 이를 통지하여야 한다(335조의3 1항).[260] 이사회에 의해 양도의 상대방으로 지정된 자가 지정통지를 받은 날로부터 10일 이내에 지정청구를 한 주주 즉, 양도인에 대하여 서면으로 그 주식을 자기에게 매도할 것을 청구할 수 있다(335조의4 1항).[261] 이 경우 그 주식의 매도가액은 양도인과 양도의 상대방으로 지정된 자간의 협의 즉, 합의로 이를 결정하며(335조의5 1항), 양도인이 양도의 상대방으로 지정된 자의 매도청구를 받은 날로부터 30일 이내에 위 가격에 대한 합의가 이루어지지 아니하는 경우에는 양도인 또는 양도의 상대방으로 지정된 자는 법원에 매수가격의 결정을 청구할 수 있고, 이 경우 법원은 회사의 재산상태 그 밖의 사정을 참작하여 공정한 가액으로 산정하여야 한다(335조의5 2항, 374조의2 4항, 5항).

② 양도인이 회사에 대하여 주식의 매수를 청구한 때에는 회사는 청구를 받은 날로부터 2월이내에 그 주식을 매수하여야 하며, 주식의 매수가액은 양도인과 회사간의 협의 즉, 합의에 의하여 결정하고, 회사가 양도인으로부터 매수청구를 받은 날로부터 30일이내에 위 가격에 대한 합의가 이루어지지 아니하는 경우에는 회사 또는 양도인은 법원에 매수가격의 결정을 청구할 수 있고, 이 경우 법원은 회사의 재산상태 그 밖의 사정을 참작하여 공정한 가액으로 산정하여야 한다(335조의6, 374조의2 2항 내지 5항).

나) 주식의 양수인("양수인")에 의한 승인청구

양도인이 이사회의 승인 없이 주식양도를 한 후 양수인이 회사에 사후승인을 청구하는 경우인데, 양수인은 회사에 대하여 그 주식의 종류와 수를 기재한 서면으로 이사회에 그 취득의 승인을 청구할 수 있다(335조의7 1항).

---

259) 반드시 서면으로 하지 아니하여도 됨.

260) 위 기간 내에 양도인에게 상대방 지정의 통지를 하지 아니한 때에는 주식의 양도에 관하여 이사회의 승인이 있는 것으로 봄(335조의3 2항).

261) 이사회에 의해 주식의 양도상대방으로 지정된 자가 위 기간 내에 매도의 청구를 하지 아니한 때에는 주식의 양도에 관하여 이사회의 승인이 있는 것으로 봄(335조의4 2항, 335조의3 2항).

회사는 양수인의 승인청구가 있은 날로부터 1월이내에 주주 즉, 양수인에게 그 승인여부를 서면으로 통지하여야 하며, 회사가 위 기간 내에 양수인에게 거부의 통지를 하지 아니한 때에는 주식의 양수에 관하여 이사회의 승인이 있는 것으로 보고, 한편 양도승인거부의 통지를 받은 양수인은 통지를 받은 날로부터 20일내에 회사에 대하여 양도의 상대방의 지정(이하 ①) 또는 그 주식의 매수[판례27](이하 ②)를 청구할 수 있다(335조의7 2항, 335조의2 2항, 3항, 4항; 즉, 이하 ①, ②의 내용은 양도인에 의한 승인청구와 동일).

[판례27] 대법원 2014.12.24. 선고 2014다221258,221265 판결

주식의 양도에 관하여 이사회의 승인을 얻어야 하는 경우에 주식을 취득하였으나 회사로부터 양도승인거부의 통지를 받은 양수인은 상법 335조의7에 따라 회사에 대하여 주식매수청구권을 행사할 수 있는데, 이러한 주식매수청구권은 주식을 취득한 양수인에게 인정되는 이른바 형성권으로서 그 행사로 회사의 승낙 여부와 관계없이 주식에 관한 매매계약이 성립하게 됨.

① 양수인이 양도의 상대방을 지정해 줄 것을 청구한 때에는 이사회는 이를 지정하고, 그 청구가 있은 날로부터 2주간내에 양수인 및 지정된 상대방에게 서면으로 이를 통지하여야 한다(335조의7 2항, 335조의3 1항).262) 이사회에 의해 양도의 상대방으로 지정된 자는 지정통지를 받은 날로부터 10일이내에 지정청구를 한 주주 즉, 양수인에 대하여 서면으로 그 주식을 자기에게 매도할 것을 청구할 수 있다(335조의7 2항, 335조의4 1항).263) 이 경우 그 주식의 매도가액은 양수인과 양도의 상대방으로 지정된 자간의 협의 즉, 합의로 이를 결정하며(335조의7 2항, 335조의5 1항), 양수인이 양도의 상대방으로 지정된 자로부터 매도청구를 받은 날로부터 30일이내에 위 가격에 대한 합의가 이루어지지 아니하는 경우에는 양수인 또는 양도의 상대방으로 지정된 자는 법원에 매수가격의 결정을 청구할 수 있고, 이 경우 법원은 회사의 재산상태 그 밖의 사정을 참작하여 공정한 가액으로 산정하여야 한다

---

262) 위 기간 내에 양수인에게 상대방 지정의 통지를 하지 아니한 때에는 주식의 양수에 관하여 이사회의 승인이 있는 것으로 봄(335조의7 2항, 335조의3 2항).

263) 이사회에 의해 주식의 양도상대방으로 지정된 자가 위 기간 내에 매도의 청구를 하지 아니한 때에는 주식의 양수에 관하여 이사회의 승인이 있는 것으로 봄(335조의7 2항, 335조의4 2항, 335조의3 2항).

(335조의7 2항, 335조의5 2항, 374조의2 4항, 5항).

② 양수인이 회사에 대하여 주식의 매수를 청구한 때에는 회사는 청구를 받은 날로부터 2월이내에 그 주식을 매수하여야 하며, 주식의 매수가액은 양수인과 회사간의 협의 즉, <u>합의</u>에 의하여 결정하고, 회사가 양수인으로부터 매수청구를 받은 날로부터 30일이내에 위 가격에 대한 합의가 이루어지지 아니하는 경우에는 회사 또는 양수인은 법원에 매수가격의 결정을 청구할 수 있고, 이 경우 법원은 회사의 재산상태 그 밖의 사정을 참작하여 공정한 가액으로 산정하여야 한다 (335조의7 2항, 335조의6, 374조의2 2항 내지 5항).

3) 공시의무

이사회승인을 요한다는 양도제한사항은 당해 주주 및 주식의 양수인의 이해관계에 중요한 사항이므로, 여러 공시절차를 거쳐야 하도록 규정하고 있다.

이러한 정관에 규정된 양도제한사항은, ① <u>주식회사의 설립시</u>에, 반드시 <u>등기되어야</u> 하며(317조 1항 3호의2),264) ② <u>모집설립시 주식청약서</u>에 기재되어야 하고 (302조 2항 5호의2),265) ③ <u>주권</u>에도 기재되어야 하며(356조 6호의2), ④ 전환사채 및 신주인수권부사채의 각 <u>사채청약서, 사채권, 사채원부</u> 및 신주인수권부사채의 <u>신주인수권증권</u>에 기재되어야 한다(514조 1항 5호, 516조의4 4호, 516조의5 2항 5호).

양도제한사항이 ① 회사설립시 등기되지 아니한 경우, 선의의 양수인에 대항하지 못하며(37조 1항), ② 모집설립시 주식청약서에 기재되지 아니한 경우에는 주식인수무효의 사유가 되고,266) ③ 주권, 사채청약서, 사채권, 사채원부 및 신주인수권증권에 미기재된 경우에는 각 무효사유가 된다고 보아야 할 것이다. 그리고 위 모두의 경우에 책임이 있는 자에게는 500만원 이하의 과태료가 부과된다 (635조 1항 1호, 6호).

---

264) 주식회사 설립 후 정관변경에 의해 이사회승인을 요하는 주식양도제한의 내용이 추가된 경우, 현행 상법에는 이를 반드시 등기해야 한다는 명시적 규정이 없음(317조 4항, 183조, 180조). 이는 입법적 미비로서, 등기의무사항으로 추가되어야 할 것임(권기범, 499; 이철송, 362; 최기원, 330; 최준선, 309).

265) 신주청약시 주식청약서 및 신주인수권증서의 기재사항에 주식양도 제한에 관한 내용이 누락되어 있는 바(420조 2호), 입법론적으로는 상법에 기재사항으로 각 추가되어야 할 것임(유시창, 162; 이철송, 362; 임재연(I), 418; 정경영, 413; 최기원, 330; 최준선, 309).

266) 단, 설립등기 후 또는 창립총회에 출석하여 그 권리를 행사한 자는 위 사항의 미기재를 이유로 무효를 주장할 수 없음(320조).

(라) 위반의 효과

정관의 규정에 위반하여 이사회의 승인을 얻지 아니한 주식의 양도는 <u>회사</u> <u>에 대하여 효력이 없다</u>(335조 2항). 이 경우 양수인은 회사에 대하여 명의개서를 청구할 수 없고, 양수인이 아닌 양도인이 회사에 대해서 계속하여 주주로서의 권리를 행사하게 된다.[267]

그러나 정관의 규정에 위반하여 이사회의 승인을 얻지 아니한 주식의 양도도 <u>양도인과 양수인간에서는 유효하다</u>.[268] 즉, 양도인은 이사회의 사전승인신청 없이 또는 사전승인이 거절된 경우에도 양수인에게 주식을 양도할 수 있으며, 양수인도 사후승인신청 없이 또는 사후승인이 거절된 경우에 제3자에게 주식을 재차 양도할 수 있다고 보는 것이 타당할 것이다.[269]

(7) 주주간 합의에 따른 주식양도 제한

주식회사의 주주는 주주간 합의 즉, <u>계약에 의해 주식양도의 자유를 제한할</u> <u>수 있으며, 그 효력은 주주간에는 유효하다</u>.[270] 따라서 이러한 주주간 계약상의 주식양도의 제한을 <u>위반한 계약당사자는 상대방 계약당사자에 대하여 손해배상</u> <u>책임을 부담하게 된다</u>. 그러나 주주간에 유효한 주식양도제한 계약도 <u>회사에 대</u> <u>해서는 그 효력이 인정되지 아니한다</u>.[271] 한편, 회사가 주식양도를 제한하는 계약의 당사자인 경우에 회사에게도 주식양도제한의 효력이 미친다고 보는 것이 타당할 것이며, 만일 회사가 이를 위반한 경우에는 손해배상책임을 부담하여야 할 것이다.[272]

그러나 이러한 제한이 <u>주주의 투하자본의 회수가능성을 전면적으로 부정하</u>

---

267) 물론 양도인과 양수인간에 내부적으로는 양수인이 양도인에게 양도인의 회사에 대한 권리행사로 얻은 이득을 청구할 수 있을 것임.

268) 대법원 2008.7.10. 선고 2007다14193 판결.

269) 강희갑, 321; 김정호, 217; 서헌제, 665; 양명조, 153; 유시창, 163; 이범찬외, 178; 장덕조, 193; 정경영, 417; 최완진, 107; 최준선, 308; 한창희, 184; 홍복기외, 182.

270) 대법원 2022.3.31. 선고 2019다274639 판결(갑 주식회사의 출자자 전원이 체결한 주주간협약상의 '출자자는 주식을 계속하여 보유하는 것이 위법하게 되는 경우와 나머지 출자자 전원이 동의하는 경우에만 주식양도를 할 수 있고, 이 경우 다른 주주들은 우선매수할 권리가 있다.'라는 조항은 유효함).

271) 동지 권기범, 497. 이에 반대하는 견해로는 이철송, 372.

272) 그러나 이에 반대하는 견해로는 송옥렬, 775; 이철송, 378; 주석상법(II), 374.

거나[273] 공서양속(민법 103조)에 반하게 되면 주주당사자간 또는 회사와 주주간에 있어서도 무효이다.[274]

(8) 기타 특별법상 제한

(가) 독점규제 및 공정거래에 관한 법률("공정거래법")상 제한

누구든지 원칙적으로[275] 직접 또는 특수관계인을 통하여 <u>다른 회사의 주식을 취득, 소유 또는 새로운 회사설립에의 참여 등과 같은 행위로서[276]</u> 일정한 거래분야에서 경쟁을 실질적으로 제한하는 행위를 하여서는 아니된다(공정거래법 9조 1항).[277]

한편, <u>지주회사[278]</u>는 원칙적으로 ① 계열회사가 아닌 국내회사의 주식을 당해 국내회사 발행주식총수의 5%를 초과하여 소유해서는 아니되고(동조 18조 2항 3호 본문 전단), ② 자회사외의 국내계열회사의 주식을 소유해서는 안 된다(동조 18조 2항 3호 본문 후단).[279]

---

273) 대법원 2000.9.26. 선고 99다48429 판결.
274) 대법원 2008.7.10. 선고 2007다14193 판결.
275) 예외적으로 다음의 경우에는 허용됨: ① 당해 기업결합외의 방법으로는 달성하기 어려운 효율성 증대효과가 경쟁제한으로 인한 폐해보다 큰 경우 또는 ② 상당기간 대차대조표상의 자본총계가 납입자본금보다 작은 상태에 있는 등 회생이 불가한 회사와의 기업결합으로서, 1. 기업결합을 하지 아니하는 경우 회사의 생산설비 등이 당해 시장에서 활용되기 어려운 경우 또는 2. 당해 기업결합보다 경쟁제한성이 적은 다른 기업결합이 이루어지기 어려운 경우(공정거래법 7조 2항, 동법시행령 12조의4).
276) 동법에서 기업결합중 하나로 열거되고 있는 항목인데, 나머지 기업결합은 ① 임원 또는 종업원에 의한 다른 회사의 임원지위의 겸임, ② 다른 회사와의 합병, ③ 다른 회사의 영업의 전부 또는 주요부분의 양수, 임차 또는 경영의 수임이나 다른 회사의 영업용고정자산의 전부 또는 주요부분의 양수가 있음.
277) 한편, 자산총액 또는 매출액이 2천억원 이상인 회사는 ① 다른 회사의 발행주식총수의 20% 이상(상장법인의 경우에는 100분의15)을 소유하게 되거나 ② 위 ①의 회사가 당해 회사의 주식을 추가로 취득하여 최다출자자가 되는 경우 또는 ③ 임원겸임의 경우, 또는 ④ 다른 회사와의 합병, 또는 다른 회사의 영업의 전부 또는 주요부분의 양수, 임차 또는 경영의 수임이나 다른 회사의 영업용고정자산의 전부 또는 주요부분의 양수를 하는 경우, 또는 ⑤ 새로운 회사설립에 참여하여 그 회사의 최대출자자가 되는 경우에는, 공정거래위원회에 사후신고(자산총액 또는 매출액이 2조원 이상인 대규모회사의 경우에는 사전신고)하게 함으로써, 동법 7조에 따른 실질적 경쟁제한금지 위반여부를 심사하도록 하고 있음(동법 12조).
278) 주식의 소유를 통하여 국내회사의 사업내용을 지배하는 것을 <u>주된</u> 사업(지주회사가 소유하고 있는 자회사의 주식이 지주회사 자산총액의 100분의50 이상이어야 함; 동법시행령 2조 2항)으로 하는 자산총액 1천억원 이상인 회사임(동법 2조 1호의2, 동법시행령 2조 1항).
279) 한편, 원칙적으로, 금융지주회사의 경우에는 금융업 또는 보험업을 영위하는 회사외의 국내회사의 주식을 소유해서는 아니되고(동법 8조의2 2항 4호), 일반지주회사의 경우에는 금융업 또는 보

(나) 자본시장법상 제한

외국인 또는 외국법인 등은 원칙적으로 누구의 명의로든지 자기의 계산으로 종목별로 외국인전체로 40%까지만, 외국인 1인별로 정관에서 정한 한도까지만 공공적 법인이 발행한 지분증권을 취득할 수 있다(자본시장법 168조, 동법시행령 187조 1항, 금융투자업규정 6-2조).[280)]

한편, 원칙적으로 상장회사의 이사, 감사 등 내부자는 미공개 중요정보를 이용하여 당해 회사의 주식 등을 매매 등 거래해서는 아니된다(자본시장법 174조).

(다) 전기통신사업법상 제한

기간통신사업자의 주식은 외국정부 또는 외국인 모두가 합하여 그 발행주식 총수의 100분의49까지만 취득할 수 있다(전기통신사업법 8조 1항).

(라) 공기업경영구조개선 및 민영화에 관한 법률("공기업민영화법")상 제한

내·외국인을 막론하고, 1인(특수관계인 포함)이 최대 15%를 한도로 정관이 정한 범위까지만 대상기업의 주식을 취득할 수 있고, 외국인 또는 외국법인은 이 제한에 추가하여, 정관이 정하는 바에 의하여 따로 이를 제한할 수 있다(공기업민영화법 18조, 19조).[281)]

(마) 방송법상 제한

누구든지(특수관계인 포함) 원칙적으로 지상파방송사업자 및 종합편성 또는 보도에 관한 전문편성을 행하는 방송채널사용사업자의 주식의 100분의40까지만 소유할 수 있다(방송법 8조 2항).

(바) 신문 등의 진흥에 관한 법률("신문법")상 제한

외국인 또는 외국의 법인이나 단체가 원칙적으로 일간신문사의 경우에는 30%까지만, 일간신문사를 제외한 신문사의 경우에는 50%까지만 주식 또는 지분

험업을 영위하는 국내회사의 주식을 소유해서는 안됨(동법 8조의2 2항 5호).

280) 이에 따라 외국인 등은 현재 공공적 법인(한국전력공사가 현재 유일하게 지정되어 있음; 이하 본서에서 같음; 자본시장법 152조 3항, 동법시행령 162조, 금융위원회 위원장, 정보공개결정통지서, 2016.6.15. 및 재정경제부장관, 재정경제부고시 제2000-17호, 2000.9.28.)주식을 전체 40%까지만, 1인이 3%까지만 취득할 수 있음.

281) 금융감독원, "15.9월 중 외국인투자자 증권매매동향", 2015, 13쪽(한국가스공사가 이에 해당함).

을 소유할 수 있다(신문법 13조 4항 3호).

(사) 항공안전법상 제한

대한민국 국민이 아닌 사람, 외국정부 또는 외국의 공공단체 및 외국의 법인 또는 단체는 원칙적으로 우리나라 항공회사 주식의 50% 이상을 취득하는 경우 당해 회사가 소유하거나 임차하는 항공기는 등록할 수 없다(항공안전법 10조).282)

(아) 외국인투자촉진법상 제한

외국인(특수관계인 포함)은 원칙적으로 대한민국법인 또는 대한민국국민이 경영하는 기업의 구주 또는 신주의 취득을 통해 외국인투자를 하고자 하는 경우에는 미리 산업통상자원부장관에게 신고하여야 한다(외국인투자촉진법 5조, 2조).

(자) 외국환거래법상 제한

외국환과 관련하여, 주식의 취득 등과 같은 자본거래를 하려는 자는 원칙적으로 사전에 기획재정부장관에게 신고하여야 한다(외국환거래법 3조 1항 19호, 18조).

(차) 은행법상 제한

동일인은 원칙적으로 은행의 의결권 있는 발행주식총수의 100분의10(지방은행의 경우에는 100분의15)을 초과하여 은행의 주식을 보유할 수 없다(은행법 15조 1항). 산업자본이 금융자본을 지배하는 것을 막기 위함이다.

한편, 은행은 원칙적으로 다른 회사 등의 의결권 있는 지분증권의 100분의 15를 초과하는 지분증권을 소유할 수 없다(동법 37조). 금융자본이 산업자본을 지배하는 것을 막기 위함이다.

5. 주식분할

가. 의의

주식의 분할이란 회사의 자산과 자본에 영향을 미치지 아니하고, 발행주식

---

282) 등록 없는 항공기 소유권취득의 효력이 생기지 않고(항공법 5조 1항), 항공기를 소유하여 항공기를 사용할 수 있는 권리가 있는 자는 항공기를 국토교통부장관에게 등록하여야 함(동법 3조).

을 세분화시킴으로써 발행주식총수를 증가시키는 회사의 행위283)를 말한다. 즉,
주주는 새로운 출자 없이도, 주식분할에 따라 다음의 산식에 따른 신주식(분할비율
에 따라 증가된 주식수 × 자신의 종전 주식수 ÷ 종전 발행주식총수)을 새로이 배정받게 되므로,
주주의 지위(지분비율)에는 변함이 없다.

　　액면주식의 경우에는 주식분할은 액면분할을 의미하나, 무액면주식의 경우
에는 주식분할은 원칙적으로 자본과는 상관없이 단순히 주식수를 증가시키는 것
을 의미한다.

　　이 제도는 주식당 주가가 높아 거래가 부진한 경우 주식수를 늘려 단위당 주
가를 낮춤으로써 투자를 용이하게 하고, 회사의 합병 및 분할단계에서 주가를 조
절하는 수단으로 이용된다.

나. 요건 및 절차

(1) 주주총회 특별결의

　　주식분할을 위해서는 주식의 액면, 무액면주식 구별없이, 주주총회의 특별결
의가 있어야 한다(329조의2 1항). 액면주식의 경우에는 액면금액의 감액이 있으므로
정관이 변경되어야 하고 따라서 주주총회 특별결의가 있어야 하나, 무액면주식의
경우에는 자산과 자본에 아무런 영향이 없고 단지 주식수량만 세분화되어 증가
되는데 불과하므로 주주총회 특별결의를 얻도록 하는 것은 불필요한 것으로 보
아야 할 것이다.284)

　　한편, 액면, 무액면주식을 불문하고, 주식분할의 결과 총발행주식수가 발행
예정주식총수를 초과하게 될 경우에는 주주총회 특별결의에 의한 정관변경을 통
해 발행예정주식총수를 증가시켜야 할 것이다.

(2) 액면주식의 경우 100원 미만으로 분할 불가

　　액면금액은 100원 이상이어야 하므로(329조의2 2항, 329조 3항), 액면주식의 경우

---

283) 예를 들어, 발행주식총수가 2만주인 경우, 2주를 3주로 주식분할하면, 발행주식총수는 3만주
　　가 됨.
284) 무액면주식의 경우에는 주주총회 특별결의가 필요 없는 것으로 법을 개정하는 것이 타당하다
　　고 봄.

100원 미만으로의 주식분할은 불가능하다.

(3) 단주처리

주식분할에 의하여 단주가 발생한 경우에는 단주를 경매하여 각 주수에 따라 그 대금을 종전의 주주에게 지급하여야 한다. 그러나 거래소의 시세있는 주식은 거래소를 통해 매각하고, 거래소의 시세없는 주식은 법원의 허가를 받아 경매 외의 방법으로 매각할 수 있다(329조의2 3항, 443조).

(4) 공고, 통지 및 신주권의 교부

액면주식을 분할하는 경우에 회사는 1월 이상의 기간을 정하여, 그 뜻과 그 기간 내에 주권을 회사에 제출할 것을 공고하고, 주주명부에 기재된 주주와 질권자에게 대해 각 별로 통지해야 한다(329조의2 3항, 440조). 단, 회사는 전자등록된 주식을 분할하는 경우에는 자신이 정한 일정한 날(이하 "주식분할기준일"이라 함)에 주식이 분할된다는 뜻을 그 날부터 2주전까지 공고하고 주주명부에 기재된 주주와 질권자에게는 개별적으로 그 통지를 하여야 한다(주식사채 등의 전자등록에 관한 법률 65조 3항, 1항). 또한 구 주권을 회사에 제출할 수 없는 자가 있는 때에는 회사는 그 자의 청구에 의하여 3월 이상의 기간을 정하고, 이해관계인에 대해 그 주권에 대한 이의가 있으면 그 기간 내에 제출할 뜻을 공고[285]하고, 그 기간이 경과한 후에는 신주권을 청구자에게 교부할 수 있다(329조의2 3항, 442조).

그러나 무액면주식의 경우에는 주권상의 기재내용이 달라지는 것이 없어 주권을 제출받을 필요가 없으므로 이 절차를 경료할 필요가 없다고 판단된다.[286]

다. 효력

액면주식의 분할의 효력은 공고한 주권제출기간이 만료한 때에 발생한다(329조의2 3항, 441조). 액면분할은 채권자의 이해관계에 영향을 미치지 않아 이의절차를 거칠 필요가 없으므로, 분할의 효력과 관련하여 채권자이의절차(이하 "채권자보호절차"라 함)가 종료되어야 한다는 상법 441조 단서는 준용될 필요가 없다고 보아

---

285) 공고비용은 청구자가 부담함.
286) 권기범, 464; 김동훈, 216; 송옥렬, 792; 이철송, 434; 임재연(I), 319; 장덕조, 206.

야 할 것이다. 단, 전자등록된 주식의 분할은 주식분할기준일에 효력이 생기나, 채권자보호절차가 종료되지 아니한 경우에는 그 종료된 때에 효력이 생긴다(주식 사채 등의 전자등록에 관한 법률 65조 3항, 2항).

한편, <u>무액면주식의 효력발생시기는 주주총회에서 무액면주식 분할의 효력 발생시점을 별도로 정해야 할 것이다.</u>[287]

또한 주식분할로 인해 회사의 발행주식총수가 증가되어 각 주주별로 소유주식수가 증가되나, 회사의 자본금과 자산에는 변동이 없으며, 각 주주의 지분비율도 변동이 없다.

그리고 종전 주식에 설정된 질권의 효력은 주식분할에 의해 지급될 신주식 또는 금전에도 미치며(339조), 주식분할은 신주를 발행한다는 점에서 통상의 신주발행과 유사하므로, 주식분할의 절차에 하자가 발생한 경우에는 신주발행무효의 소(429조 이하)의 규정이 유추적용된다고 보아야 할 것이다.

6. 주식병합

가. 의의

주식분할과 반대로, 주식병합은 <u>모든 발행주식수를 일정비율로 감소시키는 회사의 행위</u>[288]를 말한다. 주식병합은 회사의 자본이 잠식되어 회사의 순자산가치가 자본금에 미달하는 경우 자본금을 순자산가치에 일치시키기 위해 사용되며, 한편 회사의 합병 또는 분할시에 합병, 분할비율을 맞추기 위한 절차로도 이용된다.

상법상 주식병합은 <u>자본금감소</u>(438조, 440조 내지 443조) 및 <u>회사의 합병</u>(530조 3항, 440조 내지 443조) 또는 <u>분할</u>(530조의11 1항, 440조 내지 443조)에 한해 사용된다(모두 주총특별결의요 단, 결손보전을 위한 자본금 감소의 경우는 주총보통결의임).[판례28]

---

287) 주석상법 회사(II), 350.
288) 예를 들어 발행주식총수가 3만주인 경우, 이를 2만주로 병합함.

[판례28] 대법원 2009.12.24. 선고 2008다15520 판결

　　주식병합의 절차에 하자가 발생한 경우 그 성질에 반하지 않는 한도 내에서 감자무효의 소의 규정을 유추적용함.

나. 절차

액면주식 및 무액면주식의 주식병합을 위해서는 상법 440조 내지 443조 절차가 반드시 경료되어야 할 것이다.

자본금감소절차, 회사의 합병 또는 분할과정에서 액면 또는 무액면주식을 병합하고자 하는 경우에, 회사는 1월 이상의 기간을 정하여, 그 뜻과 그 기간 내에 주권을 회사에 제출할 것을 공고하고, 주주명부에 기재된 주주와 질권자에게 대해 각 별로 통지해야 한다(438조, 530조 3항, 530조의11 1항, 440조). 단, 회사는 전자등록된 주식을 병합하는 경우에는 자신이 정한 일정한 날(이하 "병합기준일"이라 함)에 주식이 병합된다는 뜻을 그 날부터 2주전까지 공고하고 주주명부에 기재된 주주와 질권자에게는 개별적으로 그 통지를 하여야 한다(주식사채 등의 전자등록에 관한 법률 65조 1항). 그리고 구 주권을 회사에 제출할 수 없는 자가 있는 때에는 회사는 그 자의 청구에 의하여 3월 이상의 기간을 정하고, 이해관계인에 대해 그 주권에 대한 이의가 있으면 그 기간 내에 제출할 뜻을 공고[289]하고, 그 기간이 경과한 후에는 신 주권을 청구자에게 교부할 수 있다(438조, 530조 3항, 530조의11 1항, 442조).

또한 자본금감소절차, 회사의 합병 또는 분할과정에서 단주가 발생한 경우에는, 단주를 경매하여 각 주수에 따라 그 대금을 종전의 주주에게 지급하여야 한다. 그러나 거래소의 시세있는 주식은 거래소를 통해 매각하고, 거래소의 시세 없는 주식은 법원의 허가를 받아 경매외의 방법으로 매각할 수 있다(438조, 530조 3항, 530조의11 1항, 443조).

다. 효력

액면주식을 발행한 회사의 자본금감소시 주식병합의 효력은 자본금감소의 효력이 발생한 때 즉, 공고한 주권제출기간이 만료하고, 채권자보호절차를 종료한

---

289) 공고비용은 청구자가 부담함.

때에 발생한다(438조, 441조; 단 결손보전의 경우는 채권자보호절차 불필요). 단, 전자등록된 주식의 병합은 병합기준일에 효력이 생기나, 채권자보호절차가 종료되지 아니한 경우에는 그 종료된 때에 효력이 생긴다(주식사채 등의 전자등록에 관한 법률 65조 2항).

또한 <u>무액면주식</u>을 발행한 회사의 자본금감소시 주식병합의 효력은 자본금 감소의 효력이 발생한 때 즉, <u>주주총회에서 정한 일자</u>에 발생하나, 채권자보호절차 종료시점이 그 이후인 경우에는 그 <u>채권자보호절차 종료시점에 발생한다</u>고 보아야 할 것이다.

한편, 회사의 <u>합병시</u> 주식병합의 효력은 합병의 효력발생시 즉, <u>합병등기 시</u> 발생하며(530조 2항, 234조), 회사의 <u>분할시</u> 주식병합의 효력도 분할의 효력발생시 즉, <u>분할등기시</u> 발생한다(530조의11 1항, 234조).

종전 주식에 설정된 질권의 효력은 주식병합에 의해 지급될 신주식 또는 금전에도 미친다(339조).

7. 주식소각

가. 의의

주식소각이란 <u>회사의 존속 중에 발행주식 중 일부주식을 소멸[290]시키는 회사의 행위</u>를 말한다. 주식소각은 자본금을 감소시키기 위해서 또는 주가가 비정상적으로 낮을 경우 이를 부양시키기(자본금 감소 없는 자가주식소각의 경우) 위해 또는 회사의 합병비율을 조정하기 위해서 사용된다.

나. 원칙: 자본금 감소규정에 따른 소각

<u>액면주식</u>의 경우에는 자본금감소에 관한 규정에 따라서만 소각할 수 있다(343조 1항 본문). 따라서 <u>주주총회의 특별결의</u>가 있어야 하고, 그 결의내용으로 소각의 방법을 정해야 하며(438조, 434조, 439조 1항), <u>채권자보호절차</u>를 거쳐야 하고(439조 2항),[291] <u>주권제출기간을 공고</u>해야 한다(343조 2항, 440조).[292] 이 경우 <u>주식</u>

---

290) 주권을 무효로 하는 주권의 제권판결(360조) 및 회사설립시 주식인수인의 지위를 상실시키는 실권절차(307조)와는 다름.

291) 참고로 결손보전을 위한 자본금감소의 경우에는 채권자보호절차를 경료할 필요가 없으며(439조 2항 단서), 사채권자가 이의를 제기하려면 사채권자집회의 결의가 있어야 함(동조 3항).

소각의 효과는 주권제출기간이 만료하고 채권자보호절차를 종료한 경우에 발생한다(343조 2항, 441조). 단, 전자등록된 주식의 소각은 소각기준일에 효력이 생기나, 채권자보호절차가 종료되지 아니한 경우에는 그 종료된 때에 효력이 생긴다(주식사채 등의 전자등록에 관한 법률 65조 3항, 2항).

　무액면주식의 경우에도 자본금감소에 관한 규정에 따라야 할 것이므로(343조 1항 본문) 주주총회 특별결의와 채권자보호절차를 거쳐야 할 것이나, 소각하더라도 자본금이 감소하는 것은 아니므로, 입법론으로는 주주총회 특별결의와 채권자보호절차는 필요치 않은 것으로 개정하는 것이 바람직할 것이다.

다. 예외: 이사회결의만으로 가능한 자기주식의 소각

　자본금이 감소되는 자기주식소각이라 하더라도 상법 341조 1항에 따라 주주에게 배당될 배당가능이익으로 취득하였다는 점을 고려하여, 배당가능이익으로 취득한 자기주식에 한하여 주주총회 특별결의 없이 이사회결의만으로 소각이 허용된다고 해석하는 것이 타당할 것이다(343조 1항 단서). 즉, 액면, 무액면에 상관없이 배당가능이익으로 취득한 경우에 한하여 주권제출공고절차나 채권자보호절차를 거치지 아니하고도 이사회결의만으로 자기주식소각이 가능하다고 취지로 해석하는 것이 타당하다고 본다.293) 한편, 이사회에서 자기주식 소각의 효력발생일을 정해야 할 것이다.

라. 소각된 주식의 재발행294)

　소각된 주식수만큼 발행예정주식총수가 늘어나게 되어, 이 증가된 주식수에

---

292) 회사는 1월 이상의 기간을 정하여 주식소각의 뜻과 그 기간 내에 주권을 회사에 제출할 것을 공고하고, 주주명부에 기재된 주주와 질권자에게 각별로 통지하여야 함. 단, 회사는 전자등록된 주식을 소각하는 경우에는 자신이 정한 일정한 날(이하 "소각기준일"이라 함)에 주식이 소각된다는 뜻을 그 날부터 2주전까지 공고하고 주주명부에 기재된 주주와 질권자에게는 개별적으로 그 통지를 하여야 한다(주식사채 등의 전자등록에 관한 법률 65조 3항, 1항).
293) 김정호, 265; 김홍기, 502; 송옥렬, 870; 양명조, 171; 임재연(I), 533; 장덕조, 204; 정찬형, 750. 이와 반대되는 견해로는, 자기주식이면, 액면, 무액면주식을 불문하고, 특정목적취득이냐 배당가능이익으로의 취득이냐에 상관없이 모두 해당된다는 견해(권기범, 454; 김건식, 233; 정동윤, 527; 최준선, 337)와 무액면주식에 한정된다는 견해(이철송, 428)가 있음.
294) 상환주식의 상환 및 주식병합의 경우에도 이하 내용이 함께 적용됨.

상당하는 주식을 향후 다시 발행할 수 있느냐 아니면 발행예정주식총수가 소각
된 주식수만큼 감소되므로 소각되어 감소된 주식수만큼을 신주발행절차를 거쳐
다시 발행할 수 없느냐의 문제이다.

　　살피건대, 명문의 규정은 없으나 발행예정주식총수라는 개념은 실제로 발행
되어 현존하는 주식의 최대치를 말하지, 발행되었으나 소멸된 주식수까지 포함하
여 사용되고 있지 않다는 점, 이사회가 신주를 발행할 권한이 있더라도 정관에
의해 통제되어 기존주주의 신주인수권은 원칙적으로 보호된다는 점 등을 고려하
면, 소각된 주식수만큼 발행예정주식총수가 늘어나게 됨으로써 이 증가된 주식수
에 상당하는 주식을 향후 다시 발행할 수 있다고 보는 것이 타당할 것이다.295)

8. 주식질권 설정

가. 의의

　　상법은 민법과는 다른 주식의 특성을 반영하고 질권자를 보호하기 위해 주
식을 담보로 질권을 설정하는 방법으로서 약식질과 등록질을 규정하고 있으며,
질권의 효력과 관련하여 상법상 물상대위와 우선변제권에 관한 특칙을 규정하고
있다.

나. 약식질과 등록질

(1) 설정방법

　　약식질의 설정방법은 주권을 질권자에게 교부하여야 한다(338조). 물론 질권
설정의 합의가 전제된다.

　　반면에, 등록질의 설정방법은 회사가 질권설정자의 청구에 따라 그 질권자
의 성명과 주소를 주주명부에 덧붙여 쓰고, 그 성명을 주권에 적어야 한다(340조
1항).296) 질권설정의 합의와 주권의 교부가 전제되어야 한다는 점은 주식질권설

---

295) 김건식, 234; 이철송, 430; 임재연(I), 535; 최준선, 338. 이에 반하여 소각된 주식수만큼 신주를 재
　　발행할 수 없다는 견해(강희갑, 379; 권기범, 457; 김홍기, 666; 서헌제, 700; 손진화, 486; 장덕조,
　　205; 정동윤, 529; 정찬형, 1114; 최기원, 251)도 있음.
296) 강희갑, 369; 권기범, 472; 김건식, 218; 김홍기, 492; 송옥렬, 864; 이기수외, 327; 임재연(I), 507;

정의 기본요소로서 당연하다.

주권교부의 방법으로서 <u>현실인도</u>, <u>간이인도</u>, <u>목적물반환청구권의 양도</u>[297]는 인정되나, **점유개정은 인정되지 아니한다.**[298]

(2) 효력발생요건

<u>권리주 또는 주권불소지 신고된 주식</u>[299]에 대한 주식질 및 <u>회사성립 후 또는 신주납입기일 후 6개월경과 **전** 주권발행이 안 된 주식에 대한 주식질 설정은 회사에 대하여 효력이 없으나, 질권자와 질권설정자간의 채권적 효력은 있다.</u>[300]

한편, 회사성립 후 또는 신주납입기일 후 6개월이 경과한 **후**에도 주권발행이 안 된 경우에는 <u>주권교부 없이도</u> 당사자간의 주식질권의 효력이 발생하고, 회사에 대한 통지 또는 회사의 승낙이 있는 경우에는 회사에게도 주식질권설정의 효력이 발생하며, 기타 제3자에게까지 대항하기 위해서는 확정일자 있는 통지 또는 승낙이 필요하다.

한편, 주식질권자는 주권을 계속 점유하지 아니하면 그 질권으로써 제3자에게 대항하지 못한다(338조 2항). 따라서 약식질권자 또는 등록질권자가 질권설정 후 주권의 점유를 상실하게 된 경우에는 회사를 포함한 제3자에게 자신의 질권의 효력을 주장할 수 없다.

(3) 구체적 효력

(가) 유치권

주식질권자는 채권의 변제를 받을 때까지 질물인 주권을 유치할 수 있다. 그러나 자기보다 우선권있는 채권자에게 대항하지 못한다.(민법 355조, 335조).[301]

장덕조, 198; 정동윤, 518; 정찬형, 788; 최준선, 321.

297) 대법원 2012.8.23. 선고 2012다34764 판결.

298) 왜냐하면 질권자는 설정자로 하여금 질물의 점유를 하게 하지 못하기 때문임(민법 332조; <u>주식양도 요건으로서의 주권의 교부에서는 점유개정이 인정됨과 대조됨</u>).

299) 단, 한국예탁결제원에 예탁된 주식의 경우에는 불소지신고가 되었다 하더라도 투자자계좌부 또는 예탁자계좌부에 ① <u>증권 등의 양도를 목적으로 계좌 간 대체의 기재를 하거나</u> ② <u>질권설정을 목적으로 질물인 뜻과 질권자를 기재한 경우에는 증권 등의 교부가 있었던 것으로 보므로, 질권설정</u>이 가능함(자본시장법 311조 2항).

300) 따라서 향후 회사가 주권을 발행하여 질권설정자에게 교부해 주는 경우에는, 질권자는 주권의 교부를 질권설정자에게 청구할 수 있음.

301) 질권은 우선변제적 효력도 가지고 있기 때문에, 질권의 유치적 효력은 유치권의 경우와 같이 강할

(나) 전질권

주식질권자는 그 권리의 범위 내에서 자기의 책임으로 질물인 주권을 전질할 수 있다. 이 경우에는 전질을 하지 하였으면 면할 수 있는 불가항력으로 인한 손해에 대하여도 책임을 부담한다(민법 355조, 336조).

(다) 물상대위권

1) 내용

① 주식질권자는 질물인 주권의 멸실, 훼손 또는 공용징수로 인하여 질권설정자가 받을 금전 기타 물건에 대하여도 이를 행사할 수 있다(민법 342조).

② 주식질권자는 <u>주식의 소각, 병합, 분할 또는 전환</u>이 있는 때에는 이로 인하여 종전의 주주가 받을 금전이나 주식에 대하여도 종전의 주식을 목적으로 한 질권을 행사할 수 있다(339조).

③ 주식질권자는 주식을 병합하지 아니한 경우에 합병으로 인하여 소멸하는 회사의 주식을 목적으로 하는 질권과 관련하여, 소멸회사의 주주가 받게 되는 존속회사의 신주 또는 합병교부금에 대하여도 소멸하는 회사의 주식을 목적으로 하는 질권을 행사할 수 있다(530조 4항, 339조).302)

④ 준비금의 자본전입을 통해 신주를 발행하는 경우(461조 7항, 5항, 339조)에도 기존주주의 주식에 질권을 설정한 주식질권자는 물상대위한다.303)

⑤ 신주발행무효의 판결이 확정되어 회사가 신주의 주주에게 반환하는 납입금액(432조 3항, 339조)에도 그 무효가 확정되기 전 주식에 대한 주식질권자는 물상대위한다.

⑥ 주식의 포괄적 교환(360조의3), 주식의 포괄적 이전(360조의16)으로 완전자회사가 되는 회사의 주식에 대한 주식질권자는 완전모회사가 되는 회사가 완전자회사가 되는 회사의 주주에게 발행하는 신주 등에도 물상대위한다(360조의11, 360조의22, 339조).

⑦ 주식의 포괄적 교환(360조의14), 주식의 포괄적 이전(360조의23)을 무효로 하

필요는 없음(곽윤직·김재형, 406).

302) 이 경우 등록질권자는 존속회사에 대하여 소멸회사의 주주가 받게 될 주식에 대한 주권의 교부를 청구할 수 있음(340조 3항).

303) 신주를 받은 주주와 등록질권자에게 통지하여야 함(별도로 공고 안함; 461조 5항).

는 판결이 확정된 때에는 완전모회사는 소유하였던 완전자회사의 주식을 완전자회사의 주주였던 자에게 반환하여야 하는데, 그 반환이전에 완전모회사의 주식에 설정된 질권은 반환되는 완전자회사의 주식에 물상대위한다(360조의14 4항, 360조의23 4항, 339조).304)

⑧ **등록질의 경우**에는 주주가 회사로부터 받을 이익배당,305) 잔여재산분배306) 및 주식배당307)에 대하여도 질권의 효력이 미친다(340조 1항, 462조의2 6항).

⑨ 그 밖에 명문의 규정은 없지만, 회사분할시에 분할회사의 주주에게 교부되는 신설회사의 주식 또는 교부금(530조의5 1항 4호, 5호) 그리고 영업양도 등(374조의2), 합병(522조의3), 분할합병(530조의6 1항 3호, 4호), 주식의 포괄적 교환(360조의5), 주식의 포괄적 이전(360조의22, 360조의5)의 각 결의에 반대한 주주가 주식매수청구권을 행사하여 받는 주식의 대금 및 주식의 양도승인이 거부된 주주(335조의2 4항)가 주식매수청구권을 행사하여 받는 주식의 대금에도 질권의 효력이 미치는 것으로 보아야 할 것이다.

⑩ 신주인수권에 대해서는 주식질권의 효력이 미치지 못한다. 그 이유는 추가적인 신주인수대금납입이 이루어져야 할 뿐만 아니라 질권설정자로 하여금 추가적인 담보제공을 강제하는 문제점이 있기 때문이다.308) 또한 주식질권은 주식의 재산적 권리에만 미치기 때문에 의결권은 물상대위될 수 없다고 보아야 하고 따라서 의결권은 주식질권자가 아니라 질권설정자가 행사해야 할 것이다.309)

---

304) 기타 회생계획인가의 결정이 있는 때에는 주주의 권리는 회생계획에 따라 변경되는데, 주주가 이로 인해 받을 금전 그 밖의 물건, 주식, 채권 그 밖의 권리와 주권에, 주주에 대한 질권자의 물상대위가 인정됨(채무자 회생 및 파산에 관한 법률 252조).

305) 해석론적으로 이익배당청구권에도 약식질의 효력이 미친다는 견해(김동훈, 166; 김정호, 262; 이기수외, 330; 정동윤, 521; 최기원, 413; 최준선, 320; 한창희, 204)가 있으나 대외적으로 전혀 공시되지 아니하는 약식질에 이익배당청구권을 인정한다면 일반채권자들에게 불측의 손해를 가할 위험이 있으므로, 약식질에는 이익배당청구권이 미치지 못한다고 보는 것이 타당함(동지 강희갑, 368; 권기범, 477; 김건식, 219; 서헌제, 695; 손진화, 480; 이범찬외, 196; 임재연(I), 510; 장덕조, 200; 정경영, 439; 정찬형, 787; 홍복기외, 205). 이와 관련하여, 주식배당청구권에 대하여도, 약식질의 효력이 미치는지 여부가 해석론적으로 문제되나, 주식배당의 본질은 이익배당이라고 보는 것이 타당하므로, 약식질의 효력은 주식배당청구권에 미치지 못한다고 보아야 할 것임(강희갑, 369; 권기범, 477; 손진화, 480; 임재연(I), 510).

306) 약식질의 효력이 잔여재산분배청구권에는 미친다고 봄(강희갑, 368; 권기범, 478; 김건식, 219; 김동훈, 166; 송옥렬, 866; 이기수외, 330; 이범찬외, 197; 임재연(I), 510; 장덕조, 199; 정동윤, 521; 정찬형, 787; 최기원, 413; 한창희, 204; 홍복기외, 204).

307) 주주와 등록질권자에게 통지해야 함(별도 공고 없음; 462조의2 5항).

308) 강희갑, 368; 권기범, 478; 김동훈, 166; 김정호, 262; 손진화, 480; 송옥렬, 866; 이철송, 421; 임재연(I), 511; 장덕조, 200; 정경영, 439; 정동윤, 522; 정찬형, 787.

2) 행사방법

등록질권자의 경우 물상대위의 대상이 <u>금전</u>인 경우에는 금전에 대한 <u>압류</u> <u>없이도</u> 회사로부터 이익배당 등을 지급받아 자기채권의 변제에 우선 충당할 수 있고(340조 1항), 물상대위의 대상이 <u>주식</u>인 경우에는 주식의 <u>압류 없이도</u> 회사에 대하여 주권의 교부를 청구할 수 있다(340조 3항).

이에 반해, **약식**질권자의 경우에는 명문의 규정은 없으나, 주주의 일반재산과 혼합될 위험성을 없애기 위해 <u>압류가 필요하다</u>고 보는 것이 타당할 것이다.310)

(라) 우선변제권

주식질권자는 점유중인 질물인 주권에 대하여 다른 채권자보다 우선하여 자기채권의 변제를 받을 권리가 있는 바(민법 355조, 329조), 이를 위하여 원칙적으로 질물인 주권을 경매할 수 있고(민법 338조 1항), 정당한 이유가 있는 때에는 예외적으로 주식질권자는 감정인의 평가에 의하여 질물인 주식을 직접 변제에 충당할 것을 법원에 청구할 수 있다(민법 338조 2항).311)

한편, **등록**질권자는 당해 질권설정주식 또는 물상대위권의 행사대상인 주식으로부터의 이익배당 또는 잔여재산분배에 의한 <u>금전</u> 그리고 물상대위권의 행사로 질권을 취득한 <u>금전</u>에 대해 <u>우선변제권</u>을 가진다(340조 1항, 339조). 이와 관련하여, 질권설정자가 제3채무자에 가지고 있는 채권의 변제기가 **등록**질권자의 채권의 변제기보다 먼저 도래한 때에는 **등록**질권자는 제3채무자에 대하여 그 변제금의 공탁을 청구할 수 있고, 이 경우에 등록질권은 그 공탁금에 존재한다(340조 2항, 민법 353조 3항). 또한 신주발행무효 확정판결에 의해 실효된 주식에 대한 질권자는

---

309) 대법원 2017.8.18. 선고 2015다5569 판결(주식에 대해 질권이 설정되었다고 하더라도 질권설정계약 등에 따라 질권자가 담보제공자인 주주로부터 의결권을 위임받아 직접 의결권을 행사하기로 약정하는 등의 특별한 약정이 있는 경우를 제외하고, 질권설정자인 주주는 여전히 주주로서의 지위를 가지고 의결권을 행사할 수 있음); 김건식, 219; 손진화, 480; 송옥렬, 866; 이기수외, 331; 이범찬외, 197; 임재연(I), 509; 장덕조, 198; 정경영, 439; 정동윤, 522; 최기원, 414; 최준선, 321; 한창희, 205.

310) 강희갑, 368; 김건식, 220; 김홍기, 491; 서헌제, 694; 손진화, 479; 양명조, 189; 유시창, 183; 정경영, 439; 정찬형, 787; 최기원, 411; 최완진, 117; 최준선, 320; 한창희, 204; 홍복기외, 204. 이에 반하여, 주권과 교환해서 지급하는 경우에는 압류가 필요치 않고, 주권과 교환해서 지급하지 않는 경우에만 압류가 필요하다는 견해로는 권기범, 479; 송옥렬, 866; 이철송, 422; 임재연(I), 511; 이기수외, 330; 정동윤, 520. 그러나 주권과 교환하여 지급하는 경우에도 금전이 주주의 일반재산에 혼합될 위험을 완전히 배제할 수는 없으므로 이 반대견해는 타당하지 않다고 봄.

311) 이 경우 주식질권자는 미리 채무자 및 질권설정자에게 통지해야 함.

물상대위권의 행사로서 당해 환급금에 대한 질권을 행사할 수 있는 바, 이 경우 등록질권자는 당해 환급금에 대하여 우선변제권을 행사할 수 있다(432조 3항, 340조 1항, 2항).

9. 주식에 대한 양도담보

가. 의의

주식에 대한 양도담보란 채권담보의 목적으로 주식의 소유권을 채권자에게 이전하는 방식의 담보를 말한다.[312] 양도담보는 법에 명문의 규정이 없으나, 판례가 인정하고 있으며, 실무상 많이 사용되고 있다. 주식에 대한 양도담보는 양도담보설정합의와 주권의 교부로 설정되는 약식양도담보와 이에 명의개서까지 경료하는 등록양도담보로 구별된다.

나. 양도담보권자의 권한

주식양도담보의 경우 당사자간에서는 주식양수인이 양도담보권자에 불과하다 할지라도, 대외적으로는 양도담보권자가 주식의 소유권자라 할 것이므로, 양도담보설정자로서는 양도담보설정 후 양도담보권자로부터 담보주식을 매수한 자에 대하여는 특별한 사정이 없는 한 그 소유권을 주장할 수 없다. 판례에 의하면, 가사 그 양도담보가 정산형으로서 정산문제가 남아있다 하더라도 이는 양보담보주식을 매수한 자에게 대항할 수 있는 성질의 것이 아니라고 본다.[313] 한편, 등록 양도담보권자는 회사에 대하여 모든 주주의 권한을 행사할 수 있으며, 약식양도담보권자는 명의개서를 한 후 동일한 권한을 행사할 수 있다.[314]

---

312) 곽윤직·김재형, 565.

313) 대법원 1995.7.28. 선고 93다61338 판결, 대법원 1993.12.28. 선고 93다8719 판결 및 대법원 1992.5.26. 선고 92다84 판결.

314) 대법원 2020.6.11.자 2020마5263 결정(이 경우 회사 역시 주주명부상 주주인 양수인의 주주권 행사를 부인할 수 없음).

다. 담보권의 실행

유질계약을 금지한 민법 339조는 상행위로 인하여 생긴 채권을 담보하기 위하여 설정한 질권에는 적용되지 아니하므로(59조), 주식양도담보의 경우에도 상행위로 인하여 생긴 채권을 담보하기 위하여 설정한 주식양도담보는 유담보가 허용된다고 볼 것이다.315) 그러나 상행위에 해당되지 아니하는 주식양도담보의 경우에는 정산절차를 반드시 거쳐야 한다고 보아야 할 것이다.316)

V. 주주총회

1. 의의

주주총회란 주주로 구성되는 주식회사의 최고의사결정기관으로서, 상법 또는 정관에서 정하는 사항에 한하여 결의한다(361조).

주식회사는 자본을 제공하는 주주가 주주총회에서 선출하는 이사를 통해 회사를 운영하고, 주주가 주주총회에서 선출하는 감사를 통해 이사를 감사하는 구조를 기본으로 하고 있다. 즉, 소유자인 주주와 경영자인 이사의 분리를 통해 전문가인 이사에 의한 회사경영을 추구함으로써 이익의 극대화를 위한 회사의 효율적 운영을 추구하는 동시에, 이사의 사익추구의 위험에 대비해 감사를 통해 견제하는 장치를 마련하고 있다.

이와 같이 이사와 감사를 선임하는 것을 포함하여 주주총회가 행사할 수 있는 권한은 원칙적으로 상법에 명시되어 있다. 이와는 별도로 정관에서 주주총회의 권한으로 명시할 수 있는지 여부와 관련하여서는, 상법이 이사회의 권한으로 명시하면서도 동시에 정관에 의해 주주총회의 권한으로 정할 수 있는 사항317)은

---

315) 대법원 2017.7.18. 선고 2017다207499 판결(질권설정계약에 포함된 유질약정이 상법 59조에 따라 유효하기 위해서는 질권설정계약의 피담보채권이 상행위로 인하여 생긴 채권이면 충분하고, 질권설정자가 상인이어야 하는 것은 아니나, 일방적 상행위로 생긴 채권을 담보하기 위한 질권에 대해서도 유질약정을 허용한 상법 59조가 적용된다고 봄).

316) 대법원 1992.1.21. 선고 91다35175 판결.

317) 대표이사는 원칙적으로 이사회에서 선정하나 정관으로 주주총회에서 선정할 수 있음(389조 1항).

물론이고, 그 밖의 사항에 대해서도 <u>원칙적으로 정관에서 임의로 주주총회의 권한으로 정할 수 있다고</u> 보아야 할 것이다. 왜냐하면 주식회사마다 주주총회의 특별결의로 변경될 수 있는 정관은 주주의 다수의사를 반영하므로, 각 회사의 특성을 감안하여 정관을 통해 주주에게 이사회의 권한과 주주총회의 권한을 배분할 권한을 부여하는 것이 타당하기 때문이다.318)

2. 주주총회의 소집권자

가. 이사회-원칙적인 소집권자

주주총회의 소집은 <u>상법에 다른 규정이 있는 경우를 제외하고</u> **이사회**가 이를 결정한다(362조). 즉, 주주총회 소집권은 상법에서 별도의 조문으로 다른 자에게 그 권한을 맡기지 않는 한, 원칙적으로 이사회에 있다는 의미로서, 회사의 경영을 담당하는 이사회로 하여금 회사 경영을 법적으로 뒷받침할 주주총회 결의를 제때에 받을 수 있도록 함과 동시에 소유와 경영의 분리와 견제를 제도적으로 구현하고자 하는 취지이다.

한편, 이사회의 주주총회 소집권한은 정관으로도 주주총회의 권한으로 할 수 없으므로, 특별한 사정이 없는 한, 이사회의 결의없이 주주총회를 소집하여 특정안건을 결의하는 경우에는 주주총회 결의취소의 사유가 된다.

나. 예외1: 소수주주에 의한 소집

(1) 의의

주식회사를 경영하는 이사가 주주의 이익을 근본적으로 침해하는 경우에는

그 밖에도 신주발행(416조), 준비금의 자본전입(461조 1항), 전환사채의 발행(513조 2항), 신주인수권부사채의 발행(516조의2 2항)의 경우가 이에 해당됨.

318) 단, 주주총회 소집권한은 핵심적인 이사회의 권한으로 보아야 할 것이므로, 정관에 의해 주주총회의 권한으로 정할 수 없다고 봄(강희갑, 436; 권기범, 577; 김건식, 267; 김동훈, 225; 김정호, 288; 김홍기, 514; 손진화, 490; 송옥렬, 887; 유시창, 188; 정경영, 455; 정동윤, 541; 최기원, 435; 최준선, 347; 한창희, 229). 이에 반하여 상법에 명문의 규정이 없는 경우에는 정관의 규정에 의해 주주총회의 권한으로 정할 수 없다고 보는 견해로는 서헌제, 723; 이철송, 481; 장덕조, 216; 정찬형, 836.

이를 주주총회에서 바로잡기 위하여 일정비율 이상의 주식을 소유한 주주로 하여금 주주총회를 소집할 수 있도록 한 것이다.

(2) 요건 및 절차

발행주식총수의 100분의3 이상에 해당하는 주식을 가진 주주319)는 회의의 목적사항과 소집의 이유를 적은 서면 또는 전자문서320)를 이사회321)에 제출하여, 임시주주총회의 소집을 청구할 수 있다(366조 1항).

이와 관련하여, 위 주식수를 산정함에 있어 무의결권주식을 포함할지 여부가 문제된다. 살피건대, 상법은 무의결권주식을 제외하고자 하는 경우에는 "의결권없는 주식을 제외한 발행주식총수"(340조의2 2항의 주식매수선택권 부여 결격자, 363조의2 1항 및 542조의6 2항의 주주제안권자, 382조의2 1항 및 542조의7 1항의 집중투표제 청구권자, 542조의8 2항의 사외이사의 결격사유, 542조의12의 감사 또는 감사위원선출시 의결권제한)라는 표현을 사용함으로써, "의결권없는 주식"임을 명시하고 있다는 점, 그리고 이사의 주주총회 소집권한의 남용을 견제한다는 이 제도의 감독기능적 성격을 감안할 때, 발행주식총수에는 무의결권주식이 포함된다고 보는 것이 타당할 것이다.322)

위 청구에도 불구하고, 이사회가 지체없이 임시주주총회 소집의 절차를 밟지 아니한 때에는, 위 소수주주는 법원의 허가를 받아 임시주주총회를 소집할 수 있다(366조 2항 전단).323)[판례29] 이 경우 주주총회의 진행을 보다 공정하고 중립

---

319) 상장주식회사의 경우에는, 6개월 전부터 계속하여 발행주식총수의 1천분의15 이상에 해당하는 주식을 보유하는 주주에게 인정됨(542조의6 1항).

320) 정보처리시스템에 의하여 전자적 형태로 작성·변환·송신·수신·저장된 정보를 의미하고, 이는 작성·변환·송신·수신·저장된 때의 형태 또는 그와 같이 재현될 수 있는 형태로 보존되어 있을 것을 전제로 그 내용을 열람할 수 있는 것이어야 하므로, 이와 같은 성질에 반하지 않는 한 전자우편은 물론 휴대전화 문자메시지·모바일 메시지 등까지 포함됨(대법원 2022.12.16.자 2022그734 결정; 甲 주식회사의 소수주주인 乙이 대표이사 丙에게 2회에 걸쳐 발송한 임시주주총회 소집청구서가 폐문부재로 배달되지 않아 폐기 처리된 후, 乙의 소송대리인이 같은 내용의 임시주주총회 소집청구서를 카카오톡 메시지로 발송하여 그 무렵 丙이 이를 수신하였는데도 甲 회사가 임시주주총회 소집절차를 밟지 않자, 乙이 법원에 주주총회 소집허가를 구한 사안에서, 대표이사인 丙이 카카오톡 메시지를 통하여 임시주주총회 소집요구서를 제출받아 이를 확인한 이상, 乙의 상법 366조 1항에 따른 임시주주총회의 소집청구는 적법하다고 한 사안임).

321) 원칙적으로 대표이사를 의미하고, 예외적으로 대표이사 없이 이사의 수가 1인 또는 2인인 소규모 회사의 경우에는 각 이사를 의미함(상법 383조 6항; 대법원 2022.12.16.자 2022그734 결정).

322) 권기범, 582; 김건식, 270; 송옥렬, 889; 이기수외, 485; 장덕조, 217; 정경영, 458; 정동윤, 542; 최기원, 447. 이에 반하여 의결권없는 주식을 가진 주주는 주주총회를 소집할 실익이 없다는 등의 이유로 반대하는 견해로는 김정호, 290; 서헌제, 731; 양명조, 210; 유시창, 191; 이범찬외, 225; 임재연(II), 13; 손주찬, 702; 채이식, 462; 최준선, 348.

적으로 이끌 의장을 선임하기 위해서, 임시주주총회의 의장은 법원이 <u>이해관계인의 청구</u> 또는 <u>직권</u>으로 선임할 수 있다(366조 2항 후단). 위 소수주주의 청구에 따라 회사가 소집하거나 법원의 허가를 받아 소수주주가 소집한 임시주주총회에서는 회사의 업무와 재산상태를 조사하게 하기 위하여 검사인을 선임할 수 있다(366조 3항).

　　한편, 이때 법원이 총회의 소집기간을 구체적으로 정하지 않은 경우에도 소집허가를 받은 주주는 소집의 목적에 비추어 상당한 기간 내에 총회를 소집하여야 하며, 총회소집허가결정일로부터 상당한 기간이 경과하도록 총회가 소집되지 않았다면, 소집허가결정에 따른 소집권한은 특별한 사정이 없는 한 소멸한다.324)

[판례29] 대법원 2001.12.21.자 2001그121 결정 및 대법원 1991.4.30.자 90마672 결정

　　특별항고인이 정당한 사유없이 명의개서를 거절한 것이라면, 그 명의개서가 없음을 이유로 신청인들이 상속에 의한 주식을 취득한 주주로서의 지위를 부인할 수는 없다고 할 것이므로, 소수주주권자에 해당하는 신청인들의 이 사건 주주총회소집허가신청을 받아들인 원심(울산지방법원 2001.10.12.자 2001파15 결정)의 조치는 정당함.

　　주식을 취득한 자는 그 취득이 주식의 양도에 의한 것이든 상속, 합병 기타의 사유에 의한 것이든 묻지 아니하고 주주명부에 명의개서를 하지 아니하면 회사에 대하여 주주의 권리를 행사할 수 없는 것이지만, 정당한 사유없이 주주명부의 명의개서청구를 부당하게 거절하거나 지체한 회사는 그 명의개서가 없는 것을 이유로 하여 그 주식취득자의 주주로서의 지위를 부인할 수는 없음(동지 대법원 1993.7.13. 선고 92다40952 판결).

---

323) 총회소집의 허가를 신청하는 경우에는 서면으로 신청해야 하고, 이사가 그 소집을 게을리한 사실을 소명하여야 하며(비송사건절차법 80조), 법원은 이유를 붙인 결정으로써 재판을 해야 하고, 신청을 인용한 재판에 대해서는 불복신청을 할 수 없으나(동법 81조), 민사소송법 449조에 따른 특별항고는 허용됨([판례29]).

324) 대법원 2018.3.15. 선고 2016다275679 판결. 한편, 주주총회는 상법 또는 정관이 정한 사항에 한하여 결의할 수 있고(상법 361조), 대표이사는 정관에 특별한 정함이 없는 한 이사회 결의로 선임되므로(상법 389조), <u>정관에서 주주총회 결의사항으로 '대표이사 선임 및 해임'을 규정하지 않을 경우에는 이를 회의목적사항으로 삼아 상법 366조에서 정한 주주총회소집허가 신청을 할 수 없음</u>(대법원 2022.4.19.자 2022그501 결정, 대법원 2022.9.7.자 2022마5372 결정(소수주주가 제출한 임시총회소집청구서에 회의의 목적사항이 '대표이사 해임 및 선임'으로 기재되었으나 소집의 이유가 현 대표이사의 '이사직 해임'과 '후임 이사 선임'을 구하는 취지로 기재되어 있고, 회사의 정관에 '대표이사의 해임'이 주주총회 결의사항으로 정해져 있지 않다면, 회의의 목적사항과 소집의 이유가 서로 맞지 않으므로 법원으로서는 소수주주로 하여금 회의의 목적사항으로 기재된 '대표이사 해임 및 선임'의 의미를 정확하게 밝히고 그에 따른 조치를 취할 기회를 갖도록 할 필요가 있음)).

다. 예외2: 감사 또는 감사위원회에 의한 소집

감사 또는 감사위원회는 회의의 목적사항과 소집이유를 기재한 서면을 이사회에 제출하여 임시주주총회의 소집을 청구할 수 있다(412조의3 1항, 415조의2 7항). 이 청구가 있은 후 지체없이 총회소집의 절차를 밟지 아니한 때에는 감사 또는 감사위원회는 법원의 허가를 받아 총회를 소집할 수 있고, 이 경우 주주총회의 의장은 법원이 이해관계인의 청구나 직권으로 선임할 수 있다(412조의3 2항, 366조 2항, 415조의2 7항).

또한 감사위원회의 청구에 의해 회사가 소집하거나 법원의 허가하에 감사위원회가 소집한 임시주주총회는 이사가 제출한 서류와 감사의 보고서를 조사하게 하기 위하여 검사인을 선임할 수 있고(415조의2 7항, 367조 1항), 회사 또는 발행주식총수의 100분의1 이상에 해당하는 주식을 가진 주주는 임시주주총회의 소집절차나 결의방법의 적법성을 조사하기 위하여 총회 전에 법원에 검사인의 선임을 청구할 수 있다(415조의2 7항, 367조 2항).

라. 예외3: 법원의 명령에 의한 소집

회사의 업무집행에 관하여 부정행위 또는 법령이나 정관에 위반한 중대한 사실이 있음을 의심할 사유가 있는 때에는 발행주식총수의 100분의3 이상에 해당하는 주식을 가진 주주는 회사의 업무와 재산상태를 조사하게 하기 위하여 법원에 검사인의 선임을 청구할 수 있고(467조 1항), 검사인은 그 조사결과를 법원에 보고해야 하는 바(467조 2항), 이 경우 법원은 위 보고에 의해 필요하다고 인정한 때[325]에는 대표이사에게 주주총회의 소집을 명할 수 있고(467조 3항 전단), 검사인의 보고서는 주주총회에 제출되어야 하며(467조 3항 후단, 310조 2항), 이사와 감사는 지체없이 위 검사인의 보고서의 정확여부를 조사하여 이를 주주총회에 보고해야 한다(467조 4항).

이와 관련하여, 판례는 부정행위 또는 법령이나 정관에 위반한 중대한 사실이 있음을 의심할 사유는 그 내용을 구체적으로 명확히 적시하여야 하고 단순히 결산보고서의 내용이 실지 재산상태와 일치하는지 여부에 의심이 간다는 정도의

---

325) 대법원 1960.8.18.자 4293민재항167 결정.

막연한 것으로 그 사유를 삼을 수는 없다고 판시하고 있다.326)

3. 주주총회의 종류

주주총회에는 정기주주총회와 임시주주총회가 있다. 정기주주총회는 재무제표를 승인하는 역할이 중심이지만, 원칙적으로 양자의 권한에는 차이가 없다.

정기주주총회는 매년 1회 일정한 시기에 소집되는 주주총회로서, 연 2회 이상의 결산기를 정한 회사는 매기에 정기주주총회를 소집해야 한다(365조 1항, 2항). 임시주주총회는 필요한 경우 수시로 소집한다(365조 3항).

4. 주주총회의 소집

주주총회를 소집할 때에는 주주총회일의 2주전에 각 주주에게 서면으로 통지를 발송하거나 각 주주의 동의를 받아 전자문서로 통지를 발송하여야 한다(363조 1항 본문).

단, 소규모회사는 위 통지기간이 10일로 단축되며(363조 3항), 주주전원의 동의가 있을 경우에는 소집절차 없이 주주총회를 개최할 수 있고, 서면에 의한 결의로써 주주총회의 결의를 갈음할 수 있다(363조 4항 전단). 이 서면결의는 주주총회의 결의와 같은 효력이 있고(동조 5항), 이 경우 주주총회에 관한 규정을 준용한다(동조 6항). 결의의 목적사항에 대하여 주주전원이 서면으로 동의를 한 때에는 서면에 의한 결의가 있는 것으로 본다(동조 4항 후단).

가. 주총소집 통지시기

주주총회일의 최소한 2주전에 각 주주에게 통지해야 한다. 2주전에 발송하면 되고 2주전의 도달을 요건으로 하지 아니한다. 2주전에 발송한 사실에 대한 입증책임은 회사가 부담한다.

한편, 소규모회사가 주주총회를 소집하는 경우에는 주주총회일의 10일전에 각 주주에게 서면으로 통지를 발송하거나 각 주주의 동의를 받아 전자문서로 통

---

326) 대법원 1985.7.31.자 85마214 결정.

지를 발송할 수 있다(363조 3항). 소규모회사의 영세성을 감안하여 절차적 부담을 감경시키기 위해 일반 주식회사에 비해 4일을 단축시켜 준 것이다.

나. 주총소집 통지대상

주주명부에 <u>명의개서된 주주</u>에 한해 소집통지를 하면 되므로, 명의개서하지 아니한 주주에게는 소집통지할 필요가 없다.[327] 주식의 취득이 주식의 양도에 의한 것이든 상속, 합병 기타의 사유에 의한 것이든 동일하다.[328]

한편, 명의개서가 되어 있더라도 <u>의결권없는 주주는 통지대상이 아니다</u>(363조 7항; 단 합병(소규모합병 제외), 분할합병, 374조 1항 1호 내지 3호, 주식의 포괄적 교환(소규모주식교환 제외), 주식의 포괄적 이전의 경우와 같이 반대주주의 주식매수청구권이 인정되는 경우에는 의결권없는 주주에게도 주총소집통지를 해야 함. 단, 간이합병(527조의2), 간이영업양도, 양수, 임대(374조의3)의 경우는 주총결의 필요 없으므로 제외). 이에 해당되는 의결권없는 주식은 ① 의결권이 배제·제한되는 종류주식(344조의3), ② 자기주식(369조 2항), ③ 예외적으로 허용된 자회사가 취득한 모회사주식, ④ 일방회사가 타방회사의 발행주식총수의 10분의1을 초과하여 주식을 가지고 있는 경우, 타방회사가 가지고 있는 일방회사의 주식(369조 3항), ⑤ 특별한 이해관계가 있는 주주의 주식(368조 3항), ⑥ 기타 특별법에서 의결권을 제한하는 주식을 말한다.

또한, 주주총회 소집통지가 <u>주주명부상 주주의 주소에 계속 3년간 도달하지 아니한 경우</u>에는 회사는 해당 주주에게 총회의 소집을 통지하지 아니할 수 있다(363조 1항 단서). 주주가 주소의 변동을 회사에 신고하지 않아 회사가 잘못된 주소로 소집통지서를 계속 보내는 낭비를 막기 위함이고, 이 경우 계속 3년간 도달하지 않았음의 입증책임은 회사에 있다.

다. 주총소집 통지방법

<u>서면으로 함이 원칙</u>이나 <u>각 주주의 동의를 받아 전자문서</u>로 할 수 있다(363조

---

327) 대법원 2014.4.30. 선고 2013다99942 판결, 대법원 2012.6.14.선고 2012다20925 판결 및 대법원 1996.12.23. 선고 96다32768,32775,32782 판결.
328) 대법원 2012.6.14. 선고 2012다20925 판결.

1항).

한편, <u>상장회사</u>가 주주총회를 소집하는 경우에는 발행주식총수의 <u>100분의1</u> <u>이하</u>의 주식을 소유하는 주주에게 <u>정관으로 정하는</u> 바에 따라 주주총회일의 2주 전에 주주총회를 소집하는 뜻(일시, 장소)과 회의의 목적사항을 ① <u>둘 이상의 일간 신문</u>에 <u>각각 2회 이상 공고</u>하거나 ② <u>금융감독원의 전자공시시스템</u>(DART: Data Analysis, Retrieval and Transfer System) <u>또는</u> <u>한국거래소의 전자공시시스템</u>(KIND: Korea Investor's Network for Disclosure System)<u>을 통하여 공고</u>함으로써 <u>소집통지에 갈음할 수 있 다</u>(542조의4 1항, 상법시행령 31조 1항, 2항).

라. 주총소집통지상의 기재내용

소집통지서에는 주주총회의 <u>일시</u> 및 <u>장소</u>와 <u>회의의 목적사항</u>이 기재되어야 한다(363조 2항).

(1) 주주총회의 장소와 일시

주주총회는 <u>정관에 다른 정함이 없으면, **본점소재지 또는 이에 인접한 지**</u>에 소집하여야 한다(364조). 즉, 정관에서 주주총회의 소집장소를 정한 경우에는 이 에 따르되, 정관에서 소집장소에 대한 아무런 언급이 없는 경우에는 본점소재지 또는 이에 인접한 장소에서 개최해야 한다는 뜻이다. "이에 인접한 지"는 특별시, 광역시, 시, 군의 행정단위를 기준으로 판단해야 할 것이다.[329]

이와 관련하여 판례는 주주총회의 개회시각이 부득이한 사정으로 당초 소집 통지된 시각보다 지연되는 경우에도, 사회통념에 비추어 볼 때 정각에 출석한 주 주들의 입장에서 변경된 개회시각까지 기다려 참석하는 것이 곤란하지 않을 정 도라면 절차상의 하자가 되지 아니할 것이나, 그 정도를 넘어 개회시각을 사실상 부정확하게 만들고 소집통지된 시각에 출석한 주주들의 참석을 기대하기 어려워 그들의 참석권을 침해하기에 이르렀다면, 주주총회의 소집절차가 현저히 불공정 하다고 판시하고 있다.[330]

---

329) 상법 22조, 41조 1항, 70조 3항 참조.
330) 대법원 2003.7.11. 선고 2001다45584 판결.

(2) 주주총회의 목적사항

(가) 원칙

주주총회에서 논의될 회의의 목적사항이란 주주총회에서 논의되고 표결에 붙일 의안을 말한다. 일반적으로 "감사 선임의 건", "재무제표 승인의 건" 등으로 표기한다.

또한 주주총회에 있어서는 원칙적으로 주주총회의 소집을 함에 있어서 <u>회의의 목적사항으로 한 것 이외에는 결의할 수 없으며</u>, 이에 위배한 결의는 특별한 사정이 없는 한, 상법 376조(결의취소의 소) 소정의 총회의 소집절차 또는 결의방법이 법령을 위반하는 것으로 보아야 하나, 다만 주주전원의 동의가 있는 경우는 예외이다.[판례30]

> [판례30] 대법원 1979.3.27. 선고 79다19 판결
>
> 주주전원의 동의가 없는 한, 감사선임을 위해 소집된 주주총회에서 이사를 선임한다거나 자본금감소를 위해 소집된 주주총회에서 정관변경을 할 수 없음.

(나) 예외

<u>정관변경</u>(433조 2항), <u>자본금감소</u>(438조 3항), <u>주주외의 자에 대한 전환사채의 발행</u>(513조 4항), <u>주주외의 자에 대한 신주인수권부사채의 발행</u>(516조의2 5항, 513조 4항), <u>합병계약 승인</u>(522조 2항), <u>회사분할계획서 또는 분할합병계약서</u>(530조의3 4항), <u>주식의 포괄적 교환계약서</u>(360조의3 4항), <u>주식의 포괄적 이전계획서</u>(360조의16 3항, 360조의3 4항) 및 <u>지배주주의 매도청구권</u>(360조의24 4항)의 각 승인을 위한 주주총회소집의 경우 등에는 <u>의안의 요령</u> 즉, 의안의 주요내용을 통지에 기재해야 한다.331)

또한, **상장**회사가 이사, 감사의 선임에 관한 사항을 목적으로 하는 주주총회를 소집통지 또는 공고하는 경우에는 이사, 감사후보자의 ① 성명, ② 약력, ③ 추천인, ④ 후보자와 대주주와의 관계, ⑤ 후보자와 해당 회사와의 최근 3년간의 거래내역, ⑥ 주주총회 개최일 기준 최근 5년 이내에 후보자가 국세징수법 또는 지방세징수법에 따른 체납처분을 받은 사실이 있는지 여부, ⑦ 주주총회 개최일

---

331) 한편, <u>주주제안권</u>의 경우에는 주주제안권자인 주주가 자신이 제안한 <u>의안의 요령</u>을 주주총회소집 통지에 기재할 것을 이사에게 청구할 수 있음(363조의2 2항).

기준 최근 5년 이내에 후보자가 임원으로 재직한 기업이 채무자 회생 및 파산에 관한 법률에 따른 회생절차 또는 파산절차를 진행한 사실이 있는지 여부 및 ⑧ 법령에서 정한 취업제한 사유 등 이사·감사 결격 사유의 유무를 통지하거나 공고하여야 한다(542조의4 2항, 상법시행령 31조 3항).332)

(다) 의안의 요령에 대한 변경결의 가능여부

당해 주식회사에서 <u>임의적으로</u> 회의의 목적사항에 덧붙여 의안의 요령까지 통지, 공고한 경우에는 회의의 목적사항만을 통지, 공고한 경우와 마찬가지로, 회의의 목적사항의 범위 내에서, 의안의 요령을 변경하여 결의를 할 수 있다고 보아야 할 것이다.333)

그리고, 위 (나)의 경우와 같이 <u>의무적으로</u> 의안의 요령이 통지, 공고된 경우에도 <u>의안의 요령이 변경되어 결의되는 것은 허용된다</u>고 보아야 할 것이다.334)

(라) 주주제안권

1) 의의

주주총회에서 논의되고 표결될 안건은 원칙적으로 이사회에서 결정한다. 그러나 상법은 소수주주의 주주총회 소집청구권과는 별도로, 일정한 요건하에, 주주가 향후 개최될 주주총회에서 자신이 원하는 안건이 논의 및 표결되도록 추가시켜 줄 것을 이사회에 요구할 수 있는 권리를 인정하고 있는데, 이 권리를 주주

---

332) 상장회사가 주주총회의 소집을 통지 또는 공고하는 경우에는 ① 사외이사 그 밖에 해당 회사의 상무에 종사하지 아니하는 이사의 이사회 출석률, 이사회 의안에 대한 찬반 여부 등 활동내역과 보수에 관한 사항, ② 사외이사 등과 당해 상장회사와의 <u>단일 거래규모</u>가 당해 상장회사의 <u>자산총액 또는 매출총액의 100분의1 이상</u>이거나 해당 사업연도 중 사외이사 등과 당해 상장회사와의 <u>거래총액이 당해 상장회사의 자산총액 또는 매출총액의 100분의5 이상</u>이 되는 경우의 해당 거래의 내역, ③ 영업현황 등 사업개요와 주주총회의 목적사항별로 금융위원회가 정하는 방법에 따라 작성한 참고서류, ④ 자본시장법에 따른 사업보고서 및 주식회사 등의 외부감사에 관한 법률에 따른 감사보고서(이 경우 해당 보고서는 주주총회 개최 1주 전까지 전자문서로 발송하거나 회사의 홈페이지에 게재하는 것으로 갈음할 수 있음)를 통지 또는 공고하여야 함(542조의4 3항 본문, 542조의9 3항, 상법시행령 31조 4항, 35조 6항, 7항). 그러나 상장회사가 위 서류들을 당해 상장회사의 인터넷 홈페이지에 게재하고, ① 당해 상장회사의 본점 및 지점, ② 명의개서대행회사, ③ 금융위원회, ④ 거래소에 모두 <u>비치</u>하여 일반인이 열람할 수 있도록 하는 경우에는 통지 또는 공고할 필요가 없음(542조의4 3항 단서, 상법시행령 31조 5항).

333) 예를 들어, 비상장주식회사에서 이사 A의 선임에 관해 특정하여 주주총회가 소집되었으나 이사 B의 선임 안건이 주주총회에서 새로이 채택되어 결의된 경우를 말함.

334) 예를 들어, 통지 또는 공고된 합병조건을 변경하여 결의하는 것은 허용됨. 단, 상장주식회사의 이사, 감사는 통지, 공고한 후보자 중에서 선임되어야 함(542조의5).

제안권이라 한다. 이사회가 주주총회에서 논의될 안건에 대한 결정권을 독점함으로써 발생하는 주주의 피해를 방지함과 동시에, 주주총회를 통하여 주주의 의사가 회사의 경영에 충실히 반영되도록 하기 위한 취지이다.

2) 요건

의결권없는 주식을 제외한 발행주식총수의 **100분의3 이상**에 해당하는 주식을 가진 주주가 행사할 수 있다(363조의2 1항). 상장회사의 경우에는 의결권없는 주식을 제외한 발행주식총수의 100분의1 이상335)의 주식을 6개월 이상 계속 보유한 주주에게 인정된다(542조의6 2항).

위 주주는 이사에게 주주총회일 6주전까지336) 서면 또는 전자문서로 청구하여야 하며, 이 경우 이사는 이를 이사회에 보고하여야 하고, 주주제안권을 행사하는 소수주주는 회의의 목적사항에 추가하여 당해 주주가 제출하는 의안의 요령을 주주총회 소집통지에 기재할 것을 청구할 수 있다(363조의2 2항, 3항).

3) 내용

주주제안권의 구체적 내용으로는 주주총회에서 논의될 회의의 목적사항으로 할 것을 제안할 수 있고("의제제안권"), 회의의 목적사항에 추가하여 당해 주주가 의안의 요령을 제출할 수 있다("의안제안권"). 또한 주주제안을 한 자의 청구가 있는 때에는 주주총회에서 당해 의안을 설명할 기회를 주어야 한다(363조의2 3항 후단).

4) 주주제안에 대한 거절사유

이사회는 법령 또는 정관을 위반하는 경우와 다음 사항에 대하여는 주주제안을 거절할 수 있다(363조의2 2항 전단).

① 주주총회에서 의결권의 100분의10 미만의 찬성밖에 얻지 못하여 부결된 내용과 같은 내용의 의안을 부결된 날로부터 3년내에 다시 제안하는 경우(상법 시행령 12조 1호)

주주총회 안건으로 일단 부결된 안건이 짧은 기간 내에 반복 상정되는 것을 막기 위한 조치인데, 의안의 동일성은 실질적으로 판단되어야 한다.

---

335) 자본금 1천억원 이상인 상장회사의 경우에는 0.5% 이상임.

336) 정기주주총회의 경우에는, 직전 연도의 정기주주총회일에 해당하는 그 해의 해당일을 말함; 주주총회 소집통지는 원칙적으로 2주전인데, 주주제안권을 6주전으로 보다 장기로 함으로써, 주주제안권이라는 제도의 효용성을 떨어뜨리고 있는 문제점이 있음.

② 주주 개인의 고충에 관한 사항인 경우(상법시행령 12조 2호)

주주 개인에 관한 고충은 주주가 속한 주식회사의 주주총회 안건으로 논의할 만한 사유가 안 된다는 의미이다.

③ 소수주주권에 관한 사항인 경우(상법시행령 12조 3호)

주주제안권도 소수주주권의 하나이므로 그 밖의 상법상 소수주주권을 거부사유로 언급한 것이나, 상법 및 정관에 의해 주주총회에서 논의될 수 있는 사안이라면[337] 그것이 주주제안권에 근거했던 아니면 기타 소수주주권에 기초했던 주주제안권의 대상이 된다고 보는 것이 이 규정을 둔 취지에 부합한다고 판단되므로, 이를 거부사유로 규정하는 것은 타당하지 않다고 생각한다.

④ 임기 중에 있는 상장회사의 임원의 해임에 관한 사항인 경우(상법시행령 12조 4호)

상법상 임원은 언제든지 주주총회 특별결의에 의해 해임될 수 있는 바 (385조 1항 본문, 415조), 하위법령이 이를 못하도록 막는 것은 위임의 범위를 일탈한 것으로서 무효라고 보아야 할 것이다(헌법 75조).

⑤ 회사가 실현할 수 없는 사항 또는 제안이유가 명백히 허위이거나 특정인의 명예를 훼손하는 사항인 경우(상법시행령 12조 5호)

회사가 실현할 수 없는 사항인지 여부는 주주총회에서 논의하여 결정하면 되는 것이므로, 사전에 거부사유로 하여 제안자체를 못하게 막을 이유는 없다고 본다.

또한 특정인의 명예를 훼손하는 사항인지 여부는 특히 임원의 해임에서 문제가 될 수 있는데, 해임여부에 대한 정당성을 따지는 논의 자체가 해당 임원의 명예를 훼손하는 사실의 적시를 필연적으로 담을 수밖에 없다. 따라서 해임대상인 임원의 명예가 훼손된다는 사실을 주주제안 거부사유로 명시하게 된다면 주주총회에서 이사를 해임시키는 것 자체가 어려워질 수도 있다고 볼 수 있어, 이는 주주의 이사에 대한 해임권을 침해하는 것이므로 상법상 위임의 한계를 일탈

---

337) 소수주주권 중 대표소송(403조), 집중투표제(382조의2), 법원에 대한 이사, 감사, 청산인의 해임청구권(385조 2항, 415조, 539조 2항), 유지청구권(402조), 회계장부열람권(466조), 법원에 대한 검사인선임청구권(367조 2항, 467조), 해산판결청구권(520조)은 주주총회에서 결의될 사항이 아님. 결국 소수주주의 주주총회소집청구권과의 관계가 문제되는데, 소수주주가 주주총회소집청구권을 행사하지 아니하고 단지 이사회가 소집하는 주주총회를 전제로 하여 거기서 논의될 안건만을 제안하는 것은 소수주주에게 선택권이 있는 문제일 뿐만 아니라 주주제안권에 따른 소수주주의 정당한 권한행사이어서 이를 막을 합리적인 이유를 찾기 어려움.

한 규정으로 보아야 할 것이다.

5) 부당거절의 효과

주주총회가 개최되기 전에 주주제안권에 대한 부당한 거절이 있는 경우 법원의 의안상정가처분이 허용될 것인지가 문제된다. 살피건대, 피보전권리와 보전의 필요성이 인정된다면 부당하게 거절된 주주제안권자에 대한 권리구제수단으로서의 가처분이 인정되는 것이 타당할 것이다.338)

한편, 의안제안의 경우 거절된 주주제안 내용과 저촉되는 안건만이 상정되어 통과되었다면339) 주주총회의 결의방법에 하자가 있는 것이므로 주주총회 결의취소사유가 될 수 있을 것이나,340) 의제제안의 경우 부당하게 거절되었다고 하더라도 주주총회에서 결의된 다른 의제가 취소사유에 해당된다고 보기는 어려울 것이고, 단지 부당하게 거절한 이사에게 손해배상책임을 부담시킬 수는 있을 것이다(401조).341)

마. 주총소집의 철회, 변경 또는 주총의 속행, 연기

주주총회의 소집의 통지 또는 공고가 행하여진 후, <u>주주총회가 개최되기 **전에**</u> 소집을 철회하거나 변경하기 위해서는 소집의 경우에 준하여 이사회의 결의를 거쳐 대표이사가 그 뜻을 그 소집에서와 같은 방법으로 통지 또는 공고해야 한다.[판례31], [판례32]

---

338) 서울북부지방법원 2007.2.28.자 2007카합215 판결.

339) 예를 들어, 1명의 이사를 선임하는 주주총회와 관련하여, A이사를 선임하여 달라는 주주제안이 있었으나, 부당하게 거절된 상태에서 B이사가 주주총회에서 선임된 경우를 말함.

340) 김건식, 281; 손진화, 496; 양명조, 229; 유시창, 210; 이범찬외, 236; 임재연(II), 55; 정경영, 466; 정찬형, 847; 최기원, 522; 최완진, 157; 최준선, 361; 홍복기외, 227.

341) 이 경우 이사에게 500만원 이하의 과태료가 부과됨(635조 1항 21호).

[판례31] 대법원 2011.6.24. 선고 2009다35033 판결

　주식회사 대표이사가 이사회결의를 거쳐 주주들에게 임시주주총회 소집통지서를 발송하였다가 다시 이를 철회하기로 하는 이사회결의를 거친 후 총회 개최장소 출입문에 총회 소집이 철회되었다는 취지의 공고문을 부착하고, 이사회에 참석하지 않은 주주들에게는 퀵서비스를 이용하여 총회 소집이 철회되었다는 내용의 소집철회통지서를 보내는 한편, 전보와 휴대전화로도 같은 취지의 통지를 한 경우, 임시주주총회 소집이 적법하게 철회되었음.

[판례32] 대법원 2009.3.26. 선고 2007도8195 판결

　주주총회 소집의 통지·공고가 행하여진 후 소집을 철회하거나 연기하기 위해서는 소집의 경우에 준하여 이사회의 결의를 거쳐 대표이사가 그 뜻을 그 소집에서와 같은 방법으로 통지·공고하여야 함. (평석: 이 판결에서 "연기"는 주주총회 개최 전에 주총일자를 변경하는 것을 의미하는 것으로 해석해야 함. 왜냐하면 상법 372조에서 총회개최 후의 총회의 연기는 총회 내에서 결의할 수 있다고 규정하고 있기 때문임)

　한편, 주주총회의 성립 後에 의안심리 전 회일을 나중으로 미루는 연기를 하거나 예정된 안건심리를 모두 마치지 못한 상태에서 나중에 계속하기로 하는 속행의 경우에는, 당해 주주총회에서 이러한 연기 또는 속행을 위한 주주총회의 별도 결의가 있으면 가능하며(372조 1항), 이 경우에는 별도의 통지를 요하지 아니한다(372조 2항, 363조). 단, 판례는 연기 또는 속행결의가 이루어진 당초의 주주총회 일로부터 상당한 기간 내에 주주총회가 재개되어야 한다고 판시하고 있다.342)

바. 주총소집의 하자가 있는 경우 치유가능여부

　주주총회 소집절차와 관련하여 통지에 하자가 있는 경우(예를 들어, 주주 일부 또는 전원에게 주주총회 소집통지가 없는 경우)에는 당해 하자가 발생한 주주의 동의가 있으면 하자가 치유된다고 볼 수 있을 것이다.343)

　한편, 주주총회 소집결의에 하자가 있는 경우(예를 들어, 이사회의 결의가 없다거나 무효인 경우)에, 판례는 ① 주식회사의 주주총회가 법령이나 정관상 요구되는 이사

---

342) 대법원 1989.2.14. 선고 87다카3200 판결.
343) 송옥렬, 894; 임재연(II), 40.

회의 결의나 소집절차를 거치지 아니하고 이루어졌다고 하더라도, <u>주주전원이 참</u>
<u>석하여 아무런 이의 없이 일치된 의견으로 총회를 개최한다는데 동의하고</u> 결의
가 이루어졌다면 그 결의는 특별한 사정이 없는 한 유효하다고 판시하고 있으
며,344) ② 주식회사에 있어서 회사 발행의 총 주식을 한 사람이 소유하고 있는 <u>1</u>
<u>인회사의 경우</u>에는, 그 주주가 유일한 주주로서 주주총회에 출석하면 전원총회로
서 성립하고, 그 주주의 의사대로 결의될 것임이 명백하므로, 별도로 총회소집절
차가 필요 없다 할 것이고, <u>실제로 총회를 개최한 사실이 없다 하더라도 그 1인</u>
<u>주주에 의하여 의결이 있었던 것으로 주주총회 의사록이 작성되었다면</u> 특별한
사정이 없는 한, 그 내용의 결의가 있었던 것으로 볼 수 있어, 형식적인 사유에
의하여 결의가 없었던 것으로 다툴 수는 없으며,345) ③ 주주가 1인인 주식회사에
서 주주총회의 의사록이 작성되지 아니한 경우라도 <u>증거에 의하여</u> 주주총회 결
의가 있었던 것으로 볼 수 있다고 판시하고 있다.346)

5. 주주총회의 의사진행

가. 의장

주주총회에서는 주주총회를 주관하여 진행하는 자를 의장이라 칭하며, 의장
은 <u>정관에서 정함이 없는 때에는</u> <u>주주총회에서 선임한다</u>(366조의2 1항).347) 의장의

---

344) 대법원 2002.7.23. 선고 2002다15733 판결, 대법원 1996.10.11. 선고 96다24309 판결 및 대법원
    1993.2.26. 선고 92다48727 판결. 강희갑, 444; 김정호, 296; 서헌제, 733; 손진화, 494; 이기수외,
    489; 이범찬외, 231; 임재연(II), 43; 장덕조, 223; 정경영, 461; 정동윤, 549; 정찬형, 844; 최기원,
    460; 최완진, 154; 최준선, 357; 한창희, 235; 홍복기외, 227.
345) 대법원 1993.6.11. 선고 93다8702 판결, 대법원 1992.6.23. 선고 91다19500 판결 및 대법원
    1976.4.13. 선고 74다1755 판결. 대법원 2020.6.4. 선고 2016다241515,241522 판결(1인회사인 주
    식회사의 경우, 주주총회 소집절차에 하자가 있거나 주주총회의사록이 작성되지 않았더라도 1인
    주주의 의사가 주주총회의 결의내용과 일치한다면 증거에 의하여 그러한 내용의 결의가 있었던
    것으로 볼 수 있으나, 1인회사가 아닌 주식회사의 경우, 특별한 사정이 없는 한, 주주총회의 의결
    정족수를 충족하는 주식을 가진 주주들이 동의하거나 승인하였다는 사정만으로 주주총회에서 그
    러한 내용의 결의가 이루어질 것이 명백하다거나 그러한 내용의 결의가 있었던 것과 마찬가지라
    고 볼 수는 없음).
346) 대법원 2004.12.10. 선고 2004다25123 판결. 이러한 판례의 태도에 반대하는 견해(이철송, 504)도
    있으나, 1인 주주인 주식회사의 경우까지 이사회와 주주총회의 견제와 균형을 논하는 것은 현실
    적인 실익이 없으므로 판례의 태도에 찬성함(동지 김건식, 264).
347) 실무상 정관에서 주주총회의 의장은 대표이사가 하는 것으로 정하는 것이 일반적임.

자격에 관하여는 상법에 특별한 규정이 없는데, 정관에도 의장의 자격에 관한 언급이 없는 경우에는 주주총회에 참석한 자 중에서 주주총회의 보통결의로 선출하면 된다고 본다.

의장은 총회의 질서를 유지하고, 의사를 정리한다(366조의2 2항). 의장이 의사를 정리한다 함은 주주총회 개회선언, 안건상정, 토론절차, 표결실시, 가·부결(可·否決)선언, 주주총회 폐회선언 등을 말한다. 또한 의장은 의사진행을 원만하게 이끌어 가기 위하여, 고의로 의사진행을 방해하기 위한 발언, 행동을 하는 등 현저히 질서를 문란하게 하는 자에 대하여 그 발언의 정지 또는 퇴장을 명할 수 있다(366조의2 3항).

한편, 의장은 주주총회를 주재하는 자로서, 주주총회에서 주주 각자의 의사가 제대로 반영됨으로써 주식회사의 중요사안이 가부간에 결정되도록 최선을 다해야 할 의무가 있다고 할 것이므로, 상법상 명문의 규정은 없지만, 의장과 당해 주식회사와는 민법상의 위임관계에 있다고 보아야 할 것이다.

또한 상법에 명문의 규정은 없으나, 주주총회에서 주주 각자가 올바른 의결권을 행사할 수 있게 하기 위하여 주주총회에 상정된 의안과 관련한 주주의 질문권이 충실하게 보장되도록 해석되어야 할 것이며, 이러한 주주의 질문에 대하여 해당 주식회사의 이사 또는 감사는 답변의무가 있는 것으로 해석하여야 할 것이다.348)

나. 검사인의 역할

(1) 서류검사인

주주총회는 이사가 제출한 서류와 감사의 보고서를 조사하게 하기 위하여 검사인을 선임할 수 있다(367조 1항).

재무제표(447조) 및 영업보고서(447조의2)를 포함한 이사가 제출한 모든 서류의 정확성이 담보되어야 하기 때문에 검사인을 통해 이를 검증하기 위한 목적과 이사가 감사에게 제출한 재무제표 및 영업보고서에 대한 감사의 결과를 기재한 감사보고서(447조의4)를 조사하여 위 서류들의 정확성을 검토하고, 이사의 직무수행

---

348) 대법원 2008.12.11. 선고 2005다51471 판결 및 상법 413조 참조.

에 대한 책임 및 감사의 책임을 묻기 위한 취지이다.

(2) 총회검사인

주식회사 또는 발행주식총수의 100분의1 이상에 해당하는 주식을 가진 주주는 주주총회의 소집절차 또는 결의방법의 **적법성**을 조사하기 위하여 주주총회 **전**에 법원에 검사인의 선임을 청구할 수 있다(367조 2항).

주주총회 개최 전에 법원에 의하여 선임된 검사인으로 하여금 주주총회의 소집절차 또는 결의방법의 적법성을 조사토록 함으로써 주주총회의 소집 및 운영의 적법성을 담보하고, 주주총회 종료 후에 적법성에 대한 분쟁가능성을 줄일 뿐만 아니라 향후 발생될지 모를 적법성 시비와 관련해 증거를 수집·보전하는 기능을 수행하기 위함이다.

상장, 비상장을 불문하고, 주식회사뿐만 아니라 발행주식총수의 1% 이상을 가진 주주도 청구권이 있다는 점에서는 같고, 소집절차 또는 결의방법이 "적법"한지 여부뿐만 아니라 "현저히 불공정"한지 여부도 조사대상에 포함시키는 것이 합리적인 해석이라고 보며,349) 주주총회 개최 전에 선임된 검사인은 주주총회 개최 전 뿐만 아니라 주주총회 진행과정 중에도 자신의 조사권을 행사할 수 있다고 보아야 할 것이다.

6. 주주총회에서의 의결권의 행사

가. 의결권의 행사 주체

의결권이란 주식회사의 주주가 주주총회에서 논의되는 안건에 대한 통과여부를 결정하는 표결시, 자신의 지분에 비례하여 찬성 또는 반대의 의사를 표시할 수 있는 권리를 말한다.350)

이러한 주주총회에서의 의결권은 당연히 주주만이 가지게 된다. 즉, 당해 주

---

349) 이철송, 509; 임재연(II), 35; 주석상법 회사(III), 98.
350) 예를 들어, A주식회사 발행주식총수의 10%를 갑이, 20%를 을이, 30%를 병이, 40%를 정이 각 소유하고 있는 경우, 갑, 을, 병, 정이 모두 주주총회에 참석했음을 전제로 했을 때, 재무제표 승인에 대한 주주총회 표결시, 갑, 을, 병, 정은 각각 10%, 20%, 30%, 40%의 의결권을 보유하게 되고, 따라서 갑과 병은 반대하고 을과 정이 찬성하는 경우, 이 안건은 발행주식총수 및 참석주식총수의 60%가 찬성함으로써 보통결의요건이 충족되어 결의가 이루어진 것으로 보게 됨.

식회사의 채권자 또는 근로자도 당해 회사의 존속 및 운영에 당연히 이해관계를 가지고 있기는 하지만 이들은 주주가 아니기 때문에 주주들만이 모이는 주주총회에서 의결권을 행사할 권리는 없다.

이러한 의결권은 주주의 공익권 중 대표적인 권리이며, 주식과 분리되어 포기되거나 양도될 수 없고, 정관으로도 배제하거나 제한할 수 없다.[351]

나. 의결권행사의 법적 성질

주주의 주주총회에서의 의결권행사는 주주 각자의 의사표시로서, 원칙적으로 민법상 의사표시의 일반원칙이 적용된다. 그러나 예외적으로 상법의 단체법적 성격 및 법적 안정성을 감안할 때, 의결권행사가 무효 또는 취소된다고 하더라도 이것이 주주총회 결의에 영향을 미치기 위해서는, 의결정족수에 미치지 못하는 등 상법이 인정하는 주주총회결의취소, 무효확인, 부존재확인 또는 부당결의취소·변경의 소의 원인에 해당되어야 할 것이다.

다. 주식수와 의결권의 수와의 관계

(1) 원칙: 1주 1의결권

의결권은 1주마다 1개로 한다(369조 1항). 이는 주식평등의 원칙을 구현한 것으로서, 강행규정이므로 법률에서 이에 대한 예외를 인정하는 경우를 제외하고, 정관의 규정이나 주주총회의 결의에 의하여 의결권을 배제·제한하더라도 그 효력은 없다.[352]

(2) 예외

(가) 의결권이 배제 또는 제한되는 주식

주식회사는 정관의 규정에 따라 종류주식의 하나로 의결권이 배제되거나 제

---

351) 강희갑, 453; 권기범, 602; 김건식, 282; 김정호, 297; 김홍기, 522; 손진화, 496; 송옥렬, 899; 유시창, 195; 이범찬외, 237; 이철송, 511; 임재연(II), 60; 장덕조, 229; 정경영, 467. 이에 반하여 의결권만을 따로 양도하거나 신탁적으로 양도할 수 있다는 견해로는 양명조, 230; 이기수외, 496.

352) 대법원 2009.11.26. 선고 2009다51820 판결.

한되는 주식을 발행할 수 있으며(344조의3 1항), 이러한 의결권 배제·제한주식은 비상장주식회사의 경우 <u>발행주식총수의 4분의1을 초과할 수 없다</u>(344조의3 2항 본문; 자세한 내용은 의결권 배제·제한에 관한 종류주식에서 이미 설명함).

(나) 자기주식

주식회사가 가진 자기주식은 의결권이 없다(369조 2항). 배당가능이익으로 취득하는 등 법상 예외적으로 자기주식취득이 허용되는 경우(341조의2 등)에 적용되는 규정이다. 주식회사의 자회사가 <u>예외적으로 모회사의 주식취득이 허용되는 경우</u>(342조의2 1항 1호, 2호 등)에도 그 <u>자회사가 보유하고 있는 모회사의 주식</u>은 의결권이 없다(369조 3항).

(다) 비모자회사간 상호주

<u>주식회사(A)</u>, <u>주식회사(A)와 그의 자회사(B)</u> 또는 <u>자회사(B)가 다른 주식회사(C)</u>의 발행주식총수의 10분의1을 초과하는 주식을 가지고 있는 경우, 그 다른 주식회사(C)가 가지고 있는 주식회사(A) 또는 모회사(A)의 주식은 의결권이 없다(369조 3항).

(라) 특별한 이해관계가 있는 자

1) 의의

주주총회의 결의에 관하여 특별한 이해관계가 있는 자는 의결권을 행사하지 못한다(368조 3항). 주주가 주주총회의 결의라는 형식을 통해 사익을 추구함으로써 주식회사에 손해를 끼치는 결과가 발생치 않도록 하기 위한 규정이다.

2) 특별한 이해관계의 의미

여기서 "특별한 이해관계"를 어떻게 볼 것인가와 관련하여, 첫째, 모든 주주의 이해에 관계되지 않고 특정한 주주의 이해에 관계된 때라고 해석하는 견해(특별이해관계설), 둘째, 결의에 의하여 권리의무의 취득·상실이 생기는 등 법률상 특별한 이해관계를 가지는 때라고 해석하는 견해(법률상 이해관계설), 셋째, 특정 주주가 <u>주주의 입장을 떠나 개인적으로 이해관계를 가지는 때</u>라고 해석하는 견해(개인법설)이 있는데, <u>통설과 판례는 개인법설을 따르고 있다</u>.353)

---

353) 강희갑, 457; 권기범, 607; 김건식, 289; 김동훈, 249; 김정호, 299; 김홍기, 523; 손진화, 499; 양명조, 245; 이기수외, 510; 이범찬외, 240; 이철송, 515; 임재연(II), 96; 장덕조, 233; 정경영, 469; 주식회사법대계II, 154. 다만, 개인법설에 의하여서도 특별이해관계를 명확하게 판단하는 것이 쉽지

특별이해관계에 해당하는 경우로는, ① 상법 374조 1항에 규정된 영업양도 등의 상대방인 주주, ② 주주이면서 동시에 발기인, 이사, 집행임원, 감사 또는 감사위원의 지위를 겸하는 자의 주식회사에 대한 손해배상책임을 면제하는 주주총회 결의를 할 때의 당해 주주, ③ 임원인 주주의 보수를 정하는 주주총회결의시 당해 주주, ④ 사후설립시 양도인이 주주인 경우(참고로, 이사의 경업겸직승인, 회사기회 유용승인 또는 자기거래승인과 관련한 이사회결의시 당해 이사(397조, 397조의2, 398조)도 이 규정이 상법 391조 3항에 의해 준용됨) 등이다. 그러나 의사, 감사인 주주의 선임, 해임을 위한 주주총회 결의시 당해 주주 및 재무제표 승인을 위한 주주총회 결의시 이사인 주주는 개인적인 이해관계를 갖는다고 보기 어려우므로, 이에 해당되지 않는 것으로 보아야 할 것이다.

3) 적용범위

특별이해관계인인 주주 본인의 의결권행사가 금지될 뿐만 아니라 특별이해관계가 없는 제3자를 대리인으로 선임하는 경우에도 대리인은 의결권을 행사하지 못한다고 보아야 할 것이다. 반대로 본인은 특별이해관계가 없으나 대리인이 특별이해관계가 있는 경우에는 대리인이 본인의 의사에 따르지 않고 대리인 자신의 사익에 따라 의결권을 행사할 위험이 있기 때문에, 이러한 특별이해관계가 있는 대리인도 의결권을 행사하지 못한다고 보아야 할 것이다.[354]

한편, 특별이해관계가 있는 주주 및 그의 대리인은 특별이해관계가 있는 의안에 한하여 의결권을 행사할 수 없으며, 그 밖의 특별이해관계가 없는 의안에 대하여는 의결권을 행사할 수 있다.

4) 효과

특별이해관계가 있는 주주는 특별이해관계가 있는 의안에 대하여 의결권을 행사할 수 없다. 이 경우 특별이해관계 있는 주주의 주식수는 출석주식수에 포함되지 않을 뿐만 아니라(371조 2항) 발행주식총수에서도 제외되는 것으로 해석되어야 할 것이다(대법원 2016.8.17. 선고 2016다222996 판결 유추적용).[355] 만일 특별이해관계

않으므로, 입법적 보완 검토가 필요하다는 견해로는 송옥렬, 902.

354) 강희갑, 456; 권기범, 608; 김건식, 291; 서헌제, 761; 손진화, 499; 송옥렬, 902; 양명조, 246; 이범찬외, 240; 이철송, 516; 임재연(II), 96; 장덕조, 233; 정경영, 470.

355) 발행주식총수 계산에서 제외되지 않는다면, 실제로 특별이해관계인의 주식이 발행주식총수에 산입됨으로 인하여 당해 결의의 통과가 사실상 불가능해지는 모순이 발생할 수 있음(강희갑, 457;

가 있는 주주가 의결권을 행사한 경우에는 주주총회결의취소의 사유가 된다.

(마) 감사 또는 감사위원 선임

　　주주총회에서 감사**선임**시 의결권없는 주식을 제외한 발행주식총수의 100분의3을 초과하는 수의 주식을 가진 주주는 그 초과하는 주식에 관하여 의결권을 행사하지 못한다(409조 2항).356)

　　한편, 대규모상장회사의 의결권없는 주식을 제외한 발행주식총수의 100분의3을 초과하는 수의 주식을 가진 주주(최대주주인 경우에는 사외이사가 아닌 감사위원회위원을 선임 또는 해임할 때에 그의 특수관계인, 그 밖에 대통령령으로 정하는 자가 소유하는 주식을 합산함)는 그 초과하는 주식에 관하여 감사위원회 위원을 **선임 또는 해임**할 때에 의결권을 행사하지 못한다(542조의12 4항).357) 이 규정은 상장회사가 감사를 선임하거나 해임할 때에 준용한다(542조의12 7항).

　　위와 같이, 상장회사의 감사 또는 대규모상장회사의 감사위원회 위원의 선임 또는 해임시 의결권을 행사할 수 없는 경우 의결권없는 주식을 제외한 발행주식총수의 100분의3을 초과하는 주식은 출석주식수에 포함되지 않을 뿐만 아니라 (371조 2항) 발행주식총수에서도 제외되는 것으로 해석되어야 할 것이다[판례33]. 만일 의결권없는 주식을 제외한 발행주식총수의 100분의3을 초과하는 주식에 대한 의결권을 행사한 경우에는 주주총회결의취소의 사유가 된다.

> **[판례33] 대법원 2016.8.17. 선고 2016다222996 판결**
>
> 　　감사의 선임에서 3% 초과 주식은 상법 제371조의 규정에도 불구하고 상법 제368조 제1항에서 말하는 '발행주식총수'에 산입되지 않는다. 그리고 이는 자본금 총액이 10억원 미만이어서 감사를 반드시 선임하지 않아도 되는 주식회사라고 하여 달리 볼 것도 아니다.

권기범, 609; 송옥렬, 922; 양명조, 246; 이범찬외, 240; 이철송, 517). 이에 반대하는 견해로는 서헌제, 761; 손진화, 499; 임재연(II), 97; 정찬형, 475; 주석상법 회사(III), 116; 최기원, 473. 그러나 이사회의 경우에는 특별이해관계가 있는 이사는 의사정족수의 계산에서는 포함되고(이렇게 해석해도 위 주주총회에서와 같은 문제점은 발생치 아니함. 왜냐하면 이사회의 의사정족수란 단지 이사회 개회를 위한 최소비율에 불과하기 때문임), 단지 출석이사에서만 제외됨.([판례33])

356) 정관으로 3%보다 낮은 비율을 정할 수 있음(409조 2항).
357) 정관에서 3%보다 낮은 보유비율을 정할 수 있음(542조의12 4항).

(바) 자본시장법상 의결권제한

집합투자업자는 집합투자재산을 증권 또는 파생상품에 운용함에 있어 일정한 투자한도의 제한을 받는 바(자본시장법 81조 1항, 84조 4항), 이 한도를 초과하여 취득한 주식에 대하여는 의결권을 행사할 수 없다(동법 87조 4항).358)

(사) 공정거래법상 의결권제한

상호출자제한기업집단(자산총액 5조원 이상)에 속하는 국내 회사로서 금융업 또는 보험업을 영위하는 회사는 취득 또는 소유하고 있는 국내계열회사 주식에 대하여 원칙적으로 의결권을 행사할 수 없다(공정거래법 25조 1항 본문).

또한 상호출자제한기업집단에 속하는 국내 회사는 <u>원칙적으로</u> ① 자기의 주식을 취득 또는 소유하고 있는 국내 계열회사의 주식을 취득 또는 소유하여서는 아니되며(상호출자금지)(동법 21조 1항), ② 순환출자를 형성하는 계열출자를 해서는 아니되는 바(순환출자금지)(동법 22조 1항), 이에 위반하여 순환출자를 한 주식에 대하여는 법위반상태가 해소될 때까지 해당 주식 전부에 대하여 의결권을 행사할 수 없다(동법 23조).

(아) 은행법상 의결권제한

동일인은 <u>원칙적으로</u> 은행의 의결권있는 발행주식총수의 100분의10을 초과하여(비금융주력자의 경우에는 은행의 100분의4, 지방은행의 경우에는 100분의15를 초과하여) 은행의 주식을 보유할 수 없는 바(은행법 15조 1항, 동법 16조의2 1항), 이에 위반하여 취득한 한도를 초과하는 주식에 대하여는 그 의결권을 행사할 수 없다(은행법 16조 1항).359)

(자) 채무자 회생 및 파산에 관한 법률상 의결권제한

회생절차의 개시 당시 채무자의 부채총액이 자산총액을 초과하는 때에는 <u>원칙적으로</u> 주주는 의결권을 가지지 아니한다(채무자 회생 및 파산에 관한 법률 146조 3항).

---

358) 집합투자업자는 제3자와의 계약에 의하여 의결권을 교차하여 행사하는 등에 의하여 의결권의 제한을 면하기 위한 행위를 해서는 안됨(자본시장법 87조 5항).

359) 은행도 원칙적으로 다른 회사의 의결권 있는 지분증권의 100분의15를 초과하여 소유할 수 없는 바(은행법 37조 1항), 이에 위반하여 초과취득한 주식에 대하여는 의결권제한 규정이 은행법상 없음.

라. 의결권의 불통일행사

(1) 의의

주주가 2 이상의 의결권을 가지고 있는 때에는 이를 통일하지 아니하고 행사할 수 있다(368조의2 1항 전단). 이를 인정할 실익은 명의상의 주주가 복수의 실질상의 주주를 대변하고 있고, 따라서 명의상의 주주가 실질상의 주주의 의사에 따라야만 할 경우 발생한다.

(2) 요건

주주가 <u>주식의 신탁을 인수하였거나</u> <u>기타 타인을 위하여 주식을 가지고 있는 경우에는</u> 회사는 주주의 의결권의 불통일행사를 거부할 수 없고, 그 이외에는 회사는 주주의 의결권의 불통일행사를 <u>거부할 수 있다</u>(368조의2 2항).360)

주식신탁의 경우 외에 <u>타인을 위하여 주식을 가지고 있는 경우</u>란 ① 주로 증권회사인 예탁자는 자기소유 증권과 투자자의 동의하에 투자자로부터 예탁받은 증권을 한국예탁결제원에 예탁할 수 있는데(자본시장법 309조 2항), 이와 같이 증권을 예탁받은 한국예탁결제원이 자기명의로 명의개서를 하는 경우 예탁자 또는 그 투자자의 신청에 의하여 한국예탁결제원이 그들의 의사에 따라 의결권을 행사하는 때(자본시장법 314조 1항, 2항),361) 또는 ② 주식예탁증권(Depositary Receipt)이 발행된 때 또는 ③ 주식을 공유한 때362) 등을 말한다.

(3) 절차

이 의결권의 불통일행사를 위해서는, 주주총회일 **3일前**에 회사에 대하여 <u>서</u>

---

360) 반대로 회사는 위 요건에 해당하지 않더라도 거부하지 않을 수 있음을 의미하며, 이 불통일행사를 거부할 경우에 그 입증책임을 회사가 부담한다고 보아야 할 것임.

361) 실질주주가 의결권에 관하여 어떠한 의사표시도 하지 아니한 경우의 한국예탁결제원의 그림자투표제도(shadow voting; 실제 참석한 주주가 가지는 의결권의 찬성과 반대(기권과 무효 포함)의 비율대로 의결권을 행사함)는 원칙적으로 2015.1.1.부터 폐지됨(단, 금융위원회가 정하는 기준에 맞는 회사의 경우에는 2017.12.31.까지 shadow voting이 인정됨; 2014.12.30. 개정된 자본시장법 부칙 18조).

362) 강희갑, 467; 권기범, 624; 김홍기, 528; 송옥렬, 906; 양명조, 240; 유시창, 203; 이기수외, 504; 이철송, 519; 정경영, 474; 정동윤, 559; 정찬형, 859; 최기원, 492; 최준선, 369. 이에 반하여 부정하는 견해로는 서헌제, 763.

면 또는 전자문서로 그 뜻과 이유를 통지하여야 한다(368조의2 1항 후단).

위 불통일행사의 통지가 주주총회일 3일전에 **도달**되어야 한다.363) 또한 불통일행사를 통지했더라도 주주총회 현장에서 의결권을 통일하여 행사하는 것은 허용된다고 보아야 할 것이다.364)

이와 관련하여, 판례는 3일전보다 늦게 도착한 경우일지라도 3일이라는 기간이 회사측에 그 불통일행사를 거부할 것인가를 판단할 수 있는 시간적 여유를 주고, 회사의 총회 사무운영에 지장을 주지 아니하도록 하기 위하여 부여된 기간이라는 점을 감안할 때, 회사가 스스로 총회운영에 지장이 없다고 판단하여 이를 받아들이기로 하고, 이에 따라 의결권의 불통일행사가 이루어진 것이라면 그것이 주주평등의 원칙을 위반하거나 의결권행사의 결과를 조작하기 위하여 자의적으로 이루어진 것이라는 등의 특별한 사정이 없는 한, 그와 같은 의결권의 불통일행사를 위법하다고 볼 수는 없다고 판시하고 있다.365)

또한 통지없이 불통일행사한 경우에도 최소한 의결권의 행사 전에 회사에게 불통일행사의 뜻이 고지된 경우라면 주주평등의 원칙을 위반하거나 의결권행사의 결과를 조작하기 위하여 자의적으로 이루어진 것이라는 등의 특별한 사정이 없는 한, 불통일행사가 인정되는 것이 타당할 것이다.366)

(4) 효과

적법한 의결권의 불통일행사는 행사된 찬·반의 의결권수대로 특정의안의 결의여부를 판단함에 있어 반영된다. 즉, 행사여부는 의안에 따라 달라질 수 있다. 한편, 명의상 주주가 실질주주의 의사에 반하여 불통일행사를 했다고 하더라도 주주총회에서 적법한 의결권의 행사로 인정되며, 단, 명의상 주주가 실질주주의 의사를 따르지 않은 것에 대한 약정위반은 당사자 내부간의 문제일 뿐이다.

---

363) 대법원 2009.4.23. 선고 2005다22701,22718 판결.
364) 강희갑, 466; 김정호, 304; 손진화, 503; 송옥렬, 906; 이기수외, 503; 이범찬외, 243; 이철송, 520; 임재연(II), 81; 정동윤, 558; 최완진, 162; 최준선, 368; 홍복기외, 244.
365) 대법원 2009.4.23. 선고 2005다22701,22718 판결.
366) 강희갑, 466; 김건식, 297; 이기수외, 503; 장덕조, 238. 이에 반하여 부정하는 견해로는 김정호, 306; 서헌제, 762; 송옥렬, 906; 양명조, 241; 이철송, 521; 임재연(II), 81; 정동윤, 558; 정찬형, 859; 최기원, 491; 최준선, 368; 한창희, 245.

마. 의결권의 대리행사

(1) 의의

주주는 대리인으로 하여금 그 의결권을 행사하게 할 수 있다(368조 2항). 즉, 주주가 자신이 직접 주주총회에 나가지 아니하고 대리인을 지정하여 자신의 의결권을 대리인으로 하여금 주주총회에서 행사하도록 할 수 있다는 뜻이다.367) 주주권은 일신전속적인 권리가 아니므로, 주주의 편의를 고려함과 동시에 의결정족수를 채울 수 있도록 고려한 규정이다.

(2) 대리인의 자격

상법상 대리인의 자격에는 특별한 제한은 없다. 한편, 주식회사의 정관으로 대리인의 자격을 주주로 제한할 수 있는지와 관련하여, 유효설,368) 무효설,369) 원칙적 유효설370)로 나뉜다. 살피건대, 주식회사마다 자치법규인 정관으로 대리인의 자격을 주주로 제한하는 것을 허용함을 원칙으로 하되, 국가, 지방공공단체 또는 주식회사 등의 경우에 한하여 주주 이외의 자에게 대리인의 자격을 예외적으로 인정하여 줌으로써 이들이 의결권을 행사하지 못하는 부당함을 해결할 수 있도록 허용하는 원칙적 유효설이 타당하다고 생각한다.

이와 관련하여 판례는 "주주총회가 주주 이외의 제3자에 의하여 교란되는 것을 방지하여 회사 이익을 보호하는 취지에서 마련된 것으로서 합리적인 이유에 의한 상당한 정도의 제한이라고 볼 수 있으므로 이를 무효라고 볼 수는 없으며, 한편, 대리인을 주주로 제한하는 정관규정이 있다고 하더라도, 주주인 국가, 지방공공단체 또는 주식회사 등이 그 소속의 공무원, 직원 또는 피용자 등에게 의결권을 대리행사하도록 하는 때에는 특별한 사정이 없는 한, 그들의 의결권행사에는 주주 내부의 의사결정에 따른 대표자의 의사가 그대로 반영된다고 할 수 있고, 이에 따라 주주총회가 교란되어 회사 이익이 침해되는 위험은 없는 반면

---

367) 이에 반해 주식회사의 이사는 이사회에서의 의결권을 대리인을 통해 행사할 수 없음(대법원 1982.7.13. 선고 80다2441 판결).
368) 강희갑, 461; 김건식, 294; 서헌제, 766; 이기수외, 501; 정찬형, 855; 정희철외, 421.
369) 김동훈, 243; 김정호, 308; 송옥렬, 908; 이범찬외, 245; 이철송, 523; 장덕조, 242; 정경영, 472.
370) 권기범, 617; 손진화, 502; 임재연(II), 63; 정동윤, 556; 최기원, 476; 최준선, 365; 한창희, 243.

에, 이들의 대리권 행사를 거부하게 되면, 사실상 국가, 지방공공단체 또는 주식회사 등의 의결권행사의 기회를 박탈하는 것과 같은 부당한 결과를 초래할 수 있으므로, <u>주주인 국가, 지방공공단체 또는 주식회사 소속의 공무원, 직원 또는 피용자 등이 그 주주를 위한 대리인으로서 의결권을 대리행사하는 것은 허용되어야 하고 이를 가리켜 정관규정에 위반한 무효의 의결권 대리행사라고 할 수는 없다.</u>"371)라고 판시하고 있다.

(3) 대리인의 수

원칙적으로 특정 의결권의 대리인을 1명만 선임하여야 한다는 견해372)가 있으나, 대리권의 남용을 막기 위해 수인의 대리인을 선임하여 공동으로 의결권을 대리하게 하는 것은 허용된다고 보는 것이 타당할 것이다.373)

한편, 판례는 복수의 의결권에 관해 일부씩 단독대리권을 행사하는 대리인을 복수로 두는 것도 허용된다고 보아야 할 것이나, 주주총회의 개최가 부당하게 저해되거나 회사의 이익이 부당하게 침해될 염려가 있는 경우 등 특별한 사정이 있는 경우에는 복수의 대리인을 두는 것이 제한되며, 의결권의 불통일행사의 요건을 갖추지 못한 상태에서 의결권의 불통일행사를 위하여 수인의 대리인을 선임하는 경우에도 마찬가지라고 판시하고 있다.374)

(4) 대리권의 범위

한 번의 대리권수여로 수회의 주주총회 대리권 수여가 가능한가와 관련하여, <u>상법상 인정될 수 없는 의결권의 신탁</u>375)을 사실상 가능하게 하고, 극단적인 경우 사실상 주주 지위로부터 분리하여 의결권만을 양도할 수 있다는 결과가 된다는 이유로 이를 부정하는 부정설376)이 있으나, 다수설은 이를 가능하다고 본

---

371) 대법원 2009.4.23. 선고 2005다22701,22718 판결.

372) 강희갑, 461; 권기범, 618; 김동훈, 244; 손진화, 502; 정동윤, 556; 한창희, 240.

373) 김정호, 307; 유시창, 201; 이범찬외, 247; 이철송, 524; 임재연(II), 64; 정경영, 472; 정찬형, 856; 최기원, 478; 최준선, 365.

374) 대법원 2009.4.23. 선고 2005다22701,22718 판결 및 대법원 2001.9.7. 선고 2001도2917 판결.

375) 미국에서의 voting trust를 말하는 것으로서 수탁자에게 의결권을 신탁한다는 의결권신탁계약을 체결하게 되는데, 이 계약기간은 원칙적으로 10년을 초과할 수 없음(MBCA § 7.30.; MBCA는 미국 모범회사법(Model Business Corporation Act)을 말하며, 이하 본서에서 "MBCA"라 약칭함).

376) 이기수외, 499; 이범찬외, 247; 이철송, 527; 임재연(II), 69; 한창희, 241.

다.377) 생각건대, 주주 본인이 자유의사로 복수의 주주총회의 의결권을 대리인에게 수여하는 것을 금지할 본질적인 이유가 없을 뿐만 아니라, 장기간 주주총회에서의 대리권을 수여하였다고 하여 주주 본인이 의결권을 직접 행사할 수 없게 되는 것은 아니므로 긍정설이 타당하다고 본다.[판례34], [판례35]378)

> [판례34] 대법원 2002.12.24. 선고 2002다54691 판결 및 이 판결의 하급심인 광주고등법원 2002.9.4. 선고 2002나952 판결
>
>   7년 동안 개최되는 주주총회에서의 의결권을 대리인에게 포괄적으로 수여한 경우 유효함.

> [판례35] 대법원 1969.7.8. 선고 69다688 판결 및 이 판결의 하급심인 서울고등법원 1969.4.3. 선고 67나2070 판결
>
>   12년 이상 동안 개최되는 주주총회에서의 의결권을 대리인에게 포괄적으로 수여한 경우 유효함.

나아가, 단일 주주총회 내에서 주주권행사의 대리권을 수여함에는 구체적이고 개별적인 사항에 국한한다고 해석하여야 할 근거는 없고, 모든 의안에 대한 포괄적인 주주권행사의 대리권수여가 가능하다고 보아야 할 것이다.

(5) 대리권 행사의 방법

주주의 대리인은 대리권을 증명하는 서면을 주주총회에 제출하여야 한다 (368조 2항 후단). 이 규정은 대리권의 존부에 관한 법률관계를 명확히 하여 주주총회 결의의 성립을 원활하게 하기 위함에 그 취지가 있다.379) 또한 대리인으로 주장하는 자가 적법한 대리권이 있는 지를 판단할 수 있게 함으로써, 향후 주주총회 결의사항에 관한 분쟁을 미연에 방지하기 위한 규정이다.

이와 관련하여 판례는 대리권을 증명하는 서면이란 위임장을 말하는데, 회사가 위임장과 함께 인감증명서, 참석장 등을 제출하도록 요구하는 것은 대리인

---

377) 권기범, 619; 김건식, 295; 김동훈, 245; 김정호, 307; 김홍기, 525; 서돈각외, 405; 서헌제, 765; 송옥렬, 909; 정경영, 471; 정동윤, 555; 정찬형, 857; 최기원, 478; 최준선, 366.
378) 대법원 2014.1.23. 선고 2013다56839 판결, [판례34] 및 [판례35].
379) 대법원 1995.2.28. 선고 94다34579 판결.

의 자격을 보다 확실하게 확인하기 위하여 요구하는 것일 뿐, 이러한 서류 등을 지참하지 아니하였다 하더라도 주주 또는 대리인이 다른 방법으로 위임장의 진정성 내지 위임의 사실을 증명할 수 있다면 회사는 그 대리권을 부정할 수 없다고 판시하고 있다.380)

또한 대리권을 증명하는 서면은 위조나 변조 여부를 쉽게 식별할 수 있는 **원본**이어야 하고, 특별한 사정이 없는 한, 사본은 그 서면에 해당하지 아니한다.[판례36], [판례37]

[판례36] 대법원 1995.7.28. 선고 94다34579 판결

회사의 주주는 갑과 그 회사의 대표이사들인 을과 병의 3인 뿐이었고, 을, 병은 갑이 그 소유주식 일부를 정과 무에게 명의신탁하여 그들이 갑의 단순한 명의수탁자에 불과하다는 사실을 잘 알면서 오랜 기간 동안 회사를 공동으로 경영하여 왔는데, 갑이 주주총회 개최사실을 통보받고, 미리 의결권을 변호사로 하여금 대리행사하게 하겠다는 의사를 주주총회 개최 전에 회사에 통보까지 하였고, 그 변호사가 주주총회에 참석하여 갑의 위임장 원본을 제출하였다면, 비록 그 변호사가 지참한 정, 무의 위임장 및 인감증명서가 모두 사본이라 하더라도 갑이 그 소유주식 전부에 대한 의결권을 그 변호사에게 위임하였다는 사실은 충분히 증명되었다고 보아야 할 것임.

[판례37] 대법원 2004.4.27. 선고 2003다29616 판결

팩스를 통하여 출력된 팩스본 위임장 역시 성질상 원본으로 볼 수 없음.

(6) 대리행사의 효력

대리인은 주주 본인의 의사에 따라 주주총회에서 의결권을 행사하는 것이 일반적일 것이나, 만일 주주의 의사에 반하여 대리인이 의결권을 행사한다 할지라도 원칙적으로 결의에는 영향을 미치지 아니하고, 단지 주주 본인과 대리인간의 채무불이행으로 인한 손해배상문제만이 남게 될 것이다.

한편, 대리인이 다시 복대리인을 선임할 수 있는가에 관하여, 이를 반대하는 견해도 있으나,381) 본인인 주주가 복대리금지의 의사를 명시하거나 대리의 목적

---

380) 대법원 2009.5.28. 선고 2008다85147 판결.
381) 이철송, 530.

인 법률행위의 성질상 대리인 자신에 의한 처리가 필요한 경우가 아닌 한, <u>원칙</u><u>적으로 대리인은 복대리인을 선임할 수 있다고</u> 보는 것이 본인인 주주와 대리인 간의 대리관계 설정취지에 보다 부합한다고 본다.382)

바. 의결권 대리행사의 권유

(1) 의의

의결권대리행사의 권유란 주주, 이사 또는 제3자가 특정회사의 주주총회 의결권의 대리권을 받으려는 목적으로 주주에게 대리권을 부여해 줄 것을 권유하는 것을 말한다. 즉, 주식회사의 주주가 먼저 자신의 필요에 의해 자신의 의결권을 대리할 대리인을 찾는 형태가 아닌, 의결권을 대리하려는 자가 먼저 주주에게 접근하여 자신에게 대리권을 수여해 달라고 권유하는 형태인 것이다.

이러한 의결권 대리행사의 권유제도는 소액주주가 많은 상장주식회사에서 의결정족수를 충족시키기 위한 방법으로 이용되며, 특히 주식을 소유하고 있지 아니한 회사경영자가 회사를 지배하기 위한 수단으로 활용되고 있는 반면에, 주주의 무관심을 증폭시킴으로써 소유와 경영간의 합리적 견제관계가 이루어지지 못하는 문제점을 드러내기도 한다.

(2) 법적 성질

대리인이 되고자 하는 자가 주주에게 서명란이 공란인 위임장을 보내 서명해 달라고 요구함으로써 대리권을 자신에게 수여해 줄 것을 권유하는 것이 민법상 <u>청약</u>에 해당할 것이고, 이에 대해 주주가 대리권을 부여해 주는 내용이 담긴 위임장을 반송하는 것이 <u>승낙</u>에 해당한다고 보아야 할 것이다.

(3) 자본시장법에 따른 규제

<u>상장회사</u>의 경우 의결권 대리행사의 권유로 인해 소액주주의 권리를 훼손할 위험성을 방지하기 위하여, 자본시장법에서는 ① 상장주권의 의결권 대리행사의 권유를 하고자 하는 자는 그 권유에 있어서 상대방에게 위임장 용지 및 참고서류

---

382) 권기범, 620; 이철송, 530; 임재연(II), 64; 장덕조, 243; 정찬형, 856; 최준선, 364; 대법원 2014.1.23.
    선고 2013다56839 판결 및 대법원 2009.4.23. 선고 2005다22701,22718 판결.

를 교부하여야 하며(자본시장법 152조 1항), ② 위 위임장 용지는 주주총회의 목적사항 각 항목에 대하여, 의결권 피권유자가 찬반을 명기할 수 있도록 하여야 하고 (동조 4항), ③ 의결권 권유자는 위임장 용지에 나타난 의결권 피권유자의 의사에 반하여 의결권을 행사할 수 없도록 규정하고 있다(동조 5항).

사. 의결권행사약정

　　의결권행사약정이란 주주총회에서의 의결권을 행사함에 있어 주주간에 합의한 바에 따라 서로 행사할 것을 약속하는 계약을 말한다.383) 판례에 의하면, 약정 당사자간에는 그 채권적 효력이 인정되나, 회사에 대해서는 그 효력이 발생되지 못하는 것으로 판시하고 있다.384)

　　이와 관련하여, 판례는 주주간약정을 통해 주주총회 및 이사회에서의 결의에 영향을 미치는 합의를 하였을 경우 주주총회에서 주주로서의 권한을 제한하는 효력을 가진다고 볼 수 있을 뿐 이사로서의 권한을 제한하는 효력을 가진다고 볼 수 없고, 이는 주주의 지위를 가지면서 동시에 이사의 지위를 가진다고 하더라도 마찬가지라고 판시하였다.385)

아. 서면에 의한 의결권의 행사

(1) 의의

　　주주는 <u>정관이 정하는 바에 따라</u> 총회에 출석하지 아니하고 서면에 의하여 의결권을 행사할 수 있다(368조의3 1항).

　　서면투표라고도 불리우며, 주주로 하여금 주주총회에 직접 참석해서 투표해야 하는 번거로움을 경감시켜 투표율을 높이고, 이를 통해 의결정족수의 충족을 용이하게 함과 동시에 보다 많은 주주의 의사가 주주총회 의안의 결의과정에서

---

383) 예를 들어, A주식회사에 주주가 B와 C만 있고 각자 50%씩 소유지분을 갖는 경우, B와 C가 이사 4명을 주주총회에서 선임함에 있어, B가 지명하는 2명에 대해 C가 찬성하는 의결권을 행사하고, C가 지명하는 2명에 대해 B가 찬성하는 의결권을 행사하기로 약정하는 경우를 말함. 특히 외국인 투자회사의 내국인주주와 외국인주주간에 널리 이용됨.
384) 대법원 2013.9.13. 선고 2012다80996 판결.
385) 대법원 2013.9.13. 선고 2012다80996 판결.

반영될 수 있게 하는 장점이 있다.

주주총회의 개최가 전제로 된다는 점에서, 주주총회를 개최하지 아니하고 주주총회의 결의를 서면으로 대체하는 서면결의(363조 4항)386)와 구별된다.

(2) 요건

서면투표는 <u>정관에 서면투표에 관한 근거규정이 있는 경우에 한하여</u> 시행할 수 있고, <u>주주총회의 소집이 반드시 전제된다.</u>

주식회사는 주주총회의 <u>소집통지서</u>에 주주가 서면투표에 의해 의결권을 행사하는데 필요한 <u>서면과 참고자료를 첨부하여야</u> 한다(368조의3 2항). 또한 <u>상장회사</u>의 경우에도 서면투표를 채택한 경우에 서면과 참고자료를 첨부하여 소집통지서를 보내야 하므로, 발행주식총수의 1% 이하의 주주들에게 소집통지를 소집공고로 대체할 수 있는 상법 542조의4는 그 적용이 배제된다고 보아야 할 것이다.

(3) 절차

서면에 의해 의결권을 행사하는 주주는 회사가 보낸 의결권을 행사하는데 필요한 서면에 찬·반의 의사를 명기하여 회사로 송부하여야 할 것이다. 한편, 주주가 회사에 서면투표서면을 보내야 하는 기한에 대해서는 상법에 명시적인 규정은 없으나, <u>전자투표의 종료일이 주주총회의 전날까지로 정해져 있는 규정</u>(상법시행령 13조 2항 2호)<u>을 유추적용</u>하여, <u>주주총회의 전날까지 도달되어야</u> 하는 것으로 해석되어야 할 것이다.

(4) 효과

회사에 도달된 주주의 의결권을 행사하는데 필요한 서면은 주주총회에 출석한 주주의 의결권수에 산입되며, 동 서면에 기재된 특정 의안에 대한 찬·반의 의사는 그대로 표결과정에 반영된다.

이와 관련하여, 실제 주주총회에서 서면투표의 대상이 된 의안이 수정제안된 경우에, 찬성의견으로 서면투표한 때에는 반대의견으로, 반대의견으로 서면투표한 때에는 기권한 것으로 산정하는 것이 타당할 것이다.

한편, 서면에 의한 의결권을 행사한 주주도 직접 주주총회에 출석하여 의결

---

386) 소규모회사는 서면에 의한 결의로서 주주총회 결의를 갈음할 수 있음.

권을 행사하는 것은 허용되며, 이 경우 주주총회 출석시 행사한 찬·반의 의사만 이 표결과정에 반영되는 것이 타당할 것이다.

자. 전자적 방법에 의한 의결권의 행사

(1) 의의

회사는 이사회의 결의로 주주가 총회에 출석하지 아니하고 전자적 방법으로 의결권을 행사할 수 있음을 정할 수 있다(368조의4 1항).

전자투표로도 불리우며, 서면투표에서 설명한 바와 같이, 주주로 하여금 주주총회에 직접 참석해서 투표해야 하는 번거로움을 경감시켜 투표율을 높이고, 이를 통해 의결정족수의 충족을 용이하게 함과 동시에 보다 많은 주주의 의사가 주주총회 의안의 결의과정에서 반영될 수 있게 하는 장점이 있다.

주주총회의 개최를 전제로 한다는 점에서는 서면투표와 동일하나, 정관의 규정 없이 이사회의 결의만으로 시행할 수 있다는 점에서 구별된다.

(2) 요건 및 절차

전자투표는 이사회의 결의만으로 시행할 수 있으며, 주주총회의 소집이 반드시 전제된다.

또한 주주총회 소집통지를 할 때에는 주주가 전자투표를 할 수 있다는 내용을 통지하여야 한다(368조의4 2항). 그리고 소집통지 또는 공고에는 전자투표를 할 인터넷 주소, 전자투표를 할 기간(전자투표의 종료일은 주주총회 전날까지로 하여야 함), 그 밖에 주주의 전자투표에 필요한 기술적인 사항을 포함하여야 한다(상법시행령 13조 2항).387) 이 경우 회사는 의결권행사에 필요한 양식과 참고자료를 주주에게 전자적 방법으로 제공하여야 한다(368조의4 3항 후단).

전자투표를 하고자 하는 주주는 공인인증기관에서 제공하는 본인확인방법뿐만 아니라 본인확인기관(방송통신위원회가 지정한 이동통신사, 신용카드사 등)에서 제공하는

---

387) 전자투표의 종료일 3일 전까지 주주에게 전자문서로 위 사항을 한 번 더 통지할 수 있으며, 주주의 동의가 있으면 전화번호 등을 이용하여 통지할 수도 있다. 한편, 상법 368조의4 2항에는 소집통지만을 언급하고 있으나, 상법시행령 13조 2항에는 소집통지뿐만 아니라 공고까지 언급하고 있음. 이를 통일적으로 해석하자면 소집통지 또는 공고 모두에 적용되는 것으로 보는 것이 타당할 것이며, 입법론적으로는 상법에 공고까지 명시하는 것이 바람직함.

본인확인방법(전자서명법 4조 1항)을 통하여 주주 확인 및 전자투표를 하여야 한다 (368조의 4 3항 전단, 상법시행령 13조 1항). 회사는 전자투표의 효율성 및 공정성을 확보하기 위하여 전자투표를 관리하는 기관을 지정하여 주주 확인절차 등 의결권행사절차의 운영을 위탁할 수 있다(상법시행령 13조 4항). 당해 주식회사, 전자투표를 관리하는 기관 및 전자투표의 운영을 담당하는 자는 주주총회에서 개표가 있을 때까지 전자투표의 결과를 누설하거나 직무상 목적 외로 사용해서는 아니된다(상법시행령 13조 5항).

(3) 효과

전자투표를 한 주주는 주주총회에 출석한 주주의 의결권수에 산입되며, 전자투표에 의한 찬반의 의사는 그대로 표결과정에 반영된다.

동일한 주식에 관하여 전자투표 또는 서면투표 중 하나의 방법을 선택하여야 한다(368조의4 4항). 중복투표를 막기 위함이다.

회사는 의결권행사에 관한 전자적 기록을 총회가 끝난 날부터 3개월간 본점에 갖추어 두어 열람하게 하고, 총회가 끝난 날부터 5년간 보존하여야 한다(368조의4 5항).

차. 주주의 권리행사와 관련한 이익공여의 금지

(1) 의의

회사는 누구에게든지 주주의 권리행사와 관련하여 재산상의 이익을 공여할 수 없다(467조의2 1항). 회사가 이에 위반하여 재산상의 이익을 공여한 때에는 그 이익을 공여받은 자는 이를 회사에 반환하여야 한다(동조 3항 전단). 회사로부터 주주권행사여부 특히 주주총회에서 회사의 입장을 적극 협조하는 대가로 금품을 수수함으로써 주주의 정당한 권리행사가 방해받지 않도록 하고, 회사의 재산이 부당하게 사용되는 것을 금지하기 위한 규정이다.

(2) 요건

(가) 이익공여자

이익공여자는 회사이다. 여기서 이익공여 여부는 회사자금이 사용되었는지에 따라 실질적으로 판단되어야 하며, 따라서 명의가 회사명의가 아니더라도 실제로 회사의 자금이 사용된 경우에는 이에 해당되고, 반대로 회사 명의이더라도 실제로 이사 등의 개인자금이 사용된 경우에는 이에 해당되지 않는다고 보아야 할 것이다.[388]

(나) 공여의 상대방

공여의 상대방은 주주이든 주주 이외의 제3자이든 상관없다.

(다) 주주의 권리행사와의 관련성

회사의 이익공여는 주주권의 행사와 관련성이 있어야 한다. 주주권에는 의결권 등 공익권뿐만 아니라 이익배당청구권 등 자익권의 행사와의 관련성도 포함된다. 또한 적극적 행사뿐만 아니라 소극적 불행사도 포함된다. 반대로 주주의 권리와 관계없는 회사에 대한 개인적인 채권과 관련된 권리행사는 포함되지 아니한다. 예를 들어, 주주 개인재산을 회사가 불법적으로 사용하고 있을 때 주주가 행사하는 건물명도청구권 등이 이에 해당한다. 이와 관련하여, 판례는 甲 주식회사가 운영자금을 조달하기 위해 乙과 체결한 주식매매약정에서, 乙이 甲 회사의 주식을 매수하는 한편 甲 회사에 별도로 돈을 대여하기로 하면서 乙이 '甲 회사의 임원 1명을 추천할 권리'를 가진다고 정하였는데, 주식매매약정 직후 乙이 임원추천권을 행사하지 아니하는 대신 甲 회사가 乙에게 매월 돈을 지급하기로 하는 내용의 지급약정을 체결한 사안에서, <u>乙이 가지는 임원추천권은 주식매매약정에 정한 계약상의 특수한 권리이고 이를 주주의 자격에서 가지는 공익권이나 자익권이라고 볼 수는 없으므로</u> 상법 467조의2 1항에서 정한 '주주의 권리'에 해당하지 아니하고, 지급약정은 乙이 甲 회사에 운영자금을 조달하여 준 것에 대한 대가를 지급하기로 한 것일 뿐 <u>주주의 권리행사에 영향을 미치기 위하여 돈</u>

---

388) 김홍기, 699; 이철송, 992; 임재연(I), 750; 정동윤, 798; 정찬형, 1172; 주석상법 회사(IV), 400; 최기원, 957.

을 공여하기로 한 것이라고 할 수 없으므로, 지급약정이 상법 467조의2 1항에 위배된다고 볼 수 없다고 판시하고 있다.[389]

(라) 공여되는 재산상 이익

재산상의 이익이 공여되는 것이 금지된다. 모든 경제적 가치가 있는 유·무형의 이익이 포함되며, 반드시 무상일 것을 요하지 아니하고, 상당한 대가관계가 있더라도 주주권행사와 관련되어 있다면 재산상 이익에 해당한다고 보아야 할 것이다.[390] 그러나 저렴한 참석기념품 등과 같은 사회통념상 허용되는 범위 내의 이익은 제외된다고 보아야 할 것이다.

이와 관련하여 판례는 골프장예약권과 상품권이 주주권행사와 관련되어 교부되었을 뿐만 아니라, 그 액수도 사회통념상 허용되는 범위를 넘어서는 경우에는 상법상 금지되는 주주의 권리행사와 관련된 이익공여에 해당한다고 판시하고 있다.[391]

(3) 주주에게 일정한 이익공여의 경우 주주권행사와의 추정

회사가 특정의 주주에 대하여 무상으로 재산상의 이익을 공여한 경우에는 주주의 권리행사와 관련하여 이를 공여한 것으로 추정하며, 회사가 특정의 주주에 대하여 유상으로 재산상의 이익을 공여한 경우에 있어서 회사가 얻은 이익이 공여한 이익에 비하여 현저하게 적은 때에도 또한 같다(467조의2 2항).

즉, 반환청구자의 주주권행사와의 관련성에 대한 입증의 부담을 완화시켜주기 위하여 주주에 한하여 무상 또는 유상대가의 현저한 차이를 전제로, 입증책임을 전환함으로써, 오히려 이익공여를 받은 주주가 주주권행사와의 관련성이 없다는 사실을 입증하도록 한 것이다.

(4) 효과

(가) 이익반환

회사로부터 이익을 공여받은 자는 이를 회사에 반환하여야 한다(467조의2 3항 전단). 민법상 부당이득반환규정으로 해결하고자 하는 경우에는 비채변제 또는 불

---

389) 대법원 2017.1.12. 선고 2015다68355,68362 판결.
390) 이철송, 993; 임재연(I), 749; 주석상법 회사(IV), 400; 최기원, 958.
391) 대법원 2014.7.11.자 2013마2397 결정.

법원인급여 문제로 반환이 어려울 수 있으므로 이 규정을 두게 된 것이다.392)

반환의무자는 반드시 주주일 필요는 없고, 실제로 주주권을 행사할 자일 필요도 없으며, 선의·악의를 불문하고 공여받은 모든 이익을 회사에 반환하여야 한다.

한편, 공여받은 이익을 회사에 반환하는 경우 회사에 대하여 대가를 지급한 것이 있는 때에는 그 반환을 받을 수 있다(467조의2 3항 후단).

회사가 반환청구권을 행사하는 것을 기대하기 어려운 경우도 있으므로, 소수주주의 대표소송에 관한 규정이 준용된다(467조의2 4항, 403조 내지 406조).

(나) 주주권행사의 효력과는 무관

주주권행사에 별도의 위법사유가 존재하지 않는 한, 회사로부터 주주권행사와 관련한 이익을 공여받았다는 사실만으로는 당해 주주권행사의 효력에 영향이 미치지 않는다고 보아야 할 것이다.

한편, 현저하게 불공정한 가액으로 주식을 인수한 자의 책임(424조의2)규정과 관련하여, 이익공여 금지규정을 상법 424조의2에 대한 특별규정으로 보아, 동 불공정한 가액의 발생이 주주권행사와의 관련성을 갖게 되는 경우에는 이익공여 금지규정이 적용된다고 보아야 할 것이다.393)

(다) 이사의 책임 등

이익공여 금지규정에 위반한 이사 또는 임무해태로 이익공여 제공여부에 대한 감사의무를 소홀히 한 감사는 연대하여 회사에 대하여 손해배상책임을 부담하여야 한다(399조, 414조).

한편, 주식회사의 이사, 집행임원, 감사위원회 위원, 감사, 직무대행자, 지배인 및 그 밖의 사용인이 주주의 권리행사와 관련하여 회사의 계산으로 재산상의 이익을 공여한 경우에는 1년 이하의 징역 또는 300만원 이하의 벌금에 처하며, 이 이익을 수수하거나, 제3자에게 이를 공여하게 한 자도 같다(634조의2, 386조 2항, 407조 1항, 415조).

---

392) 이기수외, 713; 이철송, 993; 임재연(I), 748; 정동윤, 799; 정찬형, 1171; 주석상법 회사(IV), 402; 최기원, 960.

393) 이철송, 994.

7. 주주총회 결의

가. 의의

주주총회 결의란 주주들이 주주총회에 참석하여 특정 의안에 대해 찬성, 반대 또는 기권 등과 같은 형식으로 의결권을 행사하게 되면, 그 중 찬성표를 합산하여 특정 의안의 가결 또는 부결이라는 법률효과를 발생시키는 주주총회의 의사표시를 말한다. 이러한 주주총회의 결의는 주주 각자의 찬·반 등과 같은 의결권의 행사와는 상관없이 모든 주주를 기속하며, 주식회사의 모든 기관은 주주총회의 결의에 따라야 한다. 이러한 주주총회의 결의에는 가결394)과 보결395)이 있다.

나. 결의의 법적 성질

주주총회 결의는 주주총회의 개별 안건에 대해 가결 또는 부결이라는 법률효과를 발생시키는 법률행위로 보아야 할 것이다. 이와 관련하여 법률행위 중 합동행위로 보는 견해가 있으나,396) 기존의 법률행위에 속하는 단독행위, 계약 또는 합동행위 그 어디에도 속하지 않는 별개의 특수한 법률행위로 보는 견해가 다수설이다.397) 살피건대, 결의는 계약과 같이 상호 반대편에 있는 당사자간의 법률행위도 아니고, 합동행위와 같이 동일한 목표를 향한 법률행위로 볼 수도 없으므로, 위 3가지 형태에는 어디에도 속하지 않는 특수한 법률행위로 보는 것이 타당할 것이다.

한편, 결의를 법률행위로 본다고 하더라도, 일반적으로 의사표시 및 법률행위에 적용되는 민법상 규정 특히 하자있는 법률행위의 무효, 취소에 관한 규정은 적용되지 아니하며, 단지 상법이 정한 4가지 소송형태 즉, 주주총회결의 취소, 무효확인, 부존재확인 또는 부당결의취소·변경의 소의 형태로만 주주총회 결의의

---

394) 주주총회의 보통결의, 특별결의 또는 특수결의의 결의요건을 충족한 경우를 말함.
395) 주주총회의 보통결의, 특별결의 또는 특수결의의 결의요건을 충족하지 못한 경우를 말함.
396) 정경영, 481; 정찬형, 866; 최준선, 384.
397) 강희갑, 475; 권기범, 637; 김건식, 303; 김정호, 330; 서헌제, 747; 손진화, 510; 송옥렬, 915; 이기수외, 512; 이철송, 541; 임재연(II), 117; 장덕조, 249; 정동윤, 566.

하자를 주장할 수 있다고 보아야 할 것이다.

다. 결의요건

(1) 보통결의

(가) 의의

주주총회 보통결의란 <u>상법 또는 정관에 다른 정함이 있는 경우를 제외하고</u>
<u>는, **출석한 주주의 의결권의 과반수**와 **발행주식총수의 4분의1 이상**의 수로써 가</u>
결되는 결의를 말한다(368조 1항). 즉, 상법상 특별결의사항 또는 특수결의사항으로
정하거나 정관으로 달리 결의요건을 정하지 아니하는 한, 일반적으로 주주총회의
결의는 보통결의의 결의요건 달성시 그 효력이 발생한다.

(나) 정관에 의한 보통결의요건의 가중 또는 완화

정관에 의해 보통결의요건을 가중하는 것은 원칙적으로 가능할 것인데, 구
체적으로 발행주식총수의 과반수 출석 및 그 3분의2로 가중할 수 있다는 견
해,[398] 주주전원의 동의를 요하는 것으로 가중할 수 있다는 견해,[399] 및 특별결
의요건과 동일하게 가중할 수 있다는 견해[400]가 있다. 살피건대, <u>특별결의요건보</u>
<u>다 가중하는 것은 보통결의의 본질상 허용되지 않는다고 보는 것이</u> 타당할 것이
다. 이와 관련하여, 판례는 보통결의 요건을 정관에서 달리 정할 수 있음을 허용
하고 있으므로, 정관에 의하여 의사정족수를 규정하는 것은 가능하다고 판시하고
있다.[401]

한편, 정관에 의해 보통결의요건을 <u>완화</u>하는 것이 가능한가와 관련하여, 발
행주식총수의 4분의1 이상이라는 요건 역시 특별한 근거가 있는 것은 아니므로
사적자치의 원칙상 허용되어야 한다는 견해[402]가 있으나, <u>다수결제도라는 단체</u>
<u>적 의사결정의 기본전제를 형해화시킬 위험이 있으므로</u>,[403] 허용되지 않는다고

---

398) 이기수외, 513; 이철송, 545; 임재연(II), 121.

399) 권기범, 643; 김건식, 306; 최기원, 434.

400) 김동훈, 253; 손진화, 510; 송옥렬, 917; 유시창, 212; 장덕조, 250; 정찬형, 868.

401) 대법원 2017.1.12. 선고 2016다217741 판결.

402) 권기범, 644; 김건식, 306; 송옥렬, 917; 이범찬외, 257; 장덕조, 250; 정경영, 482; 정동윤, 568; 주
    석상법 회사(III), 102; 최준선, 385.

보는 것이 타당하다고 판단된다.404)

(2) 특별결의

(가) 의의

주주총회 특별결의는 **출석한** 주주의 의결권의 **3분의2 이상**의 수와 **발행주식총수의 3분의1 이상**의 수로서 가결되는 결의를 말한다(434조). 즉, 출석주식수의 3분의2 이상의 찬성과 발행주식총수의 3분의1 이상의 찬성을 동시에 충족하는 경우에 효력이 발생되는 결의를 말한다. 이와 같은 주주총회 특별결의는 회사에 중대한 변경을 초래하거나 대주주와 소수주주간의 이해관계에 중대한 영향을 미치는 사항에 대하여 보통결의보다 결의요건을 가중시킨 것이다.

(나) 특별결의사항

주주총회 특별결의사항으로는, 신설합병에서의 설립위원의 선임(175조 1항), 주식분할(329조의2 1항), 정관변경(434조), 주식소각(343조 1항 본문), 주식의 포괄적 교환(360조의3), 주식의 포괄적 이전(360조의16), 영업의 전부 또는 중요한 일부의 양도(374조 1항 1호), 영업전부의 임대 또는 경영위임, 타인과 영업의 손익전부를 같이하는 계약 기타 이에 준하는 계약의 체결, 변경 또는 해약(374조 1항 2호), 회사의 영업에 중대한 영향을 미치는 다른 회사의 영업 전부 또는 일부의 양수(374조 1항 3호), 사후설립(375조), 이사의 해임(385조 1항), 감사의 해임(415조), 액면미달의 신주발행(417조 1항), 자본금 감소(438조 1항), 주주이외의 자에 대한 전환사채발행(513조 3항), 주주이외의 자에 대한 신주인수권부사채의 발행(516조의2 4항), 회사해산(518조), 회사계속(519조), 회사합병계약서의 승인(522조 3항), 회사의 분할계획서 또는 분할합병계약서의 승인(530조의3 2항) 등이 있다. 한편, 상법상 보통결의사항을 정관의 규정에 의하여 특별결의사항으로 변경시킬 수도 있다 할 것이다(368조 1항).

---

403) 예를 들어, 정관에 의해 보통결의요건을 출석주식의 과반수찬성과 총발행주식의 10분의1 이상의 찬성으로 완화한 A주식회사(총발행주식이 100주)의 주주총회에 10주만이 출석한 경우 특정 안건에 대해 10주가 모두 찬성한다면, 이 안건은 가결될 것인데, 이는 전체 과반수찬성이라는 다수결제도의 근본을 무너뜨리는 결과를 초래하게 될 것임.

404) 강희갑, 476; 김동훈, 253; 서헌제, 747; 손진화, 510; 양명조, 206; 유시창, 212; 이기수외, 513; 임재연(II), 121; 정찬형, 868; 최기원, 434.

(다) 정관에 의한 특별결의요건의 가중 또는 완화

정관에 의해 특별결의요건을 완화하는 것은 강화된 결의요건을 요구하는 특별결의의 취지에 반하고, 회사 및 주주의 이익에 반할 위험이 있으므로 허용되지 않는다고 보아야 할 것이다.[405]

한편, 정관에 의해 특별결의요건을 가중시키는 것이 가능한지와 관련하여, 발행주식총수의 과반수 출석과 그 3분의2 이상을 초과하여 가중시키는 것은 허용되지 않는다는 견해가 있으나,[406] 출석주식의 과반수와 그 3분의2 이상의 찬성만으로도 위 견해가 지적하는 문제점이 발생될 수 있으므로, 이러한 한계를 정하는 합리적 근거를 찾기 어려우며, 실제로 주식회사마다의 내부사정에 따라 초다수결주의에 의해 회사의 급격한 변화를 막을 필요성이 있다고 본다. 따라서 특별결의요건을 정관에 의해 가중시키는 것이 제한 없이 허용된다고 보는 것이 타당할 것이다.[407]

(라) 영업의 전부 또는 중요한 일부의 양도

1) 의의

회사가 영업 전부를 양도하거나 중요한 일부의 영업을 양도할 경우에는 주주총회의 특별결의가 있어야 한다(374조 1항 1호). 영업의 양도란 일정한 영업목적을 위하여 조직화된 유기적 일체로서의 기능적 재산인 영업재산을 그 동일성을 유지하면서 일체로서 이전하는 것을 말한다.[408] 영업의 전부양도는 회사의 목적

---

405) 김동훈, 253; 서헌제, 747; 손진화, 510; 양명조, 206; 유시창, 212; 이범찬외, 257; 이철송, 546; 장덕조, 250; 정경영, 482; 최완진, 148; 최준선, 386; 한창희, 224.

406) 이철송, 547(그 논거로, 일부주주들에게 거부권을 주는 효과가 있어 다수 주주의 의결권을 침해하는 결과를 초래하며, 주주간의 의사의 대립이 있으면 회사가 경영상의 교착상태에 빠지고 결국은 해산판결에 의한 기업해체로 해결될 수밖에 없는 상황에 이르게 되어 기업유지의 이념에 반한다고 함).

407) 강희갑, 477; 권기범, 643; 김동훈, 253; 서헌제, 747; 양명조, 206; 유시창, 212; 이범찬외, 257; 장덕조, 250; 정경영, 482; 최완진, 148; 최준선, 386; 한창희, 224.

408) 대법원 2008.4.11. 선고 2007다89722 판결 및 대법원 2005.7.22. 선고 2005다602 판결. 이와 관련하여, 주식회사의 주주는 주식의 소유자로서 회사의 경영에 이해관계를 가지고 있기는 하지만, 직접 회사의 경영에 참여하지 못하고 주주총회의 결의를 통해서 이사를 해임하거나 일정한 요건에 따라 이사를 상대로 그 이사의 행위에 대하여 유지청구권을 행사하여 그 행위를 유지시키고 대표소송에 의하여 그 책임을 추궁하는 소를 제기하는 등 회사의 영업에 간접적으로 영향을 미칠 수 있을 뿐이므로 주주가 회사의 재산관계에 대하여 법률상 이해관계를 가진다고 평가할 수 없고, 주주는 직접 제3자와의 거래관계에 개입하여 회사가 체결한 계약의 무효 확인을 구할 이익이 없

사업의 폐지 내지는 변경을 초래하며 실질적으로 정관변경의 사유에 해당된다고 볼 것이므로 특별결의사항으로 정한 것이다.

한편, 영업의 중요한 일부의 양도도 주주총회 특별결의사항이다. 이와 관련하여, 판례는 영업의 중요한 일부가 무엇인가와 관련하여, 양도대상 영업의 자산, 매출액, 수익 등이 전체 영업에서 차지하는 비중, 일부 영업의 양도가 장차 회사의 영업규모, 수익성 등에 미치는 영향 등을 종합적으로 고려하여 판단하여야 한다고 판시하고 있다.[409]

이와 관련하여, 판례는 이 규정은 주식회사가 주주의 이익에 중대한 영향을 미치는 계약을 체결할 때에는 주주총회의 특별결의를 얻도록 하여 그 결정에 주주의 의사를 반영하도록 함으로써 주주의 이익을 보호하려는 강행법규이므로, 주식회사가 영업의 전부 또는 중요한 일부를 양도한 후 주주총회의 특별결의가 없었다는 이유를 들어 스스로 그 약정의 무효를 주장하더라도 주주전원이 그와 같은 약정에 동의한 것으로 볼 수 있는 등 특별한 사정이 인정되지 않는다면 위와 같은 무효 주장이 신의성실 원칙에 반한다고 할 수는 없다고 판시하고 있다.[410]

2) 중요재산의 양도

단순한 영업용재산의 양도는 주주총회 특별결의사항이 아니나, 중요한 재산의 양도도 중요한 영업과 동일하게 주주총회 특별결의사항에 해당되는지가 문제된다. 이와 관련하여 불필요설[411]과 필요설[412]이 대립된다. 살피건대, 양도재산이

음. 이러한 법리는 회사가 영업의 전부 또는 중요한 일부를 양도하는 계약을 체결하는 경우에도 마찬가지임. 주식회사의 채권자는 회사가 제3자와 체결한 계약이 자신의 권리나 법적 지위를 구체적으로 침해하거나 이에 직접적으로 영향을 미치는 경우에는 그 계약의 무효 확인을 구할 수 있으나, 그 계약으로 인하여 회사의 변제 자력이 감소되어 그 결과 채권의 전부나 일부가 만족될 수 없게 될 뿐인 때에는 채권자의 권리나 법적 지위가 그 계약에 의해 구체적으로 침해되거나 직접적으로 영향을 받는다고 볼 수 없으므로 직접 그 계약의 무효 확인을 구할 이익이 없음(대법원 2022.6.9. 선고 2018다228462,228479 판결).

409) 대법원 2014.10.15. 선고 2013다38633 판결. 참고로 자본시장법에서는 상장회사의 영업의 중요한 일부 양도의 판단기준으로서, 양도하려는 영업부문의 자산액(장부가액과 거래금액 중 큰 금액)이 최근 사업연도 말 현재 자산총액의 100분의10 이상이거나 양도하려는 영업부문의 매출액이 최근 사업연도 말 현재 매출액의 100분의10 이상인 경우를 명시하고 있음(자본시장법 165조의4 1항 2호, 동법시행령 176조의6 1항, 171조 2항 1호, 2호).

410) 대법원 2018.4.26. 선고 2017다288757 판결.

411) 김동훈, 253; 최기원, 430.

412) 거래의 안전보다 주주의 이익 보호를 중시하여 특별결의를 필요로 한다는 견해로는 서헌제, 721; 이기수외, 516; 정동윤, 569; 한창희, 226. 한편, 판례와 같이 중요한 재산의 양도가 영업의 전부 또는 일부를 폐지하는 것과 같은 결과를 초래하는 경우로 한정하는 절충적인 견해로는 강희갑,

양도회사의 **존속의 기초**가 되는 재산이어서 재산의 양도가 영업의 전부, 중요한 일부의 양도 또는 영업의 폐지, 중단과 실질적으로 동일한 결과를 초래하는 경우에는 주주의 이해관계와 직결되는 사항이므로, 영업이 아니라 재산임에도 불구하고, 주주총회의 특별결의를 얻어야 한다고 보는 것이 타당할 것이다.413)[판례38]

> **[판례38] 대법원 2004.7.8. 선고 2004다13717 판결**
>
> 주주총회의 특별결의가 있어야 하는 상법 374조 1항 1호 소정의 "영업의 전부 또는 중요한 일부의 양도"라 함은 일정한 영업목적을 위하여 조직되고 유기적 일체로 기능하는 재산의 전부 또는 중요한 일부를 총체적으로 양도하는 것을 의미하는 것으로서, 이에는 양수 회사에 의한 양도 회사의 영업적 활동의 전부 또는 중요한 일부분의 승계가 수반되어야 하는 것이므로 단순한 영업용 재산의 양도는 이에 해당하지 않으나, 다만 영업용 재산의 처분으로 말미암아 회사 영업의 전부 또는 일부를 양도하거나 폐지하는 것과 같은 결과를 가져오는 경우에는 주주총회의 특별결의가 필요함.

이와 관련하여 판례는 주식회사가 **회사존속의 기초**가 되는 중요한 재산을 처분할 당시에 이미 사실상 영업을 중단하고 있었던 경우라면, 그 처분으로 인하여 비로소 영업의 전부 또는 일부가 폐지 또는 중단됨에 이른 것이라고 할 수는 없으므로, 이러한 경우 주주총회의 특별결의가 없었다 하여 그 처분행위가 무효로 되는 것은 아니며,414) 여기서 영업의 중단이란 영업의 계속을 포기하고 일체의 영업활동을 중단한 것으로서 영업의 폐지에 준하는 상태를 말하고, 단순히 회사의 자금사정 등 경영상태의 악화로 일시 영업활동을 중단한 경우는 해당하지 않는다고 판시하고 있다.415)

3) 담보설정

판례에 의하면, 회사의 중요한 재산이라 할지라도 이에 근저당권설정계약을 체결하는 행위는 주주총회 특별결의를 요하는 사항은 아니다.416) 그러나 판례는 영업에 없어서는 아니될 영업용 재산의 거의 전부에 해당하는 재산을 매도담보

479; 권기범, 171; 김건식, 721; 김정호, 281; 김홍기, 532; 송옥렬, 919; 장덕조, 252; 정찬형, 870; 최완진, 150; 최준선, 390.
413) 대법원 1991.1.15. 선고 90다10308 판결, 대법원 1977.4.26. 선고 75다2260 판결, 대법원 1969.11. 25. 선고 64다569 판결 및 대법원 1966.1.25. 선고 65다2140,2141 판결.
414) 대법원 1988.4.12. 선고 87다카1662 판결.
415) 대법원 1992.8.18. 선고 91다14369 판결.
416) 대법원 1971.4.30. 선고 71다392 판결.

에 제공하는 행위는 당해 회사의 영업의 전부 또는 중요한 일부를 양도 내지 폐지하는 것과 동일한 결과를 초래하는 것으로서 주주총회의 특별결의를 거쳐야 할 사항으로 보고 있다.417) 이에 대하여 매도담보 역시 가등기담보법 제정 이후에는 정산절차를 거쳐야 하므로 근저당권과 아무런 차이가 없어, 근저당권과 매도담보를 구분하는 판례는 실효되었다는 견해가 있으나,418) 정산절차를 거친다 하더라도 중요재산의 매도담보제공행위로 인해 영업의 양도 내지 폐지와 동일한 상황이 발생하는 경우가 실제 존재할 수 있으므로, 이 판례의 태도는 타당하다고 본다.

(마) 영업전부의 임대 또는 경영위임, 타인과 영업의 손익전부를 같이 하는 계약 기타 이에 준하는 계약의 체결, 변경 또는 해약

1) 영업전부의 임대

영업의 일부가 아닌 <u>전부</u>의 임대만이 주주총회 특별결의사항에 해당된다 (374조 1항 2호). 여기서 영업의 임대란 임대인이 자신의 영업을 임차인으로부터 대가를 받고 빌려주면 임차인이 자신의 명의와 계산으로 이를 이용하는 임대인과 임차인간의 계약(체결, 변경 또는 해약)을 말한다.

영업전부의 임대는 임대인인 회사의 입장에서는 자신의 영업에 대한 소유권을 상실하는 것은 아니지만, 영업에 대한 이용권이 임차인에게 이전되는 관계로, 임대인 회사의 목적사업의 영위에 근본적인 변화를 초래하게 되는 것이기 때문에 주주총회 특별결의사항으로 정한 것이다.

2) 영업전부의 경영위임

영업의 일부가 아닌 <u>전부</u>의 경영위임만이 주주총회 특별결의사항에 해당된다(374조 1항 2호). 여기서 경영위임이란 수임인이 위임인의 명의와 계산으로 영업을 경영한 후 이에 대한 보수를 위임인으로부터 수령하는 위임인과 수임인간의 계약(체결, 변경 또는 해약)을 말한다.[판례39]

---

417) 대법원 1987.4.28. 선고 86다카553 판결.
418) 송옥렬, 850; 주석상법 회사(III), 144.

[판례39] 대법원 1997.5.23. 선고 95다5790 판결

시장개설허가를 받은 원고 주식회사에 의한 관리권 위임약정은 원고가 정상화될 때까지 수임인인 피고 상가 운영위원회가 이 사건 시장을 관리하기로 한 경영위임에 해당하므로, 원고 주주총회의 특별결의를 거치지 아니한 경우 이 사건 관리권 위임약정은 무효임.

이 또한 위임인인 회사의 입장에서는 수임인의 경영성과에 따라 중대한 재정적 부담을 초래케 될 위험성이 있으므로, 주주총회 특별결의사항으로 정한 것이다.

3) 영업의 손익전부를 같이 하는 계약

영업의 손익일부가 아닌 전부를 같이 하는 계약만이 주주총회 특별결의사항에 해당한다(374조 1항 2호). 여기서 타인과 영업의 손익전부를 같이하는 계약이란 계약당사자인 수개의 기업 상호간에 일정기간 동안 일정영업의 손해와 이익을 모두 공동으로 부담하기로 하는 계약(체결, 변경 또는 해약)을 말한다.[419]

이 또한 손익공통계약을 체결한 회사의 입장에서는 경영성과에 따라 중대한 재정적 부담을 초래케 될 위험성이 있으므로, 주주총회 특별결의사항으로 정한 것이다.

4) 기타 이에 준하는 계약

"기타 이에 준하는 계약"이란 손익공통계약에 준하는 계약만을 의미하는 것이 아니라 영업의 전부의 임대 및 경영위임에 준하는 계약(체결, 변경 또는 해약)도 포함하는 개념이다(374조 1항 2호). 이와 관련하여 판례는 "타인의 계산에 있어서 회사가 자기의 영업을 수행하는 계약으로서 판매카르텔 등"이 이에 해당되는 것으로 판시하고 있다.[420]

(바) 회사의 영업에 중대한 영향을 미치는 다른 회사의 영업 전부 또는 일부의 양수

회사의 영업에 중대한 영향을 미치는 다른 회사의 영업 전부 또는 일부의 양수도 양수회사의 주주총회 특별결의사항이다(374조 1항 3호).

---

419) 대법원 1965.6.29. 선고 65다827 판결 및 서울고등법원 1965.3.24. 선고 64나1253 판결.
420) 대법원 1965.6.29. 선고 65다827 판결 및 서울고등법원 1965.3.24. 선고 64나1253 판결.

그 요건으로는 <u>양도인이</u> 개인이 아닌 <u>회사이어야</u> 하며,[421] 영업의 전부 또는 일부의 양수로 인해 <u>양수회사의 영업에 중대한 영향을 미치는 경우</u> 즉, 양수회사의 목적사업에 근본적 변화를 일으키는 경우에 해당되어야 한다.[422]

(사) 특별결의의 예외: 간이영업양도, 양수, 임대(374조의3)

1) 의의

상법 374조 1항 각호의 어느 하나에 해당하는 행위를 하는 회사의 <u>총주주의 동의</u>가 있거나 <u>그 회사의 발행주식총수의 100분의90 이상을 해당 행위의 상대방이 소유하고 있는 경우</u>에는 그 회사의 주주총회의 승인은 이를 <u>이사회의 승인으로 갈음할 수 있다</u>(이하 "간이영업양도, 양수, 임대"라 약칭)(374조의3 1항).

2) 규정취지

이와 같이 주주총회 특별결의 없이도 이사회의 결의만으로도 간이영업양도, 양수, 임대가 가능하도록 함으로써, 보다 간편한 절차를 통해 회사의 효율적인 구조조정이 이루어지도록 하기 위함이다.

3) 절차

회사는 위 영업양도, 양수, 임대 등의 <u>계약서 작성일로부터 2주이내에</u> 주주총회의 승인을 받지 아니하고 영업양도, 양수, 임대 등을 한다는 뜻을 <u>공고</u>하거나 주주에게 <u>통지</u>하여야 한다(374조의3 2항 본문). 다만, 총주주의 동의가 있는 경우에는 공고 또는 통지할 필요가 없다(374조의3 2항 단서).

4) 반대주주의 주식매수청구권

위 공고 또는 통지를 한 날로부터 <u>2주이내에</u> 회사에 대하여 <u>서면</u>으로 영업양도, 양수, 임대 등에 반대하는 의사를 통지한 주주는 그 기간이 경과한 날로부터 <u>20일이내에</u> 주식의 종류와 수를 기재한 <u>서면</u>으로 회사에 대하여 자기가 소유하고 있는 주식의 매수를 청구할 수 있다(374조의3 3항 전단). 이 청구를 받는 경우

---

421) 입법론적으로는 양도인이 개인이더라도 양수회사의 영업에 중대한 영향을 미치는 경우라면 양수회사의 주주총회 특별결의를 얻어야 된다고 규정하는 것이 타당하다고 판단됨.

422) 자본시장법에서는 상장회사의 영업의 중요한 일부 양수의 판단기준으로서, 양수하려는 영업부문의 자산액(장부가액과 거래금액 중 큰 금액)이 최근 사업연도 말 현재 자산총액의 100분의10 이상이거나 양수하려는 영업부문의 매출액이 최근 사업연도 말 현재 매출액의 100분의10 이상인 경우를 명시하고 있음(자본시장법 165조의4 1항 2호, 176조의6 1항, 171조 2항 1호, 2호).

회사는 매수청구기간이 종료하는 날로부터 2개월이내에 그 주식을 매수하여야 하며, 이 주식의 매수가액은 주주와 회사간의 협의 즉, 합의에 의하여 결정하고, 이 매수청구기간이 종료하는 날로부터 30일이내에 협의가 이루어지지 아니한 경우에는 회사 또는 주식의 매수를 청구한 주주는 법원에 대하여 매수가액의 결정을 청구할 수 있다. 법원이 주식의 매수가액을 결정하는 경우에는 회사의 재산상태 그 밖의 사정을 참작하여 공정한 가액으로 이를 산정하여야 한다(374조의3 3항 후단, 374조의2 2항 내지 5항).

(아) 사후설립

1) 의의

회사가 그 성립 후 2년내에 그 성립 전부터 존재하는 재산으로서 영업을 위하여 계속하여 사용하여야 할 것을 자본금의 100분의5 이상에 해당하는 대가로 취득하는 계약을 하는 경우에는 주주총회 특별결의를 얻어야 한다(375조).

2) 규정취지

현물출자와 재산인수는 변태설립사항으로서, 법원이 선임한 검사인의 조사 또는 공인된 감정인의 감정을 통해 자본충실원칙의 위반여부를 엄중히 검사받아야 하는데, 이러한 규제를 회피하기 위하여 회사 성립 후에 재산을 취득하는 편법이 사용될 수 있으므로 이에 대한 대비책으로서 본 규정의 취지가 있다.

3) 사후설립의 요건

① 재산취득계약의 당사자는 회사의 대표이사일 것[423]
② 회사 성립 후 2년내에 재산취득계약이 이루어질 것
③ 회사 성립 전부터 존재하였고, 영업을 위해 계속 사용해야 할 재산일 것
④ 자본금의 20분의1 이상의 대가로 취득하는 경우일 것

4) 주주총회 특별결의

위 4가지 요건이 모두 충족되는 경우에는 사후설립에 해당되어 <u>주주총회의 특별결의</u>가 있어야 한다. 양도인이 주주인 경우에는 양도인은 특별한 이해관계를 가진 자에 해당되어 의결권이 없다(368조 3항).

---

423) 대법원 1989.2.14. 선고 87다카1128 판결.

이와 관련하여, 판례는 회사 성립 후 소유권이전등기의 방법으로 현물출자를 완성하기로 약정하고 회사설립절차를 거쳐 현물출자가 이루어진 것이라면 재산인수에 해당하여 정관에 기재되지 않는 한 무효이나, 현물출자가 동시에 사후설립에 해당하고 이에 대하여 주주총회의 특별결의에 의한 추인이 있었다면 회사는 유효하게 현물출자로 인한 재산의 소유권을 취득한다고 판시하고 있다.[424]

(자) 반대주주의 주식매수청구권

1) 의의

반대주주의 주식매수청구권이란 주주에게 중대한 영향을 미치는 결의가 이루어졌을 때, 이에 반대하는 주주가 자신의 주식을 회사가 매수해줄 것을 요구할 수 있는 권리를 말한다.

2) 규정취지

회사조직에 중대한 변화가 발생하는 경우 이에 반대하는 소수주주를 보호하기 위한 규정이다. 또한 회사로서는 주식매수대금을 지급해야 하는 부담이 있기 때문에, 결국 지배주주로 하여금 중대한 변화를 수용할 것인지에 대한 신중한 판단을 하게 만드는 효과도 있다.

3) 주식매수청구권의 성질

반대주주의 주식매수청구권은 형성권으로서, 그 행사로 회사의 승낙여부와 관계없이 주식에 관한 매매계약이 성립한다. 그리고 "회사는 매수청구기간(주주총회 결의일로부터 20일)이 종료하는 날부터 2월내에 주식을 매수하여야 한다(374조의2 2항, 374조의3 3항, 530조 2항)"는 규정은 주식매매대금 지급의무의 이행기를 정한 것이며, 이는 위 2월이내에 주식의 매수가액이 확정되지 아니하였다고 하더라도 같다.[425]

4) 요건

가) 반대주주의 주식매수청구권이 인정되는 사항

[1] 영업의 전부 또는 중요한 일부의 양도(374조 1항 1호)

[2] 영업전부의 임대 또는 경영위임, 타인과 영업의 손익전부를 같이하는

---

424) 대법원 1992.9.14. 선고 91다33087 판결.
425) 같은 취지의 판결로서 대법원 2011.4.28. 선고 2010다94953 판결 및 대법원 2011.4.28. 선고 2009다72667 판결이 있음.

계약 기타 이에 준하는 계약의 체결, 변경 또는 해약(374조 1항 2호)

　　③ 회사의 영업에 중대한 영향을 미치는 다른 회사의 영업전부 또는 일부의 양수(374조 1항 3호)

　　④ 간이영업양도, 양수, 임대(374조의3)

　　⑤ 합병(522조의3; 단 소규모합병시 불인정(527조의3 5항))

　　⑥ 분할합병(530조의11 2항, 522조의3)

　　⑦ 주식의 포괄적 교환(360조의5; 소규모주식교환시 불인정(360조의10 7항))

　　⑧ 주식의 포괄적 이전(360조의22, 360조의5)

나) 반대주주의 주주총회 전 서면통지

반대하는 주주는 주주총회 전에 그 반대의사를 서면으로 통지하여야 하며, 이러한 반대에도 불구하고 결의가 통과되어야 한다(360조의5, 360조의22, 374조의2, 374조의3, 522조의3, 530조의11 2항).

다) 의결권없는 주주

의결권없는 주주라 할지라도 반대주주의 주식매수청구권이 인정되는 경우 즉, ① 영업의 전부 또는 중요한 일부의 양도(374조 1항 1호), ② 영업전부의 임대 또는 경영위임, 타인과 영업의 손익전부를 같이하는 계약 기타 이에 준하는 계약의 체결, 변경 또는 해약(374조 1항 2호), ③ 회사의 영업에 중대한 영향을 미치는 다른 회사의 영업 전부 또는 일부의 양수(374조 1항 3호), ④ 합병(522조의3; 소규모합병 제외), ⑤ 분할합병(530조의11 2항, 522조의3), ⑥ 주식의 포괄적 교환(360조의5; 소규모주식교환 제외), ⑦ 주식의 포괄적 이전(360조의22, 360조의5)에는 의결권없는 주주에게도 주총소집통지를 해야 한다(단, 간이합병(527조의2), 간이영업양도, 양수, 임대(374조의3)의 경우는 주총결의 필요 없으므로 제외).426)

---

426) 한편, 자본시장법은 상장법인의 경우, 주식의 포괄적 교환(360조의3), 간이주식교환(360조의9), 주식의 포괄적 이전(360조의16), 영업의 전부 또는 중요한 일부의 양도(374조 1항 1호), 영업전부의 임대 또는 경영위임, 타인과 영업의 손익전부를 같이하는 계약 기타 이에 준하는 계약의 체결, 변경 또는 해약(374조 1항 2호), 회사의 영업에 중대한 영향을 미치는 다른 회사의 영업 전부 또는 일부의 양수(374조 1항 3호), 합병(522조), 간이합병(527조의2), 회사의 분할 및 분할합병(530조의 3)의 경우에 그리고 원칙적으로 이에 관한 **이사회결의사실이 공시되기 이전**에 취득한 경우에만 반대주주의 주식매수청구권을 인정하고 있는 바(자본시장법 165조의5 1항), 이사회결의사실이 공시되기 이전에 취득한 경우에만 반대주주의 주식매수청구권이 인정된다는 해석은 비상장회사에까지 유추적용될 수는 없다고 판단됨(동지 송옥렬, 925; 이철송, 577; 임재연(II), 142).

5) 절차

가) 주주총회 소집통지에 명시

반대주주의 주식매수청구권이 인정되는 주주총회의 특별결의사항과 관련하여, 그 주주총회의 <u>소집통지</u>를 하는 때에는 반대주주가 행사할 수 있는 <u>주식매수청구권의 내용 및 행사방법을 명시하여야</u> 한다(374조 2항, 374조의2 1항, 2항, 530조 2항, 530조의11, 360조의3 4항, 360조의16 3항). 만일 주주총회 소집통지서에 이를 명시하지 아니한 경우에는 주주총회 전 반대의사를 서면으로 회사에 통지하지 아니한 주주도 회사에 대하여 주식매수청구권을 행사할 수 있다고 보아야 할 것이다.427)

한편, <u>간이영업양도</u>, 양수, 임대의 경우에는 회사는 그 계약서작성일로부터 <u>2주 이내</u>에 주주총회의 승인을 받지 아니하고 이를 한다는 뜻을 <u>공고하거나 주주에게 통지하여야</u> 한다(단, 총주주의 동의가 있는 경우에는 공고 또는 통지가 필요 없음)(374조의3 2항).

나) 사전반대의 통지

결의사항에 반대하는 주주는 주주총회 <u>전</u>에 회사에 대하여 서면으로 그 결의에 반대하는 의사를 통지하여야 한다(374조의2 1항, 522조의3 1항, 530조의11 2항, 360조의5, 360조의22).

한편, 간이영업양도, 양수, 임대의 경우에는 회사가 주주총회 승인 없이 이를 한다는 뜻을 주주에게 통지 또는 공고한 날부터 2주이내에 이에 반대하는 주주는 회사에 대하여 그 반대의사를 서면으로 통지하여야 한다(374조의3 3항).

서면으로 사전 반대한 주주는 주주총회에 출석하여 반대할 필요는 없으며, 이 경우 출석하지 아니한 반대주주의 의결권은 의결정족수를 산정함에 있어 출석주식수 및 반대표로 포함되는 것이 타당할 것이다.

다) 서면에 의한 주식매수청구권 행사

주주총회 전에 반대의 의사를 서면으로 통지한 주주는 <u>주주총회의 결의일로부터 20일내</u>에 주식의 종류와 수를 기재한 <u>서면</u>으로 회사에 대하여 자기가 소유하고 있는 주식의 매수를 청구할 수 있다(374조의2 1항, 522조의3 1항, 530조의11 2항, 360조의5, 360조의22).

한편, 간이영업양도, 양수, 임대의 경우에는 상법 374조의3 2항의 공고 또는

---

427) 대법원 2012.3.30.자 2012마11 결정 및 서울고등법원 2011.12.9.자 2011라1303 결정.

통지를 한 날부터 2주가 경과한 날부터 20일이내에 주식의 종류와 수를 기재한 서면으로 회사에 대하여 자기가 소유하고 있는 주식의 매수를 청구할 수 있다(374조의3 3항).

라) 매수가격의 결정

주식의 매수가액은 주주와 회사간의 협의에 의하여 결정한다(374조의2 3항, 374조의3 3항, 530조 2항). 여기서 협의한 당사자간의 의사의 합치 즉, 합의를 말한다고 보아야 할 것이다.

만일 매수청구기간(총회결의일로부터 20일)이 종료하는 날부터 30일이내에 위 협의가 이루어지지 아니한 경우에는 회사 또는 주식의 매수를 청구한 주주는 법원에 대하여 매수가액의 결정을 청구할 수 있다(374조의2 4항, 374조의3 3항, 530조 2항).

이때 법원은 회사의 재산상태 그 밖의 사정을 참작하여 공정한 가액으로 이를 산정하여야 한다(374조의2 5항, 374조의3 3항, 530조 2항). 이와 관련하여, 판례는 객관적 교환가치가 적정하게 반영된 정상적인 거래의 실례가 있으면 그 거래가격을 시가로 보아 주식의 매수가액을 정하여야 할 것이나, 그러한 거래사례가 없으면 비상장주식의 평가에 관하여 보편적으로 인정되는 시장가치방식, 순자산가치방식, 수익가치방식 등 여러 가지 방법을 활용하여 공정한 가액을 산정하여야 한다고 판시하고 있다.428)[판례40]

> **[판례40] 대법원 2011.10.13.자 2008마264 결정**
>
> 상장주식의 경우 법원은 원칙적으로 시장주가를 참조하여 매수가격을 산정하여야 하지만, 법원이 반드시 위 과거 2개월간, 1개월간, 1주일간의 방법 중 어느 하나를 선택하여 그에 따라서만 매수가격을 산정하여야 하는 것은 아니고, 이사회결의일 이전의 어느 특정일의 시장주가를 참조할 것인지 또는 일정기간 동안의 시장주가의 평균치를 참조할 것인지 그렇지 않으면 위 산정방법 중 어느 하나에 따라 산정된 가격을 그대로 인정할 것인지 등을 합리적으로 결정할 수 있음.

---

428) 대법원 2006.11.23.자 2005마958,959,960,961,962,963,964,965,966 결정 및 대법원 2006.11.24.자 2004마1022 결정; 자본시장법상 상장주식의 경우에는 이사회결의일 전일부터 과거 2개월간, 1개월간, 1주일간 공표된 각 매일의 증권시장에서 거래된 최종시세가격을 실물거래에 의한 거래량을 가중치로 하여 가중산술평균한 가격의 산술평균가격(자본시장법 165조의5 3항 단서, 동법시행령 176조의7 3항 1호)이고, 비상장주식의 경우에는 자산가치와 수익가치를 가중산술평균한 가액임(동법 165조의5 3항 단서, 동법시행령 176조의7 3항 2호, 176조의5 1항 2호 나목).

6) 효력

반대주주의 주식매수청구권의 행사에 의한 매수의 효력발생시점 즉, <u>회사가</u>
<u>주식을 취득하는 시점은 주식대금을 반대주주에게 지급하는 시점</u>이라고 보아야
할 것이므로, 반대주주는 주식대금을 받을 때까지는 주주로서의 모든 권한을 행
사한다고 보아야 할 것이다. 이와 관련하여, 지배주주가 소수주주의 주식을 전부
취득하는 경우에는 주식을 취득하는 지배주주가 매매가액을 소수주주에게 지
급한 때에 주식이 이전된 것으로 본다는 규정이 있는 바(360조의26, 360조의24,
360조의25),429) 이 규정은 반대주주의 주식매수청구권이 인정되는 모든 경우에 유
추적용된다고 보는 것이 타당할 것이다.430)

7) 주식매수청구권 행사로 회사가 취득한 자기주식의 처분

반대주주의 주식매수청구권의 행사로 인하여 회사가 자기주식을 취득하는
것은 예외적으로 허용되는 바(341조의2 4호), 이와 관련하여, 회사가 보유하는 자기
주식을 처분하는 경우에는 ① 처분할 주식의 종류와 수, ② 처분할 주식의 처분
가액과 납입기일, ③ 주식을 처분할 상대방 및 처분방법으로서 <u>정관에 규정이 없</u>
<u>는 것은 이사회가 결정한다</u>(342조).

8) 채권자보호절차

반대주주가 주식매수청구권을 행사하면 회사는 주식을 매수하고 대신에 주
식매수대금을 반대주주에게 지급해야 하므로, 회사자산이 사외로 유출된다. 따라
서 회사채권자의 입장에서는 회사의 책임재산이 감소되는 결과가 초래되므로 회
사채권자의 보호가 문제된다.

이와 관련하여, 회사합병(간이합병 및 소규모합병 포함)(527조의5) 회사분할(연대책임
을 부담하지 않는 경우; 530조의9 2항, 4항, 527조의5) 및 분할합병(530조의11 2항)의 경우에
는 채권자보호절차가 규정되어 있어 문제가 없으나, 나머지 반대주주의 주식매수
청구권이 인정되는 사항(영업의 전부 또는 중요한 일부의 양도(374조 1항 1호), 영업전부의 임
대 또는 경영위임, 타인과 영업의 손익전부를 같이하는 계약 기타 이에 준하는 계약의 체결, 변경 또
는 해약(374조 1항 2호), 회사의 영업에 중대한 영향을 미치는 다른 회사의 영업 전부 또는 일부의

---

429) 소수주주를 알 수 없거나 소수주주가 수령을 거부할 경우에는 지배주주는 그 가액을 공탁할 수
    있고, 이 경우 주식은 공탁한 날에 지배주주에게 이전된 것으로 봄(360조의26 2항).
430) 입법론적으로는 상법에 그 준용규정을 상법에 명시하는 것이 바람직하다고 판단됨.

양수(374조 1항 3호), 간이영업양도, 양수, 임대 등(374조의3))에 대해서는 명문의 규정이 없어 채권자보호에 미흡한 점이 있다. 살피건대, 상법 527조의5의 규정을 유추적용하여 해결하는 방법을 생각해 볼 수도 있으나, 합리적인 해석의 범위를 넘는 것이므로 입법론적으로 해결하는 것이 바람직하다고 판단된다.

(3) 특수결의

총주주의 동의를 얻어야 하는 사항으로서, 발기인, 이사, 집행임원, 감사, 청산인의 회사에 대한 책임을 면제하는 결의(324조, 400조, 408조의9, 415조, 542조 2항), 주식회사가 유한회사로 조직변경하는 결의(604조 1항 전단) 및 주식회사가 유한책임회사로 조직변경하는 결의(287조의43 1항)가 이에 해당한다.431)

(4) 기타

주식회사의 모집설립(309조) 및 신설합병, 분할, 분할합병(527조 3항, 530조의11 1항)의 각 창립총회에서의 결의는, 출석한 주식인수인의 의결권의 3분의2 이상 및 인수된 주식의 총수의 과반수에 해당하는 다수에 의한다.

라. 결의방법

주주총회의 결의방법과 관련하여, 상법상 명문의 규정은 없으나, 거수, 기립, 투표 등에 의해 특정 의안에 대한 찬·반 의사를 명확히 산정할 수 있으면 어떠한 방법이든 인정된다.

이와 관련하여 판례는 특정의안에 대한 표결시 찬성주식수를 산정하지 아니하고, 반대하는 주식수만 산정한 후 나머지 주식은 모두 찬성한 것으로 간주하여 의안이 가결되었다고 선언하는 것은 표결방식에 하자가 있다고 판시하고 있다.432) 또한 판례는 주주총회에서 토의된 안건에 관하여 가부의 의결을 하지 않은 이상, 그 토의과정에서 주주들의 찬성과 반대의 의사표시가 있었다고 하더라도, 이러한 사실만으로 가부의 결의가 있었던 것으로 볼 수는 없음이 원칙이

---

431) 주주총회의 결의에 의하지 아니하더라도, 총주주가 회사에 대한 책임면제 또는 조직변경에 동의하는 서면 등의 형태로도 가능함(조직변경의 경우 사채상환이 완료됨을 전제로 함; 604조 1항 후단).
432) 대법원 2001.12.28. 선고 2001다49111 판결.

나,433) 주주총회에서 의안이 상정되고 주요내용이 설명된 후 참석한 주주들에게 동의를 구하였는데, 참석주주 중 미리 통보받아 알고 있는 반대표 외에, 누구도 의안에 대해 이의를 제기하지 아니하고 동의한 경우에는, 예외적으로 투·개표절차를 거칠 필요 없이, 반대표와 찬성표의 비율을 따져 의안을 가결시킬 수 있다고 판시하고 있다.434)

마. 서면에 의한 결의

소규모회사는 주주전원의 동의가 있는 경우에는 서면에 의한 결의로써 주주총회의 결의를 갈음할 수 있으며(363조 4항 전단),435) 서면에 의한 결의는 주주총회의 결의와 같은 효력이 있고(363조 5항), 결의의 목적사항에 대하여 주주전원이 서면으로 동의한 때에는 서면에 의한 결의가 있는 것으로 본다(363조 4항 후단). 실무상 주식회사 중 대부분을 차지하는 소규모회사의 주주총회 개최로 인한 재정적 부담 및 업무부담을 덜어주기 위한 규정이다.

서면에 의한 결의에 대하여는 주주총회에 관한 규정을 준용한다(363조 6항). 주주총회의 소집을 전제로 한 규정436)을 제외한 나머지 규정들 즉, 의결권의 행사와 관련한 규정 및 결의에 관한 규정437)이 적용된다.

바. 출석한 주식수와 발행주식총수의 계산

(1) 의의

현행 상법은 보통결의와 특별결의 모두 2가지 형태의 의결정족수를 동시에 만족시킬 것을 요구하고 있다. 즉, 보통결의는 출석한 주주의 의결권의 과반수와

---

433) 대법원 1989.2.14. 선고 87다카3200 판결.
434) 대법원 2009.4.23. 선고 2005다22701,22718 판결.
435) 소집절차 없이 주주총회를 개최할 수도 있음.
436) 소집의 통지(363조), 소집지(364조), 총회의 소집(365조), 총회의 질서유지(366조의2), 총회의 연기, 속행의 결의(372조) 등이 있음.
437) 총회의 결의방법과 의결권의 행사 또는 의결권의 대리행사(368조), 의결권의 불통일행사(368조의 2), 1주 1의결권(369조 1항), 자기주식 및 비모자회사간 상호주의 의결권행사 제한(369조 2항, 3 항), 정족수, 의결권수의 계산(371조), 총회의 의사록(373조) 등이 있음.

발행주식총수의 4분의1 이상의 수라는 2가지 의결정족수를 모두 만족시켜야 하고, 특별결의는 출석한 주주의 의결권의 3분의2 이상의 수와 발행주식총수의 3분의1 이상의 수라는 2가지 의결정족수를 모두 만족시켜야 한다.

따라서 의결정족수를 충족시키는지 여부를 판단하기 위해서는 분모에 해당하는 발행주식총수 및 출석한 의결권수를 확정하는 것이 선행되어야 할 것이다. 이와 관련하여 상법은 발행주식총수와 출석한 의결권수에서 제외되는 주식에 관하여 다음과 같이 규정하고 있다.

(2) 발행주식총수에서 제외되는 주식

의결권의 배제·제한에 관한 종류주식(344조의3 1항), 의결권없는 자기주식(369조 2항), 의결권없는 비모자회사간 상호주(369조 3항)는 발행주식총수에 산입하지 아니한다(371조 1항). 또한 특별법상 의결권없는 주식도 해석상 발행주식총수에 산입되지 아니하는 것으로 보아야 할 것이다. 결국 이 주식들은 발행주식총수 및 출석한 의결권수의 계산 모두에 있어 산입되지 아니한다. 그러나 판례는 의결권행사금지 가처분결정을 받은 주주의 주식은 발행주식총수에 산입된다고 판시하고 있다.[438]

(3) 출석한 의결권수에서 제외되는 주식

의결권을 행사하지 못하는 주주총회의 결의에 관하여 특별한 이해관계가 있는 자(368조 3항)의 주식수 및 감사 또는 감사위원회 위원 선임시 의결권을 행사하지 못하는 의결권없는 주식을 제외한 발행주식총수의 3%(정관에서 더 낮은 주식 보유비율을 정할 수 있으며, 정관에서 더 낮은 주식 보유비율을 정한 경우에는 그 비율로 함)를 초과하는 주식수(409조 2항; 542의12 4항)는 출석한 의결권수에 산입하지 아니한다(371조 2항).

그런데 이 주식들에 대하여 발행주식총수에 산입하지 아니한다는 명문의 규정이 없는 관계로, 이 주식들이 발행주식총수에는 산입되나 단지 출석한 의결권수에만 산입되지 아니하는 것으로 해석할 여지도 있다. 그러나 이렇게 해석하는 경우 발행주식총수의 4분의1 이상 또는 3분의1 이상의 의결정족수를 충족시키지 못하는 문제가 발생될 수 있다.

살피건대, 과거 상법 368조 1항 및 434조는 의사정족수라는 개념을 채택하고 있었으나, 현재는 의사정족수라는 개념을 삭제하고 단지 의결정족수라는 개념

---

438) 대법원 1998.4.10. 선고 97다50619 판결.

만을 채택하고 있는 점을 반영하지 못하여, 이와 같은 모순이 발생하게 된 것으로 판단된다. 그러므로 대법원 2016.8.17. 선고 2016다222996 판결의 취지를 고려할 때, 해석론적으로는 특별이해관계자의 주식 및 감사선임시 3% 초과 주식까지도 발행주식총수와 출석한 의결권수에 모두 산입되지 아니하는 것으로 보는 것이 타당하다고 본다.439) 향후 입법론적인 해결이 요청된다.

사. 주주총회의사록

(1) 작성, 비치 및 열람

주주총회의 의사에는 의사록을 작성하여야 한다(373조 1항). 주주총회의사록에는 의사의 경과요령과 그 결과를 기재하고, 의장과 출석한 이사가 기명날인 또는 서명하여야 한다(373조 2항). 의사의 경과요령이란 주주총회의 시작부터 종료시까지 주주총회 개회선언, 안건상정, 토론절차, 표결실시, 가결 또는 부결선언, 주주총회 폐회선언 등을 포함한 모든 절차를 말하며, "그 결과"는 특히 의안의 가부결과를 말한다.

주주총회의사록은 이사에 의해 본점 및 지점에 비치되어야 하며(396조 1항),440) 주주와 채권자는 영업시간내에 언제든지 열람 또는 등사를 청구할 수 있다(396조 2항). 한편, 주주 또는 회사채권자가 주주총회의사록의 열람등사청구를 한 경우 회사는 그 청구에 정당한 목적이 없는 등의 특별한 사정이 없는 한 이를 거절할 수 없고, 이 경우 정당한 목적이 없다는 점에 관한 입증책임은 회사가 부담한다.441)

(2) 효력

주주총회의사록은 특정 결의가 있었다는 것에 대한 유력한 증거가 되지만 창설적 효력이 있는 것은 아니다.

따라서 주주총회의사록이 사실과 다른 내용으로 작성되었다거나 부당하게 편집, 왜곡되어 증명력을 인정할 수 없다고 볼 만한 특별한 사정이 있음이 입

---

439) 송옥렬, 852; 이철송, 556; 주석상법 회사(III), 133. 이에 반하여 발행주식총수에 산입된다는 견해로는 장덕조, 235; 정경영, 470; 정찬형, 854; 최준선, 376.
440) 정관도 본점 및 지점에 비치되어야 함. 이에 비해 주주명부와 사채원부는 본점에만 비치하면 됨.
441) 대법원 2010.7.22. 선고 2008다37193 판결 및 대법원 1997.3.19.자 97그7 결정.

증되는 경우에는 이와 다른 주주총회의사록의 내용은 인정되지 않을 수 있다.
[판례41]

[판례41] 대법원 2011.10.27. 선고 2010다88682 판결

　민법상 사단법인 총회 등의 결의와 관련하여 당사자 사이에 의사정족수나 의결정족
수 충족 여부가 다투어져 결의의 성립 여부나 절차상 흠의 유무가 문제되는 경우로서 사
단법인 측에서 의사의 경과, 요령 및 결과 등을 기재한 의사록을 제출하거나 이러한 의
사의 경과 등을 담은 녹음·녹화자료 또는 녹취서 등을 제출한 때에는, 그러한 의사록 등
이 사실과 다른 내용으로 작성되었다거나 부당하게 편집, 왜곡되어 증명력을 인정할 수
없다고 볼 만한 특별한 사정이 없는 한 의사정족수 등 절차적 요건의 충족 여부는 의사
록 등의 기재에 의하여 판단하여야 한다. 그리고 위와 같은 의사록 등의 증명력을 부인
할 만한 특별한 사정에 관하여는 결의의 효력을 다투는 측에서 구체적으로 주장·증명하
여야 함. (평석: 이 판결은 민법상 사단법인의 총회에 관한 것이지만, 주주총회에도 유추
적용될 수 있다고 판단됨)

(3) 공증인의 인증

　주주총회의 결의를 필요로 하는 등기[442]를 신청하는 경우에는 그 의사록을
제공하여야 하며(상업등기규칙 128조 2항), 이때 주주총회의사록은, 원칙적으로, 공증
인의 인증을 받아야 한다(공증인법 66조의2 1항). 그러나 주주총회의사록에 대한 공
증인의 인증을 받지 아니하더라도, 등기소의 등기거절사유는 될지언정, 주주총회
결의의 효력에는 영향을 미치지 아니한다.

아. 주주총회결의의 효력발생시기

　주주총회결의의 효력발생시기는 각 의안에 대한 의결정족수가 모두 충족되
는 시점이다. 즉, 주주총회의사록 작성시점, 의장의 가결선포시점, 의사록의 등기
시점 또는 공증인의 인증시점이 아니다.
　이와 관련하여, 판례는 주식회사 **최초**정관의 효력발생시점은 원칙적으로 공

---

442) 이사, 감사, 감사위원회 위원 선임등기, 자본금감소등기, 회사합병등기, 회사분할 및 분할합병등기
　　등을 말함.

증인의 인증을 받는 시점인 바(단, 소규모회사를 발기설립하는 경우에는 각 발기인이 최초정관
에 기명날인 또는 서명하는 때임; 292조), 그 이후의 정관변경은 변경등기 또는 공증인의
인증여부와 관계없이, 주주총회의 특별결의시(그 의결정족수가 모두 충족되는 시점)에
그 효력이 발생한다고 판시하고 있다.443)

8. 종류주주총회

가. 의의

회사가 종류주식을 발행한 경우에 정관을 변경하거나 주식의 종류에 따라
특수하게 정하거나 회사의 분할 또는 분할합병, 주식의 포괄적 교환, 주식의 포
괄적 이전 및 회사의 합병으로 인하여 **어느 종류주식의 주주에게 손해를 미치게
될 때**에는 주주총회의 결의 외에 그 종류주식의 주주총회의 결의가 있어야 한다
(435조 1항).

나. 필요한 경우

(1) 정관을 변경함으로써 어느 종류주식의 주주에게 손해를 미치게 될 때

"어느 종류주식의 주주에게 손해를 미치게 될 때"라 함은 어느 종류의 주
주에게 직접적으로 불이익을 가져오는 경우444)는 물론이고, 외견상 형식적으
로는 평등한 것이라고 하더라도 실질적으로는 불이익을 가져오는 경우445)도
포함되며, 나아가 어느 종류주주의 지위가 정관의 변경에 따라 유리한 면이
있으면서 동시에 불이익한 면을 수반하는 경우[판례42]도 이에 해당된다고 할
것이다.446)

---

443) 대법원 2007.6.28. 선고 2006다62362 판결.
444) 예를 들어, 우선주의 배당률을 인하하는 경우를 말함.
445) 예를 들어, 기존 우선주의 내용은 그대로 유지한 채로 정관을 변경하여 발행예정주식총수를 증가
시킨 후 새로이 우선주를 발행하여 기존 우선주의 내용보다 더 우선하는 내용을 부여하는 경우를
말함(주석상법 회사(IV), 218).
446) 대법원 2006.1.27. 선고 2004다44575,44582 판결.

[판례42] 대법원 2006.1.27. 선고 2004다44575,44582 판결

정관변경으로 인하여 무상증자에 의하여 향후 배정받게 될 우선주의 내용의 차이가 10년 후에도 보통주로 전환할 수 없는 것이라면, 의결권의 취득에는 관심이 적고 그 보다는 이익배당에 더 관심이 있던 우선주주의 지위에서는 특정비율 이상의 우선배당권이 10년의 제한을 받지 아니하고 언제까지나 보장되는 것이어서 유리한 반면, 보통주로의 전환에 의한 의결권의 취득을 바라고 있던 우선주주의 지위에서는 불리하므로 정관을 변경함으로써 우선주주의 각자의 입장에 따라 유리한 점과 불리한 점이 공존하고 있는 경우에는 우선주주들로 구성된 종류주주총회의 결의가 필요함.

(2) 주식의 종류에 따라 특수하게 정함으로써 어느 종류주식의 주주에게 손해를 미치게 될 때

회사가 종류주식을 발행한 때에는 <u>정관에 다른 정함이 없는 경우에도</u> 주식의 종류에 따라 신주의 인수, 주식의 병합, 분할, 소각 또는 회사의 합병, 분할로 인한 주식의 배정에 관하여 특수하게 정할 수 있는 바(344조 3항), 이에 따라 어느 종류주식의 주주에게 손해를 미치게 될 경우에는 당해 손해를 보는 주주들의 종류주주총회의 결의를 요하도록 한 것이다(436조).447)

(3) 회사의 분할 또는 분할합병, 주식의 포괄적 교환, 주식의 포괄적 이전 및 회사의 합병으로 인하여 어느 종류주주에게 손해를 미치게 될 때

회사의 합병시 소멸회사, 회사의 분할시 분할회사 또는 주식의 포괄적 교환(360조의3), 주식의 포괄적 이전(360조의16)시 완전자회사의 각 주주에 대하여 보통주보다 우선주에 신주배정을 불리하게 하는 경우가 그 예이다(436조).

다. 결의요건

종류주주총회의 결의는 <u>출석한 종류주주의 의결권의 3분의2 이상의 수와 그 종류의 발행주식총수의 3분의1 이상의 수로써 하여야 한다</u>(435조 2항). 이러한 결의

---

447) 예를 들어, 신주배정을 보통주보다 우선주에 더 적게 한다든지, 주식의 소각비율을 보통주보다 우선주에 높게 정한다든지, 회사합병시 합병비율을 보통주보다 우선주에 불리하게 정하는 경우 등을 말함.

요건을 정관에 의해 완화 또는 강화하는 것이 가능한지와 관련하여, 이를 부정하는 견해448)가 있으나, 주주총회 특별결의에서 살펴본 바와 같이, 완화는 허용되지 않으나 강화는 허용된다고 보아야 할 것이다.449)

한편, 의결권없는 종류주식의 종류주주총회에서는 의결권없는 주주도 의결권을 행사할 수 있다(435조 3항).

라. 종류주주총회 결의의 하자

종류주주총회 결의의 하자가 있는 경우 이를 별개의 소로 주장하지 못한다는 견해450)가 있으나, 일반 주주총회와는 별도로 종류주주총회가 인정되고 있는 취지를 감안하여, 취소의 소, 무효확인 소, 부존재확인의 소, 부당결의취소·변경의 소가 별개로 인정된다고 보아야 할 것이다.451)

마. 종류주주총회 결의가 없는 경우

종류주주총회의 결의가 있어야 함에도 불구하고 이를 누락한 경우 일반 주주총회결의의 효력에 영향을 미치는지 여부와 관련하여, 판례는 ① 어느 종류주주에게 손해를 미치는 내용으로 정관을 변경함에 있어서 그 정관변경에 관한 주주총회의 결의 외에 추가로 요구되는 종류주주총회의 결의는 정관변경이라는 법률효과가 발생하기 위한 하나의 특별요건이라고 할 것이므로, 그와 같은 내용의 정관변경에 관하여 종류주주총회의 결의가 아직 이루어지지 않았다면 그러한 정관변경의 효력이 아직 발생하지 않는 데에 그칠 뿐이고, 그러한 정관변경을 결의한 주주총회결의 자체의 효력에는 아무런 하자가 없으며, ② 정관의 변경결의의 내용이 어느 종류의 주주에게 손해를 미치는지 여부에 관하여 다툼이 있는 관계로, 회사가 종류주주총회의 개최를 명시적으로 거부하고 있는 경우에, 그 종류주

---

448) 강희갑, 503; 서헌제, 727; 손진화, 517; 유시창, 215; 이기수외, 526; 이범찬외, 262; 이철송, 626; 임재연(II), 127; 정동윤, 576; 정찬형, 885; 최준선, 392; 한창희, 255.
449) 김건식, 327; 주석상법 회사(IV), 219(강화는 합리적인 범위내에서 가능하다고 봄).
450) 서헌제, 728; 유시창, 216; 이철송 627(주주총회 결의의 하자에 관한 소로 해결하면 된다고 봄).
451) 권기범, 665; 김건식, 328; 송옥렬, 947; 이기수외, 527; 임재연(II), 127; 장덕조, 276; 정찬형, 884; 최기원, 525.

주가 회사를 상대로 <u>일반 민사소송상의 확인의 소</u>를 제기함에 있어서는 정관변경에 필요한 특별요건이 구비되지 않았음을 이유로 하여 그 정관변경의 무효확인을 구하면 되는 것으로 보고 있다.452)

　　살피건대, 있어야 할 종류주주총회의 결의가 없는 경우에는 주주총회결의는 무효이며, 따라서 이를 소송으로 다투기 위해서는 법적 안정성과 상법의 단체법적 특성을 감안하여, 결의내용의 법령위반을 이유로 하는 주주총회결의 무효확인의 소의 대상이 된다고 보는 것이 타당할 것이다.453)

9. 주주총회결의의 하자를 다투는 방법

가. 의의

　　주주총회결의에 절차적 또는 내용적 하자가 있는 경우 그 효력이 무효 또는 취소되어야 할 것이다. 그러나 상법은 법적 안정성과 단체법적 특성을 반영하여, 원칙적으로 소송만으로 주주총회 결의의 하자를 다툴 수 있게 하면서, 그 종류를 결의취소, 결의무효확인, 결의부존재확인 또는 부당결의취소·변경의 소의 4가지로 한정하고 있다.

나. 결의취소의 소

(1) 의의

　　총회의 소집절차 또는 결의방법이 법령 또는 정관에 위반하거나 현저하게 불공정한 때 또는 그 결의의 내용이 정관에 위반한 때에는 주주, 이사, 감사는 결의의 날로부터 2월내에 결의취소의 소를 제기할 수 있다(376조 1항).

(2) 소의 성질

　　주주총회 결의취소의 소는 형성의 소이다. 따라서 취소되지 않는 한, 완전히

---

452) 대법원 2006.1.27. 선고 2004다44575,44582 판결; 김건식, 328; 김정호, 367; 최준선, 394.
453) 동지 강희갑, 503; 김동훈, 148; 손진화, 518; 송옥렬, 941; 이기수외, 527; 임재연(II), 127; 장덕조, 278; 정동윤, 576; 정찬형, 883; 최기원, 525. 이에 반하여 결의취소의 소의 대상이라고 보는 견해로는 이철송, 628.

유효한 것이라 할 것이다.454) 또한 다른 소송에서 공격·방어방법으로 주장할 수 없고, 본소가 아닌 반소(민사소송법 269조) 또는 중간확인의 소(동법 264조)로도 주장할 수 없다.

(3) 소의 원인

(가) 소집절차에 관한 하자

1) 이사회결의에 관한 하자

판례는 주주총회소집에 관한 <u>이사회결의가 있었으나</u> 대표이사가 아닌 자에 의하여 소집된 경우,[판례43] <u>이사회의 주주총회 소집결정이 없다고 하더라도 외관상 이사회의 결정에 의한 소집형식을 갖추어 소집권자가 적법하게 소집절차를 밟은 경우</u>,[판례44] 또는 <u>2인의 공동대표이사 중 1인이 다른 공동대표이사와 공동으로 임시주주총회를 소집하지 않은 경우</u>455) 등은 주주총회결의 취소사유에 해당된다고 보고 있다.

> **[판례43] 대법원 2009.5.28. 선고 2008다85147 판결**
>
> 원래 주주총회의 소집은 소집결정권이 있는 이사회의 결정에 따라 그 결정을 집행하는 권한을 가진 대표이사가 하는 것이고, 이사회의 결정이 없이는 이를 소집할 수 없는 것이지만, 이사회의 결정이 없다고 하더라도 외관상 이사회의 결정에 의한 소집형식을 갖추어 소집권한 있는 자가 적법하게 소집절차를 밟은 이상, 이렇게 소집된 총회에서 한 결의는 부존재한다고 볼 수는 없고, 이사회의 결정이 없었다거나 대표이사 아닌 이사가 소집통지를 하였다는 등의 사정은 그 주주총회결의의 취소사유가 됨에 불과함.

> **[판례44] 대법원 1980.10.27. 선고 79다1264 판결**
>
> 이사회의 결정없이 주주총회가 소집되었다고 하더라도 외관상 이사회의 결정이 있었던 것과 같은 소집형식을 갖추어 소집권한 있는 자가 적법한 소집절차를 밟은 이상 이사회의 결정이 없었다는 사정은 <u>주주총회결의부존재의 사유는 되지 않고 주주총회결의 취소의 사유가 됨에 불과함.</u>

---

454) 대법원 1965.11.16. 선고 65다1683 판결.
455) 대법원 1993.1.26. 선고 92다11008 판결.

2) 통지가 결여된 하자

판례는 정당한 소집권자에 의하여 소집된 주주총회에서 <u>정족수가 넘는 주주의 출석으로</u> 출석주주전원의 찬성에 의하여 이루어진 결의라면, 설사 일부 주주에게 소집통지를 하지 아니하였거나 법정기간을 준수하지 아니한 서면통지에 의하여 주주총회가 소집되었다 하더라도 그와 같은 주주총회 소집절차상의 하자는 단순한 취소사유에 불과하다고 보며,456) <u>41%의 주식을 보유한 주주에게만 소집통지를 하지 않은 경우도 취소의 소에 해당된다</u>고 판시하고 있다.457)

3) 소집통지서에 기재된 바 없는 안건에 관한 결의

판례는 주주총회 소집통지서에 기재된 바 없는 안건에 관한 결의는 그 결의방법이 법령에 위배된 하자가 있으므로 취소를 면할 수 없다고 보고 있다.458)

4) 소집절차의 현저한 불공정

판례는 주주총회의 개회시각이 부득이한 사정으로 당초 소집통지된 시각보다 지연되는 경우에, 개회시각을 사실상 부정확하게 만들고 사회통념상 정각에 출석한 주주들의 입장에서 변경된 개회시각까지 기다려 참석하는 것이 곤란한 정도라면, 그들의 주주총회 참석권을 침해하였으므로 주주총회의 소집절차가 현저히 불공정한 경우라고 보고 있다.459)

(나) 결의방법에 관한 하자

1) 형식주주임을 알았거나 중대한 과실로 알지 못한 경우

판례는 주식을 인수하거나 양수하려는 자가 타인의 명의를 빌려 회사의 주식을 인수하거나 양수하면서 그 타인의 명의로 주주명부에 기재까지 마치는 경우, 주주명부상 주주 외에 실제 주식을 인수하거나 양수하려고 하였던 자가 따로 존재한다는 사실이 증명되었다고 하더라도 회사에 대한 관계에서는 주주명부상 주주만이 주주권을 행사할 수 있으므로, 주주명부상 주주는 회사를 상대로 주주총회결의취소와 무효확인 및 부존재확인의 소를 제기할 수 있고, 회사 역시 특별

---

456) 대법원 2012.6.14. 선고 2012다20925 판결 및 대법원 1993.10.12. 선고 92다21692 판결(주주총회 결의의 부존재확인 또는 무효확인의 소의 사유가 아님).
457) 대법원 1993.1.26. 선고 92다11008 판결.
458) 대법원 1969.2.4. 선고 68다2284 판결.
459) 대법원 2003.7.11. 선고 2001다45584 판결.

한 사정이 없는 한 주주명부상 주주의 이러한 주주권행사를 부인하지 못한다.[460]

2) 의결권없는 주주의 의결권행사

판례는 의결권없는 자가 의결권을 행사하였고, 이 자가 의결권을 행사한 주식수를 제외하면 의결정족수에 미달하여 주주총회결의에 하자가 있다는 주장은 주주총회의 결의방법이 법령 또는 정관에 위반하는 경우에 해당하여 결의취소의 사유에 해당한다고 보고 있다.[461]

또한 자기주식(369조 2항), 모자회사간 상호주(342조의2), 비모자회사간 상호주(369조 3항)의 각 의결권행사, 결의에 관하여 특별한 이해관계가 있는 자가 의결권을 행사한 경우(371조 2항)[462] 또는 감사, 감사위원회 위원 선임시 3%(정관에서 더 낮은 주식 보유비율을 정할 수 있으며, 정관에서 더 낮은 주식 보유비율을 정한 경우에는 그 비율로 함) 초과 주식의 의결권행사(409조 2항, 542조의12 4항), 의결권이 배제·제한되는 종류주식의 의결권행사, 부적법한 의결권의 불통일행사의 경우(368조의2)도 주주총회 결의취소사유에 해당한다고 보아야 할 것이다.

3) 주주총회 결의요건 위반

판례는 주주총회가 소집권자에 의하여 소집되어 개최된 상태에서 정족수에 미달한 결의가 이루어진 경우, 주주총회결의 취소사유에 해당된다고 보고 있다.[463]

4) 의사진행의 현저한 불공정

판례는 사실상 주주 2인으로 구성된 주식회사의 일방 주주가 타방 주주의 주주총회 회의장 입장을 부당하게 방해하였고, 그 의사진행방식 및 결의방식이 개최시각보다 지연 입장하게 된 타방 주주의 의결권행사를 최대한 보장하는 방법으로 이루어지지 아니하여 신의칙에 반하는 경우, 주주총회결의 취소사유가 된다고 보고 있다.[464]

5) 의장의 무자격

판례는 정관상 의장이 될 사람이 아닌 자가 정당한 사유 없이 주주총회 의장

---

460) 대법원 2017.3.23. 선고 2015다248342 전원합의체판결.
461) 대법원 1983.8.23. 선고 83도748 판결 및 대법원 1962.1.31. 선고 4294민상452 판결.
462) 대법원 1965.11.16. 선고 65다1683 판결.
463) 대법원 1996.12.23. 선고 96다32768,32775,32782 판결(무효 또는 부존재결의라 할 수 없음).
464) 대법원 1996.12.20. 선고 96다29998 판결.

이 되어 진행한 주주총회결의는 결의취소사유가 된다고 본다.[465] 그러나 개회선언된 주주총회에서 의안에 대한 심사를 마치지 아니한 채 법률상으로나 사실상으로 의사를 진행할 수 없는 상태에서 주주들의 의사에 반하여 의장이 자진하여 퇴장한 경우, 주주총회가 폐회되었거나 종결되었다고 할 수는 없으며, 이 경우 의장은 적절하게 의사운영을 하여 의사일정의 전부를 종료케 하는 등의 직책을 포기하고 그의 권한 및 권리행사를 하지 아니하였다고 볼 것이므로, 퇴장 당시 회의장에 남아있던 주주들이 임시의장을 선출하여 진행한 주주총회결의는 적법하다고 판시하고 있다.[466]

6) 정관의 강행규정 위반

판례는 1주 1의결권원칙은 강행규정이므로, 법률에서 이 원칙에 대한 예외를 인정하고 있는 경우를 제외하고, 이 원칙을 위반한 정관에 따른 결의는 결의취소사유가 된다고 보고 있다.[판례45]

> **[판례45] 대법원 2009.11.26. 선고 2009다51820 판결**
>
> 주권상장법인이 정관에 의하여, 최대주주가 아닌 주주와 그 특수관계인 등이 3%를 초과하여 소유하는 주식에 관하여 의결권을 제한한 경우, 이에 따른 감사선임결의는 결의취소사유임.

(다) 결의내용의 정관위반

결의내용이 정관을 위반하는 경우는 결의취소사유가 되는데, 정관에서 정한 이사의 정원을 초과하여 이사를 선임한 결의, 정관에서 정한 이사의 자격에 미달인 자를 이사로 선임한 결의 또는 정관에서 정한 이사의 보수한도를 초과하여 지급하기로 하는 결의 등이 이에 해당한다. 만일 결의내용이 법령에 위반하면 뒤에 설명하는 주주총회 결의무효확인의 소의 대상이 된다.

(4) 원고적격

주주총회 결의취소의 소를 제기할 수 있는 자는 주주·이사 또는 감사에 한

---

465) 대법원 1977.9.28. 선고 76다2386 판결(결의부존재사유는 아님).
466) 대법원 2001.5.15. 선고 2001다12973 판결.

한다(376조 1항).

　판례는 주주란 주주명부에 명의개서를 한 주주를 말하며,[467] 제소당시의 주주이면 되고 주주총회 결의 당시의 주주일 필요는 없고,[468] 무의결권주주도 주주총회의 결의가 적법하게 이루어질 것을 요구할 권리가 있으므로, 원고적격이 있다고 보고 있으며,[469] 주주가 주주총회의 결의에 의하여 불이익을 입었는가의 여부에 관계없이 소집절차가 법령에 위반하였음을 이유로 결의취소의 소를 제기할 수 있다고 판시하고 있다.[470] 청산중인 회사의 경우에는 청산인이 그 원고적격이 있다(542조 2항, 376조).

　한편, 원고적격이 있는 이사 또는 감사는 소제기 당시에 이사 또는 감사이어야 한다. 이와 관련하여, 판례는 이사가 사임하여 퇴임하였다 하더라도, 퇴임에 의하여 법률 또는 정관에서 정한 이사의 정원을 결하게 됨으로써 적법하게 선임된 이사가 취임할 때까지 여전히 이사로서의 권리의무를 보유하는 경우에는 이사로서 그 후임이사를 선임한 주주총회결의의 하자를 주장하여 소를 제기할 법률상의 이익이 있다고 보고 있다.[471]

　그리고 주주(이사 또는 감사 포함)가 소제기 후 사망한 경우에도 소송을 통해 적법성을 유지한다는 측면을 감안하여 상속인을 포함한 다른 주주(이사 또는 감사)가 소송수계 할 수 있다고 보는 것이 타당하다고 본다.[472]

(5) 피고적격

　상법상 명시적인 규정은 없으나, 주주총회의 결의는 결정된 회사의 의사로 보아야 하고, 판결의 효력은 회사에 미치므로 <u>피고적격은 회사만이 가진다</u>고 보아야 할 것이다.[473]

---

467) 대법원 2017.3.23. 선고 2015다248342 전원합의체판결, 대법원 1991.5.28. 선고 90다6774 판결(주주총회결의 무효확인을 구할 소익이 있다고 봄).
468) 강희갑, 490; 권기범, 652; 김정호, 356; 서헌제, 777; 손진화, 520; 양명조, 286; 유시창, 222; 이범찬외, 275; 장덕조, 266; 정경영, 490; 최준선, 409; 홍복기외, 272.
469) 김건식, 316; 송옥렬, 940; 양명조, 286; 이기수외, 533; 임재연(II), 176; 장덕조, 266; 정경영, 490; 정동윤, 579; 정찬형, 889; 최기원, 540; 최완진, 176; 최준선, 409.
470) 대법원 1998.5.12. 선고 98다4569 판결 및 대법원 2003.7.11. 선고 2001다45584 판결.
471) 대법원 1992.8.14. 선고 91다45141 판결(결의부존재 확인소송의 원고적격이 있다고 봄).
472) 민사소송법 237조 1항에 의한 소송수계규정을 유추적용함; 김건식, 317; 서헌제, 777; 이철송, 594. 이에 반하여 포괄승계만 허용된다는 견해로는 강희갑, 490; 권기범, 652; 손진화, 520; 양명조, 286; 유시창, 222; 이기수외, 533; 임재연(II), 177; 정동윤, 579; 최기원, 540; 최준선, 409.

이사가 원고인 경우에는 대표이사가 아닌 감사가 회사를 대표하여 소송을
수행한다(394조 1항). 이와 관련하여 판례는 감사가 2인 이상 있는 경우 각자가 단
독으로 회사를 대표하여 그 권한을 행사할 수 있으므로, 감사 중 1인이 회사를
대표하여 피고 이사를 상대로 하여 소를 제기하였더라도 다른 감사가 원고회사
를 대표하여 이 소를 취하할 적법한 권한이 있으며,474) 대표이사가 소송의 대상
이 된 결의에 의하여 선임된 이사라고 할지라도, 회사의 이사선임결의의 하자를
주장하는 소송에서 회사를 대표할 자는 현재 대표이사로 등기되어 그 직무를 행
하는 자인 것으로 판시하고 있다.475)

(6) 제소기간

결의취소의 소는 결의가 있은 날로부터 2월내에 제기하여야 한다(376조 1항).
회사법상의 법률관계의 불안정을 가급적 조기에 해소하기 위하여 둔 규정이다.

판례는 이 기간이 지난 후에 제기된 소는 부적법하여 각하되어야 하며, 주주
총회에서 여러 개의 안건이 상정되어 각기 결의가 행하여진 경우 위 제소기간의
준수 여부는 각 안건에 대한 결의마다 별도로 판단되어야 한다고 판시하고 있
다.476)

제소기간이 경과한 후에 새로운 취소사유를 추가할 수 있는지 여부에 관하
여, 허용되지 않는다는 견해가 있으나,477) 구체적 타당성에 입각하여 실질적 정
의를 구현하기 위해 이를 허용해야 한다고 생각한다.478) 이와 관련하여, 판례는
주주총회결의 취소소송 제기기간 내에 그 결의에 관하여 부존재확인의 소를 제
기하였다가 취소소송 제기기간 경과 후 동일한 하자를 원인으로 한 취소소송으

---

473) 강희갑, 490; 김건식, 317; 김홍기, 542; 송옥렬, 941; 양명조, 288; 이기수외, 533; 정경영, 490; 정
　　동윤, 579; 정찬형, 889; 최준선, 410; 한창희, 257; 홍복기외, 272. 이에 반하여 피고는 회사에 한
　　한다는 전제하에 소송의 결과에 대하여 특히 중대한 이해관계를 갖는 자에게는 공동소송참가 또
　　는 공동소송적 보조참가를 인정하는 것이 타당하다는 견해로는 권기범, 653; 유시창, 223; 이철송,
　　595; 임재연(II), 190; 최기원, 542.
474) 대법원 2003.3.14. 선고 2003다4112 판결.
475) 대법원 1983.3.22. 선고 82다카1810 전원합의체판결(결의무효확인 또는 부존재확인을 구한 사
　　안임).
476) 대법원 2010.3.11. 선고 2007다51505 판결.
477) 강희갑, 490; 권기범, 653; 서헌제, 779; 손진화, 520; 이기수외, 534; 이철송, 595; 임재연(II), 189;
　　주석상법 회사(III) 166; 정동윤, 580; 최기원, 544; 최준선, 409.
478) 김홍기, 543.

로 소를 변경하거나 추가한 경우, 부존재확인의 소제기시에 제기된 것과 동일하게 취급하여 제소기간을 준수한 것으로 보고 있다.[479]

다. 결의무효확인의 소

(1) 의의

주주총회의 <u>결의의 내용이 법령에 위반하는 경우</u> 결의무효의 소를 제기할 수 있다(380조).

(2) 소의 성질

(가) 형성소송설

소에 의해서만 하자를 주장할 수 있다는 견해이다. 상법이 소송절차에 관해 규정하고 있고(380조), 판결에 대세적 효력을 부여한 점 및 단체법적 법률관계의 획일화를 기할 수 있다는 점을 그 논거로 든다.[480] 동일한 결의의 효력이 원고에 따라 상이해지는 모순이 생긴다는 점을 언급하기도 한다.[481]

(나) 확인소송설

결의내용이 법령에 위반한 경우에는 당연 무효이며, 따라서 누구든지 그리고 언제든지 어떠한 방법으로든 이를 주장할 수 있다는 견해이다. 상법이 제소기간이나 제소권자에 제한을 두지 않았고, 공익 또는 주식회사의 본질에 반하는 결의도 판결이 있을 때까지 유효하다고 보아야 하는 문제가 있으며, 형성소송으로 보게 됨으로써 발생하는 2중의 절차를 강제하는 문제도 있다는 점을 그 논거로 들고 있다.[482]

무엇보다도 형성소송설에 의할 때 무효임에도 이를 바로잡기 위해서는 반드시 소송으로 제기해야 한다는 점은 단체법적인 획일확정에 치우친 나머지, 구체

---

479) 대법원 2003.7.11. 선고 2001다45584 판결.
480) 정동윤, 585.
481) 이철송, 601.
482) 강희갑, 495; 권기범, 658; 김건식, 321; 김동훈, 268; 김정호, 360; 김홍기, 546; 서헌제, 787; 손진화, 524; 송옥렬, 939; 양명조, 295; 이기수외, 538; 이범찬외, 283.

적 타당성이라는 측면을 너무 소홀히 하였다고 보며, 2중 판결의 문제는 상급법원의 판결 그리고 상법상 무효확인판결의 대세적 효력과 소급효에 의해 처리되어야 할 문제라고 판단된다. 따라서 확인소송설에 찬성한다.

판례는 주주총회결의의 효력이 회사 아닌 제3자 사이의 소송에 있어 선결문제로 된 경우에는 당사자는 언제든지 당해 소송에서 그 주주총회결의가 처음부터 무효 또는 부존재한다고 주장하면서 다툴 수 있다[483]고 하면서, 확인소송설에 따르고 있다.

(3) 소의 원인

주주총회결의의 내용이 법령에 위반한 경우란 주식평등의 원칙에 반하는 결의,[484] 주주유한책임의 원칙에 위반하는 결의,[485] 주주총회의 권한에 속하지 아니하는 사항에 관한 결의,[486] 주주총회의 전속적 권한을 타인에게 위임하는 결의,[487] 또는 선량한 풍속 기타 사회질서에 반하는 결의[488] 기타 상법 등 법령에 위반하는 내용의 결의를 말한다.

(4) 당사자적격

원고적격이 있는 자는 주주·이사 또는 감사에 제한되지 않고, 소의 이익이 있는 자는 누구나 해당될 수 있으며, 피고적격은 그 성질상 회사로 한정된다.[489]

(5) 제소기간

결의무효확인의 소에는 상법상 제소기간의 제한이 없다. 따라서 소의 이익이 있는 자는 언제든지 소를 제기할 수 있다.

---

483) 대법원 2011.6.24. 선고 2009다35033 판결 및 대법원 1992.9.22. 선고 91다5365 판결.
484) 예를 들어, 법률상 예외규정이 없음에도, 특정 주식 1주당 복수의 의결권을 부여한 상태에서 의결권이 행사된 결의를 말함.
485) 예를 들어, 기존주주에게 신주인수를 강제하는 결의를 말함.
486) 예를 들어, 회사와 아무 관련 없는 이사의 개인재산처분을 제한하는 결의를 말함.
487) 예를 들어, 이사선임을 이사회에 위임하는 경우를 말함.
488) 예를 들어, 이사를 남자만으로 선임하도록 강제한 상태에서 남자들 중에서만 선출한 결의를 말함.
489) 대법원 1982.9.14. 선고 80다2425 전원합의체판결. 한편, 주주총회결의 부존재 또는 무효확인을 구하는 소를 여러사람이 공동으로 제기한 경우, 민사소송법 67조가 적용되는 필수적 공동소송에 해당됨(대법원 2021.7.22. 선고 2020다284977 판결).

라. 결의부존재확인의 소

(1) 의의

판례에 의하면, 주주총회결의 부존재확인의 소란 주주총회의 결의라는 주식회사 내부의 의사결정이 일단 존재하기는 하지만, 그와 같은 의사결정을 위한 주주총회의 소집절차 또는 결의방법에 총회결의가 존재한다고 볼 수 없을 정도의 중대한 하자가 있는 경우에, 그 결의를 법률상 유효한 주주총회의 결의라고 볼 수 없음을 확인하는 판결을 구하는 소로 보고 있다(380조).490) 제소기간과 제소권자에 대한 제한이 없다는 점도 결의취소의 소와 다르다. 한편, 주주총회결의 자체가 있었다는 점에 관하여는 회사가 입증책임을 부담하는 반면, 그 결의에 이를 부존재로 볼 만한 중대한 하자가 있다는 점에 관하여는 부존재를 주장하는 자가 입증책임을 부담한다.491)

(2) 소의 성질

무효확인의 소에서 설명한 내용과 같이, 확인소송설에 따라 해석하는 것이 타당할 것이다.

(3) 소의 원인

판례는 주주총회부존재확인의 소의 대상에 해당하는 경우로써, 주주총회를 개최한 사실이 없음에도 불구하고 그러한 사실이 있는 양 의사록을 허위로 만들어 그 등기를 거친 경우,492)[판례46] 권한이 없는 자가 소집한 주주총회의 결의,493)[판례47] 소집절차를 전혀 거치지 아니한 채 일부의 주식을 소유한 주주에

---

490) 대법원 1992.8.18. 선고 91다39924 판결.

491) 대법원 2010.7.22. 선고 2008다37193 판결.

492) 대법원 1992.8.18. 선고 91다39924 판결, 대법원 1992.8.18. 선고 91다14369 판결(이 판결들은 이사회가 임시주주총회의 소집을 결의한 바 없고, 대표이사가 주주총회를 소집하여 개최한 사실이 없음에도 주주총회의사록을 위조하고, 임원개임등기를 경료한 사안임; 판례는 이 판결당시에 부존재확인판결의 소급효가 적용되지 않았던 문제점을 해결하고자, 소급효가 예외적으로 인정될 수 있는 이 두 개의 사안에서의 주주총회결의를 표현결의라는 별도의 명칭으로 구분하고 있으나, 현재는 부존재확인판결에도 소급효가 인정되므로, 표현결의를 별도로 인정할 실익은 사실상 없다고 판단됨), 대법원 1969.9.2. 선고 67다1705,1706 판결 및 [판례46].

493) 대법원 2022.11.10. 선고 2021다271282 판결(주주총회를 소집할 권한이 없는 자가 이사회의 주주총회 소집결정도 없이 소집한 주주총회에서 이루어진 결의는 특별한 사정이 없는 한 총회 및 결

지나지 않는 1인만이 참석하여 개최한 임시주주총회의 결의,494) 주주의 전부 또
는 대부분의 주주에게 소집통지를 발송하지 아니하고 개최된 주주총회의 결
의495) 등을 판시하고 있다.

> **[판례46] 대법원 2007.2.22. 선고 2005다73020 판결**
>
> 　주식의 소유가 실질적으로 분산되어 있는 경우에 실제 소집절차와 결의절차를 거치
> 지 아니한 채 주주총회의 결의가 있었던 것처럼 주주총회의사록을 허위로 작성한 것이라
> 면, 설사 1인이 총주식의 대다수인 98%를 가지고 있고 그 지배주주에 의하여 의결이 있
> 었던 것으로 주주총회 의사록이 작성되어 있다 하더라도, 도저히 그 결의가 존재한다고
> 볼 수 없을 정도로 중대한 하자가 있는 때에 해당하여 그 주주총회의 결의는 부존재한다
> 고 보아야 함.

> **[판례47] 대법원 2010.6.24. 선고 2010다13541 판결**
>
> 　임기만료로 퇴임한 이사 갑이 소집한 이사회에서 갑과 임기만료로 퇴임한 이사 을
> 및 이사 병이 참석하여 정을 대표이사에서 해임하고 갑을 대표이사로 선임하는 결의를
> 한 다음, 갑이 곧바로 소집한 주주총회에서 갑, 을, 병이 주주로 참석하여 정을 이사에서
> 해임하고 갑과 무를 이사로 선임하는 결의를 한 사안에서, 위 이사회결의는 정관에 정한
> 소집절차 및 의결정족수에 위배되어 무효이고, 위 주주총회결의는 소집권한 없는 자가
> 이사회의 소집결정 없이 소집한 주주총회에서 이루어진 것으로 그 하자가 중대하여 법률
> 상 존재하지 않는다고 보아야 함.

(4) 당사자적격

　소제기권자를 제한하고 있지 아니하므로, <u>누구나 소의 이익이 있는 자는 부
존재확인의 소를 제기할 수 있다.</u> <u>피고적격</u>은 그 성질상 <u>회사</u>로 한정된다.496)

의라고 볼 만한 것이 사실상 존재한다고 하더라도 그 성립과정에 중대한 하자가 있어 법률상 존
　재하지 않는다고 보아야 함), 대법원 1993.10.12. 선고 92다28235,28242 판결 및 [판례47].

494) 대법원 1989.7.11. 선고 89다카5345 판결.
495) 대법원 1978.11.14. 선고 78다1269 판결, 대법원 1980.12.9. 선고 80다128 판결 및 대법원 1968.1.
　31. 선고 67다2011 판결.
496) 대법원 1982.9.14. 선고 80다2425 전원합의체판결.

(가) 주주인 경우의 소송요건

판례는 ① 사실상 1인회사인 주식회사가 발행한 주식 전부를 양도한 다음, 그 대표이사직을 사임함과 동시에 양수인이 동 회사를 인수함에 있어 어떠한 형태로 처리하더라도 이의를 제기하지 않기로 한 양도인,497) ② 양수인에게 주권을 교부할 의무를 이행하지 않은 주식양도인,498) ③ 실질상의 주주에게 단순히 명의만을 대여한 자499) 및 ④ 기명주식을 양도받았으나 주주명부에 명의개서를 하지 아니한 자500)는 <u>원고적격이 없다</u>고 보고 있다. 그러나 ① 주권발행 전 주식의 양도인이 다른 원시주주의 지위에서 주주총회 부존재확인을 구하는 것은 자기의 권리 또는 법적 지위에 대한 불안 내지 위험이 있는 자로서 소의 이익이 있으며,501) ② 전혀 소집한 바도 없고 결의한 바도 없는 주주총회결의에 관하여 이를 찬동, 추인한 주주도 <u>소의 이익이 있다</u>고 판시하고 있다.502)

(나) 회사임원인 경우의 소송요건

판례는 ① 임시주주총회에서 선임된 임원이 모두 그 직을 사임하여 그 사임등기가 경료된 후 새로운 임시주주총회에서 임원이 새로 선임되었다면, 최초 임시주주총회결의 무효확인 또는 부존재확인을 구할 법률상의 이익은 없다고 보며,503) ② 이사가 임원개임의 주주총회결의에 의하여 임기만료 전에 이사직에서 해임당하고 후임이사의 선임이 있었다 하더라도, 그 후에 새로 개최된 유효한 주주총회결의에 의하여 후임이사가 선임되어 선임등기까지 마쳐진 경우라면, 그 새로운 주주총회의 결의가 무권리자에 의하여 소집된 총회라는 하자 이외의 다른 절차상, 내용상의 하자로 인하여 부존재 또는 무효임이 인정되거나 그 결의가 취소되는 등의 특별한 사정이 없는 한, 당초의 이사개임결의가 무효라 할지라도 이에 대한 부존재나 무효확인을 구하는 것은 과거의 법률관계 내지 권리관계의 확인을 구하는 것에 귀착되어 확인의 소로서의 권리보호 요건을 결여한 것으로 보

---

497) 대법원 1992.8.14. 선고 91다45141 판결.
498) 대법원 1991.12.13. 선고 90다카1158 판결.
499) 대법원 2017.3.23. 선고 2015다248342 전원합의체판결, 대법원 1980.12.9. 선고 79다1989 판결.
500) 대법원 1991.5.28. 선고 90다6774 판결.
501) 대법원 1970.3.10. 선고 69다1812 판결.
502) 대법원 1997.4.26. 선고 76다1440 판결.
503) 대법원 1982.9.14. 선고 80다2425 전원합의체판결.

고 있다.504)

한편, 판례는 ① 후임이사 선임결의가 부존재하거나 무효 등의 사유가 있어 구 이사가 계속 권리의무를 가지게 되는 경우에는 당초 선임이사의 해임결의의 부존재확인을 구할 법률상의 이익이 있고,505) ② 존재하지 않은 주주총회결의에 의하여 해임당한 이사는 그가 주주인 여부에 관계없이 당해 해임결의의 부존재확인을 구할 법률상 이익이 있으며,506) ③ 그 결의의 내용이 이사의 해임결의가 아니라 그 이사의 임기만료를 이유로 후임이사를 선임하는 결의라고 할지라도 후임이사 취임시까지 이사의 권리의무를 보유하는 경우에는 그 퇴임이사는 후임이사 선임결의의 하자를 주장하여 그 부존재 또는 무효확인을 구할 법률상 이익이 있다고 판시하고 있다.507)

(다) 회사채권자인 경우의 소송요건

판례에 의하면, ① 주식회사의 채권자는 그 주주총회의 결의가 그 채권자의 권리 또는 법적 지위를 구체적으로 침해하고 또 직접적으로 이에 영향을 미치는 경우에 한하여 주주총회결의 부존재확인을 구할 이익이 있고,508) ② 임원을 선임하거나 상호변경 및 사업목적의 추가와 관련한 정관변경을 위한 주주총회결의만으로는 채권자의 권리나 법적 지위가 현실적으로 직접 어떠한 구체적인 영향을 받았다고 할 수 없으므로, 채권자는 확인의 이익이 없으며,509) ③ 채권자가 채권자대위권을 행사할 당시 이미 채무자가 제3채무자에 대한 권리를 재판상 행사하였을 때에는 설사 패소의 확정판결을 받았더라도 채권자는 채무자를 대위하여 채무자의 권리를 행사할 당사자적격이 없다고 보고 있다.510)

(5) 제소기간

결의부존재확인의 소에도 상법상 제소기간의 제한이 없다. 따라서 <u>소의 이</u>

---

504) 대법원 2002.9.24. 선고 2002다8452 판결, 대법원 1996.10.11. 선고 96다24309 판결, 대법원 1995.2.24. 선고 94다50427 판결 및 대법원 1991.12.13. 선고 90다카1158 판결.
505) 대법원 1991.12.13. 선고 90다카1158 판결.
506) 대법원 1966.9.27. 선고 66다980 판결 및 대법원 1962.1.25. 선고 4294민상525 판결.
507) 대법원 1982.12.14. 선고 82다카957 판결.
508) 대법원 1992.8.14. 선고 91다45141 판결 및 대법원 1991.12.13. 선고 90다카1158 판결.
509) 대법원 1980.10.27. 선고 79다2267 판결.
510) 대법원 1993.3.26. 선고 92다32876 판결.

의이 있는 자는 언제든지 소를 제기할 수 있다.

마. 부당결의취소·변경의 소

(1) 의의

주주가 특별이해관계로 인하여 의결권을 행사할 수 없었던 경우에, 결의가 현저하게 부당하고 그 주주가 의결권을 행사하였더라면 이를 저지할 수 있었을 때에는, 그 주주는 그 결의의 날로부터 2개월내에 결의의 취소의 소 또는 변경의 소를 제기할 수 있다(381조). 특별한 이해관계 때문에 의결권을 행사하지 못함으로 인하여 오히려 현저하게 불공정한 결의가 성립된 경우에 이러한 불공정을 시정하기 위한 규정이다.

(2) 소의 성질 등

본질적으로 결의취소의 소에 해당한다고 보아야 할 것이므로, 소의 성질은 형성의 소이다. 원고적격은 특별한 이해관계로 인해 의결권을 행사하지 못한 주주에게 있으며, 피고적격은 회사에 있다.

바. 소송절차

(1) 전속관할, 소제기의 공고, 병합심리 및 소가

주주총회결의취소, 무효확인, 부존재확인, 부당결의취소·변경의 소 모두 회사의 본점소재지의 지방법원의 관할에 전속하며, 이 4가지 소송이 제기된 때에는 회사는 지체없이 공고하여야 하고, 수개의 주주총회결의취소, 무효확인, 부존재확인 또는 부당결의취소·변경의 소가 제기된 때에는 법원은 이를 병합심리하여야 하며(376조 2항, 380조, 381조 2항, 186조 내지 188조), 이 4가지 소는 비재산권을 목적으로 하는 소로서 소가는 1억원으로 한다(민사소송 등 인지법 2조 4항, 민사소송 등 인지규칙 15조 2항, 18조의2 단서).

(2) 제소주주의 담보제공의무

주주가 주주총회결의취소, 무효확인, 부존재확인 또는 부당결의취소·변경의 소를 제기한 때에는, 회사가 주주의 소제기가 <u>악의</u>[511]임을 소명하면서, 상당한 담보제공을 청구하는 경우, 법원은 주주에게 상당한 담보를 제공할 것을 명할 수 있다. 그러나 <u>주주가 이사 또는 감사인 때에는 상당한 담보</u>[판례48]를 제공할 것을 명할 수 없다(377조, 380조, 381조 2항, 176조 4항). 이 규정은, 주주총회결의취소, 무효확인, 부존재확인 또는 부당결의취소·변경의 소를 제기한 자가 패소한 경우 악의가 있는 때에 회사에 대하여 연대하여 손해를 배상하여야 할 책임(376조 2항, 380조, 381조 2항, 191조)과 관련하여 그 실효성을 확보하기 위한 규정이다.

[판례48] 대법원 1963.2.28.자 63마2 결정

주주가 결의취소의 소를 제기한 경우에 제공하는 담보는 그 소송제기로 인하여 회사가 받고 또 장차 받게 될 모든 손해를 담보하는 것이 목적이므로 그 담보액은 회사가 받게 될 모든 불이익을 표준으로 하여 법원의 자유재량에 의하여 정할 수 있음. (평석: 결의무효확인 또는 부존재확인의 소에도 유추적용될 수 있을 것임)

사. 판결의 효력

(1) 원고승소판결

주주총회결의 취소, 무효확인, 부존재확인 또는 부당결의취소·변경의 소송에서 원고가 승소한 경우에는 그 판결의 효력은 당사자뿐만 아니라 제3자에 대하여도 그 효력 즉, 대세적 효력이 있다(376조 2항, 380조, 381조 2항, 190조 본문). 주주총회와 관련된 분쟁을 일률적으로 확정하기 위하여 민사소송법상 기판력의 주관적 범위가 소송당사자간에만 미치는 것에 대한 예외를 인정한 것이다.

한편, 주주총회결의 취소, 무효확인, 부존재확인 또는 부당결의취소·변경의 소송에서 원고가 승소한 경우에는 그 판결의 효력은 소급하므로, 문제된 주주총회의 결의는 처음부터 그 효력을 상실한다(376조 2항과 380조에서 190조 본문만을 준용하고 190조 단서를 준용하지 않는 것에 대한 반대해석의 결과임). 이러한 소급효로 인하여 문제된 주

---

511) 소제기가 원인이 없음을 알고 있는 경우를 말함.

주총회결의 이후에 형성된 법률관계의 불안정을 야기할 위험이 있는데, 이를 해결하기 위하여 상법 39조(부실의 등기)512), 동법 395조(표현대표이사의 행위와 회사의 책임)513) 또는 민법 126조(권한을 넘은 표현대리)514) 등이 적용될 수 있을 것이다.515)

또한 결의된 사항이 등기된 경우에 주주총회결의취소, 무효확인, 부존재확인 또는 부당결의취소·변경판결이 확정된 때에는 본점과 지점의 소재지에서 등기하여야 한다(378조, 380조, 381조 2항).

(2) 원고패소판결

원고의 주주총회결의 취소, 무효확인, 부존재확인청구 또는 부당변경취소·변경판결이 각하 또는 기각된 경우 그 패소판결은 대세적 효력이 없다. 따라서 무효확인 또는 부존재확인의 소는 제3자가 원고가 되어 별도의 소를 제기할 수 있을 것이나, 결의취소 및 부당결의취소·변경의 소는 결의일로부터 2개월이라는 제소기간의 제한이 있어 사실상 제3자의 취소소송제기가 소송요건의 미비로 인하여 각하될 가능성이 높다. 또한 위 4가지 소송 모두 원고가 패소한 경우에 악의 또는 중대한 과실이 있는 때에는 회사에 대하여 연대하여 손해를 배상할 책임이 있다(376조 2항, 380조, 381조 2항, 191조).

(3) 재량기각판결

주주총회결의취소의 소가 제기된 경우에 결의의 내용, 회사의 현황과 제반사정을 참작하여 그 취소가 부적당하다고 인정한 때에는 법원은 그 청구를 기각할 수 있다(379조).

판례는, ① 주주총회 결의절차에 하자가 있는 경우에 결의를 취소하더라도 회사 또는 주주의 이익이 되지 않거나 이미 결의가 집행되었기 때문에 이를 취소하여도 아무런 효과가 없음에도 불구하고 이를 취소함으로써 회사에 손해를 끼

---

512) 고의 또는 과실로 인하여 사실과 상위한 사항을 등기한 자는 그 상위를 선의의 제3자에게 대항하지 못함.
513) 사장, 부사장, 전무, 상무 기타 회사를 대표할 권한이 있는 것으로 인정될 만한 명칭을 사용한 이사의 행위에 대하여는 그 이사가 회사를 대표할 권한이 없는 경우에도 회사는 선의의 제3자에 대하여 그 책임을 짐.
514) 대리인이 그 권한 외의 법률행위를 한 경우에 제3자가 그 권한이 있다고 믿을 만한 정당한 이유가 있는 때에는 본인은 그 행위에 대하여 책임이 있음.
515) 대법원 2004.2.27. 선고 2002다19797 판결 및 대법원 1992.8.18. 선고 91다39924 판결.

치거나 일반거래의 안전을 해치는 것을 막고 결의취소의 소의 남용을 방지하려
는데 이 규정의 취지가 있으므로, 재량기각의 사정이 인정되는 경우에는 당사자
의 주장이 없더라도 직권으로 재량에 의하여 취소청구를 기각할 수 있다고 판시
하고 있으며,516) ② 법원이 감자무효의 소를 재량기각하기 위해서는 원칙적으로
그 소제기 전이나 그 심리중에 원인이 된 하자가 보완되어야 하지만, 하자가 추
후 보완될 수 없는 성질의 것으로서 자본감소결의의 효력에는 아무런 영향을 미
치지 않는 것인 경우 등에는 그 하자가 보완되지 아니하였다 하더라도, 회사의
현황 등 제반사정을 참작하여 자본감소를 무효로 하는 것이 부적당하다고 인정
한 때에는 법원은 그 청구를 기각할 수 있다고 보고 있다.517)

　오직 결의취소의 소에만 재량기각이 인정되고, 결의무효확인, 부존재확인 및
부당결의취소·변경의 소에는 재량기각이 인정되지 아니한다.

(4) 하자를 다투는 소송 중 화해, 인낙 또는 조정 불인정

　주주총회결의의 하자를 다투는 소에 있어서 청구의 인낙이나 그 결의의 부
존재 또는 무효를 확인하는 내용의 화해 또는 조정은 할 수 없고, 만일 이러한 내
용의 청구인낙 또는 화해, 조정이 이루어졌다 할지라도 청구인낙 및 화해, 조정
조서는 그 효력이 없다.518)

아. 후속행위의 하자를 주장하는 신주발행무효의 소 등과의 관계

　주주총회결의에 취소, 무효확인, 부존재확인 또는 부당결의취소·변경의 사
유가 있는 동시에 이러한 사유가 후속행위의 하자로 계속되어 신주발행무효의
소, 자본금감소무효의 소, 합병무효의 소, 분할무효의 소 또는 주식의 포괄적 교

---

516) 대법원 2009.1.30. 선고 2006다31269 판결 및 대법원 2003.7.11. 선고 2001다45584 판결.
517) 대법원 2004.4.27. 선고 2003다29616 판결 및 대법원 1987.9.8. 선고 86다카2971 판결. 이에 반하
　　여 하자가 중대하고 결의에 영향을 줄 수 있었던 경우에도 재량기각하는 것은 재량일탈이라는 견
　　해로는 송옥렬, 943; 주석상법 회사(III), 177; 최기원, 548; 최준선, 414. 그러나 하자가 중대하고
　　결의에 영향을 준 경우에 무조건 재량기각을 불허하는 것은 재량기각조항의 취지에 맞지 않을 뿐
　　만 아니라 사안에 따라서 구체적 타당성과 법적 안정성을 비교형량한 결과 법적 안정성을 보다
　　중시하여 재량기각을 할 수 있는 경우도 있다고 보아야 할 것이므로, 판례의 태도에 원칙적으로
　　찬성함(동지 김건식, 320; 임재연(II), 194).
518) 대법원 2004.9.24. 선고 2004다28047 판결 및 대법원 1993.5.27. 선고 92누14908 판결.

환무효의 소(360조의14), 주식의 포괄적 이전무효의 소(360조의23)의 사유도 되는 경
우에 양소의 경합가능성이 문제된다. 살피건대, 합병무효는 반드시 합병무효의
소만에 의해 주장될 수 있다는 점(529조), 후속행위의 하자를 다투는 소송방법을
별도로 규정한 취지 및 효율적, 궁극적 분쟁의 해결이라는 측면 그리고 합병 등
의 효력발생 전에는 주주총회결의 취소, 무효확인, 부존재확인 또는 부당결의취
소·변경의 소를 인정해도 별 문제가 없다는 점을 감안할 때, 합병 등의 효력발생
전에는 전자의 소를 제기할 수 있으나, 효력발생 후에는 특별한 사정이 없는 한, 후
속행위의 하자를 다투는 소송만 제기할 수 있다고 보는 것이 타당할 것이다.519)[판
례49], [판례50], [판례51]

[판례49] 대법원 2010.2.11. 선고 2009다83599 판결

　주주총회의 자본감소 결의에 취소 또는 무효의 하자가 있다고 하더라도, 그 하자가
중대하여 자본감소가 존재하지 아니하는 정도에 이르는 등의 특별한 사정이 없는 한, 자
본감소의 효력이 발생한 후에는 자본감소 무효의 소에 의해서만 다툴 수 있음.

[판례50] 대법원 2004.8.20. 선고 2003다20060 판결

　설령 이사회나 주주총회의 신주발행 결의에 취소 또는 무효의 하자가 있다고 하더라
도 그 하자가 극히 중대하여 신주발행이 존재하지 아니하는 정도에 이르는 등의 특별한
사정이 없는 한, 신주발행의 효력이 발생한 후에는 신주발행무효의 소에 의하여서만 다
툴 수 있음.

[판례51] 대법원 1993.5.27. 선고 92누14908 판결

　회사합병에 있어서 합병등기에 의하여 합병의 효력이 발생한 후에는 합병무효의 소
를 제기하는 외에 합병결의 무효확인청구만을 독립된 소로서 구할 수 없음.

---

519) 김동훈, 272; 김홍기, 551; 서헌제, 792; 손진화, 527; 장덕조, 263; 정경영, 488; 정동윤, 589; 주석
　　상법 회사(III), 171; 최기원, 545; 최완진, 175; 최준선, 406; 홍복기외, 281. 판례도 부존재확인의
　　소의 경우를 제외하고는 원칙적으로 이 입장을 지지하고 있다고 봄([판례49], [판례50] 및 [판례
　　51]).

자. 결의하자를 다투는 소 상호간의 청구취지 동일성 인정여부

위 4가지의 결의하자를 다투는 소를 동일한 소송물로 보아, 당사자가 제기한 소송형태와 관계없이, 법원이 재량에 의해 다른 소송을 제기한 것으로 간주하여 청구를 인정해 줄 수 있는지가 문제된다.

살피건대, 하자를 다투는 원고의 소송제기형식에 구애받지 않고, 하자의 다툼이 있는 결의가 4가지 소송 중 그 어느 하나의 소송에 따른 하자를 인정할 수 있는 경우라면 승소판결을 하는 것이, 원고의 이익을 보호하고 나아가 실질적으로 승소해야 할 자가 승소하여야 한다는 법적 정의라는 입장에서도 타당한 견해라고 생각한다.[520]

이와 관련하여 판례는, ① 결의취소의 소가 제기된 경우에 결의부존재를 인정해 줄 수 없다고 하였으나,[521] ② 그 후에 입장을 바꾸어, 원고가 결의무효확인을 청구하고 있다 할지라도 이는 부존재확인의 의미로 무효확인을 구하는 취지로 볼 수 있어 원고의 청구를 인용하였으며,[522] ③ 결의에 관한 부존재확인의 소가 결의의 날로부터 2개월내에 제기되어 있다면, 동일한 하자를 원인으로 하여 결의의 날로부터 2개월이 경과한 후 취소소송으로 소를 변경하거나 추가한 경우에도 부존재확인의 소제기시에 제기된 것과 동일하게 취급하여 제소기간을 준수한 것으로 보고 있다.[523]

차. 하자있는 결의의 추인

무효인 결의나 부존재한 결의를 추인한다는 것은 있을 수 없다는 견해가 있으나,[524] 판례는 무효행위를 추인한 때에는 달리 소급효를 인정하는 법률규정이 없는 한 새로운 법률행위를 한 것으로 보아야 할 것이고, 이는 무효인 결의를 사후에 적법하게 추인하는 경우에도 마찬가지라고 판시하고 있다.[525]

---

520) 유시창, 217; 송옥렬, 941; 최기원, 529; 최준선, 404.
521) 대법원 1978.9.26. 선고 78다1219 판결(주주총회결의 자체가 법률상 존재하지 않음을 이유로 결의 취소청구를 각하하였음).
522) 대법원 1983.3.22. 선고 82다카1810 전원합의체판결(결의무효확인과 부존재확인청구 모두 법률상 유효한 결의의 효과가 현재 존재하지 아니함을 확인받고자 하는 점에서 동일함).
523) 대법원 2003.7.11. 선고 2001다45584 판결.
524) 이철송, 619.

VI. 이　　사

1. 의의

이사(Director)란 이사회의 일원으로서 <u>회사의 수임인의 지위</u>(동조 2항)에서, 회사의 중요한 업무집행결정에 참가하고, 그 결정된 내용에 따라 또는 독자적으로 회사업무를 집행하는 자를 말한다.

이사제도의 취지는 소유와 경영의 분리를 대원칙으로 하고 있는 우리 회사법체제하에서, 주주가 모두 회사경영에 참가함으로 인하여 발생하는 <u>거래비용을 감소</u>시키면서 동시에 주주가 임명한 전문경영인인 이사로 하여금 경영을 책임지게 함으로써 <u>효율적이고 전문적으로 회사를 운용</u>하고자 함에 있다.

2. 종류

상법은 이사를 <u>사내이사, 사외이사526)</u> 및 <u>그 밖에 상무에 종사하지 아니하는 이사</u>로 구분하여 등기하도록 하고 있다(317조 2항 8호). 물론 모두 주주총회에서 선임된다.

<u>사내이사</u>란 상무에 종사하는 이사를 말한다. <u>사외이사</u>란 업무집행기관에 대한 감독기능을 강화하기 위해 도입된 제도로서, 사내이사를 통한 경영자 지배현상이 더욱 강화됨으로써 발생하는 이사 본인이익의 우선시화 즉, 회사와 이사와의 이익충돌문제를 방지하기 위하여 <u>사내이사로 구성되는 경영진과는 독립적인 지위</u>에서 임무를 수행할 것이 요구되는 이사를 말한다. <u>그 밖에 상무에 종사하지 아니하는 이사</u>란 상무에 종사하지 아니하는 이사로서 사외이사가 아닌 이

---

525) 대법원 2011.6.24. 선고 2009다35033 판결 및 대법원 1995.4.11. 선고 94다53419 판결.

526) 2010년부터 2012년까지의 사업보고서에 안건별 그리고 사외이사별 출석 및 의결행위정보를 공개한 상장기업 중 평균매출액 기준 상위 100개의 비금융 사기업과 관련하여, 4,253회 이사회의 9,101개 안건 중 612명의 전체 사외이사 중에서 한 명이라도 반대(보류, 수정요구, 조건부 찬성 포함)한 경우는 33건(0.4%)에 불과함(15개 기업의 사외이사 59명만이 3년간 한번 이상 반대표를 행사했다고 하며, 이 15개 기업 중 반대의견이 있었던 안건 수로 상위 2개 기업을 제외하면, 나머지 13개 기업에서 18건이라고 함(김재훈 · 이화령, "사외이사제도의 문제점과 개선방안", KDI FOCUS 통권 56호, 2015, 2쪽)).

사를 말한다. 실무상 회사내부에서는 사외이사와는 별도로 상무에 종사하지 아
니하는 이사를 임명해 왔는데, 이를 상법상 이사로 편입할 수 있는 길을 열어
준 것이다.

3. 선임 및 퇴임 등

가. 자격

(1) 의의

상법에는 이사의 자격에 관한 일반적인 규정이 없다. 살펴건대, 정관에 의해
이사의 자격을 제한하는 것은 사회질서 또는 주식회사의 본질에 반하지 않는 한
허용된다고 보아야 할 것이다.527)

한편, 법인의 이사자격 유무와 관련하여, 이사는 회사에 대하여 수임인의 지
위를 가지며, 따라서 인적 신뢰관계를 바탕으로 한다고 보아야 할 것이므로, 인
적 신뢰관계를 형성할 수 없는 법인은 이사자격이 없다고 보는 것이 타당할 것이
다.528)

또한 제한능력자라도 원칙적으로 이사자격에 제한이 없다고 보아야 할 것이
나, 수임인이 성년후견개시심판을 받은 경우에 위임관계는 종료되므로(민법 690조
후단), 피성년후견인은 이사가 될 수 없다고 보아야 할 것이다.529) 파산선고를 받
은 자도 이사가 될 수 없다고 보아야 할 것이다(민법 690조 전단).530)

---

527) 정관으로 이사가 반드시 일정 수 이상의 주식을 보유한 주주여야 함을 정할 수 있는 바(자격주),
　　이때 다른 규정이 없는 때에는 이사는 자신이 보유한 주권을 감사에게 공탁해야 함(387조).
528) 강희갑, 511; 김정호, 462; 김홍기, 556; 서헌제, 797; 양명조, 314; 이범찬외, 287; 이철송, 633; 장
　　덕조, 284; 582; 최완진, 185; 최준선, 446; 한창희, 271. 이에 반하여 법인이 이사가 될 수 있다는
　　견해로는 손진화, 529; 정경영, 501; 정동윤, 594.
529) 김동훈, 278; 김홍기, 557; 손진화, 529; 정찬형, 910; 주석상법 회사(III), 195; 최완진, 185; 한창
　　희, 271. 이에 반하여 행위능력의 유무를 묻지 않고 이사가 될 수 있다는 견해로는 강희갑, 512;
　　권기범, 685; 김건식, 334; 서헌제, 796; 송옥렬, 955; 임재연(II), 245; 장덕조, 284; 최기원, 583;
　　최준선, 446. 한편 제한능력자는 모두 이사가 될 수 없다는 견해로는 이철송, 634; 정동윤, 594.
530) 강희갑, 512; 김동훈, 278; 서헌제, 796; 손진화, 529; 이범찬외, 287; 정동윤, 594; 주석상법 회사
　　(III), 195; 최완진, 185; 최준선, 446; 한창희, 271; 홍복기외, 288. 이에 반하여 파산선고를 받은
　　자도 이사가 될 수 있다는 견해로는 김홍기, 557.

(2) 예외1 : 사외이사의 경우

상법은 사외이사의 독립성 및 경영감시업무를 보장하기 위하여, <u>사외이사가</u> <u>될 수 없는 자</u>를 다음과 같이 명시하고 있으며, 사외이사가 다음 각호의 어느 하나에 해당하는 경우에는 그 직을 상실한다(382조 3항).

① 회사의 상무에 종사하는 이사, 집행임원 및 피용자 또는 최근 2년이내에 회사의 상무에 종사한 이사, 감사, 집행임원 및 피용자(동항 1호)

② 최대주주가 자연인인 경우 본인과 그 배우자 및 직계 존속, 비속(동항 2호)

③ 최대주주가 법인인 경우 그 법인의 이사, 감사, 집행임원 및 피용자(동항 3호)

④ 이사, 감사, 집행임원의 배우자 및 직계 존속, 비속(동항 4호)

⑤ 회사의 모회사 또는 자회사의 이사, 감사, 집행임원 및 피용자(동항 5호)

⑥ 회사와 지배관계 등 중요한 이해관계에 있는 법인의 이사, 감사, 집행임원 및 피용자(동항 6호)

⑦ 회사의 이사, 집행임원 및 피용자가 이사, 집행임원으로 있는 다른 회사의 이사, 감사, 집행임원 및 피용자(동항 7호)

(3) 예외2 : <u>상장회사</u>의 사외이사의 경우

<u>상장회사</u>의 사외이사의 경우에는 위 요건 이외에도 다음 각호의 어느 하나에 해당되지 아니하여야 하며, 이에 해당하게 된 경우에는 그 직을 상실한다(542조의8 2항).

① 미성년자, <u>피성년후견인</u> 또는 <u>피한정후견인</u>(동항 1호)

② 파산선고를 받고 복권되지 아니한 자(동항 2호)

③ 금고 이상의 형을 선고받고 그 집행이 끝나거나 집행이 면제된 후 2년이 지나지 아니한 자(동항 3호)

④ <u>대통령령으로 별도로 정하는 법률</u>531)을 위반하여 해임되거나 면직된

---

531) 한국은행법, 은행법, 보험업법, 자본시장법, 상호저축은행법, 금융실명거래 및 비밀보장에 관한 법률, 금융위원회의 설치 등에 관한 법률, 예금자보호법, 금융회사부실자산 등의 효율적 처리 및 한국자산관리공사의 설립에 관한 법률, 여신전문금융업법, 한국산업은행법, 중소기업은행법, 한국수출입은행법, 신용협동조합법, 신용보증기금법, 기술신용보증기금법, 새마을금고법, 중소기업창업지원법, 신용정보의 이용 및 보호에 관한 법률, 외국환거래법, 외국인투자촉진법, 자산유동화에

후 2년이 지나지 아니한 자(동항 4호)

　　⑤ 상장회사의 <u>주주</u>로서 의결권없는 주식을 제외한 발행주식총수를 기준으로 본인 및 그와 대통령령으로 정하는 특수한 관계에 있는 자가 소유하는 <u>주식의 수가 가장 많은 경우</u> 그 본인 및 그의 특수관계인(동항 5호)

　　⑥ 누구의 명의로 하든지 자기의 계산으로 의결권없는 주식을 제외한 발행주식총수의 <u>100분의10 이상</u>의 주식을 소유하거나 이사, 집행임원, 감사의 선임과 해임 등 상장회사의 <u>주요 경영사항</u>에 대하여 <u>사실상의 영향력</u>을 행사하는 주주 및 그의 배우자와 직계 존속, 비속(동항 6호)

　　⑦ 그 밖에 사외이사로서의 직무를 충실하게 수행하기 곤란하거나 상장회사의 경영에 영향을 미칠 수 있는 자로서 <u>대통령령으로 정하는 자</u>532)(동항 7호)

관한 법률, 주택저당채권유동화회사법, 금융산업의 구조개선에 관한 법률, 담보부사채신탁법, 금융지주회사법, 기업구조조정투자회사법 및 한국주택금융공사법을 말함(상법시행령 34조 3항 1호 내지 28호).

532) ① 해당 상장회사의 계열회사의 상무에 종사하는 이사, 집행임원, 감사 및 피용자이거나 최근 3년 이내에 계열회사의 상무에 종사하는 이사, 집행임원, 감사 및 피용자였던 자, ② 다음 ㉠ 내지 ㉒의 법인 등의 이사, 집행임원, 감사 및 피용자[㉒에 따른 법무법인, 법무법인(유한), 법무조합, 변호사 2명 이상이 사건의 수임, 처리나 그 밖의 변호사 업무수행시 통일된 형태를 갖추고 수익을 배분하거나 비용을 분담하는 형태로 운영되는 법률사무소, 외국법자문법률사무소의 경우에는 해당 법무법인 등에 소속된 변호사, 외국법자문사를 말함]이거나 최근 2년 이내에 이사, 집행임원, 감사 및 피용자였던 자 ㉠ 최근 3개 사업연도 중 해당 상장회사와의 거래실적의 합계액이 자산총액 또는 매출총액의 100분의10 이상인 법인, ㉡ 최근 사업연도 중에 해당 상장회사와 매출총액의 100분의10 이상의 금액에 상당하는 단일의 거래계약을 체결한 법인, ㉢ 최근 사업연도 중에 해당 상장회사와 금전, 유가증권, 그 밖의 증권 또는 증서를 대여하거나 차입한 금액과 담보제공 등 채무보증을 한 금액의 합계액이 자본금의 100분의10 이상인 법인, ㉣ 해당 상장회사의 정기주주총회일 현재 그 회사가 자본금의 100분의5 이상을 출자한 법인, ㉤ 해당 상장회사와 기술제휴계약을 체결하고 있는 법인, ㉥ 해당 상장회사의 감사인으로 선임된 회계법인, ㉦ 해당 상장회사와 주된 법률자문, 경영자문 등의 자문계약을 체결하고 있는 법무법인, 법무법인(유한), 법무조합, 변호사 2명 이상이 사건의 수임, 처리나 그 밖의 변호사 업무수행시 통일된 형태를 갖추고 수익을 분배하거나 비용을 분담하는 형태로 운영되는 법률사무소, 외국법자문법률사무소, 회계법인, 세무법인 그 밖에 자문용역을 제공하고 있는 법인, ③ 해당 상장회사 외의 2개 이상의 다른 회사의 이사, 집행임원, 감사로 재임 중인 자, ④ 해당 상장회사에 대한 회계감사 또는 세무대리를 하거나 그 상장회사와 법률자문, 경영자문 등의 자문계약을 체결하고 있는 변호사(소속 외국법자문사를 포함), 공인회계사, 세무사 그 밖에 자문용역을 제공하고 있는 자, ⑤ 해당 상장회사의 발행주식총수의 100분의1 이상에 해당하는 주식을 보유하고 하고 있는 자, ⑥ 해당 상장회사와의 거래 잔액이 1억원 이상인 자, ⑦ 해당 상장회사에서 6년을 초과하여 사외이사로 재직했거나 해당 상장회사 또는 그 계열회사에서 각각 재직한 기간을 더하면 9년을 초과하여 사외이사로 재직한 자를 말함(상법시행령 34조 5항 1호 내지 7호).

나. 겸직제한

상업사용인은 영업주의 허락 없이 다른 회사의 이사가 되지 못하며(17조 1항), 대리상, 합명회사의 사원, 합자회사의 무한책임사원은 본인 또는 다른 사원의 허락 없이 동종영업을 목적으로 하는 회사의 이사가 되지 못하고(89조 1항, 198조 1항, 269조), 유한책임회사의 업무집행자는 사원 전원의 동의를 받지 아니하고는 같은 종류의 영업을 목적으로 하는 다른 회사의 이사 또는 집행임원이 되지 못하며 (287조의10 1항), 주식회사와 유한회사의 이사는 이사회나 사원총회의 승인이 없으면 동종영업을 목적으로 하는 다른 회사의 이사가 되지 못한다(397조 1항, 567조). 감사도 회사 및 자회사의 이사 또는 지배인 기타의 사용인의 직무를 겸하지 못한다(411조).[판례52]

> **[판례52] 대법원 2007.12.13. 선고 2007다60080 판결**
>
> 감사가 회사 또는 자회사의 이사 또는 지배인 기타의 사용인에 선임되거나 반대로 회사 또는 자회사의 이사 또는 지배인 기타의 사용인이 회사의 감사에 선임된 경우에는 그 선임행위는 각각의 선임 당시에 있어 현직을 사임하는 것을 조건으로 하여 효력을 가지고, 피선임자가 새로이 선임된 지위에 취임할 것을 승낙한 때에는 종전의 직을 사임하는 의사를 표시한 것으로 해석하여야 함.

다. 정원

이사는 원칙적으로 3명 이상이어야 한다(383조 1항 본문). 최소 인원을 홀수로 함으로써 과반수결의요건을 보다 손쉽게 달성할 수 있게 한 것이다. 다만, 소규모회사는 1명 또는 2명으로 할 수 있다(383조 1항 단서). 물론 정관으로 상한을 정할 수도 있다.

상장회사는 원칙적으로 이사 총수의 4분의1 이상을 사외이사로 하여야 하며 (542조의8 1항 본문),533) 대규모상장회사534)의 사외이사는 3명 이상으로 하되, 이사

---

533) 상장회사 중 ① 벤처기업육성에 관한 특별조치법에 따른 벤처기업 중 최근 사업연도 말 현재의 자산총액이 1천억원 미만으로서 코스닥시장 또는 코넥스시장에 상장된 주권을 발행한 벤처기업, ② 채무자회생 및 파산에 관한 법률에 따른 회생절차가 개시되었거나 파산선고를 받은 상장회사인 경우, ③ 원칙적으로 유가증권시장, 코스닥시장 또는 코넥스시장에 주권을 신규로 상장한 상장회사인 경우, ④ 부동산투자회사법에 따른 기업구조조정 부동산투자회사인 경우 또는 ⑤ 해산을

총수의 과반수가 되도록 하여야 한다(동항 단서). 상장회사는 사외이사의 사임, 사망 등의 사유로 인하여 사외이사의 수가 위 이사회의 구성요건에 미달하게 되면 그 사유가 발생한 후 처음으로 소집되는 주주총회에서 위 요건에 합치되도록 사외이사를 선임하여야 한다(동조 3항).

라. 선임

(1) 일반

이사는 발기설립시에는 발기인이 의결권의 과반수로 선임하고(296조 1항), 모집설립의 경우에는 창립총회에서 출석한 주식인수인의 의결권의 3분의2 이상이며, 인수된 주식의 총수의 과반수에 해당하는 다수로 선임한다(309조, 312조). 회사 설립 후에는 이사는 원칙적으로 주주총회에서 보통결의 즉, 출석한 주주의 의결권의 과반수와 발행주식총수의 4분의1 이상의 수로서 선임하여야 한다(382조 1항, 368조 1항).

이사선임결의는 집중투표제를 제외하고, 이사 1인에 대하여 1주마다 하나의 의결권이 존재하며, 이사선임권한은 주주총회의 고유권한으로서 정관 또는 주주총회결의에 의하여도 다른 자에게 위임할 수 없다.535)

일반적으로 이사선임시 주주총회 소집통지서에는 이사선임의 건이라는 제목만 기재되면 되고, 자세한 이사후보의 이름 등이 기재될 필요는 없으나, 상장회사의 경우에는 주주총회 소집통지 또는 공고에 이사후보자의 성명, 약력, 추천인, 후보자와 최대주주와의 관계 및 후보자와 해당 회사와의 최근 3년간의 거래내역, 주주총회 개최일 기준 최근 5년 이내에 후보자가 국세징수법 또는 지방세징수법에 따른 체납처분을 받은 사실이 있는지 여부, 주주총회 개최일 기준 최근 5년 이내에 후보자가 임원으로 재직한 기업이 채무자 회생 및 파산에 관한 법률에 따른 회생절차 또는 파산절차를 진행한 사실이 있는지 여부, 법령에서 정한 취업제한 사

결의한 상장회사인 경우는 제외함(상법시행령 34조 1항).

534) 최근 사업연도 말 현재의 자산총액이 2조원 이상인 상장회사를 말함(이하 본서에서 같음; 상법시행령 34조 2항).

535) 단, 채무자가 회생을 위해서는 법원으로부터 회생계획의 인가를 받아야 하는 바, 법인인 채무자의 이사를 선임하거나 대표이사를 선정하는 때에는 회생계획에 선임이나 선정될 자와 임기 또는 선임이나 선정의 방법과 임기를 정하여야 함(채무자회생 및 파산에 관한 법률 203조).

유 등 이사 결격 사유의 유무, 후보자의 세부 경력사항, 이사회의 추천사유, 직무수행계획(사외이사의 경우에 한함)이 포함되어야 한다(542조의4 2항, 상법시행령 31조 3항).

대규모상장회사는 사외이사 후보를 추천하기 위하여 <u>사외이사 후보추천위원회를 설치하여야</u> 하고, 이 경우 사외이사 후보추천위원회는 <u>사외이사가 총위원의 과반수가 되도록 구성되어야</u> 하며(542조의8 4항, 393조의2), 대규모상장회사가 주주총회에서 사외이사를 선임하려는 때에는 <u>사외이사 후보추천위원회의 추천을 받은 자 중에서 선임하여야</u> 하고, 이 경우 사외이사 후보추천위원회가 사외이사 후보를 추천할 때에는 <u>주주제안권을 행사할 수 있는 요건을 갖춘 주주가 주주총회일의 6주전에 추천한 사외이사 후보를 포함시켜야</u> 한다(542조의8 5항, 363조의2 1항, 542조의6 1항, 2항).

한편, 이사의 지위취득은 당해 이사의 동의가 있어야 할 것인 바, 판례에 의하면, 주주총회에서 이사와 감사로 선임하는 결의가 있었고, 선임된 이사와 감사가 회사에게 이에 따른 임용계약의 체결을 요구함으로서 회사의 이사 또는 감사로 선임되는 데에 승낙하였음이 분명한 경우에는 위 이사와 감사가 회사의 대표이사와 별도의 임용계약을 체결하였는지 여부와 상관없이 이사나 감사의 지위를 취득한 것으로 본다.536)

(2) 집중투표제

(가) 의의

집중투표제(Cumulative Voting)란 <u>각 주주가 1주마다 선임할 이사의 수와 동일한 수의 의결권을 보유하며, 그 의결권은 이사후보자 1인 또는 수인에게 집중하여 투표하는 방식으로 행사할 수 있고, 투표의 최다수를 얻은 자부터 순차적으로 이사에 선임되는</u> 이사선출방식을 말한다(382조의2 1항, 3항, 4항).

이러한 이사선출방식은 주식평등의 원칙의 예외로서, 이사선임이 대주주의 의사에 좌우되는 문제점을 극복하고, 소수주주가 자신이 보유하는 주식수에 비례하는 영향력을 행사할 수 있는 기회를 제공한다는데 그 의미가 있다.

---

536) 대법원 2017.3.23. 선고 2016다251215 전원합의체판결에 의해 대법원 2005.11.8.자 2005마541 결정 및 대법원 1995.2.28. 선고 94다31440 판결은 폐기됨.

(나) 요건

① 2인 이상의 이사를 선임할 때에 한해 사용될 수 있다(382조의2 1항).

② 정관에 집중투표제를 배제한다는 명시적 규정이 없어야 한다(동항).

③ 의결권 있는 발행주식총수의 **100분의3 이상**[537])에 해당하는 주주가 청구하여야 하며(동항), 이 청구는 주주총회의 7일전까지 서면 또는 전자문서[538])로 하여야 한다(동조 2항). 한편, 판례는 주식회사의 정관에서 이사의 선임을 발행주식총수의 과반수에 해당하는 주식을 가진 주주의 출석과 출석주주의 의결권의 과반수에 의한다고 규정하는 경우, 집중투표에 관한 위 상법조항은 어디까지나 주주의 의결권 행사에 관련된 조항이므로 정관에 규정된 의사정족수 규정을 배제한다고 볼 것은 아니므로, 이사의 선임을 집중투표의 방법으로 하는 경우에도 정관에 규정한 의사정족수는 충족되어야 한다고 판시하고 있다.[539])

마. 임기

이사의 임기는 **3년을 초과하지 못한다**(383조 2항).[540]) 특정 이사가 장기로 이사직에 있음으로 해서 발생할지 모를 경영의 비효율 및 당해 이사의 사익을 위해 회사를 경영할 위험성을 방지하기 위함이다.

그러나 정관에 반대의 규정이 없는 한, 연임은 가능할 것이고, **정관**으로 임기 중의 최종의 결산기에 관한 정기주주총회의 종결에 이르기까지 연장할 수 있다(383조 3항). 회사의 자율적인 판단에 따라 이사가 재임 중의 결산기에 관한 책임을 지도록 하고, 결산기 이후 정기주주총회 이전에 별도로 임시주주총회를 개최

---

537) 대규모상장회사의 경우 ① 의결권없는 주식을 제외한 발행주식총수의 100분의1 이상의 수로 족하며(542조의7 2항), ② 정관으로 집중투표를 배제하거나 그 배제된 정관을 변경하려는 경우에는 의결권없는 주식을 제외한 발행주식총수의 100분의3을 초과하는 수의 주식을 가진 주주는 그 초과하는 주식에 관하여 의결권을 행사하지 못하고(동조 3항), ③ 주주총회 목적사항으로 집중투표 배제에 관한 정관 변경에 관한 의안을 상정하려는 경우에는 그 밖의 사항의 정관 변경에 관한 의안과 별도로 상정하여 의결하여야 하며(동조 4항), 상장회사의 경우 6주전까지 서면 또는 전자문서로 청구해야 함(동조 1항).

538) 이 서면은 주주총회가 종결될 때까지 본점에 비치하고 주주로 하여금 영업시간내에 열람할 수 있게 하여야 하고(382조의2 6항), 주주총회의 의장은 의결에 앞서 집중투표청구가 있다는 취지를 알려야 함(동조 5항).

539) 대법원 2017.1.12. 선고 2016다217741 판결.

540) 이에 비해, 감사의 임기는 취임 후 3년내의 최종의 결산기에 관한 정기총회의 종결일까지임(410조).

하여 이사를 새로이 선출해야 하는 번거로움을 해소키 위한 규정이다.

이와 관련하여, 판례는 회사의 정관에서 이사의 임기는 3년을 초과하지 못한다고 규정한 것이 이사의 임기를 3년으로 정하는 취지라고 해석할 수는 없다고 판시하고 있다.541)

한편, 모든 이사가 동시에 임기가 만료됨으로서 경영이 중단되는 사태를 막기 위하여 이사 임기의 종료시점을 이사마다 다르게 하는 방법 즉, 시차임기제(Staggered Terms)가 실무상 사용되는데, 앞서 언급한 집중투표제를 사실상 무력화시키는 수단으로 이용될 수 있다.

보궐선거로 선임된 이사의 경우 원칙적으로 별도의 새로운 임기가 개시된다고 보아야 할 것이나, 정관 또는 주주총회결의로 종전이사의 잔여임기만으로 임기를 제한하는 것은 가능할 것이다.542) 한편, 보궐이사의 임기개시시점과 관련하여서는 주주총회를 통한 보궐이사의 선임이 있을 경우 보궐이사의 동의하에 주주총회 선임일자로부터 보궐이사의 임기가 개시된다고 보는 것이 타당할 것이다.543)

바. 퇴임

(1) 의의

이사의 퇴임사유는 이사의 <u>사망, 파산, 성년후견개시심판</u>(민법 690조), <u>임기만료</u> 또는 <u>정관에서 정한 종료사유의 발생</u>, <u>사임</u> 및 <u>해임</u> 그리고 회사의 <u>해산</u>(531조) 및 <u>파산</u>이 있다. 퇴임은 원인된 사실이 발생함으로써 그 효력이 생기고 등기유무와는 상관없다.

판례는 회사의 임직원으로서 부득이 회사와 제3자 사이의 <u>계속적 거래</u>에서 발생하는 회사의 채무를 연대보증한 사람이 그 후 회사에서 퇴직하여 임직원의 지위에서 떠난 경우, 특별한 사정이 없는 한, 연대보증계약을 일방적으로 해지할 수 있다고 보고 있다.544)

---

541) 대법원 2001.6.15. 선고 2001다23928 판결.
542) 권기범, 687; 서헌제, 807; 이철송, 641; 이범찬외, 291; 홍복기외, 294.
543) 동지 이철송, 642.
544) 대법원 2018.3.27. 선고 2015다12130 판결. 따라서 사정변경을 이유로 보증계약을 해지할 수 있는 것은 포괄근보증이나 한정근보증과 같이 채무액이 불확정적이고 계속적인 거래로 인한 채무에 대하여 한 보증에 한하는 바, 회사의 이사로 재직하면서 보증 당시 그 채무액과 변제기가 특정되

이하에서는 사임과 해임에 대해 자세히 살펴보도록 한다.

(2) 사임

위임계약은 각 당사자가 언제든지 해지할 수 있으므로(민법 689조 1항), 이사도 언제든지 사임할 수 있다. 그러나 당사자 일방이 부득이한 사유 없이 상대방이 불리한 시기에 계약을 해지한 때에는 그 손해를 배상하여야 하므로(동조 2항), 이사는 부득이한 사유없이 회사가 불리한 시기에 사임함으로써 발생한 회사의 손해를 배상해야 할 것이다(382조 2항).

판례는 ① 사임은 상대방 있는 단독행위로서 <u>그 의사표시가 상대방에게 도달함과 동시에 효력이 발생</u>하므로 그에 따른 등기가 마쳐지지 아니한 경우에도 이로써 이사의 지위를 상실함이 원칙이고,545) ② 법인의 이사직을 사임하는 행위는 상대방 있는 단독행위라 할 것이어서 그 의사표시가 상대방에게 도달함과 동시에 그 효력을 발생하고 그 의사표시가 효력을 발생한 후에는 마음대로 이를 <u>철회할 수 없음이 원칙</u>이나, 사임서 제시 당시 즉각적인 철회권유로 사임서 제출을 미루거나 대표자에게 사표의 처리를 일임하거나, 사임서의 작성일자를 제출일 이후로 기재한 경우 등 사임의사가 즉각적이라고 볼 수 없는 특별한 사정이 있을 경우에는, 별도의 사임서 제출이나 대표자의 수리행위 등이 있어야 사임의 효력이 발생하고, 그 이전에 사임의사를 철회할 수 있으며,546) ③ 법인이 정관에 이사의 사임절차나 사임의 의사표시의 효력발생시기 등에 관하여 특별한 규정을 둔 경우에는 이사가 사임의사를 표시하였더라도 정관에 따라 사임의 효력이 발생하기 전에 그 사임의사를 자유롭게 철회할 수 있다고 판시하고 있다.547)

(3) 해임

(가) 의의

이사는 <u>언제든지 주주총회의 특별결의</u>로 해임될 수 있다(385조 1항, 434조).548)

어 있는 회사의 <u>확정채무</u>에 대하여 보증을 한 후 이사직을 사임하였다 하더라도, 사정변경을 이유로 보증계약을 <u>해지할 수 없다</u>(대법원 1996.2.9. 선고 95다27431 판결).

545) 대법원 2013.9.9.자 2013마1273 결정.
546) 대법원 2011.9.8. 선고 2009다31260 판결 및 대법원 2006.6.15. 선고 2004다10909 판결.
547) 대법원 2008.9.25. 선고 2007다17109 판결.
548) 퇴임이사도 새로 선임된 이사가 취임하거나 상법 386조 2항에 따라 일시 이사의 직무를 행할 자

주주총회에서 선임된 이사를 이유 불문하고, 다수주주의 의사에 따라 해임할 수 있도록 함으로써, 주주의 회사에 대한 지배권 확보 및 이사를 통제하기 위한 수단으로서 기능한다고 볼 수 있다.

(나) 절차

이사해임을 위한 주주총회 소집통지 즉, 서면(363조 1항), 전자문서(363조 1항)549) 또는 공고(542조의4, 상법시행령 31조 2항)550)에는 특정 이사의 해임이 의제라는 뜻이 명기되어야 할 것이며(363조 2항), 서면에 의한 의결권의 행사의 경우에는 회사는 주주총회의 소집통지서에 주주가 이사해임에 관한 의결권을 행사하는데 필요한 서면과 참고자료를 첨부하여야 한다(368조의3 2항).

한편, 주주가 이사를 해임하는 것은 단체법적인 관계에서의 문제이지 개인적인 이해관계의 문제는 아니므로, 해임결의 대상인 이사가 주주이더라도 해임결의에 특별한 이해관계가 있는 자에 해당하지 않는다고 보아야 할 것이어서 당해 해임결의 대상인 이사 겸 주주는 의결권을 행사할 수 있다고 보아야 할 것이다(368조 3항).

(다) 손해배상

이사의 임기를 정한 경우[판례53]에 정당한 이유 없이 그 임기만료 전에 주주총회 특별결의에 의해 해임된 때에는 그 이사는 회사에 대하여 해임으로 인한 손해의 배상을 청구할 수 있다(385조 1항 단서).[판례54] 주주의 일방적인 해임권에 대항하여 이사지위의 안정을 도모하기 위한 규정이다. 판례는 해임과 손해배상청구권을 동시에 규정함으로써 주주와 이사의 이익을 조화시키고자 하는 취지이지 이사의 보수청구권을 보장하는 것을 주된 목적으로 하는 규정이 아니라고 보고 있다.[판례55]

가 선임되면 별도의 주주총회 해임결의 없이 이사로서의 권리의무를 상실하게 되므로, 동법 385조 1항에 따라 해임될 수 있는 이사에는 퇴임이사는 포함되지 아니함(대법원 2021.8.19. 선고 2020다285406 판결).

549) 해당 주주의 동의가 있는 경우에 한함.

550) 상장회사의 경우 신문 또는 전자적 방법(금융감독원 또는 한국거래소가 운용하는 전자공시시스템을 말함)을 통하여 공고할 수 있음.

[판례53] 대법원 2001.6.15. 선고 2001다23928 판결

　　상법 385조 1항의 이사의 임기를 정한 경우라 함은 정관 또는 주주총회의 결의로 임기를 정하고 있는 경우를 말하고, 이사의 임기를 정하지 않은 때에는 이사의 임기의 최장기인 3년을 경과하지 않는 동안에 해임되더라도 그로 인한 손해의 배상을 청구할 수 없음.

[판례54] 대법원 1993.8.24. 선고 92다3298 판결

　　의원면직의 형식으로 해임된 경우에는 상법 385조 1항 단서가 적용 안됨.

[판례55] 대법원 2004.12.10. 선고 2004다25123 판결

　　이사회결의에 의한 대표이사의 해임에는 상법 385조 1항 단서가 유추적용될 수 없음.

　　이와 관련하여 판례는 정당한 이유란 주주와 이사 사이에 불화 등 단순히 주관적인 신뢰관계가 상실된 것만으로는 부족하고, 이사가 법령이나 정관에 위배된 행위를 하였거나 정신적, 육체적으로 경영자로서의 직무를 감당하기 현저하게 곤란한 경우 또는 회사의 중요한 사업계획 수립이나 그 추진에 실패함으로써 경영능력에 대한 근본적인 신뢰관계가 상실된 경우 등과 같이 당해 이사가 경영자로서 업무를 집행하는데 장해가 될 객관적 상황이 발생한 경우를 말하며,551) 정당한 이유의 존부는 해임 당시를 기준으로 판단하고, 손해배상을 청구하는 이사가 해임에 대한 정당한 이유가 없음에 대한 입증책임을 부담한다라고 판시하고 있다.552) 즉, 이 손해배상책임은 회사의 고의나 과실을 묻지 않고 그 책임을 인정하는 법정책임에 해당하며, 정당한 이유가 있는지 여부는 해임결의 당시 객관적으로 존재하는 사유를 참작하여 판단할 수 있고, 주주총회에서 해임사유로 삼거나 해임결의 시 참작한 사유에 한정되는 것은 아니다.553)

---

551) 대법원 2004.10.15. 선고 2004다25611 판결(이사의 경우) 및 대법원 2013.9.26. 선고 2011다42348 판결(감사의 경우).

552) 대법원 2012.9.27. 선고 2010다94342 판결.

553) 대법원 2023.8.31. 선고 2023다220639 판결(이사인 원고들은 주식회사인 피고를 상대로 정당한 이유 없이 임기만료 전 해임하였음을 이유로 상법 385조 1항에 의한 손해배상을 구하는 소송을 제기함. 원심은, 원고들이 재직 중 경업금지의무를 위반한 것은 해임사유가 될 수 있다고 인정하면서도, 피고가 해임결의 당시 원고들의 경업금지의무 위반행위를 해임사유로 삼지 않았다는 이

또한 판례는 손해배상청구를 함에 있어 <u>손익상계를 인정하는 취지의 판결을</u>
<u>하고 있다</u>.[판례56]

[판례56] 대법원 2013.9.26. 선고 2011다42348 판결

임기가 정하여져 있는 감사가 임기만료 전에 정당한 이유 없이 주주총회의 특별결의
로 해임되었음을 이유로 상법 415조, 385조 1항에 의하여 회사를 상대로 남은 임기 동
안 또는 임기 만료시 얻을 수 있었던 보수 상당액을 해임으로 인한 손해배상액으로 청구
하는 경우, 당해 감사가 그 해임으로 인하여 남은 임기 동안 회사를 위한 위임사무 처리
에 들이지 않게 된 자신의 시간과 노력을 다른 직장에 종사하여 사용함으로써 얻은 이익
이 해임과 사이에 상당인과관계가 인정된다면 해임으로 인한 손해배상액을 산정함에 있
어 그 이익이 공제되어야 함.

(라) 소수주주의 해임청구

이사가 그 직무에 관하여 <u>부정행위</u> 또는 <u>법령이나 정관에 위반한 중대한 사</u>
<u>실</u>[판례57], [판례58]이 있음에도 불구하고 주주총회에서 그 해임을 <u>부결한 때에는</u>
발행주식총수의 <u>100분의3 이상</u>554)을 가진 주주는 총회결의가 있는 날로부터 <u>1월내</u>
에 그 이사의 해임을 <u>법원에</u> 청구할 수 있다(385조 2항).

[판례57] 대법원 1993.4.9. 선고 92다53583 판결

회사의 이사가 회사와 동종영업을 목적으로 하는 다른 회사를 설립하고 다른 회사의
이사 겸 대표이사가 되어 영업준비작업을 하여 오다가 영업활동을 개시하기 전에 다른
회사의 이사 및 대표이사직을 사임하였다고 하더라도, 이는 상법 397조 1항 소정의 <u>경</u>
<u>업금지의무를 위반</u>한 행위로서 특별한 사정이 없는 한, 이사의 해임에 관한 상법 385조
2항 소정의 "법령에 위반한 중대한 사실"이 있는 경우에 해당함.

유로 이를 해임에 정당한 사유가 있었는지 여부를 판단하는 데에 참작할 수 없다고 판단하여 원
고들의 청구를 일부 인용하였음. 대법원은, 정당한 이유가 있는지 여부는 해임결의 당시 객관적으
로 존재하는 사유를 참작하여 판단할 수 있고 주주총회에서 해임사유로 삼거나 해임결의 시 참작
한 사유에 한정되는 것은 아니고 해임결의 당시 이미 발생한 원고들의 경업금지의무 위반행위를
해임에 정당한 사유가 있었는지 여부를 판단하는 데에 참작할 수 있다는 이유로, 이와 달리 본 원
심판결을 파기·환송함).

554) <u>상장회사</u>의 경우에는 10,000분의50(자본금이 1,000억원 이상인 회사는 10,000분의25) 이상의 주
식을 6월간 계속 보유한 주주가 원고적격이 있음(542조의6 3항).

[판례58] 대법원 2010.9.30. 선고 2010다35985 판결

상법 628조 1항에 의하여 처벌 대상이 되는 <u>납입 또는 현물출자의 이행을 가장하는 행위</u>는 특별한 다른 사정이 없는 한, 상법 385조 2항에 규정된 "그 직무에 관하여 부정행위 또는 법령에 위반한 중대한 사실"이 있는 경우에 해당한다고 보아야 함.

이사의 정당한 해임사유가 있음에도 불구하고 대주주의 비호하에 주주총회에서 해임되지 못하는 불합리를 시정함으로써 소수주주 및 회사의 이익을 보호하기 위한 규정이다. 이 해임청구는 회사의 본점소재지의 지방법원의 관할에 전속한다(385조 3항, 186조).

(4) 결원

(가) 퇴임이사

<u>법률</u> 또는 <u>정관</u>에 정한 이사의 원수를 결한 경우에는 <u>임기의 만료</u> 또는 <u>사임</u>으로 인하여 퇴임한 이사는 새로 선임된 이사가 취임할 때까지 이사의 권리의무가 있다(386조 1항). 대표이사의 경우에도 이 규정이 준용된다(389조 3항, 386조).

민법상 위임종료의 경우 급박한 사정이 있는 때에는 수임인, 그 상속인이나 법정대리인은 위임인, 그 상속인이나 법정대리인이 위임사무를 처리할 수 있을 때까지 그 사무의 처리를 계속하여야 하며, 이 경우 위임의 존속과 동일한 효력이 있다(민법 691조). 그러나 상법은 주식회사에 대한 이사 임무의 중요성에 비추어 이사업무의 공백을 막기 위하여, <u>급박한 사정이 없더라도</u>, 퇴임이사는 <u>새로운 이사가 취임할 때까지</u> 종전 이사로서의 지위를 유지하도록 특칙을 규정한 것이다. 한편, 판례는 수인의 이사가 동시에 퇴임하여 법률 또는 정관에 정한 최저인 원수를 채우지 못하게 되는 경우 퇴임한 이사 전원은 새로운 이사가 취임할 때까지 이사로서의 권리의무를 가진다고 보고 있다.555)

그리고 정관상의 정원을 결하지만 법상의 정원은 충족한 경우에도 항상 퇴임이사가 이사의 지위를 유지한다고 보아야 할 것인지와 관련하여, 법의 문리해석에 의할 때, 법문상 "법률 또는 정관"이라고 명시되어 있으므로, 법률뿐만 아니라 정관상 정원을 결한 경우에도 이 규정이 적용된다고 해석하는 것이 타당할 것이다.556)

555) 대법원 2007.3.29. 선고 2006다83697 판결.
556) 동지 송옥렬, 958. 이에 반대하는 견해로는 이철송, 647(그 반대논거로 대법원 1988.3.22. 선고 85

한편, 새로 선임된 이사가 취임하거나 상법 386조 2항에 따라 일시 이사의 직무를 행할 자가 선임되면, 별도의 주주총회 결의없이, 퇴임이사는 이사로서의 권리의무를 상실하게 된다.[557)]

또한 판례는 이러한 퇴임이사의 경우 퇴임등기를 하여야 하는 기간은 후임이사의 취임일부터 기산되고, 후임이사가 취임하기 전에는 퇴임이사의 퇴임등기만을 신청할 수 없으며,[558)] 또한, 상법 635조 1항 8호에 대표이사는 포함되지 아니하므로, 대표이사가 퇴임하여 법률 또는 정관에 정한 대표이사의 수를 채우지 못하여 퇴임한 대표이사에게 후임 대표이사가 취임할 때까지 대표이사로서의 권리의무가 있는 기간 동안에 후임 대표이사의 선임절차를 해태하였다고 하여 퇴임한 대표이사를 과태료에 처할 수는 없다고 판시하고 있다.[559)]

(나) 일시이사

법률 또는 정관에 정한 이사의 원수를 결한 경우에 <u>필요하다고 인정한 때</u>에는 법원은 이사, 감사 기타 이해관계인의 청구에 의하여 일시 이사의 직무를 행할 자를 선임할 수 있으며, 이 경우에는 본점의 소재지에서 그 등기를 하여

누884 판결을 들고 있으나, 이 판결은 민법상 비영리법인에 관한 판결로서 상법상 주식회사에 적용되는 명문의 규정이 있는 본 건에는 적용될 수 없는 판결이라고 판단됨); 권기범, 689. 한편, 甲 주식회사의 이사로 근무하다가 임기가 만료된 乙이 자신의 임기만료 후 개최된 주주총회의 결의에 모두 하자가 존재하여 이사 정원에 결원이 발생하였으므로 자신의 이사 지위가 계속 유지된다고 주장하면서 이사 지위의 확인을 구하는 소를 제기하였다가, 소송 계속 중 새로운 이사가 선임되자, 자신이 임기가 만료된 때부터 약 2년 4개월 동안 이사의 지위에 있었음에 대한 확인을 구하는 것으로 청구를 변경한 사안에서, 변경 후 청구는 과거의 법률관계에 대하여 확인을 구하는 것이므로 乙이 甲 회사 등과 현재 법률적 분쟁이 있고 乙의 과거 지위에 대한 확인을 받는 것이 이러한 분쟁을 해결하는 유효·적절한 수단이 될 수 있다는 등의 특별한 사정이 있는 경우에 한하여 확인의 이익이 인정될 수 있는데, 乙에게는 위 기간 동안 이사로서의 보수를 청구할 권리가 있다는 점 외에 현재 甲 회사 등과 어떠한 법률적 다툼이 존재한다고 볼 만한 구체적 사정을 찾을 수 없고, 乙이 보수청구권을 가진다고 하여 그것만으로 과거 이사 지위에 있었음에 대한 확인을 구할 이익이 곧바로 긍정되는 것도 아니며, 확인의 소로 乙의 과거 이사 지위가 확인되더라도 적정 보수액 등을 둘러싼 추가적인 분쟁 등까지 일거에 해소될 수 있다고 보기 어려워, 위 확인의 소가 보수청구권과 관련된 분쟁을 해결할 수 있는 유효·적절한 수단이라고 단정할 수도 없음(대법원 2022.6.16. 선고 2022다207967 판결).

557) 대법원 2021.8.19. 선고 2020다285406 판결. 그러나 임기만료 당시 이사 정원에 결원이 생기거나 후임 대표이사가 선임되지 아니하여 퇴임이사 또는 퇴임대표이사의 지위에 있던 중 특정경제범죄가중처벌등에관한 법률 3조 1항에 의한 특정재산범죄로 유죄판결이 확정된 사람은 유죄판결된 범죄행위와 밀접한 관련이 있는 기업체의 퇴임이사 또는 퇴임대표이사로서의 권리의무를 상실한다고 보아야 함(대법원 2022.11.10. 선고 2021다271282 판결).

558) 대법원 2005.3.8.자 2004마800 전원합의체결정.

559) 대법원 2007.6.19.자 2007마311 결정.

야 한다(386조 2항). 이러한 일시이사를 가이사 또는 <u>임시이사</u>560)라고 호칭하기도 한다.

이와 관련하여 판례는 ① 본 규정은 이사의 원수를 결한 일체의 경우를 말하는 것이지, 단지 임기의 만료 또는 사임으로 인하여 원수를 결한 경우만을 지칭하는 것은 아니라고 보며,561) ② 여기서 "필요하다고 인정한 때"란 이사가 사임하거나 장기간 부재중인 경우 등과 같이 퇴임이사로 하여금 이사로서의 권리의무를 가지게 하는 것이 불가능하거나 부적당한 경우를 의미한다고 할 것이고,562) [판례59] ③ 이사 등 직무대행자를 선임한 결정에 대하여는 불복할 수 없으므로 (비송사건절차법 84조 2항, 81조 2항), 일시이사 선임신청인이 추천한 사람이 선임되지 아니하고 다른 사람이 선임되었다 하여 선임신청을 불허한 결정이라고 볼 수 없다고 판시하고 있다.563) 또한, 판례는 ④ 주식회사의 일시대표이사가 회사를 대표하여 회사의 소수주주가 소집한 주주총회에서 이사로 선임된 자를 상대로 이사선임결의의 부존재를 주장하며 이사 지위의 부존재 확인을 구하자, 당해 이사가 회사와 이사 사이의 소는 상법 394조 1항에 따라 감사가 회사를 대표하여야 한다고 주장한 사안에서, 일시대표이사로 하여금 회사를 대표하도록 하는 것이 공정한 소송수행을 저해한다고 보기 어려우므로 위 소에 상법 394조 1항은 적용되지 않는다고 보고 있다.564)

> **[판례59] 대법원 2000.11.17.자 2000마5632 결정**
>
> 회사 동업자들 사이에 동업을 둘러싼 분쟁이 계속되고 있다는 사정만으로는 그 임기 만료된 대표이사 및 이사에게 회사의 대표이사 및 이사로서의 권리의무를 보유하게 하는 것이 불가능하거나 부적당한 경우에 해당한다고 할 수 없음.

이와 같이 선임된 일시이사는 주주총회에서 선임된 이사와 동일한 권한이 있다고 보아야 할 것이다. 이에 반하여, <u>상법 407조 1항에 따른 가처분</u>565)으로 선임

---

560) 대법원 2001.12.6.자 2001그113 결정.
561) 대법원 1964.4.28. 선고 63다518 판결.
562) 대법원 2001.12.6.자 2001그113 결정(이사의 사망으로 결원이 생기거나 종전의 이사가 해임된 경우를 포함한다고 보아야 할 것으로 판단됨) 및 [판례59].
563) 대법원 1985.5.28.자 85그50 결정(따라서 선임신청을 불허한 결정임을 전제로 불복할 수 없음).
564) 대법원 2018.3.15. 선고 2016다275679 판결.
565) <u>이사선임결의의 무효나 취소 또는 이사해임의 소가 제기된 경우 당사자의 신청에 의하여 가처분</u>

된 이사의 직무대행자는 가처분명령에 다른 정함이 있는 경우 및 법원의 허가를 얻은 경우 외에는, <u>회사의 상무에 속하지 아니한 행위를 하지 못한다</u>(408조 1항).

사. 선임 및 퇴임등기

이사를 선임하거나 이사가 퇴임한 때에는 본점소재지에서는 2주간 내에, 지점소재지에서는 3주간 내에 등기하여야 한다(317조 2항 8호, 183조). 앞에서 설명한 바와 같이, 이사선임의 효력은 주주총회결의와 이사의 취임동의에 의하여 발생하고, 퇴임은 원인된 사실이 발생함으로써 그 효력이 생기며, <u>등기의 유무와는 관계없다</u>. 한편, 판례는 법인등기부에 이사 또는 감사로 등재되어 있는 경우에는 특단의 사정이 없는 한, 정당한 절차에 의하여 선임된 적법한 이사 또는 감사로 추정된다고 보고 있다.566)

4. 보수

가. 의의

이사의 보수는 **정관**에 그 액을 정하지 아니한 때에는 **주주총회의 결의**로 이를 정한다(388조). 판례는 ① 보수란 연봉, 수당, 상여금 등 그 명칭 여하를 불문하고, 이사의 직무집행의 대가로 지급되는 모든 보상을 의미하고(대법원 2020.4.9. 선고 2018다290436 판결),[판례60] ② 정관 등에서 이사의 보수 또는 퇴직금에 관하여 주주총회의 결의로 정한다고 규정되어 있는 경우 그 금액, 지급방법, 지급시기 등에 관한 주주총회의 결의가 있었음을 인정할 증거가 없는 한, 이사는 보수나 퇴직금 청구권을 행사할 수 없으며,567) ③ 그러나 주주총회가 이사의 보수총액 내지 한도액만을 정하고 개별 이사에 대한 지급액 등 구체적인 사항은 이사회에 위임할

으로서 이사의 직무집행정지 또는 직무대행자를 선임한 경우를 말함.

566) 대법원 1983.12.27. 선고 83다카331 판결.

567) 대법원 2020.4.9. 선고 2018다290436 판결, 대법원 2012.9.27. 선고 2010다94342 판결, 대법원 1992.12.22. 선고 92다28228 판결 및 대법원 2019.7.4. 선고 2017다17436 판결(정관 등에서 이사의 퇴직금에 관하여 주주총회의 결의로 정한다고 규정하면서 퇴직금의 액수에 관하여만 정하고 있다면, 퇴직금 중간정산에 관한 주주총회의 결의가 있었음을 인정할 증거가 없는 한 이사는 퇴직금 중간정산금 청구권을 행사할 수 없음).

수 있다고 판시하고 있다.[568]

> **[판례60] 대법원 2012.3.29. 선고 2012다1993 판결**
>
> 　비상근이사가 공인회계사의 전문지식에 의하여 회사의 업무 중 특정 분야에 한정해서 직무수행을 하면서 자문용역계약을 체결하고 자문료 형식으로 금원을 지급받은 경우에 이 자문용역비는 그 명칭에도 불구하고 회사가 이사에게 지급하는 보수라고 봄이 타당하므로 주주총회 결의없이 체결된 자문용역수정계약은 상법 388조에 위반되어 무효임.

나. 규정취지

　판례에 의하면 정관 또는 주주총회의 결의로 이사의 보수를 정하도록 한 것은 이사들의 고용계약과 관련하여 그 사익 도모의 폐해를 방지함으로써 회사와 주주의 이익을 보호하기 위한 것으로 보고 있다.[569]

다. 보수의 범위

　판례에 의하면 ① 이사의 보수에는 이사의 직무수행에 대한 보상으로 지급되는 퇴직금 내지 퇴직위로금[570]도 이에 포함되고,[571] ② 이사가 그 의사에 반하여 이사직에서 해임될 경우 퇴직위로금과는 별도로 지급받기로 한 해직보상금도 포함되며,[572] ③ 주식회사의 이사 또는 대표이사가 개인적으로 부담하여야 할 사저 근무자들의 급여를 회사의 자금으로 지급하도록 한 경우 이는 결국 이사 또는 대표이사에 대한 금전적 이익의 제공으로 보아야 할 것이므로 결국 이들에 대한 특별한 보수에 해당하고,[573] ④ 임원이나 근로자가 퇴직보험에 의하여 수령한 금원 중에서

---

568) 대법원 2020.6.4. 선고 2016다241515,241522 판결(포괄적 위임은 허용 안됨. 그러나 주주총회에서 이사의 보수에 관한 구체적 사항을 이사회에 위임한 경우에도 이를 주주총회에서 직접 정하는 것도 상법이 규정한 권한의 범위에 속하는 것으로서 가능) 및 대법원 2012.3.29. 선고 2012다1993 판결.

569) 대법원 2020.6.4. 선고 2016다241515,241522 판결(상법 388조는 강행규정임) 및 대법원 2006.11.23. 선고 2004다49570 판결.

570) 대법원 1999.2.24. 선고 97다38930 판결 및 대법원 1977.11.22. 선고 77다1742 판결.

571) 대법원 2018.5.30. 선고 2015다51968 판결 및 대법원 2016.1.28. 선고 2014다11888 판결.

572) 대법원 2006.11.23. 선고 2004다49570 판결.

퇴직금을 초과하는 금원은 회사가 출연한 보험료를 기초로 하여 법률상 원인 없이 이득을 얻은 것이 되어 회사에게 반환할 의무가 있다고 판시하고 있다.574)

한편, 사용인 겸무이사 즉, 이사가 동시에 사용인의 지위를 겸하는 경우에 정관 또는 주주총회에서 정한 이사보수의 범위를 넘어 사용인의 보수를 별도로 받을 수 있는지가 문제된다. 살피건대, 만일 정관 또는 주주총회에서 정한 보수 한도와는 별도로 사용인으로서의 보수를 인정한다면 사용인으로서의 별도 보수 라는 명목으로 정관 또는 주주총회를 통한 이사보수의 통제라는 규정취지를 사 실상 무력화시키는 수단으로 악용할 가능성이 높다고 본다. 따라서 사용인 겸무 이사라 할지라도 이사 및 사용인으로서 받는 전체금액은 정관 또는 주주총회 결 의에 따른 이사보수 한도 내이어야 할 것이다.575)

라. 보수의 한계

판례는 ① 회사에 대한 경영권 상실 등으로 퇴직을 앞둔 이사가 회사에서 최 대한 많은 보수를 받기 위하여 그에 동조하는 다른 이사와 함께 이사의 직무내 용, 회사의 재무상황이나 영업실적 등에 비추어 지나치게 과다하여 합리적 수준 을 현저히 벗어나는 보수 지급기준을 마련하고, 지위를 이용하여 주주총회에 영 향력을 행사함으로써 소수주주의 반대에 불구하고 이에 관한 주주총회결의가 성 립되도록 하였다면, 이는 회사를 위하여 직무를 충실하게 수행하여야 하는 상법 382조의3에서 정한 이사의 충실의무에 위반하여 회사재산의 부당한 유출을 야기 함으로써 회사와 주주의 이익을 침해하는 것으로서, 회사에 대한 배임행위에 해 당하므로 주주총회결의를 거쳤다 하더라도 그러한 위법행위가 유효하다고 할 수 는 없다고 보고 있다.576) 또한 판례는 ② 주주총회에서 선임된 이사, 감사가 회사

---

573) 대법원 2007.10.11. 선고 2007다34746 판결.
574) 대법원 2010.3.11. 선고 2007다71271 판결.
575) 김건식, 441; 김정호, 604; 서헌제, 811; 유시창, 247; 이범찬외, 295; 이철송, 652; 임재연(II), 295; 정경영, 508; 홍복기외, 303. 이에 반하여 이사의 보수에 포함되지 않는다는 견해로는 송옥렬, 963; 장덕조, 294; 정동윤, 598; 정찬형, 923; 최준선, 457. 한편, 이사의 보수에 포함되지 않으나, 보수의 결정시 사용인으로서의 급여액이 주주총회에 보고되어야 한다는 견해로는 권기범, 749; 이기수외, 357. 또한 회사의 사용인에 대한 급여체계가 확립되어 있는 경우에는 이사의 보수에 포 함되지 않으나, 급여체계가 확립되어 있지 않은 경우에는 이사의 보수에 포함된다는 견해로는 김 동훈, 286; 최기원, 603; 한창희, 280.
576) 대법원 2016.1.28. 선고 2014다11888 판결.

와의 명시적 또는 묵시적 약정에 따라 업무를 다른 이사 등에게 포괄적으로 위임하고 이사, 감사로서의 실질적인 업무를 수행하지 않는 경우라 하더라도, 이사, 감사로서는 법적 책임을 지므로, 이사, 감사를 선임하거나 보수를 정한 주주총회 결의의 효력이 무효이거나 또는 소극적인 직무수행이 주주총회에서 이사, 감사를 선임하면서 예정하였던 직무내용과 달라 주주총회에서 한 선임결의 및 보수지급 결의에 위배되는 배임적인 행위에 해당하는 등의 특별한 사정이 없다면, <u>소극적인 직무수행 사유만을 가지고 이사, 감사로서의 자격을 부정하거나 주주총회 결의에서 정한 보수청구권의 효력을 부정하기는 어렵다</u>. 다만, 이사, 감사의 보수는 직무수행에 대한 보상으로 지급되는 대가로서 이사, 감사가 회사에 대하여 제공하는 반대급부와 지급받는 보수 사이에는 <u>합리적인 비례관계가 유지되어야</u> 하므로, <u>보수가 합리적인 수준을 벗어나서 현저히 균형성을 잃을 정도로 과다하거나</u>, 오로지 보수의 지급이라는 형식으로 <u>회사의 자금을 개인에게 지급하기 위한 방편</u>으로 이사, 감사로 선임하였다는 등의 특별한 사정이 있는 경우에는, 보수청구권의 일부 또는 전부에 대한 행사가 제한되고, 회사는 합리적이라고 인정되는 범위를 초과하여 지급된 보수의 반환을 구할 수 있다고 판시하고 있다.577)

마. 위법한 보수약정의 효력

판례는 ① 정관에서 이사의 보수 또는 퇴직금을 주주총회결의로 정한다고 규정하고 있는 경우, 대주주인 대표이사578) 또는 대주주579)가 주주총회결의 없이 개별이사와 체결한 보수약정은 회사에 대하여 효력이 없다. 그러나 ② 임원퇴직금지급규정에 관하여 주주총회의 결의가 있거나 주주총회의사록이 작성된 적은 없으나, 위 규정에 따른 퇴직금이 사실상 1인회사의 실질적 1인 주주의 결재, 승인을 거쳐 관행적으로 지급되었다면 위 규정에 대하여 주주총회의 결의가 있었던 것으로 볼 수 있다.580)

577) 대법원 2015.9.10. 선고 2015다213308 판결.
578) 대법원 1979.11.27. 선고 79다1599 판결.
579) 대법원 2012.9.27. 선고 2010다94342 판결.
580) 대법원 2004.12.10. 선고 2004다25123 판결.

5. 주식매수선택권(Stock Option)

가. 의의

주식매수선택권이란 <u>회사의 정관으로 정하는 바에 따라, 주주총회 특별결의</u>로 <u>회사의 설립, 경영 및 기술혁신 등에 기여하거나 기여할 수 있는 회사의 이사,</u> <u>집행임원, 감사 또는 피용자에게 미리 정한 가액으로 신주를 인수하거나 자기의</u> <u>주식을 매수할 수 있게 하는 권리</u>를 말한다(340조의2 1항 전단).

나. 규정취지

주식매수선택권자 입장에서는 주식매수선택권을 부여받는 시점에서 장래에 선택권을 행사할 때의 주식매수가격이 결정되기 때문에 자신이 열심히 일해 회사의 가치가 상승하게 되면 자신의 행사가격보다 주식가격이 상승하게 될 것이고, 따라서 자신이 주식시세차익을 얻을 수 있으리라는 기대감에서 회사를 위해 더욱 열심히 일하게 될 것이다. 즉, 근로의욕을 고취시키고 회사가 필요로 하는 보다 유능한 인재를 확보할 가능성을 높이겠다는 취지의 규정이다. 한편, 장차 의결권의 행사를 통해 회사의 지배권에 영향을 미칠 수 있다는 기대감을 갖게 되는 이점도 있다.

다. 행사유형

(1) 신주인수형

회사가 주식매수선택권 행사가액으로 발행한 신주를 주식매수선택권자가 인수하는 방식이다. 이사와 인수인간에 통모가 없으므로 상법 424조의2(현저하게 불공정한 가액으로 주식을 인수한 자의 책임)에는 해당되지 않는다.

(2) 자기주식매수형

회사가 보유한 자기주식을 주식매수선택권 행사가액으로 주식매수선택권자가 매수하는 방식이다.

(3) 차액정산형

주식매수선택권 행사가액이 주식의 실질가액(시가)보다 낮은 경우에, 회사는 그 차액을 금전으로 지급하거나 그 차액에 해당하는 자기주식을 무상교부하는 방식이다. 이 경우 주식의 실질가액은 주식매수선택권의 행사일을 기준으로 평가한다(340조의2 1항 후단). 주식매수선택권자에 대한 신주발행이나 자기주식교부로 인하여 기존주주의 지배력이 감소되는 불이익을 방지하기 위해 이 방식이 사용된다.

라. 요건

(1) 정관규정

정관에 주식매수선택권을 부여할 수 있는 근거규정이 있어야 하는데, 그 내용은 아래와 같다(340조의3 1항). 회사가 설립시 또는 설립 이후에 주식매수선택권을 부여하도록 정한 때에는 그 내용을 등기하여야 한다(317조 2항 3호의3, 183조).

① 일정한 경우 주식매수선택권을 부여할 수 있다는 뜻(340조의3 1항 1호)

② 주식매수선택권의 행사로 발행하거나 양도할 주식의 종류와 수(동항 2호)

주식매수선택권의 부여에 따라 발행할 신주 또는 양도할 자기주식은 회사의 발행주식총수의 100분의10을 초과할 수 없다(340조의2 3항). 이러한 규정에도 불구하고, 상장회사는 발행주식총수의 100분의15에 해당하는 주식수(542조의3 3항에 따라 부여한 주식매수선택권을 포함)까지 주식매수선택권을 부여할 수 있다(542조의3 2항, 상법시행령 30조 3항). 주식매수선택권을 부여함으로써 발생할지 모를 남발가능성과 이로 인한 주주의 지분감소의 피해를 최소화시키기 위한 규정이다.

③ 주식매수선택권을 부여받을 자의 자격요건(동항 3호)

아래 (3) 참조

④ 주식매수선택권의 행사기간(동항 4호)

주식매수선택권은 이를 부여하는 주주총회 결의일로부터 2년 이상 재임 또는 재직하여야 이를 행사할 수 있다(340조의4 1항). 주식매수선택권이 임원 또는 근로자의 회사에 대한 기여의 대가라는 점에서 최소한 2년 동안은 근무하도록 강제하고자 하는 취지이다.

이와 관련하여, 판례는 상법이 주식매수선택권을 행사할 수 있는 시기 (始期)만을 제한하고 있을 뿐 언제까지 행사할 수 있는지에 관해서는 정하지 않고 회사의 자율적인 결정에 맡기고 있으므로, 회사는 주식매수선택권을 부여받은 자의 권리를 부당하게 제한하지 않고 정관의 기본 취지나 핵심 내용을 해치지 않는 범위에서 주주총회결의와 개별계약을 통해서 주식매수선택권을 부여받은 자가 언제까지 선택권을 행사할 수 있는지를 자유롭게 정할 수 있다고 판시하고 있다.[581]

한편, 판례는 비상장회사의 경우 본인의 귀책사유가 아닌 사유로 퇴임, 퇴직하는 경우에도 2년 이상 재임 또는 재직요건을 갖추지 못한다면 주식매수청구권을 행사할 수 없으며, 정관이나 주주총회의 특별결의를 통해서도 2년 이상 재임 또는 재직요건을 완화하는 것은 허용되지 않는다고 본다.[582]

이에 반하여 상장회사의 경우에는, 주식매수선택권을 부여받은 자가 사망하거나 그 밖에 본인의 책임이 아닌 사유로 퇴임하거나 퇴직한 경우(정년에 따른 퇴임이나 퇴직은 본인의 책임 아닌 사유에 포함되지 아니함) 비록 주주총회 또는 이사회의 결의일부터 2년 이상 재임하거나 재직하지 아니하였다 할지라도, 주식매수선택권을 행사할 수 있다(542조의3 4항, 상법시행령 30조 5항). 상장회사의 대국민신뢰도를 감안하여, 주식매수선택권의 행사를 방해하기 위해 2년 이내에 강제로 퇴직시키는 문제점을 방지하기 위한 규정이다.

⑤ 일정한 경우 이사회결의로 주식매수선택권의 부여를 취소할 수 있다는 뜻(동항 5호)

(2) 주주총회 특별결의

주식매수선택권의 부여는 주주총회의 특별결의(아래 ① 내지 ⑤)에 의하여야 한다. 다만, 상장회사는 정관으로 정하는 바에 따라, 발행주식총수의 100분의10의 범위 내에서 대통령령이 정하는 한도[583]까지 이사회가 아래 사항을 결의함으로써 해당 회사의 집행임원, 감사 또는 피용자 및 관계회사[584]의 이사, 집행임원,

---

581) 대법원 2018.7.26. 선고 2016다237714 판결.
582) 대법원 2011.3.24. 선고 2010다85027 판결.
583) 최근 사업연도 말 현재의 자본금이 3천억원 이상인 법인은 발생주식총수의 100분의1에 해당하는 주식수, 최근 사업연도 말 현재의 자본금이 3천억원 미만인 법인은 발생주식총수의 100분의3에 해당하는 주식수를 말함(상법시행령 30조 4항).

<u>감사 또는 피용자</u>에게 주식매수선택권을 부여할 수 있다(542조의2, 542조의3 3항). 이 경우 주식매수선택권을 부여한 후 처음으로 소집되는 주주총회의 승인을 받아야 한다(542조의3 3항).

① 주식매수선택권을 부여받을 자의 성명(340조의3 2항 1호)

② 주식매수선택권의 부여방법(동항 2호)

주식매수선택권 행사에 대하여 회사는 신주를 발행할 것인지 아니면 회사가 보유 또는 취득한 자기주식을 교부할 것인지 아니면 차액정산형을 선택할 것인지를 정하여야 한다.

③ 주식매수선택권의 행사가액과 그 조정에 관한 사항(동항 3호)

신주를 발행하는 경우 주식매수선택권의 행사가액은 주식매수선택권의 부여일을 기준으로 한 주식의 실질가액과 주식의 권면액585) 중 높은 금액이상이어야 하고, 자기의 주식을 양도하는 경우에는 주식매수선택권의 부여일을 기준으로 한 주식의 실질가액 이상이어야 한다(340조의2 4항). 주식매수청구권의 남용에 의해 자본충실의 원칙이 훼손됨으로써 기존주주의 불이익이 발생하는 것을 방지하기 위한 규정이다.

④ 주식매수선택권의 행사기간(동항 4호)

판례는 주식매수선택권을 부여하는 주주총회결의에서 주식매수선택권의 부여대상과 부여방법, 행사가액, 행사기간, 주식매수선택권의 행사로 발행하거나 양도할 주식의 종류와 수 등을 정하도록 한 것은 이해관계를 가지는 기존주주들로 하여금 회사의 의사결정 단계에서 중요 내용을 정하도록 함으로써 주식매수선택권의 행사에 관한 예측가능성을 도모하기 위한 것이나, 주주총회 결의 시 해당 사항의 세부적인 내용을 빠짐없이 정하도록 예정한 것으로 보기는 어려우므로, <u>이후 회사가 주식매수선택권 부여에 관한 계약을 체결할 때 주식매수선</u>

---

584) ① 해당 회사가 총출자액의 100분의30 이상을 출자하고 최대출자자로 있는 외국법인, ② 위 외국법인이 총출자액의 100분의30 이상을 출자하고 최대출자자로 있는 외국법인과 그 법인이 총출자액의 100분의30 이상을 출자하고 최대출자자로 있는 외국법인(이상의 법인들은 주식매수선택권을 부여하는 회사의 수출실적에 영향을 미치는 생산 또는 판매업무를 영위하거나 그 회사의 기술혁신을 위한 연구개발활동을 수행하는 경우로 한정됨), 또는 ③ 해당회사가 금융지주회사법에서 정하는 금융지주회사인 경우 그 자회사 또는 손자회사 가운데 상장회사가 아닌 법인을 말함(이하 본서에서 "관계회사"라 함; 상법시행령 30조 1항).

585) 무액면주식의 경우 자본으로 계상되는 금액 중 1주에 해당하는 금액을 권면액으로 봄(340조의2 4항 1호 단서).

택권의 행사기간 등을 일부 변경하거나 조정한 경우 그것이 주식매수선택권을 부여받은 자, 기존주주 등 이해관계인들 사이의 균형을 해치지 않고 주주총회 결의에서 정한 본질적인 내용을 훼손하는 것이 아니라면 유효하다고 보고 있다.586)

　　　⑤ 주식매수선택권을 부여받을 자 각각에 대하여 주식매수선택권의 행사로 발행하거나 양도할 주식의 종류와 수(동항 5호)

(3) 부여적격자 및 부적격자

(가) 적격자

　　회사의 설립, 경영 및 기술혁신 등에 기여하거나 기여할 수 있는 회사의 이사, 집행임원, 감사 또는 피용자이어야 하나, 상장회사는 관계회사의 이사, 집행임원, 감사 또는 피용자도 포함한다(542조의3 1항).

(나) 부적격자

　　아래의 자는 주식매수선택권을 부여받을 수 없다(340조의2 2항).

　　　① 의결권없는 주식을 제외한 발행주식총수의 100분의10 이상의 주식을 가진 주주(동항 1호)

　　　② 이사, 집행임원, 감사의 선임과 해임 등 회사의 주요경영사항에 대하여 사실상 영향력을 행사하는 자(동항 2호)

　　　③ 위 ①, ②에 규정된 자의 배우자와 직계존비속(동항 3호)

　　또한 이와는 별도로 상장회사는 다음 ①, ②의 경우에는 주식매수선택권을 부여할 수 없다. 다만, 해당회사 또는 상법시행령 30조 1항의 관계회사의 임원이 됨으로서 특수관계인에 해당하게 된 자(그 임원이 계열회사의 상무에 종사하지 아니하는 이사, 감사인 경우를 포함)는 제외한다(542조의3 1항 단서, 상법시행령 30조 2항).

　　　① 상장회사의 주주로서 의결권없는 주식을 제외한 발행주식총수를 기준으로 본인 및 그의 특수관계인587)이 소유하는 주식의 수가 가장 많은 경우 그 최

---

586) 대법원 2018.7.26. 선고 2016다237714 판결.

587) 본인이 개인인 경우에는 ① 배우자(사실혼관계 포함), ② 6촌 이내의 혈족, ③ 4촌 이내의 인척, ④ 본인이 단독으로 또는 본인과 위 ①, ②, ③의 관계에 있는 사람과 합하여 100분의30 이상을 출자하거나 그 밖에 이사, 집행임원, 감사의 임면 등 법인 또는 단체의 주요 경영사항에 대하여 사실상 영향력을 행사하고 있는 경우에는 해당 법인 또는 단체와 그 이사, 집행임원, 감사, ⑤ 본인이 단독으로 또는 본인과 위 ①, ②, ③, ④의 관계에 있는 자와 합하여 100분의30 이상을 출자하거나 그 밖에 이사, 집행임원, 감사의 임면 등 법인 또는 단체의 주요 경영사항에 대하여 사실

대주주 및 그의 특수관계인(542조의8 2항 5호, 상법시행령 30조 2항 1호)

　　② 누구의 명의로 하든지 자기의 계산으로 의결권없는 주식을 제외한 발행주식총수의 100분의10 이상의 주식을 소유하거나 이사, 집행임원, 감사의 선임과 해임 등 <u>상장회사</u>의 주요 경영사항에 대하여 사실상의 영향력을 행사하는 주주 즉, 주요주주 및 그의 배우자와 직계존비속(542조의8 2항 6호, 상법시행령 30조 2항 2호)

(4) 계약서 작성

　　회사는 주주총회결의에 의하여 주식매수선택권을 부여받은 자와 계약을 체결하고, 상당한 기간내에 그에 관한 <u>계약서를 작성하여야</u> 한다(340조의3 3항). 주식매수선택권이 계약에 의해 비로소 유효하게 성립함을 의미한다. 회사는 이 계약서를 주식매수선택권의 행사기간이 종료할 때까지 본점에 비치하고, 주주로 하여금 영업시간내에 이를 열람할 수 있도록 하여야 한다(340조의3 4항).

(5) 주식매수선택권의 양도제한

　　주식매수선택권은 이를 <u>양도할 수 없다</u>(340조의4 2항 본문). 따라서 질권설정이나 압류도 허용되지 않는다고 보아야 할 것이다. 행사요건이 충족되었음이 결정되지 아니한 상태에서 유통성을 보장하는 데서 발생하는 불합리를 방지하기 위한 규정이다.

　　그러나 주식매수선택권을 행사할 수 있는 자가 <u>사망한 경우에는 그 상속인</u>이 <u>이를 행사할 수 있다</u>(340조의4 2항 단서).

상 영향력을 행사하고 있는 경우에는 해당 법인 또는 단체와 그 이사, 집행임원, 감사를 말함(상법시행령 34조 4항 1호).

본인이 법인인 경우에는 ① 이사, 집행임원, 감사, ② 계열회사 및 그 이사, 집행임원, 감사, ③ 단독으로 또는 위 ①, ②의 관계에 있는 자와 합하여 본인에게 100분의30 이상을 출자하거나 그 밖에 이사, 집행임원, 감사의 임면 등 본인의 주요 경영사항에 대하여 사실상 영향력을 행사하고 있는 개인 및 그와 위 34조 4항 1호의 관계에 있는 자 또는 단체(계열회사 제외)와 그 이사, 집행임원, 감사, ④ 본인이 단독으로 또는 본인과 위 ①, ②, ③의 관계에 있는 자와 합하여 100분의30 이상을 출자하거나 그 밖에 이사, 집행임원, 감사의 임면 등 단체의 주요 경영사항에 대하여 사실상 영향력을 행사하고 있는 경우 해당 단체와 그 이사, 집행임원, 감사를 말함(상법시행령 34조 4항 2호).

마. 행사절차

(1) 청구

주식매수선택권을 행사하려는 자는 청구서 2통을 회사에 제출하고, 선택권 자는 이 청구서에 인수할 주식의 종류 및 수와 주소를 기재하고 기명날인 또는 서명하여야 한다(340조의5, 516조의9 4항, 302조 1항).

(2) 이사회의 결정

주주총회 특별결의로 정한 주식매수선택권 부여방법의 범위내에서, 이사회 는 차액정산을 할 것인지 아니면 신주발행 또는 자기주식을 교부할 것인지 결정 하여야 한다.

(3) 주금납입

주식매수선택권자는 신주의 발행가액의 전액을 납입하여야 하고(340조의5, 516조의9 1항), 신주 발행가액의 납입장소는 회사가 주식매수선택권자에게 고지한 금융기관에 하여야 하며(340조의5, 561조의9 3항),588) 회사가 정한 신주납입금 보관자 또는 납입장소를 변경할 때에는 법원의 허가를 얻어야 하고(340조의5, 516조의9 4항, 306조), 신주납입금을 보관한 은행이나 그 밖의 금융기관은 이사의 청구를 받으면 그 보관금액에 관하여 증명서를 발급하여야 하며, 이 은행이나 그 밖의 금융기관 은 증명한 보관금액에 대하여는 납입이 부실하거나 그 금액의 반환에 제한이 있 다는 것을 이유로 회사에 대항하지 못한다(340조의5, 516조의9 4항, 318조).

바. 선택권행사의 효과

(1) 주주가 되는 시점

주식매수선택권자는 <u>주금납입을 한 때에</u> 주주가 된다(340조의5, 516조의10 전단).589)

---

588) 자기주식 교부의 경우에는 회사가 정한 금융기관이 있으면 그 곳에 납입하여야 하고, 회사가 정한 장소가 없으면 회사에 납입하면 됨.

589) 일반적으로 신주의 인수인은 납입기일의 다음 날로부터 주주의 권리의무가 있다는 원칙(423조 1 항)의 예외임.

이 규정은 신주인수형의 경우에 한해 적용된다. 한편, <u>자기주식교부의 경우에는</u>
<u>주권을 교부받는 시점</u>이 될 것이다.

(2) 주주명부 폐쇄기간 중의 선택권행사로 인한 의결권제한

주주명부 폐쇄기간 중에 선택권자가 주식매수선택권을 행사함으로써 발행되
는 신주의 주주가 된 경우에는 그 기간 중의 주주총회의 결의에 관하여 의결권을
행사할 수 없다(340조의5, 350조 2항). 이 규정은 신주인수형뿐만 아니라 자기주식매
수형의 경우에도 적용된다고 보아야 할 것이다.

(3) 이익배당

신주에 대하여 일할배당(사업연도 중 신주의 효력발생일로부터 영업연도말까지의 일수의
합계가 전체 영업연도일수에서 차지하는 비율에 따른 배당을 말함; 이하 같음)을 하게 된다고 보
아야 할 것이다.

(4) 변경등기

신주발행으로 인한 변경등기는 선택권을 행사한 날이 속하는 달의 마지막
날부터 2주내에 본점소재지에서 하여야 한다(340조의5, 351조). 이 규정은 신주인수
형의 경우에 한하여 적용된다.

사. 선택권 부여의 하자

선택권의 부여에 관한 주주총회결의의 무효 또는 취소사유가 있는 경우에
① 선택권을 행사하기 전이거나 자기주식이 교부되거나 또는 차액정산이 된 경
우에는 당해 주주총회결의의 무효 또는 취소의 소에 의해 해결되어야 할 것이나,
② 선택권의 행사로 신주가 발행된 경우에는 신주발행무효의 소에 의해 해결되
어야 할 것이다.

6. 이사의 의무

가. 선량한 관리자의 주의의무

(1) 의의

선량한 관리자의 주의의무는 선관주의의무라고도 호칭된다. 회사와 이사의 관계는 민법상 위임에 관한 규정이 준용되므로(382조 2항), 이사는 회사에 대하여 선관주의의무를 부담한다(민법 681조). 판례에 의하면 선관주의의무는 이사와 회사 간의 고도의 신뢰관계를 기초로 하여 인정되는 의무로서, 이사는 자신이 속한 회사의 임원으로서 요구되는 통상의 지식과 경험을 바탕으로, 자신의 업무를 합리적이며 객관적으로 심리, 숙고하여 결정하여야 한다고 보고 있다.590) 이 의무에는 소극적으로 법령 및 정관을 위반하지 아니할 의무뿐만 아니라 적극적으로 회사에 이익을 발생시키기 위해 최선을 다할 의무도 포함된다.

또한 판례는 이사라면 상근, 비상근 또는 사내이사, 사외이사의 구분 없이 모두 이 선관주의의무를 준수하여야 하며, 구체적인 업무범위 및 회사의 업종에 따라 이사의 선관주의의무의 범위가 달라진다고 볼 수 있는데, 예를 들어, 금융기관인 은행은 공공적 역할을 담당하는 위치에 있기 때문에 은행의 업무집행에 임하는 이사는 일반 주식회사 이사의 선관주의의무에 더 나아가 은행의 그 공공적 성격에 걸맞는 내용의 선관주의의무까지 다할 것이 요구된다고 판시하고 있다.591)

한편, 이사가 선관주의의무를 위반한 경우에는 회사에 대한 손해배상책임을 부담하게 된다(399조). 더 나아가 제3자에 대한 손해배상책임 내지는 형법상 배임죄까지도 문제될 수 있다.

(2) 경영판단의 원칙(Business Judgment Rule)

(가) 유래

경영판단의 원칙이란 본래 이사의 경영관련 결정에 대한 책임을 경감해 주기 위하여 미국의 판례법에서 인정된 소송법적 이론으로서, "이사가 자신의 직접 이익 또는 자기거래와 관련 없는 회사의 경영사항을 결정함에 있어, 사안을 잘

---

590) 대법원 2011.10.13. 선고 2009다80521 판결.
591) 대법원 2002.3.15. 선고 2000다9086 판결.

알고 있는 상태에서 <u>선의로 회사의 최선의 이익이 된다는 믿음하에 행동한다는</u> <u>법적 추정</u>"592)을 말한다. 즉, 이사가 <u>합리적</u>인 경영목적하에 행하는 행위를 보호 하는 원칙으로서, 원고는 이 추정을 번복하는 주장입증책임을 부담하며,593) 만일 이 추정이 번복되는 경우 이사는 문제된 행위의 <u>공정성</u>에 대한 입증책임을 부담 하게 된다.594)

(나) 상법의 태도

판례는 경영판단의 원칙을 미국과 같이 별도의 소송법적 원칙으로 파악하지 는 않고, <u>실체법적</u>으로 <u>이사의 손해배상책임을 제한하는 원리로서 선관주의의무</u> <u>를 구체적 사례에 적용할 때 사용되는</u> 해석원칙으로 파악하고 있는 것으로 보인 다. 즉, 판례는 ① 이사가 임무를 수행함에 있어서 선량한 관리자의 주의의무를 위반하여 임무위반으로 인한 손해배상책임이 문제되는 경우에도, <u>통상의 합리적</u> <u>인 금융기관의 임원</u>이 그 당시의 상황에서 <u>적합한 절차</u>에 따라 <u>회사의 최대이익</u> 을 위하여 <u>신의성실에 따라 직무를 수행</u>하였고 그 <u>의사결정과정 및 내용이 현저</u> <u>하게 불합리하지 않다면</u>, 그 임원의 행위는 **경영판단의 허용되는 재량범위 내에** **있다**고 할 것이라거나,595) ② 합리적으로 이용가능한 범위내에서 필요한 정보를 충분히 수집·조사하고 검토하는 절차를 거친 다음, 이를 근거로 회사의 최대 이 익에 부합한다고 합리적으로 신뢰하고 신의성실에 따라 경영상의 판단을 내렸고, 그 내용이 현저히 불합리하지 않은 것으로서 통상의 이사를 기준으로 할 때 합리 적으로 선택할 수 있는 범위 안에 있는 것이라면, 비록 사후에 회사가 손해를 입 게 되는 결과가 발생하였다 하더라도, 그 이사의 행위는 허용되는 경영판단의 재 량범위 내에 있는 것이어서 회사에 대하여 손해배상책임을 부담한다고 할 수 없 다고 보고 있다.596)

---

592) "The judicial presumption that in making business decisions not involving direct self-interest or self-dealing, corporate directors act on an informed basis, in good faith, and in the honest be- lief that their actions are in the corporation's best interest"(Black's Law Dictionary, 10th ed., 2014, p.240).

593) 원고가 피고인 이사의 중과실을 입증해야 된다고 함(R. Franklin Balotti & James J. Hanks, Jr., *Rejudging the Business Judgment Rule*, 48 Bus. Law., 1993, pp.1337, 1345).

594) Dennis J. Block et al., *The Business Judgment Rule*, 5th ed., 1998, pp.18-19.

595) 대법원 2007.7.26. 선고 2006다33685 판결.

596) 대법원 2007.10.11. 선고 2006다33333 판결 및 대법원 2021.5.7. 선고 2018다275888 판결(금융기 관의 이사가 이른바 프로젝트 파이낸스 대출을 하면서 단순히 회사의 영업에 이익이 될 것이라고

(다) 적용범위

　　판례는 ① 이사가 임무를 수행함에 있어서 <u>법령을 위반한 행위</u>를 한 때에는
그 행위 자체가 회사에 대하여 채무불이행에 해당하므로, 그로 인하여 회사에 손
해가 발생한 이상 손해배상책임을 면할 수 없고, 위와 같은 법령을 위반한 행위에
대하여는 이사가 임무를 수행함에 있어서 선량한 관리자의 주의의무를 위반하여
임무해태로 인한 손해배상책임이 문제되는 경우에 고려될 수 있는 <u>경영판단의 원
칙은 적용될 여지가 없으며</u>,597) ② 여기서 법령을 위반한 행위라고 할 때 말하는
"법령"은 일반적인 의미에서의 법령 즉, 법률과 그 밖의 법규명령으로서의 대통령
령, 총리령, 부령 등을 의미하고,598) ③ 이사로서 임무를 수행함에 있어서 준수하
여야 할 의무를 개별적으로 규정하고 있는 상법 등의 제 규정과 회사가 영업활동
을 함에 있어서 준수하여야 할 제 규정을 말하며,599) ④ 이에는 자기주식취득제한
과 관련한 규정(341조, 625조 2호, 622조 및 구 종합금융회사감독규정 23조 1항),600) 구 보험업법
156조 1항 4호에서 금지하는 특별한 이익을 제공하는 행위601) 및 뇌물공여를 금
지하는 형법규정602) 등이 속한다고 판시하고 있다. 그러나 ⑤ 종합금융회사 업무
운용지침,603) 외화자금거래취급요령, 외국환업무·외국환은행신설 및 대외환거래
계약체결 인가공문, 외국환관리규정, 종합금융회사 내부의 심사관리규정 등은 위
법령에 해당하지 않으므로,604) 이사가 이에 위반할지라도 경영판단의 원칙이 적용
될 수 있다. 그리고 ⑥ 경영판단의 원칙이 적용되지 않는다는 사실이 곧 이사가
손해배상책임을 부담한다는 것으로 직결되지는 않는다. 왜냐하면 채무불이행에도
불구하고 회사에 무형의 이익을 가져왔다든지 등의 사유로 회사에 실질적인 손해

　　기대하고 일방적으로 임무를 수행하여 회사에 손해를 입게 한 경우에는 필요한 정보를 충분히 수
　　집·조사하고 검토하는 절차를 거친 다음 이를 근거로 회사의 최대 이익에 부합한다고 합리적으
　　로 신뢰하고 신의성실의 원칙에 따라 경영상의 판단을 한 것이라고 볼 수 없으므로, 그와 같은 이
　　사의 행위는 허용되는 경영판단의 재량범위에 있다고 할 수 없음).
597) 대법원 2007.12.13. 선고 2007다60080 판결, 대법원 2006.11.9. 선고 2004다41651,41668 판결 및
　　　대법원 2005.10.28. 선고 2003다69638 판결.
598) 대법원 2006.11.9. 선고 2004다41651,41668 판결.
599) 대법원 2007.9.20. 선고 2007다25865 판결.
600) 대법원 2007.7.26. 선고 2006다33685 판결.
601) 대법원 2006.7.6. 선고 2004다8272 판결.
602) 대법원 2005.10.28. 선고 2003다69638 판결.
603) 대법원 2005.1.14. 선고 2004다34349 판결 및 대법원 2004.9.24. 선고 2004다3796 판결.
604) 대법원 2006.11.9. 선고 2004다41651,41668 판결.

를 입혔다고 단정할 수 없는 경우 즉, 위법행위와 상당인과관계가 인정되지 아니
하는 경우에는 이사의 손해배상책임이 성립하지 아니한다고 판시하고 있다.[605]

나. 이사회 출석의무

이사는 회사와의 위임관계에 기초하여 선관주의의무를 부담하므로, 회사의
영업과 관련하여 회사가 최대이익을 얻을 수 있도록 최선을 다하기 위하여 이사
회에 참석하여 중요한 결정을 할 의무가 있다고 보아야 할 것이다. 만일 정당한
사유 없이 이사가 이사회에 불참하는 경우에는 해임사유(385조)가 될 것이고, 나
아가 불참으로 인하여 중요한 결정이 이루어지지 못하거나 위법, 부당한 결정을
저지하지 못한 경우에는 이로 인한 회사의 손해를 배상하여야 할 것이다(399조).

이와 관련하여 판례는 주식회사의 이사는 이사회의 일원으로서 이사회에 상정
된 의안에 대하여 찬부의 의사표시를 하는데 그치지 않고, 담당업무는 물론 다른
업무담당 이사의 업무집행을 전반적으로 감시할 의무가 있고, 이러한 의무는 비상
근 이사라고 하여 면할 수 있는 것은 아니므로, 주식회사의 이사가 이사회에 참석
하지도 않고 사후적으로 이사회의 결의를 추인하는 등으로 실질적으로 이사의 임
무를 전혀 수행하지 않은 이상 그 자체로서 임무해태가 된다고 보고 있다.[606]

다. 감시의무

(1) 의의

상법은 명문으로 이사의 감시의무를 규정하고 있지는 아니하나, 선관주의의
무의 파생원칙으로서 이를 인정하는 것이 일반적이다.[판례61] 이 감시의무를 추
론해 낼 수 있는 규정으로는 ① 이사는 대표이사로 하여금 다른 이사 또는 피용
자의 업무에 관하여 이사회에 보고할 것을 요구할 수 있으므로(393조 3항), 이 보고
요구권을 통해 간접적으로 감시의무를 수행할 수 있다고 볼 수 있고, ② 이사회
는 이사의 직무의 집행을 감독하므로(393조 2항), 이사는 이사회를 통해 다른 이사

---

605) 대법원 2006.7.6. 선고 2004다8272 판결 및 대법원 2005.4.29. 선고 2005다2820 판결.
606) 대법원 2008.12.11. 선고 2005다51471 판결.

에 대한 감시의무를 수행할 수 있다고 볼 수 있으며, ③ 이사회결의로 이사회를 소집할 이사를 정하지 아니한 때에는 각 이사에게 그 소집권이 있고, 소집권자로 지정되지 않은 각 이사는 소집권자인 이사에게 이사회 소집을 요구할 수 있으므로(390조 1항, 2항), 이를 통해 간접적으로 감시의무를 수행할 수 있으며, ④ 이사는 회사에 현저한 손해를 미칠 염려가 있는 사실을 발견한 때에는 즉시 감사에게 이를 보고하여야 하는 바(412조의2), 감사권의 발동을 통해 감시의무를 구체화시킬 수 있고, ⑤ 주주총회에서의 주주의 질문권 및 임원의 설명의무에 대한 상법상 명문의 규정은 없으나, 주주총회에 참석하여 주주의 질문에 대한 답변을 통해 이사의 감시의무의 결과를 표명할 수 있을 것이다.

> **[판례61] 대법원 2007.9.21. 선고 2005다34797 판결**
>
> 주식회사의 이사는 담당업무는 물론 다른 업무담당이사의 업무집행을 전반적으로 감시할 의무가 있으므로, 주식회사의 이사가 다른 업무담당이사의 업무집행이 위법하다고 의심할 만한 사유가 있음에도 불구하고 이를 방치한 때에는, 이사에게 요구되는 <u>선관주의의무 내지 감시의무</u>를 해태한 것이므로 이로 말미암아 회사가 입은 손해에 대하여 배상책임을 면할 수 없음.

(2) 대표이사의 감시의무

대표이사는 회사의 영업에 관하여 재판상 또는 재판외의 모든 행위를 할 권한이 있으므로(389조 3항, 209조 1항), 다른 대표이사와 이사의 행위를 감시할 감시의무를 부담한다고 보아야 할 것이다.[607] 이와 관련하여, 판례는 대표이사가 다른 대표이사와 내부적인 사무분장에 따라 각자의 분야를 전담하여 처리하는 경우에도 다른 대표이사가 담당하는 업무집행에 대해서도 전반적으로 감시할 의무가 있는 바, 다른 대표이사의 업무집행이 위법하다고 의심할만한 사유가 있음에도 불구하고 이를 방치한 때에는 이로 말미암아 손해를 입은 제3자에 대하여 손해배상책임을 부담한다고 판시하고 있다.[608]

---

607) 대법원 2009.12.10. 선고 2007다58285 판결, 대법원 2008.9.11. 선고 2006다68834 판결 및 대법원 2008.9.11. 선고 2006다68636 판결.

608) 대법원 2012.7.12. 선고 2009다61490 판결 및 대법원 2021.11.11. 선고 2017다222368 판결(또한 대표이사가 회사의 목적이나 규모, 영업의 성격 및 법령의 규제 등에 비추어 높은 법적 위험이 예상되는 경우임에도 이와 관련된 내부통제시스템을 구축하고 그것이 제대로 작동되도록 하기 위한 노력

(3) 업무담당이사의 감시의무

판례는 일정한 업무분장하에 회사의 일상적인 업무를 집행하는 업무담당이사는 회사의 업무집행을 전혀 담당하지 아니하는 평이사에 비하여 보다 높은 주의의무를 부담하며, 고도로 분업화되고 전문화된 대규모의 회사에서 공동대표이사 및 업무담당이사들이 내부적인 사무분장에 따라 각자의 전문분야를 전담하여 처리하는 것이 불가피한 경우라 할지라도 그러한 사정만으로 다른 이사들의 업무집행에 관한 감시의무를 면할 수는 없고,[609] 업무담당이사는 자신의 담당업무는 물론 다른 업무담당이사의 업무집행을 전반적으로 감시할 의무가 있다고 보고 있다.[610]

(4) 평이사의 감시의무

평이사는 일상적인 업무집행을 하지 아니하고 단지 이사회에 참석하여 결의에 참석할 뿐이므로 평이사에게 업무담당이사와 같은 감시의무를 부담시키는 것이 타당한지와 관련하여, 적극설[611] 및 절충설[612]로 구분할 수 있다. 살피건대, 평이사의 업무파악의 현실적 한계를 고려할 때, 절충설(평이사가 업무담당이사의 부정을 의심할 만한 사유가 있음에도 불구하고 이를 방치한 때에는 감시의무위반의 책임을 부담함)이 타당하다고 판단된다.

이와 관련하여 판례는 주식회사의 업무집행을 담당하지 아니한 평이사는 이사회의 일원으로서 이사회를 통하여 대표이사를 비롯한 업무담당이사의 업무집행을 감시하는 것이 통상적이긴 하나, <u>평이사의 임무는 단지 이사회에 상정된 의</u>

을 전혀 하지 않거나 위와 같은 시스템을 통한 감시·감독의무의 이행을 의도적으로 외면한 결과 다른 이사 등의 위법한 업무집행을 방지하지 못하였다면, 이는 대표이사로서 회사 업무 전반에 대한 감시의무를 게을리한 것이라고 할 것임; 동지 대법원 2022.7.28. 선고 2019다202146 판결).

609) 대법원 2008.9.11. 선고 2007다31518 판결.

610) 대법원 2007.12.13. 선고 2007다60080 판결 및 대법원 2004.12.10. 선고 2002다60467,60474 판결.

611) 회사경영전반에 대한 적극적인 감시의무를 부과해야 한다는 견해임(김건식, 400; 송옥렬, 1012; 이철송, 721).

612) 원칙적인 능동적 감시의무는 인정하지만, 대표이사 또는 업무집행이사와 같은 감시의무를 지우는 것은 과하다는 견해로서, 평이사가 업무담당이사의 부정을 의심할 만한 사유가 있음에도 불구하고 이를 방치한 때에는 감시의무위반의 책임을 부담한다는 견해임(강희갑, 591; 김홍기, 584; 서헌제, 846; 이범찬외, 304; 이철송, 721; 임재연(II), 381; 장덕조, 346; 정동윤, 627; 주석상법 회사(III) 205; 최기원, 656; 최완진, 226; 최준선, 534).

안에 대하여 찬부의 의사표시를 하는 데에 그치지 않으며 대표이사를 비롯한 업무담당이사의 전반적인 업무집행을 감시할 수 있는 것이므로, 업무담당이사의 업무집행이 위법하다고 의심할만한 사유가 있음에도 불구하고 평이사가 감시의무를 위반하여 이를 방치한 때에는 이로 말미암아 회사가 입은 손해에 대하여 배상책임을 면할 수 없다고 판시하고 있다.613)

라. 이사회에 대한 보고의무

이사는 3월에 1회 이상 업무의 집행상황을 이사회에 보고하여야 한다(393조 4항). 상근·비상근이사를 불문하고 회사 내의 중요한 정보를 공유하게 하고 이사회에서의 올바른 결정을 유도하기 위한 규정이다. 특히 평이사의 경우 대표이사나 업무담당이사에 비하여 회사 정보에 대한 접근성이 현저하게 떨어지기 때문에 이를 보완하자는데 본 의무의 취지가 있다. 따라서 이사회 내 위원회를 설치한 회사의 경우에도 최소한 3개월에 1회는 이사회를 개최하여 모든 이사들이 정보를 공유할 기회를 보장해 주게 된다.

마. 감사 또는 감사위원회에 대한 보고의무

이사는 회사에 **현저하게** 손해를 미칠 염려가 있는 사실을 발견한 때에는 즉시 감사 또는 감사위원회에게 이를 보고하여야 한다(412조의2, 415조의2 7항). 감사 또는 감사위원회는 이사의 업무를 감사하는 임무를 수행한다. 이는 감사권이 효율적으로 행사되도록 하고 회사의 손해를 미연에 방지하자는 취지에서, 이사에게 적극적으로 회사에게 현저하게 손해가 될 위험이 있는 사실을 감사 또는 감사위

---

613) 대법원 2023.3.30. 선고 2019다280481 판결, 대법원 2022.5.12. 선고 2021다279347 판결(다만 회사의 업무집행을 담당하지 않는 사외이사 등은 내부통제시스템이 전혀 구축되어 있지 않는데도 내부통제시스템 구축을 촉구하는 등의 노력을 하지 않거나 내부통제시스템이 구축되어 있더라도 제대로 운영되고 있지 않다고 의심할 만한 사유가 있는데도 이를 외면하고 방치하는 등의 경우에 감시의무 위반으로 인정될 수 있음), 대법원 2019.11.28. 선고 2017다244115 판결(사외이사·비상근이사도 같음), 대법원 2016.8.18. 선고 2016다200088 판결(재단법인에 대한 판결임), 대법원 2008.9.11. 선고 2007다31518 판결, 대법원 2007.9.20. 선고 2007다25865 판결, 대법원 2004.12.10. 선고 2002다60467,60474 판결, 대법원 2004.3.26. 선고 2002다29138 판결 및 대법원 1985.6.25. 선고 84다카1954 판결.

원회에 알리도록 의무화시킨 것이다. 만일 이사가 이 의무에 위반하면 법령위반으로서 회사에 발생한 손해에 대한 배상책임을 부담해야 할 것이며(399조), 해임의 사유가 된다(385조).

한편, 이 사항을 보고받은 감사 또는 감사위원회는 주주총회의 소집청구(412조의3)를 할 수 있으며, 이사회에서 의견을 진술할 수 있고(391조의2 1항, 415조의 2 7항), 만일 감사 또는 감사위원회가 이를 게을리한 경우에는 이로 인하여 회사에 발생한 손해에 대하여 배상책임을 부담하여야 할 것이다(414조, 415조의2 7항).

바. 비밀누설금지의무

(1) 의의

이사는 재임 중 뿐만 아니라 퇴임 후에도 직무상 알게 된 회사의 영업상 비밀을 누설하여서는 아니된다(382조의4). 이사는 회사의 모든 중요한 정보를 알게 되기 때문에 이 비밀이 외부에 누출될 경우에는 당해 회사에 막대한 피해를 입힐 가능성이 큰 관계로 이를 방지하기 위함이며, 특히 퇴임 후에도 기존회사의 비밀을 퇴임한 이사가 자신의 사익을 위해 악용하는 것을 방지하고자 함에 그 취지가 있다.

(2) 비밀의 범위

이 의무의 대상이 되는 비밀이란 공지되지 아니한 것으로서, 회사가 외부의 간섭 없이 관리할 수 있고, 경제적 가치가 있어 회사 또는 제3자가 이용가능한 것이라고 정의할 수 있다.[614] 정관, 주주총회의사록, 이사회의사록, 주주명부, 사채원부 또는 재무제표는 공시되기 전까지는 비밀이라고 보아야 할 것이나, 공시된 이후에는 비밀에 속하지 않는다고 보아야 할 것이다. 이와 관련하여, 판례는 구체적으로 고객관계 또는 영업상의 신용의 유지도 이에 해당되지만,[615] 상당 부분 동종업계에 알려져 있을 뿐만 아니라, 관련 업체들이 별다른 노력을 하지 않고도 그 명단을 확보할 수 있었을 것으로 보이는 바이어(buyer)명단은 영업비밀에

---

614) 이철송, 723.
615) 대법원 2010.3.11. 선고 2009다82244 판결.

해당한다고 볼 수 없다고 판시하고 있다.616)

(3) 적용범위

이 의무는 영업상 비밀을 누설하지 말아야 하는 의무뿐만 아니라 이사가 이 비밀을 이용하여 사익을 추구하지 말아야 할 의무도 포함된다고 보아야 할 것이다.

또한 상대방과 관련하여서도 일반적으로는 이사들 간에는 이 의무의 적용대상이 아니라고 보아야 할 것이나, 예외적으로 고도의 기밀성을 요하는 경우에는 다른 이사에게도 이 의무가 적용되는 경우가 발생할 수 있다. 한편, <u>회사합병, 분할 또는 신주발행</u>의 경우에는 누설하지 말아야 할 <u>제3자에 주주도 포함된다</u>고 보아야 할 것이다.

(4) 위반의 효과

만일 재임 중에 이사가 이를 위반한 경우에는 해임사유가 되며(385조), 재직 중 또는 퇴임 후를 막론하고 이사가 이를 위반한 경우에는 회사 및 제3자에 대한 손해배상책임을 부담하게 될 것이다(399조, 401조).

사. 충실의무

이사는 법령과 정관의 규정에 따라 회사를 위하여 그 직무를 충실하게 수행하여야 한다(382조의3). 이를 충실의무라고도 하는데, 이 충실의무와 선관주의의무와의 관계와 관련하여 동질설과 이질설이 대립한다.

동질설은 충실의무는 선관주의의무와 그 궤를 같이하는 실질적으로 동일한 의무라는 주장이다.617) 판례도 "선관주의의무 내지 충실의무"라는 표현을 사용함으로써 동질설의 입장에 선 것으로 판단된다.618)[판례62] 이에 반하여, 이질설은 충실의무규정이 영미법의 Duty of Loyalty 개념을 도입함으로써 기존의 선관주의

---

616) 대법원 2008.7.10. 선고 2006도8278 판결.
617) 김동훈, 326; 김건식, 385; 김정호, 483; 송옥렬, 1000; 양명조, 377; 유시창, 249; 이범찬외, 302; 장덕조, 340; 정찬형, 978; 최기원, 660; 최완진, 218; 최준선, 510.
618) 대법원 2007.10.11. 선고 2007다34746 판결 및 대법원 2004.5.13. 선고 2002도7340 판결.

의무로는 해결되지 아니하는 문제를 해결하고자 하는 입법의도가 있는 규정으로
서, 선관주의의무는 고의 또는 과실을 요하나 충실의무는 이를 요하지 아니하고,
책임의 범위도 충실의무가 보다 넓다는 점을 강조하고 있다.[619]

　　살피건대, 충실의무는 현행 상법상 이사의 경업겸직금지, 자기거래금지 및
회사기회유용금지의 원류가 되는 규범으로서, 본래 영미법상의 충실의무는 그 적
용범위가 선관주의의무보다 넓어 일체의 이사의 사익추구행위의 근절뿐만 아니
라 일정한 경우 지배주주의 권리남용에까지 그 적용범위를 확장시키는 원칙이
다.[620] 그러나 우리나라에서 이렇게까지 충실의무의 범위를 확장시키기는 해석론
적으로 무리가 있는 것은 사실이어서, 앞으로 입법적인 보완이 되지 않는 한, 충
실의무와 선관주의의무는 사실상 같은 범주의 원리로 보는 것이 현실적인 해석
론이 아닌가 생각한다.

> **[판례62] 대법원 2011.11.10. 선고 2011다51069 판결**
>
> 　　피고회사의 이사회결의없이 피고회사가 출판한 서적의 제명이나 제호에 관하여 원고
> 이름으로 상표권등록을 출원한 행위는 피고회사의 이사의 지위에 있는 원고가 법령과 정
> 관의 규정에 따라 피고회사를 위하여 이사로서의 직무를 성실하게 수행하여야 하는 충실
> 의무위반임.

7. 이사와 회사와의 이해상충

가. 경업겸직금지

(1) 의의

　　이사는 이사회의 승인이 없으면 자기 또는 제3자의 계산으로 회사의 <u>영업부</u>
<u>류에 속한 거래를 하거나</u>[621] <u>동종영업</u>[622]을 목적으로 하는 <u>다른 회사의 무한책임</u>

---

619) 강희갑, 585; 권기범, 716; 김홍기, 586; 서헌제, 849; 손진화, 565; 이기수외, 414; 정경영, 536; 정
　　 동윤, 628; 주석상법 회사(III), 216; 홍복기외, 380.
620) 지배주주의 소수자주주에 대한 공정의무 및 지배주식매각시 회사재산 탈취목적인 양수인인지 여
　　 부에 대한 조사의무 등이 이에 해당됨(이철송, 728).
621) American Law Institute가 작성한 Principles of Corporate Governance의 § 5.06(회사와의 경업)
　　 (a)에 의하면, 이사 또는 고위집행임원은 회사와 경업에 종사함으로써 금전적 이익을 취할 수 없

사원이나 이사가 되지 못한다(397조 1항). 이 규정은 집행임원에게도 준용된다(408조
의9, 397조).623)

이 규정의 취지는 이사가 그 지위를 이용하여 자신의 개인적 이익을 추구함
으로써 회사의 이익을 침해할 우려가 큰 경업겸직을 금지하여 이사로 하여금 선
량한 관리자의 주의로써 회사를 유효적절하게 운영하게 함으로써 그 직무를 충
실하게 수행하여야 할 의무를 다하도록 하려는 데 있다.624) 즉, 이사가 회사에게
부담하는 선관주의의무나 충실의무를 보다 구체화한 것으로서, 이사가 사익을 추
구함으로써 회사의 이익과 충돌하는 것을 방지하자는 데 그 목적이 있다.

(2) 금지의 대상

(가) 경업

경업이란 자기 또는 제3자의 계산으로 회사의 영업부류에 속하는 거래를 함
을 말한다(397조 1항).

여기서 자기 또는 제3자의 계산이란 누구의 명의인지를 불문하고 그 실질적
인 이익이 이사 본인 또는 제3자에게 귀속되는 경우를 말한다.625) 이와 관련하여
판례는 이사가 경업 대상 회사의 지배주주가 되어 그 회사의 의사결정과 업무집
행에 관여할 수 있게 되는 경우도 이에 포함된다고 보고 있다.626)

음. 단, ① 그 경쟁을 허용함으로서 회사가 합리적으로 얻으리라고 기대되는 이익이 그 경쟁으로
인하여 회사가 받을 합리적으로 예측가능한 손해보다 크거나 또는 그러한 경쟁으로 인하여 합리
적으로 예측가능한 손해가 회사에 없거나 또는 ② 경영판단의 원칙상 기준을 만족시키는 형태로,
이익충돌과 경업에 관한 공개가 된 후, ㉠ 이해관계 없는 이사가 사전에 경업을 승인하거나 ㉡ 이
사가 아닌 고위집행임원과의 경업의 경우에 이해관계 없는 고위집행임원이 사전에 경업을 승인하
는 경우, 또는 ③ 위 공개가 된 후 경업이 이해관계 없는 주주에 의해 사전에 승인되고, 그 승인행
위가 회사재산의 낭비에 해당되지 않는 경우에는 예외임(Jonathan R. Macey, *Macey on Corporation
Laws*(Volume 2), Wolters Kluwer, 2015, pp.16-130).

622) 참고로 상업사용인의 경우에는 동종뿐만 아니라 이종영업을 목적으로 하는 회사의 무한책임사원
이나 이사도 될 수 없음(17조 1항).

623) 입법론적으로 업무집행지시자 등(401조의2; 이하 본서에서 "간주이사"라 약칭)에게도 준용된다는
명시적 규정이 요구됨.

624) 대법원 1993.4.9. 선고 92다53583 판결.

625) 제3자의 계산인 경우, 이사 본인이 일정한 경제적 이익(예를 들어, 보수)을 얻는 것을 전제로 한다
고 보아야 할 것임. 따라서 이사 자신의 계산이 아닌 제3자의 계산으로 하는 경우에 이사에게 아
무런 경제적 이익이 없다면 회사와 이사간에 이익충돌이 있을 수 없고 결국 경업금지의 대상이
된다고 보기 어려울 것이며, 단, 상법 399조 위반문제에 의해 해결해야 할 것임(이 견해는 이하에
서 설명하는 회사의 기회유용금지 및 자기거래금지에도 적용됨).

626) 대법원 2018.10.25. 선고 2016다16191 판결 및 대법원 2013.9.12. 선고 2011다57869 판결.

여기서 회사의 영업부류에 속하는 거래란 <u>실질적으로 이익충돌의 가능성이</u> 있는 회사의 <u>영리사업</u> 일체를 말한다고 보아야 할 것이므로, 정관상 목적사업에 명시되어 있지 않더라도 실제로 운영하는 사업, 일시적으로 중단한 영업 및 개업 준비행위도 포함된다고 볼 것이다. 그러나 <u>실질적인 경영의 가능성이 없는 보조적 상행위</u>[627) 또는 정관상 목적사업이라 할지라도 <u>폐업한 사업은 이에 해당되지 않는</u>다고 보아야 할 것이다.

이와 관련하여, 판례는 어떤 회사가 이사가 속한 회사의 영업부류에 속한 거래를 하고 있다면 그 당시 서로 영업지역을 달리하고 있다고 하여 그것만으로 두 회사가 경업관계에 있지 아니하다고 볼 것은 아니지만, 경업 대상 여부가 문제되는 회사가 실질적으로 이사가 속한 회사의 <u>지점 내지 영업부문으로 운영되고 **공동의 이익**을 추구하는 관계에 있다</u>면 두 회사 사이에는 서로 이익충돌의 여지가 있다고 볼 수 없다고 판시하고 있다.[628)

한편, 경업은 반드시 영업으로 해야 하느냐가 문제되나, 경업에 해당하는 거래가 1회에 그친다 하더라도 이익충돌문제는 여전히 발생하는 것이고, 이와 같은 영업이 아닌 1회성 경업적 거래를 회사기회유용문제로 모두 해결할 수는 없는 것이므로, 경업이 반드시 영업일 필요는 없다고 보는 것이 타당할 것이다.[629)

(나) 겸직

겸직금지란 <u>동종영업</u>을 목적으로 하는 다른 회사의 <u>무한책임사원</u>[630) 또는 <u>이사</u>[631)가 되지 못한다는 의미이다. 여기서 동종영업이란 경업금지에서의 <u>영업부류와 사실상 같은 의미</u>로 보아야 할 것이다.[632) 이와 관련하여 판례는 경업의 대상이 되는 회사가 영업을 개시하지 못한 채 공장의 부지를 매수하는 등 영업의 준비작업을 추진하고 있는 단계에 있는 경우에도, 동종영업을 목적으로 하는 다

---

627) 이에 반하여, 보조적 상행위는 전부 회사의 영업부류에 속하지 않는 거래라는 견해로는 강희갑, 596; 권기범, 718; 김정호, 484; 손진화, 567; 이철송, 732; 임재연(II), 385; 정동윤, 630; 주석상법 회사(III), 311.

628) 대법원 2013.9.12. 선고 2011다57869 판결.

629) 손진화, 567; 주석상법 회사(III), 312. 이에 반하여 경업이 반드시 영업이어야 한다는 견해로는 이철송, 733.

630) 합명회사 또는 합자회사의 경우임.

631) 주식회사 또는 유한회사의 경우임.

632) 강희갑, 597; 권기범, 722; 서헌제, 858; 송옥렬, 1015; 이철송, 733; 임재연(II), 385; 주석상법 회사(III), 312.

른 회사에 해당한다고 보고 있다.633)

(3) 이사회의 승인

경업겸직행위에 대한 예외적인 승인은 이사회의 <u>보통결의</u>에 의한다.634) 이사에게 경업겸직금지의무를 부담시키는 이유는 회사의 이익을 보호하기 위한 것이므로, 회사는 이사회의 자체적인 판단에 따라 경업 또는 겸직을 허용해 줄 수 있도록 한 것이다.

또한 경업겸직행위를 한 이사는 회사와 특별한 이해관계가 있는 자이므로 이사회에서 의결권을 행사하지 못하는 바(391조 3항, 368조 3항), 이 자는 의사정족수에는 포함되나, 의결정족수에는 포함되지 못하는 것으로 해석해야 할 것이다.635)[판례63]

> **[판례63] 대법원 2009.4.9. 선고 2008다1521 판결**
>
> 민법 74조는 사단법인과 어느 사원과의 관계사항을 의결하는 경우 그 사원은 의결권이 없다고 규정하고 있으므로, 민법 74조의 유추해석상 민법상 법인의 이사회에서 법인과 어느 이사와의 관계사항을 의결하는 경우에는 그 이사는 의결권이 없으며, 의결권이 없다는 의미는 상법 368조 4항, 371조 2항의 유추해석상 이해관계 있는 이사는 이사회에서 의결권을 행사할 수는 없으나 의사정족수 산정의 기초가 되는 이사의 수에는 포함되고, 다만 결의 성립에 필요한 출석이사에는 산입되지 아니함. (평석: 민법상 사단법인에 대한 판결이나 주식회사에 유추적용될 수 있다고 봄)

<u>소규모회사의</u> 경우에는 이사회가 없으므로 <u>주주총회의 승인</u>을 요하며(383조 4항, 397조 1항), 이사회의 승인은 원칙적으로 사전승인을 의미한다고 보아야 할 것이나 사후승인도 가능하며, 추인도 가능하다고 보아야 할 것이다.636) 경업 또는

---

633) 대법원 1993.4.9. 선고 92다53583 판결 및 대법원 1990.11.2.자 90마745 결정.

634) 이에 비하여, 이사의 회사기회유용금지 및 자기거래금지의 예외적 허용은 이사 전원의 3분의2 이상의 찬성을 요함; 입법론적으로는 이사의 경업겸직금지도 이사 전원의 3분의2 이상의 찬성을 요하는 것으로 개정하는 것이 타당하다고 판단됨.

635) 대법원 1992.4.14. 선고 90다카22698 판결 및 대법원 1991.5.28. 선고 90다20084 판결.

636) 동지 강희갑, 598; 권기범, 720; 김건식, 428; 유시창, 254; 최기원, 669. 이에 반대하는 견해로는 김정호, 486; 김홍기, 587; 서헌제, 858; 손진화, 568; 송옥렬, 1016; 이범찬외, 307; 이철송, 731; 임재연(II), 386; 정경영, 538; 정동윤, 630; 주석상법 회사(III), 314; 최준선, 514; 한창희, 314; 홍복기외, 402(반대견해에 의하면, 사후승인을 인정하게 되면 이사의 회사에 대한 책임면제에 총주

겸직을 하고자 하는 이사는 이사회의 결의에 관하여 <u>특별한 이해관계에 있는 자</u>에 해당하므로 당해 이사는 이사회에서 의결권을 행사하지 못한다(391조 3항, 368조 3항).

　　한편, 이사회의 승인을 받기 위해서는 당해 이사는 경업 또는 겸직이 문제되는 사안에 대한 중요한 사실관계를 이사회에 밝혀야 한다. 만일 당해 이사가 허위의 사실관계를 이사회에 알려 이사회가 잘못된 승인을 해 준 경우에는 그 이사회의 승인은 효력이 없다고 보아야 할 것이다.

　　그리고 주주전원의 동의 또는 주주총회결의에 의하여 이사회의 승인을 대체할 수 있는지가 문제되는 바, 회사채권자를 보호하고, 주주에게 잘못된 승인에 대한 책임을 물을 길이 없음을 감안한다면, 반드시 이사회의 승인을 얻어야 한다고 보는 것이 타당할 것이다.

(4) 위반의 효과

(가) 경업겸직금지 위반거래행위의 유효여부

　　경업겸직금지규정에 <u>위반되는 거래를 한 경우에 당해 거래는 원칙적으로 유효</u>하다고 보아야 할 것이나, 거래의 상대방이 이사회승인을 요하는 거래임에도 승인을 받지 않고 거래를 한다는 사실을 알았거나 중대한 과실로 알지 못한 경우에는 무효라고 보아야 할 것이다.[637] 왜냐하면 악의 또는 선의에 중대한 과실이 있는 상대방까지 거래의 안전을 이유로 보호해 준다는 것은 보호할 가치가 없는 행위를 유효로 인정한다는 결과가 되어 구체적 타당성을 심대하게 훼손하는 것이고 또한 정의에 반하며, 나아가 장차 건전한 상거래의 형성에 지장을 초래하게 될 것이기 때문이다(물론 이후의 악의 또는 중대한 과실이 없는 거래의 상대방에 대해서는 유효라고 보아야 할 것임).

　　만일 위 위반행위로 인해 회사에 손해가 발생한 경우에는 당해 이사는 회사

주의 동의를 얻도록 한 400조의 취지에 반한다고 하나, 이사회가 경업겸직을 승인하더라도 반드시 이사의 회사에 대한 책임이 면제되는 것은 아니고, 이사회의 경업겸직승인문제와 이사의 회사에 대한 책임면제는 별도로 판단할 문제이므로, 이 주장은 타당치 않음).

[637] 이에 반하여 선의·악의를 불문하고 유효하다는 견해로는 강희갑, 598; 권기범, 720; 김동훈, 330; 김건식, 428; 김정호, 486; 김홍기, 587; 손진화, 568; 송옥렬, 1016; 유시창, 254; 이기수외, 416; 임재연(II), 387; 장덕조, 348; 정경영, 539; 정동윤, 630; 정찬형, 980; 최기원, 670; 최완진, 218; 최준선, 514; 홍복기외, 402.

에 대한 손해배상책임을 부담해야 할 것이며(399조), 해임의 대상이 된다(385조).

(나) 개입권

이사가 위 경업금지의무에 위반하여 거래를 한 경우에 회사는 이사회의 결의로 그 이사의 거래가 자기의 계산으로 한 것인 때에는 이를 회사의 계산으로 한 것으로 볼 수 있고, 제3자의 계산으로 한 것인 때에는 그 이사에 대하여 이로 인한 이득의 양도를 청구할 수 있다(397조 2항).

이 개입권은 겸직이 아닌 <u>경업의 경우에만 적용되는 규정</u>으로서, 당해 경업을 한 이사로부터 그로 인해 받은 경제적 이익을 회사로 환수하는 효과가 있다. 또한 손해배상을 통하는 경우 발생하는 손해배상액의 입증의 부담을 경감시키고, 이사로부터 경업의 유혹을 사전에 차단하는 효과도 있다.

<u>회사의 계산으로 한다</u>는 것은 거래의 법적 주체가 바뀌는 것이 아니라, 회사와 당해 이사간의 내부관계에서 <u>이사가 얻은 경제적 이익을 회사로 환수한다</u>는 의미이다. 제3자의 계산으로 한 경우 이사가 양도할 이득이란 <u>이사가 그 거래로부터 받은 이득 즉, 보수를 회사로 귀속시킴</u>을 의미하며, 제3자가 취득한 경제적 이익을 의미하는 것은 아니다.

이러한 개입권은 형성권이므로, 이사회의 결의에 의한 회사의 이사에 대한 의사표시로 그 효력이 발생한다. 단, 개입권행사의 효과는 채권적인 것이어서 <u>당해 이사는 자신의 경제적 이익을 회사로 귀속시킬 의무를 부담할 뿐</u>이지, 물권적 효력이 있는 것은 아니다. 회사가 이를 게을리하면 소수주주는 대표소송을 제기할 수 있다고 보아야 할 것이다(403조). 이 개입권은 **제척기간**으로서, <u>거래가 있은 날로부터 1년을 경과하면 소멸한다</u>(397조 3항).638) 또한 이 <u>개입권과 손해배상청구권은 별개로 행사할 수 있는 것으로 해석하여야 할 것이다</u>(17조 3항의 유추적용). 한편, 경업금지의무 위반행위를 통해 이사 자신이 이익을 취득하거나 제3자로 하여금 이익을 취득하게 하여 회사에 손해를 가한 때에는 상법상 특별배임죄에 해당한다(622조 1항).639)

---

638) 상업사용인에 적용되는 개입권의 요건 중 거래가 있음을 안 날로부터 2주간이라는 요건을 명시하지 아니한 이유는 이사회개최에 시간이 걸리며, 알았다는 주관적 요건은 회사에는 맞지 않기 때문임(동지 강희갑, 599; 김동훈, 330; 송옥렬, 1017; 장덕조, 349; 정찬형, 980; 이철송, 735; 주석상법 회사(III), 316).

639) 서울고등법원 1982.1.13. 선고 82노2105 판결(상고포기 확정됨).

(다) 손해배상책임

이사회의 승인 없이 이사가 회사의 경업에 해당하는 행위 또는 겸직을 한 경우에 이로 인하여 회사에 발생한 손해에 대하여 배상하여야 할 것이다(물론 주주전원의 동의가 있는 경우에는 상법 400조에 의해 면제가능). 그러나 위 개입권의 행사로 인하여 이사가 받은 이익을 회사가 회수할 수 있을 것이므로 만일 위 개입권의 행사를 통하여 보전받지 못한 손해가 있는 경우에는 이 손해배상청구권이 그 효력을 발휘하게 될 것이다.

(5) 부당한 경업겸직승인

경업 또는 겸직에 대한 이사회의 승인이 있다 하더라도, 이 승인이 잘못된 것이고 이로 인해 회사에 손해가 발생한 경우에는, 당해 이사는 회사에 손해를 배상하여야 할뿐만 아니라(399조 1항),[640] 이사회에서 경업 또는 겸직 승인에 찬성한 이사도 당해 이사와 연대하여 손해를 배상하여야 할 것이다(399조 2항)(물론 주주전원의 동의가 있는 경우에는 상법 400조에 의해 면제가능).

나. 회사기회유용금지

(1) 의의

이사는 이사회의 승인 없이 <u>회사의 이익이 될 수 있는 회사의 사업기회를 자기 또는 제3자의 이익</u>을 위하여 이용해서는 안된다(397조의2). 이사의 경업겸직금지 또는 자기거래금지만으로는 이사의 사익추구행위를 근절시키는 데에 한계가 있어 이를 극복하고자 도입된 제도이다. 집행임원에게도 준용된다(408조의9, 397조의2).[641]

---

640) 물론 회사가 원칙적으로 그 입증책임을 부담함.

641) 입법론적으로 간주이사(401조의2)에게도 준용된다는 명시적 규정이 요구됨; American Law Institute가 작성한 Principles of Corporate Governance의 § 5.05(이사 또는 고위집행임원의 회사기회의 유용) (a)(일반원칙)에 의하면, 이사 또는 고위집행임원은 회사기회를 유용할 수 없음. 그러나 다음의 ① 내지 ③의 요건을 모두 충족한 경우에는 허용됨. ① 이사 또는 고위집행임원이 먼저 회사에 회사기회를 제공하고, 이익충돌과 회사기회에 대해 공개하였고, 동시에 ② 회사가 이 기회를 거절하였으며, ③ ㉠ 그 거절이 회사에 공평한 것이거나, 또는 ㉡ 경영판단의 원칙상 기준을 만족시키는 형태로, 위 공개 후 사전에, 이해관계 없는 이사가 거절하거나 이사가 고위집행임원인 경

(2) 금지의 대상

이사는 현재 또는 장래에 회사의 이익이 될 수 있는 다음의 어느 하나에 해당하는 회사의 <u>사업기회</u>642)를 <u>자기 또는 제3자의 이익</u>을 위하여 이용하여서는 안 된다.

① 직무를 수행하는 과정에서 알게 되거나 회사의 정보를 이용한 사업기회(397조의2 1항 1호)

회사가 수행하는 사업과의 관련성과는 무관하게, 이사가 직무수행과정에서 알게 된 사업기회 또는 회사의 정보를 이용한 사업기회로서, 회사의 이익이 될 수 있는 사업기회만을 말한다.

② 회사가 수행하고 있거나 수행할 사업과 밀접한 관계가 있는 사업기회(동항 2호)

회사의 정관에 사업목적으로 기재된 것은 물론이고 그 이외의 것도 영리활동으로서 회사의 이익이 될 수 있는 유망한 사업기회는 포함될 수 있는 것으

우에는 이해관계 없는 고위집행임원이 거절하였거나, 또는 ⓒ 위 공개 후 사전에 이해관계 없는 이사가 승인하고 동시에 그 거절이 회사자산을 낭비하는 것이 아닌 경우임(Jonathan R. Macey, Macey on Corporation Laws(Volume 2), Wolters Kluwer, 2015, pp.16-129).

642) American Law Institute가 작성한 Principles of Corporate Governance의 § 5.05(이사 또는 고위집행임원의 회사기회의 유용) (b)(회사기회의 정의)에 의하면, 사업기회란 ① 영업활동에 종사하면서 이사 또는 고위집행임원이 알게 된 기회로서, ㉠ 이사 또는 고위집행임원으로서의 기능을 수행함과 관련되거나 그 기회를 제공한 사람이 그 기회가 회사에 제공된 것으로 알고 있다고 이사나 고위집행임원이 합리적으로 판단할 수 있는 상황인 경우 또는 ㉡ 그 기회가 결과적으로 이사나 고위집행임원이 합리적으로 판단하여 회사의 이익이라고 믿을 것으로 기대되는 기회인 경우에, 회사정보 또는 재산을 사용해서 얻은 기회인 경우 또는 ② 회사가 종사하거나 종사할 것으로 예상되는 영업과 밀접하게 관련된 것으로 고위집행임원이 알고 있는 영업행위에 종사하는 기회를 말함(Jonathan R. Macey, *Macey on Corporation Laws*(Volume 2), Wolters Kluwer, 2015, pp.16-129); 대법원 2018.10.25. 선고 2016다16191 판결(甲은 乙 주식회사의 이사로 재직하던 중 丙 주식회사를 설립하여 이사 또는 실질주주로서 丙 회사의 의사결정과 업무집행에 관여할 수 있는 지위에 있었는데, 丙 회사가 乙 회사와 丁 외국법인이 체결한 丁 법인 제품에 관한 독점판매계약의 기간이 종료하기 전부터 丁 법인 제품을 수입·판매하는 사업을 하다가 위 계약기간 종료 후 丁 법인과 독점판매계약을 체결하여 丁 법인의 한국 공식총판으로서 위 제품의 수입·판매업을 영위하고 그 후 이를 제3자에게 양도하여 영업권 상당의 이득을 얻자, 위 사업기회를 상실한 후 운영에 어려움을 겪다가 해산한 乙 회사의 주주 戊가 甲을 상대로 경업금지의무 및 기회유용금지의무 위반에 따른 손해배상을 구한 사안에서, 甲은 경업금지의무를 위반하고 사업기회를 유용하여 乙 회사의 이사로서 부담하는 선량한 관리자의 주의의무 및 충실의무를 위반하였으므로 乙 회사의 손해를 배상할 책임이 있다고 판단한 다음, 丙 회사가 제3자에게 양도한 영업권 속에는 甲의 사업기회 유용행위로 乙 회사가 상실한 사업기회의 가치도 포함되어 있으므로 이를 乙 회사의 손해로 인정하여야 한다고 한 사례).

로 보아야 할 것이다.

여기서 자기 또는 제3자의 이익이란 경업겸직금지에서의 자기 또는 제3자의
계산과 같은 의미로 해석하면 될 것이다.

(3) 이사회의 승인

이사회가 이사의 회사기회유용에 대하여 <u>이사 전원의 3분의2 이상의 찬성에</u>
의하여 승인하면 이사는 회사기회유용을 할 수 있다(397조의2 1항).

한편 이사회의 승인을 주주총회결의로 대체할 수 있는지 여부와 관련하여,
주주전원의 동의가 있거나 정관상 주주총회 권한사항으로 정해져 있다 하더라도,
이들에게 잘못된 승인에 대한 책임을 물을 길이 없으며, 회사채권자를 보호해야
하므로, <u>반드시</u> 이사회의 승인을 얻어야 한다고 보는 것이 타당할 것이다.

한편, 이사 전원의 3분의2를 산정함에 있어 특별이해관계있는 이사를 포함
한 전원이냐 여부에 관하여서는 특별이해관계있는 이사는 의결정족수에서만 제
외되지 의사정족수에서 제외되는 것은 아니므로 특별이해관계있는 이사를 포함
한 전체 이사의 3분의2 이상으로 이사회의 승인이 이루어져야 할 것이다.[643] 또
한 명문의 규정은 없으나, 이사회의 승인을 받기 위해서는 <u>사전에 회사의 사업기</u>
<u>회에 대한 중요한 내용이 이사회에 공개되어야</u> 한다고 보아야 할 것이다.

또한 원칙적으로는 이사회의 사전승인이 있어야 할 것이나 사후승인도 허용
될 것인지와 관련하여서는, 이사의 경업금지에서 설명한 바와 같은 이유로, 이사
회의 사후승인이 허용된다 하더라도 이사의 책임을 물을 수 있는 것이므로, <u>사후</u>
<u>승인은 허용된다고</u> 본다.[644]

이사가 먼저 회사에 사업기회를 제공하였으나, 회사가 합리적인 기간 내에
이에 대한 가부간의 결정을 하지 아니한 경우 이를 묵시적 승낙으로 보아야 할
것인지와 관련하여, 이를 찬성하는 견해가 있으나,[645] 묵시적 승낙으로 인정될
수 있는 별도의 회사의 행위가 없는 한, 단순히 침묵하고 있다는 사유만으로 이

---

[643] 대법원 2009.4.9. 선고 2008다1521 판결(사단법인의 경우임) 및 대법원 1992.4.14. 선고 90다카
22698 판결.
[644] 동지 권기범, 729; 김건식, 436; 송옥렬, 1033; 이범찬외, 309; 정동윤, 637; 최준선, 519. 이에 반
하여 사전승인만 가능하다는 견해로는 김홍기, 590; 손진화, 570; 이기수외, 424; 이철송, 738; 임
재연(II), 398; 장덕조, 350; 정찬형, 985; 주석상법 회사(III), 326.
[645] 김홍기 "회사기회의 법리와 우리나라의 해석론, 입법방안에 대한 제안", 상사판례연구 20집 2권,
2008, 116쪽; 임재연(II), 400; 주석상법 회사(III), 326.

를 묵시적 승낙으로 보는 것은 무리가 있다고 판단된다.[646]

소규모회사의 경우에는 이사회가 없으므로 주주총회의 승인을 받으면 되는
바(383조 4항), 주주총회의 보통결의에 의한다고 보아야 할 것이다.[647]

(4) 위반의 효과

(가) 회사기회유용금지 위반거래행위의 유효여부

다수설은 이사회의 승인을 얻지 아니한 이사의 회사기회유용행위도 거래
당사자에게는 거래의 효력을 좌우할 어떠한 하자도 없기 때문에 이를 유효하
다고 보고 있다.[648] 그러나 이사회 승인을 얻어야 한다는 사실을 알고 있거나
중대한 과실로 이를 알지 못한 상대방을 보호할 필요는 없으며, 이사의 경업금
지에서 인정되는 개입권이 이사의 회사기회유용금지에는 인정되지 아니하는
관계로 악의 또는 중과실있는 상대방을 보호해 가면서까지 회사의 이익보호에
소홀히 할 이유가 미약하다. 따라서 이사의 회사기회유용금지에 위반되는 이사
와 상대방간의 거래는 원칙적으로는 유효하되, 악의 또는 중대한 과실이 있는
상대방에 대해서는 회사가 당해 거래의 무효를 주장할 수 있다고 보는 것이 타
당할 것이다(물론 이후의 악의 또는 중대한 과실이 없는 거래의 상대방에 대해서는 유효라고 보아
야 할 것임).[649]

(나) 손해배상책임

이사회의 승인 없이 회사의 기회를 유용한 이사는 그로 인하여 회사에 발생
한 손해를 배상할 책임이 있다(397조의2 2항 전단). 이사의 회사기회유용금지규정에
는 경업금지와 같은 개입권이 인정되지 아니하므로, 상법 399조의 손해배상책임
과는 별도로 이와 같은 이사의 회사기회유용금지 위반으로 인한 손해로부터 회
사를 보호하기 위하여 이사의 손해배상책임을 규정한 것이다. 또한 이사의 회사

---

646) 동지 천경훈 "개정상법상 회사기회유용 금지규정의 해석론 연구", 상사법연구 30권 2호, 2011,
    193쪽.
647) 김건식, 436; 임재연(II), 397; 이철송, 738; 정찬형, 985; 주석상법 회사(III), 324.
648) 권기범, 730; 김건식, 436; 송옥렬, 1034; 임재연(II), 403; 이범찬외, 309; 이철송, 741; 손진화,
    570; 장덕조, 351; 정찬형, 987; 주석상법 회사(III), 327; 최준선, 520.
649) 이와 유사한 견해로서, 이사회의 승인을 얻지 않은 사업기회의 유용은 무효이나, 거래의 안전을
    고려하여 제3자가 선의인 경우 무효를 주장할 수 없다는 견해로는 이기수외, 424; 정동윤, 637.

기회유용금지 위반으로 인하여 이사 또는 제3자가 얻은 이익은 손해로 추정됨으로서(397조의2 2항 후단), 회사의 입증의 어려움을 덜어주고 있다.

이와 관련하여, 이사회의 승인을 받은 이사는 후에 회사기회유용금지로 인하여 회사에 발생한 손해를 배상할 책임을 부담하느냐가 문제된다. 살피건대, 상법 397조의2 2항에 의해서는 배상받을 수는 없고 단지, 상법 399조에 의해서 손해를 배상받아야 할 것이라는 견해가 있으나,[650] 이사회의 승인은 당해 이사의 회사기회유용금지에 대한 책임면제조항이 아니고 단지 절차적 정당성을 부여하는 형식적인 합법에 불과하며 이를 면제하려면 상법 400조에 의해 주주전원의 동의를 요한다고 보아야 할 것이므로, 해석론상 회사기회유용에 대하여 <u>이사회의 승인을 받은 이사</u>도 결론적으로 상법 397조의2 2항에 따라 <u>회사에 발생한 손해에 대하여 이사회에서 찬성한 이사와 연대하여 회사에 배상해야 한다</u>고 보는 것이 타당할 것이다(397조의2 2항 전단).[651] 이와 관련하여 판례는 회사의 이사회가 그에 관하여 충분한 정보를 수집·분석하고 정당한 절차를 거쳐 의사를 결정함으로써 그러한 사업기회를 포기하거나 어느 이사가 그것을 이용할 수 있도록 승인하였다면, 의사결정과정에 현저한 불합리가 없는 한, 그와 같이 결의한 이사들의 경영판단은 존중되어야 할 것이므로, 이 경우에는 어느 이사가 그러한 사업기회를 이용하게 되었더라도 그 이사나 이사회의 승인 결의에 참여한 이사들이 이사로서 선량한 관리자의 주의의무 또는 충실의무를 위반하였다고 할 수 없다고 판시하고 있다.[652]

다. 자기거래금지

(1) 의의

<u>이사, **주요주주** 또는 **그의 특수관계인**</u>("이사 등")[653]은 자기 또는 제3자의 계산

---

650) 김건식, 438; 송옥렬, 1034; 주석상법 회사(III), 328.

651) 동지 이철송, 742; 임재연(II), 403; 정찬형, 988; 천경훈, "개정상법상 회사기회유용 금지규정의 해석론 연구", 상사법연구 30권 2호, 2011, 204쪽.

652) 대법원 2017.9.12. 선고 2015다70044 판결.

653) ① 이사 또는 주요주주(누구의 명의로 하든지 자기의 계산으로 의결권없는 주식을 제외한 발행주식총수의 100분의10 이상의 주식을 소유하거나 이사, 집행임원, 감사의 선임과 해임 등 <u>상장회사</u>의 주요 경영사항에 대하여 사실상의 영향력을 행사하는 주주 및 그의 배우자와 직계존비속; 542조의8 2항 6호), ② 위 ①의 자의 배우자 및 직계존비속, ③ 위 ①의 자의 배우자의 직계존비속,

으로 회사와 거래를 하기 위해서는 <u>미리</u> 이사회에 해당 거래에 관한 중요사실을 밝히고 이사회의 승인을 받아야 한다(398조 전단).654) 이사 등이 그 지위를 이용하여 회사와 거래를 함으로써 자기 또는 제3자의 이익을 도모하고, 회사 나아가 주주에게 불측의 손해를 입히는 것을 방지하고자 함에 있다.655) 이 규정은 집행임원에게도 준용된다(408조의9, 398조).

(2) 금지행위의 주체

이사에는 거래당시 사내이사, 사외이사 등 모든 이사가 포함되며, 퇴임이사(386조 1항), 일시이사(386조 2항), 직무대행자(407조 1항) 및 청산인(542조 2항, 398조)도 포함되나, 거래당시 이사의 직위를 떠난 사람은 여기에 포함되지 않는다.[판례64] 간주이사(401조의2)는 해석상 포함되지 않는다고 보아야 할 것이다.656)

---

④ 위 ①부터 ③까지의 자가 단독 또는 공동으로 의결권 있는 발행주식총수의 100분의50 이상을 가진 회사 및 그 자회사 및 ⑤ 위 ①부터 ③까지의 자가 위 ④호의 회사와 합하여 의결권 있는 발행주식총수의 100분의50 이상을 가진 회사를 말함(398조 각호).

654) American Law Institute가 작성한 Principles of Corporate Governance의 § 5.02(회사와의 거래)(a)(일반원칙)에 의하면, 회사와 거래를 하는 이사 또는 고위집행임원(보수지급과 관련한 거래는 제외)은 다음의 조건을 모두 충족하는 경우에는 당해 거래와 관련하여 공정거래의무를 이행한 것임; ① 이익충돌에 대한 공개 및 당해 거래를 사전승인한 회사의 결정권자를 통해 당해 거래가 이루어졌으며, 동시에 ② ㉠ 당해 거래가 회사에 공평한 것이거나, 또는 ㉡ 이익충돌과 거래에 관한 공개 후 당해 거래가 승인시점에 회사에 공평한 것이라고 합리적으로 결론내릴 수 있는 이해관계 없는 이사(이사가 아닌 고위집행임원이 당사자인 경우에는 이해관계 없는 고위집행임원)가 당해 거래를 사전에 승인하였거나, 또는 ㉢ 만일 ⓐ 당해 거래에 이해관계가 없는 회사의 결정권자가 당해 거래에서 회사를 위해 행동하였고, 당해 거래가 회사에 공평한 것이라고 합리적으로 결론지을 수 있었으며, 동시에 ⓑ 이해관계 있는 이사 또는 고위집행임원이 자신이 당해 거래에 대하여 알고 있는 중요사실을 회사의 결정권자에게 공개하였고, 동시에 ⓒ 이해관계 있는 이사 또는 고위집행임원이 이해관계 없는 이사 또는 고위집행임원의 사전승인을 득하지 못함에 있어 비합리적으로 행동하지 않았으며, 동시에 ⓓ 이해관계 없는 이사 또는 고위집행임원으로부터 당해 거래에 대한 사전승인을 득하지 못하였다는 사실이 회사의 이익에 중요한 방식으로 부정적인 영향을 끼치지 않았을 경우에는 회사와의 거래사실에 대한 공개 후에 당해 거래가 체결당시에 회사에 공평하다고 합리적으로 결론내릴 수 있는 이해관계 없는 이사가 당해 거래를 승인하였을 것, 또는 ㉣ 회사와의 거래사실에 대한 공개 후에 이해관계 없는 주주가 당해 거래를 사전에 승인하였고, 동시에 주주의 승인시점에 당해 거래가 회사자산의 낭비를 초래하지 않았을 것(Jonathan R. Macey, *Macey on Corporation Laws*(Volume 2), Wolters Kluwer, 2015, pp.16-127).

655) 대법원 2007.5.10. 선고 2005다4284 판결.

656) 입법론적으로 간주이사(401조의2)에게도 준용된다는 명시적 규정이 요구됨.

[판례64] 대법원 1988.9.13. 선고 88다카9098 판결

대표이사가 그 취임을 조건으로 회사에 투자를 하였다가 그 직을 사임한 후 위 투자금을 반환받는 거래의 경우에는 이사의 자기거래금지규정상의 이사에 포함되지 않음.

한편, 주요주주와 관련하여서는 상장회사의 경우만 해당하는 것으로 규정되어 있으나, 이사의 경우에는 상장·비상장 불문하는 것으로 규정되어 있으므로, 이와의 균형상 주요주주의 경우에도 상장·비상장 불문하고 모두 적용되는 것으로 개정되어야 할 것이나 해석론적으로는 상장회사의 경우에만 해당되는 것으로 봄이 타당하다고 판단된다.657)

또한 특수관계인의 경우 배우자는 법률상의 배우자만 포함되며, 사실혼관계에 있는 자는 포함되지 않는 것으로 해석해야 할 것이다.

그리고 자기 또는 제3자의 계산이란 누구의 명의로 하든 불문하므로, 이사 등이 제3자의 대리인인 경우658) 및 이사 등이 제3자로부터 위탁을 받은 경우도 포함된다고 보아야 할 것이다.

이와 관련하여, 판례는 ① 별개인 두 회사의 대표이사를 겸하고 있는 자가 두 회사 사이의 매매계약을 체결하는 경우도 이사의 자기거래에 해당하며,659) ② 일방회사의 대표이사가 다른 학교법인의 이사장을 겸하고 있는 경우에도 본조가 적용된다고 본다.660) 나아가 ③ 양 회사의 대표이사를 겸하고 있는 자가 일방회사를 대표하여 타 회사의 채무에 대해 연대보증을 하거나,661) 타 회사의 채무를 인수한 경우,662) 이사가 회사를 대표하여 자기를 위하여 자기개인채무의 채권자인 제3자와의 사이에 자기개인채무의 연대보증을 하는 것663) 또는 주식회사의 이사가 타인에게 금원을 대여함에 있어 회사가 그 채무를 연대보증한 경우664)에

---

657) 동지 임재연(II), 408. 이에 반하여 해석론적으로도 주요주주에 비상장회사도 포함되는 것으로 보아야 한다는 주장으로는 권기범, 732; 송옥렬, 1020; 이철송, 745; 장덕조, 353; 주석상법 회사(III), 333. 그러나 이러한 반대견해는 합리적인 해석의 범위를 넘는 확장해석이라고 판단됨.

658) 대법원 2017.9.12. 선고 2015다70044 판결.

659) 대법원 1996.5.28. 선고 95다12101,12118 판결 및 대법원 1969.11.11. 선고 69다1374 판결.

660) 대법원 2007.5.10. 선고 2005다4284 판결.

661) 대법원 1984.12.11. 선고 84다카1591 판결.

662) 대법원 1974.1.15. 선고 73다955 판결 및 대법원 1973.10.31. 선고 73다954 판결.

663) 대법원 1984.12.11. 선고 84다카1591 판결.

664) 대법원 1980.7.22. 선고 80다828 판결.

도 본 규정이 적용된다고 판시하고 있다. ④ 한편, 동일한 사람이 <u>한 회사에는 대표이사, 다른 회사에는 이사인 경우</u>665) 또는 양 회사에 모두 이사인 경우, 두 회사 사이의 매매계약을 체결하는 경우에도 당해 대표이사가 아닌 이사가 당해 회사의 이사회에서 <u>사실상의 영향력을 가진 경우</u>에는 거래가 불공정해질 가능성이 높으므로 본조가 적용되어야 한다고 보아야 할 것이다.666)

(3) 적용범위

거래의 성질상 이익충돌의 염려가 없는 거래는 이사회의 승인을 받을 필요가 없다고 보아야 할 것이다. 이에는 ① 부담 없는 증여, ② 특별한 사정이 없는 한, 이사와 회사간에 약관에 의해 정형적으로 체결되는 일반적인 거래, ③ 이사의 회사채무에 대한 보증 및 회사명의로 명의신탁하였던 계약의 해지 등이 포함된다.

이와 관련하여 판례는 회사에 대하여 개인적인 채권을 가지고 있는 대표이사가 회사를 위하여 보관하고 있는 회사 소유의 금전으로 자신의 채권의 변제에 충당하는 행위,667) <u>이사의 회사에 대한 무이자 금전대여</u>668) 및 <u>주식회사의 이사가 자신을 피보험자 및 수익자로 하여 회사 명의로 퇴직보험에 가입한 경우[판례 65]</u> 등도 이익충돌의 염려가 없는 경우로 보고 있다.

> **[판례65] 대법원 2010.3.11. 선고 2007다71271 판결**
>
> 퇴직보험계약체결이 임원퇴직금지급규정상 임원의 보수를 지급하기 위한 수단에 불과하고, 회사에게 퇴직금을 조성하기 위한 일반적인 자금운영의 범위를 넘는 실질적인 불이익을 초래할 우려가 없으므로, 이사회의 승인을 얻을 필요가 없음.

이에 반하여, 회사의 1인주주겸 이사가 당해 회사와 거래를 하는 것도 이사가 부당한 이득을 챙겨 회사채권자에 대한 변제에 영향을 미치는 경우라면 회사에 손해가 된다고 볼 수 있는 것이므로 역시 이사회의 승인이 필요없다고 볼 수는 없고,669) 회사가 이사 등을 상대로 하는 상계는 회사가 손해를 보는 경우가 발

---

665) 대법원 2017.9.12. 선고 2015다70044 판결.
666) 이철송, 746. 이에 반대하는 견해로는 임재연(II), 409; 송옥렬, 1019. 한편 전제조건 없이 자기거래에 해당한다는 견해로는 장덕조, 356; 최준선, 525.
667) 대법원 1999.2.23. 선고 98도2296 판결.
668) 대법원 2010.1.14. 선고 2009다55808 판결.
669) 이철송, 749; 임재연(II), 417; 정찬형, 994; 주석상법 회사(III), 347. 이에 대하여 이사회 승인이 필

생할 수도 있으므로, 반드시 이사회의 승인이 필요하다고 보아야 할 것이다. 이
와 관련하여 판례는 이사의 자기거래가 어음행위의 형식으로 이루어지는 경우는
어음행위는 원인관계와는 별개의 독립적인 채무를 발생시키므로 회사의 손해발
생가능성이 높아 역시 이사회의 승인을 얻어야 한다고 판시하고 있다.[670]

한편, 이사와 회사간의 <u>자본거래</u>에 본 규정의 적용가능성에 대하여는 2012
년부터 발효된 상법개정으로 적용대상이 이사 이외에도 주요주주 등까지 확대되
었고, 개시의무와 공정성 요건까지 추가되었으며, 회사와 소수주주의 이익을 해
칠 가능성이 자본거래에도 존재하므로 적용되어야 한다는 견해도 있고,[671] 이에
반하여 자본거래에 본조를 적용하는 것은 회사법의 체계에 맞지 않으며, 법적용
의 충돌을 가져오고, 법적용의 명확성과 법률관계의 안정성을 기하기 위해 자본
거래에는 본조를 적용하지 말아야 한다는 견해도 있다.[672]

살피건대, ① 개정상법이 적용대상자를 확대하고 개시의무와 공정성조항을
추가한 것은 여하한 거래로 인하여 회사가 손해를 볼 위험 있는 경우를 모두 포
함시켜 이를 보다 적절히 통제하겠다는 취지로 볼 수 있으며, ② 법적 안정성도
중요하지만 자본거래를 통해 이사가 사익을 취하고 회사에 손해를 끼치는 결과
를 금지해야 한다는 구체적 타당성 또한 우리가 보호해야 할 소중한 법적 가치이
므로, 자본거래에서도 원칙적으로 본조가 적용되어야 한다는데 찬성한다.

(4) 이사회의 승인

(가) 개시의무 및 공정성 요건

상법은 자기거래금지규정에서 "미리 해당 거래에 관한 중요사실을 밝히고"
이사회의 승인을 받아야 함을 명시함으로써, 이사회가 이사와의 이익충돌사실여
부를 명확히 파악하고 승인할 수 있도록 미국법상의 disclosure의무를 법제화하였
다. 따라서 이 의무를 이행치 않는 경우에는 이사회의 승인을 얻지 못한 것으로

요없다는 견해로는 김건식, 413; 송옥렬, 1025; 정동윤, 634; 최준선, 529.

670) 대법원 2004.3.25. 선고 2003다64688 판결, 대법원 1994.10.11. 선고 94다24626 판결 및 대법원
　　1965.6.22. 선고 65다734 판결; 권기범, 737; 김건식 413; 김홍기, 593; 송옥렬, 1023; 이기수외,
　　420; 이철송, 749; 임재연(II), 416; 정동윤, 634; 정찬형, 993; 주석상법 회사(III), 347; 최기원,
　　674.

671) 송옥렬, 1023; 이철송, 747; 천경훈, "개정상법상 자거거래제한규정의 해석론에 관한 연구", 저스
　　티스, 제131호, 2012, 80쪽; 주식회사법대계II, 732.

672) 주석상법 회사(III), 338.

보아야 할 것이다.673)

한편, 상법은 동 규정에서 "그 거래의 내용과 절차는 공정하여야 한다."라고 명시함으로써, 승인대상인 거래의 공정성을 승인의 조건으로 밝히고 있다. 따라서 이사회의 승인을 얻었다 할지라도 그 공정성이 결여된 것으로 드러난 경우에는 그 승인의 효력은 없다고 할 것이나, 이를 제3자에게 주장하기 위해서는 그의 악의 또는 선의에 중대한 과실이 있음을 회사가 입증해야 할 것이며,674) 당해 이사 및 이사회에서 찬성한 이사의 회사에 대한 손해배상책임이 문제될 수 있다.

(나) 결의요건 및 승인시점

자기거래의 승인은 이사 전원의 3분의2 이상의 찬성을 요하며, 거래가 있기 전에 승인이 이루어져야 함이 명시되어 있다675).

(다) 승인기관의 대체가능여부

정관의 규정에 의하여 주주총회의 결의로 대체할 수 있는지 또는 이사회 승인을 모든 주주가 동의하는 경우로 대체가능한지와 관련하여, 이를 긍정하는 견해가 있고,676) 판례도 이에 동의하나,677) 주주총회결의로 대체를 허용하는 명문의 규정이 없을 뿐만 아니라 부당하게 동의한 모든 주주에게 책임을 물을 수 있는 방법이 없고 또한 회사재산의 감소로 인한 회사채권자에게 불측의 손해를 주어 결국 회사에 불이익을 가져온다고 볼 수밖에 없으므로, 이를 부정하는 것이 타당할 것이다.678)

한편, 소규모회사의 경우에는 이사회가 없으므로, 주주총회의 승인을 받아야 한다(383조 4항, 398조).

---

673) 대법원 2023.6.29. 선고 2021다291712 판결, 대법원 2007.5.10. 선고 2005다4284 판결.
674) 대법원 2004.3.25. 선고 2003다64688 판결, 대법원 1994.10.11. 선고 94다24626 판결 및 대법원 1984.12.11. 선고 84다카1591 판결.
675) 대법원 2023.6.29. 선고 2021다291712 판결(사후에 당해 거래행위에 대하여 이사회 승인을 받았다 하더라도 특별한 사정이 없는 한 무효인 거래행위가 유효로 되는 것은 아님).
676) 권기범, 740; 김건식, 414; 송옥렬, 1024; 정동윤, 635; 최기원, 675; 최준선, 527.
677) 대법원 2007.5.10. 선고 2005다4284 판결, 대법원 2007.5.10. 선고 2005다4291 판결, 대법원 2002.7.12. 선고 2002다20544 판결 및 대법원 1992.3.31. 선고 91다16310 판결.
678) 김동훈, 334; 양명조, 368; 이철송, 749; 장덕조, 357; 정경영, 542; 정찬형, 993.

(라) 승인방법

이사회의 승인은 각 거래마다 별개로 얻어야 하며, 포괄적인 승인은 허용되지 않는다고 보아야 할 것이다. 단, 반복되는 동종의 거래에 대하여는 기간과 한도 등에 관하여 합리적인 범위를 정해 승인하는 한, 유효하다고 볼 수 있을 것이다.679)

(마) 이사회 승인과 이사책임은 별개

자기거래에 관하여 이사회의 승인을 받더라도 이사의 책임이 면책되는 것은 아니며, 따라서 승인을 받은 거래로 인하여 회사에 손해가 발생한 경우에는 당해 이사 및 이사회에서 찬성한 이사는 연대하여 회사에 발생한 손해를 배상하여야 할 것이다(399조 1항, 2항). 한편, 이사 이외의 주요주주 등은 이사회의 승인을 받았더라도 회사에 발행한 손해에 대하여 민법상의 불법행위로 인한 손해배상책임을 부담하여야 할 것이다(민법 750조).

(5) 위반의 효력

이사회의 승인을 얻지 아니한 이사와 회사간의 거래의 사법적 효력과 관련하여, 무효설, 유효설, 상대적 무효설이 있다. 무효설은 이사회 승인 없는 자기거래는 무효이며, 단, 선의의 제3자는 민법상의 선의취득 또는 표현책임규정에 의해 보호된다고 보는 견해이다.680) 유효설은 이사회의 승인은 단지 명령적 규정이므로 이를 위반하더라도 그 거래의 효력은 유효하고, 단, 악의의 제3자는 권리남용에 근거해 회사에 대항하지 못하고, 해당 이사는 회사에 대한 손해배상책임을 부담한다는 견해이다. 상대적 무효설은 회사와 이사간에는 무효이나, 이를 가지고 선의의 제3자에게 대항하지 못한다는 견해이다.681) 살피건대, 구체적 타당성과 법적 안정성을 가장 조화롭게 해석한다는 입장에서, 회사와 이사간에는 무효이나,682) 이를 중대한 과실이 없는 선의의 제3자에게 대항하지 못한다고 보는 것

---

679) 권기범, 739; 김건식, 415; 김정호, 494; 김홍기, 594; 송옥렬, 1025; 이범찬외, 311; 이철송, 750; 장덕조, 358; 정동윤, 635; 주석상법 회사(III), 398; 최기원, 670; 최준선, 527.

680) 최기원, 681.

681) 강희갑, 609; 김동훈, 348; 서헌제, 836; 송옥렬, 1028; 양명조, 370; 이범찬외, 312; 이기수외, 422; 이철송, 752; 주석상법 회사(III), 348; 최완진, 222; 한창희, 321; 대법원 2023.6.29. 선고 2021다291712 판결, 대법원 2005.5.27. 선고 2005다480 판결, 대법원 1994.10.11. 선고 94다24626 판결, 대법원 1984.12.11. 선고 84다카1591 판결 및 대법원 1981.9.8. 선고 80다2511 판결.

이 타당하다고 판단된다.[683] 한편, 위반한 이사는 회사에 대한 손해배상책임을 부담하며(399조), 해임의 대상이 된다(385조).

나아가, 자기거래와 관련하여 이사회의 승인을 받지 아니한 이사 이외의 주요주주 등의 책임과 관련해서는 회사에 대해 민법상의 불법행위로 인한 손해배상책임을 부담하여야 할 것이다(민법 750조).

(6) 상장회사의 특칙

상장회사는 주요주주 및 그의 특수관계인, 이사(401조의2의 간주이사 포함), 집행임원 또는 감사를 상대방으로 하거나 그를 위하여 신용공여[684]를 해서는 안 되나(542조의9 1항, 영 35조 1항),[685] 단, 복리후생을 위한 이사, 집행임원 또는 감사에 대한 금전대여,[686] 다른 법령에서 허용하는 신용공여 또는 그 밖의 상장회사의 경영건전성을 해칠 우려가 없는 금전대여[687]는 허용된다(542조의9 2항, 상법시행령 35조 2항, 3항).

한편, 대규모상장회사의 경우에는 원칙적으로 최대주주, 그의 특수관계인 및 그 상장회사의 특수관계인[688]을 상대방으로 하거나 그를 위하여 ① 단일 거래규모가 자산총액 또는 매출총액의 100분의1 이상인 거래 또는 ② 해당 사업연도 중에 특정인과의 해당 거래를 포함한 거래총액이 자산총액 또는 매출총액의 100분

---

682) 소규모회사의 이사가 자기 또는 제3자의 계산으로 회사와 거래를 하기 전에 주주총회에서 해당 거래에 관한 중요사실을 밝히고 주주총회의 승인을 받지 않은 경우, 특별한 사정이 없는 한, 무효임(대법원 2020.7.9.선고 2019다205398 판결).

683) 권기범, 743; 김정호, 502; 임재연(II), 427; 정경영, 543; 정동윤, 636; 대법원 2004.3.25. 선고 2003다64688 판결.

684) 금전 등 경제적 가치가 있는 재산의 대여, 채무이행의 보증, 자금 지원적 성격의 증권 매입, 그 밖에 거래상의 신용위험이 따르는 직접적, 간접적 거래로서 상법시행령 35조 1항이 정하는 거래(담보를 제공하는 거래, 어음을 배서하는 거래, 출자의 이행을 약정하는 거래 등)를 말함.

685) 상법 542조의9 1항을 위반하여 이루어진 신용공여는 사법상 무효이며, 이는 이사회의 사전 승인이나 사후 추인이 있어도 마찬가지인 바, 다만, 제3자가 동항을 위반한 신용공여인지 알지 못하였고 알지 못한 데에 중대한 과실이 없는 경우에는 제3자에게 무효를 주장할 수는 없음(대법원 2021.4.29. 선고 2017다261943 판결).

686) 학자금, 주택자금 또는 의료비 등 복리후생을 위하여 회사가 정하는 바에 따라 3억원의 범위에서 금전을 대여하는 행위를 말함.

687) 회사의 경영상 목적을 달성하기 위하여 필요한 경우로서 상법시행령 35조 3항 각호의 자(법인의 주요주주 등)를 상대로 하거나 그를 위하여 적법한 절차에 따라 이행하는 신용공여를 말함.

688) 본인이 개인인 경우에는 배우자(사실상 혼인관계에 있는 사람을 포함), 6촌 이내의 혈족, 4촌 이내의 인척 등을 말하고, 본인이 법인 또는 단체인 경우에는 이사, 집행임원, 감사, 계열회사 및 그 이사, 집행임원, 감사 등을 말함(상법시행령 34조 4항).

의5 이상이 되는 경우의 해당 거래689)를 하려는 경우에는 <u>이사회의 승인을 받아야 하고</u>(542조의9 3항, 상법시행령 35조 4항 내지 7항), 이 경우에는 <u>이사회의 승인 결의 후, 처음으로 소집되는 정기주주총회</u>에 해당 거래의 목적, 상대방, 거래의 내용, 날짜, 기간 및 조건 및 해당 사업연도 중 거래상대방과의 거래유형별 총거래금액 및 거래잔액을 보고하여야 한다(542조의9 4항, 상법시행령 35조 8항). 그러나 <u>대규모상장회사</u>가 경영하는 업종에 따른 일상적인 거래로서 <u>약관규제법에 따른 정형화된 거래</u> 또는 <u>이사회에서 승인한 거래총액의 범위 안에서 이행하는 거래</u>690)는 <u>이사회의 승인을 받지 아니하고 할 수 있다</u>(542조의9 5항, 상법시행령 35조 9항).

이 특례규정에 위반한 거래행위와 관련한 사법상 효력도 위에서 설명한 상법상 자기거래위반의 경우와 마찬가지로 보아야 할 것이다.

8. 이사의 손해배상책임

가. 의의

주식회사의 이사는 위에서 설명한 바와 같이 여러 의무를 부담하고 있다. 그런데 이러한 의무를 이행하지 아니한 경우에 <u>해임</u>하거나 <u>재선임을 하지 않을 수도 있으나</u>, 이것만으로는 이사의 의무불이행으로 인하여 회사 및 기타 제3자에게 발생한 손해를 보전하기에는 부족하다. 따라서 이사의 의무불이행으로 인하여 발생한 모든 재산적 손해를 그 원인자인 이사로 하여금 배상하게 함으로써, <u>사후적 책임</u>을 물음과 동시에 이사로 하여금 <u>사전적인 경각심</u>을 갖게 하고, 더 나아가 제3자로 하여금 회사경영의 중심인 이사의 의무이행에 대한 신뢰를 갖게 만든다는 의미에서 이사의 손해배상책임 규정의 의의가 있다. 이에는 크게 이사의 회사에 대한 책임과 이사의 제3자에 대한 책임을 나누어 볼 수 있는데, 이하에서 차례로 살펴보기로 한다.

---

689) 상법 542조의9 1항에 따라 금지되는 거래(신용공여)는 제외함.
690) 거래내용을 주주총회에 보고하지 않을 수 있음.

나. 이사의 회사에 대한 손해배상책임

(1) 의의

이사가 <u>고의</u> 또는 <u>과실</u>로 <u>법령 또는 정관에 위반한 행위</u>를 하거나 그 <u>임무를 게을리한 경우</u>에는 그 이사는 회사에 대하여 <u>연대</u>하여 손해를 배상할 책임이 있다(399조).

이 책임은 이사가 회사와의 위임관계를 기초로 한 의무를 위반한 것에 대한 채무불이행책임을 묻는 규정이나, 민법에는 없는 찬성이사의 연대책임(399조 2항), 책임면제를 위한 총주주의 동의(400조), 재무제표승인을 통한 책임해제의제(450조) 등의 여러 특칙이 규정된 취지에 비추어 볼 때, 이사라는 특수성에 비추어 민법이 아닌 상법에 따라 강화된 특별책임을 묻는 성격의 규정으로 보는 것이 타당할 것이다.691)

(2) 요건

(가) 법령 또는 정관위반

이사의 행위가 <u>법령위반</u>[판례66], [판례67]에 해당하는 경우로는, 이사회의 승인 없이 회사와 경업겸직(397조), 회사기회유용(397조의2) 또는 자기거래(398조)를 한 경우, 자기주식취득제한에 위반한 경우(341조), 인수인과 통모하여 현저하게 불공정한 발행가액으로 주식을 인수시킨 경우(424조의2 3항), 발행예정주식총수를 초과하는 신주발행을 한 경우 및 주주의 권리행사와 관련하여 재산상의 이익을 공여한 경우(467조의2 1항) 등이 있다. 이와 관련하여, 판례는 배당가능이익이 없음에도 재무제표가 분식되어 주주에 대한 이익배당금이 지급된 경우692) 및 회사의

---

691) 권기범, 762; 김동훈, 339; 김홍기, 597; 이철송, 756; 정동윤, 638; 정찬형, 1005; 주석상법 회사(III), 358; 최기원, 685; 최완진, 227; 최준선, 535. 이에 반하여 채무불이행책임이라는 견해로는 김건식, 452; 송옥렬, 1035; 양명조, 383; 유시창, 263. 한편, 판례가 이사의 회사에 대한 책임을 위임계약의 불이행으로 인한 책임으로 보고 있다는 견해(대법원 2006.8.25. 선고 2004다24144 판결 및 대법원 1985.6.25. 선고 84다카1954 판결)가 있으나, 판시 내용에 "민법상"이라는 표현은 없고, 단지 "위임관계로 인한 채무불이행책임"이라는 표현을 쓰고 있으므로, 이것을 가지고 판례가 상법상의 특별책임을 인정하지 않고 있다고 볼 필요는 없다고 판단되며, 이사와 회사와의 관계도 위임관계를 기초로 하고 있기 때문에 회사법상의 특별책임이라고 보더라도 문제가 없다고 판단됨.

692) 대법원 2007.11.30. 선고 2006다19603 판결.

자금으로 뇌물을 제공한 경우[693] 등을 포함하고 있다. 이러한 법령위반행위에는 경영판단의 원칙이 적용될 수 없다.[694]

> **[판례66] 대법원 2005.10.28. 선고 2003다69638 판결**
>
> 상법 399조에서 말하는 법령이란 이사로서 임무를 수행함에 있어서 준수하여야 할 의무를 개별적으로 규정하고 있는 상법 등의 제 규정과 회사가 기업활동을 함에 있어서 준수하여야 할 제 규정을 말함.

> **[판례67] 대법원 2006.11.9. 선고 2004다41651,41668 판결**
>
> 상법 399조에서 말하는 법령은 일반적인 의미에서의 법령 즉, 법률과 그 밖의 법규명령으로서의 대통령령, 총리령, 부령 등을 의미하나, 종합금융회사 업무운용지침, 외화자금거래취급요령, 외국환업무·외국환은행신설 및 대외환거래계약체결 인가공문, 외국환관리규정, 종합금융회사 내부의 심사관리규정 등은 이에 해당하지 않음.

한편, 정관에 위반한 경우로는 일체의 정관규정위반행위를 포함하는바, 정관상의 주식 또는 사채발행한도를 초과하는 경우 및 정관상 적립하게 되어 있는 임의적립금을 적립하지 아니한 경우 등이 있다.

(나) 임무를 게을리한 때

임무를 게을리한 경우란 판례에 의하면 평이사가 업무담당이사의 위법한 업무집행에 대하여 감시를 소홀히 한 경우[695] 및 주식회사의 이사가 다른 업무담당이사의 업무집행이 위법하다고 의심할 만한 사유가 있음에도 불구하고 이를 방치한 경우[696] 등을 말한다. 또한 이에는 경영판단의 원칙이 적용되므로, 회사를 위해 선량한 관리자의 주의의무[697] 또는 충실의무[698]를 다하였다면 설사 결과가

---

693) 대법원 2005.10.28. 선고 2003다69638 판결. 자본금 감소를 위한 주식소각 절차에 하자가 있다면, 주주 등은 자본금 감소로 인한 변경등기가 된 날부터 6개월 내에 소로써만 무효를 주장할 수 있으나(상법 445조), 이사가 주식소각 과정에서 법령을 위반하여 회사에 손해를 끼친 사실이 인정될 때에는 감자무효의 판결이 확정되었는지 여부와 관계없이 상법 399조 제1항에 따라 회사에 대하여 손해배상책임을 부담함(대법원 2021.7.15. 선고 2018다298744 판결).
694) 대법원 2006.11.9. 선고 2004다41651,41668 판결.
695) 대법원 1985.6.25. 선고 84다카1954 판결.
696) 대법원 2007.9.21. 선고 2005다34797 판결 및 대법원 2004.12.10. 선고 2002다60467,60474 판결.
697) 대법원 1996.12.23. 선고 96다30465,30472 판결; 권기범, 765; 김정호, 523; 손진화, 584; 송옥렬,

좋지 않다 하더라도 임무를 게을리한 경우에 해당되지 않는다고 보아야 할 것이다.

이와 관련하여, 당해 행위에 관하여 사실상 대주주의 양해를 얻었다거나[699] 이사회의 결의 또는 주주총회결의가 있었다 하더라도[700][판례68] 당해 이사의 행위가 당연히 임무해태가 없었다고 볼 수는 없다.

> **[판례68] 대법원 2007.11.30. 선고 2006다19603 판결**
>
> 분식 재무제표에 대한 이사회 또는 주주총회의 승인을 거쳐야 한다는 사정만으로는 이사의 책임이 면책되지 아니함.

한편, 판례에 의하면 임무해태 여부를 판단함에 있어서는, 통상의 합리적인 임원으로서 그 상황에서 합당한 정보를 가지고 적합한 절차에 따라 회사의 최대이익을 위하여 신의성실에 따라 업무처리를 한 것이라면 그 의사결정과정에 현저한 불합리가 없는 한, 그 임원의 경영판단은 허용되는 재량의 범위 내의 것으로서 회사에 대한 선량한 관리자의 주의의무 내지 충실의무를 다한 것으로 보고 있다.[701] 또한 판례는 임무해태와 손해 그리고 양자 간의 인과관계는 이를 주장하는 자가 입증해야 한다고 판시하고 있다.[702]

(다) 고의 또는 과실

이사의 법령 또는 정관에 위반되는 행위는 이사의 고의 또는 과실에 의하여야 하나, 이러한 법령 또는 정관위반행위는 사실상 고의 또는 과실이 추정된다고 보아야 할 것이어서, 반대로 그 책임에서 벗어나고자 하는 이사가 자신이 고의 또는 과실이 없음을 입증해야 할 것이나, 임무해태로 인한 경우에는 이사의 책임을 묻는 회사가 이사의 고의 또는 과실을 입증해야 할 것이다.[703]

1037; 정경영, 547; 정동윤, 640; 주석상법 회사(III), 359; 최기원, 689; 최준선, 536. 이에 반하여 양 의무가 모두 포함된다는 견해로는 김건식, 453; 김동훈, 339; 김홍기, 599.

698) 대법원 2010.7.29. 선고 2008다7895 판결.

699) 대법원 2004.5.14. 선고 2001도4857 판결 및 대법원 2000.11.24. 선고 99도822 판결.

700) 대법원 2004.5.14. 선고 2001도4857 판결, 대법원 2000.11.24. 선고 99도822 판결, 대법원 1989. 10.13. 선고 89도1012 판결 및 [판례68].

701) 대법원 2007.9.21. 선고 2005다34797 판결 및 대법원 2002.6.14. 선고 2001다52407 판결.

702) 대법원 1996.12.23. 선고 96다30465,30472 판결.

703) 대법원 1996.12.23. 선고 96다30465,30472 판결; 권기범, 772; 송옥렬, 1037; 양명조, 384; 이기수 외, 425; 임재연(II), 439; 정동윤, 639; 최준선, 536. 이에 반하여 양 경우 모두 이사가 자신의 고의

(3) 책임의 성질

복수의 이사가 법령 또는 정관위반행위 내지는 임무해태로 회사에 대한 책임을 부담하는 경우 그 책임은 <u>부진정연대책임</u>이다(399조 1항, 408조의8 3항, 414조 3항).704) [판례69] 이사와 감사 또는 집행임원이 함께 책임을 부담하는 경우에도 동일하다.

> **[판례69] 대법원 2006.1.27. 선고 2005다19378 판결**
>
> 부진정연대채무관계에 있는 이사 각자가 전체 채무를 부담하여야 하고, 만일 어느 이사에게 회사에 대한 변제 이외의 사유가 발생한 경우에는 다른 이사에게 영향을 미치지 아니하나, 다만, 변제한 이사는 형평의 원칙상 인정되는 이사 내부간의 부담부분에 따라 다른 이사들에게 구상권을 행사할 수 있음.

(4) 책임의 내용

(가) 책임의 확대

법령 또는 정관위반행위나 임무해태행위가 <u>이사회의 결의에 의한 것인 때</u>에는 그 결의에 찬성한 이사도 회사에 대한 연대손해배상 책임을 부담한다(399조 2항).[판례70] 따라서 이사회결의 자체의 문제는 없으나, 이사의 **업무집행과정**에서 법령, 정관위반 또는 임무해태행위가 발생하는 경우에는 이사회에서 찬성한 이사에 대한 책임을 물을 수 없다.

> **[판례70] 대법원 2007.5.31. 선고 2005다56995 판결**
>
> 대표이사에 의해 이미 실행된 대출에 대한 이사회의 추인 결의에 찬성한 이사들의 행위와 대출금의 회수 곤란으로 인한 손해 사이의 인과관계는 이사 개개인이 선관의무를 다하였는지 여부에 의해 판단하여야지, 다른 이사들이 선관의무를 위반하여 이사회의 추인 결의에 찬성하였는지 여부를 전제로 판단할 것은 아님.

또한 위 하자있는 결의에 참여한 이사로서 <u>의의를 제기한 기재가 이사회의 사록에 없는 자는 그 결의에 찬성한 것으로 추정한다</u>(399조 3항). 이사회결의 찬성

또는 과실 없음을 입증해야 한다는 견해로는 김건식, 454; 장덕조, 365.
704) 이범찬외, 315; 이철송, 768; 주석상법 회사(III), 366.

여부를 안다는 것은 어려운 일이므로, 입증의 어려움을 덜어주고자 이러한 추정 규정을 두게 된 것이다. 따라서 <u>이 책임에서 면하고자 하는 이사는 자신이 기권을 포함하여 이사회결의에 참가하지 아니하였다는 사실</u> 또는 이사회에서 <u>반대의 의사를 표시했다는 사실</u>을 적극적으로 입증해야 할 것이다. 그리고 이 책임을 부담하는 이사에는 퇴임이사(386조 1항), 일시이사(386조 2항) 또는 법원이 선임한 직무대행자(407조 1항)도 포함된다고 보아야 할 것이다.

(나) 손해의 범위

판례는 이사의 법령, 정관위반 또는 임무해태행위와 회사의 손해 사이에 인과관계가 있는 경우에 한하여 이사는 회사에 대한 손해배상책임을 부담하며,705)[판례71] 손해배상액의 산정에 있어 <u>손익상계</u>가 허용되기 위하여는 손해배상책임의 원인이 되는 이사의 행위로 인하여 회사가 새로운 이득을 얻었고, 그 이득과 손해배상책임의 원인인 행위 사이에 <u>상당인과관계가 있어야</u> 한다고 판시하고 있다.[판례72]

> **[판례71] 대법원 2007.5.31. 선고 2005다56995 판결**
>
> 부실대출이 실행된 후 여러 차례 변제기한이 연장된 끝에 최종적으로 당해 대출금을 회수하지 못하는 손해가 발생한 경우, 그에 대한 손해배상책임은 원칙적으로 최초에 부실대출 실행을 결의하거나 이를 추인한 이사들만이 부담하고, 단순히 변제기한의 연장에만 찬성한 이사들은 그 기한 연장 당시에는 채무자로부터 대출금을 모두 회수할 수 있었으나 기한을 연장함으로써 채무자의 자금사정이 악화되어 대출금을 회수할 수 없게 된 경우가 아닌 한 손해배상책임을 부담하지 않는다.

> **[판례72] 대법원 2005.10.28. 선고 2003다69638 판결**
>
> 삼성전자가 자신이 보유하던 삼성종합화학 주식을 부당하게 저렴한 가격으로 매도한 경우, 이로 인하여 법인세를 절감한 사정이 있다고 하더라도 이는 과세관청이 법인세를 부과하지 않음에 따른 것이고 이로써 삼성전자의 손해가 직접 전보된다고 할 수는 없는 것이어서, 이사의 임무해태행위와 법인세 절감과의 사이에 법률상 상당인과관계가 있다고 할 수 없음.

또한 판례는 손해란 총체적으로 보아 본인의 재산상태에 손해를 가하는 경

---

705) 대법원 2007.7.26. 선고 2006다33609 판결.

우 즉, 본인의 전체적 재산가치의 감소를 가져오는 것을 말하므로 재산상의 손실을 야기한 임무위배행위가 동시에 그 손실을 보상할 만한 재산상의 이익을 준 경우, 예컨대 그 배임행위로 인한 급부와 반대급부가 상응하고 다른 재산상 손해(현실적인 손해 또는 재산상 실해 발생의 위험)도 없는 때에는 전체적 재산가치의 감소 즉, 재산상 손해가 없다고 보고 있다.706)[판례73]

[판례73] 대법원 2006.7.6. 선고 2004다8272 판결

　　이사의 임무해태에도 불구하고 그 행위로 회사가 입은 손해 이상의 무형의 이익을 회사에 가져온 경우에는 이사의 행위로 회사에 실질적인 손해를 입혔다고 볼 수 없음 (IMF 외환위기로 인하여 급증한 보험계약의 해지 등으로 인해 유동성부족이 매우 심각한 상태에서, 종업원퇴직적립보험 계약의 해지를 막기 위해 동 보험계약자의 대출요구에 따른 자금을 마련하고자 수익증권을 만기이자 상당의 손실을 보면서 매도하거나 수익증권 매입 후 단기간 내에 저가에 매도한 사안임).

　　한편, 판례는 이사의 손해배상책임의 제한과 관련하여, 이사가 법령 또는 정관에 위반한 행위를 하거나 그 임무를 게을리함으로써 회사에 대하여 손해를 배상할 책임이 있는 경우에 그 손해배상의 범위를 정함에 있어서는, 당해 사업의 내용과 성격, 당해 이사의 임무위반의 경위 및 임무위반행위의 태양, 회사의 손해 발생 및 확대에 관여된 객관적인 사정이나 그 정도, 평소 이사의 회사에 대한 공헌도, 임무위반행위로 인한 당해 이사의 이득 유무, 회사의 조직체계의 흠결 유무나 위험관리체제의 구축 여부 등 제반 사정을 참작하여 손해분담의 공평이라는 손해배상제도의 이념에 비추어 그 손해배상액을 제한할 수 있다고 판시하고 있다.707)

(5) 책임의 면제

(가) 의의

이사의 회사에 대한 손해배상책임은 주주전원의 동의[판례74]로 면제할 수 있

---

706) 대법원 2005.4.15. 선고 2004도7053 판결(배임죄에 대한 형사판결임).
707) 대법원 2008.12.11. 선고 2005다51471 판결, 대법원 2007.7.26. 선고 2006다33609 판결, 대법원 2006.12.7. 선고 2005다34766,34773 판결, 대법원 2005.10.28. 선고 2003다69638 판결 및 대법원 2004.12.10. 선고 2002다60467,60474 판결.

다(400조 1항). 따라서 판례는 총주주에 미달하는 주주 또는 회사의 대표이사에 의하여는 면제될 수 없고,708) 또한 총주주의 동의는 반드시 명시적, 적극적으로 이루어질 필요는 없고, 묵시적 의사표시의 방법으로 할 수 있는 것으로 보고 있다.[판례75] 단, 정기주주총회에서 재무제표를 승인한 후 2년내에 다른 결의가 없으면, 이사의 부정행위가 없는 한, 회사는 이사의 책임을 해제한 것으로 본다(450조).

> **[판례74] 대법원 2002.6.14. 선고 2002다11441 판결**
>
> 실질적으로는 1인에게 주식 전부가 귀속되어 있지만, 그 주주명부상으로만 일부 주식이 타인 명의로 신탁되어 있는 경우라도 그 사실상의 1인 주주가 한 동의도 총주주의 동의로 볼 수 있음.

> **[판례75] 대법원 2008.12.11. 선고 2005다51471 판결**
>
> 총주주의 동의는 회사의 주식 전부를 양수도하는 과정에서 묵시적 의사표시의 방법으로 할 수 있으나, 이는 주식 전부의 양수인이 이사의 책임으로 발생한 부실채권에 대하여 그 발생과 회수불능에 대한 책임을 이사에게 더 이상 묻지 않기로 하는 의사표시를 하였다고 볼만한 사정이 있어야 하는바, 주식을 100% 인수하여 흡수합병할 때, 부실채권을 할인된 비율로 평가하여 인수금액을 정하였다는 사정만으로는 총주주의 묵시적인 의사표시에 의하여 이사의 책임이 면제되었다고 볼 수 없음.

또한 판례는 회사가 책임 있는 이사 중의 1인에 대하여 손해배상에 관한 권리를 포기하거나 채무를 면제하는 의사표시를 하였다 하더라도 다른 이사에 대하여 그 효력이 미친다고 볼 수는 없음 즉, 포기 또는 면제의 절대적 효력이 없다 할 것이고, 따라서 이사들 사이의 내부관계에 있어 1인이 회사로부터 합의에 의하여 손해배상채무의 일부를 면제받았을지라도 사후에 면제받은 손해액을 자신의 출재로 변제한 다른 이사에 대하여 다시 그 부담 부분에 따라 구상의무를 부담하게 된다고 판시하고 있다.709)

(나) 불법행위책임과의 경합

이사의 행위가 회사에 대한 책임과 민법상 불법행위책임의 요건을 모두 충

---

708) 대법원 2004.12.10. 선고 2002다60467,60474 판결.
709) 대법원 2006.1.27. 선고 2005다19378 판결.

족하는 경우에는 양 청구는 경합하는 것이어서, 회사에 대한 책임면제와는 별도로 민법상 면제의 요건을 갖추어야 민법상 불법행위책임에서 면책될 수 있다(민법 506조).710)[판례76] 또한 상법 399조에 기한 손해배상청구의 소를 제기하였다고 하여 이로써 민법상 일반 불법행위로 인한 손해배상청구권의 소멸시효가 중단된다고 볼 수는 없다.711)

[판례76] 대법원 1989.1.31. 선고 87누760 판결

주식회사의 대표이사가 그의 개인적인 용도에 사용할 목적으로 회사명의의 수표를 발행하거나 타인이 발행한 약속어음에 회사명의의 배서를 해주어 회사가 그 지급책임을 부담, 이행함으로써 손해를 입은 경우에는 당해 주식회사는 대표이사의 위와 같은 행위가 상법 398조 소정의 이사와 회사간의 이해상반하는 거래행위에 해당한다 하여 이사회의 승인여부에 불구하고 동법 399조 소정의 손해배상청구권을 행사할 수 있음은 물론이고 대표권의 남용에 따른 불법행위를 이유로 한 손해배상청구권도 행사할 수 있음(임시주주총회에서 대표이사에 대한 채권을 부도채권으로 일시 특별손실로 처리하는 결의를 하고 회사의 장부상 일시 특별손실비용으로 계상하여 결산을 확정하고 일간지에 대차대조표를 공고하였다가 특별손실비용으로 처리한 것을 철회하고 회사의 자산계정에 유보시켜 둔 경우라면 대차대조표의 신문지상 공고로 채권포기의 의사표시가 채무자에게 요지될 수 있는 상태에 있었다고 볼 수 없으므로 이 경우 대표이사에 대한 채권을 포기하였다고 볼 수 없다고 판시한 사안임).

---

(6) 책임의 제한

(가) 의의

이사의 회사에 대한 책임규정으로 인하여 이사가 과도한 책임을 두려워한 나머지 적극적 경영활동에 위축을 초래하게 된다면 회사입장에서도 바람직하지 않으므로, 일정한 경우 이사의 회사에 대한 책임에 한도를 두게 되었다.

(나) 내용

회사는 <u>정관으로 정하는 바에 따라</u> 이사의 회사에 대한 책임을 이사가 그 행위를 한 날 이전 최근 1년간의 보수액712)의 <u>사외이사의 경우에는 3배</u>, <u>기타 이사

---

710) 채권자가 채무자에게 채무를 면제하는 의사를 표시하여야 함.[판례77]
711) 대법원 2002.6.14. 선고 2002다11441 판결 및 대법원 2001.3.23. 선고 2001다6145 판결.
712) 상여금 및 주식매수선택권의 행사로 인한 이익 등이 포함됨.

의 경우에는 6배를 초과하는 금액에 대하여 <u>면제할 수 있다</u>.713) 다만, 이사가 고
의 또는 중대한 과실로 인한 경우와 <u>경업겸직금지의무, 회사기회유용금지의무 또
는 자기거래금지의무위반의 경우에는 면제할 수 없다</u>(400조 2항).714)

　　이사의 회사에 대한 책임액을 제한할 수 없는 경업겸직금지의무, 회사기회
유용금지 및 자기거래금지의무위반의 경우란 이사회의 승인여부와 관계없이 이
런 행위로 인하여 회사에 손해가 발생한 경우가 모두 해당한다고 보아야 할 것
이다.

　　한편, 구체적으로 면제할 권한을 행사할 기관 및 방법과 관련하여, 이사회라
는 설,715) 주주총회 특별결의에 의한다는 설716)이 있으나, 정관에 규정이 있다는
점을 전제로 하여 정관이 정한 한도 내에서 구체적인 책임을 정하는 것이므로,
주주총회 <u>보통결의</u>만으로 족하다고 보는 것이 타당하다고 판단된다.717)

(7) 책임의 시효

　　판례는 이사의 회사에 대한 책임이 <u>10년의 소멸시효</u>에 걸린다고 보고 있
다.718) 이러한 소멸시효의 <u>기산점은 권리를 행사할 수 있는 때로부터 진행하는
바</u>(민법 166조 1항), 이와 관련하여 판례는 원칙적으로 회사의 대표이사의 행위로 인
하여 회사에 손해가 발생하여 회사에 책임을 부담하는 경우에는 <u>회사의 이익을
정당하게 보전할 권한을 가진 다른 대표자, 임원 또는 사원이나 직원 등이 손해
배상청구권을 행사할 수 있을 정도로 이를 안 때부터 시효가 진행된다</u>고 판시하
고 있다.719)[판례77]

---

713) 집행임원 및 감사에게도 준용됨(408조의9, 415조).
714) 단, 총주주의 동의가 있는 경우에는 상법 400조 1항에 따라 책임이 전부면제될 수 있을 뿐만 아니
　　라 해석상 일부 면제도 가능하다고 판단됨.
715) 권기범, 776; 이범찬외, 316; 최준선, 539.
716) 이철송, 777; 장덕조, 368.
717) 송옥렬, 1040; 임재연(II), 446.
718) 대법원 1985.6.25. 선고 84다카1954 판결[그러나 민법 766조 1항의 단기소멸시효는 적용되지 아
　　니함(대법원 2023.10.26. 선고 2020다236848 판결)].
719) 대법원 2012.7.12. 선고 2012다20475 판결, 대법원 2002.6.14. 선고 2002다11441 판결 및 [판례
　　77].

[판례77] 대법원 2015.1.15. 선고 2013다50435 판결

　　법인의 대표자가 법인에 대하여 불법행위를 한 경우에는, 법인과 대표자의 이익은 상반되므로 법인의 대표자가 그로 인한 손해배상청구권을 행사하리라고 기대하기 어려울 뿐만 아니라 일반적으로 대표권도 부인된다고 할 것이어서 법인의 대표자가 손해 및 가해자를 아는 것만으로는 손해배상청구권의 소멸시효가 기산되기에는 부족함.

다. 이사의 제3자에 대한 손해배상책임

(1) 의의

　　이사가 <u>고의</u> 또는 <u>중대한 과실</u>로 그 <u>임무를 게을리한 때</u>에는 그 이사는 제3자에 대하여 <u>연대</u>하여 손해를 배상할 책임이 있다(401조).

　　상법상 대표이사가 그 업무집행으로 인하여 타인에게 손해를 가한 때에는 회사는 그 대표이사와 연대하여 배상할 책임이 있는 바(389조 3항, 210조), 대표이사가 아닌 이사가 제3자에게 손해를 입힌 경우에는 본래 이사는 회사의 위임에 따라 회사에 대하여 수임자로서 선량한 관리자의 주의의무를 질뿐이므로, 민법상 불법행위이론에 의해 배상하는 경우는 별론으로 하더라도, 별도의 제3자에 대한 책임에 대한 규정이 없는 한, 상법상 제3자에 대한 책임을 부담하지 않는다. 그러나 경제계에서 중요한 지위에 있는 주식회사의 활동이 그 기관인 이사의 직무집행에 의존하는 것을 고려하여, 상법상 특별규정으로 제3자를 보호하고자 이 규정을 두게 된 것이다.[720]

(2) 효용

　　실질적으로 법인격부인론의 효과를 발휘하고 있다고 볼 수 있다. 즉, 지배주주가 동시에 이사인 경우에 법인격부인론에 의해 당해 지배주주에게 책임을 묻는 방법보다는 이 규정에 의해 이사의 책임을 묻는 것이 보다 효과적이다.[721]

---

720) 대법원 1985.11.12. 선고 84다카2490 판결 참조.
721) 강희갑, 624; 권기범, 777; 김건식, 462; 김정호, 531; 손진화, 586; 송옥렬, 1047; 유시창, 270; 장덕조, 369; 정동윤, 647; 주석상법 회사(III), 373; 최기원, 695; 최준선, 541.

(3) 법적 성질

본 규정의 법적 성질과 관련하여, 크게 법정책임설과 불법행위책임설로 대별할 수 있다. 살피건대, 본 책임은 불법행위이론으로는 설명할 수 없는 특징 즉, 고의 또는 중과실이 임무해태에만 있으면 되지 제3자의 손해에 있을 필요는 없다는 점 및 경과실이 배제된다는 점 등을 고려할 때, 일반 불법행위이론으로 설명할 것이 아니라 <u>상법이 특별히 인정한 책임</u>으로 이론구성하는 것이 타당하다고 본다.722)

(4) 고의 또는 중대한 과실

이사의 제3자에 대한 책임이 발생하기 위한 요건으로 <u>고의 또는 중대한 과실은 임무해태에 존재하면 되며</u>, 손해에 관해 존재할 필요가 없다. 이사의 회사에 대한 책임에서의 요건인 법령 또는 정관위반행위는 임무해태에 포함된다고 보아야 할 것이다.723) 고의 또는 중대한 과실에 대한 입증책임은 이사의 책임을 주장하는 제3자에게 있다.

이와 관련하여 판례는 고의 또는 중대한 과실은 통상의 거래행위로 인하여 부담하는 회사의 채무를 이행할 능력이 있었음에도 단순히 그 이행을 지체하고 있는 사실만으로는 부족하며, 회사의 기관으로서 인정되는 <u>직무상 충실의무 및 선관주의의무 위반의 행위</u>로서의 위법한 사정 즉, 위법성이 있어야 하는 바,724) 이에 해당되는 경우로는, ① 회사의 경영상태로 보아 계약상 채무의 이행기에 이행이 불가능하거나 불가능할 것을 예견할 수 있었음에도 이를 감추고 상대방과 계약을 체결하고 일정한 급부를 미리 받았으나 그 이행불능이 된 경우,725) ② 부동산의 매수인인 주식회사의 대표이사가 매도인과 사이에 매매잔대금의 지급방법으로 매수부동산을 금융기관에 담보로 제공하여 그 대출금으로 잔금을 지급하기로

---

722) 강희갑, 626; 김동훈, 346; 김정호, 533; 서헌제, 873; 양명조, 385; 유시창, 271; 이범찬외, 318; 이철송, 781; 장덕조, 370; 정경영, 552; 정동윤, 644; 정찬형, 1023; 최완진, 229; 한창희, 331. 이에 대하여 불법행위책임설을 주장하는 견해로는 최준선, 544(불법행위특칙설).

723) 권기범, 780; 송옥렬 1048; 이철송, 781; 임재연(II), 457; 정동윤, 645; 주석상법 회사(III), 376.

724) 대법원 2010.2.11. 선고 2009다95981 판결, 대법원 2009.5.14. 선고 2008다94097 판결, 대법원 2006.9.8. 선고 2006다21880 판결, 대법원 2003.4.11. 선고 2002다70044 판결 및 대법원 1985.11.12. 선고 84다카2490 판결.

725) 대법원 2006.8.25. 선고 2004다26119 판결.

약정하였으나, 대출이 이루어진 후 해당 대출금 중 일부만을 매매잔대금으로 지급하고 나머지는 다른 용도로 사용한 후, 나머지 잔금이 지급되지 않은 상태에서 피담보채무도 변제하지 아니하여 그 부동산이 경매절차에서 경락되어 결과적으로 매도인이 손해를 입은 경우,726) ③ 대표이사가 다른 이사의 업무집행이 위법하다고 의심할 만한 사유가 있음에도 이를 방치한 경우727) 및 ④ 회사의 재산을 횡령한 이사가 악의 또는 중대한 과실로 부실공시를 하여 재무구조의 악화 사실이 증권시장에 알려지지 아니함으로써 회사 발행주식의 주가가 정상주가보다 높게 형성되고, 주식매수인이 그러한 사실을 알지 못한 채 주식을 취득하였다가 그 후 그 사실이 증권시장에 공표되어 주가가 하락한 경우728) 등을 열거하고 있다.

(5) 손해의 범위

제3자가 입은 손해는 직접손해와 간접손해로 나누어볼 수 있다. <u>직접손해란</u> 이사의 임무해태로 회사에의 손해발생여부와 관계없이 제3자에게 직접 손해가 발생한 경우이고, <u>간접손해란</u> 이사의 임무해태로 회사가 직접적인 손해를 입고, 그 결과로서 제3자가 2차적인 손해를 입은 경우를 말한다. 살피건대, 제3자를 보호한다는 본 규정취지상 직접손해뿐만 아니라 임무해태와 상당인과관계가 있는 한, 간접손해도 포함한다고 해석하는 것이 타당할 것이다.729)

(6) 제3자의 범위

통설적 견해는 제3자에는 주주도 포함된다고 보고 있으나, 주주의 간접손해까지 포함될 수 있는가에 관하여는 긍정설과 부정설이 나뉜다.

살피건대, 주주의 간접손해의 경우 회사에 손해를 전보시키기 위해 대표소송을 이용할 수는 있으나 그 소수주주만이 이용할 수 있고 담보를 제공해야 하는 등 요건에 제한이 있어 주주의 보호에 부족한 점이 있으므로, 본 규정의 취지상 주주의 간접손해도 포함한다고 보는 것이 타당할 것이다.730) 그러나 <u>판례는 주주</u>

---

726) 대법원 2002.3.29. 선고 2000다47316 판결.
727) 대법원 2008.9.11. 선고 2006다68636 판결.
728) 대법원 2012.12.13. 선고 2010다77743 판결.
729) 강희갑, 628; 권기범, 782; 김건식, 464; 김홍기, 600; 손진화, 588; 송옥렬, 1049; 이범찬외, 318; 이철송, 782; 임재연(II), 459; 정동윤, 645; 최기원, 699; 홍복기외, 391.
730) 강희갑, 630; 권기범, 782; 김건식, 465; 김동훈, 348; 김홍기, 606; 서헌제, 878; 손진화, 588; 송옥

의 간접손해는 본 규정에서 제외된다고 본다.[731]

(7) 손해배상의무자

고의 또는 중대한 과실로 임무를 게을리한 이사가 손해배상의무가 있다. 책임질 이사가 수인이 있는 때에는 연대책임을 부담한다고 보아야 할 것이다.

책임질 행위가 이사회의 결의에 의한 것인 때에는 그 결의에 찬성한 이사도 본 규정에 의한 책임이 있는 바(401조 2항, 399조 2항), 이 경우 위 이사회결의에 참가한 이사로서 이의를 한 기재가 의사록에 없는 자는 그 결의에 찬성한 것으로 추정한다(401조 2항, 399조 3항).

(8) 회사의 손해배상책임과의 관계

대표이사가 제3자에 대하여 손해배상책임을 지는 경우에 회사도 같은 제3자에 대하여 손해배상책임을 지는 경우(389조 3항, 210조), 이 대표이사와 회사는 부진정연대책임을 부담한다고 보아야 할 것이다.[732]

(9) 불법행위책임과의 경합

이사의 제3자에 대한 책임과 민법상 불법행위책임은 별개의 제도이므로, 제3자는 위 두 책임의 요건을 모두 충족한다는 전제하에, 두 책임 모두를 이사에게 청구할 수 있을 것이다. 단, 한 청구에 의해 손해배상을 받게 되면 그 범위 내에서 다른 청구권을 통해 중복배상을 받을 수는 없다고 보아야 할 것이다.

(10) 소멸시효

판례는 상법 401조에 기한 이사의 제3자에 대한 손해배상책임이 제3자를 보호하기 위하여 상법이 인정하는 특수한 책임이라는 점을 감안할 때, 일반 불법행위책임의 단기소멸시효를 규정한 민법 766조 1항은 적용될 여지가 없고, 본 책임

렬, 1050; 이철송, 783, 임재연(II), 459; 장덕조, 372; 정경영, 553; 정동윤, 645; 최기원, 699; 최완진, 230; 홍복기외, 392.

731) 유시창, 274; 정찬형, 1024; 최준선, 548; 대법원 2012.12.13. 선고 2010다77743 판결, 대법원 2003.10.24. 선고 2003다29661 판결; Kramer v. Western Pacific Indus., 546 A.2d at 351(Del, 1988).

732) 김동훈, 349; 주석상법 회사(III), 382.

은 그 소멸시효기간이 <u>10년</u>(민법 162조 1항)이라고 보고 있으며, 이 점은 이사의 회사에 대한 책임과 같다.733)

라. 간주이사의 책임

(1) 의의

다음 각호의 1에 해당하는 자는 그 지시하거나 집행한 업무에 관하여 이사의 회사에 대한 책임(399조), 이사의 제3자에 대한 책임(401조), 대표소송(403조) 및 다중대표소송(406조의2)의 적용에 있어서 이를 이사로 본다(401조의2 1항). 이 경우 회사 또는 제3자에 대하여 손해를 배상할 책임이 있는 이사는 이 간주이사와 연대하여 그 책임을 진다(동조 2항).

① 회사에 대한 자신의 영향력을 이용하여 이사에게 업무집행을 지시한 자(동항 1호)

② 이사의 이름으로 직접 업무를 집행한 자(동항 2호)

③ 이사가 아니면서 명예회장·회장·사장·부사장·전무·상무·이사 기타 회사의 업무를 집행할 권한이 있는 것으로 인정될 만한 명칭을 사용하여 회사의 업무를 집행한 자(동항 3호)

(2) 도입취지

회사의 지배주주 등이 직접 이사가 되어 책임을 부담하게 되는 것을 회피하면서도, 이사로 하여금 대신 하도록 하거나 스스로 이사로 행세하는 방법 등을 통해 사실상 이사의 권한을 행사하는 자에게 이사와 같은 책임을 지도록 함으로써, 자신은 이사로서의 아무런 책임도 지지 않으면서 회사 또는 제3자에게 손해를 가하는 행위를 막기 위하여 도입된 규정이다. 특히 우리나라에서는 회사의 지배주주가 자신의 이사임명권을 이용해 사실상 이사의 역할을 수행하면서도 그에 따르는 책임을 부담하지 않으려는 행태가 반복되어 왔으므로, 이를 방지하는데 본 제도의 취지가 있다. 한편, <u>집행임원</u>에 대해서도 이 제도가 준용된다(408조의9, 401조의2).

---

733) 대법원 2008.1.18. 선고 2005다65579 판결 및 대법원 2006.12.22. 선고 2004다63354 판결.

(3) 간주이사의 종류

(가) 회사에 대한 자신의 영향력을 이용하여 이사에게 업무집행을 지시한 자 ("업무집행지시자")

1) 회사에 대한 자신의 영향력을 이용하는 자

먼저 지배주주를 생각해 볼 수 있는데, 지배주주란 보통 대주주로서, 주주총회에서 이사선임권을 통해 회사에 대한 자신의 영향력을 발휘할 수 있는 자이다. 지배주주가 이와 같은 법에서 허용된 절차를 통해 권한을 행사한 경우에는 여기에 해당되지 않을 것이나, 법적 절차가 아닌 방법을 통하여 이사에게 업무집행을 지시한 경우에는 간주이사 중 하나인 업무집행지시자로서 이사와 같은 책임을 부담하도록 한 것이다.[734] 지배주주는 자연인뿐만 아니라 법인도 포함하며, 지배회사, 모회사 또는 지주회사와 그 종속회사, 자회사와의 관계에도 적용될 수 있다.[735]

한편, 회사와 주거래관계에 있는 은행, 하청회사와 실질적인 지배종속관계에 있는 발주회사, 정부, 정치인, 노동조합 등도 업무지시자에 해당될 수 있는지가 문제되나, 이 제도의 근본취지 즉, 이사에게 업무를 지시할 말한 영향력을 행사한 자에 대하여 이사와 같은 책임을 물음으로서 회사에 대한 부당한 영향력을 사전에 차단하고, 회사와 제3자를 보호하겠다는 취지임을 감안할 때, 이러한 자들도 사안에 따라 해당될 수 있다고 보는 것이 타당할 것이다.[736]

2) 이사에게 업무집행을 지시한 자

지시의 내용이 법률행위 또는 사실행위인 경우를 가리지 않으며, 지시방법이 직접적이든 간접적이든, 명시적이든 묵시적이든 가리지 않는다고 보아야 할 것이다.[737] 지시는 통상적, 관행적이어야 하며, 1회적으로 우연히 한 경우는 포함하지 않는다는 견해가 있으나,[738] 비록 1회에 그친다 하더라도 이 업무집행지시

---

734) 권기범, 786; 이철송, 789; 정동윤, 648; 정찬형, 1012; 주석상법 회사(III), 385. 동지 김건식, 469; 송옥렬, 1054; 임재연(II), 461; 최기원, 709.

735) 대법원 2006.8.25. 선고 2004다26119 판결; 권기범, 786; 이범찬외, 321; 이철송, 789; 장덕조, 375; 정경영, 555; 정동윤, 648; 주석상법 회사(III), 385; 최기원, 709; 최준선, 551.

736) 김건식, 469; 양명조, 389; 이범찬외, 321; 이철송, 789. 이에 반대하는 견해로는 권기범, 786; 김정호, 538; 서헌제, 882; 손진화, 591; 송옥렬, 1053; 이기수외, 436; 임재연(II), 461; 장덕조, 375; 정찬형, 1012; 정경영, 555; 정동윤, 648; 주석상법 회사(III), 386; 최기원, 709; 최준선, 552.

737) 강희갑, 634; 김정호, 539; 김홍기, 611; 서헌제, 882; 손진화, 591; 송옥렬, 1054; 이범찬외, 321; 이철송, 790; 장덕조, 376; 정경영, 555; 주석상법 회사(III), 386; 최기원, 709; 최준선, 552.

자의 요건에 해당되는 경우에는 이사와 같은 책임을 묻는 것이 본 제도의 취지에 부합한다고 본다.739) 사익을 추구하기 위한 목적이 반드시 있어야 하는 것도 아니라고 보아야 할 것이다.740)

3) 업무집행지시자의 지시에 따른 이사의 업무집행과 책임발생

위 1)과 2)의 요건을 갖춘 업무집행지시자의 지시에 따라 이사가 <u>실제 업무집행</u>을 하였고, 그 업무집행으로 인하여 <u>상법 399조 또는 401조의 책임</u>이 발생하였을 것을 요한다.

이와 관련하여, 업무집행지시자에게 임무해태가 있어야 하는지가 문제된다. 살피건대, 업무집행을 지시만 한 업무집행지시자에게 이사에게 요구되는 임무해태가 있음을 그 요건으로 한다는 것은 무리이므로, <u>업무집행지시자의 임무해태는 업무집행지시자의 책임을 묻는 요건은 아니라고 보아야 할 것이다.</u>741) 즉, 임무해태는 실제 업무집행을 한 이사에게만 있으면 된다.

한편, 업무집행지시자의 회사에 대한 책임을 <u>주주전원의 동의로 면제할 수 있는지</u>가 문제되나, 이 규정상 업무집행지시자가 대표소송의 방법을 포함하여 회사 또는 제3자에 대한 책임을 부담하는 이사로 간주된다는 의미이므로 이사가 누리는 주주전원의 동의에 의한 책임면제를 간주이사라고 하여 부인할 이유는 없으며, 상법 400조는 399조가 적용되는 경우에 당연히 적용되는 규정이므로(400조 1항), <u>총주주의 동의로 면제될 수 있다고 본다.</u>742)

그리고 업무집행지시자의 지시로 업무를 집행한 이사도 상법 399조 또는 401조의 요건을 갖춘 경우에는 업무집행지시자와 연대하여 그 책임을 진다(동조 2항). 그 연대책임의 성질은 부진정연대채무로 보아야 할 것이다.743) 또한 이 업무집행지시자는 간주이사로서, 소수주주에 의한 대표소송의 대상이 된다(401조 1항 각호 외의 부분, 403조).

---

738) 손진화, 591; 이기수외, 436; 정동윤, 649; 정찬형, 1012; 주석상법 회사(III), 386.

739) 권기범, 787.

740) 이철송, 790.

741) 이철송, 790. 이에 반대하는 견해로는 김홍기, 612; 양명조, 391; 최기원, 712.

742) 임재연(II), 463; 송옥렬, 1056; 장덕조, 379; 정경영, 557; 정동윤, 650; 정찬형, 1015; 최준선, 594. 이에 반대하는 견해로는 김건식, 472; 권기범, 791; 이범찬외, 322; 이철송, 791; 주석상법 회사(III), 389.

743) 정동윤, 650; 주석상법 회사(III), 389.

(나) 이사의 이름으로 직접 업무를 집행한 자("무권행사자")

무권행사자란 이사를 통하여 업무집행을 하지 않고, 직접 자신이 이사의 이름으로 회사의 업무집행을 하는 자를 말한다. 이와 관련하여, "회사에 대한 자신의 영향력의 이용"이 명시되어 있지는 아니하나, 회사에 대한 <u>무권행사자 자신의 영향력이 있음을 전제로</u>, 이사를 통하지 않고 직접 무권행사자 자신이 업무를 집행하는 경우라고 해석하는 것이 타당할 것이다.744)

한편, 이 무권행사자가 상법 399조 또는 401조의 임무해태를 충족하여야 하는지가 문제된다. 살피건대, 이 경우는 이사가 아닌 이 무권행사자가 직접 행위를 한 것에 대한 책임을 간주이사로 묻는 규정인 만큼, 이 <u>무권행사자가 이사였으면 부담하였을 임무에 대한 해태가 있는지 여부를 그 요건으로 하여 본조의 책임을 묻는 것이 타당하리라고 본다</u>.745) 나머지 사항은 위 업무집행지시자에서 언급한 내용과 같다.

(다) 이사가 아니면서 명예회장·회장·사장·부사장·전무·상무·이사 기타 회사의 업무를 집행할 권한이 있는 것으로 인정될 만한 명칭을 사용하여 회사의 업무를 집행한 자("표현이사")

표현이사란 회사의 업무를 집행할 권한이 있는 것으로 볼 수 있는 <u>그 어떠한 명칭</u>을 사용하여 회사업무를 집행하는 이사가 아닌 자를 말한다. 그 명칭의 예로서 명예회장·회장·사장·부사장·전무·상무·이사를 열거하고 있으나 이는 예시적인 문구로서 이 명칭에 한정되지 않는다고 보아야 할 것이다.746)

이와 관련하여, 위 업무집행지시자 및 무권행사자와는 달리, 본 표현이사의 경우에는 <u>직명 자체에 업무집행권이 표창되어 있기 때문에 그에 더하여 회사에 대한 영향력을 이용하는 자일 것까지 요건으로 하고 있는 것은 아니라고 보아야 할 것</u>이다.747) 또한 임무해태여부에 대한 설명은 위 무권행사자에서 언급한 내용

---

744) 대법원 2009.11.26. 선고 2009다39240 판결; 권기범, 788; 김건식, 470; 김홍기, 611; 서헌제, 883; 손진화, 591; 송옥렬, 1054; 양명조, 390; 이기수외, 437; 이철송, 791; 장덕조, 377; 정찬형, 1013; 주석상법 회사(III), 387.

745) 정동윤, 650; 주석상법 회사(III), 388. 이에 반대하는 견해로는 이철송, 791.

746) 강희갑, 634; 김건식, 471; 서헌제, 883; 손진화, 592; 송옥렬, 1055; 장덕조, 377; 정동윤, 649; 정찬형, 1013; 주석상법 회사(III), 387; 최기원, 710; 최준선, 553.

747) 대법원 2009.11.26. 선고 2009다39240 판결; 권기범, 788; 김건식, 471; 김홍기, 611; 손진화, 592;

과 같고, 나머지 내용은 위 업무집행지시자에서 언급한 내용과 같다.

마. 기타 – 이사의 인수담보책임

이사의 손해배상책임은 아니나, 자본충실책임으로써 이사의 인수담보책임이 있다. 즉, 신주의 발행으로 인한 변경등기가 있은 후에 아직 인수하지 아니한 주식이 있거나 주식인수의 청약이 취소된 때에는 이사가 이를 공동으로 인수한 것으로 본다(428조 1항). 이 책임은 <u>무과실, 연대책임</u>이며, <u>총주주의 동의로도 면제될 수 없고</u>, 이사에 대한 손해배상청구에 영향을 미치지 아니한다(428조 2항). 한편, 이사는 발기인과 달리 납입담보책임을 부담하지 아니한다.

또한, 정기총회에서 재무제표 및 그 부속명세서를 승인한 후 2년내에 다른 결의가 없으면 회사는 이사의 책임을 해제한 것으로 본다. 그러나 이사의 부정행위에 대하여는 그러하지 아니하다(450조, 449조, 447조).

9. 이사에 대한 사전적 또는 사후적 책임추궁제도

가. 의의

이사가 상법 399조 또는 401조에 의해 책임을 부담하는 경우에 결국은 회사에 직접적 또는 간접적 손해가 발생하게 되기 때문에, 회사로서는 이사의 책임발생행위를 사전적으로 방지하거나 사후적으로 책임을 추궁할 수단이 필요하게 된다. 이 방법에는 해임(385조 1항), 손해배상청구(399조, 401조), 유지청구권, 대표소송, 직무집행정지 및 직무대행자 선임제도가 있으나, 앞서 설명한 해임과 손해배상청구는 제외하고 나머지 유지청구권, 대표소송 및 직무집행정지 및 직무대행자 선임제도에 대해 설명하기로 한다.

이철송, 792; 장덕조, 378; 정동윤, 649; 정찬형, 1013; 주석상법 회사(III), 387; 최기원, 710; 최준선, 553.

나. 위법행위유지청구권

(1) 의의

이사가 법령 또는 정관에 위반한 행위를 함으로써 회사에 회복할 수 없는 손해가 생길 염려가 있는 경우에는 감사 또는 발행주식의 총수의 100분의1 이상에 해당하는 주식을 가진 주주는 회사를 위하여 이사에 대하여 그 행위를 유지할 것을 청구할 수 있다(402조).

본 규정상의 청구권자와 관련하여, 감사는 역할상 당연히 부여되어야 하는 권리임에 반하여, 주주는 일반적으로 직접 회사와 제3자와의 거래관계에 개입할 권리는 없는 것임에도 불구하고,748) 회사를 위하여 이사의 위법행위를 사전에 예방하기 위한 특별수단으로서, 소수주주에 한하여 이 권리를 인정한 것이다. 주주의 공익권으로 보아야 할 것이고, 영미법상 Injunction제도에서 유래된 제도이다.749) 이 규정은 주식회사의 집행임원(408조의9), 청산인(542조 2항) 및 감사위원회(415조의2 7항) 그리고 유한회사의 청산인(613조 2항)에도 준용된다.750)

(2) 요건

(가) 법령 또는 정관에 위반한 행위

법령 또는 정관에 위반한 행위란 이사가 선관주의의무를 이행하지 않는 경우(382조 2항, 민법 681조), 자기주식취득금지 위반행위(341조) 또는 이사회결의 없는 신주 또는 사채발행행위(416조, 469조) 등 모든 법령 또는 정관위반행위를 말하며, 이에는 법률행위, 준법률행위, 사실행위 및 불법행위를 포함한다. 이사의 고의 또는 과실을 요하지 않는다. 단, 임무해태만으로는 이에 해당하지 않는다.

(나) 회사에 회복할 수 없는 손해가 생길 염려

감사 또는 소수주주에게 특별히 이사의 위법한 행위를 중지시킬 수 있는 권리를 부여하는 조건으로서, 이사가 위법행위를 할 경우 법률적, 객관적으로 손해

---

748) 대법원 2001.2.28.자 2000마7839 결정.
749) 강희갑, 637; 권기범, 792; 김건식, 483; 김정호, 586; 서헌제, 884; 손진화, 593; 이기수외, 449; 이범찬외, 323; 정경영, 557; 정동윤, 651; 정찬형, 1026; 최기원, 714; 최준선, 555.
750) 유한회사의 이사에 대한 준용규정이 누락되어 있음. 이는 입법적인 실수로 판단됨.

의 보전이 불가능한 경우에는 물론이고 보전은 가능하더라도 시간상 또는 비용
상 막대한 부담을 야기시키는 경우에는 이에 해당된다고 보아야 할 것이다.[751]
전자의 예로는 이사의 불법적인 회사재산의 횡령행위가 저질러질 위험이 있고
그 피해회복이 사실상 불가능한 경우이고, 후자의 예로는 이사가 이사회의 결의
를 거치지 않고 회사의 중요한 일부영업을 양도하는 계약을 제3자와 체결하려 하
는데, 물론 향후 그 계약무효를 주장하여 양도재산을 되찾아 올 수는 있을지라
도, 그 시간과 비용이 막대하게 소요되는 경우이다.

(다) 권리자 및 상대방

권리자는 감사 또는 발행주식의 총수의 100분의1 이상에 해당하는 주식을
가진 주주이다. 이 권리행사의 남용을 막기 위하여 주주 중 단독주주가 아닌 소
수주주에게만 이 권리를 인정하고 있다. 위 주식에는 의결권없는 주식을 포함한
다.[752] 이에 대한 특칙으로, 상장회사의 경우에는 6개월전부터 계속하여 발행주
식총수의 10만분의50(자본금 1천억원 이상인 상장회사의 경우에는 10만분의25) 이상에 해당
하는 주식을 보유한 자로 되어 있고, 집행임원과 청산인에 대한 위법행위 유지청
구에도 적용된다(542조의6 5항, 상법시행령 32조, 402조, 408조의9, 542조). 소수주주를 제외
한 감사의 경우, 이 임무를 게을리하여 이 유지청구권의 행사대상이 되는 이사의
위법행위에 대해 이 권리를 행사하지 아니하는 경우에는 회사 또는 제3자에 대한
손해배상책임을 부담하여야 할 것이다(414조).

이 권리의 상대방은 당해 위법행위를 하려는 이사이다. 즉, 회사는 이 권리
의 상대방이 아니다.

(3) 절차

이 권리는 재판상 또는 재판 외에서 행사할 수 있다. 만일 이 권리를 재판
외에서 행사하였는데, 이사가 이에 응하지 않는 경우에는 당해 이사를 상대로 위
법행위중지청구의 소를 제기하고 동시에 보전처분으로 위법행위중지가처분을 청

---

751) 강희갑, 639; 권기범, 794; 김건식, 484; 송옥렬, 1058; 유시창, 278; 이철송, 795; 임재연(II), 465;
　　　장덕조, 380; 정경영, 558; 정동윤, 652; 정찬형, 1027; 주석상법 회사(III), 392; 최기원, 715; 최준
　　　선, 556; 홍복기외, 419. 이에 반대하는 견해로는 이기수외, 450.
752) 강희갑, 639; 권기범, 793; 손진화, 594; 송옥렬, 1058; 이철송, 795; 임재연(II), 465; 정경영, 558;
　　　정동윤, 652; 정찬형, 1027; 주석상법 회사(III), 393; 최준선, 556; 한창희, 340.

구할 수 있다(민사집행법 300조).

한편, 대표소송의 원칙적인 경우와 달리 회사에 먼저 청구할 필요는 없다.

이 판결의 효력은 당해 회사에게도 미친다고 보아야 할 것이고, 소의 관할, 소송참가, 소송고지, 승소주주의 권리, 패소주주의 책임 및 재심의 소 등 관련소 송절차와 관련하여서는 대표소송에 관한 규정(403조 내지 406조)을 유추적용해야 할 것으로 본다.753)

(4) 유지청구권 행사의 효과

소에 의하지 않고 유지청구를 받은 이사는 자신의 대상행위가 그 유지요건 에 맞는지를 숙고한 후, 유지대상이라고 판단되면 그 행위를 중단해야 할 것이 다. 만일 유지청구가 부당함에도 이사가 판단을 잘못하여 적법한 행위를 중단한 경우에는 손해배상책임(399조)을 부담하는 경우가 생길 수 있다.

반대로 유지해야 할 행위임에도 중단하지 않은 경우에는 당연히 손해배상책 임을 부담해야 할 것이다. 이 경우 그 위법하여 유지되었어야 할 행위의 효력이 문제된다. 살피건대, 먼저 유지하였어야 할 행위가 무효인 행위인 경우에는 유지 청구여부와 관계없이 그 효력이 없게 될 것임은 당연하나, 문제는 그 행위가 유 효인 경우인데, 먼저 신주발행 또는 사채발행과 같은 단체법적 행위는 거래의 안 전을 위하여, 상대방이 유지하였어야 할 행위임을 알았거나 중대한 과실로 알지 못한 경우를 제외하고는 유효하다고 보아야 할 것이고, 그 밖의 행위의 경우에도 마찬가지로 악의 또는 중대한 과실이 있는 제3자를 보호할 필요는 없는 것이므 로, 그 행위는 그 제3자에 대하여 무효라고 보는 것이 타당할 것이다.754)

---

753) 강희갑, 639; 권기범, 795; 김정호, 588; 서헌제, 886; 손진화, 594; 송옥렬, 1059; 양명조, 392; 이 범찬외, 324; 이철송, 795; 임재연(II), 466; 장덕조, 381; 정동윤, 652; 정찬형, 1028; 주석상법 회 사(III), 394; 최기원, 715; 최준선, 557. 이에 반대하는 견해로는 김건식, 485.

754) 이에 대하여 단체법적 행위는 유효, 그 밖의 행위는 악의일 경우에만 무효라는 견해로는 권기범, 795; 정동윤, 653; 주석상법 회사(III), 395; 최기원, 716; 최준선, 557; 한창희, 340. 이에 반하여 항상 유효하다는 견해로는 강희갑, 640; 서헌제, 886; 손진화, 594; 이기수외, 451; 이범찬외, 325; 이철송, 797; 송옥렬, 1059; 양명조, 392; 임재연(II), 466; 장덕조, 381; 정경영, 559; 정찬형, 1028.

다. 대표소송

(1) 의의

대표소송이란 회사가 이사에게 <u>이사의 회사에 대한</u> 책임을 청구하지 않고 있는 경우, 주주가 <u>회사를 위하여</u> 직접 이사를 상대로 그 책임을 묻기 위해 제기하는 소송이다(403조). 유지청구권과는 달리 사후적으로 이사의 책임을 묻는 제도이다. 이사 이외에도, 발기인(324조), 간주이사(401조의2 1항), 집행임원(408조의9), 감사(415조), 감사위원회 위원(415조의2 7항), 청산인(542조 2항), 불공정한 가액으로 주식을 인수한 자(424조의2 2항) 및 주주의 권리행사와 관련하여 재산상의 이익을 받은 자(467조의3 4항)에게도 준용되며, 내부자의 단기매매차익반환(자본시장법 172조 2항)의 경우에도 사실상 같은 내용이 적용된다.

(2) 취지

미국의 연방민사절차규칙 및 주회사법상의 Derivative Action제도[755] 그리고 일본의 책임추궁의 소[756]를 도입한 것으로서, 상법상 소유와 경영의 분리라는 이념에 따라 이사 및 이사회의 권한을 강화하는데서 발생할 수 있는 이사의 권한남용을 방지하고, 이사의 손해배상책임을 물으려는 회사의 행위가 당해 문제된 이사와 결탁된 대주주에 의해 무산됨으로써 발생하는 회사의 손해를 방지하기 위한 제도이다. 미국에서는 단독주주권이다. 살피건대, 대주주의 영향력하에서 벗어나기 어려운 이사의 처지 및 이로 인하여 이사가 회사의 이익이 아닌 대주주의 이익에 따라 움직임으로써 발생하는 회사의 이익과 대주주의 이익의 충돌문제를 감안할 때, 주주의 권리를 강화한다는 측면에서 미국과 같이 단독주주권화해야 한다고 생각한다.

(3) 법적 성질

유지청구권과 마찬가지로, 주주의 공익권으로서의 성질을 보유하고 있으며, 일반적으로 민사소송법상 승소판결의 효력은 소송당사자간에만 미친다는 원칙에

---

755) Rule 23.1. of the Federal Rules of Civil Procedure for the United States District Courts 및 § 327 of the Delaware General Corporation Law.

756) 일본회사법 847조(오현수(II), 1098).

대한 예외로서, 이건 승소판결의 효력은 회사에게도 미친다.

(4) 당사자

(가) 원고

발행주식총수의 100분의1 이상의 주식을 가진 주주이어야 한다. 무의결권주식을 포함하며, 명의상의 주주만이 대표소송을 제기할 수 있는 주주에 해당한다고 보아야 할 것이다.757) 제소당시에만 이 보유요건을 충족하면 되며, 제소 후 발행주식을 전혀 보유하지 아니하게 된 경우를 제외하고, 발행주식총수의 100분의1 미만으로 감소한 경우에도 제소의 효력에는 영향이 없다(403조 5항).758)

한편, 상장회사의 경우에는 6개월전부터 계속하여 상장회사 발행주식총수의 1만분의1 이상에 해당하는 주식을 보유한 자가 당해 이사 및 간주이사(401조의2 1항)뿐만 아니라, 발기인(324조), 집행임원(408조의9), 감사(415조), 감사위원회 위원(415조의2 7항), 불공정한 가액으로 주식을 인수한 자(424조의2), 주주의 권리행사와 관련하여 재산상의 이익을 받은 자(467조의2) 및 청산인(542조)을 상대로 대표소송을 제기할 수 있다(542조의6 6항).

이와 관련하여, 판례는 ① 대표소송을 제기한 주주 중 일부가 주식을 처분하는 등의 사유로 주식을 전혀 보유하지 아니하게 되어 주주의 지위를 상실하면, 특별한 사정이 없는 한 그 주주는 원고적격을 상실하여 그가 제기한 부분의 소는 부적법하게 되고, 이는 함께 대표소송을 제기한 다른 원고들이 주주의 지위를 유지하고 있다고 하여 달리 볼 것은 아니다.759) 또한 ② 비록 원고 주주들이 주주대표소송의 사실심 변론종결시까지 대표소송상의 원고 주주요건을 유지하지 못하여 종국적으로 소가 각하되는 운명에 있다고 할지라도, 회사인 원고 공동소송참가인의 참가시점에서는 원고 주주들이 적법한 원고적격을 가지고 있었다고 할 것이어서 회사인 원고 공동소송참가인의 참가는 적법하다고 할 것이고, 뿐만 아니라 원고 주주들의 주주대표소송이 확정적으로 각하되기 전에는 여전히 그 소송계속 상태가 유지되고 있는 것이어서, 그 각하판결 선고 이전에 회사가 원고

---

757) 대법원 2017.3.23. 선고 2015다248342 전원합의체판결; 이철송, 801. 이에 반대하는 견해로는 김건식, 475; 송옥렬, 1062; 임재연(II), 476; 최준선, 558.
758) 대법원 2013.9.12. 선고 2011다57869 판결.
759) 대법원 2018.11.29. 선고 2017다35717 판결(주주가 자신의 의사에 반하여 주주의 지위를 상실한 경우도 마찬가지임) 및 대법원 2013.9.12. 선고 2011다57869 판결.

공동소송참가를 신청하였다면 그 참가 당시 피참가소송의 계속이 없다거나 그로 인하여 참가가 부적법하게 된다고 볼 수는 없다.760) 한편, ③ 회사가 이사 또는 감사에 대한 책임추궁을 게을리할 것을 예상하여 마련된 주주의 대표소송의 제도는 <u>파산절차가 진행 중인 경우에는 그 적용이 없고</u>, 주주가 파산관재인에 대하여 이사 또는 감사에 대한 책임을 추궁할 것을 청구하였는데 파산관재인이 이를 거부하였다고 하더라도 주주가 상법 403조 및 415조에 근거하여 대표소송으로서 이사 또는 감사의 책임을 추궁하는 소를 제기할 수 없다고 보아야 할 것이며, 이러한 이치는 주주가 회사에 대하여 책임추궁의 소의 제기를 청구하였지만 회사가 소를 제기하지 않고 있는 사이에 회사에 대하여 파산선고가 있은 경우에도 마찬가지라고 판시하고 있다.761)

(나) 피고

대표소송의 피고는 원칙적으로 <u>회사에 대하여 손해배상책임을 부담하여야 할 이사 또는 이사였던 자</u>이다.762) 또한 발기인(324조), 간주이사(401조의2 1항), 집행임원(408조의9), 감사(415조), 감사위원회 위원(415조의2 7항), 불공정한 가액으로 주식을 인수한 자(424조의2), 주주의 권리행사와 관련하여 재산상의 이익을 받은 자(467조의2)및 청산인(542조)도 상법 403조를 준용함에 의해 피고적격이 있다.

(5) 소송절차

(가) 소제기청구

소수주주가 대표소송을 제기하기 위해서는, 원칙적으로 먼저 회사에 대하여 <u>이유를 기재한 서면</u>763)으로 이사의 책임을 추궁할 소의 제기를 청구하여야 한다(403조

---

760) 대법원 2002.3.15. 선고 2000다9086 판결.

761) 대법원 2002.7.12. 선고 2001다2617 판결.

762) 대법원 2021.5.13. 선고 2019다291399 판결(상법 403조 2항에 따른 서면에 기재되어야 하는 '이유'에는 권리귀속주체인 회사가 제소 여부를 판단할 수 있도록 책임추궁 대상 이사, 책임발생 원인사실에 관한 내용이 포함되어야 함. 다만 주주가 언제나 회사의 업무 등에 대해 정확한 지식과 적절한 정보를 가지고 있다고 할 수는 없으므로, 주주가 상법 403조 2항에 따라 제출한 서면에 책임추궁 대상 이사의 성명이 기재되어 있지 않거나 책임발생 원인사실이 다소 개략적으로 기재되어 있더라도, 회사가 그 서면에 기재된 내용, 이사회의사록 등 회사 보유 자료 등을 종합하여 책임추궁 대상 이사, 책임발생 원인사실을 구체적으로 특정할 수 있다면, 그 서면은 상법 403조 2항에서 정한 요건을 충족하였다고 보아야 함; 동지 2021.7.15. 선고 2018다298744 판결).

763) 주주가 대표소송에서 주장한 이사의 손해배상책임이 상법 403조 2항에 따른 서면에 적시된 것과

1항, 2항). 회사가 이 청구를 받은 날로부터 30일내에 소를 제기하지 아니한 때에는 소수주주는 즉시 회사를 위하여 소를 제기할 수 있다(동조 3항).764) 만일 위 기간의 경과로 인하여 회사에 회복할 수 없는 손해가 생길 염려가 있는 경우에는 위 소수주주는 예외적으로 위 기간을 기다릴 필요없이 즉시 소를 제기할 수 있다(동조 4항).

소수주주가 소제기청구를 해야 하는 상대방은 감사(394조) 또는 감사위원회(415조의2 7항)를 말한다. 감사를 두지 않은 소규모회사의 경우에는 회사, 이사 또는 이해관계인은 법원에 회사를 대표할 자를 선임하여 줄 것을 신청하여야 한다(409조 5항). 이와 관련하여 판례는 피고가 퇴임한 이사인 경우에는 회사를 대표하는 자는 감사가 아니라 대표이사가 되어야 한다고 보고 있다. 살피건대, 퇴임한 이사가 대표소송의 상대방이 된다고 할지라도 대표이사가 회사를 대표하여 대표소송을 수행하는데 있어 회사를 불이익하게 할 염려는 없으므로, 타당한 결론이라고 생각한다.765)[판례78] 피고가 집행임원인 경우에는 이사회는 대표소송에서 회사를 대표할 자를 선임하여야 한다(408조의2 3항 3호).

> **[판례78] 대법원 2002.3.15. 선고 2000다9086 판결**
>
> 상법 394조 1항에서는 이사와 회사 사이의 소에 있어서 양자 간에 이해의 충돌이 있기 쉬우므로 그 충돌을 방지하고 공정한 소송수행을 확보하기 위하여 비교적 객관적 지위에 있는 감사로 하여금 그 소에 관하여 회사를 대표하도록 규정하고 있는 바, 소송의 목적이 되는 권리관계가 이사의 재직 중에 일어난 사유로 인한 것이라 할지라도 회사가 그 사람을 이사의 자격으로 제소하는 것이 아니고 이사가 이미 이사의 자리를 떠난 경우에 회사가 그 사람을 상대로 제소하는 경우에는, 특별한 사정이 없는 한 위 상법 394조 1항은 적용되지 않는다고 할 것임(대법원 1977.6.28. 선고 77다295 판결 참조).

차이가 있으나 위 서면의 책임발생 원인사실을 기초로 하면서 법적 평가만을 달리한 것인 경우, 그 대표소송은 적법하며, 주주가 대표소송 계속 중에 위와 같은 청구를 추가할 수 있음(대법원 2021.7.15. 선고 2018다298744 판결).

764) 미국 연방민사소송규칙 및 뉴욕주 회사법에서도 사전청구 또는 이를 하지 못한 이유를 대표소송의 전제조건으로 하고 있음; Rule 23.1 of the Federal Rules of Civil Procedure ("(b) Pleading Requirements. The complaint must be verified and must: (3) state with particularity: (A) any effort by the plaintiff to obtain the desired action from the directors or comparable authority and, if necessary, from the shareholders or members; and (B) the reasons for not obtaining the action or not making the effort."); § 626 (C) of the New York Business Corporation Law ("In any such action, the complaint shall set forth with particularity the efforts of the plaintiff to secure the initiation of such action by the board or the reasons for not making such effort.").

765) 이에 반대하는 견해로는 임재연(II), 481; 주석상법 회사(III), 403.

한편, 판례는 회복할 수 없는 손해가 생길 염려가 있는 경우라 함은 이사에 대한 손해배상청구권의 시효가 완성된다든지 이사가 도피하거나 재산을 처분하려는 때와 같이 이사에 대한 책임추궁이 불가능 또는 무익해질 염려가 있는 경우 등을 의미한다고 판시하고 있다.766)

(나) 관할

이 대표소송은 회사 본점소재지의 지방법원의 관할에 전속한다(403조 7항, 186조). 회사가 이사를 상대로 한 소송의 경우에는 명문의 규정이 없으나, 이 규정이 유추 적용되어 역시 본점소재지의 전속관할에 속한다고 보는 것이 타당할 것이다.767)

(다) 소송고지 및 소송참가

소수주주가 이사를 상대로 대표소송을 제기한 경우에는 회사는 소송에 참가할 수 있고, 소수주주는 소를 제기한 후 지체없이 회사에 대하여 그 소송의 고지를 하여야 한다(404조). 이 소송고지의무를 이행하지 아니하는 경우에는 패소판결의 효력이 회사에 미치지 않는다고 보아야 할 것이다.[판례79]

[판례79] 대법원 1975.5.13. 선고 74다1664 전원합의체판결
　　채권자가 채권자대위권을 행사하는 방법으로 제3채무자를 상대로 소송을 제기하고 판결을 받은 경우에는 어떠한 사유로 인하였든 적어도 채무자가 채권자대위권에 의한 소송이 제기된 사실을 알았을 경우에는 그 판결의 효력은 채무자에게 미침.

소수주주가 제기한 대표소송의 확정판결은 회사에 대하여도 그 효력이 미치므로(민사소송법 218조 3항), 부실한 소송진행으로 인해 회사가 피해를 입지 않도록 하기 위하여 도입한 규정이다. 이 소송참가의 형태를 공동소송적 보조참가로 볼 것인가 아니면 공동소송참가로 볼 것인가가 문제되나, 참가인이 독립적으로 당사자적격을 보유하고, 참가인이 본소의 청구범위를 확장할 수 있으므로 공동소송참가로 보는 것이 회사의 권익보호에 더 충실하며, 회사가 재심을 청구할 수도 있으므로(406조), 공동소송참가로 보는 것이 타당할 것이다.768) 판례도 같은 취지이다.[판례80]

---

766) 대법원 2010.4.15. 선고 2009다98058 판결.
767) 주석상법 회사(III), 406. 이에 반대하는 견해로는 이철송, 803; 임재연(II), 483.
768) 강희갑, 645; 권기범, 800; 김건식, 479; 김정호, 595; 송상현외, 709; 송옥렬, 1063; 이철송, 803; 정찬형, 1033; 최완진, 235; 최준선, 562. 동지 이범찬외, 331; 임재연(II), 492.

> **[판례80] 대법원 2002.3.15. 선고 2000다9086 판결**
>
> 주주의 대표소송에 있어서 원고 주주가 원고로서 제대로 소송수행을 하지 못하거나 혹은 상대방이 된 이사와 결탁함으로써 회사의 권리보호에 미흡하여 회사의 이익이 침해될 염려가 있는 경우 그 판결의 효력을 받는 권리귀속주체인 회사가 이를 막거나 자신의 권리를 보호하기 위하여 소송수행권한을 가진 정당한 당사자로서 그 소송에 참가할 필요가 있으며, 회사가 대표소송에 당사자로서 참가하는 경우 소송경제가 도모될 뿐만 아니라 판결의 모순·저촉을 유발할 가능성도 없다는 사정과, 상법 404조 1항에서 특별히 참가에 관한 규정을 두어 주주의 대표소송의 특성을 살려 회사의 권익을 보호하려한 입법취지를 함께 고려할 때, 상법 404조 1항에서 규정하고 있는 회사의 참가는 공동소송참가를 의미하는 것으로 해석함이 타당하고, 나아가 이러한 해석이 중복제소를 금지하고 있는 민사소송법 234조(현 259조)에 반하는 것도 아니라고 할 것임.

(라) 소수주주의 담보제공

법원은 <u>이사의 청구</u>에 의하여 상당한 담보를 제공할 것을 명할 수 있으며, 이사가 이 청구를 함에는 소수주주의 청구가 <u>악의임을 소명</u>하여야 한다(403조 7항, 176조 3항, 4항). 소수주주가 패소할 경우에 이사가 입을 손해를 배상할 것을 담보하기 위한 취지의 규정이다. 이 경우 담보액을 산정하기 위한 대표소송의 소가는 1억원이다.[769]

(마) 소취하 등의 금지

<u>회사가 소수주주의 청구</u>에 따라 소를 제기하거나 <u>소주주주가</u> 직접 소를 제기한 경우 당사자는 <u>법원의 허가를 얻지 아니하고는</u> 소의 취하, 청구의 포기·인락·화해를 할 수 없다(403조 6항, 1항, 3항, 4항). 당해 회사를 대표할 자 또는 소수주주가 이사와 결탁하여 부당하게 소송을 종결처리하는 것을 금지하기 위한 규정이다.

이 규정의 문리해석상, 상대방 이사도 법원의 허가없이 인락할 수 없다고 해석하여야 할 것이다. 이와 관련하여, 인락은 이사가 하는 것이므로 인락을 추가한 것은 입법의 착오라는 주장이 있으나,[770] 주주와 이사가 통모하여 일부청구임을 명시하지 아니한 상태에서 인락을 하는 경우에는 기판력이 나머지 청구에도 미치는 관계로 회사가 피해를 볼 가능성이 있으므로 인락에 법원의 허가가 필요

---

769) 민사소송 등 인지규칙 18조의2 단서; 대법원 2009.6.25.자 2008마1930 결정.
770) 이철송, 805.

하다고 보는 것이 타당할 것이다.771)

그러나 <u>소수주주의 청구없이</u> 회사가 스스로 이사를 상대로 소송을 제기한 경우에는 이 규정의 적용대상이 될 수 없다고 해석하여야 할 것이다.772)

(바) 제소주주의 권리의무

대표소송을 제기한 소수주주가 <u>승소</u>한 때에는 그 주주는 회사에 대하여 소송비용 및 그 밖에 <u>소송으로 인하여 지출한 비용</u> 중 <u>상당한 금액</u>의 지급을 청구할 수 있으며, 이 경우 소송비용을 지급한 회사는 이사 또는 감사에 대하여 <u>구상권</u>이 있다(405조 1항, 403조 3항, 4항).

여기서 소송으로 인하여 지출한 비용이란 변호사보수뿐만 아니라 소송을 위해 지출한 일체의 비용을 말한다고 보아야 할 것이다.773)

한편, 대표소송을 제기한 주주가 <u>패소</u>한 때에는 악의인 경우 외에는 회사에 대하여 손해를 배상할 책임이 없다(405조 2항). 악의인 경우를 제외하고는 대표소송을 제기한 주주에게 회사에 대하여 패소로 인한 손해배상책임을 부담치 않게 함으로써, 대표소송제도의 부당한 위축을 방지하고자 하는 취지이다.

주주대표소송의 주주와 같이 다른 사람을 위하여 원고가 된 사람이 받은 확정판결의 집행력은 확정판결의 당사자인 원고가 된 사람과 다른 사람 모두에게 미치므로, 주주대표소송의 주주는 집행채권자가 될 수 있다.774)

(6) 재심

대표소송이 제기된 경우에 <u>원고와 피고의 공모</u>로 인하여 소송의 목적인 <u>회사의 권리를 사해할 목적</u>으로써 판결을 하게 한 때에는 <u>회사 또는 주주</u>는 확정한 종국판결에 대하여 재심의 소를 제기할 수 있다(406조 1항, 403조). 회사가 소송참가를 하지 않을 경우에도 위법한 사해소송을 번복시킬 수 있는 수단으로서 인정된 제도이다. 재심원고는 반드시 소수주주일 필요는 없으며, 사해판결 확정당시의 주주일 필요도 없고, 단

---

771) 김건식, 480; 임재연(II), 498.

772) 그러나 입법론적으로는 이 경우도 법원허가 없는 소 취하 등이 금지되는 것으로 개정하는 것이 필요하다고 봄(이철송, 805). 이에 반하여 이 경우에도 법원의 허가를 받아야 한다는 견해로는 김건식, 480.

773) 김홍기, 615; 송옥렬, 1066; 이철송, 807; 정동윤, 657; 정찬형, 1035; 최기원, 722.

774) 대법원 2014.2.19.자 2013마2316 결정.

지 재심청구 당시의 회사의 주주이면 된다고 보아야 할 것이다.775) 그 밖의 재심승소원고의 비용청구권과 재심패소피고의 책임은 위에서 설명한 바와 같다(406조 2항, 405조).

(7) 다중대표소송

(가) 의의

다중대표소송(Multiple Derivative Action)이란 미국776) 및 영국777) 등 보통법국가에서 판례로 인정되고 있는 제도로서, 모회사의 주주가 자회사의 이사에 대하여 자회사에 발생한 손해에 대한 책임을 묻기 위해 제기하는 소송을 말한다. 종전 우리 판례는 이를 부정하고 있었는 바,[판례81] 그러나 모회사의 대주주일가가 모회사와 자신들만이 주주인 비상장회사를 만들어 경영하던 중에, 비상장 자회사의 손해가 이 자회사의 이사인 대주주일가에 의해 발생되는 경우 실제로 자회사가 이들을 상대로 손해배상청구를 한다는 것은 사실상 불가능한 일이다. 따라서 입법론적으로는 모회사의 소수주주로 하여금 대표소송을 할 수 있도록 상법을 개정할 필요성이 있다고 줄기차게 주장되어 온 바,778) 드디어 2020.12.29.공포된 개정 상법에 신설된 406조의2에 따라 인정받게 되었다.

> [판례81] 대법원 2004.9.23. 선고 2003다49221 판결
>
> 어느 한 회사가 다른 회사의 주식의 전부 또는 대부분을 소유하여 양자간에 지배종속관계에 있고, 종속회사가 그 이사 등의 부정행위에 의하여 손해를 입었다고 하더라도, 지배회사와 종속회사는 상법상 별개의 법인격을 가진 회사이고, 대표소송의 제소자격은 책임추궁을 당하여야 하는 이사가 속한 당해 회사의 주주로 한정되어 있으므로, 종속회사의 주주가 아닌 지배회사의 주주는 상법 403조, 415조에 의하여 종속회사의 이사 등에 대하여 책임을 추궁하는 이른바 이중대표소송을 제기할 수 없음.

(나) 요건

모회사 발행주식총수의 100분의1 이상에 해당하는 주식을 가진 주주(상장회사

---

775) 이철송, 806; 임재연(II), 501; 주석상법 회사(III), 414.

776) Federal Deposit Insurance Corporation v. Alshuler(In re imperial Corp. of America), 92 F.3d 1503, 1509 n. 10 (9th Cir.1996); Steinberg v. O'Neil, 550 A.2d 1105(Del. 1988).

777) Universal Project Management Services Limited v. Fort Gilkicker Limited, Mr Ian Pearce, Fort Gilkicker Properties Limited, [2013] EWHC 348 (Ch).

778) 권기범, 799; 송옥렬, 1064; 임재연(II), 474; 장덕조, 387; 최준선, 564.

의 경우, 6개월전부터 계속하여 상장회사 발행주식총수의 1만분의50 즉, 0.5% 이상임. 또한 상장회사는 정관으로 이보다 단기의 주식 보유기간을 정하거나 낮은 주식 보유비율을 정할 수 있음; 542조의6 7항, 8항)는 자회사에 대하여 자회사 이사의 책임을 추궁할 소의 제기를 청구할 수 있다(406조의2 1항). 이 주주는 자회사가 청구를 받은 날부터 30일내에 소를 제기하지 아니한 때에는 즉시 자회사를 위하여 소를 제기할 수 있다(동조 2항). 한편, 위 청구를 한 후 모회사가 보유한 자회사의 주식이 자회사 발행주식총수의 100분의 50 이하로 감소한 경우(발행주식을 보유하지 아니하게 된 경우를 제외함)에도 제소의 효력에는 영향이 없다(동조 4항).

(다) 준용규정

법원은 자회사의 이사의 청구에 의하여 상당한 담보를 제공할 것을 명할 수 있으며, 이사가 이 청구를 함에는 소수주주의 청구가 악의임을 소명하여야 한다(406조의2 3항, 176조 3항, 4항). 이 소제기 청구는 그 이유를 기재한 서면으로 하여야 한다(406조의2 3항, 403조 2항).

만일 위 30일의 경과로 인하여 회사에 회복할 수 없는 손해가 생길 염려가 있는 경우에는 위 소수주주는 예외적으로 위 기간을 기다릴 필요없이 즉시 소를 제기할 수 있다(406조의2 3항, 403조 4항). 제소당시에만 이 보유요건을 충족하면 되며, 제소 후 발행주식을 전혀 보유하지 아니하게 된 경우를 제외하고, 발행주식총수의 100분의1 미만으로 감소한 경우에도 제소의 효력에는 영향이 없다(406조의2 3항, 403조 5항).

자회사가 소수주주의 청구에 따라 소를 제기하거나 소주주주가 직접 소를 제기한 경우 당사자는 법원의 허가를 얻지 아니하고는 소의 취하, 청구의 포기·인락·화해를 할 수 없다(406조의2 3항, 403조 6항).

대표소송에서 이미 설명한 소송참가,소송고지, 제소주주의 권리의무 및 재심의 소에 관한 규정도 준용된다(406조의2 3항, 404조 내지 406조). 이 다중대표소송은 자회사 본점소재지의 지방법원의 관할에 전속한다(406조의2 5항).

또한 다중대표소송규정(406조의2)은 542조의2 2항(상장회사의 특례에 관한 이 절은 주식회사와 관련한 다른 절에 우선하여 적용함)에도 불구하고 이 장의 다른 절에 따른 소수주주권의 행사에 영향을 미치지 아니한다(542조의6 10항). 따라서 상장회사의 경우에는 비상장회사에 적용되는 소수주주권과 상장회사에만 적용되는 특례소수주주권중 어느 하나를 <u>선택적으로</u> 행사할 수 있게 되었다.

라. 직무집행정지 및 직무대행자선임 가처분제도

(1) 의의

이사선임결의 <u>무효확인</u> 또는 <u>취소</u>의 소 내지는 이사<u>해임</u>의 소가 제기된 경우 그 판결확정시까지 당해 이사를 그 직에 재임케 하는 것은 부적절할 뿐만 아니라 회사에 예기치 못한 손해가 발생할 우려가 있으므로, 판결확정 전에 당해 이사의 직무집행을 정지하고, 필요한 경우 당해 이사를 대체할 직무대행자를 선임하는 제도를 규정한 것이다. 이 규정은 주식회사의 감사(415조), 청산인(542조 2항) 그리고 유한회사의 이사(567조), 감사(570조) 및 청산인(613조 2항)에 준용된다.779)

(2) 직무집행정지가처분

(가) 의의

이사선임결의의 무효확인, 취소 또는 이사해임의 소가 제기된 경우에는 법원은 당사자의 신청에 의하여 가처분으로써 이사의 직무집행을 정지할 수 있으며, <u>급박한 사정</u>이 있는 때에는 <u>본안소송의 제기 前</u>에도 그 처분을 할 수 있다(407조 1항). 판례는 이 가처분의 성질을 다툼이 있는 권리관계에 대하여 임시의 지위를 정하기 위한 가처분(민사집행법 300조 2항)으로 보고 있다.780)

(나) 요건

원칙적으로 이사선임결의 무효확인이나 취소의 소 또는 이사해임의 소가 제기되어 있어야 한다(407조 1항 전단). 판례에 의하면, 이사선임결의 <u>부존재확인의 소</u>도 포함되며,781) 대표이사가 직무집행정지가처분의 대상인 경우에는 대표이사를 선임한 이사회결의 또는 주주총회결의의 무효확인, 취소 또는 부존재확인의 소가 이에 해당한다고 보고 있다.782)

---

779) 단, 주식회사 및 유한회사의 감사의 경우에는 직무대행자의 권한에 관한 상법 408조가 준용되지 아니함.
780) 대법원 1972.1.31. 선고 71다2351 판결.
781) 대법원 1989.5.23. 선고 88다카9883 판결.

위 가처분이 인정되기 위해서는 <u>피보전권리</u>와 <u>보전의 필요성</u>이 소명되어야 하는 바(민사집행법 301조, 279조 2항), 피보전권리와 관련하여 판례는 ① 해임의 소를 피보전권리로 하는 경우에 그 보전의 필요성을 인정하는데 신중을 기해야 할 것이므로, 특별히 급박한 사정이 없는 한, 해임의 소를 제기할 수 있을 정도의 절차 요건을 거친 흔적이 소명되어야 피보전권리의 존재가 소명되는 것이고, 그 가처분의 보전의 필요성도 인정될 수 있다고 보며,783) ② 최초의 주주총회에서 선임된 이사가 사임한 후 다시 새로운 주주총회에서 임명되었다면, 최초의 주주총회에서의 선임결의의 하자를 문제삼는 것은 피보전권리가 없으며,784) 또한 ③ 이사의 권리의무를 행하고 있는 퇴임이사를 상대로 그 직무집행의 정지를 구하는 가처분신청을 할 수는 없으나, 퇴임할 당시 법률 또는 정관에 정한 이사의 원수가 충족되어 있음에도 불구하고 퇴임이사가 여전히 이사로서의 권리의무를 실제로 행사하고 있는 경우, 그 직무집행정지를 구하는 가처분신청을 할 수 있다고 판시하고 있다.[판례82]

[판례82] 대법원 2009.10.29.자 2009마1311 결정

　　　상법 386조 1항에 따라 이사의 권리의무를 행사하고 있는 퇴임이사로 하여금 이사로서의 권리의무를 가지게 하는 것이 불가능하거나 부적당한 경우 등 필요한 경우에는 상법 386조 2항에 정한 일시이사의 직무를 행할 자의 선임을 법원에 청구할 수 있으므로, 이와는 별도로 상법 386조 1항에 정한 바에 따라 이사의 권리의무를 행하고 있는 퇴임이사를 상대로 해임사유의 존재나 임기만료·사임 등을 이유로 그 직무집행의 정지를 구하는 가처분신청은 허용되지 않는다고 보아야 할 것이나, <u>이와 반대로</u> 상법 386조 1항의 규정에 따라 퇴임이사가 이사의 권리의무를 행할 수 있는 것은 법률 또는 정관에 정한 이사의 원수를 결한 경우에 한정되는 것이므로, 퇴임할 당시에 법률 또는 정관에 정한 이사의 원수가 충족되어 있는 경우라면 퇴임하는 이사는 임기의 만료 또는 사임과 동시에 당연히 이사로서의 권리의무를 상실하는 것이고, 그럼에도 불구하고 그 이사가 여전히 이사로서의 권리의무를 실제로 행사하고 있는 경우에는 그 권리의무의 부존재확인청구권을 피보전권리로 하여 직무집행의 정지를 구하는 가처분신청이 허용된다고 보아야 할 것임.

한편, 판례는 <u>보전의 필요성</u>과 관련하여, 회사 주식의 60%를 소유하고 있는

---

782) 대법원 1970.2.24. 선고 69다2018 판결; 김홍기, 617; 이철송, 809.
783) 대법원 1997.1.10.자 95마837 결정.
784) 대법원 1982.2.9. 선고 80다2424 판결.

주주의 의사에 의하여 대표이사 등 임원이 선임된 경우 선임절차상의 잘못이 있다고 하더라도 그 직무집행을 정지시키고 그 대행자를 선임하여야 할 필요성이 없다고 보고 있다.[785]

(다) 당사자

가처분 신청권자는 본안소송의 원고 또는 본안소송의 원고가 될 수 있는 자이다. 피신청인은 신청인의 주장자체에 의하여 신청인과 저촉되는 지위에 있는 이사인데, 회사는 피신청인의 적격이 없다.[786] 따라서 이사선임결의 무효확인이나 취소의 소와 같은 본안소송의 피고는 회사가 되는데 비하여, 가처분의 피신청인은 이사이므로, 본안신청의 피고와 가처분의 피신청인이 달라지게 된다.

(라) 가처분절차

가처분의 재판은 본안의 관할법원 또는 다툼의 대상이 있는 곳을 관할하는 지방법원이 관할한다(민사집행법 303조). 가처분신청에 대한 재판은 결정으로 한다(동법 301조, 281조 1항). 법원은 당사자의 신청에 의하여 이 가처분을 변경 또는 취소할 수 있는 바(407조 2항), 가처분의 취소는 특별한 사정이 있는 때에 한하고, 담보를 제공하게 해야 한다(민사집행법 307조). 가처분의 집행정지절차도 민사집행법상의 가처분절차에 의한다(동법 309조).

(마) 등기

가처분결정 또는 가처분 변경, 취소처분이 있는 때에는 본점과 지점의 소재지에서 그 등기를 하여야 한다(407조 3항). 제3자의 보호를 위하여 이를 공시하게 한 것이다.

(바) 효력

특정 이사에 대한 직무집행정지 가처분결정이 내려지면 당해 이사는 이사로서의 일체의 직무를 행사할 수 없다. <u>이에 위반한 행위는 절대무효</u>이며, 그 후 가처분신청의 취하에 의하여 보전집행이 취소되었다 하더라도 집행의 효력은 장래

---

785) 대법원 1991.3.5.자 90마818 결정.
786) 대법원 1982.2.9. 선고 80다2424 판결, 대법원 1972.1.31. 선고 71다2351 판결 및 대법원 1963.2.
    7. 선고 62다820 판결.

를 향하여 소멸할 뿐 소급적으로 소멸하는 것은 아니라 할 것이므로, 가처분신청
이 취하되었다 하여 무효인 계약이 유효하게 되지는 아니한다.787)

　　가처분결정으로 직무집행정지의 기간을 정한 때에는 그 기간이 경과함으로
써 당해 가처분은 효력을 상실하나, 기간을 정하지 않은 때에는 본안소송이 확정
됨과 동시에 그 가처분의 효력은 상실된다.788)[판례83]

> **[판례83] 대법원 1989.9.12. 선고 87다카2691 판결**
>
> 　　가처분에 의해 직무집행이 정지된 당해 이사 등을 선임한 주주총회결의의 취소나 그
> 무효 또는 부존재확인을 구하는 본안소송에서 가처분채권자가 승소하여 그 판결이 확정
> 된 때에는 가처분은 그 직무집행정지기간의 정함이 없는 경우에도 본안승소판결의 확정
> 과 동시에 그 목적을 달성한 것이 되어 당연히 효력을 상실하게 됨.

　　한편, 주식회사의 이사나 감사를 피신청인으로 하여 그 직무집행을 정지하
고 직무대행자를 선임하는 가처분이 있는 경우, 가처분결정은 이사 등의 직무집
행을 정지시킬 뿐 이사 등의 지위나 자격을 박탈하는 것이 아니므로, 특별한 사
정이 없는 한, 가처분결정으로 인하여 이사 등의 임기가 당연히 정지되거나 가처
분결정이 존속하는 기간만큼 연장된다고 할 수 없다.789)

(3) 직무대행자선임 가처분

(가) 의의

이사선임결의의 무효나 취소 또는 이사해임의 소가 제기된 경우에는 법원은
당사자의 신청에 의하여 가처분으로써 이사의 직무집행을 정지할 수 있고 또는 직
무대행자를 선임할 수 있다(407조 1항 전단). 즉, 이사직무집행을 정지하는 가처분결정
을 하는 경우에 한하여, 필요한 경우, 법원은 직무대행자를 선임할 수 있는 것이다.

---

787) 대법원 2008.5.29. 선고 2008다4537 판결(법원의 직무집행정지 가처분결정에 의해 회사를 대표할
　　권한이 정지된 대표이사가 그 정지기간 중에 체결한 계약은 절대적으로 무효이고, 그 후 가처분신
　　청의 취하에 의하여 보전집행이 취소되었다 하더라도 집행의 효력은 장래를 향하여 소멸할 뿐 소
　　급적으로 소멸하는 것은 아니라 할 것이므로, 가처분신청이 취하되었다 하여 무효인 계약이 유효
　　하게 되지는 않는다 할 것이다. 원심 판단은 이러한 법리에 따른 것으로 정당하고 거기에 상고 논
　　지가 지적하는 잘못이 없음).
788) 대법원 1989.5.23. 선고 88다카9883 판결 및 [판례83].
789) 대법원 2020.8.20. 선고 2018다249148 판결.

급박한 사정이 있는 때에는 본안소송의 제기 전에도 직무집행정지와 함께 직무대행자선임 가처분을 할 수 있다(407조 1항 후단). 법원의 직무대행자의 선임가처분은 당해 회사의 본점과 지점의 소재지에서 등기하여야 한다(407조 3항).

(나) 선임의 효력

판례는 직무대행자선임 가처분결정에 대하여는 불복할 수 없고, 법원은 직무대행자 선임신청인이 추천한 사람을 선임하지 아니하고 다른 사람을 선임하여도 무방하며,[790] 단, 가처분에 의하여 직무집행이 정지된 종전의 이사 등을 직무대행자로 선임할 수는 없다고 보고 있다.[791]

또한 판례는 가처분에 의하여 선임된 이사직무대행자의 권한은 법원의 취소결정이 있기까지 유효하게 존속하며, 그 가처분신청 후 가처분결정 이전에 직무집행이 정지된 이사가 대표이사로 선임되었다고 할지라도 그 선임결의의 적법 여부에 관계없이 대표이사로서의 권한을 가지지 못한다고 판시하고 있다.[792][판례84]

> **[판례84] 대법원 2014.3.27. 선고 2013다39551 판결**
>
> 주식회사 이사의 직무집행을 정지하고 직무대행자를 선임하는 가처분은 성질상 당사자 사이뿐만 아니라 제3자에 대한 관계에서도 효력이 미치므로 가처분에 반하여 이루어진 행위는 제3자에 대한 관계에서도 무효이고 가처분에 의하여 선임된 이사직무대행자의 권한은 법원의 취소결정이 있기까지 유효하게 존속함(대법원 1991.12.24. 선고 91다4355 판결 등 참조). 또한 등기할 사항인 직무집행정지 및 직무대행자선임 가처분은 상법 37조 1항에 의하여 이를 등기하지 아니하면 위 가처분으로 선의의 제3자에게 대항하지 못하지만 악의의 제3자에게는 대항할 수 있고, 주식회사의 대표이사 및 이사에 대한 직무집행을 정지하고 그 직무대행자를 선임하는 법원의 가처분결정은 그 결정 이전에 직무집행이 정지된 주식회사 대표이사의 퇴임등기와 직무집행이 정지된 이사가 대표이사로 취임하는 등기가 경료되었다고 할지라도 직무집행이 정지된 이사에 대하여는 여전히 그 효력이 있으므로 그 가처분결정에 의하여 선임된 대표이사 및 이사 직무대행자의 권한은 유효하게 존속하고, 반면에 그 가처분결정 이전에 직무집행이 정지된 이사가 대표이사로 선임되었다고 할지라도 그 선임결의의 적법 여부에 관계없이 대표이사로서의 권한을 가지지 못함.

---

790) 대법원 1985.5.28.자 85그50 결정.
791) 대법원 1990.10.31.자 90그44 결정.
792) 대법원 2010.2.11. 선고 2009다70395 판결, 대법원 2004.7.22. 선고 2004다13694 판결, 대법원 1992.5.12. 선고 92다5638 판결 및 [판례85].

한편, 판례는 이사 직무대행자가 선임된 회사가 해산되고 해산 전의 가처분이 실효되지 않은 채 새로운 가처분에 의하여 해산된 회사의 청산인 직무대행자가 선임되었다 하더라도 선행가처분의 효력은 그대로 유지되어 그 가처분에 의하여 선임된 직무대행자만이 청산인 직무대행자로서의 권한이 있다고 판시하고 있다.[793]

(다) 권한

직무대행자는 가처분명령에 다른 정함이 있는 경우외에는 회사의 상무에 속하지 아니한 행위를 하지 못하나, 법원의 허가를 얻은 경우에는 회사의 상무에 속하지 아니하는 행위를 할 수 있다(408조 1항). 또한, 직무대행자의 권한 밖의 행위는 원칙적으로 회사의 행위로서 효력이 없다.[794] 이 규정은 청산인(542조 2항), 유한회사의 이사(567조) 및 청산인(613조 2항)에 준용된다.

판례에 의하면, 상무란 일반적으로 회사의 영업을 계속함에 있어 통상업무범위 내의 사무 즉, 회사의 경영에 중요한 영향을 미치지 않는 보통의 업무를 뜻하는 것이고, 직무대행자의 지위가 본안소송의 판결시까지 잠정적인 점 등에 비추어 보면 회사의 사업 또는 영업의 목적을 근본적으로 변경하거나 중요한 영업재산을 처분하는 것과 같이 당해 분쟁에 관하여 종국적인 판단이 내려진 후에 정규 이사로 확인되거나 새로 취임하는 자에게 맡기는 것이 바람직하다고 판단되는 행위가 아닌 한, 직무대행자의 상무에 속한다고 보고 있다.[795] 예를 들어, 회사를 위해 변호사에게 소송대리를 위임하고 그 보수계약을 체결하거나 그와 관련하여 반소제기를 위임하는 행위,[796] 통상의 원료구입 또는 제품판매[797]는 상무에 속한다고 볼 수 있으나, 이에 반하여 신주발행 및 사채발행,[798] 회사의 상대방 당사자의 변호인에 대한 보수지급 약정,[판례85] 이사회의 구성 자체를 변경하는 행위나 상법 374조의 특별결의사항에 해당하는 행위,[799] 직무정지 중인 대표이사를 해임하기 위한 임시주주총회소집행위[800] 또는 가처분신청인에게 그 권한의 전부를 위임하여 회사의 경

---

793) 대법원 1991.12.24. 선고 91다4355 판결.
794) 대법원 1989.9.12. 선고 87다카2691 판결.
795) 대법원 1991.12.24. 선고 91다4355 판결.
796) 대법원 1989.9.12. 선고 87다카2691 판결 및 대법원 1970.4.14. 선고 69다1613 판결.
797) 주석상법 회사(III), 422.
798) 김동훈, 283; 김홍기, 620; 이철송, 813; 정동윤, 603; 주석상법 회사(III), 422; 최준선, 454.
799) 대법원 2007.6.28. 선고 2006다62362 판결.

영을 일임하는 행위[판례86]는 상무에 속하지 않는다고 보아야 할 것이다.

> **[판례85] 대법원 1989.9.12. 선고 87다카2691 판결**
>
> 가처분에 의하여 대표이사 직무대행자로 선임된 자가 변호사에게 소송대리를 위임하고 그 보수계약을 체결하거나 그와 관련하여 반소제기를 위임하는 행위는 회사의 상무에 속하나, 회사의 상대방 당사자의 변호인의 보수지급에 관한 약정은 회사의 상무에 속한다고 볼 수 없으므로 법원의 허가를 받지 않는 한 효력이 없음.

> **[판례86] 대법원 1984.2.14. 선고 83다카875,876,877 판결**
>
> 법원의 가처분명령에 의하여 선임된 회사의 대표이사 직무대행자가 회사의 업무집행기관으로서의 기능발휘를 전혀 하지 아니하고 그 가처분을 신청한 사람측에게 그 권한의 전부를 위임하여 회사의 경영을 일임하는 행위는 가처분명령에 의하여 정하여진 대표이사 직무대행자의 회사경영책임자로서의 지위에 변동을 가져오게 하는 것으로서 가처분명령에 위배되는 행위일 뿐만 아니라 회사업무의 통상적인 과정을 일탈하는 것으로서 이를 회사의 상무라고 할 수 없으므로, 가처분명령에 특히 정한 바가 있거나 법원의 허가를 얻지 않고는 할 수 없음.

(라) 선의의 제3자

직무대행자가 권한 밖의 행위를 한 경우에도 회사는 선의의 제3자에 대하여 책임을 진다(408조 2항). 선의에 중대한 과실이 있는 제3자는 악의와 동일하게 보호할 필요가 없다고 보는 것이 타당할 것이다. 판례는 선의의 주장과 입증책임은 제3자에게 있다고 하나,[801] 거래의 안전을 위하여 회사가 제3자의 악의 또는 중대한 과실을 주장·입증해야 한다고 보는 것이 타당할 것이다.

(마) 손해배상책임

회사와 직무대행자와는 위임관계에 있다고 볼 수 없고, 상법상 명시적인 손해배상책임규정도 없지만, 직무대행자의 실질은 이사와 동일하므로, 상법 399조 및 401조를 유추적용하는 것이 타당할 것이다.[802]

---

800) 대법원 1959.12.3. 선고 4290민상669 판결.
801) 대법원 1965.10.26. 선고 65다1677 판결.
802) 이철송, 815; 정동윤, 603; 주석상법 회사(III), 424; 최준선, 454; 동지 김홍기, 620.

VII. 이 사 회

1. 의의

　　이사회는 회사 내 이사들이 모인 회의체로서, 회사의 <u>중요업무집행</u>[판례87]에 <u>관한 결정권</u>을 보유한 회사의 필요적 상설기관이다(393조 1항). 즉, 이사회결의를 거쳐야 하는 업무는 ① 상법에서 이사회의 고유권한으로 명시한 업무(중요한 자산의 처분 및 양도, 대규모 재산의 차입, 지배인의 선임 또는 해임과 지점의 설치·이전 또는 폐지) 및 ② <u>법령 또는 정관에 의하여 주주총회만의 권한으로 규정되어 있지 않은 업무</u>로서, 이사회가 일반적, 구체적으로 대표이사에게 위임하지 않은 업무이면서, 일상업무에 속하지 아니한 **중요한 업무집행의 결정**[판례88]이다.[803] 한편, 기타 일반적인 의사결정 및 이사회에서 결정한 사항에 대한 집행은 대표이사가 담당한다.

> **[판례87] 대법원 2005.7.28. 선고 2005다3649 판결 및 대법원 2008.5.15. 선고 2007다23807 판결**
>
> 　　상법 393조 1항의 중요한 자산의 처분 및 양도에 해당하는지 여부는 재산의 가액, 총자산에서 차지하는 비율, 회사의 규모, 회사의 영업 또는 재산의 상황, 경영상태, 자산의 보유목적, 회사의 일상적 업무와의 관련성, 당해 회사에서의 종래의 취급 등을 고려하여 판단함.

> **[판례88] 대법원 2011.4.28. 선고 2009다47791 판결**
>
> 　　중요한 자산의 처분에 해당하는 경우에는 이사회규정상 이사회 부의사항으로 정해져 있지 아니하더라도 이사회결의를 거쳐야 함.

　　그 밖에 상법이 이사회의 권한으로 명시한 사항으로는, 정관에 의한 주식양

---

803) 대법원 2010.1.14. 선고 2009다55808 판결(대법원 2019.8.14. 선고 2019다204463 판결; 주식회사가 회생절차개시신청을 하는 경우) 및 대법원 2021.8.26.자 2020마5520 결정(주식회사의 대표이사가 회사를 대표하여 파산신청을 할 경우. 다만 소규모회사의 경우 대표이사가 특별한 사정이 없는 한 이사회 결의를 거칠 필요 없이 파산신청을 할 수 있음. 왜냐하면 소규모회사는 각 이사(정관에 따라 대표이사를 정한 경우에는 그 대표이사를 말함)가 회사를 대표하고 상법 393조 1항에 따른 이사회의 기능을 담당하기 때문임(상법 383조 6항, 1항 단서).

도 승인(335조 1항 단서), 주주총회의 원칙적인 소집권(362조), 이사의 경업, 겸직 승인(397조 1항), 이사의 회사기회유용의 승인(397조의2 1항), 이사의 자기거래 승인(398조), 재무제표의 승인(447조 1항) 및 사채발행(469조 1항) 등이 있다. 한편, 원칙적으로 이사회의 권한이나 정관에 의해 주주총회의 권한으로 전환할 수 있는 권한으로는 대표이사의 선정(389조 1항), 신주발행(416조 단서), 준비금의 자본전입(461조 1항 단서), 전환사채의 발행(513조 2항 단서) 및 신주인수권부사채의 발행(416조의2 2항 단서) 등이 있다.

한편, 이사회는 대표이사를 포함한 <u>모든 이사의 직무의 집행을 감독</u>하고(393조 2항), 이사는 대표이사로 하여금 다른 이사 또는 피용자의 업무에 관하여 이사회에 보고할 것을 요구할 수 있으며(동조 3항), 이사는 3월에 1회 이상 업무의 집행상황을 이사회에 보고하여야 한다(동조 4항).804)

그리고 주주총회의 권한에 속하지 아니하는 사항에 대하여는 주주총회가 이사회의 결의를 무효로 하는 결의를 하였다 하더라도 이는 효력이 없으나,805) <u>주주총회의 권한에 속하는 사항</u>806)에 대하여는 이사회결의 이외에도 주주총회의 결의를 별도로 얻어야 한다.

판례는 이사가 주주의 의결권행사를 불가능하게 하거나 현저히 곤란하게 하는 경우 이는 주식회사 제도의 본질적 기능을 해하는 것으로서 허용되지 아니하고, 그러한 것을 내용으로 하는 이사회결의는 무효로 보아야 한다고 판시하고 있다.[판례89]

---

804) 이사회가 최소 3개월에 1회 이상 소집, 개최되어야 함을 의미함.
805) 대법원 1991.5.28. 선고 90다20084 판결(주식회사가 이사회결의에 의하여 공장을 3개월여 이내에 이전하고 공장으로 사용하여 온 부동산은 2개월 이내에 매매하여 매도대금 중 공장이전비용을 초과하는 금액을 위 부동산을 양도한 주주에게 지급하기로 약정한 경우 위 약정은 상법 374조 소정의 주주총회의 특별결의를 필요로 하는 행위가 아니고, 위 약정 후에 주주총회에서 위 이사회결의를 무효로 하는 결의를 하였다 하더라도 위 약정의 효력이 상실되지 아니한다고 본 사례).
806) 예를 들어, 상법 374조 1항 1호(회사의 영업의 전부 또는 중요한 일부의 양도; 대법원 2004.7.8. 선고 2004다13717 판결).

[판례89] 대법원 2011.6.24. 선고 2009다35033 판결

　　소유와 경영의 분리를 원칙으로 하는 주식회사에서 주주는 주주총회 결의를 통하여 회사의 경영을 담당할 이사의 선임과 해임 및 회사의 합병, 분할, 영업양도 등 법률과 정관이 정한 회사의 기초 내지는 영업조직에 중대한 변화를 초래하는 사항에 관한 의사결정을 하기 때문에, 이사가 주주의 의결권행사를 불가능하게 하거나 현저히 곤란하게 하는 것은 주식회사 제도의 본질적 기능을 해하는 것으로서 허용되지 아니하고, 그러한 것을 내용으로 하는 이사회결의는 무효임(이사회결의를 거쳐 임시주주총회를 소집하였다가, 경영권분쟁의 상대방 주주에 대하여 양도에 다툼이 있는 일부 주식의 의결권행사를 허용하는 가처분결정이 있음을 알고, 이에 대한 이의절차를 위한 시간을 벌기 위해 다시 이사회를 소집하여 위 임시주총소집을 철회한 사안에서, 위 가처분결정만이 있었을 뿐 확정판결 등을 통하여 경영권분쟁의 상대방 주주에 대한 일부 주식의 귀속이 확정된 상황은 아니었으며, 위 상대방 주주는 소수주주권의 행사를 통해 임시주주총회를 소집할 수 있었던 점에 비추어 볼 때, 위 임시주총을 철회하는 이사회결의는 유효함).

2. 소집

가. 소집권자

　　이사회는 <u>각 이사</u>가 소집한다(390조 1항 본문). 그러나 <u>정관 또는 이사회의 결의</u>로 소집할 이사를 정한 때에는 당해 이사가 소집한다(390조 1항 단서). 이 단서규정에 의하여, 소집권자로 지정되지 않은 다른 이사는 소집권자인 이사에게 이사회 소집을 요구할 수 있으며, 소집권자인 이사가 정당한 이유없이 이사회 소집을 거절하는 경우에는 다른 이사가 이사회를 소집할 수 있다(390조 2항).807)

　　한편, <u>감사</u>도 필요하면 회의의 목적사항과 소집이유를 서면에 적어 <u>이사</u>808)에게 제출하여 이사회 소집을 청구할 수 있고(412조의4 1항), 이 청구를 하였는데도 이사가 지체없이 이사회를 소집하지 아니하면, 그 청구한 <u>감사가 이사회를 소집할 수 있다</u>(412조의4 2항).

---

807) 대법원 1975.2.13.자 74마595 결정.
808) 소집권자가 있는 경우에는 소집권자에게 제출하여야 함.

나. 소집절차

(1) 원칙

이사회를 소집함에는 <u>회일</u>을 정하고, 그 <u>1주간전</u>에 각 <u>의사</u> 및 <u>감사</u>[판례90]
에 대하여 <u>통지를 발송하여야</u> 한다(390조 3항 본문). 감사는 이사회에 출석하여 의견
을 진술할 권리(391조의2 1항)와 이사가 법령 또는 정관에 위반한 행위를 하거나 그
행위를 할 염려가 있다고 인정한 때에는 감사는 이사회에 이를 보고할 의무가 있
는 바(391조의2 2항), 이사회에서 이러한 권리를 행사하고 의무를 이행하도록 하기
위하여 감사에게도 이사회 소집통지를 하도록 한 것이다. 이 통지기간은 정관으
로 단축할 수 있으며(390조 3항 단서), 통지방법으로는 서면, 구두 또는 이메일 등의
모든 의사전달수단이 가능하다.

> [판례90] 대법원 1992.4.14. 선고 90다카22698 판결
>
> 이사회의 결의에 있어 감사가 참석치 않거나 의사록에 기명날인이 없더라도 이사회
> 결의가 무효는 아님.

판례는 <u>주주총회 소집통지와 달리</u>, 이사회 소집통지를 할 때에는, 회사의 정
관에 이사들에게 회의의 목적사항을 함께 통지하도록 정하고 있거나 회의의 목
적사항을 함께 통지하지 아니하면 이사회에서의 심의, 의결에 현저한 지장을 초
래하는 등의 <u>특별한 사정이 없는 한, 회의의 목적사항을 함께 통지할 필요는 없
다고 보고 있다</u>.[809)

한편, 이사회는 <u>의사 및 감사 전원의 동의</u>가 있는 때에는 <u>소집절차없이 언제
든지 회의할 수 있다</u>(390조 4항).[판례91] 또한 이사회 규정으로 이사회 개최일자를
특정할 수도 있고, 이사 및 감사 전원이 참석한 이사회에서 다음 이사회 일자를
정할 수도 있다고 보아야 할 것이다.

---

809) 대법원 2011.6.24. 선고 2009다35033 판결.

[판례91] 대법원 2006.11.10. 선고 2005다46233 판결

　특정 장소에서 개최하지 않은 채 이사회의사록을 작성하였다고 하더라도 이사 전원의 동의가 있으면 이사회의 소집절차 없이도 이사회 개최를 가능하도록 하고 있는 상법 390조 4항의 규정취지와 상사회사의 업무집행은 의사결정의 기동성을 요하는 경우가 많은 특성 등에 비추어 볼 때, 이사 3명 중 2명 및 감사 1명이 참석하였다고 의사록에 기재되어 있고, 참석이사 및 감사가 자신의 의사에 기하여 의사록에 날인이 되어 있는 경우에는 이사회를 특정장소에서 개최하지 않은 채 의사록이 작성되었더라도, 이사회결의가 부존재하다고까지 볼 수 없음.

(2) 소집통지 하자의 효력

　일부 이사에 대한 이사회 소집통지가 누락된 경우에는 중대한 하자로서 이러한 이사회에의 결의는 무효라고 보아야 할 것이다.810)

　이에 대한 예외로서, 판례는 이사 3명 중 회사의 경영에 전혀 참여하지 않고 경영에 관한 모든 사항을 다른 이사들에게 위임하여 놓고 그들의 결정에 따르며 필요시 이사회회의록 등에 날인만 하여 주고 있는 이사에 대한 소집통지없이 열린 이사회에서 한 결의는 위 이사가 소집통지를 받고 참석하였다 하더라도 그 결과에 영향이 없었다고 보여지므로 유효하다고 판시하고 있다.811) 살피건대, 이사회 참석권을 사실상 포기한 이사에 대해서까지 통지할 필요는 없는 것이므로 타당한 결론이라고 생각한다.812)

　한편, 감사에 대한 이사회 소집통지를 결여한 경우에는 감사의 이사회에 출석하여 의견을 진술할 권리(391조의2 1항)를 박탈하고, 이사가 법령 또는 정관에 위반한 행위를 하거나 그 행위를 할 염려가 있다고 인정한 때에 감사가 이사회에 이를 보고하여야 할 의무이행의 기회 역시 박탈한 것이므로(391조의2 2항), 이러한 중대한 하자가 있는 이사회결의는 무효라고 보아야 할 것이다.

---

810) 대법원 1992.7.24. 선고 92다749 판결(민법상 비영리 재단법인에 대한 판결임); 송옥렬, 970; 이기수외, 381; 이철송, 671; 임재연(II), 305; 정동윤, 606; 정찬형, 936; 주석상법 회사(III), 265; 최기원, 614.

811) 대법원 1992.4.14. 선고 90다카22698 판결.

812) 이에 반대하는 견해로는 이철송, 671; 주석상법 회사(III), 265.

다. 시기와 장소

판례에 의하면, 이사회의 소집시기는 정관에 그 시기가 특정되어 있지 아니한 경우에는 직전 이사회에서 다음 이사회 소집시기를 정하고, 참석하지 아니한 이사들에게 통지하게 될 것인데, 원칙적으로 가능한 한 많은 이사가 참석할 수 있는 시기를 택해야 할 것인 바, 만일 특정 안건을 부당하게 처리하기 위하여 또는 특정 이사의 참석을 사실상 불가능하게 만들기 위하여 이사회 소집시기를 정한 경우에는 이사회 소집에 중대한 하자가 있다고 보아야 할 것이어서 이러한 이사회에서의 결의는 무효라고 보고 있다.[813]

또한 이사회 소집장소와 관련해서도, 합리적인 이유없이 특정 이사가 참석할 수 없는 장소를 이사회 소집장소로 정한다면 이는 위법한 이사회소집이라고 보아야 할 것이다.

이와 관련하여 상법은 예외를 인정하고 있다. 즉, 정관에서 달리 정하는 경우를 제외하고, 이사회는 이사의 전부 또는 일부가 직접 회의에 출석하지 아니하고, 모든 이사가 음성을 동시에 송수신[814]하는 원격통신수단에 의하여 결의에 참

---

813) 대법원 1988.3.22. 선고 85누884 판결(소외 재단법인 한국유도원의 1984.2.20. 개최된 제33차 이사회에서 이사장인 소외 1이 같은 해 2. 말경 약 1주일 예정으로 해외 출장계획이 세워져 있었으므로 이를 알리고 이사장이 해외출장 등으로 이사회를 주재할 수 없을 때에는 상무이사가 이사장 직무를 대행하도록 결의한 사실, 그런데 위 법인의 상무이사인 원고 2는 같은 해 2.28. 이사 선임 등을 의안으로 하여 이사장을 제외한 나머지 이사들에게 등기우편으로 같은 해 3.8. 제34차 이사회를 개최한다고 소집통보를 하였으나 이사장에게는 같은 해 3.5. 경 그의 재직회사로, 같은 해 3.8. 오전에는 해외출장에서 돌아온 위 소외 1에게 각 전화로 이사회 소집 사실만을 통지한 사실을 인정한 다음, 위 인정사실에 위 법인의 정관 21조, 27조, 17조제3항의 규정 등을 비추어 보면 이사장의 해외출장시 상무이사로 하여금 이사장 직무대행을 하도록 결의한 취지는 이사장이 장기간 해외에 채류 중이고 귀국일자를 쉽사리 예상할 수 없거나 기타 사고로 인하여 긴급안건을 제때에 심의하지 못하게 됨으로써 소외 법인의 업무수행이 마비되는 사태의 발생을 막기 위한데 그 목적이 있었다고 이를 제한적으로 해석함이 상당하다 할 것인바, 앞서 본 바와 같이 이사장의 해외출장은 1주일 정도로 예정되어 있었고, 이사들의 임기도 100여일씩이나 남아 있어 긴급안건이라고 볼 수 없는 이사선임 등을 의안으로 하여 위 원고 2가 제34차 이사회를 소집한 것은 그 소집권한을 벗어난 것일 뿐만 아니라 이사장에 대한 소집절차도 적법하지 아니하며, 이사회 개최당일에는 이사장이 전날 귀국하였으므로 그가 이사회를 주재할 수 없는 상태에 있었다고 인정할 특단의 사정이 없는 한 상무이사에게는 이사회를 주재할 권한마저 없었다고 할 것이므로 위 이사회 소집 및 그 결의에는 위 정관에 위배한 하자가 있음).

814) MBCA에 같은 취지의 규정이 있음; MBCA § 8.20 (b)(Unless the articles of incorporation or by-laws provide otherwise, the board of directors may permit any or all directors to participate in a regular or special meeting by, or conduct the meeting through the use of, any means of communication by which all directors participating may simultaneously hear each other during the meeting. A director participating in a meeting by this means is deemed to be present in

가하는 것을 허용한다. 이 경우 당해 이사는 이사회에 직접 출석한 것으로 본다
(391조 2항). 동영상을 동시에 송수신하지 못하더라도, 음성만 동시에 송수신할 수
있으면 가능하다. 특정 현장에 직접 모여 이사회를 개최해야 하는 장소적 한계를
극복하고, 영업의 국제화 시대에 발맞춰 이사의 활동범위를 최대한 보장하면서
동시에 회사경영의 기동성을 발휘하도록 하기 위한 규정이다.

한편, 이사회의 소집의 통지가 행하여진 후, 개최 전에 소집을 철회하거나
변경하기 위해서는 소집의 경우에 준하여 별도의 통지가 있어야 할 것이나, 반면
에 이사회의 연기(이사회 성립 후 의안심리 전 회일을 추후로 미룸) 또는 속행(예정된 안건심
리를 모두 마치지 못한 상태에서 추후에 계속하기로 함)은 별도의 소집통지 없이 가능하다
(392조, 372조, 363조). 이사회의 계속회가 동일한 안건토의를 위하여 당초의 회의일
로부터 상당한 기간내에 적법하게 거듭 속행되어 개최되었다면 당초의 이사회와
동일성을 유지하고 있다고 보아야 할 것이며,815) 이러한 연기, 속행은 이사회의
보통결의에 의하여야 할 것이다.

라. 결의

(1) 의의

이사회의 결의는 보통결의와 특별결의로 나눌 수 있다. 특별결의는 ① 이사
의 회사의 기회 및 자산의 유용에 대한 승인시 요구되는 이사 3분의2 이상의 수
(397조의2)와 ② 이사 등과 회사 간의 거래승인시 요구되는 이사 3분의2 이상의 수
(398조) 및 ③ 감사위원회의 감사위원 해임(415조의2 3항)시 요구되는 이사 총수의 3
분의2 이상의 수가 있다.

보통결의로는 위 특별결의를 제외한 나머지 모든 이사회결의사항이 해당되
는데, 이사과반수의 출석과 출석이사의 과반수로 하여야 한다(391조 1항). 이사과반
수란 전체 이사의 절반을 초과하는 수를 말하며,[판례92] 이에는 퇴임이사(386조 1
항), 일시이사(386조 2항), 직무대행자(407조 1항)가 포함된다. 그러나 직무집행이 정지
된 이사(407조 1항)는 포함되지 않는다고 보아야 할 것이다.

---

person at the meeting).

815) 대법원 1989.2.14. 선고 87다카3200 판결은 주주총회에 관한 판결이나 이사회에도 유추적용될 수
   있다고 판단됨.

> **[판례92] 대법원 1995.4.11. 선고 94다33903 판결**
>
> 재적 6명의 이사 중 3인이 참석하여 전원의 찬성으로 연대보증을 의결하였다면, 위 이사회의 결의는 과반수에 미달하는 이사가 출석하여 의사정족수가 충족되지 아니한 이사회에서 이루어진 것으로 무효임.

위 보통결의요건은 정관으로 그 비율을 높게 정할 수 있으나(391조 1항 단서), 판례는 정관으로 그 비율을 낮추는 것은 강행규정위반으로 허용되지 않는다고 보고 있다.816)

또한 판례는 이사회의 <u>성립요건</u> 즉, 의사정족수는 이사회의 개최시점뿐만 아니라 토의·결의의 전 과정을 통하여 유지되어야 하며, 이사회의 <u>결의요건을</u> 충족하는지 여부도 <u>이사회결의 당시를 기준으로 판단하여야 한다</u>고 보고 있다. [판례93]

> **[판례93] 대법원 2003.1.24. 선고 2000다20670 판결**
>
> 1991.2.1.자 이사회결의 당시에는 그 결의요건을 충족하였더라도, 그 결의에 따라 이루어진 1991.4.29.자 연대보증계약 체결 당시를 기준으로 하면 그 사이 이사 일부와 이사 총수가 변경됨으로써 이사회결의요건을 갖추지 못하게 된 경우, 이사회결의요건을 충족하는지 여부는 이사회결의 당시를 기준으로 판단하여야 하고, 그 결의의 대상인 연대보증행위가 실제로 이루어진 날을 기준으로 판단할 것은 아님.

이사회의 결의는 위 <u>보통결의 또는 특별결의의 요건이 충족되는 때 그 효력의 발생한다.</u> 즉, 이사회의사록의 작성 여부와는 상관없다.

(2) 이사의 의결권수

이사회에서의 이사의 의결권은 이사 1인마다 1개씩 부여된다. 이는 정관에 의해서도 달리할 수 없다. 주주의 의결권이 사람단위가 아니라 주식단위별로 주어지는 것과 구별된다.

가부동수인 경우 특정 이사에게 결정권을 부여하는 것이 허용될 것인지와 관련하여, 이를 허용하는 견해도 있으나,817) 이사 1명당 1개의 의결권이 부여된

---

816) 대법원 1995.4.11. 선고 94다33903 판결.
817) 서돈각외, 435; 서헌제, 820; 정동윤, 607.

다는 원칙에 반하고, 특정인에게 복수의 의결권을 인정하는 결과를 초래할 뿐만 아니라 이사회의 결의요건 완화는 상법 391조 1항이라는 강행규정에 위반되므로 무효라고 보는 것이 타당할 것이다.818)[판례94]

[판례94] 대법원 1995.4.11. 선고 94다33903 판결

　정관에 이사회의 결의는 이사 전원의 과반수로 하되, 가부동수인 경우에는 이사회 의장의 결정에 의하도록 규정되어 있다 하더라도 이 정관규정은 무효임.

(3) 의결권의 제한

특별이해관계가 있는 이사819)는 이사회에서 의결권을 행사할 수 없으나(391조 3항, 371조 2항), 의사정족수 산정의 기초가 되는 이사의 수에는 포함되고 다만, 결의성립에 필요한 출석이사에는 산입되지 아니한다.820)

(4) 의결권의 직접행사

이사는 이사회에서의 의결권의 행사와 관련하여서도 회사에 대해 책임을 부담하며(399조 2항), 회사와 고도의 인적 신뢰관계를 기초로 한 위임관계를 바탕으로 하여 선관주의의무를 부담하고 있으므로, 의결권의 행사와 관련하여 독자적으로 판단하여 결정하여야 할 것이다. 따라서 의결권을 제3자에게 대리행사하게 하거나 다른 이사에게 위임하는 것은 허용되지 아니하며,821) 이사와 이사, 이사와 주주 또는 이사와 제3자와의 계약으로 이사의 의결권을 구속하는 계약도 무효라고 보아야 할 것이다. 또한 이러한 이유 때문에 서면결의도 원칙적으로 인정되지 않는다고 보아야 할 것이다.822)

---

818) 강희갑, 535; 권기범, 813; 김건식, 358; 송옥렬, 971; 이기수외, 379; 이범찬외, 336; 정경영, 551; 정찬형, 935; 정희철외, 442; 채이식, 521; 최기원, 610; 최완진, 191; 최준선, 468.

819) 대법원 2007.9.6. 선고 2007다40000 판결(개인적인 이해관계를 가지는 경우를 말함).

820) 대법원 1992.4.14. 선고 90다카22698 판결 및 대법원 1991.5.28. 선고 90다20084 판결.

821) 대법원 1982.7.13. 선고 80다2441 판결(이사가 아닌 제3자에게 대리행사케 한 사안임) 및 Greenberg v. Harrison, 143 Conn. 519, 124 A.2d 216 (1956). 그러나 미국 루이지애나(Louisiana)주 회사법에 의하면, 정관에 의해 명문으로 허용되며 단, 위임장소유자가 다른 이사인 경우에 한해 이사의 의결권위임이 가능하다고 함(§ 1-812. of Business Corporation Act).

822) 대법원 2000.11.10. 선고 99다64285 판결.

마. 이사회의사록

(1) 의의

이사회의 의사에 관하여는 주주총회와 같이 의사록을 작성하여야 한다(391조의3 1항). 이사의 법령 또는 정관위반행위 또는 임무해태가 이사회결의에 의한 때에는 그 결의에 찬성한 이사도 책임이 있고(399조 1항, 2항), 결의에 참가한 이사로서 이의를 한 기재가 의사록에 없는 이사는 그 결의에 찬성한 것으로 추정되는바(동조 3항), 명확한 증거를 남김으로써 향후 분쟁의 소지를 없애기 위한 규정이다. 이와 관련하여, 판례는 이사가 이사회에 출석하여 결의에 기권하였다고 의사록에 기재된 경우, 상법 399조 3항에 따라 이사회결의에 찬성한 것으로 추정할 수 없다고 보고 있다.823)

(2) 기재사항

의사록에는 의사의 안건, 경과요령, 그 결과, <u>반대하는 자</u>와 그 <u>반대이유</u>를 기재하고 <u>출석한 이사 및 감사</u>가 기명날인 또는 서명하여야 한다(391조의3 2항). 경과요령이란 이사회의 개회, 의안상정, 토의, 표결, 가결 또는 부결선언, 폐회 등 이사회의 시작부터 끝까지 모든 일련의 과정을 말한다.

(3) 원칙적 열람·등사청구권 인정

이사회의사록은 주주총회의사록과 달리 비치의무는 없으나,824) 주주는 영업시간내에 이사회의사록의 열람 또는 등사를 청구할 수 있다(391조의3 3항).[판례95] 반면에 회사채권자는 이사회의사록의 열람 또는 등사청구권이 없다.

> **[판례95] 대법원 2014.7.21.자 2013마657 결정**
>
> 이사회의사록에서 "별첨", "별지" 또는 "첨부" 등의 용어를 사용하면서 내용을 인용하고 있는 첨부자료는 해당 이사회의사록의 일부를 구성하는 것으로서 이사회의사록 열람·등사청구의 대상에 해당함.

---

823) 대법원 2019.5.16. 선고 2016다260455 판결.
824) 주주총회의사록은 본점과 지점에 비치하여야 함(396조).

그러나 회사는 이유를 붙여 이를 거절할 수 있다(동조 4항 전단). 즉, 회사는 그 청구가 부당함을 증명하여 이를 거부할 수 있다는 의미이다. 이와 관련하여, 판례는 주주의 열람·등사청구권행사가 부당한 것인지 여부는 그 행사에 이르게 된 경위, 행사의 목적, 악의성 유무 등 제반 사정을 종합적으로 고려하여 판단하여야 할 것이고, 특히 주주의 이와 같은 열람·등사권의 행사가 회사업무의 운영 또는 주주 공동의 이익을 해치거나 주주가 회사의 경쟁자로서 그 취득한 정보를 경업에 이용할 우려가 있거나 또는 회사에 지나치게 불리한 시기를 택하여 행사하는 경우 등에는 정당한 목적을 결하여 부당하다고 판시하고 있다.[825]

위와 같이 거절된 경우 주주는 법원의 허가를 얻어 이사회의사록을 열람 또는 등사할 수 있다(동조 4항 후단). 이사회의사록의 열람 등 허가사건은 비송사건절차법 72조 1항에 규정된 비송사건이므로 민사소송의 방법으로 이사회의사록의 열람 또는 등사를 청구하는 것은 허용되지 않는다.[826][판례96]

> [판례96] 대법원 2013.3.28. 선고 2012다42604 판결
>
> 주주가 회사의 이사에 대하여 대표소송을 통한 책임추궁이나 유지청구, 해임청구를 하는 등 주주로서의 권리를 행사하기 위하여 필요한 경우는 열람·등사청구권의 정당한 행사로 봄. 물론 입증책임은 회사에게 있으므로, 부당함을 회사가 입증하여야 거절할 수 있음.

바. 이사회결의의 하자

(1) 의의

상법은 이사회결의의 하자와 관련하여 주주총회결의 하자의 경우와는 달리, 아무런 규정도 두고 있지 않다. 따라서 일반원칙에 따라 해결할 수밖에 없다. 살펴건대, 법령 또는 정관위반을 그 내용으로 하거나 이사가 주주의 의결권행사를 불가능하게 하거나 현저히 곤란하게 하는[827] 등의 이사회결의는 무효이며, 그 무효의 주장방법[828]에는 제한이 없고, 피고는 당해 회사이며,[판례97] 무효의 주장시

---

825) 대법원 2014.7.21.자 2013마657 결정, 대법원 2004.12.24.자 2003마1575 결정 및 서울고등법원 2012.4.18. 선고 2010나31428 판결.
826) 대법원 2013.11.28. 선고 2013다50367 판결.
827) 대법원 2011.6.24. 선고 2009다35033 판결.
828) 제소권자, 관할법원, 소의 병합 등을 말함.

기도 제한이 없고, 승소확정판결의 대세적 효력도 없으며,[판례98] 승소확정판결
의 소급효도 제한되지 아니한다고 보아야 할 것이다.

한편, 판례는 무효인 이사회결의를 사후에 적법하게 추인하는 경우에는 새
로운 이사회결의를 한 것으로 보고 있다.829)

[판례97] 대법원 1982.9.14. 선고 80다2425 전원합의체판결

주식회사의 이사회결의는 회사의 의사결정이고 회사는 그 결의의 효력에 관한 분쟁
의 실질적인 주체라 할 것이므로 그 효력을 다투는 사람이 회사를 상대로 하여 그 결의
의 무효확인을 소구할 이익이 있다 할 것이나, 그 이사회결의에 참여한 이사들은 그 이
사회의 구성원에 불과하므로 특별한 사정이 없는 한 이사개인을 상대로 하여 그 결의의
무효확인을 소구할 이익은 없음.

[판례98] 대법원 1988.4.25. 선고 87누399 판결

이사회의 결의에 하자가 있는 경우에 관하여 상법은 아무런 규정을 두고 있지 아니하
나, 그 결의에 무효사유가 있는 경우에는 이해관계인은 언제든지 또 어떤 방법에 의하든지
그 무효를 주장할 수 있다고 할 것이지만, 이와 같은 무효주장의 방법으로서 이사회결의 무
효확인소송이 제기되어 승소확정판결을 받은 경우, 그 판결의 효력에 관하여는 주주총회결
의 무효확인소송 등과는 달리, 상법 190조가 준용될 근거가 없으므로 대세적 효력은 없음.

(2) 하자있는 이사회결의의 후속행위의 효력

하자있는 이사회결의를 기초로 한 후속행위의 효력은 상법상 명시적 규정이
없어 결국 해석론으로 해결해야 할 것이다. 살피건대, ① 원칙적으로 회사 내부
에서만 문제되는 후속행위인 경우에는 무효라고 보아야 할 것이고,830) ② 후속행
위가 대외적인 행위831)인 경우에는 ㉠ 거래의 안전을 보호하기 위하여, 대외적인
집단적 거래행위의 효력은 원칙적으로 유효[판례99]832)하지만, ㉡ 신주발행시 회
사지배관계에 중대한 변경을 가져오는 현저하게 불공정한 경우에는 무효[판례10

---

829) 대법원 2011.6.24. 선고 2009다35033 판결.
830) 지배인(393조) 또는 감사위원(415조의2)의 선임, 해임, 대표이사(389조)의 선임, 해임 및 준비금의
자본전입 등을 말함.
831) 예를 들어, 대표이사를 선임하는 이사회의 결의에 하자가 있는 상태로 선출된 대표이사가 제3자
와 계약을 체결하는 경우를 말함.
832) 사채발행도 이에 해당된다고 보아야 할 것임.

이[833]이며, 또한 ㉢ 집단적 거래행위라 할지라도(예를 들어, 신주발행, 사채발행 등) <u>신주</u> <u>인수인 또는 그 이후 거래의 상대방이 이사회결의에 하자가 있다는 사실을 알았</u> <u>거나</u>(악의) 중대한 과실로 알지 못한 경우에는 **그들에 대하여도** 역시 무효라고 보 는 것이 타당할 것이다.[판례101], [판례102][834]

> **[판례99] 대법원 2007.2.22. 선고 2005다77060,77077 판결**
>
> 주식회사의 신주발행은 주식회사의 업무집행에 준하는 것으로서 대표이사가 그 권한 에 기하여 신주를 발행한 이상 신주발행은 유효하고, 설령 신주발행에 관한 이사회의 결 의가 없거나 이사회의 결의에 하자가 있더라도 이사회의 결의는 회사의 내부적 의사결정 에 불과하므로 신주발행의 효력에는 영향이 없음.

> **[판례100] 대법원 2010.4.29. 선고 2008다65860 판결**
>
> 신주발행을 결의한 회사의 이사회에 참여한 이사들이 하자 있는 주주총회에서 선임 된 이사들이어서, 그 후 이사 선임에 관한 주주총회결의가 확정판결로 취소되었고, 위와 같은 하자를 지적한 <u>신주발행금지가처분</u>이 발령되었음에도 위 이사들을 동원하여 위 이 사회를 진행한 측만이 신주를 인수하였다면, 위 신주발행이 신주의 발행사항을 이사회 결의에 의하도록 한 <u>법령과 정관을 위반</u>하였을 뿐만 아니라 현저하게 불공정하고, 그로 인하여 기존주주들의 이익과 회사의 경영권 내지 지배권에 중대한 영향을 미쳤음으로 이러한 신주발행은 무효로 보아야 할 것임(동지 대법원 2010.1.28. 선고 2009다3920 판결).

> **[판례101] 대법원 2005.7.28. 선고 2005다3649 판결**
>
> 주식회사의 대표이사가 이사회의 결의를 거쳐야 할 대외적 거래행위에 관하여 이를 거치지 아니한 경우라도, 이와 같은 이사회결의사항은 회사의 내부적 의사결정에 불과하 다 할 것이므로, 그 거래상대방이 그와 같은 이사회결의가 없었음을 알았거나 알 수 있 었을 경우가 아니라면 그 거래행위는 유효하다 할 것이고, 이 경우 거래의 상대방이 이 사회의 결의가 없었음을 알았거나 알 수 있었음은 이를 주장하는 <u>회사측이 주장·입증하 여야</u> 함.

---

833) 본서의 신주발행무효의 소에 대한 설명부분 참조.
834) 악의 또는 <u>과실있는 선의</u>의 경우에 무효로 보는 판례로는 [판례102], [판례103] 및 대법원 1997.6.13. 선고 96다48282 판결.

[판례102] 대법원 1995.4.11. 선고 94다33903 판결

　　주식회사의 대표이사가 이사회결의를 요하는 대외적 거래행위를 함에 있어서 실제로
이사회결의를 거치지 아니하였거나 이사회결의가 있었다고 하더라도 그 결의가 무효인
경우, 거래 상대방이 그 이사회결의의 부존재 또는 무효사실을 알거나 알 수 있었다면
그 거래행위는 무효라고 할 것임.

　　한편, 후속행위의 효력을 다투는 소의 방법이 상법상 별도로 특정된 경우에
는 이사회결의의 하자는 후속행위의 하자로 흡수됨으로써 이사회결의를 다투는
소는 별도로 인정되지 않고, 후속행위의 하자를 다투는 소만이 인정된다. 예를
들어, 하자있는 이사회결의에 의해 소집된 주주총회결의의 하자는 주주총회결의
취소의 소에 의하여야 할 것이다.835)

사. 이사회내 위원회

(1) 의의

　　이사회는 정관이 정한 바에 따라 위원회를 설치할 수 있다(393조의2 1항). 회사
를 보다 효율적으로 또한 신속하게 경영하기 위해 이사를 전문성에 따라 이사회
내 위원회에 배치시킬 필요성이 대두되어 IMF사태 이후 미국의 위원회제도가 우
리나라에 도입되었다. 정관에는 설치될 위원회의 종류, 권한, 구성방법 및 운영방
법 등이 명시되어야 한다. 이에는 인사위원회, 보수위원회, 감사위원회, 투자위원
회, 재무위원회 및 집행위원회 등이 있다.

(2) 권한

　　이사회는 다음 각호의 사항을 제외하고는 그 권한을 위원회에 위임할 수 있
다(동조 2항).

　　　① 주주총회의 승인을 요하는 사항의 제안(동항 1호)

　　　② 대표이사의 선임 및 해임(동항 2호)

　　　③ 위원회의 설치와 그 위원의 선임 및 해임(동항 3호)

---

835) 이 경우 이사회결의 무효확인의 소를 별도로 제기할 수 없음.

④ 정관에서 정하는 사항(동항 4호)

(3) 구성

위원회는 <u>2인 이상</u>의 이사로 구성된다(동조 3항). 물론 사외이사를 포함하여 2인 이상으로 구성되나, 이사회내 위원회의 하나인 <u>감사위원회는 3인 이상의 이사</u>로 구성된다(415조의2 2항). 위원회가 법률 또는 정관에서 정한 원수를 결한 경우에는 임기만료 또는 사임으로 인하여 퇴임한 위원은 새로 선임한 위원이 취임할 때까지 위원의 권리의무를 가진다(393조의2 5항, 386조 1항).

(4) 위원회의 소집

위원회는 원칙적으로 소속 각 위원이 소집하며(393조의2 5항, 390조 1항), 위원회를 소집함에는 회일을 정하고 그 1주간전에 각 위원에게 통지를 <u>발송하여야</u> 하고(393조의2 5항, 390조 3항),[836] 위원회는 위원 전원의 동의가 있는 때에는 소집통지 없이 언제든지 회의할 수 있다(393조의2 5항, 390조 4항).

(5) 위원회의 결의방법과 효력

위원회의 결의는 <u>위원과반수의 출석과 출석위원의 과반수</u>로 하여야 하며, 정관으로 이 비율을 높일 수 있고(393조의2 5항, 391조 1항), 위원회의 결의에 관하여 특별한 이해관계가 있는 자는 의결권을 행사하지 못하며(393조의2 5항, 391조, 368조 3항), 이 경우 출석한 위원의 의결권수에 산입하지 아니하지만, 이사회에서 설명한 바와 같이 의사정족수에는 산입된다고 보아야 할 것이다(393조의2 5항, 391조, 371조 2항). 또한 이사회내 위원회는 의사에 관하여 의사록을 작성해야 하며, 의사록에는 의사의 안건, 경과요령, 그 결과, 반대하는 자와 그 반대이유를 기재하고, 출석한 위원이 기명날인 또는 서명하여야 하며(393조의2 5항, 391조의3), 위원회의 연기, 속행이 인정된다(393조의2 5항, 392조).

위원회의 결의의 효력은 <u>원칙적으로 이사회결의와 같은 효력</u>이 있다. 즉, 위원회가 결의된 사항을 각 이사에게 통지한 후 이를 통지받은 각 이사가 이사회 소집을 요구하여 위원회가 결의한 사항에 대하여 <u>다시 결의하지 않는 한</u>, 위원회 결의는 이사회결의와 동일한 효력을 가진다(393조의2 4항). 이사회가 위원회와 다른

---

836) 이 기간은 정관으로 단축할 수 있음.

결의를 하는 경우에는 위원회결의는 그 효력을 발생하지 못한다고 보아야 할 것이다. 그러나 <u>감사위원회의 결의는 추후 이사회결의에 의해 변경되지 아니한다</u>(415조의2 6항, 393조의2 4항 후단).

(6) 이사회의 위원회에 대한 감독권

이사회는 위원회에 위임한 업무와 관련하여 감독권한과 의무가 있으며, 각 이사는 감시의무를 부담하고, 만일 이사가 이 임무를 게을리하는 경우 회사 또는 제3자에 대한 손해배상책임(399조, 401조)을 부담한다고 보아야 할 것이다.

Ⅷ. 대표이사

1. 의의

대표이사는 <u>대외적으로 회사를 대표</u>하고 <u>대내적으로 회사의 업무를 집행할 권한</u>을 보유한 회사의 필요적 상설기관이다. 대표이사의 자격은 상법에 특별한 규정이 없는데, 원칙적으로 대표이사의 자격은 정관으로 정할 수 있다.

2. 선임

<u>이사회의 결의</u>로 회사를 대표할 이사를 선정하여야 하나, <u>정관으로 주주총회</u>에서 이를 선정할 것을 정할 수 있다(389조 1항). 이사와 마찬가지로, 대표이사로서의 효력발생일은 선정일이 아니라 <u>취임을 승낙한 날</u>이라고 보아야 할 것이다.

판례는 ① 주식회사의 대표이사는 이사 가운데 회사를 대표하는 이로서 회사와의 관계에서 민법의 위임에 관한 규정이 그에 준용되므로, <u>다른 특별한 사정이 없는 한, 그 취임이 민법상 고용에 해당한다고 보기 어렵다</u>.[837][판례103] 또한 ② 어느 사람이 주식회사 이사회의 결의로써 대표이사로 선임되어 취임하기까지는 비록 사실상 대표이사와 같은 역할을 하였더라도 법률상 회사의 대표자로는

---

837) 대법원 2011.12.8. 선고 2009두19892 판결 및 대법원 2014.5.29. 선고 2012다98720 판결.

될 수 없고,838) 한편, ③ 회사의 운영권을 인수한 자라 하더라도 그가 이사회에서 대표이사로 선정된 바 없는 이상 회사의 적법한 대표자라고 볼 수 없다.839) 그리고 ④ 주식회사의 이사 및 대표이사 선임결의가 부존재임을 주장하여 생긴 분쟁 중에 그 결의부존재 등에 관하여 주식회사를 상대로 제소하지 아니하기로 하는 부제소 약정을 함에 있어서 주식회사를 대표할 자는 현재 대표이사로 등기되어 그 직무를 행하는 자라 할 것이고, 그 대표이사가 부존재라고 다투어지는 대상이 된 결의에 의하여 선임되었다 할지라도, 위 약정에서 주식회사를 대표할 수 있는 자라고 판시하고 있다.840)

[판례103] 대법원 2017.11.9. 선고 2012다10959 판결

　　　회사의 임원이라 하더라도, 업무의 성격상 회사로부터 위임받은 사무를 처리하는 것으로 보기에 부족하고 실제로는 업무집행권을 가지는 대표이사 등의 지휘·감독 아래 일정한 노무를 담당하면서 그 노무에 대한 대가로 일정한 보수를 지급받아 왔다면, 그 임원은 근로기준법에서 정한 근로자에 해당할 수 있다. 그러나 회사의 임원이 담당하고 있는 업무 전체의 성격이나 업무수행의 실질이 위와 같은 정도로 사용자의 지휘·감독을 받으면서 일정한 근로를 제공하는 것에 그치지 아니하는 것이라면, 그 임원은 위임받은 사무를 처리하는 지위에 있다고 할 수 있으므로, 근로기준법상 근로자에 해당한다고 보기는 어렵다. (동지 대법원 2009.8.20. 선고 2009두1440 판결; 대표이사로서의 지위가 형식적·명목적인 것에 불과하여 실제 경영자로부터 구체적·개별적인 지휘·감독을 받아 근로를 제공하고 근로 자체의 대상적 성격으로 보수를 지급받았음에 그쳤다는 등의 특별한 사정이 없는 한, 근로기준법상의 근로자에 해당하지 아니함)

---

3. 퇴임

　　대표이사는 <u>이사에서 퇴임</u>하면 대표이사의 임기가 남아 있더라도 자동적으로 대표이사의 지위도 상실된다. 또한 대표이사의 <u>사망, 사임 또는 임기만료</u>에 의하여도 퇴임한다.

　　한편 대표이사는 <u>자신을 선임한 이사회 또는 주주총회의 결의에 의해 언제든지 해임될 수 있다.</u> 이사회에서 대표이사를 해임시키려면 총이사 중 과반수의

---

838) 대법원 1989.10.24. 선고 89다카14714 판결.
839) 대법원 1994.12.2. 선고 94다7591 판결.
840) 대법원 1985.12.10. 선고 84다카319 판결.

출석과 출석이사 중 과반수의 찬성 즉, 보통결의를 요한다. 주주총회에서 이사의 지위까지 해임시키려면 특별결의가 필요할 것이나, 대표이사 자격만 해임시키려면 보통결의로 충분하다.

또한, 이사에 적용되는 상법 385조 1항이 대표이사에게 유추적용될 수 있는지가 문제된다. 이와 관련하여, 판례는 주식회사의 이사는 주주총회가 선임·해임하고 회사의 의사결정기관의 하나인 이사회의 구성원으로서 3년을 초과하지 아니하는 임기를 정할 수 있지만, 대표이사는 이사회가 이사 중에서 선정·해임하는 것이 원칙이고, 회사의 업무를 집행하고 회사를 대표하는 기관으로서 통상 별도의 임기를 정하지 아니하는 점에서 이사와 대표이사는 그 지위와 성질, 권한이 다르다고 할 것이고, 더구나 대표이사는 이사회의 경영판단 등에 따라 언제든지 해임할 수 있다고 할 것이므로 주주총회의 이사 해임과 이사회의 대표이사 해임이 유사한 사실이라고 할 수 없다. 그리고 상법 385조 1항은 주주총회의 특별결의에 의하여 언제든지 이사를 해임할 수 있게 하는 한편, 임기가 정하여진 이사가 그 임기 전에 정당한 이유 없이 해임당한 경우에는 회사에 대하여 손해배상을 청구할 수 있게 함으로써 주주의 회사에 대한 지배권 확보와 경영자 지위의 안정이라는 주주와 이사의 이익을 조화시키려는 규정이고, 이사의 보수청구권을 보장하는 것을 주된 목적으로 하는 규정이라 할 수 없으므로, 이를 이사회가 대표이사를 해임한 경우에도 유추적용할 것은 아니고, 대표이사가 그 지위의 해임으로 무보수, 비상근의 이사로 되었다고 하여 달리 볼 것도 아니라고 판시하고 있다.[841]

한편, 대표이사는 언제든지 사임할 수 있으며, 부득이한 사유없이 회사에 불리한 시기에 사임하면 회사에 발생한 손해를 배상해야 할 것이다(382조 2항, 민법 689조 2항). 법인의 대표이사가 사임하는 경우에는 그 사임의 의사표시가 대표이사의 사임으로 그 권한을 대행하게 될 자에게 도달한 때에 사임의 효력이 발생하고, 그 의사표시가 효력을 발생한 후에는 이를 철회할 수 없으나, 사임서 제출 당시 그 권한 대행자에게 사표의 처리를 일임한 경우에는 권한대행자의 수리행위가 있어야 사임의 효력이 발생하고, 그 이전에 사임의사를 철회할 수 있다고 보

---

841) 대법원 2004.12.10. 선고 2004다25123 판결: 김건식, 366; 송옥렬, 979; 장덕조, 315; 정동윤, 614; 정찬형, 945. 이에 반하여 유추적용해야 한다는 견해로는 강희갑, 550; 권기범, 827; 이철송, 688; 정경영, 516; 최기원, 628; 최준선, 480.

아야 할 것이다.842)

　　대표이사가 퇴임한 경우에도 등기하여야 하는 바(317조 2항 9호), <u>대표이사의 퇴임의 효력은 등기여부와는 무관하다.</u>

4. 대표이사의 결원

　　정관에 정한 대표이사의 원수를 결한 경우에는 임기만료 또는 사임으로 인하여 퇴임한 대표이사는 새로 선임된 대표이사가 취임할 때까지 대표이사의 권리의무가 있다(389조 3항, 386조 1항). 또한 이 경우 법원이 필요하다고 인정할 때에는 이사, 감사 또는 이해관계인의 청구에 의하여 일시 대표이사의 직무를 행할 자를 선임할 수 있으며, 이 경우에는 본점의 소재지에서 그 등기를 하여야 한다(389조 3항, 386조 2항).

5. 대표이사의 권한

가. 의의

　　대표이사는 <u>회사의 영업에 관한 재판상 또는 재판 외의 모든 행위를 할 권한</u>이 있다(389조 3항, 209조 1항).

나. 업무집행권

　　대표이사의 업무집행권이 이사회의 권한에서 유래한 권한이라는 파생기관설이 있으나,843) 대표이사는 <u>이사회와는 독립된 권한을 갖는 기관</u>이라고 보아야 할 것이다.844)

　　일반적으로 업무집행권과 관련하여, 대표이사는 주주총회 및 이사회의 결의

---

842) 대법원 2007.5.10. 선고 2007다7256 판결, 대법원 2006.6.15. 선고 2004다10909 판결 및 대법원 1998.4.28. 선고 98다8615 판결; 김건식, 366; 임재연(II), 327; 장덕조, 314. 이에 반하여 이사회에 대해서 또는 이사전원에게 통지해야 한다는 견해로는 이철송, 688.

843) 김건식, 365.

844) 이철송, 690; 정동윤, 615; 정찬형, 947. 이에 대하여 실익이 없는 논쟁이라는 견해로는 강희갑, 552; 권기범, 824; 김홍기, 567; 손진화, 547; 송옥렬, 977; 임재연(II), 330; 장덕조, 316.

사항을 집행할 권한을 가지며, <u>이사회로부터 위임받은 업무에 대한 결의와 집행</u> 및 <u>주주총회와 이사회의 결의사항에 속하지 아니하는 그 밖의 **일상적인** 모든 회 사업무와 관련한 결정에 관하여</u> 자신의 판단에 따라 결정하고 집행할 권한을 보 유한다.[판례104]

> [판례104] 대법원 1997.6.13. 선고 96다48282 판결
>
> 　법률 또는 정관 등의 규정에 의하여 주주총회 또는 이사회의 결의를 필요로 하는 것으로 되어 있지 아니한 업무 중 이사회가 일반적·구체적으로 대표이사에게 위임하지 않은 업무로서 일상 업무에 속하지 아니한 중요한 업무에 대하여는 이사회에게 그 의사 결정권한이 있음.

　상법은 대표이사의 업무집행권한사항으로 주권 및 채권(사채권)에 기명날인 또는 서명(356조, 478조 2항)권한을 규정하고 있다. 또한 이사의 권한으로 규정되어 있으나, 성질상 대표이사의 업무집행권한으로 보아야 하는 것으로서, 정관, 주주 명부, 사채원부, 주주총회의사록의 비치(396조), 주식청약서와 사채청약서의 작성 (420조, 474조 2항), 현물출자시 검사인선임의 청구(422조 1항) 및 재무제표의 작성, 제 출, 비치 및 공시(447조, 447조의3, 448조) 등이 있다.

다. 대표권

(1) 범위

　일반적으로 주식회사 대표이사의 대표권한의 범위는 회사의 권리능력의 범 위와 일치한다.845) 회사의 권리능력은 회사의 설립 근거가 된 법률과 회사의 정 관상의 목적에 의하여 제한되나 그 목적범위 내의 행위라 함은 정관에 명시된 목 적 자체에 국한되는 것이 아니라, 그 목적을 수행하는 데 있어 직접·간접으로 필 요한 행위를 모두 포함한다. 이와 관련하여 판례는 목적수행에 필요한지의 여부 는 행위의 객관적 성질에 따라 판단할 것이지 행위자의 주관적, 구체적 의사에 따라 판단할 것은 아니라고 보고 있다.846)

---

845) 대법원 1988.8.9. 선고 86다카1858 판결.
846) 대법원 1999.10.8. 선고 98다2488 판결 및 대법원 1991.11.22. 선고 91다8821 판결.

이 대표권에는 적극적으로 상대방에게 의사표시를 하는 능동대표 및 상대방의 의사표시를 받는 수동대표가 모두 포함되고, 사실행위나 불법행위까지 포함[847]하며, 성질에 반하지 않는 한, 대리에 관한 규정이 준용된다(59조 2항).

대표이사가 수인이 있는 경우, 각자 대표이사가 회사를 대표하는 것이 원칙이나,[848] 수인이 공동으로 회사를 대표하는 공동대표이사제도를 채택할 수 있다(389조 2항). 대외관계에서 수인의 대표이사가 공동으로만 대표권을 행사할 수 있게 하여 업무집행의 통일성을 확보함과 동시에, 대표권의 행사를 신중하게 하고 대표이사 상호간의 견제에 의하여 대표권의 남용을 방지하자는데 그 취지가 있다.[판례105]

> **[판례105] 대법원 1989.5.23. 선고 89다카3677 판결**
>
> 공동대표이사의 1인이 그 대표권의 행사를 특정사항에 관하여 개별적으로 다른 공동대표이사에게 위임함은 별론으로 하고, 일반적, 포괄적으로 위임함은 허용되지 아니함.

한편, 판례는 어음·수표행위와 같은 요식행위는 반드시 대표이사를 표시하고, 기명날인 또는 서명해야 한다고 보고 있다.[판례106]

> **[판례106] 대법원 1973.12.26. 선고 73다1436 판결**
>
> 법인이 어음행위를 하려면 대표기관이 그 법인을 위하여 하는 것임을 표시하고 자기 성명을 기재하여야 하는 것은 대표기관 자신이 직접 어음행위를 하는 경우이고, 대리인이 어음행위를 하려면 어음상에 대리관계를 표시하여야 하는 바, 그 표시방법에 대하여 특별한 규정이 없으므로 어음상에 대리인 자신을 위한 어음행위가 아니고 본인을 위하여 어음행위를 한다는 취지를 인식할 수 있을 정도의 표시가 있으면 됨.

(2) 대표권의 제한

(가) 의의

대표이사는 대표권의 행사에 의하여 회사의 영업 및 운영에 중대한 영향을 미치게 된다. 그러므로 대표이사가 자신의 일방적인 판단에 따라 대표권을 잘못

---

847) 이 점이 대표권이 대리와 구별되는 점인데, 사실행위나 불법행위는 영업에 관한 재판 외의 모든 행위에 포함됨.

848) 대표이사를 선정하면 그 성명, 주민등록번호, 주소를 등기하여야 함(317조 2항 9호). 물론 이사와 마찬가지로 등기에 의해 대표이사의 효력이 발생하는 것은 아님.

행사함으로 인하여 발생할 회사의 손해를 미연에 방지하기 위하여, 법률 또는 회사 내부적인 제한을 통해 대표이사의 대표권 행사를 절차적 또는 내용적으로 제한하는 것이 허용되고 있다.

(나) 법률상의 제한

법률상 명문으로 대표권을 제한하는 경우 이에 따라야 하고,849) 법률상 명문으로 주주총회 또는 이사회의 결의를 얻어야 하는 경우 대표이사는 주주총회 또는 이사회의 결의를 얻어 대표권을 행사하여야 한다.850)

만일 명문의 대표권 제한에 위반하거나 주주총회결의를 얻어야 함에도 결의 없이 한 대표이사의 행위는 무효이며, 대표이사의 그러한 행위의 결과가 순수하게 회사 내부적인 사항인 경우에도 무효이다.

이사회의 결의를 얻어야 함에도 결의 없이 한 대표이사의 행위는 ① 원칙적으로 회사내부에서만 문제되는 후속행위인 경우에는 무효라고 보아야 할 것이고, ② 후속행위가 대외적인 행위인 경우에는 ㉠ 거래의 안전을 보호하기 위하여, 대외적인 집단적 거래행위의 효력은 원칙적으로 유효하지만, ㉡ 신주발행시 회사지배관계에 중대한 변경을 가져오는 현저하게 불공정한 경우에는 무효이며, 또한 ㉢ 집단적 거래행위라 할지라도(예를 들어, 신주발행, 사채발행 등) 신주인수인 또는 그 이후 거래의 상대방이 이사회결의에 하자가 있다는 사실을 알았거나(악의) 중대한 과실로 알지 못한 경우에는 그들에 대하여도 역시 무효라고 보는 것이 타당할 것이다.851)

(다) 내부적 제한

회사는 정관 또는 이사회의 결의 등의 내부적 절차 또는 내규 등에 의하여

---

849) 예를 들어, 이사와 회사간의 소송에서, 대표이사가 회사를 대표하지 못하고 감사가 회사를 대표하며(394조), 감사에 대신하여 감사위원회를 둔 경우에도 이사와 회사간의 소송에서 감사위원이 회사를 대표하고(415조의2 7항, 394조 1항), 발행주식총수의 1% 이상의 소수주주가 회사에 대하여 이사의 책임을 추궁할 소의 제기함에 있어서도 감사를 상대로 소의 제기를 청구해야 하며(394조 1항 후단, 403조 1항, 406조의2 1항), 감사위원이 소의 당사자인 경우 즉, 감사위원과 회사간의 소송인 경우에는 감사위원회 또는 이사는 법원에 회사를 대표할 자를 선임하여 줄 것을 신청하여야 함(394조 2항, 415조의2).

850) 예를 들어, 주주총회결의의 경우에는 영업양도(374조) 및 사후설립(375조) 등이 있고, 이사회결의의 경우에는 중요한 자산의 처분 및 양도 등(393조 1항), 신주발행(416조) 및 사채모집(469조) 등이 있음.

851) 위에서 설명한 하자있는 이사회결의의 후속행위의 효력과 그 내용이 같음(대법원 2021.2.18. 선고 2015다45451 전원합의체판결).

이러한 대표권한에 대한 내부적인 제한을 가할 수 있는 것이고, 이렇게 대표권한에 내부적인 제한이 가해진 경우에는 그 대표이사는 제한범위 내에서만 대표권한이 있다. 그러나 그 대표권한의 범위를 벗어난 행위라 하더라도 <u>그것이 회사의 권리능력 범위 내에 속한 행위라면</u> 대표권의 제한을 알지 못하는 선의의 제3자는 그 행위를 회사의 대표행위라고 믿는 것이 당연하고 이러한 신뢰는 보호되어야 하는 것이므로, 상법이 대표권의 제한은 이로써 <u>선의의 제3자에 대항할 수 없다</u>(389조 3항, 209조 2항)고 규정하고 있다. 따라서 대표권에 제한이 가해지고 있는 경우에 당해 대표이사의 그러한 구체적인 대표권한의 범위를 알았거나 중대한 과실로 알지 못한 제3자를 보호해야 할 필요성은 없는 것이므로, 회사는 그의 악의 또는 중대한 과실있는 선의를 입증하여 그 행위의 효력을 부인할 수 있다고 보는 것이 타당할 것이다.852) 결국 내부적 제한을 위반한 대표권의 효력은 위 법률상의 제한의 효력의 경우와 같다고 보아야 할 것이다.

(3) 대표권의 남용

(가) 의의

대표권의 남용이란 대외적으로 <u>대표권의 적법한 행사</u>853)이지만 대표이사의 내면적 의사가 회사의 이익에 반하여 <u>사익 즉, 자기 또는 제3자의 이익을 추구</u>[판례107]하는 대표행위를 말한다.

> **[판례107] 대법원 1990.3.13. 선고 89다카24360 판결**
>
> 　회사의 대표이사가 회사의 영리목적과 관계없이, 자기의 개인적인 채무변제를 위하여 대표이사 명의로 약속어음을 발행한 경우가 이에 해당함.

(나) 효력

대표권의 남용의 효력은 <u>원칙적으로 유효</u>하나, <u>상대방이 대표이사의 남용행위를 알았거나 알 수 있었을 경우에는 무효</u>라는 것이 판례이다.854)[판례108] 이에

---

852) 대법원 2021.2.18. 선고 2015다45451 전원합의체판결.
853) 법률상 제한 또는 회사 내부적인 제한은 이에 해당하지 아니함.
854) 대법원 2016.8.24. 선고 2016다222453 판결(상대방이 대표이사의 남용사실을 알았을 경우에는 회사에 대해 주장할 수 없음), 대법원 2012.1.27. 선고 2011다69091 판결, 대법원 2005.7.28. 선고

관한 학설로는 비진의표시설(대표권의 남용행위는 원칙적으로 유효하지만 제3자가 이를 알았거나 알 수 있었을 때에는 민법 107조 1항 단서를 유추적용하여 무효로 보자는 견해; 심리유보설이라고도 함),855) 권리남용설(대표권의 남용행위는 상대방의 악의유무에 상관없이 유효하지만, 악의의 상대방이 이로 인해 얻은 권리를 회사를 상대로 행사하는 것은 권리남용 내지 신의칙위반에 해당한다는 견해임),856) 이익교량설857) 및 내부적 권한제한설858)이 있다.

[판례108] 대법원 1997.8.29. 선고 97다18059 판결

대표권의 남용행위를 무효로 하기 위해서는, 회사는 상대방이 남용사실을 알았거나 알 수 있었던 점을 입증하여야 함.

살피건대, 대표권의 남용행위는 대표권의 객관적 범위 내의 행위이므로 거래의 안전을 위해 원칙적으로 유효하지만, 상대방이 남용행위를 알았거나 중대한 과실(경과실의 경우까지 무효로 하는 것은 타당치 않다고 봄)로 이를 알지 못한 경우에는 법적 안정성과 구체적 타당성 양측을 균형있게 고려하는 입장에서 무효라고 보는 것이 타당하다고 판단된다.

6. 공동대표이사

가. 의의

공동대표이사란 수인의 대표이사가 공동으로서만 회사를 대표할 수 있는 대

2005다3649 판결, 대법원 2004.3.26. 선고 2003다34045 판결, 대법원 1990.3.23. 선고 89다카555 판결, 대법원 1988.8.9. 선고 86다카1858 판결 및 [판례108].

855) 김건식, 370; 서헌제, 832; 최기원, 639; 한창희, 838. 이에 대하여는 비진의표시란 진의와 표시가 불일치하는 경우인데, 남용행위는 진의와 표시는 일치하나 대표이사의 내심의 의사만이 문제라는 측면에서 비판받음.

856) 강희갑, 567; 김홍기, 574; 권기범, 899; 손주찬, 786; 손진화, 551; 유시창, 297; 이기수외, 398; 장덕조, 324; 정경영, 521; 정동윤, 618; 정찬형, 956; 주석상법 회사(III), 254; 최준선, 489.

857) 상대적 무효설이라고도 하며, 대표권의 남용행위는 선관주의의무위반이므로 원칙적으로 무효이나, 거래안전을 위해 선의의 상대방에 대해서는 무효를 주장할 수 없다는 견해임. 이에 대하여는 외견상 아무런 하자 없는 대표행위를 내심의 남용의사만을 문제로 원칙적으로 무효로 보는 것은 아무리 거래의 안전이 중요하다 하더라도 무리한 해석이라고 판단됨.

858) 대표권의 남용행위를 회사 내부적 권한제한을 위반한 것으로 보고, 악의의 상대방에게는 무효이나, 선의의 상대방에게 무효로 대항하지 못한다는 견해임. 이에 대해서는 대표권의 남용행위라는 대표권의 객관적 범위 내의 행위를 대표권 제한의 문제로 보는 것은 무리라는 비판이 가능함.

표이사를 말한다.

판례에 의하면, 주식회사에 있어서 공동대표이사제도는 대외관계에서 수인의 대표이사가 공동으로만 대표권을 행사할 수 있게 하여 <u>업무집행의 통일성을 확보하</u>고, 대표권 행사의 신중을 기함과 아울러 대표이사 상호간의 견제에 의하여 <u>대표권</u><u>의 남용을 방지</u>하여 회사의 이익을 도모하려는 데 그 취지가 있다고 보고 있다.859)

나. 법적 성격

행사방법공동설(각자 대표기관을 구성하나 단지 권한행사를 공동으로 하는 것이라는 설)860)과 대표권합유설(공동으로써만 1개의 대표기관을 구성하고 하나의 대표권이 공동대표이사간에 합유적으로 귀속하는 것이라는 설)로 구분된다. 공동대표이사 중 1인이 퇴임하여 결원이 발생한 경우, 행사방법공동설에 의하면 나머지 대표이사들의 대표권이 소멸하는 것이 아니고 단지 공동행사가 불가능하게 될 뿐임에 반하여, 대표권합유설에 의하면 나머지 공동대표이사 모두의 대표권이 소멸하게 된다.

살피건대, 각자대표의 원칙을 준수하면서도 공동대표이사제도의 특징을 발휘하는 해석으로 <u>행사방법공동설이 타당하다</u>고 생각한다.

다. 선정

<u>정관에 공동대표이사를 선임할 수 있다는 명시적인 규정이 없이도</u>, 공동대표이사로 한다는 결의가 <u>이사회</u> 또는 <u>주주총회</u>861)의 결의를 통해 이루어진다면, 그 공동대표이사 채택결의가 대표이사의 선임과 동시에 이루어지든 아니면 별개로 이루어지든, 공동대표이사제도는 당해 회사에서 채택된다.

공동대표이사는 보통 대표이사 모두를 공동으로 하는 경우가 많을 것이나, 대표이사들 중 일부만을 공동대표이사로 묶고 나머지 대표이사들은 각자 대표이사로 하는 것도 가능하다고 보아야 할 것이다.

공동대표이사를 채택한 때에는 공동대표이사가 누구인지에 대한 내용을 등

---

859) 대법원 1989.5.23. 선고 89다카3677 판결.

860) 강희갑, 555; 손진화, 553; 이철송, 700; 임재연(II), 338; 정경영, 523.

861) 정관규정에 의해 공동대표이사의 선임이 주주총회의 결의를 통해야 함이 명시된 경우를 말함.

기하여야 한다(317조 2항 10호). 이를 등기하지 아니하는 때에는 선의의 제3자에게
대항하지 못한다(37조 1항).862) 정관으로 수인이 공동으로 회사를 대표할 것을 정하
고도 이를 등기하지 아니한 경우, 공동대표이사 중 1인이 단독으로 회사를 대표
하여 행위하였더라도 그 대표행위가 정관에 위배된다는 점을 들어 위 대표행위
의 유효를 주장하는 선의의 제3자에게 대항하지 못한다.863)

라. 공동대표이사의 적용범위

(1) 능동대표에만 적용

공동대표이사가 공동으로만 회사를 대표할 수 있다는 해석은 공동대표이사
가 제3자에게 의사표시를 하는 능동대표의 경우에만 적용되며, 반대로 제3자의
회사에 대한 의사표시는 공동대표이사 중 어느 1인에 대하여 함으로써 그 효력이
생긴다. 즉, 회사가 제3자의 의사표시를 수령하는 수동대표에는 공동대표이사제
도가 적용되지 않는다(389조 2항, 3항, 208조 2항). 수동대표의 경우에는 공동대표이사
의 도입취지 중 하나인 대표권의 남용 또는 오용가능성이 없기 때문이다.

능동대표의 경우에 공동대표이사 중 일부가 제3자에 대한 의사표시에서 누
락된 경우에는 그러한 하자있는 공동대표이사의 대표행위는 무효라고 보아야 할
것이다(민법 130조 참조).864)

공동으로 대표행위를 해야 한다는 의미는 반드시 동시에 해야 한다는 의미
가 아니고, 시간적 간격이 있더라도 모든 공동대표이사의 동일한 의사표시가 있
다는 것을 전제로, 공동대표이사 중 최후로 공동대표이사가 의사표시를 하는 순
간에 공동대표이사의 대표행위로서의 효력이 발생한다고 보아야 할 것이다.

(2) 위임허용여부

위임허용여부와 관련하여 적극설(공동대표이사간에 내부적인 합의만 있으면 그 외부적
표시는 개별적 위임이 가능하다는 견해),865) 소극설(내부적인 합의만으로는 부족하고 대외적으로도

---

862) 등기여부는 공동대표이사의 대항요건이지 효력발생요건은 아니라고 보아야 할 것임.
863) 대법원 2014.5.29. 선고 2013다212295 판결(합자회사에 대한 판결이나, 주식회사에도 유추적용될
   수 있다고 판단됨).
864) 다만, 표현대표이사 해당여부는 이하에서 살펴보는 바와 같이 별도 문제임.

의사표시를 공동으로 해야만 한다는 견해), 백지위임설(적극설에서 더 나아가 그 내용까지도 위임할 수 있다는 견해) 및 표시행위위임설(공동대표이사 1인에게 개별적으로 위임함은 허용하되, 그 위임관계를 현명해야 한다는 견해)866)이 있다. 이와 관련하여 판례는 공동대표이사의 1인이 그 대표권의 행사를 특정사항에 관하여 개별적으로 다른 공동대표이사에게 위임함은 별론으로 하고, 일반적, 포괄적으로 위임함은 허용되지 아니한다867)고 판시하고 있다.

살피건대, 위에서 살펴 본 공동대표이사제도의 도입취지를 존중하면서 동시에 공동대표이사제도의 운영의 묘를 살려주자는 취지에서 볼 때, 적극설이 타당하다고 생각한다.

(3) 불법행위에 미적용

공동대표이사는 적법한 거래행위에만 적용되고, 불법행위에는 적용되지 않는다고 보아야 할 것이다(389조 3항, 210조). 왜냐하면 공동대표이사를 통해 회사의 이익을 보호해 주자는 취지는 적법한 행위에 국한되어 적용되어야지, 공동대표이사의 불법행위까지 적용될 이유를 찾을 수 없으며, 공동대표이사가 한 불법적인 행위를 공동대표이사 전원이 해야만 효력이 발생한다는 것은 논리적으로 모순일 뿐만 아니라 불법행위의 발생가능성을 부당하게 감소시켜 피해자의 구제에 소홀해질 것이기 때문이다.

(4) 추인허용

공동대표이사의 능동대표의 경우, 일부 대표이사의 의사표시가 누락된 경우에는 무효이나, 회사가 이를 추후에 추인하는 것은 가능하고, 묵시적으로 추인하는 것까지도 허용된다고 보아야 할 것이다.[판례109]

---

865) 그 위임관계를 외부에 현명해야 한다는 전제를 두고 있으므로 표시행위위임설과 결론에 있어서는 같다고 봄(강희갑, 558; 권기범, 840; 김건식, 371; 김홍기, 576; 손진화, 554; 송옥렬, 988; 이기수 외, 392; 이범찬외, 353; 장덕조, 326; 정경영, 525; 정동윤, 620; 정찬형, 949; 주석상법 회사(III), 256; 최기원, 641; 최완진, 210; 최준선, 492; 홍복기외, 338).

866) 이철송, 704; 임재연(II), 341.

867) 대법원 1989.5.23. 선고 89다카3677 판결.

> **[판례109] 대법원 2010.12.23. 선고 2009다37718 판결**
>
> 갑 주식회사의 공동대표이사 중 1인이 단독으로 을과 주차장관리 및 건물경비에 관한 갱신계약을 체결한 사안에서, 갑 주식회사가 종전 계약기간이 만료된 이후 7개월이나 경과된 시점에서 종전 계약의 기간만을 연장한 위 갱신계약의 체결사실을 인식하고 있으면서 을에게 기간이 만료된 종전 계약의 계속적인 이행을 요구하는 통고서를 발송하였다는 것은 갱신계약의 효과가 갑 주식회사에게 귀속되는 것을 승인함으로써 위 갱신계약을 묵시적으로 추인하였다고 봄이 상당함.

마. 공동대표이사의 단독대표행위와 관련한 제3자 보호

공동대표이사 중 1인이 단독으로 대표이사 명칭을 사용하여 제3자와 거래하였고 제3자가 이를 믿었으며 동 명칭사용에 회사가 책임이 있는 경우에는 상법 395조(표현대표이사의 행위와 회사의 책임)에 의해 회사가 제3자에게 동 공동대표이사와 제3자와의 거래에 대한 이행책임을 부담하여야 할 것이다.[868]

만일 표현대표이사의 책임이 인정되지 않는다 할지라도, 단독으로 대표이사 명칭을 사용한 개별 공동대표이사에 대한 불법행위 손해배상책임(민법 750조) 또는 상법 401조의 이사의 제3자에 대한 손해배상책임을 묻는 것은 가능할 것이고, 이 경우 이 불법행위가 회사의 업무집행과 관련이 있는 경우에는 회사와의 연대 손해배상책임도 인정될 수 있을 것이다(389조 3항, 210조).

7. 대표이사의 불법행위

대표이사가 <u>그 업무집행으로 인하여</u> 타인에게 손해를 가한 때에는 회사는 대표이사와 **연대하여** 배상할 책임이 있다(389조 3항, 210조).

민법상 법인은 이사 기타 대표자가 <u>그 직무에 관하여</u> 타인에게 가한 손해를 배상할 책임이 있으며, 이사 기타 대표자는 이로 인하여 자기의 손해배상책임을 면하지 못하는 바(민법 35조 1항), 상법 210조는 법인의 불법행위능력에 관한 민법 35조 1항의 특별규정이다.[869] 왜냐하면 이 상법규정은 민법규정과는 달리 <u>일반</u>

---

868) 대법원 1991.11.12. 선고 91다19111 판결.
869) 대법원 2013.2.14. 선고 2012다77969 판결 및 대법원 2011.7.28. 선고 2010다103017 판결.

<u>이사가 아닌 대표이사에게만</u> 책임을 묻고 있으며, <u>연대책임</u>을 인정하고 있기 때문이다.

판례에 의하면, "업무집행으로 인하여"라 함은 대표이사의 업무 그 자체에는 속하지 아니하나, 그 행위의 외형으로부터 관찰하여 마치 대표이사의 업무범위 안에 속하는 것으로 보이는 경우도 포함한다고 해석함이 상당하므로, 대표이사의 행위가 <u>외형상 대표이사의 업무집행이라고 인정할 수 있다면</u>, 설사 그것이 대표이사의 개인적 이익을 도모하기 위한 것이거나 법령의 규정에 위배된 것이라고 하더라도 당해 주식회사도 손해배상책임을 부담한다고 판시하고 있다.[판례110]

[판례110] 대법원 2015.11.12. 선고 2013다44645 판결

갑 법무법인의 대표변호사 을이, 소유권이전등기 말소소송의 피고로서 항소심의 소송대리를 위임한 병에게 위 소유권이전등기에 따른 양도소득세 납부 자금의 압류가능성이 있으니 대신 보관하여 주겠다며 이를 건네받아 횡령한 사안에서, 을의 행위는 외형상 갑 법인 대표변호사로서의 업무집행행위에 해당되고, 을의 행위가 갑 법인 대표변호사로서의 적법한 업무집행에 해당하지 않는다는 점에 관한 병의 악의나 중대한 과실을 인정하기 어려움.

다만, 대표이사의 행위가 외형상 업무집행행위에 속한다고 인정되는 경우에도 그 행위가 그 업무 내지는 직무권한에 속하지 아니함을 상대방이 <u>알았거나 **중대한** 과실</u>로 알지 못한 때에는, 당해 회사는 손해배상책임을 부담하지 아니한다.[870)][판례111]

[판례111] 대법원 2004.3.26. 선고 2003다34045 판결

법인의 대표자의 행위가 직무에 관한 행위에 해당하지 아니함을 피해자 자신이 알았거나 또는 중대한 과실로 인하여 알지 못한 경우에는 법인에게 손해배상책임을 물을 수 없다고 할 것이고, 여기서 중대한 과실이라 함은 거래의 상대방이 조금만 주의를 기울였더라면 대표자의 행위가 그 직무권한 내에서 적법하게 행하여진 것이 아니라는 사정을 알 수 있었음에도 만연히 이를 직무권한 내의 행위라고 믿음으로써 일반인에게 요구되는 주의의무에 현저히 위반하는 것으로 거의 고의에 가까운 정도의 주의를 결여하고, 공평의 관점에서 상대방을 구태여 보호할 필요가 없다고 봄이 상당하다고 인정되는 상태를 말함.

---

870) 대법원 2015.11.12. 선고 2013다44645 판결 및 대법원 2005.2.25. 선고 2003다67007 판결.

한편, 대표이사 이외의 이사 또는 피용자가 하는 불법행위에 대하여는 민법 756조의 사용자책임이 적용될 수 있다.[871]

8. 표현대표이사

가. 의의

사장, 부사장, 전무, 상무 기타 회사를 대표할 권한이 있는 것으로 인정할 만한 명칭을 사용한 이사의 행위에 대하여는 그 이사가 회사를 대표할 권한이 없는 경우에도 회사는 선의의 제3자에 대하여 그 책임을 진다(395조).

이러한 표현대표이사제도는 회사의 대표이사가 아닌 이사가 외관상 회사의 대표권이 있는 것으로 인정될 만한 명칭을 사용하여 거래행위를 하였으며 이러한 외관상 회사의 대표행위에 대하여 회사에게 귀책사유가 있는 경우에, 그 외관을 믿은 선의의 제3자를 보호함으로써 상거래의 신뢰와 안전을 도모하려는 데 그 취지가 있다.[872]

표현대표이사제도의 이론적 배경으로는 금반언의 법리[873] 또는 외관이론[874] 그리고 양자 모두[875]에 두어야 한다는 견해가 있으나, 양자 모두가 영향을 미쳤다고 봄이 타당할 것이다.

한편, 상법 37조[876]의 상업등기와 관련하여, 표현대표이사제도가 이에 대한 예외규정이라는 설[877]과 축소해석설[878] 등이 있다. 살피건대, 양자는 그 법익을

---

871) 민법 756조(타인을 사용하여 어느 사무에 종사하게 한 자는 피용자가 그 사무집행에 관하여 제3자에게 가한 손해를 배상할 책임이 있으나, 사용자가 피용자의 선임 및 그 사무감독에 상당한 주의를 한 때 또는 상당한 주의를 하여도 손해가 있을 경우에는 책임이 없음).

872) 대법원 1988.10.11. 선고 86다카2936 판결.

873) 영미법상의 Estoppel by Misrepresentation원칙 즉, 일방이 잘못된 진술 등을 통하여 어떤 사실이 존재한다고 상대방으로 하여금 믿도록 만든 경우, 그 일방이 추후 이 사실을 부인함에 의하여 이를 믿은 상대방에게 해를 입히지 못한다는 원칙을 말함(Carter v. Curlew Creamery Co., 16 Wash. 2d at 491, 492(1943)).

874) 김건식, 372; 송옥렬, 990; 이기수외, 403.

875) 대법원 1998.3.27. 선고 97다34709 판결; 권기범, 840; 김정호, 448; 김홍기, 577; 양명조, 343; 이범찬외, 354; 이철송, 705; 임재연(II), 343; 정경영, 524; 정동윤, 621; 정찬형, 957; 최기원, 644; 최준선, 496; 홍복기외, 344.

876) 등기할 사항은 이를 등기하지 아니하면 선의의 제3자에게 대항하지 못함.

877) 권기범, 841; 서헌제, 838; 장덕조, 334; 정찬형, 960; 주석상법 회사(III), 303; 최기원, 645; 최완진, 215; 최준선, 507; 한창희, 306; 홍복기외 345.

달리하므로 별개로 적용되어야 할 것이다.[879]

또한 상법 39조[880] 부실등기와 관련하여서는, 표현대표이사에서는 외관의 대상이 명칭이지만 부실등기는 외관의 대상이 등기라는 점이 상위한 반면에, 제3자가 선의이더라도 중대한 과실이 있으면 보호받지 못한다는 점에서는 같다고 보아야 할 것이다.

나. 요건

(1) 대표권을 인정할 만한 외관의 형성

상법은 <u>사장, 부사장, 전무, 상무 등</u> 회사를 대표할 권한이 있는 것으로 인정할 만한 명칭을 열거하고 있으나, 이는 예시에 불과하며 그 이외의 <u>사회 일반의 거래통념상</u>[881] 회사를 대표할 권한이 있는 것으로 인정할 만한 명칭은 모두 포함된다고 보아야 할 것이다. 이와 관련하여, 판례는 "대표이사"라는 명칭도 이에 해당될 수 있다고 보나,[882] "경리이사"는 이에 해당되지 않는다고 보았다.[883]

이와 관련하여, 395조의 법문상으로는 표현대표이사는 반드시 이사여야 한다고 해석되나, <u>판례는 널리 **이사가 아닌 자**에게까지 이 조문을 **유추적용**하고 있다.</u>[884] 또한 판례는 표현대표이사가 자신의 이름으로 행위한 경우는 물론이고 <u>법적 대표이사의 이름으로 행위한 경우에도</u> 적용된다고 판시하고 있다.[885]

---

878) 상법 395조와의 충돌시 그 한도 내에서 37조의 적용범위를 축소하는 견해로는 김정호, 455.

879) 대법원 1979.2.13. 선고 77다2436 판결; 강희갑, 570; 김홍기, 580; 손진화, 559; 송옥렬, 991; 양명조, 344; 이기수외, 411; 이철송, 706; 이범찬외, 863; 정경영, 528; 정동윤, 623. 따라서 만일 퇴임한 대표이사의 말소등기가 이루어졌다 하더라도 표현대표이사제도의 요건을 충족한 경우에는, 회사는 선의의 제3자에 대하여 표현대표이사의 행위에 대한 책임을 져야 할 것임.

880) 고의 또는 과실로 인하여 사실과 상위한 사항을 등기한 자는 그 상위를 선의의 제3자에게 대항하지 못함.

881) 대법원 2003.2.11. 선고 2002다62029 판결.

882) 대법원 1979.2.13. 선고 77다2436 판결.

883) 대법원 2003.2.11. 선고 2002다62029 판결.

884) 대법원 1998.3.27. 선고 97다34709 판결; 대법원 1992.7.28. 선고 91다35816 판결(부존재한 임시주주총회에서 선임된 이사) 및 대법원 1985.6.11. 선고 84다카963 판결(무효인 주주총회에서 선임된 이사).

885) 대법원 2011.3.10. 선고 2010다100339 판결.

(2) 회사의 귀책사유

대표권을 인정할 만한 외관의 형성에 <u>회사의 귀책사유</u>가 있어야 한다. 즉, 회사가 표현적 명칭의 사용을 <u>명시적 또는 묵시적으로</u> 허용했어야 한다.886)

이와 관련하여 판례는 <u>명시적</u>으로 허용한 경우란, ① 진정한 대표이사가 이를 허용하거나, 이사 전원이 아닐지라도 적어도 이사회의 결의의 성립을 위하여 회사의 정관에서 정한 이사의 수 또는 그와 같은 정관의 규정이 없다면 최소한 이사 정원의 과반수의 이사가 표현대표를 허용한 경우를 말하며,887) <u>묵시적</u>으로 허용한 경우란, ② 이사 또는 이사의 자격이 없는 자가 임의로 표현대표자의 명칭을 사용하고 있는 것을 회사가 알면서 이에 동조하거나 아무런 조치를 취하지 아니한 채 그대로 방치하는 경우888), ③ 소외인으로부터 금원을 차용하여 회사를 매수한 후 회사의 실질적인 사장으로서 업무집행권과 대표권을 행사하면서 다만 위 차용금에 대한 담보의 취지로 대표이사를 소외인 명의로 등기하고 자신은 이사로 등기해 놓았을 뿐이며 소외인은 피고회사의 경영에 실제로 관여한 바 없는 경우889) 및 ④ 지배주주 겸 대표이사가 심각한 건강문제로 피고 회사의 주식을 양도하고 중도금까지 수령한 후, 양수인에게 피고 회사의 경영권 및 회사운영권 일체 등 회사의 전권을 위임한다는 내용의 위임장을 작성하여 주고, 운영권 행사에 지장이 없도록 대표이사의 인감과 고무인을 인도하고 사무실까지 넘겨주었고, 이에 따라 양수인이 제3자에게 부사장의 직함을 주어 회사의 운영을 돕도록 하는 한편 양수인 스스로 피고 회사에서 발생한 노사분규를 수습하였으며, 여러 사람에게 피고 회사의 택시운영권을 매매하는 등 위 지배주주 겸 대표이사와의 분쟁이 발생하기까지의 4개월여 동안 아무런 장애 없이 독자적으로 회사운영권을 행사하여 온 경우890) 등을 말한다고 판시하고 있다.

<u>회사의 과실로 명칭사용을 알지 못하고 제지하지 못한 경우</u>에 회사의 책임을 인정할 것인지와 관련하여, <u>판례는 회사의 책임을 부인</u>하고 있다.891)[판례112]

886) 대법원 1992.9.22. 선고 91다5365 판결.
887) 대법원 2011.7.28. 선고 2010다70018 판결 및 대법원 1992.9.22. 선고 91다5365 판결.
888) 대법원 2005.9.9. 선고 2004다17702 판결 및 대법원 1998.3.27. 선고 97다34709 판결.
889) 대법원 1988.10.11. 선고 86다카2936 판결.
890) 대법원 1994.12.2. 선고 94다7591 판결.
891) 대법원 1975.5.27. 선고 74다1366 판결(상법 39조 부실등기도 마찬가지임).

> **[판례112] 대법원 1994.9.14. 선고 94다50908 판결**
>
> 　회사의 명칭 사용 승인 없이 임의로 명칭을 참칭한 자의 행위에 대하여는 비록 그 명칭 사용을 알지 못하고 제지하지 못한 점에 있어 회사에게 과실이 있다고 할지라도 그 회사의 책임으로 돌려 선의의 제3자에 대하여 책임을 지게 할 수 없음.

　또한 판례는 이사선임 권한이 없는 사람이 주주총회의사록 등을 허위로 작성하여 주주총회결의 등의 외관을 만들고 이에 터 잡아 이사를 선임한 경우에는, 주주총회의 개최와 결의가 존재는 하지만 무효 또는 취소사유가 있는 경우와는 달리, 그 이사 선임에 관한 주식회사 내부의 의사결정은 존재하지 아니하여 회사가 그 외관의 현출에 관여할 수 없었을 것이므로, 달리 회사의 적법한 대표이사가 그 대표 자격의 외관이 현출되는 것에 협조, 묵인하는 등의 방법으로 관여하였다거나 회사가 그 사실을 알고 있음에도 시정하지 않고 방치하는 등 이를 회사의 귀책사유와 동일시할 수 있는 특별한 사정이 없는 한, 회사에 대하여 상법 395조에 의한 표현대표이사 책임을 물을 수 없고, 이 경우 위와 같이 허위의 주주총회결의 등의 외관을 만든 사람이 회사의 상당한 지분을 가진 주주라고 하더라도 그러한 사정만으로는 대표 자격의 외관이 현출된 데에 대하여 회사에 귀책사유가 있는 것과 동일시할 수 없다고 보고 있다.892)

(3) 대표이사의 권한내의 행위에 속하는 표현대표이사의 대표행위의 존재

　표현대표이사가 <u>대표이사의 권한 내의 행위</u>를 했어야 한다. 즉, <u>대표이사가 할 수 없는 행위</u>893) 또는 <u>주주총회</u>894)나 <u>이사회[판례113]의 결의를 거쳐야 하는 행위</u>에 대하여는 <u>표현대표이사규정이 적용되지 아니한다.</u>

---

892) 대법원 2013.7.25. 선고 2011다30574 판결.
893) 이사선임 또는 감사선임 등을 말함.
894) 회사합병 또는 회사의 영업 전부 또는 중요한 일부의 양도 등을 말함(대법원 1964.5.19. 선고 63다293 판결).

[판례113] 대법원 1998.3.27. 선고 97다34709 판결

표현대표이사의 행위로 인정이 되는 경우라고 하더라도, 만일 그 행위에 이사회의 결의가 필요하고 거래의 상대방인 제3자의 입장에서 이사회의 결의가 없었음을 알았거나 알 수 있었을 경우라면 회사로서는 그 행위에 대한 책임을 면함.

불법행위도 제3자의 신뢰를 전제로 할 수 없는 것이어서 표현대표이사규정이 적용되지 아니한다.895) 소송행위에 대해서는 절차의 엄격성이 준수되어야 할 것이고 표현지배인제도에 있어서도 재판상 행위는 적용되지 않으므로(14조 1항 단서), 소송행위에는 표현대표이사규정이 적용되지 아니한다고 보아야 할 것이다.896)

(4) 제3자의 선의

회사는 표현대표이사의 행위에 대하여 **선의**의 제3자에 대하여서만 책임을 진다. 선의란 표현대표이사가 대표권이 없음을 알지 못한 것을 말하는 것이지, 반드시 형식상 대표이사가 아니라는 것을 알지 못한 것에 한정할 필요는 없다.897) 그 입증책임은 회사에 있으므로, 회사는 제3자가 악의임을 입증해야 한다.898) 제3자에는 표현대표이사의 직접 상대방뿐만 아니라 표현대표이사의 행위와 관련하여 표현대표이사 명칭을 신뢰한 제3자가 모두 포함된다.899)[판례114]

[판례114] 대법원 2003.9.26. 선고 2002다65073 판결

표현대표이사로부터 직접 어음을 취득한 상대방뿐만 아니라, 그로부터 어음을 다시 배서양도 받은 제3취득자도 포함됨.

---

895) 강희갑, 583; 권기범, 847; 김건식, 375; 김동훈, 325; 송옥렬, 995; 유시창, 305; 이철송, 709; 임재연(II), 348; 장덕조, 332; 정동윤, 623; 정찬형, 968; 주석상법 회사(III), 300; 최기원, 646; 최준선, 501; 한창희, 311; 홍복기외, 349. 이에 반대하는 견해로는, 정경영, 531.

896) 강희갑, 583; 권기범, 847; 김건식, 375; 김동훈, 325; 김홍기, 579; 송옥렬, 995; 이철송, 709; 임재연(II), 348; 장덕조, 333; 정동윤, 623; 정찬형, 969; 주석상법 회사(III), 300; 최기원, 646; 최준선, 507; 한창희, 311; 홍복기외, 349. 이에 반하여 판례(대법원 1970.6.30. 선고 70후7 판결)는 적용될 수 있다고 보나, 대표이사 권한의 내부적 제한도 아니고, 단지 이사가 아닌 자가 전무이사직을 사칭하여 회사 대표기관의 동의도 없이 항고심판청구 취하서를 제출한 행위가 표현대표이사제도의 적용대상이라고 판시한 것은 문제가 있다.

897) 대법원 1998.3.27. 선고 97다34709 판결.

898) 대법원 1971.6.29. 선고 71다946 판결.

899) 대법원 1988.10.25. 선고 86다카1228 판결 및 [판례115].

한편, 중과실이 있는 제3자까지 보호할 것인지 여부가 문제된다. 이와 관련
하여, 선의에 무과실까지 필요로 하는 것은 아니라고 본 판례도 있으나,900) 제3자
의 신뢰는 보호할만한 가치가 있는 정당한 것이어야 할 것이므로, 설령 제3자가
회사의 대표이사가 아닌 이사와 그 거래행위를 함에 있어서 회사를 대표할 권한
이 있다고 믿었다 할지라도, 그와 같이 **믿음에 있어서 중대한 과실이 있는 경우
에는, 회사는 그 제3자에 대하여는 책임을 지지 않는다**고 본 판례도 있다.901)

살피건대, 선의의 제3자의 보호도 한계가 있는 것이므로, 공평의 관점에서
선의에 중대한 과실이 있는 제3자를 보호할 가치는 없다고 할 것이어서 선의에
중대한 과실이 있는 제3자는 표현대표이사제도에 의하여 보호받을 수 없다고 보
는 것이 타당할 것이다. 그러나 중대한 과실이 선의의 제3자에게 있다는 사실의
입증책임은 그 책임에서 벗어나려는 회사가 부담하여야 할 것이다. 즉, 회사는
제3자의 악의 또는 중대한 과실이 있음을 입증함으로써 본조의 책임에서 벗어날
수 있다.

여기서 제3자의 중대한 과실이라 함은 제3자가 조금만 주의를 기울였더라면
표현대표이사의 행위가 대표권에 기한 것이 아니라는 사정을 알 수 있었음에도
만연히 이를 대표권에 기한 행위라고 믿음으로써 거래통념상 요구되는 주의의무
에 현저히 위반하는 것으로서, 공평의 관점에서 제3자를 구태여 보호할 필요가
없다고 봄이 상당하다고 인정되는 상태를 말하고, 제3자에게 중과실이 있는지는
거래통념에 비추어 개별적·구체적으로 판단하여야 한다.902)[판례115]

900) 대법원 2009.9.10. 선고 2009다34160 판결, 대법원 2003.9.26. 선고 2002다65073 판결, 대법원
2003.7.22. 선고 2002다40432 판결 및 대법원 1973.2.28. 선고 72다1907 판결.
901) 대법원 2013.7.11. 선고 2013다16473 판결, 대법원 2011.3.10. 선고 2010다100339 판결, 대법원
2013.2.14. 선고 2010다91985 판결, 대법원 2009.9.10. 선고 2009다34160 판결, 대법원
2003.9.26. 선고 2002다65073 판결, 대법원 2003.7.22. 선고 2002다40432 판결, 대법원
1999.11.12. 선고 99다19797 판결 및 대법원 1994.12.2. 선고 94다7591 판결.
902) 대법원 2013.2.14. 선고 2010다91985 판결, 대법원 2003.7.22. 선고 2002다40432 판결 및 [판례
115].

> **[판례115] 대법원 2011.3.10. 선고 2010다100339 판결**
>
> 갑 회사의 표현대표이사 을이 대표이사를 대리하여 자신의 채권자 병에게 차용증을 작성해 준 사안에서, 상대방인 병의 악의 또는 중과실은 을에게 대표권이 있는지가 아니라 그에게 대표이사를 대리하여 위 차용증을 작성함으로써 채무를 부담할 권한이 있는지 여부에 따라 판단되어야 하므로, 을이 갑 회사의 대표이사가 아님을 병이 알았다고 하더라도, 그 점은 병의 악의 또는 중과실을 판단하는 데 결론을 좌우할 만한 의미가 있는 사정이 된다고 할 수 없고, 상법 395조의 취지와 위 중과실의 의미 내지 판단 기준 등에 비추어 보면, 을이 갑 회사의 표현대표이사에 해당하는 한, 그에게 대표권 등 권한이 있는지를 당연히 의심하여 보아야 하는 객관적 사정이 있는 등의 경우가 아닌 이상, 갑 회사에 을이 대표이사를 대리하여 위 차용증을 작성할 권한이 있는지 여부에 관하여 확인하지 않았다는 사정만으로 병의 악의 또는 중과실을 쉽사리 인정할 수는 없음.

다. 공동대표이사와 표현대표이사

공동대표이사 중 1인이 <u>사장 또는 대표이사사장</u> 등 단독 대표이사 명칭을 회사로부터 허락받아 사용하면서 행위를 한 경우에는 표현대표이사에 대한 규정을 유추적용할 수 있을 것이다.

또한 공동으로만 회사를 대표할 수 있는 공동대표이사 중 1인이 **대표이사라는 명칭**을 사용하여 법률행위를 하는 것을 회사가 용인하거나 방임한 경우에도, 회사가 이사자격이 없는 자에게 표현대표이사의 명칭을 사용하게 한 경우나 이사자격 없이 그 명칭을 사용하는 것을 알고서도 용인상태에 둔 경우와 마찬가지로, 그 공동대표이사가 단독으로 회사를 대표하여 한 법률행위에 관하여, 회사는 선의의 제3자에 대하여 상법 395조에 의한 표현대표이사의 행위에 대한 책임을 진다고 보는 것이 타당할 것이다.903)[판례116] 왜냐하면 대표이사라는 명칭도 사장 또는 대표이사사장이라는 명칭과 마찬가지로 회사를 대표할 수 있는 명칭으로 보는 것이 거래의 상식이고, 따라서 이러한 믿음에 대한 거래의 안전을 보호

---

903) 강희갑, 578; 김정호, 456; 손진화, 558; 양명조, 358; 이범찬외, 358; 정경영, 534; 주석상법 회사(III), 395; 최기원, 654; 최완진, 216; 최준선, 504; 홍복기외, 339; [판례116]; 대법원 1993.12.28. 선고 93다47653 판결, 대법원 1992.10.27. 선고 92다19033 판결 및 대법원 1991.11.12. 선고 91다19111 판결. 이에 반대하는 견해로는 이철송, 711(공동대표이사라고 명시하지 않았으므로 회사의 귀책사유가 될 수 없다고 하며, 그 이유는 거래의 안전보다 공동대표제도의 기본취지에 반한다고 보기 때문이라고 함).

해 주는 것이 필요하기 때문이다.

> **[판례116] 대법원 1996.10.25. 선고 95누14190 판결**
>
> 　회사의 공동대표이사 2명 중 1명이 단독으로 동의한 것이라면 특별한 사정이 없는 한 이를 회사의 동의라고 볼 수 없으나, 다만 나머지 1명의 대표이사가 그로 하여금 건물의 관리에 관한 대표행위를 단독으로 하도록 용인 내지 방임하였고 또한 상대방이 그에게 단독으로 회사를 대표할 권한이 있다고 믿은 선의의 제3자에 해당한다면 이를 회사의 동의로 볼 수 있음.

IX. 집행임원

1. 의의

　집행임원이란 대표이사에 갈음하여 회사를 대표하고 회사의 업무를 집행할 권한을 가진 기관이다(408조의2 1항, 408조의4).

2. 도입취지

　종전부터 실무계에서 사용되어 오던 집행임원 즉, 상법상 이사는 아니지만 사실상 이사의 역할을 수행해 오던 직책을 상법영역으로 도입하려는 취지이다. 특히, 대규모상장회사의 경우 실무상 정관 또는 내규로 채택하고 있는 집행임원에 대한 법적 근거를 마련하고 그 권한과 의무를 명확히 함으로써 법적 안정성을 부여하려는 취지도 있다.904) 한편, 이사회와는 별도로 집행임원을 두어 이 집행임원으로 하여금 업무집행을 담당하게 하고 이사회는 업무감독기능에 집중함으로써, 보다 효율적으로 회사를 운영하자는 목적도 있다.

---

904) 국회법제사법위원회, 상법 일부개정법률안(대안), 2011.3., 7, 8쪽.

3. 입법례

미국의 모범사업회사법[905]과 뉴욕주 회사법[906]은 집행임원설치가 회사의 선택에 달려 있으나, 델라웨어주 회사법[907]과 캘리포니아주 회사법[908]은 회사는 내규 또는 이사회에 의해 의무적으로 집행임원을 두도록 하고 있으며, 특히 미국법률협회(American Law Institute)[909]가 제정한 회사지배원칙[910]에 의하면, 주주가 500명 이상이고 총자산이 500만달러 이상인 공개회사[911]는 주요고위집행임원을 반드시 두어 업무집행을 하도록 규정하고 있다.

4. 선임

가. 의의

회사는 집행임원을 둘 수 있는 바(408조의2 1항 전단), 집행임원은 <u>이사회</u>가 선임 및 해임권한을 가진다(408조의2 3항 1호). 즉, <u>정관의 규정이 없더라도</u> **이사회의 결의만으로** 집행임원을 선임 또는 해임할 수 있다. 집행임원을 둔 회사("집행임원 설치회사")는 <u>대표이사를 두지 못한다</u>(408조의2 1항 후단).

집행임원의 자격에 관하여는 별도의 규정이 없는데, 이사가 집행임원을 겸할 수도 있고, 이사가 아닌 회사의 상업사용인 또는 회사 밖의 제3자가 집행임원이 될 수 있다.[912] 집행임원은 감사를 겸임할 수 없다고 보아야 할 것이다. 한편, 집행임원 설치회사는 이사회의 회의를 주관하기 위하여 이사회 의장을 두어야 하는데, 이 경우 <u>이사회 의장은 정관의 규정이 없으면 이사회결의로 선임</u>한다(동조 4항).

---

905) § 8.40. (a) of Model Business Corporation Act.

906) § 715 (a) of New York Business Corporation Law.

907) § 142 (a) of Delaware General Corporation Law.

908) § 312 (a) of California Corporations Code.

909) 1923년에 창설된 단체로서, 정관상 설립목적은 법의 명확성과 간결성을 추구하고, 사회적 수요에 부응하며, 정의를 구현하고, 학문적이고 과학적인 법학연구를 증진시킴에 있으며, 대표업적으로는 Uniform Commercial Code 및 Restatements of the Law의 제정을 들 수 있음(https://www.ali.org).

910) § 3.01 of ALI Principles of Corporate Governance.

911) § 1.31 of ALI Principles of Corporate Governance.

912) 송옥렬, 1071; 이철송, 819; 임재연(II), 360.

이 경우 역시 집행임원이 이사회 의장을 겸임할 수 있다고 보아야 할 것이다.913)

나. 인원

집행임원은 1인 또는 복수로 선임할 수 있다(408조의2 3항 5호). 이 경우 명문의 설치규정은 없으나, 집행임원 설치회사는 <u>임의로</u> 집행임원회를 둘 수 있다고 본다.914)

2명 이상의 집행임원이 선임된 경우에는 이사회결의로 집행임원 설치회사를 대표할 대표집행임원을 선임하여야 한다(408조의5 1항 본문). 다만, 집행임원이 1명인 경우에는 그 집행임원이 대표집행임원이 된다(동항 단서). 대표집행임원에 관하여는 상법에 다른 규정이 없으면 주식회사의 대표이사에 관한 규정을 준용하며(동조 2항), 집행임원 설치회사에 대하여는 표현대표이사제도를 준용한다(408조의5 3항, 395조).

다. 임기

집행임원의 임기는 정관에 다른 규정이 없으면 2년을 초과하지 못한다(408조의3 1항). 이사회가 임명한 집행임원에 대한 책임을 묻기 위함이다.915) 이 임기는 정관으로 그 임기 중의 최종 결산기에 관한 정기주주총회가 종결한 후 <u>가장 먼저 소집하는 이사회의 종결시</u>까지로 정할 수 있다(동조 2항). 이사의 임기가 정관으로 그 임기 중의 최종의 결산기에 관한 정기주주총회의 종결에 이르기까지 연장할 수 있는 것과 비교된다(383조 3항).

라. 등기

집행임원의 성명·주민등록번호, 대표집행임원의 성명·주민등록번호·주소

---

913) 임재연(II), 363; 주석상법 회사(III), 510; 홍복기외, 358.

914) 이철송, 827; 주석상법 회사(III), 524; 최기원, 724.

915) 권기범, 725; 송옥렬, 1071; 임재연(II), 364; 장덕조, 392; 정찬형, 973. 이사의 임기가 원칙적으로 3년을 초과하지 못하는 것과 비교된다.

및 공동대표집행임원은 등기사항이다(317조 2항 8호 내지 10호).

5. 권한

가. 업무집행권 및 의사결정권

집행임원은 집행임원 설치회사의 업무집행권과 정관이나 이사회의 결의에 의하여 위임받은 업무집행에 관한 의사결정권을 가진다(408조의4). 업무집행권은 대표이사와 같다. 이사회의 결의에 의하여 위임받은 업무집행에 관한 의사결정이란 상법에서 명문으로 이사회의 권한으로 정한 사항을 제외하고 이사회로부터 위임받은 의사결정권한을 말한다(408조의2 3항 4호).

나. 대표권

집행임원의 대표권은 회사의 영업에 관한 재판상 또는 재판외의 모든 행위를 할 권한을 말하며, 대표권에 대한 제한은 선의의 제3자에게 대항하지 못한다(408조의5 2항, 389조 3항, 209조). 이는 대표이사의 대표권과 같다.

대표집행임원이 여러 명인 경우에는 원칙적으로 각자 회사를 대표하지만, 수인의 대표집행임원이 공동으로 회사를 대표할 것을 정할 수 있다(408조의5 2항, 389조 2항).

다. 이사회 소집청구권

집행임원은 필요하면 회의의 목적사항과 소집이유를 적은 서면을 이사(소집권자가 있는 경우에는 소집권자)에게 제출하여 이사회 소집을 청구할 수 있으며, 이 청구를 한 후 이사가 지체없이 이사회 소집의 절차를 밟지 아니하면 소집을 청구한 집행임원은 법원의 허가를 받아 이사회를 소집할 수 있고,916) 이 경우 이사회 의장은 법원이 이해관계자의 청구에 의하여 또는 직권으로 선임할 수 있다(408조의7).

---

916) 감사가 요구한 이사회소집을 이사가 하지 않는 경우에는 감사는 직접 이사회를 소집할 수 있는 것과 대비됨(412조의4).

집행임원이 자신의 업무집행을 위하여 이사회의 승인을 요하는 경우 업무집행의
실효성을 위한 규정이다.917)

6. 의무

가. 선관주의의무

집행임원은 당해 회사와 민법상 위임관계에 있으므로(408조의2 2항, 382조 2항),
집행임원은 회사사무를 처리함에 있어 <u>선량한 관리자의 주의의무</u>를 다해야 한다
(민법 681조).

나. 감시의무

수인의 집행임원이 상호간에 감시의무를 부담하는지가 문제된다. 살피건대,
선관주의의무와 충실의무를 부담하는 집행임원으로서는 <u>다른 집행임원에 대한</u>
<u>감시의무를 부담한다</u>고 보는 것이 타당할 것이다.918)

다. 이사회에 대한 보고의무

집행임원은 3개월에 1회 이상 업무의 집행상황을 이사회에 보고하여야 하
며, 집행임원은 이 경우 외에도 이사회의 요구가 있으면 언제든지 이사회에 출석
하여 요구한 사항을 보고하여야 한다(408조의6 1항, 2항). 이사회의 집행임원에 대한
업무집행 감독권(408조의2 3항 2호)을 실질적으로 보장하기 위한 규정이다.

라. 기타 의무

집행임원은 법령과 정관의 규정에 따라 회사를 위하여 그 직무를 충실하게
수행하여야 하며(408조의9, 382조의3), 재임 중 뿐만 아니라 퇴임 후에도 직무상 알게

---

917) 이철송, 821; 주석상법 회사(III), 542; 최기원, 726.
918) 양명조, 398; 이철송, 822; 정찬형, 1003. 이에 반대하는 견해로는 주석상법 회사(III), 523.

된 회사의 영업상 비밀을 누설하여서는 아니되고(408조의9, 382조의4), 회사에 현저하게 손해를 미칠 염려가 있는 사실을 발견한 때에는 즉시 감사에게 이를 보고하여야 하며(408조의9, 412조의2), 기타 정관 등의 비치·공시의무(408조의9, 396조), 경업겸직금지의무(408조의9, 397조), 회사의 기회유용금지의무(408조의9, 397조의2), 회사와의 자기거래금지의무(408조의9, 398조)를 부담한다.

7. 이사회의 집행임원에 대한 감독권

가. 의의

이사회는 집행임원의 업무집행을 감독한다(408조의2 3항 2호). 즉, 이사회는 선임한 집행임원을 기본적으로 감독할 권한을 보유한다.

나. 집행임원의 상호관계에 관한 결정권

이사회는 집행임원이 여러 명인 경우 집행임원의 직무 분담 및 지휘·명령관계, 그 밖에 집행임원의 상호관계에 관한 사항을 결정할 권한을 가진다(408조의2 3항 5호). 즉, 이사회는 위 업무집행의 감독권의 일환으로 집행임원간에 횡적인 수평적 관계 또는 종적인 수직적 관계를 형성함으로써, 집행임원간의 업무집행을 통제할 권한을 행사한다.

다. 집행임원의 보수결정권

이사회는 정관에 규정이 없거나 주주총회의 승인이 없는 경우 집행임원의 보수를 결정할 권한을 가진다(408조의2 3항 6호). 이사회가 집행임원에 대한 보충적인 보수결정권을 갖게 함으로써 업무평가 등에 의한 보수액결정을 통해 실질적으로 집행임원을 통제할 수 있도록 한 규정이다.

라. 이사의 보고요구권

이사는 대표집행임원으로 하여금 다른 집행임원 또는 피용자의 업무에 관하여 이사회에 보고할 것을 요구할 수 있다(408조의6 3항).

8. 감사의 집행임원에 대한 감사권 및 유지청구권

가. 감사권

감사는 집행임원의 직무의 집행을 감사하며, 언제든지 집행임원에 대하여 영업에 관한 보고를 요구하거나 회사의 업무와 재산상태를 조사할 수 있고, 집행임원에 대한 감사와 관련하여 회사의 비용으로 전문가의 도움을 구할 수 있다(408조의9, 412조).

나. 유지청구권

이사에 대한 유지청구제도가 준용된다. 즉, 집행임원이 법령 또는 정관에 위반한 행위를 하여 이로 인하여 회사에 회복할 수 없는 손해가 생길 염려가 있는 경우에는 감사 또는 발행주식의 총수의 100분의1 이상에 해당하는 주식을 가진 주주는 회사를 위하여 집행임원에 대하여 그 행위를 유지할 것을 청구할 수 있다(408조의9, 402조).

9. 손해배상책임

가. 회사 또는 제3자에 대한 책임 및 감면

이사의 회사 및 제3자에 대한 손해배상책임의 내용과 같다. 즉, 집행임원이 고의 또는 과실로 법령이나 정관을 위반한 행위를 하거나 그 임무를 게을리한 경우에는 그 집행임원은 집행임원 설치회사에 손해를 배상할 책임이 있으며(408조의8 1항), 집행임원이 고의 또는 중대한 과실로 그 임무를 게을리한 경우에는 그 집행임원은 제3자에게 손해를 배상할 책임이 있고(동조 2항), 집행임원이 집행임원 설치회사 또는 제3자에게 손해를 배상할 책임이 있는 경우에 다른 집행임원·이사 또는 감사도 그 책임이 있으면 다른 집행임원·이사 또는 감사와 연대하여 배상할 책임이 있다(동조 3항).

한편, ① 집행임원의 위 회사에 대한 책임은 주주전원의 동의로 면제할 수 있으며(400조 1항), ② 회사는 집행임원이 고의 또는 중대한 과실로 손해를 발생시킨 경우와 경업겸직금지(397조), 회사기회유용금지(397조의2) 및 자기거래금지(398조)에 해당하는 경우를 제외하고, <u>정관</u>으로 정하는 바에 따라, 집행임원의 <u>회사에 대한 책임</u>을 집행임원이 그 행위를 한 날 이전 최근 1년간의 보수액(상여금과 주식매수선택권의 행사로 인한 이익 등을 포함)의 6배를 초과하는 금액에 대하여 면제할 수 있다(408조의9, 400조).

나. 간주집행임원의 책임

회사에 대한 자신의 영향력을 이용하여 집행임원에게 업무집행을 지시한 자, 집행임원의 이름으로 직접 업무를 집행한 자 또는 집행임원이 아니면서 명예회장·회장·사장·부사장·전무·상무·이사 기타 회사의 업무를 집행할 권한이 있는 것으로 인정될 만한 명칭을 사용하여 회사의 업무를 집행한 자는 집행임원으로 보고, 회사에 대한 책임 및 제3자에 대한 책임을 추궁한다(408조의9, 401조의2 1항). 이 경우 회사 또는 제3자에 대하여 손해를 배상할 책임이 있는 집행임원은 위 간주집행임원과 연대하여 그 책임을 진다(408조의9, 401조의2 2항).

다. 대표소송 등

이사의 회사에 대한 책임을 묻기 위한 대표소송 및 다중대표소송에 관한 규정이 집행임원에게 준용되며(408조의9, 403조 내지 406조의2), 이 경우 이사회는 집행임원과 집행임원 설치회사의 소송에서 집행임원 설치회사를 대표할 자를 선임할 권한을 가진다(408조의2 3항 3호).

또한 이사에 대한 직무집행정지, 직무대행자선임 및 직무대행자의 권한에 관한 규정도 집행임원에게 준용된다(408조의9, 407조, 408조).

X. 감사제도

1. 총설

주식회사는 유한책임을 부담하는 주주가 물적 기초를 제공하며, 소유와 경영의 분리를 통해 효율성을 극대화함을 목표로 한다. 그러므로 회사의 경영에 관한 전반적인 감사기능이야말로 이사의 사익추구를 막는 등 회사운영의 적법성을 보장하고, 유한책임의 한계를 극복함으로써 회사채권자를 보호하는 기능을 수행한다.

2. 감사업무의 분류

우리나라 감사제도는 크게 업무감사와 회계감사로 나눌 수 있다. 업무감사란 회사의 업무집행 및 대표행위에 대한 위법성 관련여부 및 합목적적인가에 대하여 하는 감사임에 반하여 회계감사는 재산상태와 수익상태를 재무제표를 포함한 회계장부 및 서류를 통해 파악하고, 허위사실은 없는지 공정, 타당한 회계관행에 따라 작성되었는지에 대하여 하는 감사를 말한다.

업무감사를 담당하는 자는 ① 감사, 감사위원회, 검사인, 주주총회(이사의 선임(382조), 해임(385조), 회사의 업무·재산상태 조사를 위한 검사인 선임권(366조 3항), 영업양도 등(374조) 및 사후설립(375조) 등), ② 소수주주(회사의 업무·재산상태 조사를 위한 임시주주총회 소집청구(366조 1항), 검사인선임 청구(467조 1항), 유지청구(402조) 및 대표소송(403조) 등), ③ 공증인(현물출자 조사·보고(299조의2)) 및 공인된 감정인(현물출자의 감정(299조의2)) 및 ④ 이사(회사의 업무·재산상태에 관한 검사인의 보고서의 정확여부 조사(467조 4항))가 있다.

한편, 회계감사를 담당하는 자는 ① 감사, 감사위원회, 외부감사인(재무제표의 적정의견(449조의2 1항), 신탁업자의 신탁재산에 대한 감사(자본시장법 114조), 사업보고서 제출대상법인 등에 대한 감사(동법 169조) 및 외부감사 대상법인 선정(주식회사 등의 외부감사에 관한 법률 2조, 4조의3) 등), ② 주주총회(재무제표 승인(449조 1항), 회사의 업무·재산상태 조사를 위한 검사인 선임(366조 3항) 및 회사의 업무·재산상태 조사를 위한 임시주주총회의 개최(467조 3항) 등), ③ 소수주주(임시주주총회 소집청구(366조 1항), 회계장부·서류 열람(466조 1항) 및 회사의 업무·재산상태 조사를 위한 검사인선임 청구(467조 1항) 등) 및 [4] 단독주주(재무제표 등 열람·등사(448조) 등)
가 있다.

3. 감사

주식회사의 감사는 업무감사 및 회계감사를 직무로 하는 필요적 상설기관이
다. 그러나 소규모회사의 경우에는 감사를 두지 아니할 수 있다(409조 4항).

가. 선임

(1) 선임기관 및 방법

감사는 주주총회에서 보통결의로 선임한다(409조 1항). 단, 발기설립시에는 발
기인이 그 의결권의 과반수로 선임하며(296조 1항), 모집설립시에는 창립총회에서
출석한 주식인수인의 의결권의 3분의2 이상이며 인수된 주식총수의 과반수에 해
당하는 다수로 선임한다(309조, 312조). 그리고 회사가 368조의4 1항에 따라 전자적
방법으로 의결권을 행사할 수 있도록 한 경우에는 368조 1항에도 불구하고 출석
한 주주의 의결권의 과반수로써 감사의 선임을 결의할 수 있다(409조 3항). 또한 정
관에 정한 감사의 원수를 결한 경우에는 임기의 만료 또는 사임으로 인하여 퇴임한
감사는 새로 선임된 감사가 취임할 때까지 감사의 권리의무가 있으며, 이 경우 법
원이 필요하다고 인정할 때에는 이사, 감사 기타 이해관계인의 청구에 의하여 일
시 감사의 직무를 행할 자를 선임할 수 있다(415조, 386조). 감사는 집중투표제도의
대상이 아니다(382조의2).

(2) 의결권제한

감사선임에 있어 의결권없는 주식을 제외한 발행주식의 총수의 100분의3을
초과하는 수의 주식을 가진 주주는 그 초과하는 주식에 관하여 감사의 선임에 있
어서는 의결권을 행사하지 못한다(409조 2항).919) 이와 관련하여, 판례는 대주주의

---

919) 대법원 2016.8.17. 선고 2016다222996 판결(감사의 선임에서 상법 409조 2항의 의결권없는 주식
이 상법 368조 1항에서 말하는 '발행주식총수'에 산입되지 않으며, 이는 자본금 총액이 10억원 미
만이어서 감사를 반드시 선임하지 않아도 되는 주식회사의 경우에도 마찬가지임).

영향력으로부터 독립된 사람을 감사로 선임하여 회사경영의 공정성과 투명성을 제고하고자 하는 입법취지이지 회사에 몇 명의 감사를 둘 것인가 하는 문제까지 대주주의 영향력을 제한하려는 입법취지는 아니므로, 감사를 선임하는 결의가 아닌, **감사를 추가로 선임할지 여부**를 정하는 결의에서는 이 3%제한규정이 적용되지 아니한다고 판시하고 있다.920)

　　한편, 정관으로 이 비율보다 낮은 비율을 정할 수 있다(동조 2항). 즉, 위 제한을 강화하는 것은 허용되나, 위 제한을 완화하는 것은 본 규정의 취지상 허용되지 않는다고 보는 것이 타당할 것이다.921)

　　상장회사의 경우, 위 3%를 산정함에 있어, 최대주주, 최대주주의 특수관계인, 그 밖에 대통령령으로 정하는 자(최대주주 또는 그 특수관계인의 계산으로 주식을 보유하는 자 또는 최대주주 또는 그 특수관계인에게 의결권(의결권의 행사를 지시할 수 있는 권한 포함)을 위임한 자(해당 위임분만 해당); 상법시행령 38조 1항)가 소유하는 상장회사의 의결권 있는 주식의 합계가 그 회사의 의결권없는 주식을 제외한 발행주식총수의 100분의3을 초과하는 경우, 그 주주는 그 초과하는 주식에 관하여 감사를 선임하거나 해임할 때에는 의결권을 행사하지 못한다. 다만, 정관에서 이보다 낮은 주식 보유비율을 정할 수 있다(542조의12 3항). 이와 관련하여, 판례는 "최대주주가 아닌 주주와 그 특수관계인 등"에 대하여도 일정 비율을 초과하여 소유하는 주식에 관하여 감사의 선임 및 해임에 있어서 의결권을 제한하는 내용의 정관 규정이나 주주총회결의 등은 무효라고 보고 있다.922)

(3) 감사선임 주주총회 소집통지 기재사항 등

　　비상장회사의 경우, 감사선임을 위한 주주총회 소집통지서에는 "감사선임의 건"이라고 기재해야 하는 바(363조 2항), 감사후보자의 성명까지 기재할 필요는 없다. 그러나 상장회사가 이사·감사의 선임에 관한 사항을 목적으로 하는 주주총회를 소집통지 또는 공고하는 경우에는 이사·감사 후보자의 성명·약력·추천인 그 밖에 대통령령으로 정하는 후보자에 관한 사항(후보자와 최대주주와의 관계, 후보자

---

920) 대법원 2015.7.23. 선고 2015다213216 판결(심리불속행 기각) 및 서울고등법원 2015.4.10. 선고 2014나2028587 판결.
921) 강희갑, 649; 김건식, 489; 김동훈, 353; 송옥렬, 1077; 이기수외, 551; 임재연(II), 510; 정경영, 564; 정동윤, 667; 정찬형, 1038; 최완진, 240; 최준선, 578; 홍복기외, 439.
922) 대법원 2009.11.26. 선고 2009다51820 판결.

와 해당 회사와의 최근 3년간의 거래내역, 주주총회 개최일 기준 최근 5년 이내에 후보자가 국세징수법 또는 지방세징수법에 따른 체납처분을 받은 사실이 있는지 여부, 주주총회 개최일 기준 최근 5년 이내에 후보자가 임원으로 재직한 기업이 채무자 회생 및 파산에 관한 법률에 따른 회생절차 또는 파산절차를 진행한 사실이 있는지 여부, 법령에서 정한 취업제한 사유 등 감사 결격 사유의 유무; 동법시행령 31조 3항)을 통지하거나 공고하여야 하며(542조의4 2항), 이 통지하거나 공고한 이사·감사후보자 중에서 선임하여야 한다(542조의5).

(4) 선임의 효력

판례에 의하면, 감사선임의 효력은 주주총회의 선임결의에 따라 <u>회사의 대표기관이 임용계약의 청약을 하고 피선임자가 이에 승낙을 함으로써 그 효력이 발생한다</u>.923) 즉, 감사는 주주총회에서 감사선임결의가 있었다고 하여 바로 감사의 지위를 취득하게 되는 것은 아니다.

(5) 등기

감사의 성명 및 주민등록번호는 등기하여야 한다(317조 2항 8호). 판례는 회사등기부에 감사로 등기된 경우에는 특별한 사정이 없는 한, 정당한 절차에 의하여 선임된 감사로 추정된다고 보고 있다.924)

나. 자격

상법상 <u>비상장회사</u>의 경우 감사의 자격에 관한 규정은 없으나, <u>자산총액 1천억원 이상인 상장회사</u>(상법시행령 36조 1항)의 경우에는 <u>상법상 상장회사에 대한 특례규정 및 다른 법률에 따라 감사위원회를 설치한 회사</u>(감사위원회 설치의무가 없는 상장회사가 감사위원회를 설치한 경우를 포함)<u>를 제외</u>하고, 주주총회결의에 의하여 회사에 상근하면서 감사업무를 수행하는 상근감사를 1명 이상 두어야 한다. 상장회사의 상근감사 부적격자는 ① 미성년자, 피성년후견인 또는 피한정후견인, ② 파산선고를 받고 복권되지 아니한 자, ③ 금고 이상의 형을 선고받고 그 집행이 끝나거나 집행이 면제된 후 2년이 지나지 아니한 자, ④ 대통령령으로 별도로 정하는

---

923) 대법원 1995.2.28. 선고 94다31440 판결.
924) 대법원 1983.12.27. 선고 83다카331 판결.

법률을 위반하여 해임되거나 면직된 후 2년이 지나지 아니한 자, ⑤ 누구의 명의로 하든지 자기의 계산으로 의결권없는 주식을 제외한 발행주식총수의 100분의 10 이상의 주식을 소유하거나 이사·집행임원·감사의 선임과 해임 등 상장회사의 주요 경영사항에 대하여 사실상의 영향력을 행사하는 주주 및 그의 배우자와 직계 존속·비속, ⑥ 회사의 상무에 종사하는 이사·집행임원 및 피용자 또는 최근 2년이내에 회사의 상무에 종사한 이사·집행임원 및 피용자(단, 감사위원회위원으로 재임 중이거나 재임하였던 이사는 제외), ⑦ 위 ① 내지 ⑥ 외에 회사의 경영에 영향을 미칠 수 있는 자로서 해당 회사의 상무에 종사하는 이사·집행임원의 배우자 및 직계존속·비속, ⑧ 위 ① 내지 ⑥ 외에 회사의 경영에 영향을 미칠 수 있는 자로서 계열회사의 상무에 종사하는 이사·집행임원 및 피용자이거나 최근 2년이내에 상무에 종사한 이사·집행임원 및 피용자이다(542조의10, 542조의8 2항, 상법시행령 36조 2항).

다. 원수

상법상 위에서 언급한 <u>상장회사의 상근감사를 제외하고, 감사의 원수에는 다른 제한이 없으므로, 정관으로 제한이 없는 한 2명 이사의 감사를 둘 수 있다.</u> 감사는 여러 명이 있더라도 각자 독립하여 감사의 권한을 행사한다.

라. 임기

감사의 임기는 <u>취임 후 3년내의 최종의 결산기에 관한 정기총회의 종결시까지로 한다</u>(410조).

마. 퇴임

감사는 자신의 사망,[925] 파산, 성년후견개시심판(민법 690조) 또는 임기만료로 퇴임한다. <u>이사와 달리, 회사해산이 감사의 퇴임사유가 아니다.</u> 이사의 해임, 결원, 직무집행정지 및 직무대행자선임에 관한 규정은 감사에 준용된다(415조, 385조, 386조, 407조).

---

925) 대법원 1962.11.29. 선고 62다524 판결.

바. 감사와 회사와의 관계

감사와 회사는 민법상 위임관계에 있으므로 <u>감사는 회사에 대하여 선량한 관리자의 주의의무를 부담한다</u>(415조, 382조 2항, 681조). 감사의 <u>보수는 정관에 그 액을 정하지 아니한 때에는 주주총회의 결의로</u> 정한다(415조, 388조).[판례117] 이 와 관련하여, <u>상장회사</u>가 주주총회의 목적사항으로 감사의 선임 또는 감사의 보수결정을 위한 의안을 상정하려는 경우에는 이사의 선임 또는 이사의 보수결정을 위한 의안과는 별도로 상정하여 의결하여야 하는 바(542조의12 5항), 이는 비상장회사에도 유추적용되어야 할 것이다.926) 또한 감사의 독립성을 보장하기 위하여 감사의 보수와 관련해서는 어떠한 경우에도 이사회가 관여해서는 안 된다고 해석하는 것이 타당할 것이다.927)

[판례117] 대법원 2015.7.23. 선고 2014다236311 판결

법적으로는 주식회사 이사·감사의 지위를 갖지만 회사와의 명시적 또는 묵시적 약정에 따라 이사·감사로서의 실질적인 직무를 수행하지 않는 이른바 명목상 이사·감사도 오로지 보수의 지급이라는 형식으로 회사의 자금을 개인에게 지급하기 위한 방편으로 이사·감사로 선임한 것이라는 등의 특별한 사정이 없는 한, 회사에 대하여 상법 388조, 415조에 따라 정관의 규정 또는 주주총회의 결의에 의하여 결정된 보수의 청구권을 가짐.

한편, <u>감사는 이사와 같은 경업겸직금지의무, 회사기회유용금지의무 및 자기거래금지의무가 없다.</u> 이사와 달리, 회사의 업무집행권한이 없기 때문이다.

사. 겸직제한

감사는 <u>회사 및 자회사의 이사 또는 지배인 기타의 사용인</u>의 직무를 겸하지 못한다(411조). 감사의 대상인 이사, 지배인, 사용인이 감사가 된다면 감사의 공정성을 확보하기 어렵기 때문이다. 이와 관련하여, 판례는 만일 감사가 회사 또는 자회사의 이사 또는 지배인 기타의 사용인에 선임되거나 반대로 회사 또는 자회사의 이사 또는 지배인 기타의 사용인이 회사의 감사에 선임된 경우에는 그 선임

---

926) 권기범, 861; 이철송, 839.
927) 이철송, 839.

행위는 각각의 선임 당시에 있어 현직을 사임하는 것을 조건으로 하여 효력을 가지고, 피선임자가 새로이 선임된 지위에 취임할 것을 승낙한 때에는 종전의 직을 사임하는 의사를 표시한 것으로 해석하고 있다.928)

아. 감사의 권한

(1) 업무감사권

감사는 이사의 직무의 집행을 감사한다(412조 1항). 회계감사권을 포함하며, 이사회, 대표이사 및 업무담당이사의 권한사항도 감사대상에 포함된다고 보아야 할 것이다.929)

이 업무감사권을 실효성 있게 만들기 위하여, 감사는 언제든지 이사에 대하여 영업에 관한 보고를 요구하거나 회사의 업무와 재산상태를 조사할 수 있으며(동조 2항), 회사의 비용으로 전문가의 도움을 구할 수 있다(동조 3항).

한편, 업무감사권의 범위와 관련하여, 적법성감사에만 국한되어야 한다는 견해와 적법성뿐만 아니라 타당성감사까지도 포함한다는 견해930) 그리고 원칙적으로 적법성감사에 한하나 현저히 부당한 업무집행에 대해서는 예외적으로 타당성감사도 할 수 있다는 견해931)가 있다. 살피건대, 감사가 감사보고서에 "대차대조표와 손익계산서의 작성에 관한 회계방침의 변경이 타당한지 여부와 그 이유"를 기재토록 하고 있으므로(447조의4 2항 5호) 명시적으로 감사의 타당성감사를 인정하고 있는 점, 상법 413조와 447조의4 2항 8호에서의 "현저하게 부당한"은 타당성감사를 의미한다는 점 그리고 모든 타당성감사까지 확대될 경우에 이사의 업무결정 및 집행권이 부당하게 위축될 가능성이 높다는 점 등을 감안할 때, 원칙적으로는 적법성감사에 국한되나, 위 상법이 타당성감사를 허용하고 있는 경우(413조, 447조의4 2항 5호, 8호)에는 예외적으로 허용되는 것으로 해석하는 것이 타당하다고 판단된다.932)

---

928) 대법원 2007.12.13. 선고 2007다60080 판결.
929) 권기범, 864; 김건식, 491; 김홍기, 625; 이철송, 832; 임재연(II), 514; 정찬형, 1042; 주석상법 회사(III), 638.
930) 권기범, 864; 이기수외, 554; 주석상법 회사(III), 643; 최준선, 583.
931) 최기원, 738; 한창희, 342.
932) 강희갑, 653; 김건식, 492; 김정호, 630; 김홍기, 625; 서헌제, 903; 송옥렬, 1079; 이범찬외, 370;

(2) 자회사의 감사권

모회사의 감사는 그 직무를 수행하기 위하여 필요한 때에는 자회사에 대하여 영업의 보고를 요구할 수 있고, 이 경우 자회사가 지체없이 보고를 하지 아니할 때 또는 그 보고의 내용을 확인할 필요가 있는 때에는 자회사의 업무와 재산상태를 조사할 수 있으며, 자회사는 정당한 이유가 없는 한 이 보고 또는 조사를 거부하지 못한다(412조의5).

자회사가 모회사의 요구에 따라 모회사의 자산을 분식하는데 도움을 주거나 모회사의 결산상태를 호도 또는 은폐하는데 관여할 가능성이 높으므로, 자회사의 영업, 업무 및 재산상태를 조사하지 아니하고는 모회사의 감사를 효율적으로 진행할 수 없는 경우에 한하여 모회사의 감사에게 인정되는 권한이다.

모회사의 감사의 직무수행에는 모회사의 이사를 상대로 한 유지청구권의 행사 또는 이사를 상대로 소를 제기하는 경우도 포함되므로, <u>모회사의 감사의 포괄적인 직무수행과 관련하여 이 권한이 인정되어야</u> 할 것이다.933) 자회사가 모회사의 감사의 보고요구 또는 조사를 거부한 경우에는 감사보고서에 그 뜻과 이유를 적어야 한다(447조의4 3항).

(3) 이사회출석권 및 의견진술

감사는 이사회에 출석하여 의견을 진술할 수 있다(391조의2 1항). 감사가 이사회의 결의내용의 적법성을 감사하기 위해서는 이사회에서의 결의내용을 알 필요가 있을 뿐만 아니라 현장에서 이사회 상정안건에 대한 적법성에 대한 의견을 표명함으로써 사전에 위법한 결의를 저지하기 위한 규정이다. 따라서 이사회 소집통지시에는 감사에게도 통지해야 하는 바(390조 3항), 소집통지를 생략함에 감사 및 이사전원의 동의가 필요한 이유이다(동조 4항).

감사가 이사회에 출석할 의무가 있느냐와 관련하여, 감사는 이사가 법령 또는 정관에 위반한 행위를 하거나 그 행위를 할 염려가 있다고 인정한 때에는 이사회에 이를 보고하여야 하므로(391조의2 2항), 이 의무를 이행하기 위하여 필요한

이철송, 833; 임재연(II), 514; 장덕조, 404; 정경영, 569; 정동윤, 670; 정찬형, 982; 최완진, 241; 최준선, 584. 이에 반하여, 타당성 감사에만 미친다는 견해로는 김동훈, 362.

933) 이철송, 834; 주석상법 회사(III), 654. 이에 반대하는 견해로는 송옥렬, 1079.

경우에는 <u>감사는 이사회에 출석할 의무가 있다</u>고 보아야 할 것이다.[934] 만일 감사가 이 의무를 이행하지 아니하여 이사회에서 법령 또는 정관에 위반한 결의가 이루어진 경우에는 당해 결의에 찬성한 이사 및 감사는 연대하여 회사에 발생한 손해에 대한 배상책임을 부담해야 할 것이다.

(4) 이사회소집청구권

감사는 <u>필요하면</u> 회의의 목적사항과 소집이유를 서면에 적어 이사(소집권자가 있는 경우에는 소집권자)에게 제출하여 이사회 소집을 청구할 수 있으며, 이 청구를 하였는데도 이사가 지체없이 이사회를 소집하지 아니하면 그 <u>청구한 감사가 **법원의 허가없이도** 이사회를 소집할 수 있다</u>(412조의4).[935] 감사의 이사회출석권 및 의견진술권(391조의2 1항)을 실질적으로 보장해 주는 동시에 이사회보고의무(동조 2항)를 실질적으로 이행할 수 있게 해준다는 데 그 의미가 있다.

(5) 임시주주총회 소집청구권

감사는 회의의 목적사항과 소집의 이유를 기재한 서면을 이사회에 제출하여 임시총회의 소집을 청구할 수 있으며, 이 청구가 있은 후 이사회가 지체없이 총회소집의 절차를 밟지 아니한 때에는 청구한 감사는 <u>법원의 허가</u>를 받아 총회를 소집할 수 있고, 이 경우 주주총회의 의장은 법원이 이해관계인의 청구나 직권으로 선임할 수 있다(412조의3, 366조 2항). 주주총회에서의 조사·보고의무(413조)를 실질적으로 이행할 수 있게 해준다는 데 그 의미가 있다.

(6) 주주총회에서의 감사해임에 관한 의견진술권

감사는 주주총회에서 감사의 해임에 관하여 의견을 진술할 수 있다(409조의2). 감사는 이사회에 출석하여 감사의 해임에 대한 의견을 진술할 수 있는 바(391조의2 1항), 그럼에도 불구하고 감사해임을 주주총회에 상정하는 안건이 이사회를 통과하는 경우, 감사가 주주총회에서 감사해임의 부당성을 개진할 수 있는 기회를 부여해 줌으로써 감사지위를 보장하자는데 목적을 둔 규정이다.

---

934) 김건식, 494; 정동윤, 671; 주석상법 회사(III), 275; 최준선, 585. 이에 반하여 출석의무가 없다는 견해로는 권기범, 866; 이철송, 835; 정경영, 572; 최기원, 741.
935) <u>이에 반하여</u> 이 경우 집행임원은 <u>법원의 허가를 받아</u> 이사회를 소집할 수 있음(408조의7 2항).

당해 감사뿐만 아니라 다른 감사의 해임안에 대해서도 의견을 진술할 수 있다고 보아야 할 것이며, 만일 감사가 이 권리행사기회를 부여받지 못하고 당해 감사해임안이 주주총회에서 통과된 경우에는 당해 주주총회결의 취소사유가 된다고 보아야 할 것이다.936)

(7) 회사와 이사 간의 소송에서의 회사대표권

회사가 이사에 대하여 또는 이사가 회사에 대하여 소를 제기하는 경우에 감사는 그 소에 관하여 회사를 대표하며, 회사가 대표소송 또는 다중대표소송의 청구를 받음에 있어서도 같다(394조 1항, 403조, 406조의2 1항). 감사위원회의 위원이 소의 당사자인 경우에는 감사위원회 또는 이사는 법원에 회사를 대표할 자를 선임하여 줄 것을 신청하여야 한다(394조 2항, 415조의2). 이사가 회사와의 소의 상대방일 경우, 대표이사로 하여금 회사를 위해 소송을 수행하게 하는 것은 이익충돌의 가능성 때문에 그 공정성을 담보할 수 없으므로 감사로 하여금 대신하게 한 것이다.

이와 관련하여 판례는 소송의 목적이 되는 권리관계가 이사의 재직 중에 일어난 사유로 인한 것이라 할지라도 회사가 그 사람을 이사의 자격으로 제소하는 것이 아니고 이사가 이미 이사 자리를 떠난 경우에, 회사가 그 사람을 상대로 제소하는 경우에는 특별한 사정이 없는 한, 상법 394조 1항은 적용되지 않으며, 대표이사가 회사를 대표한다고 본다.937) 만일 이 감사의 소대표권을 위반한 경우에는 모든 소송행위가 무효라고 판시하고 있다.938)

(8) 소송제기권 등

감사는 회사설립무효의 소(328조), 주주총회결의취소의 소(376조 1항), 신주발행무효의 소(429조), 감자무효의 소(445조), 합병무효의 소(529조)를 제기할 수 있다. 나아가 주주총회결의 취소, 무효확인, 부존재확인, 부당결의취소·변경의 소, 신주발행무효의 소 및 감자무효의 소, 주식의 포괄적 교환 및 주식의 포괄적 이전 무효의 소의 경우에, 이사가 소제기자인 경우와 마찬가지로 소제기자인 감사의 담보제공의무가 면제된다(360조의14, 360조의23, 377조, 380조, 381조, 430조, 446조). 또한 감사

---

936) 권기범, 867; 서헌제, 907; 이범찬외, 375; 이철송, 837; 주석상법 회사(III), 622; 최기원, 742.
937) 대법원 2002.3.15. 선고 2000다9086 판결.
938) 대법원 1990.5.11. 선고 89다카15199 판결.

의 이사에 대한 위법행위유지청구권이 있다(402조).

자. 감사의 의무

앞서 설명한 바와 같이, 감사는 기본적으로 <u>선량한 관리자의 주의의무</u>를 부담하는데, 이에 기초하여 아래와 같은 기타 의무를 부담하게 된다. 만일 감사가 이 의무를 이행하지 아니한 경우에는, 이러한 임무해태로 인하여 회사(414조 1항)에게 또한 악의 또는 중대한 과실로 인한 임무해태로 인하여 제3자(동조 2항)에게 발생한 각 손해에 대하여 배상할 책임을 부담하는 경우가 발생하게 될 것이다.

(1) 이사회에 대한 보고의무

감사는 <u>이사가 법령 또는 정관에 위반한 행위</u>를 하거나 <u>그 행위를 할 염려가</u> 있다고 인정한 때에는 이사회에 이를 보고하여야 한다(391조의2 2항). 감사는 본래 업무감사권이 있어 이사의 위법행위를 감사할 권한이 있는데, 이 권리차원을 넘어 자신이 발견한 이사의 위법행위를 이사회에 보고할 것을 의무화함으로써 이사회가 스스로 위법행위를 사전에 방지하거나 자기시정기능에 의해 위법행위를 시정할 수 있는 기회를 부여하자는데 그 목적이 있다. 이 규정을 실효성 있게 하기 위하여, 감사는 이사회를 소집할 권한이 있다(412조의4).

(2) 주주총회 안건에 대한 조사 및 보고의무

감사는 <u>이사가 주주총회에 제출할 의안 및 서류를 조사하여 법령 또는 정관에 위반하거나 현저하게 부당한 사항</u>이 있는지의 여부에 관하여 주주총회에 그 의견을 진술하여야 한다(413조).

주주총회가 잘못된 결의를 하지 않도록 하기 위하여, 사전에 감사로 하여금 제출의안 및 서류를 조사하게 하여 문제가 있을 경우 이를 보고하도록 한 것이다. 의견진술방법에는 명시적 규정이 없으므로, 서면 또는 구두로도 가능하다고 보아야 할 것이다.

(3) 감사록의 작성의무

감사는 감사에 관하여 <u>감사록을 작성하여야</u> 한다. 이 감사록에는 감사의 실시요령과 그 결과를 기재하고, 감사를 실시한 감사가 기명날인 또는 서명하여야 한다(413조의2).

(4) 이사회의사록의 기명날인 또는 서명의무

감사가 이사회에 출석한 경우 출석한 이사와 함께 의사의 안건, 경과요령, 그 결과, 반대하는 자와 그 반대이유가 제대로 기재되어 있는지를 확인한 후, 이사회의사록에 기명날인 또는 서명하여야 한다(391조의3 2항).

(5) 감사보고서의 작성, 제출의무

감사는 이사로부터 재무제표 및 영업보고서를 받은 날부터 4주내에 감사보고서를 이사에게 제출하여야 하는 바, 감사보고서에는 감사방법의 개요, 회계장부에 기재될 사항이 기재되지 아니하거나 부실기재된 경우 또는 대차대조표나 손익계산서의 기재 내용이 회계장부와 맞지 아니하는 경우에는 그 뜻, 대차대조표 및 손익계산서가 법령과 정관에 따라 회사의 재무상태와 경영성과를 적정하게 표시하고 있는 경우에는 그 뜻, 대차대조표 또는 손익계산서가 법령이나 정관을 위반하여 회사의 재무상태와 경영성과를 적정하게 표시하지 아니하는 경우에는 그 뜻과 이유, 대차대조표 또는 손익계산서의 작성에 관한 회계방침의 변경이 타당한지 여부와 그 이유, 영업보고서가 법령과 정관에 따라 회사의 상황을 적정하게 표시하고 있는지 여부, 이익잉여금의 처분 또는 결손금의 처리가 법령 또는 정관에 맞는지 여부, 이익잉여금의 처분 또는 결손금의 처리가 회사의 재무상태나 그 밖의 사정에 비추어 현저하게 부당한 경우에는 그 뜻, 상법 447조의 부속명세서에 기재할 사항이 기재되지 아니하거나 부실기재된 경우 또는 회계장부·대차대조표·손익계산서나 영업보고서의 기재 내용과 맞지 아니하게 기재된 경우에는 그 뜻, 이사의 직무수행에 관하여 부정한 행위 또는 법령이나 정관의 규정을 위반하는 중대한 사실이 있는 경우에는 그 사실이 기재되어야 하며, 만일 감사가 감사를 하기 위하여 필요한 조사를 할 수 없었던 경우에는 감사보고서에 그 뜻과 이유를 적어야 한다(447조의4, 447조의3, 447조).

(6) 비밀준수의무

감사는 재임 중 뿐만 아니라 퇴임 후에도 직무상 알게 된 회사의 영업상 비밀을 누설하여서는 아니된다(415조, 382조의4).

(7) 이사회 출석의무

위 아. 감사의 권한 (3)에서 설명한 바와 같다.

차. 감사의 책임

감사가 그 <u>임무를 해태한</u> 때에는 그 감사는 <u>회사에 대하여</u> 연대하여 손해를 배상할 책임이 있고, 감사가 <u>악의 또는 중대한 과실로 인하여 그 임무를 해태한</u> 때에는 그 감사는 <u>제3자에 대하여</u> 연대하여 손해를 배상할 책임이 있다(414조 1항, 2항).939)[판례118], [판례119]

> **[판례118] 대법원 2008.7.24. 선고 2008다18376 판결**
>
> 주식회사의 감사가 만약 실질적으로 감사로서의 직무를 수행할 의사가 전혀 없으면서도 자신의 도장을 이사에게 맡기는 등의 방식으로 그 명의만을 빌려줌으로써 회사의 이사로 하여금 어떠한 간섭이나 감독도 받지 않고 재무제표 등에 허위의 사실을 기재한 다음 그와 같이 분식된 재무제표 등을 이용하여 거래 상대방인 제3자에게 손해를 입히도록 묵인하거나 방치한 경우, 감사는 악의 또는 중대한 과실로 인하여 임무를 해태한 때에 해당함.

> **[판례119] 대법원 1988.10.25. 선고 87다카1370 판결**
>
> 회사의 감사가 회사의 사정에 비추어 회계감사 등의 필요성이 있음을 충분히 인식하고 있었고 또 경리업무담당자의 부정행위의 수법이 교묘하게 저질러진 것이 아닌 것이어서 어음용지의 수량과 발행매수를 조사하거나 은행의 어음결제량을 확인하는 정도의 조사만이라도 했다면 위 경리업무 담당자의 부정행위를 쉽게 발견할 수 있었을 것인데도 아무런 조사도 하지 아니하였다면 이는 감사로서의 중대한 과실로 인하여 그 임무를 해태한 것임.

이 책임의 법적 성질과 관련하여, 이사의 책임과 같이 상법이 인정한 특별책임으로 보아야 할 것이다. 그 이유는 이사의 책임에서 설명한 바와 같다. 판례에 의하면 그 <u>시효는 10년</u>이다.940)

---

939) 대법원 2008.2.14. 선고 2006다82601 판결 및 [판례118], [판례119].
940) 대법원 2006.8.25. 선고 2004다24144 판결 및 대법원 1985.6.25. 선고 84다카1954 판결.

감사의 회사에 대한 책임과 관련하여, 임무를 해태한 때란 고의 또는 과실에 의하여 임무를 게을리한 경우를 말한다고 보아야 할 것인데[판례120], 감사의 고의 또는 과실을 포함한 모든 요건사실에 대한 입증책임은 감사의 책임을 주장하는 자가 부담하여야 할 것이다.941) 또한, 감사의 제3자에 대한 책임과 관련하여서도, 손해배상을 청구하는 제3자가 감사의 악의 또는 중대한 과실을 포함한 모든 요건사실을 주장, 입증해야 할 것이다.

[판례120] 대법원 2010.7.29. 선고 2008다7895 판결

　　사장이자 이사가 이사회의결없이 대외적인 기본합의를 체결하는 것을 감사가 묵인, 방치하였다면 감사의 임무해태에 해당함.

감사가 회사 또는 제3자에 대하여 손해를 배상할 책임이 있는 경우에 이사도 그 책임이 있는 때에는 그 감사와 이사는 연대하여 배상할 책임이 있다(414조 3항).

한편, 정기총회에서 재무제표 및 그 부속명세서를 승인한 후 2년내에 다른 결의가 없으면 회사는 감사의 책임을 해제한 것으로 본다. 그러나 감사의 부정행위에 대하여는 그러하지 아니하다(450조, 449조, 447조).

카. 기타 이사 관련 규정 준용(415조)

감사의 회사에 대한 책임에 대하여는 소수주주가 대표소송을 제기할 수 있고(403조), 이와 관련하여 이사에 대한 소송참가, 소송고지(404조), 제소주주의 권리의무(405조), 재심의 소(406조) 및 다중대표소송(406조의2)의 규정이 준용된다. 또한 이사의 경우에 적용되는 직무집행정지 및 직무대행자선임규정도 준용된다(407조). 한편, 감사의 회사에 대한 책임은 총주주의 동의로 면제할 수 있고, 정관에 규정을 두어 책임을 경감할 수 있다(400조).

---

941) 주식회사법대계 II, 1304. 이에 반대하는 견해로는, 주석상법 회사(III), 663.

4. 감사위원회

가. 의의

회사는 정관이 정한 바에 따라 감사에 갈음하여 이사회내 위원회로서 감사위원회를 설치할 수 있다. 감사위원회를 설치한 경우에는 감사를 둘 수 없다(415조의2 1항, 393조의2).

나. 도입취지 및 비판

감사위원회제도가 우리나라에 도입되게 된 것은 종전 감사제도가 제 기능을 제대로 발휘하지 못하여 외환위기가 발생하게 되었다는 IMF 등 국제금융기관의 권고가 가장 큰 이유이다. 그러나 이사가 감사를 겸하는 감사위원회 제도가 이해상충문제를 어떻게 해결할 수 있을지 의문이다.

다. 감사위원회의 설치

원칙적으로 감사위원회의 설치는 회사의 선택에 달린 문제이다. 그러나 대규모상장회사는 반드시 감사위원회를 설치하여야 한다(542조의11 1항). 또한 자산총액 1천억원 이상 2조 미만인 상장회사는 주주총회 결의에 의하여 회사에 상근하면서 감사업무를 수행하는 상근감사를 1명 이상 두어야 하는 바(542조의10 1항 본문, 상법시행령 36조 1항), 단, ① 자산 2조원 이상의 상장회사가 감사위원회를 설치하거나 ② 다른 법률942)에 의하여 감사위원회를 설치하거나 ③ 자산총액 1천억원 이상 2조원 미만인 상장회사가 상법 542조의11 내지 542조의12에 따른 감사위원회를 설치한 경우에는 상근감사를 둘 수 없다(542조의10 1항 단서).

---

942) 은행(은행법 23조의2 1항), 일정한 요건의 보험회사(보험업법 16조 1항), 일정한 요건을 갖춘 금융투자업자(자본시장법 26조 1항)를 말함.

라. 감사위원의 자격

감사위원회는 원칙적으로 감사위원이 3명 이상이면서 사외이사가 전체 감사위원의 3분의2 이상이어야 한다(415조의2 2항).

그러나 대규모상장회사의 감사위원회는 ① 감사위원이 3명 이상이면서 사외이사가 전체 감사위원의 3분의2 이상이어야 하고, ② 감사위원 중 1명 이상은 일정한 자격을 갖춘 회계 또는 재무 전문가이어야 하며, ③ 감사위원회의 대표는 사외이사이어야 한다(542조의11 1항, 2항, 415조의2 2항, 동법시행령 37조 2항).

한편, 상장회사의 상근감사가 되지 못하는 자는 상장회사의 사외이사가 아닌 감사위원이 될 수 없다(542조의11 3항, 542조의10 2항 각호).

마. 감사위원의 선임 및 해임

감사위원회는 감사위원이 3명 이상이면서 사외이사가 전체 감사위원의 3분의2 이상이어야 한다. 상장회사는 감사위원회위원인 사외이사의 사임·사망 등의 사유로 인하여 사외이사의 수가 감사위원회의 구성요건에 미달하게 되면 그 사유가 발생한 후 처음으로 소집되는 주주총회에서 그 요건에 합치되도록 하여야 한다(542조의11 4항, 415조의2 2항). 물론 비상장회사의 경우에도 감사위원인 사외이사가 법정원수에 결하게 되는 경우에는 주주총회에서 사외이사를 새로 선임한 후 이사회에서 사외이사인 감사위원을 선임하여야 할 것이다.

비상장회사는 감사위원을 이사회에서 선임하며(415조의2 1항), 해임에 관한 이사회의 결의는 이사 총수의 3분의2 이상의 결의로 하여야 한다(동조 3항). 자산총액 2조 미만인 상장회사는 감사위원을 이사회 또는 주주총회에서 선임한다.

반면에, 대규모상장회사는 감사위원회위원을 선임하거나 해임하는 권한이 주주총회에 있고(542조의12 1항; 이 경우 감사위원회위원은 주주총회 특별결의로 해임할 수 있고, 특히 아래 설명한 분리선임 감사위원회위원은 이사와 감사위원회위원의 지위를 모두 상실함(동조 3항)), 주주총회에서 이사를 선임한 후 선임된 이사 중에서 감사위원회위원을 선임하여야 하며(다만, 감사위원회위원 중 1명(정관에서 2명 이상으로 정할 수 있으며, 정관으로 정한 경우에는 그에 따른 인원으로 한다)은 주주총회 결의로 다른 이사들과 분리하여 감사위원회위원이 되는 이사로 선임하여야 함; 동조 2항), 한편, 대규모상장회사의 의결권없는 주식을 제외한

발행주식총수의 100분의3을 초과하는 수의 주식을 가진 주주(최대주주인 경우에는 사
외이사가 아닌 감사위원회위원을 선임 또는 해임할 때에 그의 특수관계인, 그 밖에 대통령령으로 정하
는 자가 소유하는 주식을 합산함)는 그 초과하는 주식에 관하여 <u>감사위원회 위원을 **선
임 또는 해임**</u>할 때에 의결권을 행사하지 못한다(542조의12 4항).943) 이 규정은 <u>상장
회사가 감사를 선임하거나 해임할 때에 준용한다(542조의12 7항).</u>

한편, <u>상장회사</u>가 368조의4 1항에 따라 전자적 방법으로 의결권을 행사할
수 있도록 한 경우에는, 368조 1항에도 불구하고, 출석한 주주의 의결권의 과반
수로써 감사위원회위원의 선임을 결의할 수 있다(542조의12 8항).

이상의 내용을 요약하면 다음 도표와 같다.

	감사위원회 설치의무여부	감사위원 선임기관	감사 또는 감사위원 선임시 의결권제한	상근감사
비상장회사	임의	이사회	① 감사선임시 주주별로 3% 제한 ② 감사위원은 적용 없음	임의(감사위원회 설치시 설치 못함)
자산총액 1천억원 미만인 상장회사	임의	이사회 또는 주주총회	주주총회에서 감사위원 선임시 ⇨ 3% 제한 없음 ⇨ 만일 감사선임한다면, 대규모 상장회사와 같은 3% 제한	임의(감사위원회 설치시 설치 못함)
자산총액 1천억원 이상 2조원 미만인 상장회사	임의	이사회 또는 주주총회	주주총회에서 감사위원 선임시 ⇨ 3% 제한 없음 ⇨ 만일 감사선임한다면, 대규모 상장회사와 같은 3% 제한	• 감사위원회 미채택시 의무설치 필요 • 감사위원회 설치시 설치 못함
자산총액 2조원 이상인 상장회사	의무	주주총회	① 사외이사 아닌 감사위원회 위원 선임시 ⇨ 최대주주인 경우 그의 특수관계인 포함하여 3% 제한 ⇨ 최대주주 아닌 경우는 주주별로 3% 제한 ② 사외이사인 감사위원회 위원 선임시 ⇨ 주주별로 3% 제한 ③ 최소 1명의 분리선임 감사위원회 위원 필요	설치 못함

---

943) 정관에서 3%보다 낮은 보유비율을 정할 수 있음(542조의12 4항).

바. 감사위원의 임기

감사위원의 임기와 관련하여서는 감사위원을 이사회에서 선임하는 경우이든 아니면 주주총회에서 선임하는 경우이든, 감사의 임기에 관한 상법 410조가 준용되지 않으므로(상법상 준용규정 없음), <u>이사회 또는 주주총회에서</u> 당해 감사위원인 <u>이사의 임기 범위 내</u>에서 감사위원임기를 정하게 될 것이다.

사. 감사위원회의 운영

감사위원회는 <u>반드시 대표감사위원을 선정하여야</u> 하며, 수인의 위원이 공동으로 위원회를 대표할 것을 정할 수 있다(415조의2 4항). <u>대규모상장회사는 감사위원회 대표가 사외이사이어야</u> 한다(542조의11 2항 2호). 감사위원회는 회사의 비용으로 전문가의 조력을 구할 수 있다(415조의2 5항). <u>감사위원회의 결의는 이사회의 결의에 의해 번복되지 아니한다</u>(415조의2 6항, 393조의2 4항).

한편, 감사위원회도 이사회내 위원회이므로, 이사회내 위원회에 적용되는 이사회의 소집(390조), 결의방법(391조), 이사회의사록(391조의3) 및 이사회의 연기·속행(392조)에 관한 규정이 준용된다(392조 5항).

아. 감사위원회의 권한, 의무 및 책임

감사위원회의 <u>권한</u>과 관련하여서는 감사의 권한규정인 감사의 이사회에서의 의견진술권(391조의2 2항), 이사와 회사간의 소에 관한 대표(394조 1항), 유지청구권(402조), 감사의 직무와 보고요구·조사의 권한(412조), 이사의 보고의무(412조의2), 총회소집청구(412조의3), 감사의 이사회 소집청구(412조의4), 자회사의 조사권(412조의5), 이사의 감사에 대한 재무제표제출의무(447조의3) 및 청산인의 대차대조표, 사무보고서, 부속명세서의 제출, 감사, 공시, 승인(534조)규정이 준용된다(415조의2 7항).

감사위원회의 <u>의무</u>와 관련하여서는 감사의 의무규정인 감사의 주주총회에 대한 조사·보고의무(413조), 감사록의 작성(413조의2) 및 감사의 이사에 대한 감사보고서 제출의무(447조의4)규정이 준용된다(415조의2 7항).

감사위원의 <u>책임</u>과 관련하여서는 이사회에 대한 보고의무(391조의2 2항), 감사

의 책임(414조),944) 회사에 대한 책임의 감면(400조) 및 감사의 책임해제(450조)규정이
준용된다(415조의2 7항).

　　한편, 감사위원회의 업무감사권의 범위와 관련하여, 감사에서와 같이, 기본
적으로는 <u>적법성감사에 국한되나, 위 413조, 447조의4 2항 5호 및 8호에 한하여</u>
<u>타당성감사가 허용</u>되는 것으로 해석하는 것이 타당하다고 판단된다. 물론 감사위
원도 이사의 지위를 겸하므로, 이사로서의 직무와 권한을 행사할 수 있다.

자. 기타 감사에 적용되는 규정의 감사위원회로의 준용

　　발기설립의 경우의 감사선임(296조), 모집설립시 창립총회에서의 감사선임
(312조), 검사인의 선임(367조), 이사의 자격주(387조), 소수주주의 대표소송, 소송참
가, 고지, 제소주주의 권리의무, 재심의 소(403조 내지 406조), 직무집행정지, 직무대
행자선임(407조), 존속합병의 경우 감사의 임기(527조의4), 단순분할신설회사가 감
사위원을 정한 경우 분할계획서에의 기재(530조의5 1항 9호) 및 분할합병승계회사
가 감사위원을 정한 경우 분할합병계약서에의 기재(530조의6 1항 10호)규정 역시 준
용된다(415조의2 7항).

5. 검사인

가. 의의

　　검사인은 <u>주주총회 또는 법원에 의해 법정사항을 조사하기 위하여 선임되는</u>
<u>회사의 임의기관</u>이다. 주주총회가 선임하는 경우에는 검사인과 회사는 위임관계
로서 검사인은 선량한 관리자의 주의의무를 부담하며, 법원이 선임하는 경우에도
위임관계에 관한 명문의 규정은 없으나, 실제 역할이 주주총회가 선임하는 경우
와 유사하므로 민법상 위임에 관한 규정이 유추적용되어 선관주의의무를 부담한
다고 해석하는 것이 타당할 것이다.945)

　　검사인이 주주총회에서 선임되든 아니면 법원에 의해 선임되든, 검사인은

---

944) 대법원 2017.11.23. 선고 2017다251694 판결.
945) 손진화, 625; 이기수외, 573; 이범찬외, 388; 이철송, 852; 주석상법 회사(IV), 120; 최준선, 596. 이
　　 에 반대하는 견해로는 권기범, 878.

일반적으로 회사와의 계약을 통해 취임을 수락함과 동시에 그 선임의 효력이 발생하고, 그 임무를 마치면 퇴임한다. 그러나 주주총회 또는 법원은 임기 도중이더라도 검사인을 해임할 수 있다고 보아야 할 것이다.

나. 권한

(1) 주주총회가 선임하는 경우

(가) 회사의 업무 및 재산상태의 조사

소수주주에 의해 소집된 임시주주총회가 회사의 업무와 재산상태를 조사하게 하기 위하여 검사인을 선임할 수 있다(366조 3항, 1항, 2항).

(나) 이사가 제출한 서류 및 감사의 보고서 조사

주주총회는 이사가 제출한 서류와 감사의 보고서를 조사하게 하기 위하여 검사인을 선임할 수 있다(367조 1항). 이 규정은 청산인에도 준용된다(542조 2항).

(2) 법원이 선임하는 경우

(가) 회사설립시 변태설립사항 및 현물출자 이행의 조사

정관으로 변태설립사항을 정한 때에는 이사는 이에 관한 조사를 하게 하기 위하여 검사인의 선임을 법원에 청구하여야 한다(298조 4항, 290조). 이 경우 법원에 의해 선임된 검사인은 변태설립사항 및 현물출자의 이행을 조사하여 법원에 보고하여야 한다(299조 1항, 295조). 그러나 검사인의 조사는 공증인의 조사·보고 또는 공인된 감정인의 감정으로 갈음할 수 있다(299조의2).

(나) 액면미달 신주발행시

법원은 회사의 현황과 제반사정을 참작하여 최저발행가액을 변경하여 인가할 수 있다. 이 경우에 법원은 회사의 재산상태 기타 필요한 사항을 조사하게 하기 위하여 검사인을 선임할 수 있다(417조 3항).

(다) 신주발행시 현물출자 조사

현물출자를 하는 자가 있는 경우에는 이사는 현물출자를 하는 자의 성명과 그 목적인 재산의 종류, 수량, 가액과 이에 대하여 부여할 주식의 종류와 수(416조 4호)를 조사하게 하기 위하여 검사인의 선임을 법원에 청구하여야 한다. 이 경우 공인된 감정인의 감정으로 검사인의 조사에 갈음할 수 있다(422조 1항).

(라) 회사의 업무, 재산상태 검사

회사의 업무집행에 관하여 부정행위 또는 법령이나 정관에 위반한 중대한 사실이 있음을 의심할 사유가 있는 때에는 발행주식의 총수의 100분의3 이상에 해당하는 주식을 가진 주주는 회사의 업무와 재산상태를 조사하게 하기 위하여 법원에 검사인의 선임을 청구할 수 있다. 이 경우 검사인은 그 조사의 결과를 법원에 보고하여야 한다(467조 1항, 2항).

(마) 주주총회 소집절차 및 결의방법의 적법성 조사

회사 또는 발행주식총수의 100분의1 이상에 해당하는 주식을 가진 주주는 총회의 소집절차나 결의방법의 적법성을 조사하기 위하여 총회 전에 법원에 검사인의 선임을 청구할 수 있다(367조 2항). 이 규정은 청산인에도 준용된다(542조 2항).

다. 검사인의 책임

법원이 선임한 검사인이 <u>악의</u> 또는 <u>중대한 과실</u>로 인하여 <u>그 임무를 해태한</u> 때에는 <u>회사 또는 제3자</u>에 대하여 그 <u>손해를 배상할 책임</u>이 있다(325조). 법원이 선임한 검사인의 경우, 회사에 대한 손해배상책임에 있어 경과실로 인한 임무해태에 대한 손해배상책임을 면제해 주자는 취지인데, 법원이 선임하였다고 하여도 검사인 자신이 동의해야만 취임할 수 있는 것이고, 법원 또는 당해 회사로부터 보수까지 받게 될 것이며, 법원이 선임한 검사인과 회사와의 관계도 실질적으로는 민법상 위임관계로 보아야 할 것인데, 왜 경과실을 봐주어야 하는지 그 취지에 동의할 수 없다.

반면에 <u>주주총회가 선임한 검사인</u>은 회사와 위임관계에 있으므로, <u>고의 또</u>

는 과실로 인하여 임무를 해태한 때에는 위임계약불이행을 이유로 하여, 회사에 대하여 손해배상책임이 있는 것으로 해석하는 것이 타당할 것이나, 제3자에 대하여는 위 규정을 유추적용하여, 악의 또는 중대한 과실로 인하여 임무를 해태한 때에 손해배상책임이 있는 것으로 해석하는 것이 타당할 것이다.

6. 준법통제

가. 의의

자산총액 5천억원 이상인 **상장**회사는 법령을 준수하고 회사경영을 적정하게 하기 위하여 임직원이 그 직무를 수행할 때 따라야 할 준법통제에 관한 기준 및 절차("준법통제기준")를 마련하여야 하며, 준법통제기준의 준수에 관한 업무를 담당하는 사람("준법지원인")을 1명 이상 두어야 한다(542조의13 1항, 2항, 상법시행령 39조). 다만, 다른 법률에 따라 내부통제기준 및 준법감시인을 두어야 하는 상장회사는 제외한다(동법시행령 동조 단서).

일정한 기준 이상의 상장기업에 준법통제기준 및 준법지원인 제도를 도입함으로써 ① 기업이 법률전문가의 충분한 법률지원을 받아 준법경영·윤리경영을 실현할 수 있도록 하고, ② 이를 통하여 주주나 상장회사의 고객, 거래상대방 등을 보호하며, ③ 나아가 자본시장을 더욱 건전하게 하고 기업이 국제적 기준에 맞춘 준법통제제도를 완비하여 국제경쟁력을 강화하며 대외적 명성과 이미지도 높이도록 하려는 데 그 취지가 있다.946)

나. 준법통제기준

준법통제기준에는 다음 사항이 모두 포함되어야 한다(542조의13 1항, 상법시행령 40조 1항). 이 준법통제기준을 정하거나 변경하는 경우에는 이사회의 결의를 거쳐야 한다(동법시행령 동조 2항).

① 준법통제기준의 제정 및 변경의 절차에 관한 사항(동항 1호)

② 준법지원인의 임면절차에 관한 사항(동항 2호)

---

946) 국회법제사법위원회, 상법일부개정안 심사보고서, 2011.3.10., 3쪽.

③ 준법지원인의 독립적 직무수행의 보장에 관한 사항(동항 3호)

④ 임직원이 업무수행과정에서 준수해야 할 법규 및 법적 절차에 관한 사항(동항 4호)

⑤ 임직원에 대한 준법통제기준 교육에 관한 사항(동항 5호)

⑥ 임직원의 준법통제기준 준수 여부를 확인할 수 있는 절차 및 방법에 관한 사항(동항 6호)

⑦ 준법통제기준을 위반하여 업무를 집행한 임직원의 처리에 관한 사항(동항 7호)

⑧ 준법통제에 필요한 정보가 준법지원인에게 전달될 수 있도록 하는 방법에 관한 사항(동항 8호)

⑨ 준법통제기준의 유효성 평가에 관한 사항(동항 9호)

다. 준법지원인

(1) 회사와의 관계

준법지원인은 <u>선량한 관리자의 주의로</u> 그 직무를 수행하여야 한다(542조의13 7항). 따라서 준법지원인은 <u>회사와 위임관계</u>에 있다고 보아야 할 것이다.

(2) 자격

준법지원인은 다음 각호의 사람 중에서 임명하여야 한다(동조 5항).

① 변호사 자격을 가진 사람(동항 1호)

②「고등교육법」2조에 따른 학교에서 법률학을 가르치는 조교수 이상의 직에 5년 이상 근무한 사람(동항 2호)

③ 그 밖에 법률적 지식과 경험이 풍부한 사람으로서, ㉠ 상장회사에서 감사·감사위원·준법감시인 또는 이와 관련된 법무부서에서 근무한 경력이 합산하여 10년 이상인 사람 또는 ㉡ 법률학 석사학위 이상의 학위를 취득한 사람으로서 상장회사에서 감사·감사위원·준법감시인 또는 이와 관련된 법무부서에서 근무한 경력이 합산하여 5년 이상인 사람(동항 3호, 상법시행령 41조)

(3) 선임

준법지원인은 <u>이사회의 결의</u>로 선임한다(542조의13 4항). 임기는 **3년**이고, <u>상근</u>이다(동조 6항). 다른 법률의 규정이 준법지원인의 임기를 3년보다 단기로 정하고 있는 경우에는 3년이 우선한다(동조 11항 단서). 따라서 이사회결의 또는 정관으로 3년보다 단기로 정할 수 없다고 본다.

(4) 퇴임

민법상 위임의 종료사유 즉, 사망, 파산, 성년후견개시심판(민법 690조), 임기만료, 해임, 사임으로 퇴임한다. 이사회는 준법지원인을 언제라도 해임할 수 있으나(542조의13 4항), 준법지원인의 지위를 강화하기 위하여 정당한 이유없이 임기 전에 해임하는 경우에는 상법 385조를 유추적용하여, 준법지원인은 회사에 대하여 해임으로 인한 손해배상을 청구할 수 있다고 해석하는 것이 타당할 것이다.947) 물론 준법지원인은 언제라도 사임할 수 있으나, 부득이한 사유없이 회사에 불리한 시기에 사임한 때에는 회사의 손해를 배상해야 할 것이다(민법 689조 2항).

(5) 직무

준법통제기준의 준수에 관한 다음의 업무를 담당하며, 준수여부를 점검하여 그 결과를 이사회에 보고하여야 한다(542조의13 2항, 3항, 표준준법통제기준 9조 1항). 준법지원인은 필요한 경우 외부 전문가의 조언 및 조력을 구할 수 있다(표준준법통제기준 9조 2항).

① 준법에 관한 교육과 훈련프로그램의 시행(동 기준 9조 1항 1호)
② 준법통제기준의 준수 여부에 대한 정기 또는 수시의 점검 및 보고(동항 2호)
③ 준법지원인의 업무수행에 있어 필요한 정보·자료의 수집과 제출요구 및 진술의 요구(동항 3호)
④ 임직원에 대한 준법 요구 및 위법하다고 판단한 사항에 대한 중지, 개선 또는 시정의 요구(동항 4호)
⑤ 준법통제기준 등을 위반한 임직원에 대한 제재 요청(동항 5호)
⑥ 준법통제업무와 관련하여 이루어지는 이사회 등의 출석 및 의견진술(동

---

947) 이철송, 855; 임재연(II), 545; 홍복기외, 367.

항 6호)

　⑦ 준법업무 보조조직의 통솔 및 관련 부서 직원의 인사 제청(동항 7호)

　⑧ 기타 이사회가 준법지원인의 권한으로 정하는 사항(동항 8호)

이와 같은 직무수행을 위하여, 자산총액 5천억원 이상인 상장회사는 준법지원인이 그 직무를 독립적으로 수행할 수 있도록 하여야 하고, 그 임직원은 준법지원인이 그 직무를 수행할 때 자료나 정보의 제출을 요구하는 경우 이에 성실하게 응하여야 하며(542조의13 9항), 준법지원인이었던 사람에 대하여 그 직무수행과 관련된 사유로 부당한 인사상의 불이익을 주어서는 아니된다(동조 10항).

(6) 의무

준법지원인은 <u>선량한 관리자의 주의의무</u>를 부담한다(542조의13 7항). 또한 준법지원인은 재임 중 뿐만 아니라 퇴임 후에도 직무상 알게 된 회사의 영업상 비밀을 누설하여서는 아니된다(동조 8항). 그리고 준법지원인은 자신의 업무수행에 영향을 줄 수 있는 영업 관련 업무를 담당해서는 아니된다(상법시행령 42조).

XI. 소규모회사

1. 의의

소규모회사란 <u>자본금 총액이 10억원 미만인 회사</u>를 말한다. 소규모회사란 명칭은 상법상의 용어는 아니다. 상법은 현실에서 대부분의 주식회사에 해당하는 소규모회사의 경제적 어려움을 고려하고, 비용절감 및 절차의 간소화를 위해 여러 특례규정을 두고 있다.

2. 이사수의 감축가능

소규모회사는 <u>이사를 1인 또는 2인만 둘 수 있다</u>(383조 1항 단서). 정관에 이에

관한 별도의 규정이 필요 없으며, 주주총회에서 1인 또는 2인의 이사만 선출하면
된다. 물론 3인 이상의 이사를 둘 수도 있다.

3. 대표이사

소규모회사에서 1인만의 이사를 두는 경우에는 당연히 그 1인이 대표이사가
된다(383조 6항). 2인의 이사를 두는 경우에는 각 이사가 대표이사가 되며, 일정한
경우 이사회의 기능을 담당하는 바, 정관에 의해 대표이사를 정할 수도 있다(동항).

4. 이사회의 부존재

소규모회사는 이사를 1명 또는 2명만 두는 경우, 이사회가 없다. 따라서 아
래에서 설명하는 바와 같이, 일정한 경우 주주총회 또는 대표이사가 이사회의 기
능을 담당하거나 아니면 이사회에 적용되는 일부 조문의 적용이 배제된다. 한편,
집행임원은 이사회에서 선임되어야 하므로(408조의2 3항), 이사회가 없는 소규모회
사에서는 집행임원을 선임할 수 없다고 보아야 할 것이다.948)

가. 주주총회가 담당

소규모회사의 경우 이사회가 존재치 않음으로써 주주총회가 대체담당하는
규정과 관련하여, ① 모집설립시 주식양도에 관하여 주주총회의 승인을 얻도록
정한 때에는 발기인이 작성하는 주식청약서에 그 규정을 기재하여야 하고(383조 4
항, 302조 2항 5호의2), ② 주식회사 설립등기시 등기사항으로 주식양도에 관하여 주
주총회의 승인을 얻도록 정한 때에는 그 규정을 등기하여야 하며(383조 4항, 317조
2항 3호의2), ③ 정관에 따른 주식양도에 대한 승인권한은 주주총회가 담당하고(383
조 4항, 335조 1항 단서, 2항, 335조의2 1항, 3항, 335조의3, 335조의7 1항), ④ 주식매수선택권
과 관련하여 일정한 경우 주주총회결의로 주식매수선택권의 부여를 취소할 수
있다는 뜻을 정한 경우 이를 정관에 기재하여야 하며(383조 4항, 340조의3 1항 5호),
⑤ 주식양도에 관하여 주주총회 승인을 얻도록 정한 때에는 주권에 그 규정을 기
재하여야 하고(383조 4항, 356조 6호의2), ⑥ 주주총회의 결의로 각 경업, 겸직의 승

---

948) 임재연(II), 359; 정찬형, 971; 주석상법 회사(III), 471.

인여부(383조 4항, 397조 1항, 2항), 회사기회유용의 승인여부(383조 4항, 397조의2 1항) 및 이사와 회사와의 거래의 승인여부를 결정하여야 하며(383조 4항, 398조), ⑦ 신주발행시 정관에 규정이 없는 것은 주주총회가 결정하고(383조 4항, 416조 본문), ⑧ 무액면주식을 발행한 경우 주식발행가액의 2분의1 이상의 금액으로서 자본금으로 계상하는 금액은 주주총회가 결정하며(383조 4항, 451조 2항), ⑨ 준비금의 자본전입(383조 4항, 461조 1항 본문, 3항), 중간배당(383조 4항, 462조의3 1항), 이익배당(383조 4항, 464조의2 1항), 사채발행(383조 4항, 469조), 전환사채발행(383조 4항, 513조 2항 본문), 신주인수권부사채발행(383조 4항, 516조의2 2항 본문)은 각 주주총회가 결정한다. 또한 주주총회의 소집통지가 있는 때에 주식의 포괄적 교환 반대주주(383조 4항, 360조의5 1항) 또는 합병반대주주(383조 4항, 522조의3 1항)는 각 주식매수청구권을 행사하기 위한 절차를 개시할 수 있다.

나. 대표이사가 담당

소규모회사의 경우 이사회가 존재치 않음으로써 대표이사가 대체담당하는 규정과 관련하여, ① 자기주식을 소각하는 경우에는 대표이사는 자본감소규정에 의하지 않고 소각할 수 있고(383조 6항, 343조 1항 단서), ② 전환주식과 관련한 내용을 대표이사는 당해 전환주식의 주주 및 주주명부에 적힌 권리자에게 통지 또는 공고해야 하며(383조 6항, 346조 3항), ③ 주주총회의 원칙적인 소집권은 대표이사에게 있고(383조 6항, 362조), ④ 주주제안권과 관련하여 이사는 주주제안이 있을시 대표이사에게 보고하고, 대표이사는 원칙적으로 이를 주주총회의 목적사항으로 해야 하며(383조 6항, 363조의2 3항), ⑤ 소수주주는 대표이사에게 임시주주총회 소집청구를 해야 하고(383조 6항, 366조 1항), ⑥ 대표이사가 전자투표 실시여부를 결정하며(383조 6항, 368조의4 1항), 이사회의 결의사항은 대표이사가 결정하고(383조 6항, 393조 1항), ⑦ 감사는 대표이사에게 임시주주총회 소집을 청구할 수 있으며(383조 6항, 412조의3 1항), ⑧ 대표이사는 중간배당을 결정할 수 있고(383조 6항, 462조의3 1항), 대표이사는 파산신청을 할 수 있다.[949]

---

949) 대법원 2021.8.26.자 2020마5520 결정.

다. 미적용 규정

소규모회사의 경우 이사회가 존재치 않음으로써 적용되지 않는 규정과 관련하여, ① 배당가능이익범위 내에서의 자기주식 취득시 이사회결의로 주주총회결의를 갈음할 수 있는 규정(383조 5항, 341조 2항 단서), ② 이사회를 소집할 이사를 이사회가 정한다는 규정(383조 5항, 390조), 이사회결의방법(383조 5항, 391조), 감사의 이사회 출석·진술권 및 보고의무(383조 5항, 391조의2), 이사회의사록(383조 5항, 391조의3), 이사회의 연기·속행(383조 5항, 392조), 이사회의 이사감독권, 이사회의 대표이사로부터의 보고수령권, 이사의 이사회보고의무(383조 5항, 393조 2항 내지 4항), 이사회결의에 찬성한 이사의 회사에 대한 책임규정(383조 5항, 399조 2항), ③ 집행임원을 둔 회사의 이사회 권한 및 이사회 의장(383조 5항, 408조의2 3항, 4항), 집행임원의 정관에 의한 임기연장규정(383조 5항, 408조의3 2항), 집행임원의 권한 중 이사회결의에 의해 위임받은 업무집행에 관한 의사결정(383조 5항, 408조의4 2호), 2명 이상의 집행임원 중 이사회의 대표집행임원선임(383조 5항, 408조의5 1항), 집행임원의 이사회 보고의무(383조 5항, 408조의6), 집행임원의 이사회소집청구(383조 5항, 408조의7),950) ④ 감사의 이사회 소집청구(383조 5항, 412조의4), ⑤ 예외적인 재무제표의 이사회결의에 의한 승인(383조 5항, 449조의2), 재무제표를 이사회결의로 승인하는 경우의 이사회결의에 의한 이익배당(383조 5항, 462조 2항 단서), ⑥ 이사회의 공고에 의한 흡수합병 보고총회의 대체(383조 5항, 526조 3항), 이사회의 공고에 의한 신설합병 창립총회의 대체(383조 5항, 527조 4항), 간이합병(383조 5항, 527조의2), 소규모합병(383조 5항, 527조의3 1항), 간이합병 또는 소규모합병시 주주총회 승인결의를 이사회승인결의로 대체할 수 있다는 규정(383조 5항, 527조의5 2항)은 그 적용이 없다.

5. 감사의 임의적 설치

소규모회사는 <u>감사를 선임하지 않을 수 있다.</u> 감사를 두지 않는 경우, 감사의 직무와 보고요구, 조사의 권한(409조 6항, 412조), 감사의 이사로부터의 회사에 현

---

950) 집행임원은 이사회에서 선임되기 때문에(408조의2 3항 1호), 소규모회사의 경우에 집행임원을 선임할 수 있는 별도의 규정을 두지 않고, 이사회관련 규정을 적용치 않도록 하는 것은 결과적으로 소규모회사에서는 집행임원을 둘 수 없다는 결론이 되므로 입법적인 보완이 요구됨.

저한 손해를 미칠 염려가 생겼을 때의 보고수령권(409조 6항, 412조의2), 감사의 자회사의 조사권(409조 6항, 412조의5 1항, 2항)은 주주총회가 대신 행사하며, 회사가 이사에 대하여 또는 이사가 회사에 대하여 소를 제기하는 경우에 회사, 이사 또는 이해관계인은 법원에 회사를 대표할 자를 선임하여 줄 것을 신청하여야 한다(409조 5항).

XII. 신주발행

1. 총설

협의의 신주발행이란 회사설립 후 자기자본의 조달을 위하여 신주를 발행함을 말한다. 이에 대하여 광의의 신주발행에는 자기자본의 조달 이외에도 주식매수선택권의 행사(340조의4), 전환주식의 전환(346조), 주식의 포괄적 교환(360조의2), 주식의 포괄적 이전(360조의16), 주식의 병합(440조), 주식의 분할(329조의2), 준비금의 자본전입(461조), 주식배당(462조의2), 전환사채에서의 전환권의 행사(515조), 신주인수권부사채의 신주인수권의 행사(516조의9), 흡수합병(523조) 및 분할합병(530조의6)에 의한 신주발행도 포함된다. 먼저 협의의 신주발행에 관하여 이하에서 설명하기로 한다.

2. 신주발행사항의 결정기관

신주발행사항은 상법에 다른 규정이 있거나 정관으로 주주총회에서 결정하기로 정한 경우를 제외하고, 이사회가 결정한다(416조). 이사회는 이 권한을 이사회내 위원회에 위임할 수 있으나(393조의2 2항), 대표이사나 기타의 자에게는 일임할 수는 없다고 보아야 할 것이다.[951]

위의 상법에 다른 규정이란, ① 전환주식의 전환(주주가 전환권을 행사하는 경우; 350조) 또는 전환사채의 전환권의 행사시(516조)에는 전환권은 형성권이어서 행사 즉시 전환의 효력이 발생하므로 별도의 이사회결의가 필요 없음을 말하고, ② 주

---

[951] 김건식, 626; 유시창, 333; 이철송, 862; 정찬형, 1082; 주석상법 회사(IV), 44; 최기원, 792.

식매수선택권(340조의4), 소규모회사(383조 4항), 주식배당(462조의2 1항), 주식병합(440), 주식분할(329조의2), 합병(523조), 분할합병(530조의6), 주식의 포괄적 교환(360조의2) 및 주식의 포괄적 이전(360조의16)을 위해 신주를 발행하는 경우에는 <u>주주총회의 결의</u>에 의함을 말한다.

3. 이사회의 결정을 요하는 신주발행사항

회사가 그 성립 후에 주식을 발행하는 경우에는 다음의 사항으로서 정관에 규정이 없는 것은 이사회가 결정한다. 다만, 이 법에 다른 규정이 있거나 정관으로 주주총회에서 결정하기로 정한 경우에는 그러하지 아니하다(416조).

가. 신주의 종류와 수(416조 1호)

신주의 종류란 발행할 수 있는 주식의 종류(종류주식 포함)를 말한다. 정관과 이사회의 결의에서 이에 대한 규정이 없는 경우에는 보통주만을 발행해야 할 것이다.

신주의 수란 발행예정주식총수에서 이미 발행한 주식수를 공제한 주식수의 범위 내에서 정관 또는 이사회의 결의에 따라 정해지는 수를 말한다.

나. 신주의 발행가액과 납입기일(416조 2호)

(1) 의의

신주의 발행가는 이사회가 정하는 경우 원칙적으로 액면 이상이어야 한다. 발행가액은 원칙적으로 당해 신주에 대하여 균등하여야 하나, 종류주식의 경우에는 정관에 규정이 없는 경우에도 주식의 종류에 따라 이사회의 결의에 의하여 발행가액을 달리할 수 있다(344조 3항).

신주의 납입기일은 현금납입 또는 현물출자의 이행을 하여야 할 날을 말하며(305조 1항), <u>신주인수인은 그 납입기일의 다음날부터 주주로서의 권리의무가 있다</u>(423조 1항).

(2) 액면미달 신주발행

(가) 의의

주식회사의 설립시에는 액면미달발행은 허용되지 아니하나, 신주발행시에는 액면미달발행의 예외가 인정된다(330조).

액면주식을 발행한 회사의 경우 액면금액 이상으로 발행가액을 정해야만 액면금액에 상당하는 자본이 증가함으로써 자본충실의 원칙에 부합하게 된다. 그러나 회사의 영업실적이 좋지 않거나 당시 자본조달 시장상황이 좋지 않는 경우 액면 이상의 금액으로 발행을 해서는 주식인수인을 구할 수 없는 경우에, 자본충실 원칙에 어긋남에도 불구하고 액면미달발행을 해서라도 일부의 자금이라도 조달할 수밖에 없는 회사의 재무상황을 고려하여, 예외적으로 엄격한 요건하에 이를 인정해 주자는 취지이다.

(나) 요건

1) 회사 성립 후 2년 이상 경과

회사 성립 후 일정기간동안의 영업활동을 지켜본 후에야 비로소 그 기간 동안의 영업적자로 인하여 정상적인 액면 이상발행이 어렵다는 것을 판단할 수 있을 것이므로, 상법은 그 기간을 2년으로 정한 것이다(417조 1항).

2) 주주총회 특별결의

액면 이상으로 주식을 취득한 기존주주들로서는 액면미달발행이 있게 되면, 자신들의 주당가치가 희석화되는 위험을 감수해야 하기 때문에 주주총회 보통결의가 아닌 보다 엄격한 특별결의를 얻게 한 것이다(동항).

또한 이 주주총회에서는 액면미달발행을 하고자 하는 주식의 최저발행가액도 정하여야 한다(동조 2항). 만일 주주총회에서는 액면미달발행여부만 정하고, 구체적인 발행가액은 이사회가 정하게 된다면, 실제 발행가액이 주주총회에서 예상하지 못했던 가액 이하로 떨어지는 경우 주주총회의 특별결의가 사실상 무의미해지므로, 이러한 문제점을 해결하기 위해, 주주총회에서 특별결의로 최저발행가액도 정하도록 한 것이다.

3) 법원의 인가

자본충실의 원칙을 훼손하면서까지 액면미달발행을 인정할 필요성을 보다 철저히 검증하기 위하여, 주주총회의 특별결의와는 별도로 법원의 인가를 얻어야 한다(동조 1항). 이와 관련하여, 법원은 회사의 현황과 제반사정을 참작하여 최저발행가액을 변경하여 인가할 수 있고, 이 경우에 법원은 회사의 재산상태 기타 필요한 사항을 조사하게 하기 위하여 검사인을 선임할 수 있다(동조 3항). **주권상장법인**의 경우에는 액면미달금액 총액에 대하여 상각을 완료함을 전제로, **법원의 인가 없이도** 주주총회 특별결의만으로 그 1개월내에 액면미달발행을 할 수 있는데, 이 경우 주주총회에서는 주식의 최저발행가액을 정하여야 한다(자본시장법 165조의8, 상법 434조).

4) 법원인가일로부터 1월이내 발행

이 액면미달발행은 법원의 인가를 얻은 날로부터 1월내에 발행하여야 하나, 법원은 이 기간을 연장하여 인가할 수 있다(417조 4항). 법원의 인가일로부터 원칙적으로 1월내에 액면미달발행을 해야 한다는 제한을 가함으로써, 자본충실원칙에 배치되는 액면미달발행의 인정을 엄격하게 하고, 액면미달발행의 남용을 방지하고자 하는 취지이다.

(다) 투자자 및 회사채권자를 위한 공시

회사가 액면미달 신주발행을 하는 경우에는, 주식청약서 및 신주인수권증서에 발행조건과 미상각액을 기재하여야 하고(420조 4호, 420조의2 2항 2호), 주식의 발행에 따른 변경등기에는 미상각액을 등기하여야 한다(426조).

다. 무액면주식의 경우에는 신주의 발행가액 중 자본금으로 계상하는 금액(416조 2호의2)

신주 발행가액의 2분의1 이상의 금액 중에서 이사회가 원칙적으로 자본금으로 계상할 금액을 정하게 된다(451조 2항).

라. 신주의 인수방법(416조 3호)

상법 418조 1항에 따라 주주배정방식에 의할 경우에는 신주인수권자를 정하기 위한 배정기준일을 정해야 하고, 상법 418조 2항에 따라 제3자배정방식에 의할 경우에는 이사회결의로 그 제3자를 정해야 하며, 이에 따라 구체적인 청약, 배정, 납입방법, 실권주 및 단주의 처리방법을 정해야 한다.

마. 현물출자를 하는 자의 성명과 그 목적인 재산의 종류, 수량, 가액과 이에 대하여 부여할 주식의 종류와 수(416조 4호)

현물출자에 대하여는 법원이 선임한 검사인의 조사를 받아야 하나, 공인된 감정인에 의한 감정으로 갈음할 수 있다(422조 1항).

바. 주주가 가지는 신주인수권을 양도할 수 있는 것에 관한 사항(416 조 5호)

신주배정기준일 현재 주주명부상 주주는 구체적 신주인수권을 부여받게 되는데, 이사회가 이 구체적 신주인수권을 기존주식과 분리하여 양도할 수 있는 것과 관련한 사항을 정하는 것을 말한다. 만일 이를 이사회가 정하지 아니한 경우에도 구체적 신주인수권의 양도는 양도당사자간에서는 유효할 것이나, 회사에 대항하지는 못한다고 보아야 할 것이다.952) 단, 회사가 승낙한 경우에는 당연히 회사에 효력을 미친다.[판례121]

---

952) 강희갑, 681; 권기범, 904; 김건식, 626; 손진화, 636; 유시창, 330; 이기수외, 593; 이범찬외, 402; 장덕조, 427; 정경영, 584; 정동윤, 695; 정찬형, 1076; 최기원, 791; 최완진, 261; 최준선, 616. 이에 반대하는 견해로는 이철송, 881; 한창희, 359.

[판례121] 대법원 1995.5.23. 선고 94다36421 판결

상법 416조 5호에 의하면, 회사의 정관 또는 이사회의 결의로 주주가 가지는 신주인수권을 양도할 수 있는 것에 관한 사항을 결정하도록 되어 있는 바, 신주인수권의 양도성을 제한할 필요성은 주로 회사측의 신주발행사무의 편의를 위한 것에서 비롯된 것으로 볼 수 있고, 또 상법이 주권발행 전 주식의 양도는 회사에 대하여 효력이 없다고 엄격하게 규정한 것과는 달리 신주인수권의 양도에 대하여는 정관이나 이사회의 결의를 통하여 자유롭게 결정할 수 있도록 한 점에 비추어 보면, 회사가 정관이나 이사회의 결의로 신주인수권의 양도에 관한 사항을 결정하지 아니하였다 하여 신주인수권의 양도가 전혀 허용되지 아니하는 것은 아니고, 회사가 그와 같은 양도를 승낙한 경우에는 회사에 대하여도 그 효력이 있음.

사. 주주의 청구가 있는 때에만 신주인수권증서를 발행한다는 것과 그 청구기간(416조 6호)

위 5호의 신주인수권을 양도할 수 있음을 정한 경우에 그 양도는 신주인수권증서의 교부에 의해서만 가능하므로(420조의3 1항), 원하는 주주에게만 발행한다는 뜻과 그 청구기간을 정하라는 뜻이다. 만일 이를 정하지 아니한 때에는 청약기일의 2주간전까지 신주인수권증서의 발행을 원하는 주주에게 신주인수권증서를 발행하여야 한다(420조의2 1항, 419조 1항).

4. 신주인수권(Preemptive Right)

가. 의의

신주인수권이란 신주발행의 경우 다른 사람보다 우선하여 신주를 인수할 수 있는 권리를 말한다. 발행가액 또는 조건에서 우선권이 있는 것은 아니며, 의무도 아니다.

한편, 통상의 신주발행을 제외한 주식매수선택권의 행사(340조의4), 전환주식의 전환(346조), 주식의 포괄적 교환(360조의2), 주식의 포괄적 이전(360조의16), 주식의 병합(440조), 주식의 분할(329조의2), 준비금의 자본전입(461조), 주식배당(462조의2), 전환사채에서의 전환권의 행사(515조), 신주인수권부사채에서의 신주인수권의 행사

(516조의9), 흡수합병(523조) 및 분할합병(530조의6)의 경우에는 신주인수권자가 특정되어 있으므로, 신주인수권의 귀속의 문제는 발생하지 아니한다.

신주인수권은 주주의 신주인수권과 제3자의 신주인수권으로 구별된다. 이와 관련하여 판례는 신주 등의 발행에서 주주배정방식과 제3자배정방식을 구별하는 기준은 회사가 신주 등을 발행하면서 주주들에게 그들의 지분비율에 따라 신주 등을 우선적으로 인수할 기회를 부여하였는지 여부에 따라 객관적으로 결정되어야 하고, 신주 등의 인수권을 부여받은 주주들이 실제로 인수권을 행사함으로써 신주 등을 배정받았는지 여부에 좌우되는 것은 아니라고 판시하고 있다.953)

나. 기능 및 과제

신주발행을 함에 있어 기존주주의 이익 즉, 지분비율 유지를 통해 회사에 대한 지배력을 유지시키기 위해서는 기존주주에게 신주인수권을 부여함이 타당할 것이나 반면에 회사입장에서 자본조달의 규모 내지 기동성 측면을 고려한다면 기존주주 이외의 제3자에게 신주인수권을 부여할 필요성이 생기게 된다. 따라서 주주의 신주인수권과 제3자의 신주인수권을 어떻게 적절하게 조화시킬 것인지가 문제된다.

다. 원칙: 주주의 신주인수권

(1) 의의

주주는 그가 가진 주식수에 따라 신주의 배정을 받을 권리가 있다(418조 1항). 즉, 주주는 자신의 지분비율을 유지할 이익이 있으므로, 이를 위해 신주발행시 원칙적으로 주주의 신주인수권을 인정한 것이다. 이 주주의 신주인수권은 추상적 신주인수권과 구체적 신주인수권으로 구분할 수 있다. 추상적 신주인수권은 주주권의 고유한 내용으로서 주식과 분리하여 양도 등 기타 처분할 수 없다. 이에 반하여 구체적 신주인수권은 신주배정기준일 현재 주주명부상의 주주에게 발생하는 권리로서, 주주의 고유권에 속하는 것이 아니고, 주주권으로부터 독립된 회사

---

953) 대법원 2012.11.15. 선고 2010다49380 판결.

에 대한 채권적 권리이며, 주주권의 이전에 수반되지 아니한다.954)

미국의 경우, MBCA(§6.30.), 델라웨어주 회사법(§102(b)(3)), 뉴욕주회사법(§622(b)(2)) 및 캘리포니아주 회사법(§400(a)) 등 많은 주에서, 정관에 명시적 규정이 있는 경우에만 주주의 신주인수권을 인정하는 Opt-In방식을 채택하고 있다. 반면에 영국의 경우, 원칙적으로 주주의 신주인수권을 인정하고 있다(Companies Act 2006 §561(1)).

(2) 신주인수권증서

(가) 의의

신주인수권증서란 정관 또는 이사회에서 주주의 신주인수권을 양도할 수 있도록 정한 경우 주주의 청구에 따라 발행하는 주주의 신주인수권을 표창하는 유가증권을 말한다.

(나) 기재사항

신주인수권증서에는 다음 사항과 번호를 기재하고 이사가 기명날인 또는 서명하여야 한다(420조의2 2항).

① 신주인수권증서라는 뜻의 표시(동항 1호)

② 상법 420조에 규정한 사항(동항 2호)955)

③ 신주인수권의 목적인 주식의 종류와 수(동항 3호)

④ 일정기일까지 주식의 청약을 하지 아니할 때에는 그 권리를 잃는다는 뜻(동항 4호)

한편, 전환주식을 발행한 때에는 신주인수권증서에 다음의 사항을 적어야 한다(347조).

---

954) 대법원 2010.2.25. 선고 2008다96963, 96970 판결. 물론 양도계약에서 수반되는 것으로 정할 수 있을 것임.

955) ① 상호, 회사가 발행할 주식의 총수, 액면주식을 발행하는 경우 1주의 금액(289조 1항 2호 내지 4호), ② 주주에게 배당할 이익으로 주식을 소각할 것을 정한 때에는 그 규정, 납입을 맡을 은행 기타 금융기관과 납입장소, 명의개서대리인을 둔 때에는 그 성명·주소 및 영업소(302조 2항 7호, 9호, 10호), ③ 신주의 종류와 수, 신주의 발행가액과 납입기일, 무액면주식의 경우에는 신주의 발행가액 중 자본금으로 계상하는 금액, 신주의 인수방법, 현물출자를 하는 자의 성명과 그 목적인 재산의 종류, 수량, 가액과 이에 대하여 부여할 주식의 종류와 수(416조 1호 내지 4호), ④ 상법 417조에 따른 주식을 액면미달발행한 경우에는 그 발행조건과 미상각액, ⑤ 주주에 대한 신주인수권의 제한에 관한 사항 또는 특정한 제3자에게 이를 부여할 것을 정한 때에는 그 사항, 및 ⑥ 주식발행의 결의연월일.

① 주식을 다른 종류의 주식으로 전환할 수 있다는 뜻
② 전환의 조건
③ 전환으로 인하여 발행할 주식의 내용
④ 전환청구기간 또는 전환의 기간

(다) 효력

신주인수권증서의 <u>점유자는 이의 적법한 소지인으로 추정한다</u>(420조의3 2항, 336조 2항). 따라서 선의취득이 가능하고(수표법 21조), 별도의 입증 없이 신주인수권 증서를 소지하고 있다는 사실만으로 신주인수권을 행사할 수 있다.

<u>신주인수권증서를 발행한 경우에는 신주인수권증서에 의하여 주식의 청약을 한다</u>(420조의5 1항). 이 경우 신주인수의 청약을 하고자 하는 자는 신주인수청약서 2통에 인수할 주식의 종류 및 수와 주소를 기재하고 기명날인 또는 서명하여야 한다(302조 1항).

한편, 신주인수권증서를 상실한 자는 주식청약서에 의하여 주식의 청약을 할 수 있으나 그 청약은 신주인수권증서에 의한 청약이 있는 때에는 그 효력을 잃는다(420조의5 2항). 신주인수권증서의 발행을 청구하지 아니한 주주도 주식청약 서에 의하여 주식의 청약을 할 수 있다.

(라) 전자등록

회사는 <u>신주인수권증서를 발행하는 대신</u>, <u>정관으로 정하는 바에 따라, 전자 등록기관의 전자등록부에 신주인수권을 등록할 수 있다</u>(420조의4 전단). 이 경우 전 자등록부에 등록된 신주인수권의 양도나 입질은 전자등록부에 등록하여야 효력 이 발생하고(420조의4 후단, 356조의2 2항), 전자등록부에 신주인수권을 등록한 자는 그 등록된 신주인수권에 대한 권리를 적법하게 보유한 것으로 추정하며, 이러한 전 자등록부를 선의로, 그리고 중대한 과실 없이 신뢰하고 전자등록부의 등록에 따 라 권리를 취득한 자는 그 권리를 적법하게 취득한다(420조의4 후단, 356조의2 3항).

(3) 주주의 구체적 신주인수권의 양도

(가) 의의

주주가 배정기준일에 받게 된 신주인수권을 직접 행사하지 아니하고 <u>신주인</u>

수권증서를 통해 자신의 신주인수권을 제3자에게 양도함으로써, 자금부족으로 인한 신주인수권 포기로 발생하는 손해를 방지하고, 신주인수절차를 경료해야 하는 부담에서 벗어나 양도차익을 얻을 수 있는 기회를 제공한다는 데 그 규정취지가 있다.

(나) 요건

주주가 가지는 신주인수권을 양도할 수 있는 것에 관한 사항은 <u>이사회가 결정하되, 상법에 다른 규정이 있거나 정관으로 주주총회에서 결정하기로 정한 경우에는 그러하지 아니하다</u>(416조).

신주인수권의 양도는 <u>신주인수권증서의 교부에 **의하여서만**</u> 이를 행하고(420조의3 1항), 양도를 허용할 것인지 여부는 회사의 재량사항이며, 주주의 신주인수권에만 인정되고 <u>제3자의 신주인수권에는 인정되지 아니한다</u>. 주주가 가지는 신주인수권을 양도할 수 있음을 정한 경우에, 주주의 청구가 있는 때에만 신주인수권증서를 발행한다는 것과 그 청구기간에 대해 정함이 있는 때에는 그 정함에 따라 하면 되나, 만일 그 정함이 없는 때에는 신주인수권증서의 발행을 원하는 주주에게 청약일의 2주간전에 신주인수권증서를 발행하여야 한다(420조의2 1항, 416조 5호, 6호, 419조 1항).

라. 예외: 제3자의 신주인수권

(1) 의의

회사는 정관에 정하는 바에 따라 <u>주주 외의 자에게</u> 신주를 배정할 수 있다. 다만, 이 경우에는 <u>신기술의 도입, 재무구조의 개선</u> 등 회사의 경영상 목적을 달성하기 위하여 필요한 경우에 한한다(418조 2항). 즉, 주주의 이익을 배제하고서라도 회사의 경영상 목적을 달성하기 위해 필요한 경우에는 제3자에게 신주인수권을 배정할 수 있도록 한 것이므로, 이 요건하에 주주의 신주인수권은 완전히 배제될 수 있다.956) 이와 관련하여 판례는 주식회사가 신주를 발행함에 있어 신기술의 도입, 재무구조의 개선 등 회사의 경영상 목적을 달성하기 위하여 필요한

---

956) 권기범, 905; 김건식, 619; 김정호, 651; 송옥렬, 1093; 이기수외, 595; 이철송, 869; 임재연(I), 577; 주석상법 회사(IV), 66.

범위 안에서 정관이 정한 사유가 없는 경우에도, 회사의 경영권 분쟁이 현실화된 상황에서 경영진의 경영권이나 지배권 방어라는 목적을 달성하기 위하여 제3자에게 신주를 배정하는 것은 상법 418조 2항을 위반하여 주주의 신주인수권을 침해하는 것이라고 판시하고 있다.[957] 한편, 주주간의 신주인수라도 기존주주의 지분비율을 달리하여 신주를 배정하는 경우에는 주주의 신주인수권을 배제하는 경우에 해당한다.

　　한편, 법률규정에 의한 예외가 인정되는데, ① 주권상장법인의 경우 경영상 목적달성에 필요치 아니한 경우에도 정관 및 이사회결의에 의해, 일반공모증자의 방식으로, 제3자에게 우선적으로 신주인수권을 부여하는 경우(자본시장법 165조의6 4항, 1항 3호), ② 주권상장법인 및 주권을 상장하려고 하는 법인의 유상증자의 경우에 원칙적으로 우리사주조합원에 신주의 20%를 우선배정하는 경우(동법 165조의7)[판례 122] 및 ③ 채무자인 회사가 회생채권자 또는 회생담보권자에게 신주를 발행하는 경우(채무자회생 및 파산에 관한 법률 265조 1항) 등이 이에 해당된다.

> [판례122] 대법원 2014.8.28. 선고 2013다18684 판결
>
> 　　근로자복지기본법상 우리사주조합원이 우선적으로 배정받을 권리가 있는 "당해 주식"에 사채의 일종인 신주인수권부사채가 포함되지 아니함은 해석상 분명하며, 우리사주조합원에게 주식 외에 신주인수권부사채까지 우선적으로 배정받을 권리가 있다고 유추해석하기도 어려움.

(2) 제3자 신주인수권의 취득시점

　　정관규정에 의해 제3자가 신주인수권을 가진다는 견해가 있으나,[958] 정관규정은 회사 내부적인 의사임에도 이를 기초로 제3자가 직접 신주인수권을 부여받는다는 것은 무리가 있는 해석이고, 의사취임의 효력발생과 같이, 제3자가 회사와 신주인수계약을 체결할 때에 제3자가 신주인수권을 취득한다고 보는 것이 타당할 것이다.[959]

---

957) 대법원 2009.1.30. 선고 2008다50776 판결.

958) 이철송, 879.

959) 강희갑, 683; 권기범, 906; 김정호, 653; 김홍기, 652; 서헌제, 948; 손진화, 637; 이기수외, 596; 이범찬외, 406; 임재연(I), 579; 장덕조, 431; 정경영, 586; 정동윤, 698; 정찬형, 1080; 주석상법 회사(IV), 78; 최완진, 263; 최준선, 621.

(3) 주총특별결의에 의해서도 제3자 배정이 허용되는지 여부

주주총회 특별결의는 정관변경을 가능케 하므로 정관의 규정과 같은 효력이 있다고 볼 수 있고, 전환사채(513조 3항) 또는 신주인수권부사채(516조의2 4항)의 경우에도 주주외의 자에 대한 발행시 정관에 규정이 없으면 주주총회 특별결의로 정할 수 있도록 규정되어 있으므로, 정관에 명문의 규정이 없더라도 위 규정을 유추적용하여, 회사의 경영상 목적을 달성하는데 필요한 경우에는 정관규정 대신, 주주총회 특별결의에 의하여 주주의 신주인수권을 배제하고 제3자에게 신주인수권을 부여할 수 있다고 보는 것이 타당할 것이다.960)

(4) 현물출자와 신주인수권

제3자의 현물출자는 상법 416조에 의해 정관에 다른 규정이 없는 한, 이사회의 결의만으로 가능하다는 주장이 있지만,961)[판례123] 현물출자도 출자하는 현물에 대하여 주식을 교부하는 것이어서 실질은 통상의 신주인수와 같다고 보아야 할 것이므로, 정관 또는 주주총회 특별결의에 의하지 않고는 주주의 신주인수권을 배제할 수 없다고 보아야 할 것이다.962) 즉, 상법 416조의 해석을 주주의 현물출자를 허용해주는 경우에 한하여 이사회의 결의만으로 가능하다고 보는 것이 타당하며, 만일 이렇게 해석하지 않는다면, 현물출자의 형식을 통하여 사실상 주주의 신주인수권을 이사회의 결의만으로 무용지물로 만들 수 있는 위험을 초래하게 된다. 물론 입법적으로 해결함이 바람직하겠지만, 그 이전이더라도 상법 418조라는 원칙적 주주의 신주인수권, 예외적 정관에 의한 제3자의 신주인수권이라는 실질적 권한배분에 관한 조문이 상법 416조라는 신주발행사항이라는 절차적인 권한을 이사회에 인정하는 조문보다 우선한다고 해석하는 것이 타당하다고 본다.963) 물론 제3자의 현물출자와 관련하여, 이사회결의가 있더라도, 회사의 경영상 목적을 달성하는데 필요한 경우에 한하여 주주의 신주인수권을 배제할

---

960) 이철송, 873; 이기수외, 595; 임재연(I), 577; 정동윤, 698; 주석상법 회사(IV), 68. 이에 반대하는 견해로는 양명조, 433; 송옥렬, 1093; 정경영, 586; 최기원, 776; 최준선, 622.

961) 권기범, 898; 송옥렬, 1095; 정찬형, 1071; 주석상법 회사(IV), 71; 최기원, 773.

962) 김동훈, 381; 김건식, 624; 김홍기, 650; 이철송, 871.

963) 청주지방법원 2014.11.20. 선고 2014가합1994 판결 및 서울남부지방법원 2010.11.26. 선고 2010가합3538 판결; 이에 반하는 대법원 1989.3.14. 선고 88누889 판결은 폐기되어야 함.

수 있다고 보아야 할 것이다.

> **[판례123] 대법원 1989.3.14. 선고 88누889 판결**
>
> 　　주주의 신주인수권은 주주가 종래 가지고 있던 주식의 수에 비례하여 우선적으로 인수의 배정을 받을 수 있는 권리로서 주주의 자격에 기하여 법률상 당연히 인정되는 것이지만 현물출자자에 대하여 발행하는 신주에 대하여는 일반주주의 신주인수권이 미치지 않음.

(5) 제3자 신주인수권의 양도허용여부

　　제3자 신주인수권은 경영상 목적이 있는 경우 정관규정 또는 주주총회 특별결의에 의해 예외적으로 특정한 자에게만 인정되는 자금조달방법이므로, 회사의 동의가 없는 한, 제3자가 이 권리를 양도하는 것은 허용되지 않는다고 보는 것이 타당할 것이다.964) 이에 반하여, 신주인수권부사채의 경우 신주인수권증권이 발행된 경우에는 그 교부만에 의해 신주인수권부사채와는 별도로 신주인수권증권만을 양도할 수 있다(516조의2 2항 4호, 516조의6 1항).

마. 주식평등의 원칙과 신주인수권

　　주주의 신주인수권을 인정하든 부정하든, 주식평등의 원칙이 준수되어야 한다.
　　또한 종류주식을 발행한 경우에는 정관에 다른 정함이 없는 경우에도 주식의 종류에 따라 신주의 인수, 주식의 병합·분할·소각 또는 회사의 합병·분할로 인한 주식의 배정에 관하여 특수하게 정할 수 있으나(344조 3항), 이 경우에도 동종의 종류주식간에는 주식평등의 원칙이 준수되어야 할 것이다.965)

　　주식평등의 원칙에 반하는 신주발행은 신주발행유지청구(424조) 또는 신주발행무효의 소(429조)의 대상이 된다고 보아야 할 것이다.

---

964) 권기범, 907; 김정호, 655; 유시창, 332; 이기수외, 598; 이철송, 879; 정동윤, 699; 주석상법 회사(IV), 82; 최기원, 777. 이에 반대하는 견해로는 강희갑, 685; 김동훈, 382; 김홍기, 653; 이범찬외, 407; 장덕조, 431; 정경영, 586; 정찬형, 1081; 최완진, 264; 최준선, 625; 한창희, 361.
965) 주석상법 회사(IV), 72.

바. 자기주식과 신주인수권

자기주식 또는 자회사가 가지는 모회사주식에 대하여는 신주인수권이 없다고 보아야 할 것이다.966) 한편, 자기주식의 처분시 주주의 신주인수권이 인정되는지 여부가 문제되는데, 실질적으로 신주를 발행하는 경우와 동일하게 기존주주의 지배권에 중요한 이해관계를 가지므로 주주의 신주인수권을 인정하는 것이 타당할 것이다.967)

사. 신주인수권의 침해

주주의 신주인수권을 침해하여 제3자에게 신주인수권을 부여하거나 발행가가 공정하지 아니한 경우에는 주주는 이사의 손해배상책임을 물을 수 있고(401조), 신주발행유지청구(424조) 및 신주발행무효의 소(429조)의 대상이 될 수 있으며, 제3자가 직접 회사에 대해 반환의무를 부담하는 경우도 발생하고(424조의2), 불공정한 발행가로 제3자에게 신주인수권을 부여한 이사는 배임죄의 죄책을 지게 된다.968)

반면에, 회사가 제3자와의 신주인수권부여계약을 위반하더라도 제3자는 회사에 대해 채무불이행책임만을 물을 수 있을 뿐이며, 신주발행무효의 사유가 된다고 볼 수는 없을 것이다.969)

---

966) 강희갑, 679; 권기범, 520; 서헌제, 941; 손진화, 634; 송옥렬, 844; 유시창, 328; 이범찬외, 400; 이철송, 870; 임재연(I), 568; 정경영, 580; 정동윤, 495; 정찬형, 1072; 주석상법 회사(IV), 72; 최기원, 360; 최완진, 260; 최준선, 609; 한창희, 357.
967) 김건식, 624; 송옥렬, 1096. 이에 반대하는 견해로는 이기수외, 590; 정동윤, 693; 정찬형, 1072; 최기원, 772.
968) 대법원 2009.5.29. 선고 2007도4949 전원합의체판결 및 대법원 2009.5.29. 선고 2008도9436 판결.
969) 강희갑, 685; 권기범, 908; 이기수외, 599; 이철송, 880; 장덕조, 432; 정경영, 587; 정동윤, 700; 정찬형, 1081; 주석상법 회사(IV), 78; 최기원, 778; 최완진, 264; 최준선, 625.

5. 신주발행절차

가. 배정기준일 공고

(1) 의의

회사는 일정한 날을 정하여 그 날에 주주명부에 기재된 주주가 신주인수권을 가진다는 뜻과 신주인수권을 양도할 수 있을 경우에는 그 뜻을 <u>그 날의 2주간 전에 공고하여야</u> 한다. 그 날이 주주명부폐쇄기간 중인 때에는 그 기간의 초일의 2주간전에 이를 공고하여야 한다(418조 3항, 354조 1항). 이 배정일은 배정기준일을 말하며, 통지대신 공고를 택한 이유는 주식투자자에게 주가에 영향을 미치는 신주발행정보를 제공하려는 취지이다. <u>주주배정의 경우에만 적용되는 규정이다.</u>

이와 관련하여, 판례는 상법 416조에 의하여 주식회사가 주주총회나 이사회의 결의로 신주를 발행할 경우에 발생하는 구체적 신주인수권은 주주의 고유권에 속하는 것이 아니고 위 상법의 규정에 의하여 주주총회나 이사회의 결의에 의하여 발생하는 구체적 권리에 불과하므로, 그 신주인수권은 주주권의 이전에 수반되어 이전되지 아니하는바, 회사가 신주를 발행하면서 그 권리의 귀속자를 주주총회나 이사회의 결의에 의한 일정시점에 있어서의 주주명부에 기재된 주주로 한정할 경우, 그 신주인수권은 그 일정시점에 있어서의 실질상의 주주인가의 여부와 관계없이 회사에 대하여 법적으로 대항할 수 있는 주주 즉, <u>주주명부에 기재된 주주에게 귀속된다</u>고 보고 있다.[970]

(2) 실기주 문제

실기주란 주식의 양수인이 배정기준일까지 명의개서를 하지 않아 양도인에게 배정된 신주를 말한다. 이 실기주와 관련하여 양수인이 양도인에게 어떠한 권리를 가지는가가 문제된다. 살피건대, 부당이득설[971]에 의하면 납입금액과 주가와의 차액만을 부당이득으로 청구할 수 있고 신주의 반환을 청구할 수는 없다고 보게 되는데, 이것은 양수인에게 불공평하며, 사무관리설[972]에 의하면 양도인이

---

970) 대법원 1995.7.28. 선고 94다25735 판결.
971) 유시창, 329; 정경영, 434; 한창희, 179.
972) 정찬형, 1074; 홍복기외, 174.

신주의 인수, 납입을 자기를 위한 의사로 한다고 보아야 할 것이어서 타인을 위한 의사가 있다고 보기 어렵다. 따라서 사무관리설을 유추적용하는 <u>준사무관리설</u>의 입장에서, 양수인은 양도인에게 그가 취득한 신주 또는 신주매각대금의 반환을 청구할 수 있고, 대신 양수인은 양도인에게 신주인수 납입금액을 포함한 유익비용을 상환할 의무가 있다고 해석하는 것이 타당할 것이다(민법 738조, 739조, 684조).973)

나. 신주인수권자에 대한 최고

회사는 신주의 인수권을 가진 자에 대하여 그 인수권을 가지는 주식의 종류 및 수와 일정한 기일까지 주식인수의 청약을 하지 아니하면 그 권리를 잃는다는 뜻을 <u>위 기일의 2주간전까지 통지</u>하여야 한다. 이 경우 주주가 가지는 신주인수권을 양도할 수 있는 것에 관한 사항(416조 5호) 및 주주의 청구가 있는 때에만 신주인수권증서를 발행한다는 것과 그 청구기간(416조 6호)을 정한 경우에는 그 내용도 통지하여야 한다(419조 1항, 2항).

만일 이 통지에도 불구하고 그 기일까지 주식인수의 청약을 하지 아니한 때에는 신주의 인수권을 가진 자는 그 권리를 잃는다(동조 3항). 즉, <u>이 청약일에 신주인수권자가 청약을 하지 아니하면 실권주가 발생한다.</u> 2주간전까지 통지하라는 의미는 2주간전까지 통지가 신주인수권자에게 도달해야 한다는 뜻으로 보는 것이 타당할 것이다(민법 111조 1항). 이 통지는 보통 그 도달할 시기에 도달한 것으로 본다(304조 2항). 이 규정은 <u>주주배정의 경우에만 적용되는 규정이다.</u>

이와 관련하여, 일부학설로서, 이 절차를 준수하지 아니한 경우에 이로 인하여 대부분의 주주가 신주인수를 하지 못한 경우에는 신주발행무효의 소의 대상이 되나, 일부 주주만이 신주인수를 하지 못한 경우에는 신주발행무효의 소의 대상은 아니고, 손해배상청구의 대상만이 된다고 보는 견해가 있다(401조).974) 그러나 피해를 입은 주주의 수가 아니라 회사의 지배력의 변동을 가져오느냐를 기준으로 판단하는 것이 타당할 것이다. 즉, 지배력의 변동을 가져오는 경우에는 신주인수무효의 소의 대상이 된다고 보며, 변동을 가져오지 아니한 경우에는 신주인수

---

973) 권기범, 450; 김정호, 259; 손진화, 635; 송옥렬, 815; 정동윤, 695; 주석상법 회사(IV), 77; 최기원, 402.
974) 주석상법 회사(IV), 86.

무효의 소의 대상은 아니고, 손해배상으로 해결하는 것이 타당하다고 본다.975)

다. 제3자배정의 경우 주주에게로의 통지 또는 공고

주주외의 자에게 신주를 배정하는 경우 회사는 ① 신주의 종류와 수(416조 1호), ② 신주의 발행가액과 납입기일(동조 2호), ③ 무액면주식의 경우에는 신주의 발행가액 중 자본금으로 계상하는 금액(동조 2호의2), ④ 신주의 인수방법(동조 3호), ⑤ 현물출자를 하는 자의 성명과 그 목적인 재산의 종류, 수량, 가액과 이에 대하여 부여할 주식의 종류와 수(동조 4호)를 그 납입기일의 2주전까지 주주에게 통지하거나 공고하여야 한다(418조 4항).

제3자배정은 기존주주의 지분비율을 축소시킴으로써 회사에 대한 주주의 지배력을 약화시키는 중요한 사항이므로, 주주에게 이를 알려주도록 하고, 주주들이 제3자배정을 저지시키기 위한 유지청구 등을 할 수 있는 기회를 부여해 주기 위한 것이다. 만일 이 절차를 준수하지 아니한 경우에는, 회사에 대한 지배력의 변동을 가져오는 경우에 한하여 신주발행무효의 소의 대상이 된다고 보는 것이 타당할 것이다.976)

라. 신주청약

신주의 청약은 신주인수권증서를 발행한 경우가 아닌 한 주식청약서에 의해야 한다(425조 1항, 302조 1항). 즉, 주식청약서 2통에 인수할 주식의 종류 및 수와 주소를 기재하고 기명날인 또는 서명하여야 한다. 이 경우 회사가 신주청약인의 청약의사가 진의 아님을 알았거나 알 수 있었던 경우에도 유효하다(425조 1항, 302조 3항, 민법 107조 1항 단서).

신주인수권을 가진 자가 청약일에 신주의 청약을 하지 아니하는 경우에는 미청약부분에 상당하는 주식은 실권주가 된다.

975) 동지 이철송, 886. 이에 대하여, 신주발행전체의 무효원인이 된다는 견해로는 최기원, 797.
976) 주석상법 회사(IV), 81. 이에 반대하는 견해로는 이철송, 886(원칙적으로 신주발행이 무효).

마. 배정

회사는 주주배정의 경우에는 총발행주식수 중 특정주주의 지분비율에 해당하는 주식수를 한도로 하여, 당해 주주가 청약한 주식수의 범위 내에서 신주를 배정해야 한다. 만일 배정과정에서 단주가 발생하는 경우에는 시가로 처분하여 시가와 발행가와의 차액을 해당 주주에게 반환해야 할 것이다.977) 한편, 회사는 제3자 배정의 경우에 정관규정 및 이사회결의에 따라 당해 제3자에게 신주를 배정하게 된다.

바. 신주대금납입

(1) 의의

주식인수를 청약한 자는 이사가 배정한 주식의 수에 따라 인수가액을 납입할 의무를 부담한다(425조 1항, 303조). 이와 관련하여 이사는 주식인수 후 지체없이 주식인수인에 대하여 주식청약서 또는 신주인수권증서에 기재된 납입장소에 인수가액의 전액을 납입시켜야 한다(425조 2항, 305조 2항, 420조 2호, 302조 2항 9호). 이와 관련하여, ①️ 입금을 보관한 은행이나 그 밖의 금융기관은 이사의 청구를 받으면 그 보관금액에 관하여 증명서를 발급해야 하고(318조 1항), ②️ 이 은행이나 그 밖의 금융기관은 증명한 보관금액에 대하여는 납입이 부실하거나 그 금액의 반환에 제한이 있다는 것을 이유로 회사에 대항하지 못하며(동조 2항), ③️ 납입금의 보관자 또는 납입장소를 변경할 때에는 법원의 허가를 얻어야 한다(425조 1항, 306조).

현물출자를 하는 자는 납입기일에 지체없이 출자의 목적인 재산을 인도하고, 등기, 등록 기타 권리의 설정 또는 이전을 요할 경우에는 이에 관한 서류를 완비하여 교부하여야 한다(425조 1항, 305조 3항, 295조 2항).

판례는 회사가 신주인수인을 대신하여 신주인수대금을 납입하는 것을 허용하지 않고 있다.978) 신주의 인수인은 회사의 동의없이, 인수한 신주대금의 납입채무와 주식회사에 대한 채권을 상계할 수 없다(421조 2항). 자본충실원칙을 고려한

---

977) 손진화, 645; 양명조, 442; 이기수외, 606; 이범찬외, 415; 이철송, 891; 임재연(I), 598; 정동윤, 709; 정찬형, 1075; 최준선, 636.
978) 대법원 1963.10.22. 선고 63다494 판결.

규정이다. 그러나 <u>회사가 신주인수인에게</u> 신주대금채권과 회사에 대한 채무를 <u>상</u>
<u>계하는 것은 허용된다</u>고 보아야 할 것이다. 단, 이 경우에도 이사회의 승인은 전
제가 되어야 할 것이다.

(2) 실권주의 처리

실권주란 신주인수권자가 청약기일까지 주식인수의 청약을 하지 않거나(419조
3항) 납입기일에 납입대금을 납입하지 않음으로서 발생한다(423조 2항). 이 실권주
에 대하여는 회사설립의 경우처럼 실권절차(307조)를 경료할 필요는 없고, 발행을
포기할 수도 있으며, 실권한 신주인수인에 대하여 손해배상을 청구할 수도 있다
(423조 3항). 이와 관련하여 판례는 회사가 주주배정방식에 의하여 신주를 발행하
려는데 주주가 인수를 포기하거나 청약을 하지 아니함으로써 그 인수권을 잃은
때에는 회사는 <u>이사회결의</u>로 인수가 없는 부분에 대하여 <u>자유로이 이를 제3자에</u>
<u>게 처분할 수 있고</u>, 이 경우 실권된 신주를 제3자에게 발행하는 것에 관하여 <u>정</u>
<u>관에 반드시 근거 규정이 있어야 하는 것은 아니라</u>고 판시하고 있다.[979]

한편, 주주배정을 통해 실권주가 되어 제3자에게 배정하는 경우 시가 또는
공정가액에 비하여 저가로 제3자에게 배정하는 것의 적법성이 문제된다. 이와 관
련하여, 당초의 신주발행의 경우보다 유리한 조건으로 배정하는 때에는 모든 주
주에게 공평하게 실권주를 인수할 기회를 주어야 한다는 견해,[980] 주식의 시가가
당초 발행가액을 상회하는 경우에는 발행가는 시세를 감안한 공정한 가액으로
해야 한다는 견해,[981] 배정가액이 당초 발행가보다 낮지 않는 한 문제없다는 견
해[982], 당초의 발행가액을 그대로 유지하여 실권주를 저가로 처분하였더라도 그
것이 경영판단원칙으로 정당화되지 않는다면 이사의 임무위배에 해당한다는 견
해[983]가 있다.

살피건대, 주주배정방식을 악용하여 시가보다 현저하게 낮은 금액으로 신주
를 제3자 배정하게 되는 문제점을 극복해야 한다는 점, 회사의 손해라는 점을 판

---

979) 대법원 2012.11.15. 선고 2010다49380 판결.
980) 최기원, 807.
981) 김홍기, 644; 정찬형, 1075.
982) 권기범, 921; 대법원 2009.5.29. 선고 2007도4949 전원합의체판결 및 대법원 2009.5.29. 선고
    2008도9436 판결.
983) 송옥렬, 1097.

단함에 있어 주주의 관점에서만 바라볼 것은 아니라는 점 및 회사채권자의 입장에서도 자본충실의 원칙이 주주들의 사익에 의해 훼손되는 것은 주식회사제도의 발전에 도움이 되지 않는다는 점 등을 고려할 때, 주주배정방식을 통해 실권주가 발생하여 제3자에게 배정하는 경우라 할지라도, <u>처음부터 제3자 배정방식으로 실권주가 발생한 경우와 같이 시가보다 **현저하게 낮은** 가액으로의 신주발행</u>은 회사에 손해를 끼치는 것이라고 봄이 타당하다고 판단된다.[984]

(3) 현물출자의 검사

(가) 원칙

현물출자를 하는 자가 있는 경우에는 이사는 현물출자를 하는 자의 성명과 그 목적인 재산의 종류, 수량, 가액과 이에 대하여 부여할 주식의 종류와 수를 조사하게 하기 위하여 검사인의 선임을 법원에 청구하여야 한다. 다만, 공인된 감정인의 감정으로 검사인의 조사에 갈음할 수 있다(422조 1항, 416조 4호). 법원은 검사인의 조사보고서 또는 감정인 감정결과를 심사하여 위 현물출자의 내용이 부당하다고 인정한 때에는 이를 변경하여 이사와 현물출자를 한 자에게 통고할 수 있고, 이 변경에 불복하는 현물출자를 한 자는 그 주식의 인수를 취소할 수 있으며, 법원의 통고가 있은 후 2주내에 주식의 인수를 취소한 현물출자를 한 자가 없는 때에는 현물출자의 내용은 통고에 따라 변경된 것으로 본다(422조 3항, 4항, 5항).

(나) 면제

다음의 경우에는 검사인의 조사 또는 공인된 감정인의 감정을 받지 않아도 된다(422조 2항).

① 현물출자의 목적인 재산의 가액이 자본금의 5분의1을 초과하지 아니하고, 5천만원을 초과하지 아니하는 경우(동항 1호, 416조 4호, 상법시행령 14조 1항)

② 현물출자의 목적인 재산이 거래소의 시세있는 유가증권인 경우, 상법 416조 본문에 따라 결정된 가격이 ㉠ 상법 416조에 따른 이사회 또는 주주총회의 결의가 있은 날("결의일")부터 소급하여 1개월간의 거래소에서의 평균 종가, 결

---

984) 동지 주석상법 회사(IV), 89. 한편, 미국의 <u>Gentile v. Rossette, 906 A.2d 91, (Del. 2006)</u>에서도 주주배정의 경우 신주발행시 시가와의 현저한 가액차이는 회사에 손해가 발생하는 것이라고 판시하고 있음.

의일부터 소급하여 1주일간의 거래소에서의 평균 종가 및 결의일 직전 거래일의 거래소에서의 종가를 산술평균하여 산정한 금액과 ⓛ 결의일 직전 거래일의 거래소에서의 종가 중 낮은 금액을 초과하지 아니하는 경우(422조 2항 2호, 416조 4호, 상법시행령 14조 2항), 단, 현물출자의 목적인 재산에 그 사용, 수익, 담보제공, 소유권 이전 등에 대한 물권적 또는 채권적 제한이나 부담이 설정된 경우에는 적용하지 아니한다(동법시행령 14조 3항).

③ 변제기가 돌아온 회사에 대한 금전채권을 출자의 목적으로 하는 경우로서 그 가액이 회사장부에 적혀 있는 가액을 초과하지 아니하는 경우(422조 2항 3호)

④ 그 밖에 1호 내지 3호까지의 규정에 준하는 경우로서 대통령령으로 정하는 경우(422조 2항 4호)985)

사. 등기

신주발행으로 인해 변경된 자본금의 액 및 발행주식의 총수, 그 종류와 각종 주식의 내용과 수는 본점소재지에서는 2주간내, 지점소재지에서는 3주간내에 변경등기되어야 한다(317조 2항 2호, 3호, 동조 4항, 183조).

아. 신주의 효력발생시기

신주의 인수인은 납입 또는 현물출자의 이행을 한 때에는 <u>납입기일의 다음 날로부터 주주의 권리의무가 있다</u>(423조 1항 전단). 따라서 신주인수인은 납입기일 다음날부터 주주가 된다. 이와 관련하여, 신주와 관련한 이익배당에 대하여는, 일할배당을 하게 된다고 보아야 할 것이다.

한편, 신주의 인수인이 납입기일에 납입 또는 현물출자의 이행을 하지 아니한 때에는 그 권리를 잃는다(423조 2항). 즉, 신주발행시에는 별도의 실권절차를 요하지 않으며, 신주의 인수인에게 별도의 절차를 통해 이행을 강제할 수 없고, (단, 손해배상청구는 가능함(423조 3항)), 단지 납입기일에 납입 또는 현물출자를 이행한 신주인수인만으로 신주주가 확정되고, 당해 신주와 관련하여서만 발행주식수가 증가한다. 회사설립시에는 발행주식 전부의 인수와 납입이 있어야 되는 것과 비교된다.

---

985) 상법시행령에 이와 관련한 명시적 규정 없음.

자. 이사의 인수담보책임

신주의 발행으로 인한 <u>변경등기가 있은 후</u>에 아직 인수하지 아니한 주식이 있거나 주식인수의 청약이 취소된 때에는 이사가 이를 공동으로 인수한 것으로 본다(428조 1항). 일단 변경등기가 된 후에는 공시된 대로 자본충실책임을 이사에게 묻겠다는 취지이다.

발기인의 인수담보책임과 같이, 이사의 <u>무과실책임, 연대책임</u>이며, <u>총주주의 동의로도 면제할 수 없다</u>고 보아야 할 것이다. 이사의 인수담보책임은 <u>이사에 대한 손해배상의 청구에 영향을 미치지 아니한다</u>(동조 2항).

한편, 발기인의 경우와 달리, <u>이사는 납입담보책임을 부담하지 아니한다.</u> 즉, 주식이 인수된 후 납입이 되지 아니한 경우에는 신주인수인으로서의 권리를 상실하므로 이사가 별도의 납입담보책임을 부담하지는 아니한다.(423조 2항). 단, 회사가 당해 미납입 신주인수인에게 손해배상책임을 묻는 것은 가능하다(동조 3항).

6. 신주발행유지청구권

가. 의의

회사가 법령 또는 정관에 위반하거나 현저하게 불공정한 방법에 의하여 주식을 발행함으로써 주주가 불이익을 받을 염려가 있는 경우에는 그 주주는 회사에 대하여 그 발행을 유지할 것을 청구할 수 있다(424조).

위법하거나 불공정한 신주발행으로 인하여 불이익을 받을 염려가 있는 주주에게 손해배상청구 등 사후적 구제수단과는 별도로, 사전에 이를 저지할 수 있는 사전적 구제수단을 인정한 것이다.

나. 이사의 위법행위유지청구권과 신주발행유지청구권과의 비교

① 청구권자가 위법행위유지청구권은 <u>감사 또는 소수주주</u>인데 반하여 신주발행유지청구권은 <u>1주 이상 소유하고 있는 모든 주주</u>이며, ② 전자는 회사의 이익을 보호하기 위한 공익권적 성격의 것이나 후자는 주주의 경제적 이익을 보호

하기 위한 자익권적 성격의 것이고, ③ 상대방이 전자는 이사이나 후자는 회사이며, ④ 전자는 이사가 법령 또는 정관에 위반한 행위를 할 때에 인정되나, 후자는 회사가 법령 또는 정관에 위반하거나 현저하게 불공정한 방법에 의하여 주식을 발행할 때에 인정되고, ⑤ 전자는 회사에 회복할 수 없는 손해가 생길 염려가 있을 때에 인정되나, 후자는 주주 자신이 불이익을 받을 염려가 있는 경우에 인정된다.

다. 요건

(1) 법령 또는 정관위반의 신주발행

법령에 위반한 경우란 법정요건을 갖추지 아니한 제3자에 대한 신주발행(418조 2항) 및 신주발행과 관련하여 상법에 다른 규정이 없으며 정관으로 주주총회에서 결정하기로 정하지 않는 경우에, 정관에 명시적 규정 없는 신주발행사항을 이사회의 결의 없이 정하여 발행한 경우(416조) 등을 말한다. 한편, 정관에 위반한 경우란 정관에 의해 신주발행시 주주총회결의가 있어야 함에도 이사회결의만으로 신주를 발행한 경우(416조) 및 종류주식과 관련하여 정관규정과 달리 신주를 배정한 경우(344조 3항) 등을 말한다.

(2) 현저하게 불공정한 신주발행

현저하게 불공정한 신주발행이란 현물출자에 대한 신주배정을 매우 과다하게 한 경우 및 소수주주를 축출하기 위한 수단으로 신주를 발행한 경우 등을 말한다.

(3) 주주가 불이익을 받을 염려가 있는 신주발행

신주발행이 법령 또는 정관을 위반하거나 현저하게 불공정한 방법으로 이루어졌다 하더라도, 주주가 불이익을 받을 염려가 없는 경우에는 신주발행유지청구권의 대상이 되지 아니한다.

한편, 신주발행과 관련하여 직접적으로 회사에 회복할 수 없는 손해가 생길 염려가 있고, 간접적으로 주주도 불이익을 받을 염려가 있는 경우, 개별 주주가 신주발행유지청구권을 행사할 수는 없고, 상법 402조에 따라 이사에게 위법행위

유지청구권을 행사해야 한다는 견해가 있으나,[986) 양자의 요건을 충족하는 경우에 반드시 한 가지 방법만을 행사하도록 제한하는 것은 그 근거가 없고, 회사 또는 주주의 이익을 보호하자는 각 제도의 취지상으로도 맞지 아니하므로, 양자의 경합을 인정하는 것이 타당하다고 생각한다.[987)

(4) 절차

신주발행유지청구권은 주식수, 보유기간, 의결권 또는 신주인수권의 유무를 가리지 아니하고, 모든 주주에게 인정되며, 회사를 상대로 행사하여야 한다.

또한 회사가 문제점을 시정하는 경우에는 신주발행절차를 계속할 수 있으며, 회사에 대한 의사표시, 법원에 가처분 또는 본안소송의 형태로 행사할 수 있다.

그리고 신주발행의 효력이 발생하기 전 즉, 납입기일까지 행사할 수 있다고 보아야 할 것이다. 왜냐하면, 신주발행유지청구권은 사전적 구제수단이므로, 신주발행의 효력이 발생한 후에는 신주발행무효의 소라는 사후적 해결수단으로 처리하는 것이 양 제도를 별도로 인정하고 있는 취지에 부합하기 때문이다.[988)

(5) 신주발행유지청구의 효과

신주발행유지청구가 있는 경우 이사회가 당해 유지청구의 채택여부를 결정하는데, ① 유지청구의 대상임에도 이를 시정하지 아니하고 신주발행을 마친 경우 주주는 회사를 상대로 손해배상을 청구할 수 있고, 당해 이사는 회사에 대한 손해배상책임을 부담해야 할 것이며, 반대로 ② 유지청구의 대상이 아님에도 유지한 경우에는 이로 인하여 회사에 손해가 발생한 경우 이사는 고의 또는 과실로 인하여 회사에 발생한 손해에 대한 배상책임을 부담해야 할 것이다.

한편, 판례는 신주발행무효를 선고함에 있어서 신주발행유지청구보다 그 요건을 더욱 엄격하게 보아 거래의 안전을 보다 강조하는 태도를 보이고 있다.[989)[판례124]

---

986) 이철송, 897.
987) 강희갑, 701; 권기범, 931; 정경영, 592; 주석상법 회사(IV), 140; 최기원, 821; 최준선, 643.
988) 강희갑, 701; 김건식, 637; 김정호, 659; 서헌제, 968; 송옥렬, 1110; 양명조, 448; 유시창, 340; 이범찬외, 424; 이철송, 897; 임재연(I), 623; 장덕조, 441; 정경영, 592; 주석상법 회사(IV), 141; 최기원, 820; 최준선, 643. 이에 반하여 무효인 경우에는 그 후에도 가능하다는 견해로는 이기수외, 609; 정동윤, 711.
989) 대법원 2009.1.30. 선고 2008다50776 판결, 대법원 2004.6.25. 선고 2000다37326 판결 및 [판례124].

[판례124] 대법원 2010.4.29. 선고 2008다65860 판결

　　신주발행무효의 소를 규정하는 상법 429조에는 그 무효원인이 따로 규정되어 있지 않으므로 신주발행유지청구의 요건으로 상법 424조에서 규정하는 "법령이나 정관의 위반 또는 현저하게 불공정한 방법에 의한 주식의 발행"을 신주발행의 무효원인으로 일응 고려할 수 있다고 하겠으나, 다른 한편, 신주가 일단 발행되면 그 인수인의 이익을 고려할 필요가 있고 또 발행된 주식은 유가증권으로서 유통되는 것이므로 거래의 안전을 보호하여야 할 필요가 크다고 할 것인데, 신주발행유지청구권은 위법한 발행에 대한 사전 구제수단임에 반하여 신주발행무효의 소는 사후에 이를 무효로 함으로써 거래의 안전과 법적 안정성을 해칠 위험이 큰 점을 고려할 때, 그 무효원인은 가급적 엄격하게 해석하여야 하고, 따라서 <u>법령이나 정관의 중대한 위반</u> 또는 <u>현저한 불공정</u>이 있어 그것이 <u>주식회사의 본질이나 회사법의 기본원칙에 반하거나 기존주주들의 이익과 회사의 경영권 내지 지배권에 중대한 영향</u>을 미치는 경우로서 신주와 관련된 거래의 안전, 주주 기타 이해관계인의 이익 등을 고려하더라도 <u>도저히 묵과할 수 없는 정도라고 평가되는 경우에 한하여</u> 신주의 발행을 무효로 할 수 있을 것임.

7. 현저하게 불공정한 가액으로 주식을 인수한 자의 책임

가. 의의

　　이사와 통모하여 현저하게 불공정한 발행가액으로 주식을 인수한 자는 회사에 대하여 공정한 발행가액과의 차액에 상당한 금액을 지급할 의무가 있다(424조의2 1항).

　　이사와 신주인수인이 사전에 모의하여 결과적으로 현저하게 낮은 가액으로 신주를 인수하게 된 경우에, 이사의 회사에 대한 책임과는 별도로, 회사가 자본충실원칙 위반에 의해 받은 손해를 신주인수인에게 청구할 수 있도록 하기 위한 특별규정이다.

나. 요건

(1) 이사와 신주인수인간의 통모

　　현저하게 낮은 가액으로 신주인수인이 신주를 인수하게 된 결과만으로는 부족하고, 반드시 이사와 신주인수인간의 <u>사전모의가 있어야</u> 한다. 즉, 사전모의없

이 상당히 낮은 가액으로 신주를 인수하였다는 사실만으로 신주인수인에게 공정한 발행가액과의 차액의 지급책임을 인정하기는 곤란하다.

통모란 소극적으로 현저하게 불공정한 가액이라는 사실을 알고 있었다는 사실만으로는 부족하고, 현저하게 불공정한 가액을 만드는데 적극적으로 이사와 공모하였음을 요한다고 보아야 할 것이다.990)

(2) 현저하게 불공정한 발행가액

(가) 발행가액

발행가액이란 이사회에서 정하는 발행가액(416조 2호)이 아니고, 실제로 신주인수인이 납입기일에 납입한 인수가액(421조 1항)을 말한다. 금전출자뿐만 아니라 현물출자에 있어 과대평가의 경우에도 이 규정이 적용될 수 있다고 보아야 할 것이다.

특히, 이사회가 정한 발행가액은 공정함에도 신주인수인의 인수가액이 현저하게 불공정한 경우 신주발행무효의 소의 대상이 된다고 보는 견해가 있으나,991) 액면미달발행이 아니고 납입이 완료된 것이라면 거래의 안전을 위해 신주발행무효의 소의 대상으로 볼 것은 아니고, 본 규정에 의해 차액을 회사에 지급하는 방법으로 해결하는 것이 타당하다고 본다.992)

(나) 현저하게 불공정

시가가 있는 주식의 경우에는 시가를 기준으로 현저한 불공정여부를 판단해야 할 것이고, 시가가 없는 경우에는 순자산가치와 수익가치를 중심으로 산정한 가치를 기준으로 판단해야 할 것이다.993)

다. 적용범위: 주주배정방식에도 적용가능 여부

본 규정이 제3자배정방식에 적용됨은 문제가 없으나, 주주배정방식에도 적용될 수 있는지와 관련하여서는 견해가 나뉜다. 주주배정시에는 자본충실의 원칙

---

990) 강희갑, 703; 권기범, 925; 김건식, 645; 송옥렬, 1117; 양명조, 445; 이기수외, 615; 이철송, 898; 임재연(I), 617; 정경영, 596; 정동윤, 715; 정찬형, 1097; 최기원, 834; 최준선, 640.
991) 이철송, 899; 최기원, 827.
992) 강희갑, 704; 이기수외, 616; 임재연(I), 618; 정동윤, 715; 정찬형, 1096; 주석상법 회사(IV), 147.
993) 김홍기, 658; 서헌제, 970; 이철송, 899; 임재연(I), 618; 정찬형, 1096.

위반문제가 애초부터 생겨나지 않는다는 이유로 부정하는 견해가 있고,994) 판례도 이 견해인 것으로 보인다.995)

살피건대, 주식회사는 주주와는 별개의 법인격과 독립적인 권리능력을 보유하고 있으므로 주주의 이익과 회사의 이익은 엄격히 구분해야 하고, 따라서 주주배정방식이라도 현저하게 불공정한 신주발행은 회사입장에서는 자본충실원칙의 위반이라고 보아야 하며, 이러한 해석을 통해 회사채권자 및 다른 이해관계인을 보호하는 것이 주주의 유한책임의 문제점을 극복함으로써 주식회사의 발전에 도움이 된다고 판단되므로, 긍정설에 찬성한다.996)

라. 책임

(1) 내용

이사와 통모하여 현저하게 불공정한 가액으로 주식을 인수한 자는 회사에 대하여 공정한 발행가액과의 차액에 상당한 금액을 지급할 의무가 있다. 한편, 지급받은 차액은 자본준비금으로 적립되어야 할 것이다.

이 책임은 주식을 인수한 자만이 부담하고, 신주인수인으로부터 다시 주식을 양수받은 자는 당연히 이 책임을 부담하지는 아니한다.997)

(2) 성질

이 책임은 자본충실원칙에 입각한 추가출자의무라고 보아야 할 것이다. 즉, 주주유한책임의 예외998)가 아니라 주주유한책임의 전제가 되는 주주가 되기 위한 주금납입의무의 완전이행을 위한 책임이라고 보아야 할 것이다.999)

---

994) 권기범, 924; 서헌제, 971; 송옥렬, 1118; 이철송, 900; 정찬형, 1095.
995) 대법원 2009.5.29. 선고 2007도4949 전원합의체판결.
996) 김건식, 644; 이기수외, 616; 장덕조, 449; 정동윤, 715; 주석상법 회사(IV), 149; 최준선, 639.
997) 강희갑, 704; 김홍기, 658; 손진화, 649; 송옥렬, 1117; 양명조, 446; 이기수외, 616; 이철송, 900; 임재연(I), 619; 정경영, 596; 주석상법 회사(IV), 150.
998) 김정호, 664; 김홍기, 658; 손진화, 648; 송옥렬, 1117; 양명조, 445; 임재연(I), 617; 이기수외, 617; 정동윤, 715; 정찬형, 1095; 최완진, 274; 홍복기외, 491.
999) 강희갑, 703; 권기범, 925; 이범찬외, 419; 주석상법 회사(IV), 151; 최기원, 834; 최준선, 638.

(3) 대표소송을 통한 추궁

대표소송(403조), 대표소송과 소송참가, 소송고지(404조), 제소주주의 권리의무(405조) 및 대표소송과 재심의 소(406조)의 규정은 본 규정에 따라 지급을 청구하는 소에 관하여 이를 준용한다(424조의2 2항). 이사가 신주인수인과 통모한 본 규정의 경우에 회사가 직접 청구하는 것을 기대할 수는 없으므로, 주주가 대표소송의 법리에 따라 청구할 수 있도록 한 것이다.

(4) 이사의 회사 또는 제3자에 대한 손해배상청구와의 관계

본 규정은 이사의 회사 또는 주주에 대한 손해배상의 책임에 영향을 미치지 아니한다(424조의2 3항). 즉, 본 규정과 이사의 손해배상책임은 별개로 행사될 수 있으며, 따라서 본 규정을 통해 회사가 불공정한 가액과의 차액을 지급받더라도 보전 받지 못한 손해가 남아있는 경우에는 이사의 회사 또는 제3자에 대한 손해배상책임을 통해 보전될 수 있다.

한편, 본 규정에 따른 인수인의 회사에 대한 책임과 이사의 회사에 대한 책임이 부진정연대책임관계에 있다는 견해가 있으나,[1000] 양 책임은 그 성질 및 요건이 다른 별개의 책임이므로 부진정연대책임의 관계가 아니라고 보는 것이 타당할 것이다.[1001]

8. 신주발행무효의 소

가. 의의

신주발행의 무효는 주주·이사 또는 감사에 한하여 신주를 발행한 날로부터 6월내에 소만으로 이를 주장할 수 있다(429조). 신주발행무효는 신주발행과 관련하여 일반적인 무효원인이 존재하는 경우에 신주발행 전부를 무효로 하는 경우를 말하는데, 거래의 안전을 해할 수 있으므로, 여러 가지 제한을 두고 있다. 이

1000) 강희갑, 705; 권기범, 926; 김건식, 645; 김홍기, 658; 서헌제, 972; 송옥렬, 1118; 이기수외, 616; 이범찬외, 421; 장덕조, 448; 정동윤, 715; 정찬형, 1097; 최기원, 834.

1001) 양명조, 446; 유시창, 342; 이철송, 901; 임재연(I), 620; 정경영, 597; 주석상법 회사(IV), 150; 최준선, 641.

소는 형성의 소로 보아야 할 것이다.

나. 다른 신주발행의 이의제기방법과의 구분

(1) 신주발행의 부존재

신주발행이 부존재하는 경우란 신주발행에 있어 절차적 또는 실체적 하자가 중대하여 신주발행의 실체가 존재한다고 인정할 수 없는 경우를 말한다. 이 경우에는 상법상의 신주발행무효의 소가 아닌 민사소송법상의 확인의 소에 의하고, 상법 429조의 주장자, 주장기간, 주장방법의 제한을 받지 아니하며,1002) 대세적 효력이 없고 소급효가 제한되지 아니한다.1003)

판례는 이에 해당하는 경우로, ① 주주가 아니면서도 위조된 주권을 소유한 자들이 대다수 참석하여 개최된 주주총회에서 이사들이 새로이 선임되고, 그 이사들로 구성된 이사회의 결의에 의하여 신주발행이 이루어진 경우,1004) 및 ② 주주들에게 통지하지도 않고, 주주의 참석없이 주주가 아닌 자들만이 참석한 부존재하는 주주총회결의에 의해 선임된 이사가 모인 부존재한 이사회결의에 의해 신주발행이 이루어진 경우1005) 등을 판시하고 있다.

(2) 신주인수의 개별적 무효, 취소

(가) 의의

신주발행무효의 소와는 달리, 신주인수인이 개별적으로 하자 있는 신주인수행위만의 무효 또는 취소를 구하는 경우를 말한다. 이러한 개별적인 인수행위의 무효, 취소주장은 확인의 소 또는 이행의 소의 방법으로 가능하다.1006) 그러나 이 경우에도 법적 안정성을 위하여 다음과 같은 제한이 적용된다.

1002) 대법원 1989.7.25. 선고 87다카2316 판결.
1003) 권기범, 939; 김건식, 643; 김동훈, 389; 서헌제, 976; 양명조, 449; 이철송, 910; 임재연(I), 646; 주석상법 회사(IV), 171; 최기원, 832; 최준선, 647; 한창희, 376; 홍복기외, 498.
1004) 대법원 2006.6.2. 선고 2006도48 판결(이 경우 상법 628조 1항의 납입가장죄도 성립하지 않음).
1005) 대법원 1989.7.25. 선고 87다카2316 판결.
1006) 김홍기, 659; 이철송, 911; 주석상법 회사(IV), 162; 최준선, 648. 이에 반대하는 견해(신주발행의 효력발생 후에는 신주발행무효의 소만 허용됨)로는 권기범, 940; 임재연(I), 640.

(나) 주장제한

신주의 발행으로 인한 변경등기를 한 날로부터 1년을 경과한 후 또는 그 주식에 대하여 주주의 권리를 행사한 때에는 신주를 인수한 자는 주식청약서 또는 신주인수권증서의 요건의 흠결을 이유로 하여 그 인수의 무효를 주장하거나 사기, 강박 또는 착오를 이유로 하여 그 인수를 취소하지 못한다(427조). 회사설립시에 주식인수행위의 무효, 취소주장을 제한하는 상법 320조와 같은 취지이다.

다. 무효원인

(1) 판단기준

상법은 신주발행무효의 원인을 명시하고 있지 않다. 따라서 무엇이 그 무효원인인지가 문제된다. 이와 관련하여, 판례는 법령이나 정관의 중대한 위반 또는 현저한 불공정이 있어 그것이 주식회사의 본질이나 회사법의 기본원칙에 반하거나 기존주주들의 이익과 회사의 경영권 내지 지배권에 중대한 영향을 미치는 경우로서 신주와 관련된 거래의 안전, 주주 기타 이해관계인의 이익 등을 고려하더라도 도저히 묵과할 수 없는 정도라고 평가되는 경우에 한하여 신주의 발행을 무효로 하는 것이 바람직하다고 보고 있다.[1007]

(2) 구체적인 적용기준

(가) 자본충실원칙 위반

상법 417조의 액면미달발행조건을 위반한 신주발행 및 현물출자를 과대하게 평가한 신주발행의 경우에는 원칙적으로 무효이나, 미달금액이 근소하여 이사의 손해배상책임으로의 전보가 가능한 경우에는 유효하다고 보아야 할 것이다.[1008] 판례는 현물출자에 대한 검사인의 조사·보고를 거치지 아니한 경우에 신주발행이 당연무효는 아니라고 보고 있다.[1009]

1007) 대법원 2010.4.29. 선고 2008다65860 판결 및 대법원 2009.1.30. 선고 2008다50776 판결.
1008) 강희갑, 707; 김건식, 639; 김홍기, 660; 손진화, 650; 송옥렬, 1112; 이철송, 903; 주석상법 회사 (IV), 177, 178; 이에 반대하는 견해(전부무효설)로는 권기범, 934; 이범찬외, 427; 임재연(I), 636; 최기원, 1099.

(나)　수권자본제 위반

신주발행이 회사가 발행할 주식의 총수(289조 1항 3호)를 초과한 경우에는 원칙적으로 전부를 무효로 보아야 할 것이나,[1010) 초과부분이 경미한 경우에는 거래안전을 감안하여 초과한 부분만 무효로 보되, 무효부분과 관련해서는 이사의 손해배상책임으로 해결하는 것이 타당할 것이다.[1011)

(다)　신주인수권 침해

1) 주주의 신주인수권 침해

주주의 신주인수권을 침해하여 신주가 발행된 경우(예를 들어, 418조 3항에 의한 배정기준일의 미공고, 418조 4항에 의한 주주에게의 제3자 신주배정사항 미통지·미공고, 419조 1항에 의한 신주인수권자에 대한 미통지 등) 회사의 지배구조에 중대한 변화를 초래케 할 정도인 경우에는 무효로 보고, 그 정도에 이르지 않는 경우에는 유효로 보는 것이 타당하다고 본다.[1012)

이와 관련하여 판례는 신주발행이 상법 418조 2항과 피고 회사의 정관이 정하고 있는 사유가 아니라 현 경영진의 경영권을 방어하기 위하여 제3자 배정방식으로 이루어진 것으로서, 위 상법 조항과 피고 회사의 정관을 위반하여 원고 등 기존주주의 신주인수권을 침해하였고, 그로 인하여 피고 회사의 지배구조에 심대한 변화가 초래되어 원고의 피고 회사에 대한 종래의 지배권이 현저하게 약화되는 중대한 영향을 받게 되었다면, 이러한 신주발행은 도저히 허용될 수 없어 무효라고 판시하고 있다.[1013)

2) 제3자 신주인수권의 침해

제3자의 신주인수권은 회사와의 계약상 문제에 불과하고, 소제기권자에도 이러한 제3자가 포함되고 있지 아니하므로, 이를 침해하였더라도 무효의 원인이

1009) 대법원 1980.2.12. 선고 79다509 판결.

1010) 강희갑, 707; 권기범, 934; 김홍기, 660; 손진화, 650; 송옥렬, 1112; 이기수외, 611; 이철송, 902; 임재연(I), 636; 정동윤, 712; 정찬형, 1099; 최기원, 824; 최준선, 644; 홍복기외, 494.

1011) 김건식, 640. 한편, 전부유효설로는 주석상법 회사(IV), 173.

1012) 손진화, 650; 양명조, 450; 이기수외, 612; 이철송, 904; 장덕조, 444; 정동윤, 712; 주석상법 회사(IV), 174; 최준선, 644. 이에 반대하는 견해(전부무효설)로는 강희갑, 707; 권기범, 936; 김건식, 641; 김홍기, 660; 송옥렬, 1112; 정경영, 594; 정찬형, 1099; 최기원, 825.

1013) 대법원 2022.10.27. 선고 2021다201054 판결 및 대법원 2009.1.30. 선고 2008다50776 판결.

되지는 않는다고 보아야 할 것이다.[1014]

(라) 기타 법령 또는 정관의 중대한 위반

정관에 정하지 않은 종류주식(344조)을 발행한 경우 등이 이에 해당한다.[1015] 이사회의 결의없이 대표이사가 신주를 발행한 경우, 유효설[1016][판례125], [판례126] 과 무효설[1017][판례127]이 대립한다. 살피건대, 거래의 안전과 구체적 타당성을 적절히 조화하는 입장에서, 이 경우 신주발행은 **원칙적으로 유효**이나, 회사지배관계에 중대한 변경을 가져오는 현저하게 불공정한 경우에는 무효이고, 신주인수인 또는 이후의 주식거래의 상대방이 신주발행을 위한 이사회결의가 없었다는 것을 알았거나 중대한 과실로 알지 못한 경우에는 **그들에 대하여도** 역시 무효라고 보는 것이 타당하다고 생각한다.

[판례125] 대법원 2007.2.22. 선고 2005다77060,77077 판결

　　주식회사의 신주발행은 주식회사의 업무집행에 준하는 것으로서 대표이사가 그 권한에 기하여 신주를 발행한 이상 신주발행은 유효하고, 설령 신주발행에 관한 이사회의 결의가 없거나 이사회의 결의에 하자가 있더라도 이사회의 결의는 회사의 내부적 의사결정에 불과하므로 신주발행의 효력에는 영향이 없음.

[판례126] 대법원 2007.2.22. 선고 2005다77060,77077 판결

　　이사 및 감사에게 이사회소집통지를 하지 아니하고 이사회를 개최하여 신주발행을 한 경우에 신주발행은 유효함.

1014) 권기범, 908; 이기수외, 599; 이철송 880, 정동윤, 700; 정찬형, 1081; 주석상법 회사(IV), 175; 최기원, 778.

1015) 김건식, 640; 양명조, 450; 이철송, 902; 임재연(I), 636; 정동윤, 712; 정찬형, 1099; 주석상법 회사(IV), 173; 최준선, 645; 최완진, 275.

1016) 강희갑, 708; 권기범, 935; 김건식, 640; 김동훈, 388; 손진화, 650; 이기수외, 612; 임재연(I), 637; 정경영, 594; 정찬형, 1100; 최준선, 645; 홍복기외, 496.

1017) 김정호, 662; 이범찬외, 426; 이철송, 902; 최기원, 824; 한창희, 375; 동지 대법원 2010.1.28. 선고 2009다3920 판결 및 [판례127].

[판례127] 대법원 2010.4.29. 선고 2008다65860 판결

신주발행을 결의한 회사의 이사회에 참여한 이사들이 하자 있는 주주총회에서 선임된 이사들이어서, 그 후 이사 선임에 관한 주주총회결의가 확정판결로 취소되었고, 위와 같은 하자를 지적한 <u>신주발행금지가처분</u>이 발령되었음에도 위 이사들을 동원하여 위 이사회를 진행한 측만이 신주를 인수하였다면, 위 신주발행이 신주의 발행사항을 이사회결의에 의하도록 한 <u>법령과 정관을 위반하였을 뿐만 아니라 현저하게 불공정하고</u>, 그로 인하여 기존주주들의 이익과 회사의 경영권 내지 지배권에 중대한 영향을 미쳤음으로 이러한 신주발행은 무효로 보아야 할 것임.

(마) 현저하게 불공정한 방법에 의한 발행

신주발행이 현저하게 불공정한 방법에 의한 경우에는 무효설,[1018] 유효설[1019]이 있으나, 회사지배관계에 중대한 변경을 가져오는 경우에만 무효로 보는 것이 타당할 것이다.[1020]

이와 관련하여 판례는 회사가 주주에게 상법 418조 1항 소정의 <u>주주의 신주인수권을 배제한 바 없고, 오히려 그 주주가 회사로부터 신주배정 통지를 받고도 그 주식대금을 납입하지 아니하여 실권된 경우</u>, 가사 발행주식의 총수를 증가시키는 정관변경의 주주총회결의 이전에 그 주주와 회사의 대표이사 사이에 회사의 경영권에 관하여 분쟁이 있었고, 그 주주가 자기 소유 주식을 그 대표이사에게 양도하고 회사 경영에서 탈퇴하려고 하였지만 그 양도대금에 관한 합의가 이루어지지 않은 상태에서 발행주식총수를 현저하게 증가시키는 신주발행이 이루어짐으로써 회사에 대한 그 주주의 지배력이 현저하게 약화되고, 그로 인하여 그 주주가 대표이사에게 적정한 주식대금을 받고 주식을 양도하는 것이 더욱 어려워지게 되었다고 하더라도, 그러한 사유만으로는 그 신주발행이 <u>현저하게 불공정한 방법에 의한 신주발행으로서 무효라고 볼 수 없다</u>고 판시하고 있다.[1021] 또한 판례는 신주발행이 <u>횡령 및 외환관리법 위반행위를 수단으로 하여 행하여진 것</u>이라면, <u>선량한 풍속 기타 사회질서에 반하는 현저히 불공정한 방법</u>으로 이루어

1018) 권기범, 935; 송옥렬, 1113; 임재연(I), 636.

1019) 이기수외, 612.

1020) 강희갑, 708; 손진화, 651; 정동윤, 713; 정찬형, 1100; 주석상법 회사(IV), 179; 최기원, 827; 홍복기외, 495.

1021) 대법원 1995.2.28. 선고 94다34579 판결.

진 신주발행으로서 무효로 보고 있다.[1022]

라. 당사자

원고는 <u>주주, 이사 또는 감사</u>에 한하며(429조), 피고는 <u>회사</u>이다. 주주는 명의개서를 한 자에 한한다.[1023]

마. 제소기간

<u>신주를 발행한 날로부터 6월내</u>에 제기하여야 한다(429조). 신주발행무효의 소의 제소기간이 경과한 후에 위와 같이 새로운 무효사유를 추가하여 주장하는 것은 허용되지 않는다.[1024] 이와 관련하여 판례는 승계참가가 인정되는 경우에는 그 참가시기에 불구하고 소가 제기된 당초에 소급하여 법률상의 기간준수의 효력이 발생하는 것이므로, 신주발행무효의 소에 승계참가하는 경우에 그 제소기간의 준수 여부는 승계참가시가 아닌 원래의 소제기시를 기준으로 판단하였다.[1025]

바. 소송절차

이 소는 본점소재지의 지방법원의 관할에 전속하며(430조, 186조), 이 소가 제기된 때에는 회사는 지체없이 공고하여야 하고(430조, 187조), 수개의 신주발행무효의 소가 제기된 때에는 법원은 이를 병합심리하여야 하며(430조, 188조), 이 소가 그 심리 중에 원인이 된 하자가 보완되고, 회사의 현황과 제반사정을 참작하여 신주발행을 무효 또는 취소하는 것이 부적당하다고 인정한 때에는 법원은 그 청구를 기각할 수 있고(430조, 189조), 신주발행무효판결이 확정된 때에는 본점과 지점의 소재지에서 등기하여야 하며(430조, 192조), 주주가 이 소를 제기한 때에는 법원은 주

1022) 대법원 2003.2.26. 선고 2000다42786 판결.
1023) 대법원 2003.2.26. 선고 2000다42786 판결.
1024) 대법원 2007.2.22. 선고 2005다77060,77077 판결 및 대법원 2004.6.25. 선고 2000다37326 판결.
1025) 대법원 2003.2.26. 선고 2000다42786 판결.

주가 이사 또는 감사인 경우를 제외하고, 주주의 청구가 악의임을 소명하는 회사
의 청구에 의하여 상당한 담보를 제공할 것을 명할 수 있다(430조, 377조, 176조 4항).

사. 무효판결의 효력

(1) 대세적 효력

신주발행무효확정판결은 <u>제3자에 대하여도 그 효력이 있다</u>(430조, 190조 본문).
법적 안정성을 고려하여 기판력의 주관적 범위(민사소송법 218조 1항)의 예외를 인정
한 것이다.

이에 반하여, 이 소를 제기한 자가 패소한 경우에는 그 패소판결은 당사자간
에서만 그 효력을 미치며(동항), 이 경우 패소원고가 악의 또는 중대한 과실이 있
는 때에는 회사에 대하여 연대하여 손해를 배상할 책임이 있다(430조, 191조). 그러
나 제소기간이 6개월에 불과하므로, 사실상 원고패소판결의 기판력이 미치는 것
과 같은 결과가 된다.

(2) 비소급효

신주발행무효의 판결이 확정된 때에는 신주는 <u>장래에 대하여 그 효력을 잃
는다</u>(431조 1항). 따라서 무효판결이 확정될 때까지의 당해 신주와 관련된 모든 행
위 즉, 주금납입, 현물출자, 이익배당, 주주총회소집, 의결권행사, 신주의 양도 및
입질은 모두 유효하다. 그러나 판결확정 이후에는 신주는 효력을 상실하므로 신
주의 주주는 주주권을 상실하고, 주권은 무효가 되며, 이에 대한 공시최고신청도
불필요하고, 주식양도 및 선의취득이 불가능하게 된다.

(3) 주권회수

신주발행무효판결이 확정된 경우에, 회사는 지체없이 신주발행무효판결이
확정되었다는 사실과 3월 이상의 일정한 기간 내에 신주의 주권을 회사에 제출할
것을 공고하고, 주주명부에 기재된 주주와 질권자에 대하여는 각별로 그 통지를
하여야 한다(431조 2항). 무효인 주권이 유통됨으로써 선의의 피해자가 발생치 않도
록 하기 위함과 동시에, 질권자에게 물상대위권에 기초한 우선변제권(340조, 339조)

을 행사할 수 있는 기회를 주기 위한 규정이다. 이 통지를 해태함으로써 발생한 제3자의 손해에 대하여 이사 또는 회사는 손해배상책임을 부담한다.

(4) 주금액의 환급

신주발행무효의 판결이 확정된 때에는 회사는 신주의 주주에 대하여 그 납입한 금액을 반환하여야 한다(432조 1항). 이 경우 환급청구권자는 <u>무효판결확정당시의 주주</u>이며, 환급하여야 할 주금액은 금전출자의 경우 납입금액이고, 현물출자의 경우 출자당시의 평가액으로 보아야 할 것이다.[1026]

한편, 이 환급금액이 판결확정시의 회사의 재산상태에 비추어 현저하게 부당한 때에는 법원은 회사 또는 주주의 청구에 의하여 그 금액의 증감을 명할 수 있다(동조 2항). 법원으로 하여금 환급청구주주가 그 동안 받은 이익과 회사의 재산상황을 고려하여 형평에 맞게 금액을 조정할 수 있도록 한 것이다.

또한, 신주발행무효 확정판결에 의해 실효된 주식에 대한 질권자는 물상대위권의 행사로서 당해 환급금에 대하여 질권을 행사할 수 있고(432조 3항, 339조), 등록질권자는 당해 환급금에 대하여 우선변제권을 행사할 수 있다(432조 3항, 340조 1항, 2항).

아. 무효확정판결과 자본과의 관계

액면주식의 경우에는 무효확정판결로 실효된 주식만큼 발행주식총수가 감소되고 자본금이 감소되며, 자본준비금으로 전입된 금액도 역시 감소된다. 무효확정판결에 따른 결과이므로, 자본금감소와 관련하여 채권자보호절차는 필요치 아니하다.

무액면주식의 경우에는 무효확정판결로 실효된 주식만큼 발행주식총수가 감소되나 자본금이 당연히 감소되지는 아니하며, 이 경우 이사회의 결의에 의해 자본금을 감소시킬 수는 있을 것이나, 이 경우 채권자보호절차는 거쳐야 된다고 보아야 할 것이다.

1026) 권기범, 938; 이철송, 908; 임재연(I), 642; 주석상법 회사(IV), 197; 최기원, 831; 홍복기외, 498.

자. 다른 소송과의 관계

신주발행을 위한 이사회 또는 주주총회의 결의에 하자가 있는 경우, 신주발행의 효력이 발생하기 전에는 이 결의의 하자를 다투는 소를 제기할 수 있을 것이나, 신주발행의 효력이 발생한 이후에는 그 하자는 신주발행의 하자에 흡수되어 신주발행무효의 소만을 제기할 수 있다고 보아야 할 것이다.1027)[판례128]

> [판례128] 대법원 1993.5.27. 선고 92누14908 판결
>
> 회사합병에 있어서 합병등기에 의하여 합병의 효력이 발생한 후에는 합병무효의 소를 제기하는 외에 합병결의무효확인청구만을 독립된 소로서 구할 수 없음.

그러나 신주발행의 전제요건인 발행예정주식총수 또는 종류주식 등에 관한 정관변경을 위한 주주총회의 결의에 하자가 있는 경우에는 신주발행무효의 소와 주주총회결의취소 또는 무효확인의 소는 경합한다고 보아야 할 것이다.1028)

한편, 판례는 신주발행의 하자가 극히 중대하여 신주발행이 존재하지 아니하는 정도에 이르는 경우에도 역시 신주발행무효의 소와 신주발행부존재확인의 소의 경합을 인정하고 있으며,1029) 이 경우 누구든지 제소기간에 구애받지 아니하고 신주발행부존재확인의 소를 제기할 수 있다고 판시하고 있다.1030)

차. 변경등기의 경정

무효확정판결로 인하여 자본금과 발행주식총수가 변경되므로, 변경등기를 경정해야 할 것이다(317조 2항 2호, 3호).

1027) 권기범, 940; 김홍기, 662; 이철송, 906; 임재연(I), 639; 정찬형, 1101; 주석상법 회사(IV), 185; 최기원, 829; 홍복기외, 499.
1028) 강희갑, 708; 이철송, 906; 임재연(I), 639; 정찬형, 1101; 주석상법 회사(IV), 185; 최준선, 646.
1029) 대법원 2004.8.20. 선고 2003다20060 판결.
1030) 대법원 1989.7.25. 선고 87다카2316 판결; 일본회사법 829조 1호는 신주발행부존재 확인의 소를 명문으로 인정하고 있음(오현수(II), 1077).

카. 특수한 신주발행의 경우에 준용

특수한 신주발행 즉, 주식분할(329조의2), 전환주식의 전환(349조), 주식병합(442조), 준비금의 자본전입(461조), 주식배당(462조의2), 전환사채에 있어서의 전환청구(515조) 및 신주인수권부사채에 있어서의 신주인수권의 행사(516조의9) 등으로 인한 신주발행에 하자가 있는 경우에 그 하자를 다투는 방법에 대하여 별도의 규정이 없는데, 신주발행무효의 소에 관한 규정을 유추적용하는 것이 타당할 것이다.[1031]

XIII. 정관변경

1. 필요성

정관이란 회사 설립시의 필수서류로서, 발기인의 합의에 의해 작성된 회사 내부의 최고규범으로서의 지위를 가진다. 그러나 세월이 흘러 회사성립 후의 여러 회사상황의 변화로 인해 정관내용을 변경할 필요성이 발생할 수 있으므로 주주총회에서 특별결의에 의해 변경가능하도록 규정한 것이다(433조).

2. 개념

정관변경이란 절대적 기재사항, 상대적 기재사항 및 임의적 기재사항에 관계 없이 정관의 내용을 수정, 추가 또는 삭제 등을 통해 실질적으로 변경하는 것을 말한다.

3. 정관변경의 자유와 한계

정관변경은 회사마다 주주들의 다수의사에 의해 주주총회 특별결의라는 형식을 통해 자유롭게 허용됨이 원칙이다.

1031) 동지 김홍기, 663; 홍복기외, 499.

그러나 주식회사의 본질, 주주의 고유한 권리 또는 주식평등의 원칙을 침해하거나 사회질서 또는 강행법규에 위반되는 내용으로의 정관변경은 허용되지 아니한다. 따라서 정관의 일부규정을 변경불가능한 것으로 정관상 규정하거나 만장일치로서만 정관을 변경할 수 있다고 정관상 규정하는 것은 무효이며, 주주의 이익배당청구권 또는 잔여재산분배청구권을 부정하는 정관변경도 무효이다.[1032] 또한 특별법상 주무관청의 인가 또는 법원의 허가를 얻어야 정관변경의 효력이 발생토록 한 경우 이 인·허가를 받지 아니한 정관변경도 무효라고 보아야 할 것이다.[1033]

4. 절차

정관의 변경은 주주총회의 특별결의에 의하여야 한다(433조 1항). 이 특별결의는 출석한 주주의 의결권의 3분의2 이상의 수와 발행주식총수의 3분의1 이상의 수로써 하여야 한다(434조). 또한 정관의 변경에 관한 <u>의안의 요령</u>은 주주총회 소집통지에 기재하여야 한다(433조 2항, 363조).

한편, 회사가 종류주식을 발행한 경우에 정관을 변경함으로써 어느 종류주식의 주주에게 손해를 미치게 될 때에는 주주총회의 결의 외에 그 종류주식의 주주의 총회의 결의가 있어야 한다(435조 1항). 이 결의는 출석한 종류주주의 의결권의 3분의2 이상의 수와 그 종류의 발행주식총수의 3분의1 이상의 수로서 하여야 한다(동조 2항).

기타 주주총회에 관한 규정은 의결권없는 주식에 관한 것을 제외하고 종류주주총회에 준용한다(동조 3항). 즉, 의결권없는 종류주식의 주주를 위한 종류주주총회에서 의결권없는 종류주주도 각자 의결권을 행사한다.

정관의 변경으로 인하여 등기사항의 변경을 요하게 된 경우에는 변경등기를 하여야 한다(317조 4항, 183조).

1032) 권기범, 992; 김건식, 859; 김홍기, 669; 이기수외, 169; 이철송, 926; 임재연(I), 649; 정경영, 608; 정동윤, 802; 정찬형, 1121; 주석상법 회사(IV), 204; 최기원, 835; 최준선, 741.
1033) 주석상법 회사(IV), 205; 최완진, 338; 최준선, 741.

5. 효력

정관변경은 <u>주주총회의 특별결의시 그 효력이 발생한다.</u> 따라서 등기여부와 효력시기와는 관련이 없다.

또한 정관변경은 결의시점이후의 장래에 대하여만 그 효력을 발생하며, 소급효는 회사의 이해관계인의 이익을 침해할 우려와 회사법률관계의 불안정을 초래할 위험이 있기 때문에 인정되지 않는다고 보아야 할 것이다.[1034]

한편, 기한부변경은 장래의 특정시점을 기준으로 정관변경의 효력이 결정되므로 회사의 법률관계를 특별히 불안정하게 하는 것이 아니어서 허용될 것이나, 조건부변경은 조건성취 또는 불성취 자체가 미정이므로, 회사의 법률관계를 불안정하게 하기 때문에 허용되지 아니한다고 보아야 할 것이다.[1035]

XIV. 자본금 감소

1. 의의

자본금의 감소란 자본금의 액을 축소시킴을 말한다. 자본충실원칙을 구현하는 핵심적인 요소인 자본금을 감소시킨다는 것은 자금조달능력을 위축시켜 회사의 사업규모에 영향을 미침으로서 주주에게 중대한 영향을 미치는 사항이다. 또한 회사채권자들로서도 회사의 책임재산을 감소시켜 채권회수가능성을 낮추게 됨으로써 중대한 이해관계를 가지게 된다.

자본금 감소는 실질적 자본감소와 명목적 자본감소로 구분할 수 있다. 전자는 감소된 자본금상당액을 주주에게 반환하는 방법으로써, 사업에 비해 과다한 자본금비율을 해소하거나 주주가 출자금을 반환받거나 청산절차를 간편하게 하

1034) 강희갑, 765; 김홍기, 670; 유시창, 424; 이철송, 929; 임재연(I), 652; 장덕조, 579; 정경영, 609; 정동윤, 804; 주석상법 회사(IV), 208; 최준선, 743.

1035) 유시창, 425; 이철송, 929; 임재연(I), 653. 이에 반하여 모두 인정하는 견해로는 강희갑, 765; 권기범, 991; 김건식, 861; 김정호, 777; 서헌제, 724; 손진화, 731; 이기수외, 172; 이범찬외, 505; 정경영, 609; 정찬형, 1123; 주석상법 회사(IV), 209; 최기원, 837; 한창희, 379. 한편, 모두 인정하지 않는 견해로는 정동윤, 804; 최준선, 743.

거나 합병시 소멸회사의 주주가 받게 될 존속회사의 지분이 과다할 경우 이를 감
소시키기 위해서 이용된다. 이에 반하여 후자는 계산상의 자본액만 줄이고 이에
상당하는 자금이 회사 밖으로 유출되지 않는 방법으로서, 회사의 결손으로 이익
배당을 장기간동안 할 수 없는 어려움을 극복하고 회사의 신용도를 고려하여 자
본금을 순자산에 근접시키기 위한 수단으로 사용되며, 특히 부실기업을 구조조정
함에 있어 자산의 순자산가치를 액면금액에 가능한 한 접근시킨 후 액면금액으
로의 신주발행을 통해 새로운 자금을 조달하는 수단으로 이용된다.

2. 방법

액면금액 감소의 방법 또는 주식수 감소의 방법 그리고 이 두 가지 방법을
혼용하는 방법이 있다.

가. 액면주식의 경우

(1) 액면금액의 감소

정관을 변경하여 1주의 금액을 낮추는 방법을 말한다. 액면주식의 금액은 균
일하여야 하므로(329조 2항), 액면금액의 감소는 각 주식마다 균등하여야 하지만,
최종 액면금액은 100원 이상이어야 한다(동조 3항).

감소되는 액면금액은 실질적 자본감소의 경우에는 주주에게 환급되므로 사
외유출되나, 명목적 자본감소의 경우에는 주주의 손실로 공제하므로 사외유출되
지 아니한다.

(2) 주식수의 감소

(가) 주식의 병합

주식의 병합이란 발행주식총수를 일정비율로 감소시키는 회사의 행위를 말
한다. 회사의 합병(530조 3항), 회사의 분할(530조의11 1항) 및 명목상 자본감소의 경우
에 활용된다.1036) 특히 주식병합과정에서 단주가 발생할 경우에 단주의 처분방법

1036) 권기범, 1007; 김동훈, 212; 김정호, 755; 서헌제, 701; 유시창, 127; 정경영, 602; 정동윤, 806; 정

은 경매 등에 의하고(443조), 한편 단주를 발생시키는 과정에 있어서도 가능하면 주주별로 발생하는 단주를 최소화시켜 주식평등의 원칙이 구현될 수 있도록 해야 할 것이다.

(나) 주식의 소각

발행주식 중 <u>특정주식만을 소멸시키는 방법</u>(343조)을 말한다. 이에는 동의한 주주에게만 소각하는 임의소각과 주주의사와 관계없이 소각하는 강제소각이 있고, 소각대가를 지급하는 유상소각과 지급하지 아니하는 무상소각이 있다. 역시 주식평등의 원칙이 적용되어야 한다.

임의소각은 주주와 회사간의 계약에 의하여 유상소각의 형태로 이루어지게 되는데, 특히 그 대가가 유리할 경우에 나머지 주주들이 불이익을 받게 될 위험이 있으므로, 소각조건이 확정된 경우에는 입찰의 방법을 택하는 등 그 소각과정이 주식평등의 원칙에 위반되지 않도록 하여야 한다.

강제소각의 경우는 주주의 의사에 반하여 이루어진다. 강제소각은 추첨에 의해 소각주주를 정하는 것이 허용된다는 견해도 있으나,[1037] 모든 주주가 동의하지 않는 한 허용되지 않는다고 보는 것이 주식평등의 원칙에 부합할 것이며,[1038] 회사는 일반적으로 모든 주주에게 적용되는 강제소각의 방법을 공정하게 정해야 할 것이다.

나. 무액면주식의 경우

무액면주식의 자본금감소의 경우에는 액면금액이 없고, 주식수와 자본금이 연동되는 것도 아니므로, 주식의 병합, 소각절차 및 주권처리절차는 불필요하다. 물론 자본금감소를 하면서 주식병합, 소각절차를 사용할 수도 있으나, 이 경우에도 주식병합, 소각과 무관하게 자본금이 감소하게 된다.

한편, 무액면주식의 자본금감소의 경우에는, 액면주식의 경우와 같이, 회사의 자본금 감소를 위한 <u>주주총회 특별결의</u>가 있어야 하고, 결의시 자본금감소의

찬형, 1114; 주석상법 회사(IV), 228; 최준선, 693; 홍복기외, 167.
1037) 이기수외, 661; 정찬형, 1114; 주석상법 회사(IV), 230; 최기원, 897; 홍복기외, 164.
1038) 이철송, 917.

효력발생일을 정한 후, 채권자보호절차를 경료해야 할 것이다.1039) 만일 효력발생일까지 채권자보호절차가 종료되지 아니한 경우에는 채권자보호절차가 종료할 때에 자본금 감소의 효력이 발생한다고 보아야 할 것이다.

3. 절차

가. 주주총회 특별결의

자본금의 감소에는 원칙적으로 주주총회 특별결의가 있어야 한다(438조 1항, 434조). 이 경우에, 자본금의 감소에 관한 의안의 주요내용은 주주총회 소집통지 또는 공고에 적어야 한다(438조 3항, 363조).

그러나 결손의 보전을 위한 자본금의 감소는 주주총회 보통결의에 의한다 (438조 2항, 368조 1항). 결손의 보전을 위한 자본금의 감소란 결손과 동액의 자본금이 무상으로 감소되는 것을 말한다고 보아야 할 것이다.

한편, 주주총회에서 자본금감소의 방법도 함께 정해야 할 것인 바(439조 1항), 세부사항은 이사회에 위임하여 처리하는 것은 가능하다고 보아야 할 것이다.1040) 액면금액을 감액하는 경우에는 정관변경을 위한 주주총회 특별결의도 얻어야 할 것이다. 또한 자본감소의 방법이 특정 종류주식의 주주에게 손해를 미치게 될 때에는 당해 종류주주총회의 결의도 얻어야 한다(344조 4항, 435조).

나. 채권자보호절차

(1) 의의

자본금감소는 책임재산의 축소를 초래할 위험이 크므로, 채권자보호절차를 경료하도록 규정하고 있다. 그러나 결손보전을 위한 자본금 감소는 사외유출이 발생하지 않으므로 채권자보호절차를 경료하지 않아도 된다(439조 2항, 232조).

1039) 권기범, 1009; 손진화, 655; 이철송, 921; 임재연(I), 659.
1040) 유시창, 354; 임재연(I), 661; 정동윤, 807; 주석상법 회사(IV), 232; 최준선, 694. 이에 반하여 이사회에 위임할 수 없다는 견해로는 김정호, 756; 김홍기, 665; 송옥렬, 872.

(2) 공고 및 최고

회사는 자본금감소의 결의가 있은 날부터 2주내에 회사채권자에 대하여 이에 이의가 있으면 1월 이상의 일정한 기간 내에 이를 제출할 것을 공고하고, 알고 있는 채권자에 대하여는 별개로 이를 최고하여야 한다(439조 2항, 232조 1항).

만일 채권자가 위 기간 내에 이의를 제출하지 아니한 때에는 자본금감소를 승인한 것으로 본다(동조 2항). 따라서 이의를 제기하지 않은 채권자는 감자무효의 소를 제기할 수 없다.

만일 위 기간 내에 이의를 제출한 채권자가 있는 때에는 회사는 그 채권자에 대하여 변제 또는 상당한 담보를 제공하거나 이를 목적으로 하여 상당한 재산을 신탁회사에 신탁하여야 한다(동조 3항). 이 이의에는 특별한 방식을 요하지 아니한다. 사채권자가 이의를 제기하려면 사채권자집회의 결의가 있어야 하는데, 이 경우에 법원은 이해관계인의 청구에 의하여 사채권자를 위하여 이의제기기간을 연장할 수 있다(439조 3항).

다. 주식병합 절차

(1) 공고 및 통지

주식을 병합할 경우에는 회사는 1월 이상의 기간을 정하여 그 뜻과 그 기간 내에 주권을 회사에 제출할 것을 공고하고, 주주명부에 기재된 주주와 질권자에 대하여는 각별로 그 통지를 하여야 한다(440조). 신주권을 수령할 자를 파악하고, 병합에 따라 실효될 주권을 미리 회수함으로써 구주권의 유통을 막아 선의의 피해자를 발생시키지 않게 하기 위함이다.

이와 관련하여 판례는 사실상 1인회사에 있어서 주식병합에 관한 주주총회의 결의를 거친 경우에는 회사가 반드시 위와 같은 공고 등의 절차를 통하여 신주권을 수령할 자를 파악하거나 구주권을 회수하여야 할 필요성이 있다고 보기는 어려우므로, 주식병합에 관한 주주총회의 결의에 따라 그 변경등기가 경료되었다면 위와 같은 공고 등의 절차를 거치지 않았다고 하더라도 그 변경등기 무렵에 주식병합의 효력이 발생한다고 봄이 상당하다고 판시하고 있다.1041)

(2) 주식병합의 효력발생시점

액면주식의 병합은 위 주권제출공고기간이 만료한 때에 그 효력이 생긴다(무액면주식의 경우에는 주주총회가 정한 효력발생일). 다만, 채권자보호절차가 종료하지 아니한 때에는 그 종료한 때에 효력이 생긴다(441조, 232조).

(3) 신주권의 교부

주권을 제출한 주주에게 신주권을 교부한다. 주식을 병합하는 경우에 구주권을 회사에 제출할 수 없는 자가 있는 때에는 회사는 그 자의 청구에 의하여 3월 이상의 기간을 정하고 이해관계인에 대하여 그 주권에 대한 이의가 있으면 그 기간 내에 제출할 뜻을 공고하고, 그 기간이 경과한 후에 신주권을 청구자에게 교부할 수 있는데, 이 공고비용은 청구자의 부담으로 한다(442조). 단주의 금액을 배분할 경우에도 주권을 제출할 수 없는 자가 있는 경우에 동일한 절차에 따른다(443조 2항, 442조).

그러나 이 절차를 거친 신주권의 취득자에게 진정한 권리자로서의 실체법적 효력이 부여되는 것은 아니므로, 진정한 권리자는 이 신주권의 취득자를 상대로 자신의 권리를 주장할 수 있다.

(4) 단주의 처리

병합에 적당하지 아니한 수의 주식이 있는 때에는 그 병합에 적당하지 아니한 부분에 대하여 발행한 신주를 경매하여 각 주수에 따라 그 대금을 종전의 주주에게 지급하여야 하며, 거래소의 시세있는 주식은 거래소를 통하여 매각하고, 거래소의 시세없는 주식은 법원의 허가를 받아 경매외의 방법으로 매각할 수 있다(443조, 비송사건절차법 83조). 이와 관련하여 판례는 주식병합으로 소수주주가 주주의 지위를 상실했다 할지라도 그 자체로 위법이라고 볼 수는 없다고 판시하고 있다.1042)

1041) 대법원 2005.12.9. 선고 2004다40306 판결.
1042) 대법원 2020.11.26. 선고 2018다283315 판결(갑 주식회사가 임시주주총회를 개최하여 1주당 액면가를 5,000원에서 50,000,000원으로 인상하는 10,000:1의 주식병합을 하고, 10,000주에 미치지 못하는 주식을 보유한 주주에게 1주당 액면가 5,000원을 지급하기로 하는 내용의 '주식병합 및 자본금감소'를 결의하였고, 이에 따라 을을 포함하여 10,000주의 미만의 주식을 보유한 주주들이 주

라. 주식소각 절차 및 액면금액의 감액절차

자본금감소에 관한 규정에 따라 주식을 소각하는 경우에는 주식병합절차(440조,
441조)를 준용한다.

액면금액의 감액절차도 주식병합절차(440조 내지 442조)에 따라야 할 것이다.
단, 이 경우에는 단주는 발생하지 아니한다.

4. 효력

자본금감소의 효력은 <u>액면주식</u>의 경우에는 <u>액면금 감액, 주식의 병합 또는
소각절차가 종료한 때</u>에 발생하고, <u>무액면주식</u>의 경우에는 <u>주주총회가 정한 효력
발생일</u>에 발생한다. 만일 그 때까지 <u>채권자보호절차가 종료되지 아니한 경우</u>에는
<u>채권자보호절차 종료시</u>에 자본금 감소의 효력이 발생한다고 보아야 할 것이
다.[1043]

액면주식의 경우에는 감소되는 자본금 액수보다 주주에게 환급되는 금액
이 적은 경우, 그 차액에 상당하는 금액 즉, 감자차익을 자본준비금으로 계상해
야 할 것이다(459조 1항, 상법시행령 18조, 15조).[1044] 반면에, 무액면주식의 경우 특별

주의 지위를 상실한 사안에서, 위 주식병합은 법에서 정한 절차에 따라 주주총회 특별결의와 채권
자보호절차를 거쳐 모든 주식에 대해 동일한 비율로 주식병합이 이루어졌고, 단주의 처리 과정에
서 주식병합 비율에 미치지 못하는 주식수를 가진 소수주주가 자신의 의사와 무관하게 주주의 지
위를 상실하게 되지만, 이러한 단주의 처리 방식은 상법에서 명문으로 인정한 주주평등원칙의 예
외이므로, 위 주식병합의 결과 주주의 비율적 지위에 변동이 발생하지 않았고, 달리 을이 그가 가
진 주식의 수에 따라 평등한 취급을 받지 못한 사정이 없는 한 이를 주주평등원칙의 위반으로 볼
수 없으며, 위 주식병합 및 자본금감소는 주주총회 참석주주의 99.99% 찬성(발행주식총수의 97%
찬성)을 통해 이루어졌는데, 이러한 회사의 결정은 지배주주뿐만 아니라 소수주주의 대다수가 찬
성하여 이루어진 것으로 볼 수 있고, 이와 같은 회사의 단체법적 행위에 현저한 불공정이 있다고
보기 어려우며, 또한 해당 주주총회의 안건 설명에서 단주의 보상금액이 1주당 5,000원이라고 제
시되었고, 이러한 사실을 알고도 대다수의 소수주주가 주식병합 및 자본금감소를 찬성하였으므로
단주의 보상금액도 회사가 일방적으로 지급한 불공정한 가격이라고 보기 어려운데도, 이와 달리
위 주식병합 및 자본금감소가 주주평등의 원칙, 신의성실의 원칙 및 권리남용금지의 원칙에 위배
된다고 본 원심판단에 법리오해 등의 위법이 있다고 한 사례).

1043) 강희갑, 769; 권기범, 1012; 김건식, 865; 김동훈, 461; 김정호, 758; 손진화, 657; 서헌제, 1031;
송옥렬, 873; 이기수외, 665; 이범찬외, 499; 이철송, 992; 임재연(I), 665; 장덕조, 456; 정경영,
605; 정동윤, 810; 정찬형, 1117; 주석상법 회사(IV), 237; 최기원, 902; 최준선, 696.

1044) 강희갑, 770; 김정호, 759; 김홍기, 666; 서헌제, 1032; 손진화, 658; 이기수외, 666; 이범찬외,
500; 이철송, 991; 임재연(I), 666; 장덕조, 456; 정경영, 605; 정동윤, 810; 정찬형, 1118; 주석상

한 사정이 없는 한 주주에게로의 자본금환급이 없으므로 감자차익이 문제되지 아니한다.

5. 등기

자본금의 감소로 자본금의 액이 변경되므로, 변경등기를 요하는데, 본점소재지에서는 2주간내, 지점소재지에서는 3주간내에 변경등기를 하여야 한다(317조 2항 2호, 183조).

6. 감자무효의 소

가. 의의

자본금 감소의 무효는 주주·이사·감사·청산인·파산관재인 또는 자본금의 감소를 승인하지 아니한 채권자만이 자본금 감소로 인한 변경등기가 된 날부터 6개월내에 소만으로 주장할 수 있다(445조).

판례는 주주총회의 자본감소 결의에 취소 또는 무효의 하자가 있다고 하더라도, <u>그 하자가 극히 중대하여 자본감소가 존재하지 아니하는 정도에 이르는 등의 특별한 사정이 없는 한</u>, 자본감소의 효력이 발생한 후에는 자본감소 무효의 소에 의해서만 다툴 수 있다고 판시하고 있다.[1045]

나. 무효원인

상법에는 감자무효의 소의 원인이 명시되어 있지 않다. 해석론적으로 자본금 감소의 방법, 내용 및 절차가 법령 또는 정관에 위반되거나 현저하게 불공정한 경우가 그 원인이라고 볼 수 있다. 구체적으로 주주총회의 특별결의를 얻지 아니한 경우, 그 결의에 하자가 있는 경우, 채권자보호절차를 거치지 아니한 경우 및 자본금감소의 방법이 주식평등의 원칙에 반하는 경우 등이 이에 해당

법 회사(IV), 240; 최기원, 903; 최준선, 697; 홍복기외, 515.
1045) 대법원 2010.2.11. 선고 2009다83599 판결.

한다.1046)

다. 소송당사자

원고는 주주·이사·감사·청산인·파산관재인 또는 자본금의 감소를 승인하
지 아니한 채권자만이 해당되고, 피고는 회사이다(445조).1047)

라. 제소기간

자본금 감소로 인한 변경등기가 된 날부터 6개월내에 소만으로 주장할 수 있
다(445조). 이와 관련하여 판례에 의하면, 자본감소에 수반되는 복잡한 법률관계를
조기에 확정하고자 하는 것이므로, 새로운 무효사유를 출소기간의 경과 후에도 주
장할 수 있도록 하면 법률관계가 불안정하게 되어 위 규정의 취지가 몰각된다는
점에 비추어 위 규정은 무효사유의 주장시기도 제한하고 있는 것이라고 해석함이
상당하고, 따라서 자본감소로 인한 변경등기가 있는 날로부터 6월의 출소기간이
경과한 후에는 새로운 무효사유를 추가하여 주장할 수 없다고 보고 있다.1048)

한편, 변경등기 전에도 감자무효의 소를 제기할 수 있는지와 관련하여, 변경
등기가 자본금 감소의 효력발생요건이 아니며 변경등기는 제소기간인 6개월의
기산시점을 정하는데 불과한 것이므로, 변경등기 이전에도 감자무효의 소를 제기
할 수 있다고 보는 것이 타당할 것이다.1049)

마. 감자무효판결의 효력

감자무효판결은 제3자에 대하여도 그 효력이 있다(446조, 190조 본문). 즉, 감자
무효판결은 대세적 효력이 있다. 따라서 자본금은 감소이전의 금액으로 환원되

1046) 대법원 2020.11.26. 선고 2018다283315 판결.
1047) 김건식, 865; 김홍기, 667; 손진화, 658; 이기수외, 667; 이범찬외, 501; 이철송, 923; 임재연(I),
   669; 장덕조, 457; 정경영, 606; 정동윤, 811; 정찬형, 1119; 최준선, 698; 홍복기외, 516.
1048) 대법원 2010.4.29. 선고 2007다12012 판결.
1049) 이범찬외, 501; 임재연(I), 670; 정동윤, 811; 주석상법 회사(IV), 251. 이에 반대하는 견해로는 김
   동훈, 461; 유시창, 357; 최기원, 904.

며, 액면금액을 감액한 경우에는 종전 액면금액으로 회복하고, 소각된 주식은 되살아나며, 병합된 주식은 병합 전 주식으로 분할된다.

이와 관련하여, 유상감자의 경우, 감자무효판결로 인해 유상대금을 반환해야 하는 주주는 <u>감자 당시의 주주</u>로 보아야 할 것이며,1050) 감자무효판결로 인해 소각된 주식의 부활, 병합된 주식의 분할로 인한 주식수의 증가 및 액면금액의 부활도 감자 당시의 주주에게 일어난다고 보아야 할 것이다.

한편, 무액면주식의 경우에는, 감자무효판결로 인하여 자본금이 감자 전의 상태로 복귀하게 되며, 감자로 인해 주식수에 변동이 없는 경우에는 감자무효판결로 인해 주식수에 변동이 없게 된다.

감자무효판결의 소급효여부와 관련하여, 상법 190조 단서가 준용되지 아니하므로, 해석론으로는 <u>소급효가 있다</u>고 볼 수 밖에 없으나,1051) 입법론적으로는 거래의 안전을 위해 소급효를 제한하는 것이 바람직할 것이다.

바. 등기

감자무효판결이 확정된 때에는 본점과 지점의 소재지에서 등기하여야 한다 (446조, 192조).

사. 관할 등

이 소는 본점소재지의 지방법원의 관할에 전속하며(446조, 186조), 소가 제기된 때에는 회사는 지체없이 공고하여야 하고(446조, 187조), 수개의 감자무효의 소가 제기된 때에는 법원은 이를 병합심리하여야 하며(446조, 188조), 소가 그 심리중에 원인이 된 하자가 보완되고 회사의 현황과 제반사정을 참작하여 감자를 무효 또는 취소하는 것이 부적당하다고 인정한 때에는 법원은 그 청구를 기각할 수 있고(446

1050) 이범찬외, 502; 이철송, 924; 임재연(I), 673; 주석상법 회사(IV), 253.

1051) 강희갑, 770; 김건식, 865; 김홍기, 668; 송옥렬, 874; 이기수외, 670; 임재연(I), 672; 장덕조, 458; 정경영, 607; 정찬형, 1120; 주석상법 회사(IV), 254; 최기원, 905. 이에 반하여 소급효를 인정하지 말아야 한다는 견해로는 권기범, 1014; 김정호, 762; 서헌제, 1033; 이철송, 925; 한창희, 389. 한편, 구체적인 문제에 따라 개별적으로 판단해야 한다는 견해로는 손진화, 659; 정동윤, 812; 최준선, 700.

조, 189조), 원고가 패소한 경우에 악의 또는 중대한 과실이 있는 때에는 회사에 대하여 연대하여 손해를 배상할 책임이 있으며(446조, 191조), 주주가 감자무효의 소를 제기한 때에는 그 주주가 이사 또는 감사가 아닌 한, 법원은 회사가 소제기자가 악의임을 소명하는 회사의 청구에 의하여, 상당한 담보를 제공할 것을 명할 수 있다(446조, 377조, 176조 4항).

XV. 회사의 회계

1. 의의

회사의 회계란 회사가 일정기간동안 회사의 재산상태와 손익상태를 인식, 평가하여 주주에 대한 배당여부 등을 최종 결정함을 말한다. 회사의 회계는 상법과 상법시행령으로 규정한 것을 제외하고는 일반적으로 공정하고 타당한 회계관행에 따르는 바(446조의2), 일반적으로 공정·타당한 회계관행에 해당하는 기업회계를 기본으로 하여, 회사의 재무상황을 외부에 공시하고, 주주에 대한 배당을 적절히 통제함으로써 주식회사제도에 대한 대외적인 신뢰를 증진시키는 역할을 하게 된다. 한편, 상법상의 회계는 기업회계가 포함하고 있지 아니한 주주총회의 결의를 통한 결산확정이라는 회사내부의 의사결정과정까지를 말한다. 여기서 기업회계기준이란, 금융위원회가 한국회계기준원(주식회사 등의 외부감사에 관한 법률1052) 13조 1항, 동법시행령 7조의2 7조의3 1항)을 통해 제정한 주권상장법인 및 금융회사에 적용되는 <u>한국채택국제회계기준</u>(K–IFRS; Korean International Financial Reporting Standards) (동법 13조 1항 1호)과 그 밖의 외감법상 외부감사대상법인에 적용되는 <u>일반기업회계기준</u> 및 외감법상 외부감사대상법인이 아닌 주식회사에 적용되는 <u>중소기업회계기준</u>(동항 2호, 상법시행령 15조 3호)으로 대별된다.

1052) 이하 본서에서 "외감법"이라 칭함.

2. 재무제표(Financial Statements)

가. 의의

재무제표란 기업의 재무상태와 경영성과에 대한 정보를 주주 등 회사의 이해관계인에게 제공하기 위하여 대표이사에 의해 작성되고, 이사회의 승인 및 주주총회의 보통결의에 의해 확정되는 회계서류를 말한다. 재무제표는 원칙적으로 ① 대차대조표, ② 손익계산서 및 ③ 자본변동표와 이익잉여금처분계산서(또는 결손금처리계산서) 중 어느 하나로 구성된다(447조 1항, 상법시행령 16조 1항 본문). 그러나 외감법상 외부감사대상 회사의 경우에 재무제표는 대차대조표, 손익계산서, 자본변동표, 이익잉여금처분계산서(또는 결손금처리계산서), 현금흐름표 및 주석으로 구성된다(동법시행령 16조 1항 단서).

재무제표는 상인이 작성해야 하는 상업장부와 구별되는데, 상업장부는 회계장부 및 대차대조표를 말한다(29조 1항). 따라서 대차대조표는 재무제표인 동시에 상업장부이며, 회계장부는 상업장부이나 재무제표는 아니고, 손익계산서와 이익잉여금처분계산서(또는 결손금처리계산서)는 재무제표이나 상업장부는 아니다.

나. 대차대조표(Balance Sheet)

대차대조표란 일정시점을 기준으로, 회사의 재무상태를 자산과 부채 및 자본으로 구분한 후, 이를 차변과 대변으로 나누어 기재·표시하는 재무제표로서, 재무상태표로도 호칭되며(외감법 1조의2 1호, 한국채택국제회계기준), 기말 시점의 경영성과를 정태적으로 표시하게 된다.

상법은 대차대조표의 작성방법과 관련하여, 유도법 즉, 복식부기의 원리에 따라 거래사항을 회계장부에 기록한 후, 이를 통해 결산기에 대차대조표를 작성하도록 규정하고 있다(30조 2항).

재 무 상 태 표

제 50 기 : 2018년 12월 31일 현재
제 49 기 : 2017년 12월 31일 현재

xxxx주식회사 (단위 : 원)

과 목	주 석	제 50 (당) 기		제 49 (전) 기	
자 산					
Ⅰ. 유 동 자 산			80,039,455		70,155,189
1. 현금및현금성자산	4, 6, 31	2,607,957		2,763,768	
2. 단기금융상품	5, 6, 31	34,113,871		25,510,064	
3. 매출채권	6, 7, 10, 31	24,933,267		27,881,777	
4. 미수금	6, 10	1,515,079		2,201,402	
5. 선급금		807,262		1,097,598	
6. 선급비용		2,230,628		2,281,179	
7. 재고자산	11	12,440,951		7,837,144	
8. 기타유동자산	6	1,390,440		582,257	
Ⅱ. 비 유 동 자 산			138,981,902		128,086,171
1. 장기매도가능금융자산	6, 9, 31	–		973,353	
2. 기타포괄손익-공정 가치금융자산	6, 8, 31	1,098,565		–	
3. 당기손익-공정가치 금융자산	6, 8, 31	7,413		–	
4. 종속기업, 관계기업 및 공동기업 투자	12	55,959,745		55,671,759	
5. 유형자산	13	70,602,493		62,816,961	
6. 무형자산	14	2,901,476		2,827,035	
7. 장기선급비용		4,108,410		3,031,327	
8. 순확정급여자산	17	562,356		811,210	
9. 이연법인세자산	28	654,456		586,161	
10. 기타비유동자산	6	3,086,988		1,368,365	
자 산 총 계			219,021,357		198,241,360
부 채					
Ⅰ. 유 동 부 채			43,145,053		44,495,084
1. 매입채무	6, 31	7,315,631		6,398,629	

2. 단기차입금	6, 7, 15, 31	10,353,873		12,229,701	
3. 미지급금	6, 31	8,385,752		9,598,654	
4. 선수금	20	214,615		214,007	
5. 예수금	6	572,702		500,740	
6. 미지급비용	6, 20	6,129,837		6,657,674	
7. 미지급법인세		7,925,887		6,565,781	
8. 유동성장기부채	6, 16, 31	5,440		5,201	
9. 충당부채	18	2,135,314		2,273,688	
10. 기타유동부채	20	106,002		51,009	
II. 비 유 동 부 채			2,888,179		2,176,501
1. 사채	6, 16, 31	43,516		46,808	
2. 장기미지급금	6, 31	2,472,416		1,750,379	
3. 장기충당부채	18	372,217		379,201	
4. 기타비유동부채	20	30		113	
부 채 총 계			46,033,232		46,671,585
자　　　　본					
I. 자본금	21		897,514		897,514
1. 우선주자본금		119,467		119,467	
2. 보통주자본금		778,047		778,047	
II. 주식발행초과금			4,403,893		4,403,893
III. 이익잉여금	22		166,555,532		150,928,724
IV. 기타자본항목	23		1,131,186		−4,660,356
자 본 총 계			172,988,125		151,569,775
부채와자본총계			219,021,357		198,241,360

다. 손익계산서(Profit and Loss Statement)

특정 영업연도의 영업실적을 표시하기 위하여, 동 기간의 수입과 비용을 대비하여 계산한 당기순손익을 표시한 재무제표이다. 사업연도라는 일정기간동안의 경영성과를 동태적으로 표시하게 된다. 한국채택국제회계기준에서는 포괄손익계산서라는 용어를 사용함으로써 특정영업기간 중 모든 손익항목을 기재하게 하고 있다(K-IFRS 제1001호).

손 익 계 산 서

제 50 기 : 2018년 1월 1일부터 2018년 12월 31일까지

제 49 기 : 2017년 1월 1일부터 2017년 12월 31일까지

XXX주식회사 (단위 : 원)

과 목	주 석	제 50 (당) 기		제 49 (전) 기	
I. 매 출 액			170,381,870		161,915,007
II. 매 출 원 가	24		101,666,506		101,399,657
III. 매 출 총 이 익			68,715,364		60,515,350
판매비와관리비	24, 25	25,015,913		25,658,259	
IV. 영 업 이 익			43,699,451		34,857,091
기 타 수 익	26	972,145		2,767,967	
기 타 비 용	26	504,562		1,065,014	
금 융 수 익	27	3,737,494		4,075,602	
금 융 비 용	27	3,505,673		4,102,094	
V. 법인세비용차감전순이익			44,398,855		36,533,552
법 인 세 비 용	28	11,583,728		7,732,715	
VI. 당 기 순 이 익			32,815,127		28,800,837
VII. 주 당 이 익	29				
기본주당이익(단위:원)			4,830		4,178
희석주당이익(단위:원)			4,830		4,178

라. 기타 재무제표

(1) 자본변동표

자본변동표란 자본의 각 구성요소별로, 당기순손익, 기타포괄손익 등의 변동액을 구분하여 표시한 재무제표를 말한다(K-IFRS 제1001호). 이익잉여금이라는 자기자본의 하나에 불과한 항목만이 아니라 모든 자기자본 항목을 표시한다는 점에서 이익잉여금 처분계산서보다는 포괄적이라고 볼 수 있다.

자 본 변 동 표

제 50 기 : 2018년 1월 1일부터 2018년 12월 31일까지
제 49 기 : 2017년 1월 1일부터 2017년 12월 31일까지

XXX주식회사   (단위 : 원)

과 목	주 석	자본금	주식발행초과금	이익잉여금	기타자본항목	총 계
2017.1.1 (전기초)		897,514	4,403,893	140,747,574	-8,502,219	137,546,762
Ⅰ. 총포괄손익						
1. 당기순이익		-	-	28,800,837	-	28,800,837
2. 매도가능금융 자산평가손익	9, 23	-	-	-	-30,226	-30,226
3. 순확정급여자산 재측정요소	17, 23	-	-	-	349,950	349,950
Ⅱ. 자본에 직접 인식된 주주와의 거래						
1. 배당	22	-	-	-6,747,124	-	-6,747,124
2. 자기주식의 취득	21, 23	-	-	-	-8,350,424	-8,350,424
3. 자기주식의 소각	21, 23	-	-	-11,872,563	11,872,563	-
2017.12.31 (전기말)		897,514	4,403,893	150,928,724	-4,660,356	151,569,775
2018.1.1 (당기초)		897,514	4,403,893	150,928,724	-4,660,356	151,569,775
회계정책변경누적효과		-	-	61,021	-61,021	-
수정후 기초자본		897,514	4,403,893	150,989,745	-4,721,377	151,569,775
Ⅰ. 총포괄손익						
1. 당기순이익		-	-	32,815,127	-	32,815,127
2. 기타포괄손익- 공정가치금융자산 평가손익	8, 23	-	-	-2,697	-85,643	-88,340
3. 순확정급여자산 재측정요소	17, 23	-	-	-	-289,981	-289,981
Ⅱ. 자본에 직접 인식된 주주와의 거래						
1. 배당	22	-	-	-10,143,345	-	-10,143,345
2. 자기주식의 취득	21, 23	-	-	-	-875,111	-875,111
3. 자기주식의 소각	21, 23	-	-	-7,103,298	7,103,298	-
2018.12.31 (당기말)		897,514	4,403,893	166,555,532	1,131,186	172,988,125

(2) 이익잉여금처분계산서(또는 결손금처리계산서)

회사의 자기자본 항목 중 하나인 이익잉여금(또는 결손금)에 대한 처분, 변동사항을 표시한 재무제표이다.

이 익 잉 여 금 처 분 계 산 서

제 50 기 : 2018년 1월 1일부터 2018년 12월 31일까지
제 49 기 : 2017년 1월 1일부터 2017년 12월 31일까지

XXX주식회사 (단위 : 원)

과　목	제 50 (당) 기		제 49 (전) 기	
Ⅰ. 미처분이익잉여금		18,556,368		14,031,533
1. 전기이월이익잉여금	30		31	
2. 회계정책변경누적효과 등	58,324		-	
3. 분기배당금				
당기- 주당배당금(률): 1,062원 (1062%)	-7,213,815		-2,896,772	
전기- 주당배당금(률): 21,000원 (420%)				
4. 자기주식 소각	-7,103,298		-11,872,563	
5. 당기순이익	32,815,127		28,800,837	
Ⅱ. 임의적립금 등의 이입액		-		-
Ⅲ. 이익잉여금처분액		18,556,338		14,031,503
1. 기업합리화적립금	5,000,000		3,000,000	
2. 배당금				
주당배당금(률)				
당기- 보통주: 354원(354%)	2,405,428		2,929,530	
우선주: 355원(355%)				
전기- 보통주: 21,500원(430%)				
우선주: 21,550원(431%)				
3. 연구및인력개발준비금	10,000,000		8,000,000	
4. 시설적립금	1,150,910		101,973	
Ⅳ. 차기이월미처분이익잉여금		30		30

결손금처리계산서

제 17 기   2018년 1월 1일부터 2018년 12월 31일까지
제 16 기   2017년 1월 1일부터 2017년 12월 31일까지

XXX 주식회사   (단위 : 원)

과 목	제 17 (당) 기		제 16 (전) 기	
Ⅰ. 미처리결손금		−3,781,000		−2,921,601
1. 전기이월미처분이익잉여금 (미처리결손금)	−2,921,601		−1,295,395	
2. 당기순이익(손실)	−859,399		−1,626,206	
Ⅱ. 결손금처리액		−		−
Ⅲ. 차기이월미처리결손금		−3,781,000		−2,921,601

마. 현금흐름표

현금흐름표는 특정회계기간 동안 발생한 현금흐름을 영업활동, 투자활동 및 재무활동으로 분류하여 보고하는 서류이다(K-IFRS 제1007호). <u>외감법상 외부감사대상회사인 경우에는 현금흐름표도 재무제표에 포함된다</u>(상법시행령 16조 1항 단서).

현 금 흐 름 표

제 50 기 : 2018년 1월 1일부터 2018년 12월 31일까지
제 49 기 : 2017년 1월 1일부터 2017년 12월 31일까지

XXX주식회사   (단위 : 원)

과 목	주 석	제 50 (당) 기		제 49 (전) 기	
Ⅰ. 영업활동 현금흐름			44,341,217		38,906,190
1. 영업에서 창출된 현금흐름		53,596,311		41,350,471	
가. 당기순이익		32,815,127		28,800,837	
나. 조정	30	27,095,149		18,012,976	
다. 영업활동으로 인한 자산부채의 변동	30	−6,313,965		−5,463,342	
2. 이자의 수취		459,074		491,501	
3. 이자의 지급		−343,270		−265,364	
4. 배당금 수입		779,567		1,118,779	

5. 법인세 납부액		−10,150,465		−3,789,197	
Ⅱ. 투자활동 현금흐름			−31,678,548		−28,118,806
1. 단기금융상품의 순(증가)감소		−7,203,807		2,960,592	
2. 장기금융상품의 처분		−		1,700,000	
3. 장기금융상품의 취득		−1,860,000		−500,000	
4. 장기매도가능금융자산의 처분		−		98,265	
5. 장기매도가능금융자산의 취득		−		−163,765	
6. 기타포괄손익−공정가치금융 자산의 처분		7,345		−	
7. 기타포괄손익−공정가치금융 자산의 취득		−204,055		−	
8. 당기손익−공정가치금융자산 의 처분		7,421		−	
9. 당기손익−공정가치금융자산 의 취득		−1,776		−	
10. 종속기업, 관계기업 및 공동 기업 투자의 처분		25,846		1,438,362	
11. 종속기업, 관계기업 및 공동 기업 투자의 취득		−520,660		−7,492,843	
12. 유형자산의 처분		340,558		244,033	
13. 유형자산의 취득		−21,387,378		−25,641,229	
14. 무형자산의 처분		706		456	
15. 무형자산의 취득		−880,032		−843,096	
16. 현금의 기타유출입		−2,716		80,419	
Ⅲ. 재무활동 현금흐름			−12,818,480		−11,801,987
1. 단기차입금의 순(감소)증가	30	−1,796,186		3,300,611	
2. 자기주식의 취득		−875,111		−8,350,424	
3. 사채의 상환	30	−5,357		−6,043	
4. 배당금의 지급		−10,141,826		−6,746,131	
Ⅳ. 외화환산으로 인한 현금의 변동			−		−
Ⅴ. 현금및현금성자산의 감소 (Ⅰ+Ⅱ+Ⅲ+Ⅳ)			−155,811		−1,014,603
Ⅵ. 기초의 현금및현금성자산			2,763,768		3,778,371
Ⅶ. 기말의 현금및현금성자산			2,607,957		2,763,768

바. 주석

재무제표 작성 근거와 구체적인 회계정책에 대한 정보, 한국채택국제회계기준에서 요구하는 정보이지만 재무제표 어느 곳에도 표시되지 않는 정보 및 재무제표 어느 곳에도 표시되지 않지만 재무제표를 이해하는 데 적합한 정보를 말한다(K‑IFRS 제1001호). <u>외감법상 외부감사대상회사인 경우에는 주석도 재무제표에 포함된다</u>(상법시행령 16조 1항 단서).

주 석

제 50 기 : 2018년 12월 31일 현재
제 49 기 : 2017년 12월 31일 현재

××주식회사

1. 일반적 사항 :

××주식회사(이하 "회사")는 19××년 대한민국에서 설립되어 19××년에 대한민국의 증권거래소에 상장하였습니다. 회사의 사업은 ××부문, ××부문, ××부문으로 구성되어 있습니다. 회사의 본점소재지는 ××도 ××시입니다.

이 재무제표는 한국채택국제회계기준에 따라 작성되었으며, 기준서 제1027호 '별도재무제표'에 따른 별도 재무제표입니다.

2. 중요한 회계처리방침 :

2.1 재무제표 작성기준

2.2 회계정책과 공시의 변경

2.3 종속기업, 관계기업 및 공동기업

2.4 외화환산

2.5 현금 및 현금성자산

2.6 금융자산

2.7 매출채권

2.8 재고자산

13. 유형자산 :

14. 무형자산 :

15. 차입금 :

16. 사채 :

17. 순확정급여자산 :

18. 충당부채 :

19. 우발부채와 약정사항 :

20. 계약부채 :

21. 자본금 :

22. 이익잉여금 :

23. 기타자본항목 :

24. 비용의 성격별 분류 :

25. 판매비와 관리비 :

26. 기타수익 및 기타비용 :

27. 금융수익 및 금융비용 :

28. 법인세비용 :

29. 주당이익 :

30. 현금흐름표 :

31. 재무위험관리 :

32. 특수관계자와의 거래 :

사. 연결재무제표

연결재무제표란 주식회사와 다른 회사가 지배·종속관계에 있는 경우 지배하는 회사가 작성하는 연결재무상태표, 연결손익계산서 또는 연결포괄손익계산서, 연결자본변동표, 연결현금흐름표 및 주석을 말한다(외감법 1조의2 2호, 동법시행령 1조의 2항).

외감법상 외부감사대상 회사 중 다른 회사와 지배·종속관계에 있는 지배회사의 이사는 연결재무제표를 작성하여 이사회의 승인을 받아야 한다(447조 2항, 상법시행령 16조 2항, 외감법 2조, 동법 1조의2 2호).

아. 부속명세서

위에서 언급한 대차대조표, 손익계산서, 이익잉여금처분계산서(또는 결손금처리계산서), 자본변동표, 현금흐름표 및 주석의 중요항목에 관한 명세를 기재한 서류로서, 이 부속명세서까지 이사회 및 주주총회의 승인을 받아야 하고(447조 1항, 449조 1항), 본점과 지점에 비치하여야 한다(448조 1항).

3. 영업보고서

영업보고서란 특정 영업연도에 있어서의 영업에 관한 중요한 사항을 기재한 보고서이다(447조의2 2항). 영업보고서는 재무제표가 아니다. 이사는 매 결산기에 영업보고서를 작성하여 <u>이사회의 승인</u>을 얻어야 하며(동조 1항), 정기주주총회에 제출하여 그 내용을 <u>보고</u>하여야 한다(449조 2항). 주주총회 승인사항이 아니다.

영업보고서에 기재할 사항은 다음과 같다(상법시행령 17조).

① 회사의 목적 및 중요한 사업 내용, 영업소·공장 및 종업원의 상황과 주식·사채의 상황(동조 1호)

② 해당 영업연도의 영업의 경과 및 성과(자금조달 및 설비투자의 상황을 포함함)(동조 2호)

③ 모회사와의 관계, 자회사의 상황, 그 밖에 중요한 기업결합의 상황(동조 3호)

④ 과거 3년간의 영업성적 및 재산상태의 변동상황(동조 4호)

⑤ 회사가 대처할 과제(동조 5호)

⑥ 해당 영업연도의 이사·감사의 성명, 회사에서의 지위 및 담당 업무 또는 주된 직업과 회사와의 거래관계(동조 6호)

⑦ 상위 5인 이상의 대주주(주주가 회사인 경우에는 그 회사의 자회사가 보유하는 주식을 합산함), 그 보유주식수 및 회사와의 거래관계, 해당 대주주에 대한 회사의 출자 상황(동조 7호)

⑧ 회사, 회사와 그 자회사 또는 회사의 자회사가 다른 회사의 발행주식총수의 10분의1을 초과하는 주식을 가지고 있는 경우에는 그 주식수, 그 다른 회사의 명칭 및 그 다른 회사가 가지고 있는 회사의 주식수(동조 8호)

⑨ 중요한 채권자 및 채권액, 해당 채권자가 가지고 있는 회사의 주식수 (동조 9호)

⑩ 결산기 후에 생긴 중요한 사실(동조 10호)

⑪ 그 밖에 영업에 관한 사항으로서 중요하다고 인정되는 사항(동조 11호)

4. 재무제표의 승인절차

가. 재무제표 등의 작성

이사는 결산기마다 재무제표와 그 부속명세서 및 영업보고서를 작성하여 의사회의 승인을 받아야 한다(447조 1항, 447조의2 1항). 여기서 이사란 대표이사를 의미하며, 이사회의 승인이란 감사에게 제출할 위 서류들을 확정하는 의미를 가진다. 대표이사는 정기주주총회 6주간전에 위 서류들을 감사(또는 감사위원회; 이하 같음)에게 제출하여야 하므로(447조의3), 그 이전까지 이사회의 승인을 받아야 할 것이다.

나. 감사

(1) 감사의 감사

감사는 재무제표와 그 부속명세서 및 영업보고서를 받은 날부터 4주내에 감사보고서를 이사에게 제출하여야 한다(447조의4, 447조, 447조의2). 감사보고서에는 다음사항을 기재하여야 하며(447조의4 2항), 감사가 감사를 하기 위하여 필요한 조사를 할 수 없었던 경우에는 감사보고서에 그 뜻과 이유를 적어야 한다(447조의4 3항).

① 감사방법의 개요(동항 1호)

② 회계장부에 기재될 사항이 기재되지 아니하거나 부실기재된 경우 또는 대차대조표나 손익계산서의 기재 내용이 회계장부와 맞지 아니하는 경우에는 그 뜻(동항 2호)

감사가 감사보고서를 작성하기 위해 회계감사의 일환인 회계장부를 조사할 수 있다는 의미이다. 감사 이외에도, 발행주식의 총수의 100분의3 이상에 해당하는 주식을 가진 주주는 이유를 붙인 서면으로 회계의 장부와 서류의 열람 또는 등사를 청구할 수 있으며, 회사는 이 주주의 청구가 부당함을 증명하지 아니

하면 이를 거부하지 못한다(소수주주의 회계장부열람등사청구권; 466조).1053)

이와 관련하여 판례에 의하면, [1] 부당한 경우란 회사업무의 운영 또는 주주 공동의 이익을 해치거나 주주가 회사의 경쟁자로서 그 취득한 정보를 경업에 이용할 우려가 있거나, 또는 회사에 지나치게 불리한 시기를 택하여 행사하는 경우 등을 들 수 있으며, 주주가 회사의 이사에 대하여 대표소송을 통한 책임추궁이나 유지청구, 해임청구를 하는 등 주주로서의 권리를 행사하기 위하여 회계장부의 열람·등사가 필요하다고 인정되는 경우에는 회계장부의 열람·등사를 청구하는 주주가 적대적 인수·합병을 시도하고 있다거나1054) 주식매수청구권을 행사하였다1055)는 사정만으로 그 청구가 정당한 목적을 결하여 부당한 것이라고 볼 수 없다고 판시하고 있다. 한편, 사해행위취소소송은 금전 채권자의 지위에서 제기한 것이지 주주의 지위에서 제기한 것으로 보기 어려우므로 사해행위취소소송을 제기한 것을 내세워 회계장부열람·등사청구를 하는 것은 부당하다고 판시하고 있다.1056) 또한, [2] 회계장부열람등사청구권을 피보전권리로 하는 가처분도 허용되고, 이 청구권을 행사하기 위해 작성하는 서면상 청구이유는 구체적으로 기재하여야 하며, 열람 및 등사의 회수가 1회에 국한되는 등으로 사전에 제한될 성질의 것은 아니라고 본다.1057) 한편, [3] 자회사의 회계장부라 할지라도, 모회사에 보관되어 있고, 모회사의 회계상황을 파악하기 위한 근거자료로서 실질적으로 필요한 경우에는 모회사의 회계서류로서 모회사 소수주주의 열람·등사청구의 대

1053) 대법원 2022.5.13. 선고 2019다270163 판결(주주가 제출하는 열람·등사청구서에 붙인 '이유'는 열람·등사에 응할 의무의 존부를 판단하거나 열람·등사에 제공할 회계장부와 서류의 범위 등을 확인할 수 있을 정도로 열람·등사청구권 행사에 이르게 된 경위와 행사의 목적 등이 구체적으로 기재되면 충분하고, 더 나아가 그 이유가 사실일지도 모른다는 합리적 의심이 생기게 할 정도로 기재하거나 그 이유를 뒷받침하는 자료를 첨부할 필요는 없음. 한편 회사는 열람·등사청구의 부당성, 이를테면 열람·등사청구가 허위사실에 근거한 것이라든가 부당한 목적을 위한 것이라든가 하는 사정을 주장·입증함으로써 열람·등사의무에서 벗어날 수 있음). 열람과 등사에 시간이 소요되는 경우에는 열람·등사를 청구한 주주가 전 기간을 통해 발행주식 총수의 100분의3 이상의 주식을 보유하여야 하고, 회계장부의 열람·등사를 재판상 청구하는 경우에는 소송이 계속되는 동안 위 주식 보유요건을 구비하여야 함(대법원 2017.11.9. 선고 2015다252037 판결). 회사에 대하여 채무자 회생 및 파산에 관한 법률에 따른 회생절차가 개시된 경우에도 소수주주의 회계장부 등에 대한 열람·등사청구권을 규정한 상법 466조 1항은 적용됨(대법원 2020.12.1. 자 2020마6195 결정).
1054) 대법원 2014.7.21.자 2013마657 결정 및 대법원 2004.12.24.자 2003마1575 결정.
1055) 대법원 2018.2.28. 선고 2017다270916 판결.
1056) 대법원 2018.2.28. 선고 2017다270916 판결.
1057) 대법원 1999.12.21. 선고 99다137 판결.

상이 될 수 있다고 판시하고 있다.1058)

③ 대차대조표 및 손익계산서가 법령과 정관에 따라 회사의 재무상태와 경영성과를 적정하게 표시하고 있는 경우에는 그 뜻(동항 3호)

④ 대차대조표 또는 손익계산서가 법령이나 정관을 위반하여 회사의 재무상태와 경영성과를 적정하게 표시하지 아니하는 경우에는 그 뜻과 이유(동항 4호)

⑤ 대차대조표 또는 손익계산서의 작성에 관한 회계방침의 변경이 타당한지 여부와 그 이유(동항 5호)

⑥ 영업보고서가 법령과 정관에 따라 회사의 상황을 적정하게 표시하고 있는지 여부(동항 6호)

⑦ 이익잉여금의 처분 또는 결손금의 처리가 법령 또는 정관에 맞는지 여부(동항 7호)

⑧ 이익잉여금의 처분 또는 결손금의 처리가 회사의 재무상태나 그 밖의 사정에 비추어 현저하게 부당한 경우에는 그 뜻(동항 8호)

⑨ 상법 447조의 부속명세서에 기재할 사항이 기재되지 아니하거나 부실 기재된 경우 또는 회계장부·대차대조표·손익계산서나 영업보고서의 기재 내용과 맞지 아니하게 기재된 경우에는 그 뜻(동항 9호)

⑩ 이사의 직무수행에 관하여 부정한 행위 또는 법령이나 정관의 규정을 위반하는 중대한 사실이 있는 경우에는 그 사실(동항 10호)

(2) 외부감사인의 감사

외감법에 따라 외부감사대상회사의 대표이사와 회계담당이사는 해당 회사의 재무제표(연결재무제표를 작성하는 회사의 경우에는 연결재무제표를 포함함)를 작성할 책임이 있으며, 당해 회사는 해당 사업연도의 재무제표를 작성하여 정기총회 6주일전까지 감사인에게 제출하여야 한다(외감법 7조 1항, 2항, 동법시행령 6조 1항 1호).

또한 외부감사인은 감사보고서를 정기총회 1주일전까지 회사에 제출하여야 하며, 정기총회 종료 후 2주일이내에 증권선물위원회와 한국공인회계사회에도 제출하여야 한다(외감법 8조 1항, 동법시행령 7조 1항 1호).

1058) 대법원 2001.10.26. 선고 99다58051 판결.

다. 재무제표 등의 비치, 공시 및 공고

이사 즉, 대표이사는 정기총회회일의 1주간전부터 재무제표와 그 부속명세서 및 영업보고서와 감사보고서를 본점에 5년간, 그 등본을 지점에 3년간 비치하여야 한다(448조 1항, 447조, 447조의2). 한편, 주주와 회사채권자는 영업시간내에 언제든지 이 비치서류를 열람할 수 있으며, 회사가 정한 비용을 지급하고 그 서류의 등본이나 초본의 교부를 청구할 수 있다(448조 2항).

또한 이사는 재무제표와 그 부속명세서에 대한 총회의 승인을 얻은 때에는 지체없이 대차대조표를 공고하여야 한다(449조 3항, 1항, 447조).

라. 재무제표의 승인

(1) 원칙: 주주총회에 의한 승인

이사는 재무제표와 그 부속명세서를 정기총회에 제출하여 그 **승인**을 요구하여야 한다(449조 1항, 447조). 즉, 대표이사는 정기주주총회에 보통결의에 의해 재무제표와 그 부속명세서를 승인해 줄 것을 요청하여야 한다. 한편, 이사는 영업보고서를 정기총회에 제출하여 그 내용을 **보고**하여야 한다(449조 2항, 447조의2).

대표이사가 제출한 재무제표와 그 부속명세서를 정기총회가 수정하여 승인할 수 있는지와 관련하여, 만일 수정승인권한이 없다면 대표이사가 재무제표 작성부터 다시 해야 하는 절차상의 번거로움이 있을 뿐만 아니라 정기총회에서 수정한다는 것은 재무제표의 진실성에 오히려 도움을 주는 일이므로 이를 부정할 이유가 없다고 본다.[1059]

(2) 예외: 이사회에 의한 승인

위 규정에도 불구하고, 회사는 정관으로 정하는 바에 따라 재무제표와 그 부속명세서를 이사회의 결의로 승인할 수 있다. 다만, 이 경우에는 다음 각호의 요건을 모두 충족하여야 한다(449조의2 1항, 447조).

　① 재무제표와 그 부속명세서가 법령 및 정관에 따라 회사의 재무상태 및

[1059] 김건식, 537; 서헌제, 1020; 손진화, 665; 이범찬외, 469; 임재연(I), 685; 장덕조, 464; 정경영, 615; 정동윤, 765; 정찬형, 1134; 최기원, 911; 최완진, 316; 한창희, 394; 홍복기외, 569.

경영성과를 적정하게 표시하고 있다는 <u>외부감사인의 의견</u>이 있을 것(449조의2 1항 1호)
　　② <u>감사</u>(감사위원회 설치회사의 경우에는 감사위원을 말함) **전원**의 동의가 있을 것(동
항 2호)

　　또한 이에 따라 이사회가 승인한 경우에는 이사는 <u>재무제표와 그 부속명
세서</u>의 내용을 주주총회에 **보고**하여야 한다(449조의2 2항, 447조).

(3) 재무제표 승인의 효력

(가) 재무제표의 확정

　　주주총회(또는 이사회; 이하 같음)에서 재무제표를 승인하면, 재무제표는 확정되
어 그 내용대로 효력이 발생하게 된다. 즉, 기재내용대로 이익배당이 가능하고,
준비금을 적립하는 등의 행위를 할 수 있게 된다.

(나) 이익배당청구권의 발생

　　당해 주주의 입장에서는 주주총회에서의 재무제표의 승인에 의해 회사에 대
한 구체적 이익배당청구권을 취득하게 되고, 이는 주주권과는 독립된 것으로서,
양도 등 처분이 가능하고 별도의 소멸시효의 대상이 된다.

(다) 대차대조표의 공고

　　이사는 재무제표와 그 부속명세서에 대한 정기총회의 승인을 얻은 때에는
지체없이 <u>대차대조표를 공고하여야</u> 한다(449조 3항).

(라) 이사, 감사의 책임해제

1) 의의

　　정기총회에서 재무제표 및 그 부속명세서를 승인을 한 후 2년내에 다른 결
의가 없으면 회사는 이사와 감사의 책임을 해제한 것으로 보지만, 이사 또는 감
사의 부정행위에 대하여는 그러하지 아니하다(450조, 449조, 449조의2). 청산인(542조
2항) 및 유한회사(583조 1항)의 이사, 감사에도 준용된다. 2년은 제척기간으로 보아
야 할 것이다.1060)

1060) 권기범, 1003; 김건식, 541; 이철송, 944; 임재연(I), 687; 장덕조, 465; 정동윤, 766; 정찬형, 1135;
　　주석상법 회사(IV), 308; 최기원, 912. 이에 반대하는 견해로는 이기수외, 677.

2) 입법취지 및 삭제되어야 하는 이유

이 규정은 총주주의 동의에 의해서만 이사, 감사의 회사에 대한 책임이 면제되는 상법 400조와 415조의 예외에 해당한다. 규정취지는 재무제표 등의 승인과 관련한 이사, 감사의 책임의 엄격성을 고려하여 책임이 신속하게 소멸하도록 하고, 회사경영의 적임자가 과중한 책임 때문에 주저함이 없이 이사, 감사에 취임할 수 있도록 하기 위함이다.[1061]

그러나 일본에서도 1981년 개정시에 해제의 근거나 범위가 명확하지 않다는 이유로 삭제되었고,[1062] 재무제표와 관련한 이사, 감사의 책임만을 2년이라는 단기간의 경과로 해제시키는 특혜를 존치할 특별한 이유가 없으며, 상법 400조 2항, 415조에 의하면 정관으로 이사, 감사의 손해배상액의 한도를 둘 수 있는 조항이 신설되었으므로, 이러한 과도한 책임해제규정이 존재할 의미가 퇴색되었다고 볼 수 있어, 이 규정은 삭제함이 타당하다고 본다.[1063]

3) 요건
가) 재무제표에 기재되었거나 기재로부터 알 수 있는 사유일 것

본 규정이 적용되어 책임이 해제되는 경우는 <u>재무제표에 기재되었거나 기재로부터 알 수 있는 사유인 경우에</u> 한한다고 보는 것이 타당할 것이다.[1064] 이와 관련하여 판례는 ① <u>분식결산사실</u>이라는 책임사유가 재무제표에 기재되어 있지 아니한 경우,[1065] ② <u>이사가 임무를 해태한 사실</u>이 재무제표에 명시되지 아니한 경우,[1066] ③ 재무제표 등을 통하여 알 수 있는 사항이 아닌, <u>상호신용금고의 대표이사가 충분한 담보를 확보하지 아니하고 동일인 대출 한도를 초과하여 대출한 경우</u>[1067] 등에는 본 규정에 따라 책임이 해제되는 경우가 아닌 것으로 판시하고 있다.

1061) 권기범, 1002; 김건식, 540; 김정호, 694; 이범찬외, 469; 이철송, 944.
1062) 김건식, 543; 주석상법 회사(IV), 307.
1063) 김건식, 543; 주석상법 회사(IV), 307.
1064) 강희갑, 775; 권기범, 1003; 김건식, 542; 김정호, 694; 김홍기, 678; 이범찬외, 469; 이철송, 944; 임재연(I), 686; 장덕조, 465; 정동윤, 766; 정찬형, 1135; 최기원, 912; 최준선, 707.
1065) 대법원 2007.12.13. 선고 2007다60080 판결.
1066) 대법원 2008.12.11. 선고 2005다51471 판결.
1067) 대법원 2002.2.26. 선고 2001다76854 판결.

나) 부정행위에 의한 경우가 아닐 것

부정행위란 고의 또는 과실에 의한 단순한 임무해태의 정도를 넘어선, 과실이 아닌 고의에 의한 범죄행위 또는 그에 가까운 도덕적 비난가능성이 큰 행위로 보는 것이 타당할 것이다.1068) 또한 이사, 감사의 책임이 부정행위로 인해 발생한 경우뿐만이 아니라 재무제표의 승인을 구하는 전 과정에 있어 부정행위를 한 경우도 포함된다고 보아야 할 것이다.1069)

다) 정기총회에서 재무제표 및 그 부속명세서를 승인을 한 후 2년내에 다른 결의가 없을 것

이사회에서 승인한 경우까지 포함할 것인지가 문제되나, 이 조항과 같은 책임해제규정은 엄격하게 해석해야 할 것이므로, 정기총회에서 승인한 경우에 한한다고 보는 것이 타당할 것이다.1070)

또한 승인 후 2년이라는 제척기간 내에 다른 결의 즉, 주주총회에서 재무제표 등의 승인을 철회하거나 이사, 감사의 책임을 묻는 결의가 있는 경우에는 본 규정이 적용되지 않는다고 보아야 할 것이다.1071) 이와 관련하여, 소수주주가 대표소송을 제기하는 경우 등과 같이 객관적으로 이사, 감사의 책임을 묻는 행위가 승인 결의 후 2년내에 분명히 제기된 경우에도 책임이 해제되지 아니한다는 설이 있으나,1072) 이 조문의 문리해석상, "다른 결의"를 주주총회결의가 아닌 이사나 감사의 책임을 묻는 별도의 소송으로 해석하는 것은 합리적인 해석의 범위를 넘는 것이라 판단된다.

4) 입증책임

원칙적으로 책임해제의 입증책임은 책임해제를 주장하는 이사 또는 감사가

1068) 김건식, 542; 양명조, 477; 이철송, 946; 주석상법 회사(IV), 310. 이에 대하여 중과실도 포함된다는 견해로는 이기수외, 678; 정동윤, 766. 한편 고의 또는 중과실로 인한 행위뿐만 아니라 정당시될 수 없는 모든 행위를 포함한다는 견해로는 임재연(I), 688; 정찬형, 1135; 서울고등법원 1977.1.28. 선고 75나2885 판결.

1069) 강희갑, 776; 권기범, 1003; 김정호, 695; 김홍기, 679; 양명조, 477; 이범찬외, 470; 이철송, 946; 임재연(I), 688; 정동윤, 766; 최기원, 912; 최준선, 707.

1070) 권기범, 1002; 이철송, 947; 임재연(I), 687. 이에 반하여 이사회승인도 포함한다는 견해로는 김건식, 541; 주석상법 회사(IV), 309.

1071) 대법원 2007.9.6. 선고 2007다40000 판결; 김건식, 541; 김홍기, 679; 이기수외, 678; 이철송, 954; 정찬형, 1135; 최기원, 912.

1072) 김건식, 541; 주석상법 회사(IV), 310.

부담한다.[판례129] 즉, 재무제표 등에 그 책임사유가 기재되어 있고, 그 주총승인이 있었다는 사실 및 그로부터 2년이 경과하였다는 사실에 대한 입증책임은 책임을 면하고자 하는 이사 또는 감사가 주장·입증해야 한다.[1073] 반대로 부정한 행위가 있었다거나 2년내에 다른 결의가 있었다는 사실은 이사, 감사의 책임해제를 부정하는 측에서 주장·입증해야 할 것이다.[1074]

> [판례129] 대법원 1969.1.28. 선고 68다305 판결.
>
> 　주주총회에 이사들의 책임사항에 관한 서류를 제출하고 승인을 받았다는 사실의 입증책임은 이사들에게 있음.

XVI 준 비 금

1. 의의

준비금(Reserve)이란 순자산액 중 자본금을 초과하는 금액으로서 대차대조표의 대변 즉, 부채 및 자본의 부에 기재되며, 주주에게 배당되지 아니하고 (법정준비금의 경우) 사내에 유보되는 금액을 말한다.

즉, 배당가능이익은 법정준비금의 금액만큼 감소되므로 준비금이 증가할수록 회사의 자기자본이 증가하게 됨으로써, 회사입장에서는 장래에 발생할지 모를 기업의 어려움에 대비할 수 있게 되고, 회사채권자입장에서도 채권회수가능성을 증대시키게 된다.

2. 특징

준비금은 자본금과 함께 자기자본을 구성한다. 이는 계산상의 액수에 불과

1073) 권기범, 1003; 김건식, 543; 김홍기, 679; 이범찬외, 470; 이철송, 944; 임재연(I), 687; 장덕조, 466; 정동윤, 767; 정찬형, 1135; 주석상법 회사(IV), 312; 최기원, 912; 최준선, 708.
1074) 김건식, 543; 주석상법 회사(IV), 312.

하고 실제로 동 액수가 분리, 보관되는 것은 아니며, 준비금을 감소시키더라도 실제 액수가 현실적으로 사용되는 것이 아니라 대차대조표상의 수치상의 감소에 불과하다.

3. 종류

준비금은 크게 법정준비금, 임의준비금, 부진정준비금 및 비밀준비금으로 구별된다.

법정준비금이란 법상 의무적으로 적립하여야 하는 이익준비금과 자본준비금을 말한다.

임의준비금이란 상법상 명문의 규정은 없는데, 정관 또는 주주총회결의에 의해 회사마다 자율적으로 이익유보를 통해 적립하는 준비금을 말한다. 정관 또는 주주총회결의에 따른 적립의 경우에는 회사는 이익이 발생하는 한, 적립할 의무가 발생한다. 회사가 임의준비금을 적립하지 않고 이익배당을 하더라도 위법배당은 아니나, 이를 위반한 이사는 정관위반으로 인하여 회사에 대한 손해배상책임을 부담할 수 있다(399조).

부진정준비금(유사준비금)은 형식상으로는 준비금이나, 실질적으로는 자산의 진정한 가치를 반영하기 위하여 부채의 부에 기재하는 자산가액의 수정항목으로서 감가상각충당금 또는 대손충당금이 이에 해당된다(일반기업회계기준 2.43).

비밀준비금이란 대차대조표상 준비금으로 계상되지는 않지만 실질적으로 준비금의 성격을 갖는 것으로서, 소극재산을 과대평가하고 적극재산을 과소평가한 차액을 말한다. 위법, 부당한 회계처리를 통해 발생될 위험이 크므로 이를 인정하지 않는 것이 바람직할 것이다.1075)

4. 이익준비금

이익준비금이란 이익을 재원으로 하는 준비금으로서, 자본금의 결손보전을

1075) 권기범, 1015; 김건식, 547; 김정호, 697; 유시창, 372; 정찬형, 1138; 주석상법 회사(IV), 321. 이에 반하여 적법하다는 견해로는 이기수외, 681; 이범찬외, 478; 이철송, 957; 정경영, 621; 정동윤, 772; 최기원, 920; 한창희, 405.

목적으로 한다(460조).

　　회사는 그 자본금의 2분의1이 될 때까지 매 결산기 이익배당액(금전배당 및 현물배당(462조의4)을 합한 금액)의 10분의1 이상을 이익준비금으로 적립하여야 하는바, 주식배당의 경우에는 적립할 필요가 없다(458조). 자본금의 2분의1을 초과하는 금액은 임의준비금으로 보아야 할 것이다.[1076]

　　한편, 이익배당이 없는 경우에도 이익준비금의 적립이 가능한지와 관련하여, 이익배당시 최소한 배당액의 10분의1 이상을 적립하라는 뜻이지, 이익배당이 없는 경우 배당가능이익이 있음에도 불구하고 이익준비금을 적립할 수 없다는 뜻은 아니라고 보는 것이 타당할 것이다.[1077]

5. 자본준비금

가. 의의

　　회사는 자본거래에서 발생한 잉여금 즉, 자본잉여금을 자본준비금으로 적립하여야 하는데, 자본준비금은 회계기준에 따른 자본잉여금을 말한다(459조 1항, 상법시행령 18조, 15조). 자본잉여금은 증자나 감자 등 주주와의 거래에서 발생하여 자본을 증가시키는 잉여금이다. 예를 들면, 주식발행초과금, 자기주식처분이익, 감자차익 등이 포함된다(일반기업회계기준 2.30).

　　자본준비금은 이익준비금과는 달리, 아무런 제한없이 자본잉여금 전액이 적립된다.

나. 자본잉여금의 구성

(1) 주식발행초과금

　　주식발행초과금이란 액면주식의 경우에는 주식의 액면금액을 초과하는 발행가액을 말하고(451조 1항), 무액면주식의 경우에는 주식의 발행가액 중 자본금으로

1076) 권기범, 1017: 김건식, 551: 김홍기, 681: 양명조, 480: 이기수외, 680: 이철송, 949: 장덕조, 467: 정경영, 620: 정동윤, 773: 정찬형, 1139: 최기원, 916: 최완진, 318: 최준선, 709.
1077) 재정경제부 유권해석(증권 22325-57, 1986.2.4.): 권기범, 1017: 김건식, 550: 이범찬외, 472: 이철송, 949: 임재연(I), 690: 정찬형, 1139: 주석상법 회사(IV), 324: 홍복기외, 572.

계상하지 아니하는 금액을 말한다(451조 2항 후단).

(2) 자기주식 처분이익

자기주식을 처분하는 경우에 처분금액이 장부금액보다 큰 경우 그 차액을 말한다(일반기업회계기준 2.30).

(3) 감자차익

감자차익이란 자본금감소의 경우 그 감소액이 주식의 소각, 주금반환에 소요된 금액 또는 결손보전에 충당된 금액을 초과하는 금액을 말한다.

(4) 합병차익

합병차익이란 회사의 합병시 소멸회사로부터 승계한 재산의 가액 중에서, 소멸회사로부터 승계한 채무액, 소멸회사 주주에게 지급한 금액 및 존속회사의 자본금 증가액(또는 신설회사의 자본금)의 합계액을 초과하는 금액을 말한다.

(5) 분할차익

분할차익이란 분할 또는 분할합병의 경우 신설회사 또는 존속회사에 출자된 재산의 가액 중에서, 분할회사로부터 승계한 채무액, 분할회사의 주주에게 지급한 금액 및 존속회사의 자본금 증가액(또는 신설회사의 자본금)의 합계액을 초과하는 금액을 말한다.

(6) 주식의 포괄적 교환차익 및 주식의 포괄적 이전차익

주식의 포괄적 교환차익이란 주식의 포괄적 교환으로 인하여 완전모회사가 되는 회사가 취득할 완전자회사가 되는 회사의 전체주식가액 즉, 주식교환의 날에 완전자회사가 되는 회사에 현존하는 순자산액 중에서, 완전자회사가 되는 주주에게 제공할 금전이나 그 밖의 자산의 가액 및 그에게 이전하는 자기주식의 장부가액 및 완전모회사가 되는 회사의 자본금증가액의 합계액을 초과하는 금액을 말한다(360조의7 1항). 또한 주식의 포괄적 이전차익이란 주식의 포괄적 이전으로 인하여 설립하는 완전모회사가 취득할 완전자회사가 되는 회사의 전체주식가액 즉, 주식이전의 날에 완전자회사가 되는 회사에 현존하는 순자산액 중에서 완전자회사가 되는 회사의 주주에게 제공할 금전 및 그 밖의 재산의 가액 및 설립되는 완전모회사의 자본금의 합계액을 초과하는 금액을 말한다(360조의18).

(7) 기타 자본잉여금

위에서 열거한 자본잉여금을 제외한 그 밖의 자본거래에서 발생한 잉여금을 말한다.

다. 승계

합병이나 단순분할 또는 분할합병의 경우 소멸 또는 분할되는 회사의 이익준비금이나 그 밖의 법정준비금은 합병·분할·분할합병 후 존속되거나 새로 설립되는 회사가 승계할 수 있다(459조 2항, 530조의2).

합병차익 또는 분할차익은 전액 자본준비금으로 승계되므로, 존속회사 또는 신설회사가 별도로 이익준비금 또는 기타 법정준비금을 계상해야 하는 불편을 막기 위하여 이익준비금이나 그 밖의 법정준비금을 그대로 존속회사 또는 신설회사가 승계할 수 있도록 한 것이다.

6. 법정준비금의 사용

가. 의의

이익준비금과 자본준비금은 자본금의 결손 보전에 충당하는 경우(458조, 459조, 460조) 또는 자본금에 전입하는 경우(461조) 외에는 처분하지 못한다(단, 461조의2에 의한 경우는 제외).

나. 자본금의 결손 보전

자본금의 결손이란 사업연도 말 현재 회사의 순자산액이 자본금과 법정준비금의 합계액에 미달하는 상황을 말한다. 결손여부는 사업연도 말에 가서야 비로소 확정되며, 임의준비금 또는 전기이월이익으로 보전될 수 있는 경우에는 자본

금의 결손이 발생하였다고 볼 수 없다. 자본금의 결손을 반드시 보전해야하는 것
은 아니며, 이월결손금으로 처리하면서 법정준비금을 보전에 사용하지 않을 수도
있다. 보전시 이익준비금과 자본준비금 중 먼저 사용해야 하는 순서는 없으며,
회사의 재량에 따라 어느 것을 사용할지를 결정할 수 있다.

다. 준비금의 자본금으로의 전입

(1) 의의

준비금의 자본금으로의 전입이란 준비금계정에 있는 일정금액을 감소시키면
서 동시에 동 금액만큼을 자본금계정에 추가시킴을 말한다(461조 1항). 준비금 특히
자본준비금이 과다하게 적립됨으로써 주가가 필요이상으로 높게 유지되어 주식
거래가 위축되고, 재무관리의 효율성을 저하시키는 문제점을 해소하기 위한 규정
이다.

(2) 결정기관

준비금의 자본금 전입은 원칙적으로 이사회가 정하나, 예외적으로 정관에
의해 주주총회의 권한으로 할 수 있다(461조 1항).

(3) 전입대상 준비금 및 전입시기

법문상으로는 준비금이라고만 되어 있으나, 법정준비금만이 가능하고, 임의
준비금은 불가능하고 보아야 할 것이다. 왜냐하면 임의준비금을 자본금에 전입하
면 주주에 대한 배당재원인 임의준비금이 축소되어, 주주의 배당청구권을 침해하
기 때문이다.[1078] 또한 여기서 법정준비금은 정기총회의 승인에 의해 확정된 재
무제표상의 법정준비금을 말한다고 보아야 할 것이다. 한편, 전입시점에 대해서
는 상법상 아무런 규정이 없으므로, 사업연도 중 아무 때나 전입이 가능하다고
보아야 할 것이다.

1078) 권기범, 1018; 김건식, 553; 이철송, 952; 임재연(I), 693; 정동윤, 776; 최기원, 922.

(4) 전입의 효력

(가) 무상신주의 발행

1) 의의

액면주식을 발행한 회사의 경우에는 준비금의 자본금 전입으로 인하여 자본금으로 전입되는 준비금의 액수를 액면금액으로 나눈 주식수만큼의 무상신주가 주주에게 교부된다. 이 경우 상법상 제3자의 신주인수권이 인정되지 아니한다. 한편, 무액면주식을 발행한 경우에는 반드시 신주를 발행할 필요는 없으나, 만일 이사회 또는 주주총회결의에 의하여 신주를 발행키로 한 경우에는 상법 461조에 의하여야 할 것이다.

준비금의 자본금 전입은 무상신주가 교부된다는 점에서는 주식배당과 같으나, 주식배당의 재원은 법정준비금이 아닌 배당가능이익인 점이 다르며, 회사재산의 증가 없이 주식수가 증가한다는 점에서는 주식분할과 그 속성이 같으나, 주식분할은 자본금의 변동이 없다는 점이 다르다.[1079]

이와 관련하여 판례는 상법 461조에 의하여 주식회사가 이사회의 결의로 준비금을 자본에 전입하여 주식을 발행할 경우에는 회사에 대한 관계에서는 이사회의 결의로 정한 일정한 날에 주주명부에 주주로 기재된 자만이 신주의 주주가 된다고 할 것이므로, 갑이 병 주식회사의 기명주식을 실질적으로 취득하였으나 병 주식회사의 이사회가 신주를 발행하면서 정한 기준일 현재 갑이 기명주주의 명의개서를 하지 아니하여 을이 그 주주로 기재되어 있었다면 병 주식회사에 대한 관계에서는 신주의 주주는 을이라고 판시하고 있다.[1080]

2) 종류주식에 대한 신주배정

종류주식을 발행한 경우 자본금 전입에 따른 신주발행을 같은 종류의 주식으로 할 수 있는지가 문제된다. 살피건대, 본질상 준비금의 자본금 전입에 따라 신주를 배정한다는 것은 기존주주의 주식에 맞춰 배정한다는 의미로 해석될 수 있고, 주식배당의 경우와 같이 같은 종류의 주식으로 배당할 수 있다는 규정(462조의2 2항)이 없다고 하여 회사가 자율적인 판단에 따라 같은 종류의 주식으로 발

1079) 권기범, 1021; 임재연(I), 692; 정동윤, 775; 주석상법 회사(IV), 336; 최기원, 921.
1080) 대법원 1988.6.14. 선고 87다카2599 판결.

행하는 것을 금지하고 있다고 해석할 필요는 없으므로, 이를 유추적용하여 같은 종류주식으로 신주를 발행할 수 있는 것으로 해석하는 것이 타당할 것이다.1081)

3) 단주의 경우

주식으로 배정할 금액 중 주식의 권면액에 미달하는 단수가 있는 때에는 그 부분에 대하여는 발행한 신주를 경매하여 각 주수에 따라 그 대금을 종전의 주주에게 지급하여야 하나, 거래소의 시세있는 주식은 거래소를 통하여 매각하고, 거래소의 시세없는 주식은 법원의 허가를 받아 경매외의 방법으로 매각할 수 있다(461조 2항, 443조 1항).

4) 절차 등

배정기준일 또는 주주총회결의시에 신주의 주주가 된 때에는 이사는 지체없이 신주를 받은 주주와 주주명부에 기재된 질권자에 대하여 그 주주가 받은 주식의 종류와 수를 통지하여야 한다(461조 5항, 3항, 4항). 한편, 이 신주 및 단주처분대금에 대하여도 등록질, 약식질에 관계없이 종전의 주식을 목적으로 한 질권을 행사할 수 있다(461조 7항, 339조).

(나) 효력발생시점

준비금의 자본금 전입의 효력발생시점은 1 액면신주발행의 경우에는 ㉠ 의사회가 결정하는 경우, 회사는 일정한 날(배정기준일)을 정하여 그 날에 주주명부에 기재된 주주가 신주의 주주가 된다는 뜻을 그 날의 2주간전에 공고하여야 하며, 신주배정일이 주주명부폐쇄기간 중인 때에는 그 기간의 초일의 2주간전에 이를 공고하여야 한다(461조 3항, 1항, 2항, 354조 1항). 즉, 배정기준일이 신주발행의 효력발생시점이 된다. 그러나 ㉡ 주주총회에서 결정하는 경우에는 주주총회의 결의가 있은 때1082)로부터 신주의 주주가 된다(461조 4항, 1항 단서, 2항).

한편, 2 무액면신주발행의 경우에는, 전입의 효력은 이사회 또는 주주총회가 전입을 결의한 날에 발생한다.

1081) 권기범, 1023; 김건식, 555; 주석상법 회사(IV), 339; 최기원, 924. 이에 반하여 보통주식으로만 발행할 수 있다는 견해로는 이철송, 952.

1082) 이와 관련하여, 주식배당의 경우와 같이(462조의2 4항) 주주총회가 종결한 때로부터 신주의 주주가 된다고 해석해야 한다는 견해로는 주석상법 회사(IV), 367.

(5) 위법한 준비금의 자본금 전입

전입과 관련하여 신주가 발행된 이후에는 이사회 또는 주주총회결의에 하자가 있더라도 이는 신주발행무효의 소의 대상이 된다고 유추해석하여야 할 것이나, 신주가 발행되기 전인 경우에는 이사회결의하자 또는 주주총회결의하자를 다투는 방법에 따라 선택해야 할 것이며, 그럼에도 불구하고 전입된 준비금이 존재하지 않는 등 그 하자가 자본금 전입의 실체를 인정할 수 없는 정도의 하자인 경우에는 그 하자를 다툼에 있어 아무런 제한이 없다고 보는 것이 타당할 것이다.

7. 법정준비금의 감액

가. 의의

회사는 적립된 <u>자본준비금 및 이익준비금의 총액</u>이 <u>자본금의 1.5배를 초과</u>하는 경우에 <u>주주총회의 결의</u>에 따라 그 초과한 금액 범위에서 자본준비금과 이익준비금을 감액할 수 있다(461조의2).

위에서 언급한 결손보전이나 자본전입과는 별도로, 법정준비금을 언제라도 주주에게 배당할 수 있는 미처분잉여금의 상태로 둠으로써, 불필요하게 과다한 법정준비금의 적립으로 인하여 배당이 어려워질 것에 대비한 규정이다.

나. 요건

적립된 자본준비금 및 이익준비금의 총액이 자본금의 1.5배를 초과하는 경우에 가능하다. 이 경우 어느 준비금을 감액하던 상관없다.

결손금이 있는 상태에서 준비금에 의해 보전함이 없이 준비금을 감액할 수 있는지가 문제되나, 이 규정의 취지에 비추어 보아 법정준비금에서 결손금을 차감한 나머지 법정준비금이 자본금의 1.5배를 초과하는 경우에 한하여 본 규정이 적용되는 것으로 해석하는 것이 타당할 것이다.[1083] 입법적인 보완을 요한다.

1083) 권기범, 1025; 송옥렬, 1161; 이철송, 955; 임재연(I), 698; 장덕조, 471; 최완진, 324.

다. 절차 및 효력발생시점

주주총회의 보통결의를 요한다고 보아야 할 것이다. 주주총회에서는 감액되는 준비금의 종류와 액수 및 효력발생시점을 정해야 할 것이다. 만일 정하지 아니한 경우에는 주주총회결의시를 효력발생시점으로 보는 것이 타당할 것이다. 한편, 채권자보호절차는 요하지 아니한다.

XVII. 이익배당

1. 의의

이익배당이란 주식회사에 있어 결산기말에 확정된 재무제표상 배당가능이익을 기준으로 하여 주주에게 이익을 분여함을 말한다. 이익배당은 영리법인인 주식회사에 자본을 제공한 주주에게 그 투자대가를 회수케 하는 방법 중 주식양도와 더불어 대표적인 방법이다.

한편, 회사채권자의 입장에서는 과도한 이익배당은 회사의 책임재산을 감소시킴으로서 채권회수를 어렵게 할 위험성이 커지므로 채권자의 이익이 침해될 가능성이 커진다. 따라서 주주의 이익과 채권자의 이익을 적절히 조화시키는 차원에서의 이익배당이 요구된다.

이익배당은 배당시점과 관련하여 정기배당과 중간배당으로 구분할 수 있고, 배당의 대상과 관련하여 금전배당, 주식배당 및 현물배당으로 구분할 수 있다.

2. 이익배당청구권의 성질

주주는 주주권에 기초하여 추상적 이익배당청구권을 보유하게 된다. 이는 주주권과 분리하여 양도할 수 없고, 압류·전부명령 또는 소멸시효의 대상이 되지 아니한다. 또한 주주는 추상적 이익배당청구권에 의해서 바로 회사로부터 배당을 받을 직접적인 금전채권으로서의 배당청구권 즉, 구체적 이익배당청구권을 당연히 취득하는 것은 아니며, 이 구체적 이익배당청구권은 오로지 주주총회 또는 이사회의 결의여부에 달려있고, 배당가능이익이 있다고 하여 회사가 반드시 배당을 해야 할 의무가 있는 것도 아니다.1084)

그러나 주식회사에서 주주의 이익배당을 받을 권리는 매우 본질적인 권리인데, 이것이 단순히 소극적인 권리로서 머무르게 된다면 현행법의 해석상으로는 이 권리에 대한 근본적인 침해의 경우에도 당해 주주가 구제받을 길이 없다는 것을 의미한다. 따라서 입법론적으로는 주주의 이익배당청구권이 부당하고 근본적으로 침해받고 있는 경우 적극적으로 배당을 요구할 수 있도록 개정되어야 한다고 생각한다.1085)

한편, 이익배당을 담은 재무제표가 주주총회 또는 이사회에서 승인되면, 주주는 추상적 이익배당청구권과는 별도로 구체적 이익배당청구권을 취득하게 된다. 따라서 구체적 이익배당청구권은 주식과는 별개로 양도 또는 질권설정이 가능하고, 압류·전부명령 또는 소멸시효의 대상이 된다. 또한 이미 성립된 구체적 이익배당청구권은 그 후에 주식이 양도되더라도 반드시 함께 이전되는 것은 아니다.

3. 정기배당

가. 결정기관

이익배당은 <u>원칙적으로 주주총회의 보통결의</u>에 의한다. 다만, 재무제표를 이사회가 승인하는 경우(정관에 근거규정, 재무제표에 대한 외부감사인의 적정의견 및 감사 전원의 동의가 전제됨)에는 <u>이사회의 결의</u>로 정한다(462조 2항, 449조의2 1항).1086) 그러나 이사

1084) 주식회사의 정관에서 회사에 배당의무를 부과하면서 배당금의 지급조건이나 배당금액을 산정하는 방식 등을 구체적으로 정하고 있어 그에 따라 개별 주주에게 배당할 금액이 일의적으로 산정되고, 대표이사나 이사회가 경영판단에 따라 배당금 지급 여부나 시기, 배당금액 등을 달리 정할 수 있도록 하는 규정이 없다면, 예외적으로 정관에서 정한 지급조건이 갖추어지는 때에 주주에게 구체적이고 확정적인 배당금지급청구권이 인정될 수 있으며, 이러한 경우 회사는 주주총회에서 이익배당에 관한 결의를 하지 않았다거나 정관과 달리 이익배당을 거부하는 결의를 하였다는 사정을 들어 주주에게 이익배당금의 지급을 거절할 수 없음(대법원 2022.8.19. 선고 2020다263574 판결).

1085) 서헌제, 1040; 이철송, 970; 주석상법 회사(IV), 345; Dodge v. Ford Motor Co., 204 Mich. 459, 170 N.W. 668.

1086) 이에 반하여, MBCA에 의하면 이익배당권한을 이사회에 부여하고 있음(§ 6.40. of MBCA).

회의 결의로 이익배당을 하는 경우에는 주식배당을 할 수 없다. 왜냐하면 주식배당은 주주총회의 결의에 의하여야 하기 때문이다(462조의2 1항). 이익배당을 주주총회의 결의에 의하는 경우에는 이사회가 제출한 재무제표를 수정하는 형식으로 결의하는 것도 가능하다고 보아야 할 것이다.1087)

나. 배당가능이익의 존재

배당가능이익은 당해 회사 대차대조표의 <u>순자산액</u>(총자산에서 부채를 공제한 금액)으로부터 <u>다음의 금액을 공제한 액</u>을 말한다(462조 1항).
　① 자본금의 액(동항 1호)
　② 그 결산기까지 적립된 자본준비금과 이익준비금의 합계액(동항 2호)
　③ 그 결산기에 적립하여야 할 이익준비금의 액(동항 3호)
　④ 미실현이익 즉, 자산 및 부채에 대한 평가로 인하여 증가한 대차대조표상의 순자산액으로서 미실현손실과 상계하지 아니한 금액(동항 4호, 446조의2, 상법시행령 19조 1항)

다. 이익배당의 횟수

회사는 결산기를 연 2회 이상 정할 수 있는 바(365조 2항), 이익배당은 중간배당(462조의3)과 분기배당(자본시장법 165조의12)을 제외하고, 매 결산기에 할 수 있다(447조 1항).

라. 이익배당의 기준

(1) 주식평등의 원칙

이익배당은 각 주주가 가진 주식의 수에 따라 하나, 종류주식의 경우에는 그러하지 아니하다(464조, 344조 1항). 즉, 이익배당은 주식평등의 원칙이 적용되어야 하나, 이익배당에 관하여 다른 주식보다 우선하거나 열후하는 우선주 또는 후배

1087) 김건식, 566; 서헌제, 1044; 정경영, 624; 정동윤, 781; 정찬형, 1143; 주석상법 회사(IV), 352; 최기원, 928; 홍복기외, 581.

주와 같은 종류주식은 허용된다. 물론, 동일 종류주식 내에서는 주식평등의 원칙이 준수되어야 한다.

한편, 공공적 법인의 경우에는 이익배당시 정부에 지급할 배당금의 전부 또는 일부를, 당해 법인의 주주 중 우리사주조합원, 일정한 근로자 또는 농어민 등에게 지급할 수 있다(자본시장법 165조의14).

(2) 영업연도의 중간에 신주가 발행되는 경우

이익배당과 관련하여, 영업연도의 중간에 신주가 발행되거나 준비금이 자본전입되거나 주식배당이 이루어지는 경우에는 일할배당을 하는 것으로 해석하는 것이 타당할 것이다(423조 1항, 461조 6항, 462조의2 4항). 따라서 통상의 신주발행, 준비금의 자본전입 또는 주식배당의 경우에 회사는 일할배당을 해야 할 것이다.

또한 영업연도 중간에 전환주식의 전환, 전환사채의 전환권 또는 신주인수권부사채에 기한 신주인수권의 행사로 인하여 신주가 발행된 경우에도 일할배당에 따르고, 중간배당에 대해서도 마찬가지다.

(3) 대주주에 대한 차등배당

대주주에 대하여 배당하지 않거나 소수주주에 비해 불리한 경우 대주주가 이에 동의하는 경우에는 문제가 없으나, 동의가 없는 경우에는 주식평등의 원칙에 위반된다고 보아야 할 것이다.[1088] 판례도 주주총회에서 차등배당을 받는 대주주전원이 이에 찬성하였다면, 스스로 배당을 받을 권리를 포기하거나 양도한 것과 마찬가지여서 상법 464조에 위반된다고 할 수 없다고 판시하고 있다.[1089]

마. 위법배당

(1) 의의

위법배당이란 법령 또는 정관에 위반한 배당을 말한다. 이는 배당가능이익

1088) 권기범, 1032; 김건식, 568; 김홍기, 686; 송옥렬, 1167; 이기수외, 689; 이철송, 972; 임재연(I), 708; 정동윤, 782; 정찬형, 1144; 주석상법 회사(IV), 387; 최기원, 929; 최준선, 721.
1089) 대법원 1980.8.26. 선고 80다1263 판결.

을 초과한 배당과 기타 배당절차에 하자가 있는 경우로 나누어 볼 수 있다. 전자
는 무효로 보아야 할 것이다. 후자도 주식평등원칙에 위반한 배당과 정관에 규정
없는 중간배당과 같이 그 하자에 실체적 위법사항이 있는 경우에는 역시 무효이
며, 이와 같이 무효인 경우에는 반드시 무효의 소에 의하지 아니하더라도 무효를
주장할 수 있다고 보아야 할 것이나,1090) 배당주주총회결의의 절차적 하자에 불
과한 경우에는 결의취소의 소를 제기하는 판결을 먼저 얻어야 할 것이다.

(2) 회사의 위법배당금반환청구

위법배당이 무효인 경우에는 부당이득반환이론(민법 741조)에 따라 직접 위법
배당금의 반환을 청구할 수 있다고 보아야 할 것이다. 이 경우 선의·악의를 불문
하고, 전액을 반환해야 한다.1091)

이 경우 해석론적으로는 대표소송이 인정되지 아니하나, 입법론적으로는 인
정되도록 개정할 필요성이 있다고 본다.

한편, 위법배당이 무효가 아닌 경우에는 위법배당결의취소의 소를 먼저 제
기한 후 무효판결을 받아 반환을 청구해야 할 것이다.

(3) 회사채권자의 위법배당금반환청구

배당가능이익이 없음에도 위법배당한 경우에 회사채권자는 배당한 이익(중간
배당 포함)을 회사에 반환할 것을 청구할 수 있다(462조 3항, 1항, 462조의3 6항). 이 권리
는 회사의 권리를 대위행사하는 것이 아니라 상법이 특별히 인정한 권리이다. 배

1090) 강희갑, 795; 권기범, 1037; 김건식, 572; 김홍기, 694; 송옥렬, 1180; 이기수외, 692; 이철송,
980; 임재연(I), 729; 정동윤, 783; 정찬형, 1147; 주석상법 회사(IV), 354; 최기원, 934.
1091) 강희갑, 795; 권기범, 1037; 김홍기, 695; 이기수외, 692; 이철송, 981; 임재연(I), 729; 정동윤,
784; 정찬형, 1147; 최기원, 934. 이에 반하여 민법 748조에 따라 선의자는 현존하는 한도에서,
악의자는 받은 이익에 이자를 붙이고 별도로 손해배상의무까지 있다는 견해로는 김건식, 573;
주석상법 회사(IV), 356. 한편, 이익의 배당이나 중간배당은 회사가 획득한 이익을 내부적으로 주
주에게 분배하는 행위로서 회사가 영업으로 또는 영업을 위하여 하는 상행위가 아니므로 배당금
지급청구권은 상법 64조가 적용되는 상행위로 인한 채권이라고 볼 수 없다. 이에 따라 위법배당
에 따른 부당이득반환청구권 역시 근본적으로 상행위에 기초하여 발생한 것이라고 볼 수 없다.
특히 배당가능이익이 없는데도 이익의 배당이나 중간배당이 실시된 경우 회사나 채권자가 주주
로부터 배당금을 회수하는 것은 회사의 자본충실을 도모하고 회사 채권자를 보호하는 데 필수적
이므로, 회수를 위한 부당이득반환청구권 행사를 신속하게 확정할 필요성이 크다고 볼 수 없다.
따라서 위법배당에 따른 부당이득반환청구권은 민법 162조 1항이 적용되어 10년의 민사소멸시
효에 걸린다고 보아야 함(대법원 2021.6.24. 선고 2020다208621 판결).

당가능이익이 없는 경우를 제외한 그 밖의 위법배당의 경우에는 회사채권자에게 이 권리가 인정되지 아니한다. 이 권리는 회사의 반환청구 유무와는 상관없이, 위법배당 당시의 회사채권자뿐만 아니라 청구당시 회사채권자에게도 인정된다. 배당결의무효의 소에 의해서만 행사해야 하는 것은 아니지만, 소에 의할 경우에는 본점소재지를 관할하는 지방법원의 전속관할에 속한다(462조 4항, 462조의3 6항, 186조).

(4) 이사 등의 책임

위법배당에 직접 책임이 있는 이사, 이사회에서 찬성한 이사 및 임무해태로 위법배당을 밝혀내지 못한 감사 또는 감사위원회 위원은 회사 및 제3자에 대하여 연대하여 손해배상책임을 부담하며(399조, 401조, 414조, 415조의2 7항), 해임사유가 된다(385조).

바. 이익배당의 지급시기 및 시효

회사는 이익배당을 주주총회나 이사회의 결의 또는 중간배당결의를 한 날부터 1개월내에 하여야 한다(464조의2 1항 본문, 464조, 462조 2항, 462조의3 1항). 다만, 주주총회 또는 이사회에서 배당금의 지급시기를 별도로 정한 경우에는 그러하지 아니하다(464조의2 1항 단서).

이 배당금의 지급청구권은 5년간 이를 행사하지 아니하면 소멸시효가 완성한다(464조의2 2항). 이 5년간의 소멸시효는 1개월이 경과한 시점 또는 별도로 정한 지급시기를 경과한 시점으로부터 기산된다.

4. 중간배당

가. 의의

중간배당이란 사업연도 중간에 직전 사업연도의 미처분이익을 사용하여 하는 배당을 말한다. 회사가 배당재원을 조달하는 부담을 줄일 수 있고, 주주의 배당욕구를 충족시킨다는 장점이 있으나, 회사채권자에게는 책임재산의 감소를 초래할 위험이 있으므로, 엄격한 요건하에서만 인정된다.

상법에 의하면, <u>연 1회의 결산기</u>를 정한 회사는 <u>영업연도 중 1회에 한하여</u> <u>이사회의 결의</u>로 일정한 날을 정하여 그 날의 주주에 대하여 이익을 배당("중간배당")할 수 있음을 <u>정관으로 정할 수 있다</u>(462조의3 1항).[1092]

중간배당을 할 때에도 정기배당과 마찬가지로, 주식평등의 원칙이 준수되어야 하나(462조의3 5항, 464조), 회사는 중간배당에 관하여 내용이 다른 종류주식을 발행할 수 있다(462조의3 5항, 344조 1항).

나. 요건

(1) 연 1회의 결산기

<u>영업연도가 1년인 회사만</u>이 중간배당을 할 수 있다. 한편, 연 1회의 결산기를 정한 <u>주권상장법인</u>의 경우에는 정관으로 정한 바에 따라 이사회결의로 사업연도 개시일로부터 3월, 6월, 9월 말 현재 주주에게로의 배당에 한하는 <u>분기배당을 할 수 있다</u>(자본시장법 165조의12).

(2) <u>영업연도 중 1회</u>에 한하여 <u>이사회의 결의</u>로 정한 날

중간배당기준일을 정관으로 정해야 한다는 주장이 있으나,[1093] 문리해석상 이사회가 정하는 것으로 보는 것이 타당할 것이다.[1094] 물론 회사의 선택에 따라 정관으로 중간배당기준일을 정하는 것은 가능할 것이다.[1095] 만일 이사회가 중간배당기준일을 정한 때에는 회사는 그 2주간전에 이를 공고하여야 하는데, 정관으로 지정한 때에는 공고할 필요가 없다(462조의3 5항, 354조 1항, 4항). 또한 소규모회사의 경우를 제외하고(383조 4항), 중간배당에는 주주총회결의를 요하지 아니하며, 영

[1092] 중간배당에 관한 이사회의 결의가 성립하면 추상적으로 존재하던 중간배당청구권이 구체적인 중간배당금 지급청구권으로 확정되므로, 상법 462조의3이 정하는 중간배당에 관한 이사회 결의가 있으면 중간배당금이 지급되기 전이라도 당해 영업연도 중 1회로 제한된 중간배당은 이미 결정된 것이고, 같은 영업연도 중 다시 중간배당에 관한 이사회 결의를 하는 것은 허용되지 않으며, 이사회 결의로 주주의 중간배당금 지급청구권이 구체적으로 확정된 이상 그 청구권의 내용을 수정 내지 변경하는 내용의 이사회 결의도 허용될 수 없음(대법원 2022.9.7. 선고 2022다223778 판결).

[1093] 권기범, 1041; 양명조, 496; 이철송, 964.

[1094] 김건식, 575; 김홍기, 693; 이기수외, 705; 임재연(I), 713; 정경영, 632; 정찬형, 1162; 주석상법 회사(IV), 375; 최기원, 940.

[1095] 최기원, 940; 최준선, 735.

업연도 중 1회의 중간배당만이 허용된다.

(3) 정관규정

정관에 중간배당을 허용하는 명시적인 규정이 있어야 한다.

(4) 중간배당 재원

중간배당은 금전배당은 물론이고 현물배당도 가능하다. 그러나 주식배당은 주주총회결의가 있어야 하는 관계로 이사회결의로 가능한 중간배당의 재원이 아니라고 보아야 할 것이다.

다. 한도

중간배당은 직전 결산기의 대차대조표상의 순자산액에서 다음 각호의 금액을 공제한 액을 한도로 한다(462조의3 2항).

① 직전 결산기의 자본금의 액(동항 1호)

② 직전 결산기까지 적립된 자본준비금과 이익준비금의 합계액(동항 2호)

③ 직전 결산기의 정기총회에서 이익으로 배당하거나 또는 지급하기로 정한 금액(동항 3호)

④ 중간배당에 따라 당해 결산기에 적립하여야 할 이익준비금(동항 4호)

한편, 위 ②에는 ③에 기재된 배당에 대한 이익준비금도 포함되며, ③의 배당에는 주식배당도 포함되는 것으로 해석하는 것이 타당할 것이고, 입법론적으로 배당가능이익을 산정할 때 공제되는 미실현이익도 위 산식에서 공제항목에 포함시켜야 할 것이다.[1096)

라. 중간배당의 제한

회사는 당해 결산기의 대차대조표상의 순자산액이 ① 자본금의 액, ② 그 결산기까지 적립된 자본준비금과 이익준비금의 합계액, ③ 그 결산기에 적립하여야 할 이익준비금의 액 및 ④ 미실현이익(즉, 자산 및 부채에 대한 평가로 인하여 증가한 대차대

1096) 권기범, 1040; 양명조, 496; 이범찬외, 490; 이철송, 965; 임재연(I), 713; 최준선, 734.

조표상의 순자산액으로서 미실현손실과 상계하지 아니한 금액)의 합계액에 <u>미치지 못할 우려가
있는 때에는 중간배당을 하여서는 아니된다</u>(462조의3 3항, 462조 1항). 즉, <u>당해 결산기
에 배당가능이익이 없게 될 우려가 있는 경우에는 중간배당을 금지</u>하고 있다.

마. 위법한 중간배당의 효과

(1) 위법무효인 중간배당에 대한 반환청구권

정관에 근거규정이 없는 중간배당 또는 한도를 초과한 중간배당은 무효이며,
이러한 무효인 중간배당에 대하여는 회사는 부당이득반환청구권을 행사할 수 있
고, 이 경우에는 위 정기배당에서 설명한 바가 그대로 적용된다. 만일 단순히 이
사회결의 절차에 하자가 있는 경우에는 결의취소의 소를 먼저 제기해야 할 것
이다.

(2) 이사의 손해배상책임

당해 결산기 대차대조표상의 순자산액이 ① 자본금의 액, ② 그 결산기까지
적립된 자본준비금과 이익준비금의 합계액, ③ 그 결산기에 적립하여야 할 이익준
비금의 액 및 ④ 미실현이익(즉, 자산 및 부채에 대한 평가로 인하여 증가한 대차대조표상의 순
자산액으로서 미실현손실과 상계하지 아니한 금액)의 합계액에 미치지 못함에도 불구하고 중
간배당을 한 경우, 이사는 회사에 대하여 연대하여 그 차액(배당액이 그 차액보다 적을
경우에는 배당액)을 배상할 책임이 있다(462조의3 4항 본문, 462조 1항). 또한 이사회결의에
찬성한 이사는 연대하여 손해배상책임을 부담하며(462조의3 6항, 399조 2항), 그 결의에
참가한 이사로서 이의를 제기한 기재가 의사록에 없는 자는 그 결의에 찬성한 것으
로 추정하고(462조의3 6항, 399조 3항), 위 이사의 책임은 총주주의 동의에 의해 면제될
수 있으며, 정관으로 그 책임의 한도액을 정할 수 있다(462조의3 6항, 400조).

이 규정은 당해 결산기에 배당가능이익이 없을 우려가 있음에도 불구하고,
중간배당을 결의한 이사에게 회사에 대한 손해배상책임을 부담시키려는 취지인
바, 일반적인 이사의 회사에 대한 손해배상책임의 입증책임과는 달리 오히려 이
사가 위 우려가 없다고 판단함에 있어 주의를 게을리하지 아니하였음 즉, 무과실
을 증명한 경우에만 책임을 면할 수 있게 함으로써(462조의3 4항 단서) 이사의 책임

을 보다 엄격하게 추궁하고자 하는 특칙이다.

(3) 회사채권자의 반환청구

배당가능이익이 존재치 않을 우려가 있음에도 중간배당한 경우에는 회사채권자는 배당한 이익을 회사에 반환할 것을 청구할 수 있다. 이 소는 본점소재지의 지방법원의 관할에 전속한다(462조의3 6항, 3항, 462조 3항, 4항). 이와 관련하여, 상법은 당기에 배당가능이익이 존재치 않을 우려가 있는 경우에(462조의3 3항) 회사채권자의 반환청구가 인정되는 것처럼 규정하고 있으나, 이는 오류이며 모순이다. 왜냐하면, 정기배당에서 배당가능이익이 없을 우려가 있는 경우가 아닌 배당가능이익이 없는 경우에 회사채권자의 반환청구가 인정되고 있는 것에 비추어 보아도 그리하고, 또한 당연무효가 아닌 경우에는 회사로서도 중간배당의 하자를 다투는 소의 제기 없이는 중간배당을 받은 주주에게 별도로 반환을 청구할 수는 없음에도 불구하고, 회사채권자에게만 반환청구권을 인정하는 것은 논리적으로 모순이기 때문이다. 입법적인 보완을 요한다.[1097]

바. 기타 준용내용(462조의3 5항)

주식의 등록질권자는 중간배당금액에 대하여 우선변제권이 있고(340조 1항), 중간배당을 할 때 배당액의 10분의1 이상을 이익준비금으로 적립하여야 하며(458조), 이사회가 중간배당기준일을 정하는 경우 주주명부의 폐쇄와 기준일에 관한 규정(354조 1항)을 준용하고, 법령 또는 정관에 위반하여 중간배당을 한 때에는 5년 이하의 징역 또는 1천 500만원 이하의 벌금에 처한다(625조 3호).

5. 현물배당

가. 의의

현물배당이란 금전이 아닌 현물로 하는 이익배당을 말한다. 회사는 정관으로 금전 외의 재산으로 배당을 할 수 있음을 정할 수 있다(462조의4 1항).[1098]

[1097] 김건식, 577; 양명조, 498; 이철송, 968.

배당재원을 다양화함으로써 회사입장에서는 자금사정이 좋지 않을 경우에 현물을 금전으로 환가해야 하는 부담을 덜 수 있는 장점이 있다.

나. 요건

(1) 정관의 규정

현물배당을 위해서는 정관에 금전이 아닌 현물로 배당할 수 있음이 명시되어야 한다.

(2) 현물의 종류

현물은 <u>경제적 가치가 있는 모든 종류의 재산</u>을 말한다. 당해 회사의 자기주식 및 자회사, 계열회사의 주식 기타 당해 회사 및 타회사가 발행한 사채 등이 이에 포함될 것이다.

(3) 현물배당의 결정

배당의 일반원칙에 의하여 주주총회 또는 이사회가 현물배당을 결의하여야 한다. 물론 주식평등의 원칙이 준수되어야 할 것이다.

이 경우 주주총회 또는 이사회는 ① 주주가 배당되는 금전 외의 재산 대신 금전의 지급을 회사에 청구할 수 있도록 한 경우에는, 그 금액 및 청구할 수 있는 기간을 정할 수 있고, ② 일정 수 미만의 주식을 보유한 주주에게 금전 외의 재산 대신 금전을 지급하기로 한 경우에는, 그 일정 수 및 금액을 정할 수 있다(462조의4 2항). 회사로 하여금 현물배당이 불리하여 현금배당을 원하는 주주에게 금전배당 청구권을 허용한 경우, 이에 대한 상세내역을 정할 수 있도록 한 것이다.

1098) 현물배당을 인정하는 외국의 입법례로는 MBCA § 1.40., 뉴욕주회사법 § 510, 영국회사법 § 829 등이 있음.

6. 주식배당

가. 의의

주식배당이란 금전이 아닌 <u>새로 발행하는</u> 주식으로 하는 이익배당을 말한다. 즉, 이익배당이 원칙적으로 금전의 형태로 주주에게 사외유출되는 것임에 반하여, 주식배당은 배당가능이익 중 배당으로 이익처분되는 금액이 자본금으로 전입된 후 이에 상당하는 신주가 주주에게 지급되는 것이다.

따라서 <u>회사</u>로서는 이익배당에 해당하는 금액이 회사에 자본금의 형태로 남게 되어 재무구조가 건실해지고, 주식수의 증가를 통해 적정한 주가유지 및 주식의 시장성 향상이라는 장점이 있으며, <u>주주</u>로서도 자기자본의 충실화를 통해 향후 회사이익의 증대를 기대할 수 있고, <u>회사채권자</u>로서도 책임재산이 강화됨으로서 채권회수가능성이 증대된다는 장점이 있다.

한편, 자본금이 증가하지 아니하는 주식분할과 비교되며, 배당재원이 준비금인 준비금의 자본금 전입과 구별된다.

나. 성질

이익배당설과 주식분할설이 대립한다. 살피건대, ① 그 실질은 금전배당을 대신한다는 점, ② 금전배당으로 사외유출되어야 하는 금액이 사내에 머물며 자본금화하면서 이에 상당하는 신주가 발행된다는 점에서 금전배당이 이루어진 후, 신주발행에 의해 동 금액이 납입된 것과 결과가 동일하다는 점 그리고 ③ 상법이 주식배당의 정의를 새로이 발행하는 주식으로 하는 "이익의 배당"(462조의2 1항 본문)이라고 명시하고 있다는 점을 감안할 때, <u>이익배당설</u>로 보는 것이 타당할 것이다.[1099]

한편, 자기주식은 이익배당에 참가할 수 없다고 보므로 자기주식에 대한 주식배당은 허용되지 않는 것으로 보는 것이 타당할 것이다.[1100]

1099) 강희갑, 786; 권기범, 1048; 김홍기, 687; 서헌제, 1052; 이범찬외, 485; 이철송, 975; 임재연(I), 723; 장덕조, 480; 정경영, 627; 정찬형, 1151; 최기원, 944; 최완진, 331; 최준선, 726; 홍복기외, 588. 이에 반하여 주식분할설을 주장하는 견해로는 김동훈, 443; 정동윤, 786.

1100) 강희갑, 791; 권기범, 1052; 김홍기, 691; 서헌제, 1052; 손진화, 683; 이철송, 978; 임재연(I), 725;

다. 요건

(1) 주주총회의 보통결의

주주총회에서 이익배당을 결정하는 경우에는 금전배당과 주식배당을 별도의 결의로 하거나 또는 한 결의 내에서 함께 다루어 통과시킬 수도 있을 것이나, 의 사회에서 이익배당을 결정하는 경우에는 주식배당을 위한 주주총회결의가 별도 로 있어야 한다.1101)

(2) 배당가능이익의 존재

주식배당도 이익배당의 한 가지 방법이므로, 배당가능이익이 존재해야만 가 능하다. 또한 주식배당으로 인해 회사의 이익이 사외유출되는 것은 아니므로 이 익준비금의 적립은 필요 없다(458조 단서).

(3) 주식배당액의 제한

주식배당은 이익배당총액의 2분의1에 상당하는 금액을 초과하지 못한다(462 조의2 1항 단서). 과다한 주식배당은 주주의 실질적인 이익배당청구권을 침해할 수 있으므로, 당해 이익배당총액의 50%까지로 제한하는 것이다. 총주주의 동의가 있는 경우에는, 명문의 규정은 없으나, 이익배당총액 전부를 주식배당할 수 있다 고 보아야 할 것이다.1102)

한편, 주권상장법인의 경우 시가가 액면금액 이상인 경우에 한하여, 이익배 당총액에 상당하는 금액까지 새로 발행하는 주식으로 이익배당을 할 수 있다(자본 시장법 165조의13).

(4) 발행가는 권면액

주식배당의 발행가는 주식의 권면액 즉, 액면금액으로 하여야 한다(462조의2 2항). 액면미달발행으로 인한 자본충실원칙 위반문제 및 액면초과발행으로 인한 주주

장덕조, 483; 정찬형, 1153; 최준선, 726; 홍복기외, 588. 이에 반하여 자기주식에도 주식배당이 가능하다는 견해로는 김동훈, 444; 정동윤, 789.
1101) 김건식, 584; 김홍기, 688; 양명조, 490; 이범찬외, 486; 이철송, 977; 임재연(I), 726; 주석상법 회 사(IV), 365; 최준선, 727.
1102) 김홍기, 688; 이철송, 976; 임재연(I), 723.

의 불이익문제를 해결하기 위한 취지이다. 따라서 무액면주식을 발행한 회사는 주식배당이 불가능하다고 보아야 할 것이다.

(5) 수권자본 범위 내

주식배당으로 인한 신주발행수량은 발행예정주식총수를 초과할 수 없으며, 만일 주식배당으로 발행예정주식총수를 초과하게 되는 경우에는 먼저 정관변경을 통해 발행예정주식총수를 증가시켜야 할 것이다.

라. 주식배당 절차

(1) 주식배당통지

이사는 주식배당의 결의가 있는 때에는 지체없이 배당을 받을 주주와 주주명부에 기재된 질권자에게 그 주주가 받을 주식의 종류와 수를 통지하여야 한다(462조의2 5항, 1항).

(2) 종류주식과 주식배당

회사가 종류주식을 발행한 때에 각각 그와 같은 종류의 주식으로 할 수 있는지 여부와 관련하여, 상법은 이를 허용하고 있으므로(462조의2 2항), 실제 회사가 주식배당을 함에는 종류주식과 관계없이 하나의 종류로 단일화하거나 아니면 기존 종류주식마다 같은 종류주식으로 발행하는 것이 모두 가능하다고 봄이 타당할 것이다.1103)

(3) 단주에 대한 처리

주식배당으로 인해 단주가 발생한 경우에는 단주를 경매하여 각 주수에 따

1103) 강희갑, 791; 권기범, 1051; 손진화, 682; 양명조, 490; 이철송, 978; 임재연(I), 724; 정경영, 628; 정찬형, 1152; 최기원, 946; 최준선, 727; 한창희, 421; 홍복기외, 589. 이에 반하여 종전의 주식과 같은 종류의 주식으로 해야 한다는 견해로는 김동훈, 444; 김홍기, 690; 정동윤, 788. 한편, 보통주만을 발행하는 경우에는 경영상 목적이 있어야 한다는 견해로는 송옥렬, 1178; 장덕조, 482. 참고로 MBCA § 6.23. (b)에 의하면, 다른 종류의 주식으로 주식배당이 되기 위해서는, 정관에서 이를 허용하거나 당해 종류주식의 주주 과반수 이상이 찬성하거나 주식배당에 따라 발행될 종류주식이 이미 발행되어 있지 아니하여야 함.

라 그 대금을 종전의 주주에게 지급해야 하나, 거래소의 시세있는 주식은 거래소를 통하여 매각하고, 거래소의 시세없는 주식은 법원의 허가를 받아 경매외의 방법으로 매각할 수 있다(462조의2 3항, 443조 1항). 단주가 발생하는 주주의 불이익을 해결하기 위한 규정이다.

(4) 주권의 발행

주식배당에 의해 신주가 발행되므로, 신주의 효력발생시점 즉, 회사는 주식배당을 결의하는 주주총회가 종료한 이후 지체없이 주권을 발행하여야 할 것이다(355조 1항 유추적용).

(5) 주식평등의 원칙

종류주식의 경우를 제외하고, 주식배당을 함에 있어서 주식평등의 원칙이 준수되어야 할 것이다.

마. 효력

(1) 자본금 및 주식수의 증가

주식배당에 의해 신주가 발행되는 만큼 주식수가 증가하며, 당해 주식수에 액면금액을 곱한 만큼의 자본금도 증가한다.

한편, 자본금 및 발행주식총수의 증가는 등기사항의 변경을 가져오므로, 본점소재지에서는 2주간내, 지점소재지에서는 3주간내에 변경등기를 해야 한다(317조 2항 2호, 3호, 4항, 183조).

(2) 주식배당에 의한 신주의 효력발생시점

주식으로 배당을 받은 주주는 <u>주식배당결의가 있는 주주총회가 종결한 때부터 신주의 주주가 된다</u>(462조의2 4항, 1항). 즉, 이익배당과 관련한 주주명부폐쇄 또는 기준일에 의하여 확정된 주주명부상의 주주가 주식배당을 결의한 <u>주주총회결의 종료시부터</u> 신주의 주주가 된다.

한편, 주식배당된 주식에 대한 이익배당과 관련하여서는, <u>일할배당</u>을 해야 하는 것으로 해석하는 것이 타당할 것이다.

(3) 물상대위

등록질권자의 권리는 주식배당에 의해 주주가 받을 신주식에 미치며, 이 경우 등록질권자는 회사에 대하여 주식배당에 기한 신주의 주권교부를 청구할 수 있다(462조의2 6항, 1항, 340조 3항). 따라서 등록질권자는 물상대위권에 의해 주식배당된 신주식에 대하여 질권을 행사할 수 있으며, 신주식의 이익배당 및 잔여재산 분배에 따른 금전에 대하여 우선변제권을 행사할 수 있다고 보아야 할 것이다 (340조 1항).

한편, 주식배당과 관련하여, 약식질권자에게는 상법상 물상대위권을 인정하는 명문의 규정이 없으므로, 물상대위권이 인정되지 아니한다고 보아야 할 것이다.1104)

바. 위법한 주식배당

위법한 주식배당이란 법령 또는 정관에 위반하거나 배당가능이익이 없음에도 주식배당을 한 경우를 말한다. 신주만 발행되었을 뿐이지 실제 금원이 사외유출된 것도 아니어서 직접 무효사유로 볼 필요는 없고, 따라서 배당된 신주를 무효로 하는 신주발행무효의 소에 의해 하자를 다투는 것만으로 충분하다고 보며, 이러한 이유로 채권자의 반환청구권도 인정되지 않는다고 보는 것이 타당할 것이다.1105)

1104) 강희갑, 794; 권기범, 1052; 손진화, 684; 임재연(I), 728; 정찬형, 1154. 이에 반하여 약식질의 경우에도 질권의 효력이 주식배당에 미친다는 견해로는 김동훈, 444; 이기수외, 702; 정동윤, 789; 최준선, 729.

1105) 김동훈, 446; 손진화, 685; 송옥렬, 1180; 이기수외, 703; 이범찬외, 488; 이철송, 982; 정경영, 630; 최완진, 332. 이에 반하여 회사채권자의 반환청구권을 인정하는 견해로는 강희갑, 798; 장덕조, 485; 정찬형, 1159; 주석상법 회사(IV), 370; 한창희, 426.

XVIII. 사   채

1. 의의

사채란 주식회사가 불특정다수로부터 타인자본을 조달하기 위하여 발행하는 권면액으로 단위화된 채무를 말한다. 즉, 사채는 타인자본의 형태로서 회사의 운영에 참여할 권리는 없는 대신, 주주에 대한 배당보다 우선하여 회사로부터 이자를 지급받을 권리를 보유하며, 권면액을 단위로 하여 불특정다수로부터 정형적인 방법으로 자금을 차입하는데 이용된다는 점에 그 특징이 있다.

사채를 발행할 때 사채의 발행인인 회사와 사채를 인수하는 자간에 사채계약을 체결하게 된다. 이 사채계약의 성질과 관련하여, 소비대차설,[1106] 소비대차와 유사한 무명계약이라는 설,[1107] 채권매매설,[1108] 매출발행의 경우는 채권매매이고, 그 밖의 경우에는 소비대차에 유사한 무명계약이라는 설[1109]이 있다.

살피건대, 사채계약은 일반적으로 동종·동량·동질의 반환이라는 성질을 보유하고 있다는 점, 매출발행이라 하더라도 실질적으로는 회사에 대한 채권의 취득이라는 성질을 보유하고 있다는 점 및 파생결합사채(469조 2항 3호)[1110]와 같은 신종사채는 원금의 반환이 보장되지 않는다는 점 등을 감안할 때, 소비대차로 보기는 어렵고 소비대차와 유사한 무명계약으로 보는 설이 타당하다고 판단된다.

2. 발행권한이 있는 회사형태

합명회사와 합자회사의 경우 사채발행이 가능한가에 대한 상법상 명문의 규정은 없으나, 무한책임을 부담하는 사원이 있으므로 사채권자보호에 대한 특별규

1106) 김정호, 667; 김홍기, 702; 이철송, 998; 임재연(I), 757.

1107) 김건식, 668; 양명조, 503; 유시창, 394; 정경영, 645.

1108) 김동훈, 396; 장덕조, 496; 정찬형, 1180; 최준선, 653.

1109) 강희갑, 721; 권기범, 944; 서헌제, 982; 손진화, 693; 이기수외, 625; 이범찬외, 433; 정동윤, 722; 한창희, 438.

1110) 유가증권이나 통화 또는 그 밖의 자산이나 지표(자본시장법 4조 10항에 따른 기초자산의 가격, 이자율, 지표, 단위 또는 이를 기초로 하는 지수를 말함; 상법시행령 20조) 등의 변동과 연계하여 미리 정하여진 방법에 따라 상환 또는 지급금액이 결정되는 사채를 말함.

정의 필요성이 적은 까닭에 채권자보호의 규정이 없이도 <u>해석상 사채발행이 가능하다고 보아야 할 것이다</u>.[1111)

　반면에, <u>유한회사</u>의 경우 합병을 하는 회사의 일방이 사채의 상환을 완료하지 못한 주식회사인 때에는 합병 후 존속하는 회사 또는 합병으로 인하여 설립되는 회사는 유한회사로 하지 못한다는 점(600조 2항), 사채상환을 완료하지 아니한 경우에는 주주총회에서 총주주의 동의가 있더라도 유한회사로 조직변경을 할 수 없는 점(604조 1항) 및 사원이 유한책임만을 진다는 점 등을 감안할 때, <u>해석상 사채발행이 불가능하다고</u> 보아야 할 것이다.[1112) <u>유한책임회사</u>의 경우도 역시, 사채상환을 완료하지 아니한 경우에는 주주총회에서 총주주의 일치에 의한 총회의 동의가 있다 하더라도 유한책임회사로 조직변경을 할 수 없는 점(287조의 44, 604조 1항)을 고려할 때, <u>해석상 사채발행이 불가능하다고</u> 보아야 할 것이다.[1113)

3. 발행방법

　상법은 사채발행방법과 관련하여, 크게 사채청약서를 이용하는 공모와 이를 이용하지 않는 총액인수로 구분하고 있다.[1114)

가. 공모

(1) 직접모집

　발행회사가 모든 발행절차를 직접 수행하고, 이에 따른 모든 위험도 발행회사가 부담하는 공모방법이다(474조).

1111) 김홍기, 701; 서헌제, 979; 송옥렬, 1119; 양명조, 503; 이기수외, 621; 이범찬외, 429; 이철송, 996; 임재연(I), 754; 정경영, 641; 정동윤, 719; 최기원, 840; 최완진, 277; 최준선, 649. 이에 반하여 부정하는 견해로는 강희갑, 716; 권기범, 941; 유시창, 393.

1112) 강희갑, 716; 권기범, 941; 김홍기, 701; 서헌제, 979; 송옥렬, 1119; 양명조, 503; 유시창, 393; 이기수외, 621; 이범찬외, 429; 이철송, 996; 임재연(I), 754; 장덕조, 491; 정경영, 641; 정동윤, 719; 정찬형, 1175; 최기원, 840; 최완진, 277; 최준선, 649; 홍복기외, 521.

1113) 양명조, 503; 손진화, 692; 송옥렬, 1119; 임재연(I), 754; 장덕조, 491; 정찬형, 1176; 홍복기외, 521.

1114) 둘 이상의 회사가 공동으로 사채를 발행할 수 있는지와 관련하여, 상법에 명문의 규정은 없으나, 공동사채발행은 공동발행인간에 연대채무관계를 성립시키므로(57조 1항), 신용도가 낮은 회사가 신용도가 높은 회사를 이용하여 자금을 조달할 수 있다는 현실적인 필요성을 감안할 때, 해석론상 가능하다고 보아야 할 것임.

(2) 위탁모집

발행회사가 제3자에게 청약, 배정, 납입 등 모든 발행절차를 위탁하여 처리하나, 이에 따른 모든 위험은 발행회사가 부담하는 공모방법이다(474조 2항 13호, 476조 2항).

(3) 인수모집

위탁모집의 특수한 형태로서, 사채모집액이 총액에 달하지 못한 경우에 그 잔액을 수탁회사가 인수할 것을 약정하는 공모방법이다(474조 2항 14호). 사채모집의 위탁을 받은 회사가 사채의 일부를 인수하는 경우에는 <u>그 일부에 대하여도</u> 사채청약서 작성을 요하지 아니한다(475조 후단).

(4) 매출발행

사채의 총액을 확정하지 않고 일정한 매출기간을 정하여 그 기간 내에 응모된 총금액을 사채총액으로 하는 공모방법을 말한다.1115) 사채전액의 납입이 완료한 후가 아니면 사채를 발행하지 못하므로(478조 1항), 상법상 이 방법은 허용되지 아니한다.

나. 총액인수

발행회사와 인수인간의 계약에 의하여 인수인이 사채의 총액을 인수하는 방법을 말한다(475조 전단). 인수인은 장기적인 투자의 목적이거나 또는 단기적인 전매차익의 목적으로 총액인수를 하게 된다.

4. 발행절차

가. 발행결정

(1) 의의

회사는 <u>이사회의 결의</u>에 의하여 사채를 발행할 수 있다(469조 1항).1116) 신주발

1115) 주석상법 회사(V), 44. 한국산업은행법 23조에 따른 산업금융채권이 이에 해당함.

행권한이 원칙적으로 이사회에 있다는 규정(416조 본문)과의 보조를 맞추기 위한 규정이다. 즉, ① 특수사채인 전환사채, 신주인수권부사채 또는 이익참가부사채의 경우에는 정관에서 정한 사항을 제외하고 또한 정관으로 주주총회 결의사항으로 하지 아니하는 한, 이사회의 결의에 의하며(513조 2항, 516조의2 2항, 상법시행령 21조 1항),1117) ② 소규모회사는 이사를 1명 또는 2명만 둘 수도 있는데, 이 경우 사채발행은 이사회가 아닌 주주총회의 결의에 따라야 하고(383조 4항, 1항 단서), ③ 정관으로 정하는 바에 따라, 이사회는 대표이사에게 사채의 금액 및 종류를 정하여, 1년을 초과하지 아니하는 기간 내에 사채를 발행할 것을 위임할 수 있으며(469조 4항),1118) ④ 일반사채의 발행을 정관의 규정에 의해 주주총회 결의사항으로 할 수 있는가에 관하여 상법은 명시적인 규정이 없는데, 전환사채나 신주인수권부사채와 같이 회사의 자율적인 판단에 따라 발행을 더욱 신중하게 할 필요가 있을 것이므로, 해석론상 허용된다고 보는 것이 타당할 것이나,1119) 반면에 이사 개인에게 위임하는 것은 상법 469조 4항이 대표이사에게로의 위임을 엄격한 요건 하에 통제하고 있는 점을 감안할 때 허용되지 않는다고 보는 것이 타당할 것이다.1120)

　　만일 대표이사가 이사회의 결의 없이 사채를 발행하거나 그 결의된 내용과 다르게 사채를 발행한 경우 사채발행의 효력은 인정될지 여부와 관련하여, 거래의 안전을 위하여 사채발행이 유효하며, 단지 이에 관여한 대표이사는 회사에 대한 손해배상책임을 부담하여야 한다는 견해1121)가 있다. 살피건대, 악의 또는 중대한

1116) 사채발행과 관련한 이사회의 구체적인 결의사항과 관련하여서는 상법상 명시적 규정은 없음. 사채청약서의 기재사항(474조)를 유추적용하여, 사채종류, 사채총액, 각 사채의 금액, 이율, 상환방법, 이자지급방법 등이 이에 해당될 것임.

1117) 주주 이외의 자에게 발행하는 경우에는 정관에 규정이 없으면 주주총회 특별결의에 의하여야 함 (513조 3항, 516조의2 4항).

1118) 사채발행의 기동성을 발휘하기 위한 목적임. 이와 관련하여, 상법에서 이사회 권한사항으로 정한 경우는 집행임원에게 업무집행에 관한 의사결정을 위임할 수 없어(408조의2 3항 4호) 별도의 명시적 위임규정이 필요한데, 이것이 없는 문제점을 지적하는 견해가 있으나(이철송, 1002), 대표집행임원에 대하여 일반적으로 대표이사의 규정이 준용되므로(408조의5 2항) 해석론적으로 이사회는 정관의 규정에 의해 대표집행임원에게 사채발행을 위임할 수 있다고 볼 수 있을 것임(김건식, 672; 임재연(I), 762; 정동윤, 724, 정찬형, 1183; 주석상법 회사(V), 53). 이에 반하여 대표집행임원에게 위임할 수 없다는 견해로는 송옥렬, 1135. 한편, 대표이사에 대한 위임규정을 유추적용할 수 있다는 견해로는 권기범, 947.

1119) 유시창, 400; 임재연(I), 761; 주석상법 회사(V), 50.

1120) 주석상법 회사(V), 50.

1121) 강희갑, 724; 김동훈, 401; 서헌제, 986; 손진화, 696; 유시창, 400; 임재연(I), 761; 정경영, 644;

과실이 있는 선의자는 보호할 필요가 없으므로, 이사회결의 없음 또는 이사회결의 내용과 다르게 사채가 발행된다는 사실을 알고 있거나 중대한 과실로 알지 못하는 자에 대해서는 그 사채발행의 효력이 없다고 보는 것이 타당할 것이다.

(2) 사채청약서의 작성 및 기재사항

사채청약서는 이사 즉, 대표이사가 작성하고, 다음 사항을 적어야 한다(474조 2항).

(가) 필수적 기재사항

① 회사의 상호(동항 1호)

사채발행회사의 정관상의 상호를 말한다.

② 자본금과 준비금의 총액(동항 2호)

여기서 준비금은 법정준비금을 말한다고 보아야 할 것이다.

③ 최종의 대차대조표에 의하여 회사에 현존하는 순자산액(동항 3호)

사채권자가 알아야 할 회사의 중요정보이므로 사채청약서에 기재토록 한 것이다.

④ 사채의 총액(동항 4호)

당해 사채모집과 관련하여 발행할 사채의 권면액의 합계총액을 말한다.

⑤ 각 사채의 금액(동항 5호)

각 사채의 권면액을 말하는데, 당해 사채의 모집에서 각 사채의 금액이 균일할 필요는 없다.

⑥ 사채발행의 가액 또는 그 최저가액(동항 6호)

주식과 달리, 사채발행시 권면액 미만의 발행이 허용되는 것과 관련하여, 사채발행의 최저가액을 정한 경우에는 응모자는 사채청약서에 응모가액을 기재하여야 한다(474조 3항).

⑦ 사채의 이율(동항 7호)

사채원금에 대한 이자액의 비율(확정이율 또는 변동이율) 또는 <u>이자액 산정의 기준</u>(이자를 원금에 대한 일정 비율로 표시할 수 없는 이익참가부사채의 경우)을 말한다.

⑧ 사채의 상환과 이자지급의 방법과 기한(동항 8호)

사채의 상환과 관련하여, 상환금액은 사채금액과 일치하는 것이 보통

최기원, 851; 최준선, 656; 한창희, 441; 홍복기외, 526.

이지만, 사채금액을 초과할 수도 있고 미달할 수도 있으며, 사채별로 상환금액을 달리 정할 수도 있다. 상환방법 및 기한과 관련하여, 만기에 일괄하여 상환하는 방법과 분할하여 상환하는 방법이 있다. 특히 만기 전 상환과 관련하여, 기한의 이익은 채무자를 위한 것으로 추정되므로(민법 153조 1항), 채무자는 기한의 이익을 포기하고 만기 전 상환을 할 수 있으나, 상대방의 이익을 해하지 못하므로(민법 153조 2항), 이자를 상환함이 없이 만기 전 상환을 하려면, 이자지급 없이 만기 전 상환이 가능하다는 내용이 사채청약서에 명기되어 있어야 한다.1122)[판례130] 사채발행회사가 자기사채를 매입하여 소각하는 것도 가능하다.

> **[판례130] 대법원 2005.9.15. 선고 2005다15550 판결**
>
> 　사채계약의 내용에 기한이익상실에 관한 규정이 없더라도, 사채모집위탁계약 및 인수계약에서 발행회사의 기한이익상실을 사채의 발행조건의 하나로 규정하면서 사채조건이 사채권자의 권리의무에도 미친다는 점을 명시한 경우, 위 기한이익상실 규정을 제3자인 사채권자를 위한 규정으로 보아, 수익자인 사채권자는 수익의 의사표시에 의하여 위 기한이익상실 규정을 원용할 수 있음.

　이자는 선급 또는 후급이 가능하며, 이자지급과 관련하여 무기명사채의 경우 이자지급의 불편 또는 중복지급을 막기 위하여 이권(利券)이라는 이자지급기일에 이자청구권을 표창하는 무기명식 유가증권을 사채와 함께 발행하면서, 이권과 교환으로 이자를 지급하게 할 수 있으며, 이권은 사채와 별도로 유통될 수도 있다. 이와 관련하여, 이권있는 무기명식의 사채를 상환하는 경우에, 이권이 흠결될 때에는 그 이권에 상당한 금액을 상환액으로부터 공제하며, 이 경우 이권소지인은 언제든지 그 이권과 상환하여 공제액의 지급을 청구할 수 있다(486조).1123)

(나) 선택적 기재사항

　다음 사항은 회사가 채택한 경우에만 사채청약서에 기재하여야 한다.

　　① 사채를 수회에 분납할 것을 정한 때에는 그 분납금액과 시기(474조 2항 9호)
　　② 채권을 기명식 또는 무기명식에 한한 때에는 그 뜻(동항 10호)
　　　사채는 언제든지 기명식의 채권을 무기명식으로, 무기명식 채권을 기

1122) 사채계약에서 기한이익상실 사유를 정하는 것은 가능하다고 보아야 할 것임.
1123) 사채를 조기상환하는 경우에 해당됨.

명식으로 할 것을 회사에 청구할 수 있는바(480조 본문), 채권을 기명식 또는 무기 명식에 한할 것으로 정할 수 있으므로(480조 단서), 후자의 경우를 말한다.

③ 채권을 발행하는 대신 전자등록기관의 전자등록부에 사채권자의 권리 를 등록하는 때에는 그 뜻(474조 2항 10호의2)

사채권(券)을 발행하는 대신 정관이 정하는 바에 따라 전자등록기관의 전자등록부에 채권(權)을 등록하는 경우를 말한다(478조 3항 전단).

④ 전에 모집한 사채가 있는 때에는 그 상환하지 아니한 금액(474조 2항 11호)

사채권자를 보호하기 위하여 회사가 종전에 모집한 사채의 상환에 관 한 정보를 제공해 준다는 취지의 규정이다.

⑤ 사채모집의 위탁을 받은 회사가 있는 때에는 그 상호와 주소(동항 13호)

사채발행방법 중 위탁모집에 해당하는 경우에 수탁회사의 상호와 주소 를 기재토록 한 것이다.

⑥ 사채관리회사가 있는 때에는 그 상호와 주소(동항 13호의2)

사채발행시, 변제의 수령, 채권의 보전, 그 밖에 사채의 관리를 위탁하 기 위하여 사채관리회사를 정한 경우(480조의2)에 적용되는 규정이다.

⑦ 사채관리회사가 사채권자집회결의에 의하지 아니하고 상법 484조 4항 2호의 행위를 할 수 있도록 정한 때에는 그 뜻(474조 2항 13호의3)

해당 사채 전부에 관한 소송행위 또는 채무자회생 및 파산에 관한 절 차에 속하는 행위를 사채관리회사가 사채권자집회의 결의에 의하지 아니하고 할 수 있음을 정한 경우를 말한다.

⑧ 위 ⑤의 사채모집의 위탁을 받은 회사가 그 모집액이 총액에 달하지 못 한 경우에 그 잔액을 인수할 것을 약정한 때에는 그 뜻(동항 14호)

사채발행방법 중 위탁모집의 특수한 형태로서의 인수모집에 해당하는 경우를 말한다.

⑨ 명의개서대리인을 둔 때에는 그 성명, 주소 및 영업소(동항 15호)

기명사채1124)의 경우에 해당한다.1125)

1124) 사채원부 및 사채권(社債券)에 사채권자의 성명이 기재되어 있는 사채를 말함.
1125) 우리나라에서는 기명사채는 발행되고 있지 않으므로 무의미한 조항임(주석상법 회사(V), 41).

(다) 기재사항 흠결의 효과

위 기재사항의 흠결을 이유로 일률적으로 그 사채발행을 무효로 한다면 사채권자의 보호에 미흡할 수 있다. 따라서 사채청약서에 의하지 아니하거나[1126] 중요한 기재사항의 흠결이 있는 사채발행에 대해서만 이를 무효로 하고,[1127] 그렇지 아니한 경우에는 이를 유효하다고 보는 것이 타당할 것이다.[1128]

나. 인수

사채의 모집에 응하고자 하는 자는 사채청약서 2통에 그 인수할 사채의 수와 주소를 기재하고 기명날인 또는 서명하여야 한다(474조 1항). 이러한 청약에 대하여 회사가 배정을 통해 승낙을 하게 되면 인수는 확정됨과 동시에 사채계약이 성립한다.

다. 납입

사채의 모집이 완료된 때에는 이사(대표이사를 말함)는 지체없이 인수인에 대하여 각 사채의 전액 또는 제1회의 납입을 시켜야 한다(476조 1항). 사채모집의 위탁을 받은 회사는 그 명의로 위탁회사를 위하여 사채청약서의 작성 및 위 행위를 할 수 있다(476조 2항, 474조 2항).

수인이 공동으로 사채를 인수한 자는 연대하여 납입할 책임이 있다. 이 경우 공유자는 사채의 권리를 행사할 자 1인을 정하여야 하며, 사채의 권리를 행사할 자가 없는 때에는 공유자에 대한 통지나 최고는 그 1인에 대하여 하면 된다(489조 2항, 333조).

일반사채는 등기사항은 아니나, 특수사채인 전환사채(514조의2),[1129] 신주인수

1126) 강희갑, 725; 임재연(I), 763; 정경영, 644; 정동윤, 724; 정찬형, 1184; 주석상법 회사(V), 89; 최기원, 851; 최준선, 656; 한창희, 442; 홍복기외, 526.

1127) 정동윤, 724; 최준선, 656; 한창희, 442; 홍복기외, 526.

1128) 강희갑, 725; 정찬형, 1184; 주석상법 회사(V), 89.

1129) 등기할 사항은 전환사채의 총액, 각 전환사채의 금액, 각 전환사채의 납입금액, 사채를 주식으로 전환할 수 있다는 뜻, 전환의 조건, 전환으로 인하여 발행할 주식의 내용, 전환을 청구할 수 있는 기간(514조 1항 1호 내지 4호)임.

권부사채(516조의8),1130) 이익참가부사채(469조 2항 1호)1131)는 주주의 이해관계에 영향을 미치는 사항이므로, 납입이 완료된 날로부터 2주간 내에 본점소재지에서 등기하여야 한다.

5. 사채권(社債券)

사채권이란 사채계약상의 사채권자의 권리를 표창하는 유가증권이다. 사채권은 사채전액의 납입이 완료된 후가 아니면 발행하지 못한다(478조 1항). 회사의 사채금액의 수령의 어려움을 감안한 규정이다. 따라서 회사가 이를 위반하여 사채를 발행한 경우에는 회사가 이익을 포기한 것으로 보아 그 사법상의 효력은 유효하다고 보는 것이 타당할 것이다.1132)

사채권에는 채권의 번호 및 회사의 상호(474조 2항 1호), 사채의 총액(동항 4호), 각 사채의 금액(동항 5호), 사채의 이율(동항 7호), 사채의 상환과 이자지급의 방법과 기한(동항 8호), 채권을 기명식 또는 무기명식에 한한 때에는 그 뜻(동항 10호), 사채 모집의 위탁을 받은 회사가 있는 때에는 그 상호와 주소(동항 13호), 사채관리회사가 있는 때에는 그 상호와 주소(동항 13호의2) 및 사채관리회사가 사채권자집회결의

1130) 등기할 사항은 신주인수권부사채라는 뜻, 신주인수권행사로 인하여 발행할 주식의 발행가액의 총액, 각 신주인수권부사채의 금액, 각 신주인수권부사채의 납입금액, 신주인수권부사채의 총액, 각 신주인수권부사채에 부여된 신주인수권의 내용 및 신주인수권을 행사할 수 있는 기간(516조 의2 2항 1호 내지 3호)임.

1131) 등기할 사항은 이익참가부사채의 총액, 각 이익참가부사채의 금액, 각 이익참가부사채의 납입금 액, 이익배당에 참가할 수 있다는 뜻과 이익배당 참가의 조건 및 내용(상법시행령 21조 10항)임.

1132) 권기범, 950; 김동훈, 402; 송옥렬, 1136; 이기수외, 635; 정경영, 645; 정동윤, 726; 정찬형, 1186; 최완진, 283.

에 의하지 아니하고 해당 사채 전부에 관한 소송행위 또는 채무자회생 및 파산에 관한 절차에 속하는 행위를 할 수 있도록 정한 때(동항 13호의3, 484조 4항 2호)에는 그 뜻을 적고, 대표이사가 기명날인 또는 서명하여야 한다(478조 2항).

　　대표이사가 사채권에 위 기재사항을 누락한 경우 그 사채발행의 효력과 관련하여, <u>중요사항의 누락의 경우에만 그 효력을 부인하여야</u> 할 것이며,[1133] 기재를 누락하거나 부실하게 기재한 경우에는 500만원 이하의 과태료를 부과한다(635조 1항 6호).

6. 사채원부

　　회사는 사채를 발행한 때에는 사채원부를 작성하고 이에 다음 사항을 적어야 한다(488조 본문).

　　　① 사채권자의 성명과 주소(무기명식 채권이 발행되어 있는 사채의 사채권자는 제외)(동조 1호)

　　　　사채권자에 대한 통지 또는 최고는 사채원부에 기재한 주소 또는 사채권자가 회사에 통지한 주소로 하면 된다(489조 1항, 353조 1항).

　　　② 채권의 번호(488조 2호)

　　　③ 사채의 총액, 각 사채의 금액, 사채의 이율, 사채의 상환과 이자지급의 방법과 기한, 사채를 수회에 분납할 것을 정한 때에는 그 분납금액과 시기, 사채모집의 위탁을 받은 회사가 있는 때에는 그 상호와 주소, 사채관리회사가 있는 때에는 그 상호와 주소, 사채관리회사가 사채권자집회결의에 의하지 아니하고 해당 사채 전부에 관한 소송행위 또는 채무자회생 및 파산에 관한 절차에 속하는 행위를 할 수 있도록 정한 때에는 그 뜻(488조 3호, 474조 2항 4호, 5호, 7호 내지 9호, 13호, 13호의2, 13호의3)

　　　④ 각 사채의 납입금액과 납입연월일(488조 4호)

　　　⑤ 채권의 발행연월일 또는 채권을 발행하는 대신 전자등록기관의 전자등록부에 사채권자의 권리를 등록한 때에는 그 뜻(동조 5호)

　　　⑥ 각 사채의 취득연월일(동조 6호)

　　　⑦ 무기명식 채권을 발행한 때에는 그 종류, 수, 번호와 발행연월일(동조 7호)

1133) 강희갑, 727; 권기범, 950; 정동윤, 726; 최기원, 853.

또한 회사의 <u>이사</u>(대표이사를 말함)는 사채원부를 본점에 비치하여야 하고, 명의개서대리인을 둔 경우에는 사채원부 또는 그 복본을 그의 영업소에 비치할 수 있으며, <u>주주와 채권자</u>는 영업시간내에 언제든지 사채원부의 열람 또는 등사를 청구할 수 있다(396조).

한편, 주주 또는 회사채권자가 사채원부의 열람등사청구를 한 경우 회사는 그 청구에 <u>정당한 목적이 없는 등의 특별한 사정이 없는 한</u> 이를 거절할 수 없고, 이 경우 정당한 목적이 없다는 점에 관한 증명책임은 <u>회사가 부담</u>한다.[1134]

7. 양도 및 질권설정

<u>기명사채의 양도</u>와 관련하여, 양도당사자간에는 당사자간의 <u>양도의 의사표시와 사채권의 교부</u>로 그 효력이 발생한다고 보아야 할 것이고,[1135] <u>회사 기타 제3자에 대항하기 위해서는 양수인의 성명과 주소를 사채원부에 기재하고 그 성명을 사채권에 기재하여야 한다</u>(479조 1항). 명의개서대리인을 둔 경우에는 그가 취득자의 성명과 주소를 사채원부에 기재한다(479조 2항, 337조 2항).

또한 <u>기명사채의 질권설정</u>도 당사자간에서는 <u>질권설정의 합의와 사채권의 교부</u>로 그 효력이 발생한다고 보아야 할 것이나(민법 346조), <u>회사 기타 제3자에 대항하기 위해서는 질권설정자가 회사에 대하여 질권설정사실을 통지하거나 회사가 이를 승낙해야 한다고 보아야 할 것이다</u>(민법 349조 1항).[1136]

한편, <u>무기명사채의 양도 및 질권설정은 사채권을 양수인 또는 질권자에게 교부함으로써 그 효력이 발생하고, 그 점유에 의하여 회사 기타 제3자에 대항할 수 있다고 보아야 할 것이다</u>(민법 523조, 351조).

주식과 달리, 발행회사의 <u>자기사채의 취득 및 질권설정에 대해 상법상 제한은 없다</u>.

1134) 대법원 2010.7.22. 선고 2008다37193 판결 및 대법원 1997.3.19.자 97그7 결정.

1135) 강희갑, 729; 권기범, 951; 김건식, 674; 김정호, 670; 서헌제, 989; 송옥렬, 1137; 유시창, 403; 이기수외, 636; 이범찬외, 436; 이철송, 1004; 임재연(I), 771; 장덕조, 498; 정경영, 646; 정동윤, 727; 정찬형, 1188; 최기원, 855; 최완진, 284; 최준선, 660; 한창희, 444; 홍복기외, 528. 이에 반하여 당사자간의 합의만으로 양도된다는 견해로는 김홍기, 706.

1136) 권기범, 952; 송옥렬, 1137; 유시창, 404; 이기수외, 637; 이범찬외, 436; 임재연(I), 772; 장덕조, 498; 정동윤, 728; 정찬형, 1189; 주석상법 회사(V), 104; 최기원, 856; 최완진, 284; 최준선, 660; 홍복기외, 528. 이에 반하여 사채원부에 기재해야 한다는 견해로는 이철송, 1004; 한창희, 444.

사채권(券)을 발행하는 대신, <u>정관이 정하는 바에 따라</u>, 전자등록기관의 전자등록부에 채권(權)을 등록하는 경우에는, <u>전자등록부에 등록된 사채의 양도나 입질은 전자등록부에 등록하여야 효력이 발생한다</u>(478조 3항, 356조의2 2항).1137)

8. 시효

사채의 상환청구권은 <u>10년간 행사하지 아니하면 소멸시효가 완성한다</u>(487조 1항).1138)[판례131] 사채권자의 사채관리회사에 대한 사채상환액 지급청구권도 마찬가지이다(487조 2항, 484조 3항). 사채의 <u>이자와 이권소지인의 공제액지급청구권</u>(486조)은 5년간 행사하지 아니하면 소멸시효가 완성한다(487조 3항).

> **[판례131] 대법원 2010.9.9. 선고 2010다28031 판결**
>
> 사채원금에 대한 <u>지연손해금</u>은 10년, 사채이자에 대한 지연손해금은 5년의 각 소멸시효에 해당됨.

9. 사채관리회사

가. 의의

회사는 사채를 발행하는 경우에 사채관리회사를 정하여 변제의 수령, 채권의 보전, 그 밖에 사채의 관리를 위탁할 수 있다(480조의2). 전문화된 사채관리회사에 위탁을 통하여 보다 효율적·객관적으로 발행사채의 변제의 수령과 사채권의 보전 등 사채의 관리를 처리케 함으로써, 발행회사의 이익증진 및 사채권자 보호를 위해 도입된 제도이다. 즉, 사채모집의 수탁회사는 발행회사를 위해 그로부터 보수를 받고 사채모집이 차질 없이 진행되도록 발행업무를 수행하는 자인 동시에, 사채발행 후에는 사채권자를 위해 사채상환을 받기 위한 일체의 권한을 부여

1137) 전자등록부에 사채를 등록한 자는 그 등록된 주식에 대한 권리를 적법하게 보유한 것으로 추정하며, 이러한 전자등록부를 선의로 그리고 중대한 과실 없이 신뢰하고, 전자등록부에 등록함에 따라 권리를 취득한 자는 그 권리를 적법하게 취득함(356조의2 3항).

1138) 사채의 공중에 미치는 영향을 감안해 사채권자를 보다 강력하게 보호하기 위하여 상사소멸시효인 5년보다 장기인 10년으로 한 것으로 판단됨.

받은 자로서, 발행회사와 사채권자라는 이해관계가 대립되는 양 당사자를 위해
업무를 처리한다는 이익충돌문제가 발생할 수밖에 없는 지위에 있으므로, 사채권
자 보호를 강화하기 위해 사채관리회사제도를 별도로 두게 된 것이다.

나. 선정

사채관리회사의 선정은 사채발행회사가 한다(480조의2). 즉, 사채발행회사는
자신의 선택에 따라 사채관리회사를 선정할지 여부를 정할 수 있다.

다. 자격

<u>사채관리회사가 될 수 있는 자</u>는 다음과 같다(480조의3 1항).

① 은행법에 따른 은행(상법시행령 26조 1호)

② 한국산업은행법에 따른 한국산업은행(상법시행령 26조 2호)

③ 중소기업은행법에 따른 중소기업은행(상법시행령 26조 3호)

④ 농업협동조합법에 따른 농협은행(상법시행령 26조 4호)

⑤ 수산업협동조합법에 따른 수산업협동조합중앙회의 신용사업부문(상법시
행령 26조 5호)

⑥ 자본시장법에 따라 신탁업 인가을 받은 자로서 일반투자자로부터 금전
을 위탁받을 수 있는 자(상법시행령 26조 6호)

⑦ 자본시장법에 따라 투자매매업 인가를 받은 자로서 일반투자자를 상대
로 증권의 인수업무를 할 수 있는 자(상법시행령 26조 7호)

⑧ 한국예탁결제원(상법시행령 26조 8호)

⑨ 자본시장법에 따른 증권금융회사(상법시행령 26조 9호)

한편, <u>사채의 인수인은 그 사채의 사채관리회사가 될 수 없다</u>(480조의3 2항).

또한, 사채를 발행한 회사와 특수한 이해관계가 있는 자로서 <u>다음의 자는 사
채관리회사가 될 수 없다</u>(동조 3항).

① 사채관리회사가 사채발행회사의 최대주주(542조의8 2항 5호) 또는 주요주
주(542조의8 2항 6호)1139)인 경우(상법시행령 27조 1호)

1139) ① 누구 명의로 하든지 자기의 계산으로 의결권없는 주식을 제외한 <u>발행주식총수의 100분의10</u>

② 은행(상법시행령 26조)[1140]인 사채관리회사의 대주주(은행법 2조 1항 10호)[1141]가 사채발행회사인 경우(상법시행령 27조 2호 가목)

③ 자본시장법에 따라 신탁업 인가를 받은 자로서 일반투자자로부터 금전을 위탁받을 수 있는 자(상법시행령 26조 6호)인 사채관리회사의 대주주(자본시장법 9조 1항)[1142]가 사채발행회사인 경우(상법시행령 27조 2호 나목)

④ 자본시장법에 따라 투자매매업 인가를 받은 자로서 일반투자자를 상대로 증권의 인수업무를 할 수 있는 자(상법시행령 26조 7호)인 사채관리회사의 대주주(자본시장법 9조 1항)[1143]가 사채발행회사인 경우(상법시행령 27조 2호 나목)

⑤ 사채발행회사와 사채관리회사가 공정거래법상 계열회사(공정거래법 2조 3호)[1144]인 경우(상법시행령 27조 3호)

⑥ 사채발행회사의 주식을 보유하거나 사채발행회사의 임원을 겸임하는 등으로 인하여 사채권자의 이익과 충돌하는 특수한 이해관계가 있어 공정한 사채관리를 하기 어려운 경우로서 법무부장관이 정하여 고시하는 기준에 해당하는 회사(상법시행령 27조 4호)

이상의 주식을 소유하거나 ② 이사, 집행임원, 감사의 선임과 해임 등 상장회사의 주요 경영사항에 대하여 사실상의 영향력을 행사하는 주주 및 그의 배우자와 직계 존속·비속을 말함.

1140) 은행법에 따른 은행을 말함.

1141) ① 은행의 주주 1인을 포함한 동일인이 은행의 의결권 있는 발행주식총수의 100분의10(지방은행은 100분의15)을 초과하여 주식을 보유하는 경우의 그 주주 1인 또는 ② 은행의 주주 1인을 포함한 동일인이 은행(지방은행 제외)의 의결권 있는 발행주식 총수의 100분의4를 초과하여 주식을 보유하는 경우로서 그 동일인이 최대주주이거나 임원을 임면하는 등의 방법으로 그 은행의 주요 경영사항에 대하여 사실상 영향력을 행사하고 있는 자인 경우의 그 주주 1인을 말함.

1142) 최대주주(법인의 의결권 있는 발행주식총수를 기준으로 본인 및 그와 특수관계가 있는자가 누구의 명의로 하든지 자기의 계산으로 소유하는 주식을 합하여 그 수가 가장 많은 경우의 그 본인; 동항 1호) 또는 주요주주(① 누구의 명의로 하든지 자기의 계산으로 법인의 의결권 있는 발행주식총수의 100분의10 이상의 주식을 소유한 자(동항 2호 가목) 또는 ② ㉮ 단독으로 또는 다른 주주와의 합의, 계약 등에 따라 대표이사 또는 이사의 과반수를 선임한 주주 또는 ㉯ 경영전략, 조직변경 등 주요 의사결정이나 업무집행에 지배적인 영향력을 행사한다고 인정되는 자로서 금융위원회가 정하여 고시하는 주주(동항 2호 나목, 자본시장법 시행령 9조))를 말함.

1143) 위와 동일함.

1144) 2 이상의 회사가 동일한 기업집단(사실상 그 사업내용을 지배하는 회사의 집단; 공정거래법 2조 2호)에 속하는 경우의 이들 회사를 서로 상대방의 계열회사라 함.

라. 사채관리회사의 권한

(1) 채권변제수령 및 채권실현보전에 관한 권한

사채관리회사는 사채권자를 위하여 사채에 관한 채권을 변제받거나 채권의 실현을 보전하기 위하여 필요한 <u>재판상 또는 재판 외의 모든 행위</u>[1145]를 할 수 있다(484조 1항).[1146] 사채관리회사가 <u>사채권자집회의 결의 없이도</u> 사채권자의 이익을 보호하기 위해 필요한 경우 위 행위를 할 수 있게 한 것이다.

사채관리회사가 사채에 관한 채권의 변제를 받으면 지체없이 그 뜻을 공고[1147]하고, 알고 있는 사채권자에게 통지하여야 한다(484조 2항). 이 경우에 사채권자는 사채관리회사에 사채 상환액 및 이자 지급을 청구할 수 있다. 또한 사채권이 발행된 때에는 사채권과 상환하여 상환액지급청구를 하고, 이권과 상환하여 이자지급청구를 하여야 한다(484조 3항).

(2) 사채권자집회의 결의를 요하는 권한

사채관리회사가 <u>다음의 행위</u>[1148]를 하는 경우에는 사채권자집회의 결의에 의하여야 한다(484조 4항 본문).[1149]

① 해당 사채 전부[1150]에 대한 지급의 유예, 그 채무의 불이행으로 발생한 책임의 면제 또는 화해(484조 4항 1호)

② 해당 사채 전부에 관한 소송행위 또는 채무자회생 및 파산에 관한 절차에 속하는 행위(동항 2호)

1145) 사채원리금의 지급청구 및 수령, 지급청구소송 제기, 책임재산 보전을 위한 가압류, 가처분 신청, 강제집행신청, 다른 채권자에 의하여 개시된 강제집행절차에서의 배당요구 등을 말함.
1146) 사채관리회사가 2 이상 있는 때에는 그 권한에 속하는 행위는 공동으로 해야 함(485조 1항). 이 경우 사채관리회사가 사채에 관한 채권의 변제를 받은 때에는 사채권자에 대하여 연대하여 변제액을 지급할 의무가 있음(485조 2항).
1147) 사채를 발행한 회사가 하는 공고와 같은 방법으로 하여야 함(484조 6항).
1148) 다만, 사채에 관한 채권을 변제받거나 채권의 실현을 보전하기 위한 행위는 제외함.
1149) 다만, 사채발행회사는 ②의 행위를 사채관리회사가 사채권자집회 결의에 의하지 아니하고 할 수 있음을 정할 수 있음(484조 4항 단서). 이 경우 사채관리회사가 사채권자집회의 결의에 의하지 아니하고 ②의 행위를 한 때에는 지체없이 그 뜻을 공고하고(사채를 발행한 회사가 하는 공고와 같은 방법으로 하여야 함(동조 6항)). 또한 알고 있는 채권자에게는 따로 통지하여야 함(동조 5항).
1150) 사채 일부에 대한 지급의 유예는 당해 사채권자가 동의하지 않는 한, 사채관리회사의 권한에 속하지 않는다고 보는 것이 사채권자의 보호에 맞다고 봄.

(3) 업무 및 재산상태 조사권

사채관리회사는 그 관리를 위탁받은 사채에 관하여 ① 사채에 관한 채권을 변제받거나 채권의 실현을 보전하기 위하여 필요한 재판상 또는 재판 외의 모든 행위(484조 1항), ② 해당 사채 전부에 대한 지급의 유예, 그 채무의 불이행으로 발생한 책임의 면제 또는 화해(484조 4항 1호) 또는 ③ 해당 사채 전부에 관한 소송행위 또는 채무자회생 및 파산에 관한 절차에 속하는 행위(484조 4항 2호)를 위하여 필요하면, 법원의 허가를 받아 사채를 발행한 회사의 업무와 재산상태를 조사할 수 있다(484조 7항). 법원의 통제 하에 사채관리회사가 사채권자를 위한 업무수행을 위해 사채발행회사까지도 파악할 수 있는 권한을 부여한 것이다.

(4) 사채권자집회 소집권 및 결의집행권

사채관리회사는 사채권자집회를 소집할 권한이 있으며(491조 1항), 그 대표자를 사채권자집회에 출석하게 하거나 서면으로 의견을 제출할 수 있고(493조 1항), 사채권자집회의 결의를 집행할 권한이 있다(501조). 만일 사채관리회사가 없는 때에는 상법 500조의 대표자가 집행하나, 사채권자집회의 결의로써 따로 집행자를 정할 수 있다(501조, 500조).

(5) 보수 및 비용청구권

사채관리회사는 사채발행회사와의 계약을 통해 보수 및 그 사무처리에 필요한 비용을 지급받을 수 있고, 만일 약정이 없는 경우에는 법원의 허가를 받아 사채발행회사로부터 지급받을 수 있으며(507조 1항), 사채에 관한 채권을 변제받은 금액에서 위 보수와 비용을 사채권자보다 우선하여 변제받을 수 있다(507조 2항).

(6) 불공정한 변제 등 취소의 소 제기권

사채발행회사가 어느 사채권자에게 한 변제, 화해, 그 밖의 행위가 현저하게 불공정한 때에는 사채관리회사는 소(訴)만으로 그 행위의 취소를 청구할 수 있다(511조 1항).1151)

1151) 사채발행회사의 본점소재지의 지방법원의 전속관할에 속하며, 취소판결의 효력은 모든 사채권자를 위해 그 효력을 발생함(511조 3항, 186조, 민법 407조).

사채발행회사가 자신의 역할을 수행한다 할지라도, 각 사채권자가 별도로 사채원리금의 수령 등 자신의 권리를 행사할 수 있다. 사채권자가 자신의 이익만을 위해 사채발행회사로부터 현저하게 불공정한 방법으로 변제를 받거나 화해를 할 경우 사채관리회사로 하여금 소송의 방법만을 통해 이를 취소시킴으로써, 다른 사채권자의 이익을 공평하게 보호하기 위해 둔 규정이다.1152) 한편, 민법상의 사해행위에 대한 채권자취소권(민법 406조)과 이건 취소의 소는 요건과 취지가 다르므로 경합할 수 있다고 보아야 할 것이다.

마. 사채관리회사의 의무

(1) 공평, 성실의무

사채관리회사는 사채권자를 위하여 공평하고 성실하게 사채를 관리하여야 한다(484조의2 1항). 공평의무는 사채관리회사는 사채권의 내용과 금액에 따라 사채권자를 공평하게 취급해야 한다는 것이며, 성실의무란 사채관리회사가 사채권자와의 이익충돌이 발생하는 경우 자기 또는 제3자의 이익을 도모함으로써 사채권자의 이익을 해하지는 못함을 의미한다.1153)

(2) 선량한 관리자의 주의의무

사채관리회사는 사채권자에 대하여 선량한 관리자의 주의로 사채를 관리하여야 한다(484조의2 2항). 즉, 사채관리회사는 사채권자를 위하여 사채와 관련된 업무1154)를 자신의 경험과 능력을 바탕으로 최선을 다해 처리해야 할 의무를 부담한다는 의미인데, 민법상 위임(민법 681조)에 관한 선관주의의무와 실질상 동일하다고 보아야 할 것이다.

1152) 민법상의 채권자취소권과는 달리, 채권자를 해함을 알고 있다는 주관적 요건을 삭제하였고(단, 변제 등을 받은 사채권자가 그 변제 등의 당시에 다른 사채권자를 해함을 알지 못한 경우에는 취소하지 못함; 511조 3항, 민법 406조 1항 단서), 행사기간을 단축하여, 사채관리회사가 취소의 원인된 사실을 안 때부터 6개월, 변제 등의 행위가 있은 때부터 1년내에 제기하도록 했으며(511조 2항), 원칙적으로 사채관리회사가 소를 제기할 수 있되, 예외적으로 당해 취소대상이 되는 행위가 있은 때로부터 1년내에 한하여 사채권자집회의 결의가 있는 때에는 사채권자집회의 대표자 또는 그 결의의 집행자도 이 소를 제기할 수 있음(512조).

1153) 주석상법 회사(V), 145, 146.

1154) 상법 484조 1항에 언급된 행위를 말함.

한편, 사채관리회사는 사채발행회사에 의하여 선임되어 계약을 체결하므로, <u>사채
발행회사의 수임인으로서의 선량한 관리자의 주의의무도 부담</u>한다고 보아야 할 것이다.

바. 사채관리회사의 책임

(1) 손해배상책임

사채관리회사가 상법이나 사채권자집회결의를 위반한 행위를 한 때에는 사채
권자에 대하여 <u>연대하여</u> 이로 인하여 발생한 손해를 배상할 책임이 있다(484조의2 3
항). 사채관리회사는 사채권자와 직접 계약관계에 있지 아니하여 사채권자에 대하
여 계약상 채무불이행책임을 부담하지는 아니하므로, 이 규정은 법정책임으로 보
아야 할 것이다. 상법에 위반한 행위란 위 공평, 성실의무위반 및 선관주의의무위
반을 포함하여 사채관리회사에 관한 일체의 상법상 규정을 위반한 행위를 말한다.

(2) 연대지급책임

사채관리회사가 2개 이상인 경우 사채발행회사로부터 변제를 받은 때에는 사
채관리회사는 사채권자에 대하여 연대하여 변제액을 지급할 의무가 있다(485조 2항).

사. 임무의 종료

(1) 사임

사채관리회사는 <u>사채를 발행한 회사와 사채권자집회의 동의</u>를 받아 사임할
수 있다(481조 전단). <u>부득이한 사유</u>가 있어 <u>법원의 허가</u>를 받은 경우에도 같다(481
조 후단). 사채권자를 두텁게 보호하기 위하여 사채관리회사로 하여금 자유로이 사
임하지 못하게 하고, 자신을 선임한 사채발행회사 및 사채권자집회의 동의를 모
두 얻어야만 사임할 수 있도록 하면서, 예외적으로 부득이한 사유가 있는 경우에
한하여 법원의 허가를 얻는 것을 조건으로 사임할 수 있도록 허용한 것이다.

(2) 해임

사채관리회사가 그 사무를 처리하기에 적임이 아니거나 그 밖에 정당한 사

유가 있을 때에는 <u>법원은 사채를 발행하는 회사 또는 사채권자집회의 청구에 의하여</u> 사채관리회사를 해임할 수 있다(482조). 사채발행회사 또는 사채권자의 일방적인 의사에 의해 사채관리회사가 해임되는 것을 방지하고, 법원이 그 해임의 정당한 사유가 있음을 인정한 경우에 한하여 해임을 허용함으로써, 사채관리회사가 사채권자를 위하여 충실히 임무를 수행할 수 있도록 보장해 주기 위한 규정이다.

(3) 사무승계자

사채관리회사의 사임 또는 해임으로 인하여 사채관리회사가 없게 된 경우에는 사채를 발행한 회사는 그 사무를 승계할 사채관리회사를 정하여 사채권자를 위하여 사채관리를 위탁하여야 한다(483조 1항 전단). 이 경우 지체없이 사채권자집회를 소집하여 동의를 받아야 한다(483조 1항 후단). 부득이한 사유가 있는 때에는 <u>이해관계인은 사무승계자의 선임을 법원에 청구할 수 있다(483조 2항).</u>

사채관리회사의 궐위로 인한 공백을 막기 위하여 사채발행회사에게 그 공백을 메울 사채관리회사를 선임할 의무를 부담시킴과 동시에 사채권자의 이익과 밀접한 관계가 있는 사채관리회사의 선임과 관련하여 사채권자집회의 동의를 얻도록 의무화한 것이다. 한편, 사채발행회사가 공석이 된 사채관리회사의 선임을 부당하게 지체하거나 사채발행회사와 사채권자와의 분쟁으로 인하여 사채발행회사에 의해 선임된 사채관리회사가 사채권자집회의 승인을 받는 것이 현실적으로 곤란한 경우와 같이 부득이한 사유가 있는 경우에는 사채발행회사, 사채권자집회 등의 이해관계인이 사무승계자의 선임을 법원에 청구할 수 있도록 한 것이다.

사무승계자는 선임계약 또는 법원의 선임결정시 종전 사채관리회사가 보유하고 있던 계약상의 지위 즉, 권리의무를 그대로 승계한다고 보아야 할 것이다.[1155]

아. 보수 및 비용

사채관리회사에게 줄 보수와 그 사무처리에 필요한 비용은 <u>사채발행회사와의 계약에 약정된 경우 외에는 법원의 허가를</u> 받아 사채발행회사로 하여금 부담하게 할 수 있다(507조 1항). 사채관리회사는 사채에 관한 채권을 변제받은 금액에

1155) 이기수외, 640; 정동윤, 735; 정찬형, 1195; 주석상법 회사(V), 130; 최준선, 664.

서 사채권자보다 우선하여 위 보수와 비용을 변제받을 수 있다(507조 2항).

10. 사채권자집회

가. 의의

사채권자집회는 <u>상법에서 규정하고 있는 사항</u> 및 <u>사채권자의 이해관계가 있는 사항</u>에 관하여 결의를 할 수 있다(490조). 즉, 사채권자집회는 사채권자들이 모여 자신들에게 중요한 내용을 논의, 결정하는 기관이다. 상법이 사채권자집회에 관한 조문을 명시하고 있는 이유는 사채권자의 이익을 보호하기 위해서 뿐만 아니라 사채발행회사가 개개의 사채권자를 상대할 필요가 없도록 함으로써 그의 사채업무처리의 효율성도 고려한 것이다.[1156]

<u>수종의 사채</u>[1157]를 발행한 경우에는 사채권자집회는 각종의 사채에 관하여 이를 소집하여야 한다(509조). 수종의 사채를 발행한 경우에는 그 사채권자간에 이해관계를 달리할 수 있으므로 별도로 사채권자집회를 소집토록 한 것이다.

나. 결의사항

(1) 상법에서 규정하고 있는 사항

(가) 특별결의사항

출석한 사채권자의 의결권의 3분의2 이상의 수와 총사채의결권의 3분의1 이

[1156] 연평균 80건의 분할, 합병, 자본감소가 이루어지고 있음에도 사채권자집회의 소집이 이루어진 적인 거의 없다고 함(김종현, "국내 사채관리회사의 실무현황과 제도개선에 관한 의견", 선진상사법률연구 64호, 2013, 12쪽).

[1157] 수종의 사채를 어떻게 구별할 것인지에 관해, 상법은 아무런 명시적인 규정이 없으나, 일본회사법 676조는 사채종류를 구별하는 기준으로 ① 사채의 이율, ② 사채의 상환방법과 기간, ③ 이자지급의 방법과 기한, ④ 사채권(社債券)을 발행하는 때에는 그 취지, ⑤ 사채권자가 기명식과 무기명식의 전환청구를 할 수 없는 것으로 할 때에는 그 취지, ⑥ 사채권자가 사채권자집회의 결의에 의하지 아니하고 당해 사채의 전부에 관하여 소송행위, 파산절차, 회생절차 등에 관한 행위를 할 수 있는 것으로 할 때에는 그 취지, ⑦ 각 사채의 납입금액, 최저금액 또는 산정방법, ⑧ 각 사채금액의 납입기일, ⑨ 일정기일까지 사채총액에 관하여 사채권자를 정하지 아니한 경우에 사채전부를 발행하지 아니하는 것으로 할 때에는 그 취지 및 그 일정한 날, ⑩ 그 외 법무성 령으로 정하는 사항을 언급하고 있음(오현수(II), 814 내지 816쪽).

상의 수로서 결의(495조 1항, 434조)하는 특별결의사항은 다음과 같다.

　　① 자본금의 감소 또는 합병에 대한 이의(439조 3항, 530조 2항)

　　② 해당 사채 전부에 대한 지급의 유예, 그 채무의 불이행으로 발생한 책임의 면제 또는 화해, 해당 사채 전부에 관한 소송행위 또는 채무자 회생 및 파산에 관한 절차에 속하는 행위(484조 4항 1호, 2호) 단, 사채발행회사는 사채권자집회결의에 의하지 아니하고 할 수 있음을 정할 수 있다(484조 4항 단서).

　　③ 사채권자집회의 대표자의 선임(500조 1항)

　　④ 결의집행자의 선임(501조 단서)

　　⑤ 대표자, 집행자의 해임 또는 위임한 사항의 변경(504조)

　　⑥ 사채권자집회의 연기 또는 속행(510조 1항, 372조)

(나) 보통결의사항

출석한 사채권자의 의결권의 과반수로 결의하는 보통결의사항은 다음과 같다(495조 2항).

　　① 사채관리회사의 사임에 대한 동의(481조)

　　② 사채관리회사의 해임을 법원에 청구(482조)

　　③ 사채발행회사의 사채관리회사 사무승계자 선임에 대한 동의(483조 1항)

　　④ 사채발행회사 대표자의 출석요구(494조)

(2) 사채권자의 이해관계가 있는 사항

사채권자의 이해관계가 있는 사항은 그 중요도 여부와 관계없이 그리고 법원의 허가 없이도 사채권자집회의 결의를 얻어야 하도록 함으로써 사채권자보호를 보다 강화한 것이다(490조).

다. 소집권자

사채권자집회는 사채발행회사 또는 사채관리회사가 소집하나(491조 1항), 사채의 종류별로 해당 종류의 사채총액(상환받은 액 제외)의 10분의1 이상에 해당하는 사채를 가진 사채권자는 회의의 목적사항과 소집이유를 적은 서면 또는 전자문서를 사채발행회사 또는 사채관리회사에 제출하여 사채권자집회의 소집을 청구할 수 있다(491조 2항). 이 청구가 있은 후 지체없이 사채권자집회의 소집절차를 밟지 아니하는 때에는 청구한 사채권자는 <u>법원의 허가</u>를 받아 사채권자집회를 소집할 수 있다(491조 3항, 366조 2항). 무기명식의 채권을 가진 자는 그 채권을 공탁하지 아니하면 위 사채권자집회의 소집청구권을 행사하지 못한다(491조 4항).

라. 소집방법

사채권자집회를 소집할 때에는 사채권자집회일의 2주간전에 각 사채권자에게 서면으로 통지를 발송하거나 각 사채권자의 동의를 받아 전자문서로 통지를 발송하여야 하나, 그 통지가 사채원부상 사채권자의 주소에 계속 3년간 도달하지 아니한 경우에는 소집권자는 해당 사채권자에게 사채권자집회의 소집을 통지하지 아니할 수 있으며(491조의2 1항, 363조 1항), 이 통지서에는 회의의 목적사항을 적어야 한다(491조의2 1항, 363조 2항). 그러나 사채발행회사가 <u>무기명식채권</u>을 발행한 경우에는 사채권자집회의 3주전(소규모회사는 2주전)에 사채권자집회를 소집하는 뜻과 회의의 목적사항을 <u>공고</u>하여야 한다(491조의2 2항).

사채권자집회의 소집은 사채발행회사 및 사채관리회사에 통지되어야 하며(493조 2항), 사채권자집회를 소집할 때에는 사채권자집회일의 2주간전에 사채발행회사 및 사채관리회사에 서면으로 통지를 발송하거나 사채발행회사 및 사채관리회사의 동의를 받아 전자문서로 통지를 발송하여야 하고(493조 3항, 363조 1항), 이 통지서에는 회의의 목적사항을 적어야 한다(493조 3항, 363조 2항). 사채발행회사가 소집할 때에는 사채관리회사에 통지하여야 하고, 사채관리회사가 소집할 때에는 사채발행회사에 통지하여야 한다.

마. 의결권

각 사채권자는 그가 가지는 해당 종류의 사채금액의 합계액(상환받은 액은 제외)에 따라 의결권을 가진다(492조 1항).

사채권자는 대리인으로 하여금 그 의결권을 대리행사하게 할 수 있으며, 이 경우에 그 대리인은 대리권을 증명하는 서면을 사채권자집회에 제출하여야 한다(510조 1항, 368조 2항). 사채권자집회에 출석하지 아니한 사채권자는 ① 서면에 의하여 의결권을 행사할 수 있으며(495조 3항),1158) ② 이사회가 정하는 바에 따라 전자적 방법에 의하여 의결권을 행사할 수 있다(495조 6항, 368조의4).

사채권자집회에 이해관계가 있는 자는 의결권을 행사하지 못하며(510조 1항, 368조 3항), 사채발행회사가 가진 자기사채는 의결권이 없고(510조 1항, 369조 2항), 이러한 의결권없는 사채는 발행사채총수에 산입되지 아니하고 출석한 사채권자의 의결권수에도 산입되지 아니하며(510조 1항, 371조), 무기명식의 사채권을 가진 자는 회일로부터 1주간전에 사채권을 공탁하지 않으면 그 의결권을 행사하지 못한다(492조 2항, 368조 2항).

바. 사채권자집회 의사진행

사채권자집회의 의사에는 의사록을 작성하여야 하고, 의사록에는 의사의 경과요령과 그 결과를 기재하고 대표자가 기명날인 또는 서명하여야 하며(510조, 373조), 사채발행회사는 의사록을 본점에 비치해야 하고, 사채관리회사와 사채권자는 영업시간내에 언제든지 의사록 열람을 청구할 수 있다(510조 2항, 3항).

사채발행회사 또는 사채관리회사는 그 대표자를 사채권자집회에 출석하게 하거나 서면으로 의견을 제출할 수 있고(493조 1항), 사채권자집회 또는 그 소집자는 필요있다고 인정하는 때에는 사채를 발행한 회사에 대하여 그 대표자의 출석을 청구할 수 있다(494조).

사. 결의의 효력

사채권자집회의 소집자는 결의한 날로부터 1주간내에 결의의 인가를 법원에 청구하여야 하고(496조), <u>사채권자집회의 결의는 원칙적으로 법원의 인가를 받음으로서 그 효력이 생기며</u>(498조 1항 본문), 다만, 그 종류의 사채권자 <u>전원이 동의한</u> 결의는 법원의 인가가 필요하지 아니하고(498조 1항 단서), 사채권자집회의 결의는 그 종류의 사채를 가진 모든 사채권자에게 그 효력이 있다(498조 2항). 사채권자를

1158) 의결권행사서면에 필요한 사항을 적어 사채권자집회 전일까지 의결권행사서면을 소집자에게 제출하여야 하며(495조 4항), 서면에 의해 행사한 의결권수는 출석한 의결권자의 의결권수에 포함됨(495조 5항).

보호하기 위하여 법원의 인가제도를 채택한 것이다. 사채권자집회의 결의에 대하여 인가 또는 불인가의 결정이 있은 때에는 사채발행회사는 지체없이 그 뜻을 공고하여야 한다(499조).

　　법원은 아래의 ① 내지 ④ 중 어느 하나에 해당하는 경우에는 사채권자집회의 결의를 인가하지 못한다(497조 1항). 그러나 ① 및 ②의 경우에는 법원은 결의의 내용 기타 <u>모든 사정을 참작</u>하여 결의를 인가할 수 있다(동조 2항).

　　　　① 사채권자집회 소집의 절차 또는 그 결의방법이 법령이나 사채모집의 계획서의 기재에 위반한 때(동항 1호)

　　　　② 결의가 부당한 방법에 의하여 성립하게 된 때(동항 2호)

　　　　③ 결의가 현저하게 불공정한 때(동항 3호)

　　　　④ 결의가 사채권자의 일반의 이익에 반하는 때(동항 4호)

　　위 ①, ②는 절차상의 하자로 볼 수 있고, ③, ④는 내용상의 하자로 볼 것인데, ①, ②의 경우에 예외를 인정한 이유는 상법 379조의 재량기각조항과 같이, 경미한 하자의 경우에 거래안전을 보호하고 절차의 중복을 피함으로써 사채권자를 보호하기 위함이다.

아. 결의의 위임 및 집행

　　사채권자집회는 해당 종류의 사채총액(상환받은 금액 제외)의 500분의1 이상을 가진 사채권자 중에서 1명 또는 여러 명의 대표자를 선임하여 그 결의할 사항의 결정을 위임할 수 있고(500조 1항), 이 경우 대표자가 수인인 때에는 그 <u>결정은 대표자의 과반수</u>로 하며(500조 2항), 사채권자집회는 언제든지 대표자나 집행자를 해임하거나 위임한 사항을 변경할 수 있고(504조), 이 대표자의 결정도 법원의 인가를 얻어야 모든 사채권자에게 그 효력을 발생한다(498조).

　　사채권자집회의 결의는 사채관리회사가 집행하고, 사채관리회사가 없는 때에는 위 대표자가 집행한다(501조 본문). 다만, 사채권자집회의 결의로서 따로 집행자를 정한 때에는 그러하지 아니하다(501조 단서).

　　위 대표자나 집행자가 수인 있는 때에는 그 <u>권한에 속하는 행위는 공동으로</u> 하여야 한다(502조, 485조 1항).

　　또한 위 대표자나 집행자가 사채의 상환에 관한 결의를 집행하는 경우에는 사채관리회사에 관한 규정이 준용되어, ① 위 대표자나 집행자는 사채권자를 위하여 사채에 관한 채권을 변제받거나 채권의 실현을 보전하기 위하여 필요한 재판상 또는 재판 외의 모든 행위를 할 수 있고(503조, 484조 1항), ② 위 대표자나 집행자는 위 변제를 받으면 지체없이 그 뜻을 공고하고, 알고 있는 사채권자에게 통지해야 하며(503조, 484조 2항), ③ 이 경우에 사채권자는 위 대표자나 집행자에게 사채상환액 및 이자지급을 청구할 수 있고, 또한 사채권이 발행된 때에는 사채권과 상환하여 상환액지급청구를 하고, 이권과 상환하여 이자지급청구를 해야 하며(503조, 484조 3항), ④ 위 대표자나 집행자가 사채에 관한 채권을 변제받거나 채권의 실현을 보전하기 위한 행위를 제외하고, ㉠ 해당 사채 전부에 대한 지급의 유예, 그 채무의 불이행으로 발생한 책임의 면제 또는 화해 또는 ㉡ 해당 사채 전부에 관한 소송행위 또는 채무자회생 및 파산에 관한 절차에 속하는 행위를 하는 경우에는 사채권자집회의 결의에 의하되, 다만 사채발행회사는 위 ㉡의 행위를 위 대표자나 집행자가 사채권자집회결의에 의하지 아니하고 할 수 있음을 정할 수 있으며(503조, 484조 4항), ⑤ 위 대표자나 집행자가 위 ㉡의 행위를 사채권자집회결의에 의하지 아니하고 한 경우에 지체없이 그 뜻을 공고하고, 알고 있는 채권자에게는 따로 통지하여야 하며(503조, 484조 5항), ⑥ 위 ②와 ⑤의 공고는 사채발행회사가 하는 공고와 같은 방법(사채를 발행한 회사가 하는 공고와 같은 방법)으로 하여야 하고(503조, 484조 6항), ⑦ 위 대표자나 집행자는 ① 또는 ④의 각호에서 정한 행위를 하기 위하여 필요한 경우 법원의 허가를 받아 사채발행회사의 업무와 재산상태를 조사할 수 있으며(503조, 484조 7항), ⑧ 위 대표자나 집행자가 둘 이상 있는 경우에는 그 권한에 속하는 행위를 공동으로 해야 하고(502조, 485조 1항), 위 대표자나 집행자가 위 ①의 변제를 받은 때에는 사채권자에 대하여 연대하여 변제액을 지급할 의무가 있으며(503조, 485조 2항), ⑨ 위 ③의 청구권도 원금은 10년간(사채관리회사에 대해서도 같음), 이자(이권소지인 포함)는 5년간 행사하지 아니하면 소멸시효가 완성한다(503조, 487조 2항).

자. 대표자, 집행자의 보수, 비용 및 사채권자집회의 비용

사채권자집회의 대표자 및 집행자에게 줄 보수와 그 사무처리에 필요한 비용은 사채발행회사와의 계약에 약정된 경우 외에는 법원의 허가를 받아 사채발행회사로 하여금 부담하게 할 수 있다(507조 1항). 사채권자집회의 대표자 및 집행자는 사채에 관한 채권을 변제받은 금액에서 사채권자보다 우선하여 위 보수와 비용을 변제받을 수 있다(507조 2항).

사채권자집회에 관한 비용과 법원에의 결의인가 청구비용은 사채발행회사가 부담하되(508조 1항 및 동조 2항 본문), 결의인가 청구비용에 대하여는 법원이 이해관계인이 신청에 의하여 또는 직권으로 그 전부 또는 일부에 관하여 따로 부담자를 정할 수 있다(508조 2항 단서).

11. 특수사채

가. 전환사채

(1) 의의

전환사채(Convertible Bond)란 사채발행회사의 주식으로 전환할 수 있는 권리가 부여된 사채를 말한다.

전환사채의 장점은 사채권자입장에서는 상환기일까지는 약정이자를 받다가 사채발행회사의 재무상태가 호전되어 주식가치가 사채보다 상대적으로 더 높다고 판단하거나 사채발행회사의 주주총회에 참석하여 이사를 선출하는 등 지배구조에 영향력을 행사하고 싶을 경우에 사채를 주식으로 전환할 수 있다는 점이고, 사채발행회사의 입장에서는 ① 처음부터 주식을 통해 자기자본을 조달하기 어려운 재무상태인 회사가 확정이율을 보장함으로써 보다 손쉽게 자금을 조달할 수 있으며, ② 전환권을 사채권자에게 부여함으로써 보다 낮은 조달비용으로 자금을 조달할 수 있고, ③ 전환권을 행사하게 되면 사채이자부담을 덜 수 있으며 따라서 자기자본이 증가한다는 점이고, 기존주주의 입장에서는 사채발행회사가 전환사채를 통해 자금을 조달하게 됨으로써 회사가 발전하게 되면 이익배당이 증가할 수 있다는 점이다.

반면, 전환사채의 단점으로는 사채권자의 입장에서는 일반사채보다 낮은 이율을 감수해야 하고, 전환사채의 발행으로 인해 주가가 하락하게 되면 향후 전환권을 행사했을 때 손해를 볼 위험성도 있으며, 사채발행회사입장에서는 전환권의 행사를 통해 이익배당압력이 증가되고, 주가에 좋지 않은 영향을 줄 수 있으며,

주주가 증가함으로써 지배구조에 영향을 줄 수 있고, 기존주주의 입장에서는 주주가 아닌 사채권자가 전환권을 행사하게 되면, 자신의 소유지분비율이 낮아짐으로써 사채발행회사에 대한 지배력이 감소하는 측면도 있다. 따라서 상법은 사채발행회사, 전환사채권자 및 주주의 이해관계가 상호 조화되도록 고려하고 있다.

(2) 발행결정

　전환사채의 발행에 관한 다음 ① 내지 ⑥의 사항으로서, 정관에 규정이 없는 것은 이사회가 결정하되, 정관으로 주주총회에서 정하기로 한 경우에는 이사회가 아닌 주주총회가 이를 정한다(513조 2항 본문).[판례132]

> [판례132] 대법원 1999.6.25. 선고 99다18435 판결
> 　회사의 정관에 신주발행 및 인수에 관한 사항은 주주총회에서 결정하도록 규정되어 있는 경우, 전환사채는 전환권의 행사에 의하여 장차 주식으로 전환될 수 있어 이를 발행하는 것은 사실상 신주발행으로서의 의미를 가지므로, 회사가 전환사채를 발행하기 위해서는 주주총회의 특별결의를 요함.

① 전환사채의 총액(동항 1호)
　일정시점에 회사가 발행하는 전환사채의 총액을 말한다.
② 전환의 조건(동항 2호)
　전환권의 행사에 의해 전환되는 사채와 이에 대해 발행되는 주식의 비율을 말한다.1159) 전환 전의 사채발행총액은 전환 후의 신주식의 총발행가액과 동일하여야 한다(516조 2항, 348조).
③ 전환으로 인하여 발행할 주식의 내용(513조 2항 3호)
　주식의 종류 및 액면 등을 말한다.
④ 전환을 청구할 수 있는 기간(동항 4호)
　전환사채권자가 전환권을 행사할 수 있는 시기와 종기를 말한다.
⑤ 주주에게 전환사채의 인수권을 준다는 뜻과 인수권의 목적인 전환사채의 액(동항 5호)
　주주에게 전환사채권자가 될 수 있도록 정할 수 있는 권리를 이사회에

1159) 예를 들어, 사채액면이 10,000원인 전환사채를 보통주식 2주로 전환함.

부여하고, 이사회가 주주에게 전환사채를 인수할 권리를 부여하는 경우 주주가 인수할 전환사채금액도 함께 결정하도록 규정한 것이다. 정관 또는 이사회의 결의로 주주에게 전환사채를 인수할 수 있는 권리를 부여한 경우에, 전환사채의 인수권을 가진 주주는 그가 가진 주식의 수에 따라 전환사채의 배정을 받을 권리가 있으나, 각 전환사채의 금액 중 최저액에 미달하는 단수에 대하여는 배정받을 권리가 없다(513조의2 1항).

⑥ 주주외의 자에게 전환사채를 발행하는 것과 이에 대하여 발행할 전환사채의 액(동항 6호)

주주외의 자에게 전환사채가 발행되기 위해서는 실체적 요건으로서, 신기술의 도입, 재무구조의 개선 등 회사의 경영상 목적을 달성하기 위하여 필요한 경우이어야 하고(513조 3항 후단, 418조 2항 단서), 절차적 요건으로서, ① 발행할 수 있는 전환사채의 액, ② 전환의 조건, ③ 전환으로 인하여 발행할 주식의 내용, ④ 전환을 청구할 수 있는 기간에 관하여 정관에 규정이 없는 경우에는 주주총회의 특별결의로 정하여야 한다(513조 3항 전단).[판례133] 그 이후에 이사회가 정관 또는 주주총회 특별결의로 정해진 범위 내에서 발행될 전환사채의 액을 정하게 된다.[판례134] 이 주주총회 특별결의를 받기 위한 주주총회 소집통지서에 전환사채의 발행에 관한 의안의 요령이 기재되어야 한다(513조 4항, 363조).

[판례133] 대법원 2007.2.22. 선고 2005다73020 판결

주식회사가 타인으로부터 돈을 빌리는 소비대차계약을 체결하면서, 소비대차금액을 주식으로 전환할 수 있는 권리를 채권자에게 부여하는 경우, 이와 같은 전환권 부여조항은 상법이 정한 방법과 절차에 의하지 아니한 신주발행 내지는 주식으로의 전환을 예정하는 것이어서 그 효력이 없음.

[판례134] 대법원 2004.6.25. 선고 2000다37326 판결

정관에 기준("전환가액은 주식의 액면금액 또는 그 이상의 가액으로 사채발행시 이사회가 정한다.")을 정해 놓은 다음, 이에 기하여 실제로 발행할 전환사채의 구체적인 전환조건 등은 그 발행시마다 정관에 벗어나지 않는 범위 내에서 이사회에서 결정하도록 위임하는 방법을 취한 경우, 이 기준이 지나치게 추상적이거나 포괄적이어서 무효라고 볼 수 없음.

(3) 발행절차

(가) 배정기준일 공고

회사는 일정한 날을 정하여 그 날에 주주명부에 기재된 주주가 전환사채의 인수권을 가진다는 뜻과 전환사채인수권을 양도할 수 있을 경우에는 그 뜻을 그 날의 2주간전에 공고하여야 한다. 만일 그 날이 주주명부폐쇄기간 중인 때에는 그 기간의 초일의 2주간전에 이를 공고하여야 한다(513조의2 2항, 418조 3항, 354조 1항).

(나) 주주에 대한 최고

주주가 전환사채의 인수권을 가진 경우에는 각 주주에 대하여, <u>그 인수권을 가지는 전환사채의 액</u>, 발행가액, <u>전환의 조건</u>, <u>전환</u>으로 인하여 발행할 주식의 내용, 전환을 청구할 수 있는 기간과 일정한 기일까지 전환사채의 청약을 하지 아니하면 그 권리를 잃는다는 뜻을 청약일의 2주간전에 통지하여야 하며, 이 통지에도 불구하고, 그 청약일까지 전환사채인수의 청약을 하지 아니한 때에는 전환사채를 인수할 권리를 가진 자는 그 권리를 잃는다(513조의3, 419조 2항, 3항). 실권한 전환사채는 이사회의 결의로 새로 발행할 수 있다고 볼 것이다.

(다) 청약 및 납입

전환사채의 청약은 다음의 사항이 사채청약서, 채권 및 사채원부에 기재되어야 하고(514조), 청약을 한 주주에 대하여 이사는 납입기일을 정하여 납입시켜야 한다(476조 1항).

① 사채를 주식으로 전환할 수 있다는 뜻(514조 1항 1호)

② 전환의 조건(동항 2호)

③ 전환으로 인하여 발행하는 주식의 내용(동항 3호)

④ 전환을 청구할 수 있는 기간(동항 4호)

전환청구에 의하여 새로 발행할 주식의 수는 전환청구기간 내에는 그 발행을 유보해야 한다(516조 1항, 346조 4항).

⑤ 주식의 양도에 관하여 이사회의 승인을 얻도록 정한 때에는 그 규정(514조 1항 5호)

(라) 유지청구 및 전환사채발행무효의 소 등

회사가 법령 또는 정관에 위반하거나 현저하게 불공정한 방법에 의하여 전환사채를 발행함으로써 주주가 불이익을 받을 염려가 있는 경우에는 그 주주는 회사에 대하여 그 발행을 유지할 것을 청구할 수 있다(516조 1항, 424조). 이 유지청구권은 전환사채발행의 효력이 생기기 전 즉, 전환사채의 납입기일까지 이를 행사해야 하며, 판례는 이 청구시기를 도과하면 권리보호의 이익이 없어 각하된다고 판시하고 있다.1160)

또한 전환사채발행에 무효원인[판례135]이 있는 경우에는 신주발행무효의 소에 관한 규정(429조)을 유추적용하여 전환사채발행무효의 소를 제기할 수 있다.1161) 또한 전환사채발행의 실체가 없음에도 전환사채발행의 등기가 되어 있는 외관이 존재하는 경우 이를 제거하기 위한 전환사채발행부존재확인의 소에 있어서는 6월의 제소기간제한(429조)이 적용되지 아니한다.1162)

> [판례135] 대법원 2004.6.25. 선고 2000다37326 판결
>
> 전환사채 또는 전환권의 행사로 인하여 발행한 주식은 거래안전을 보호하여야 할 필요가 크기 때문에, 그 무효원인은 가급적 엄격하게 해석되어야 하므로, 법령이나 정관의 중대한 위반 또는 현저한 불공정이 있어 그것이 주식회사의 본질이나 회사법의 기본원칙에 반하거나 기존주주들의 이익과 회사의 경영권 내지 지배권에 중대한 영향을 미치는 경우로서 거래안전을 고려하더라도 도저히 묵과할 수 없는 정도로 평가되는 경우에 한하여 전환사채의 발행 또는 그 전환권의 행사에 의한 주식의 발행을 무효로 할 수 있음(단지 전환사채의 인수인이 회사의 지배주주와 특별한 관계에 있는 자라거나 그 전환가액이 발행시점의 주가 등에 비추어 다소 낮은 가격이라는 사유는 일반적으로 전환사채발행유지청구의 원인이 될 수 있음을 별론으로 하고 이미 발행된 전환사채 또는 그 전환권의 행사로 발행된 주식을 무효화할 만한 원인이 되지 못함).

한편, 이사와 통모하여 현저하게 불공정한 발행가액으로 전환사채를 인수한

1160) 대법원 2004.8.16. 선고 2003다9636 판결.
1161) 대법원 2004.8.20. 선고 2003다20060 판결, 대법원 2004.8.16. 선고 2003다9636 판결 및 대법원 2004.6.25. 선고 2000다37326 판결.
1162) 대법원 2004.8.20. 선고 2003다20060 판결, 대법원 2004.8.16. 선고 2003다9636 판결 및 대법원 1989.7.25. 선고 87다카2316 판결.

자는 회사에 대하여 공정한 발행가액과의 차액에 상당한 금액을 지급할 의무가 있고, 이 지급을 청구하는 소는 대표소송이며, 전환사채인수인의 차액지급의무와 이 대표소송의 제기는 이사의 회사 또는 주주에 대한 손해배상의 책임에 영향을 미치지 아니한다(516조 1항, 424조의2, 403조 내지 406조).

(마) 전환사채의 등기

회사가 전환사채를 발행한 때에는 납입이 완료된 날로부터 2주간내에 본점의 소재지에서 다음 사항과 같은 전환사채의 등기를 하여야 하고(514조의2 1항), 이 사항에 변경이 있는 때에는 본점소재지에서는 2주간내, 지점소재지에서는 3주간내에 변경등기를 하여야 한다(514조의2 3항, 183조).1163)

① 전환사채의 총액(514조의2 2항 1호)
② 각 전환사채의 금액(동항 2호)
③ 각 전환사채의 납입금액(동항 3호)
④ 사채를 주식으로 전환할 수 있다는 뜻, 전환의 조건, 전환으로 인하여 발행할 주식의 내용 및 전환을 청구할 수 있는 기간(동항 4호, 514조 1항 1호 내지 4호)

(바) 전환절차

전환을 청구하는 자는 전환하고자 하는 사채와 청구의 연월일을 기재하고 기명날인 또는 서명한 청구서 2통에 채권(債券)을 첨부하여 회사에 제출하여야 한다(515조 1항 본문, 2항). 단, 채권을 발행하는 대신 전자등록기관의 전자등록부에 채권을 등록하는 경우에는 그 채권을 증명할 수 있는 자료를 첨부하여 회사에 제출하여야 한다(515조 1항 단서, 478조 3항).

(사) 전환의 효력

전환의 효력은 <u>전환사채권자가 전환을 청구한 때 즉, 청구서를 회사에 제출한 때 그 효력이 발생한다</u>(516조 2항, 350조 1항). 이 전환권은 <u>형성권</u>으로서, 회사의 승낙을 요하지 않고, 청구와 동시에 주주가 된다.

주주명부폐쇄기간 중에 전환된 주식의 경우에는 그 기간 중의 주주총회의 결의에 관하여는 의결권을 행사할 수 없다(516조 2항, 350조 2항).

1163) 외국에서 전환사채를 모집한 경우에 등기할 사항이 외국에서 생긴 때에는 등기기간은 그 통지가 도달한 날로부터 기산함(514조의2 4항).

전환에 의하여 발행된 주식의 이익배당에 관하여는, 일할배당이 적용되어야 한다고 본다.

전환사채의 전환이 있는 때에는 전환 후의 주식에 대하여도 종전의 전환사채를 목적으로 한 질권을 행사할 수 있다(516조 2항, 339조).

전환사채의 전환으로 인한 변경등기는 전환을 청구한 날이 속하는 달의 마지막 날부터 2주내에 본점소재지에서 하여야 한다(516조 2항, 351조).

나. 신주인수권부사채

(1) 의의

신주인수권부사채(Bond with Warrant; BW)란 사채권자에게 사채발행회사가 발행하는 신주에 대한 인수권이 부여된 사채를 말한다.

전환사채는 전환권을 행사함에 의하여 사채가 소멸되고 대신 주식으로 바뀌나, 신주인수권부사채는 사채와는 별도의 신주인수권이 존재하므로 신주인수권을 행사하더라도 사채가 반드시 소멸하지는 않는다는데 그 본질적인 차이가 있다.

신주인수권부사채권자로서는 안정적으로 이자를 지급받다가 사채발행회사의 주식가치가 상승한다고 판단될 경우, 신주인수권을 행사하여 주식을 취득할 기회가 보장됨과 동시에 사채는 사채대로 유지된다는 점에서 안정성과 투자성을 동시에 누릴 수 있다는 장점이 있으며, 사채발행회사입장에서는 저렴한 자금조달비용으로 손쉽게 자금을 조달할 수 있고, 신주인수권을 행사하는 경우 자기자본이 증가하여 재무구조가 견실해지는 장점도 있다.

(2) 유형

분리형과 결합형으로 구분된다. 분리형은 신주인수권이 사채권과 분리되어 양도대상이 될 수 있는 신주인수권부사채를 말하며, 따라서 사채권을 나타내는 채권(債券)과 신주인수권을 나타내는 신주인수권증권이 분리·발행된다. 이에 반하여, 결합형은 채권(債券)에 사채권과 신주인수권이 함께 표시되어 있어 분리되어 양도될 수 없는 신주인수권부사채를 말하며, 따라서 신주인수권증권이 별도로 발행되지 아니하고 채권(債券)에 신주인수권에 관한 내용이 기재된다.

(3) 발행결정

다음 사항 중 <u>정관에 규정이 없는 것은 이사회가 이를 결정하되, 정관으로 주주총회에서 이를 결정하도록</u> 할 수 있다(516조의2 2항 본문).

① 신주인수권부사채의 총액(동항 1호)

② 각 신주인수권부사채에 부여된 신주인수권의 내용(동항 2호)

각 신주인수권부사채에 부여된 신주인수권의 행사로 인하여 발행할 주식의 발행가액의 합계액은 각 신주인수권부사채의 금액을 초과할 수 없다(동조 3항). 소액의 사채로 다액의 신주를 인수할 수 있게 된다면, 형식상으로는 사채발행의 외양을 갖추고 있으나 실질적으로는 신주발행이라고 볼 것이므로 이러한 편법적인 이용을 방지하자는 데 그 취지가 있다.

③ 신주인수권을 행사할 수 있는 기간(동항 3호)

④ 신주인수권만을 양도할 수 있는 것에 관한 사항(동항 4호)

분리형을 발행하는 경우를 말한다.

⑤ 신주인수권을 행사하려는 자의 청구가 있는 때에는 신주인수권부사채의 상환에 갈음하여 그 발행가액으로 주식대금납입이 있는 것으로 본다는 뜻(동항 5호)

사채가 소멸하면서 그 사채상환대금으로 주식대금을 대체할 수 있다는 의미이며, 결론적으로는 전환사채와 같게 된다.

⑥ 주주에게 신주인수권부사채의 인수권을 준다는 뜻과 인수권의 목적인 신주인수권부사채의 액(동항 7호)

정관 또는 이사회의 결의로 주주에게 신주인수권부사채를 인수할 수 있는 권리를 부여한 경우에, 신주인수권부사채의 인수권을 가진 주주는 그가 가진 주식의 수에 따라서 신주인수권부사채의 배정을 받을 권리가 있으나, 각 신주인수권부사채의 금액 중 최저액에 미달하는 단수에 대하여는 배정을 받을 권리가 없다(516조의11, 513조의2 1항).

⑦ 주주외의 자에게 신주인수권부사채를 발행하는 것과 이에 대하여 발행할 신주인수권부사채의 액(동항 8호)

<u>주주외의 자</u>에게 신주인수권부사채가 발행되기 위해서는 <u>실체적 요건</u>으로서 신기술의 도입, 재무구조의 개선 등 회사의 경영상 목적을 달성하기 위하여 필요한 경우이어야 하고(516조의2 4항 후단, 418조 2항 단서), <u>절차적 요건</u>으로서, ①

발행할 수 있는 신주인수권부사채의 액, ② 신주인수권의 내용, ③ 신주인수권을 행사할 수 있는 기간에 관하여 정관에 규정이 없는 경우에는 주주총회의 <u>특별결의</u>로 정하여야 한다(516조의2 4항 전단).1164) 그 이후에 <u>이사회</u>가 정관 또는 주주총회 특별결의로 정해진 범위 내에서 발행될 신주인수권부사채의 액을 정하게 된다. 이 주주총회 특별결의를 받기 위한 주주총회 소집통지서에 신주인수권부사채의 발행에 관한 <u>의안의 요령</u>이 기재되어야 한다(516조의2 5항, 513조 4항).

(4) 발행절차

(가) 배정기준일 공고

회사는 일정한 날을 정하여, 그 날에 주주명부에 기재된 주주가 신주인수권부사채의 인수권을 가진다는 뜻과 신주인수권부사채인수권을 양도할 수 있을 경우에는 그 뜻을 그 날의 2주간전에 공고하여야 한다. 만일 그 날이 주주명부폐쇄기간 중인 때에는 그 기간의 초일의 2주간전에 이를 공고하여야 한다(516조의11, 513조의2 2항, 418조 3항, 354조 1항).

(나) 주주에 대한 최고

주주가 신주인수권부사채의 인수권을 가진 경우에는 각 주주에 대하여, <u>인수권을 가지는 신주인수권부사채의 액</u>, <u>발행가액</u>, <u>신주인수권의 내용</u>, <u>신주인수권을 행사할 수 있는 기간</u>과 <u>일정한 기일까지 신주인수권부사채의 청약을 하지 아니하면 그 권리를 잃는다는 뜻</u>을 청약일의 2주간전에 통지하여야 하며,1165) 이 통지에도 불구하고, 그 청약일까지 신주인수권부사채인수의 청약을 하지 아니한 때에는 신주인수권부사채를 인수할 권리를 가진 자는 그 권리를 잃는다(516조의3, 419조 2항, 3항). 실권한 신주인수권부사채는 이사회의 결의로 새로 발행할 수 있다고 볼 것이다.

1164) 주식회사가 정관이 정한 사유가 없는데도 대주주 등의 경영권이나 지배권을 방어할 목적으로 신주인수권부사채를 제3자에게 발행하여 회사의 지배구조에 심대한 변화가 초래된 경우, 신주인수권부사채의 발행이 무효임(대법원 2022.10.27. 선고 2021다201054 판결).

1165) 신주인수권만을 양도할 수 있는 것에 관한 사항(516조의2 2항 4호) 또는 신주인수권을 행사하려는 자의 청구가 있는 때에는 신주인수권부사채의 상환에 갈음하여 그 발행가액으로 주식대금납입이 있는 것으로 본다(동조 5호)고 정한 경우에는 그 내용도 통지하여야 함(516조의3 1항 후단).

(다) 청약 및 납입

신주인수권부사채의 청약은 <u>다음의 사항</u>(사채청약서, 채권과 사채원부에도 기재되어야 함)이 기재된 사채청약서에 의하고(516조의4), 청약을 한 주주에 대하여 이사는 납입기일을 정하여 납입시켜야 한다(476조 1항).

① 신주인수권부사채라는 뜻(516조의4 1호)

② 각 신주인수권부사채에 부여된 신주인수권의 내용(동조 2호, 516조의2 2항 2호)

③ 신주인수권을 행사할 수 있는 기간(516조의4 2호, 516조의2 2항 3호)

신주인수권행사에 의하여 새로 발행할 주식의 수는 신주인수권행사기간 내에는 그 발행을 유보해야 한다(516조의11, 516조 1항, 346조 4항).

④ 신주인수권만을 양도할 수 있는 것에 관한 사항(516조의4 2호, 516조의2 2항 4호)

⑤ 신주인수권을 행사하려는 자의 청구가 있는 때에는 신주인수권부사채의 상환에 갈음하여 그 발행가액으로 주식대금납입이 있는 것으로 본다는 뜻(516조의4 2호, 516조의2 2항 5호)

⑥ 주식대금납입을 맡을 은행이나 그 밖의 금융기관 및 납입장소(516조의4 3호, 516조의9)

⑦ 주식의 양도에 관하여 이사회의 승인을 얻도록 정한 때에는 그 규정(516조의4 4호)

(라) 유지청구 및 신주인수권부사채발행무효의 소 등

회사가 법령 또는 정관에 위반하거나 현저하게 불공정한 방법에 의하여 신주인수권부사채를 발행함으로써 주주가 불이익을 받을 염려가 있는 경우에는 그 주주는 회사에 대하여 그 발행을 유지할 것을 청구할 수 있다(516조의11, 516조 1항, 424조).

판례는 신주인수권부사채발행에 <u>무효원인</u>이 있는 경우에는, <u>신주발행무효의 소에 관한 규정</u>(429조)을 유추적용하여 신주인수권부사채발행무효의 소를 제기할 수 있다고 판시하고 있다.1166)

한편, 이사와 통모하여 현저하게 불공정한 발행가액으로 신주인수권부사채를 인수한 자는 회사에 대하여 공정한 발행가액과의 차액에 상당한 금액을 지급

1166) 대법원 2022.10.27. 선고 2021다201054 판결 및 대법원 2015.12.10. 선고 2015다202919 판결.

할 의무가 있고, 이 지급을 청구하는 소는 대표소송이며, 신주인수권부사채인수인의 차액지급의무와 이 대표소송의 제기는 이사의 회사 또는 주주에 대한 손해배상의 책임에 영향을 미치지 아니한다(516조의11, 516조 1항, 424조의2, 403조 내지 406조).

(마) 신주인수권증권

1) 발행

신주인수권부사채를 발행하면서 신주인수권만을 양도할 수 있는 것으로 정한 경우에는 회사는 채권(債券)과 함께 신주인수권증권을 발행하여야 한다(516조의5 1항).1167)

신주인수권증권에는 다음의 사항과 번호를 기재하고, 이사가 기명날인 또는 서명하여야 한다(동조 2항).

① 신주인수권증권이라는 뜻의 표시(516조의5 2항 1호)

② 회사의 상호(동항 2호)

③ 각 신주인수권부사채에 부여된 신주인수권의 내용, 신주인수권을 행사할 수 있는 기간 및 신주인수권을 행사하려는 자의 청구가 있는 때에는 신주인수권부사채의 상환에 갈음하여 그 발행가액으로 주식대금납입이 있는 것으로 본다는 뜻(동항 3호, 516조의2 2항 2호, 3호, 5호)

④ 주식대금납입을 맡을 은행이나 그 밖의 금융기관 및 납입장소(516조의5 2항 4호, 516조의4 3호, 516조의9)

⑤ 주식의 양도에 관하여 이사회의 승인을 얻도록 정한 때에는 그 규정(516조의5 2항 5호)

2) 효력

신주인수권증권이 발행된 경우에 신주인수권의 양도는 신주인수권증권의 교부1168)에 의하여서만 해야 한다(516조의6 1항). 신주인수권증권의 점유자는 적법한 소지인으로 추정하며(516조의6 2항, 336조 2항), 신주인수권증권은 공시최고의 절차에 의하여 무효로 할 수 있고(516조의6 2항, 360조 1항), 신주인수권증권을 상실한 자는

1167) 주권상장법인의 경우 사채권자가 신주인수권증권만을 양도할 수 있는 사채는 사모의 방법으로 발행할 수 없음(자본시장법 165조의10 2항).

1168) 점유이전 즉, 현실인도(민법 188조 1항), 간이인도(동조 2항), 점유개정(동법 189조) 또는 목적물 반환청구권의 양도(동법 190조)에 의한 방법을 말함.

제권판결을 얻지 아니하면 회사에 대하여 이의 재발행을 청구하지 못한다(516조의6 2항, 360조 2항). 또한 어떤 사유로든 신주인수권증권의 점유를 잃은 자가 있는 경우에, ① 그 신주인수권증권의 소지인은 그 신주인수권증권이 소지인출급식일 때 또는 ② 배서로 양도할 수 있는 신주인수권증권의 소지인이 <u>배서의 자격수여적 효력</u>(수표법 19조)에 따라 그 권리를 증명할 때에는, 그 신주인수권증권을 반환할 필요가 없다. 그러나 소지인이 악의 또는 중대한 과실로 인하여 신주인수권증권을 취득한 경우에는 그러하지 아니하다(516조의6 2항, 수표법 21조).

3) 예외

회사는 신주인수권증권을 발행하는 대신 <u>정관으로 정하는 바에 따라</u> 전자등록기관의 전자등록부에 신주인수권을 등록할 수 있다(516조의7 전단). 이 경우 전자등록부에 등록된 신주인수권의 양도나 입질은 전자등록부에 등록하여야 효력이 발생하고(동조 후단, 356조의2 2항), 전자등록부에 신주인수권을 등록한 자는 그 등록된 신주인수권에 대한 권리를 적법하게 보유한 것으로 추정하며, 이러한 전자등록부를 선의로 그리고 중대한 과실 없이 신뢰하고 위 등록에 따라 권리를 취득한 자는 그 권리를 적법하게 취득한다(516조의7 후단, 356조의2 3항).

(5) 등기

회사가 신주인수권부사채를 발행한 때에는 납입이 완료된 날로부터 2주간 내에 본점의 소재지에서 다음 사항과 같은 신주인수권부사채의 등기를 하여야 하고(516조의8 1항, 514조의2 1항), 이 사항에 변경이 있는 때에는 본점소재지에서는 2주간내, 지점소재지에서는 3주간내에 변경등기를 하여야 한다(516조의8 2항, 514조의2 3항, 183조).1169)

  ① 신주인수권부사채라는 뜻(동항 1호)
  ② 신주인수권의 행사로 인하여 발행할 주식의 발행가액의 총액(동항 2호)
  ③ 각 신주인수권부사채의 금액(동항 3호)
  ④ 각 신주인수권부사채의 납입금액(동항 4호)
  ⑤ 신주인수권부사채의 총액, 각 신주인수권부사채에 부여된 신주인수권

1169) 외국에서 신주인수권부사채를 모집한 경우에 등기할 사항이 외국에서 생긴 때에는 등기기간은 그 통지가 도달한 날로부터 기산함(516조의8 2항, 514조의2 4항).

의 내용 및 신주인수권을 행사할 수 있는 기간(동항 5호, 516조의2 2항 1호 내지 3호)

(6) 신주인수권의 행사

신주인수권을 행사하려는 자는 청구서 2통에 신주인수권을 행사하고자 하는 주식의 종류 및 수와 주소를 기재하고 기명날인 또는 서명한 후, 이 청구서를 회사에 제출하고 신주의 발행가액의 전액을 납입하여야 한다(516조의9 1항, 4항, 302조 1항).

이 청구서를 제출하는 경우에 신주인수권증권이 발행된 때에는 신주인수권증권을 첨부하고, 이를 발행하지 아니한 때에는 채권을 제시하여야 한다(516조의9 2항 본문). 그러나 채권이나 신주인수권증권을 발행하는 대신 전자등록기관의 전자등록부에 채권이나 신주인수권을 등록한 경우에는, 그 채권이나 신주인수권을 증명할 수 있는 자료를 첨부하여 회사에 제출하여야 한다(516조의9 2항 단서, 478조 3항, 516조의7, 356조의2 2항 내지 4항).

납입은 채권 또는 신주인수권증권에 기재한 은행 기타 금융기관의 납입장소에서 하여야 한다(516조의9 3항). 납입금의 보관자 또는 납입장소를 변경할 때에는 법원의 허가를 얻어야 하며(516조의9 4항, 306조), 납입금을 보관한 은행이나 그 밖의 금융기관은 이사의 청구를 받으면 그 보관금액에 관하여 증명서를 발급하여야 하고(516조의9 4항, 318조 1항), 위 은행이나 그 밖의 금융기관은 증명한 보관금액에 대하여는 납입이 부실하거나 그 금액의 반환에 제한이 있다는 것을 이유로 회사에 대항하지 못하며(516조의9 4항, 318조 2항), 소규모회사를 발기설립하는 경우에는 위 증명서를 은행이나 그 밖의 금융기관의 잔고증명서로 대체할 수 있다(516조의9 4항, 318조 3항, 295조 1항).

(7) 주주가 되는 시점

신주인수권을 행사한 자가 주주가 되는 시점은 <u>납입을 한 때</u>이다(516조의10 전단).

주주명부 폐쇄기간 중에 신주인수권을 행사한 자는 그 기간 중의 총회의 결의에 관하여 의결권을 행사하지 못하고(516조의10 후단, 350조 2항), 신주인수권 행사에 의하여 발행된 주식의 이익배당에 관하여는, 일할배당이 적용되어야 한다고 본다.

다. 이익참가부사채

(1) 의의

이익참가부사채(Participating Bond)란 사채권자가 사채발행회사의 이익배당에 발행당시부터 참가할 수 있는 사채를 말한다(469조 2항 1호). 발행당시부터 이익배당에 참가할 수 있다는 점에서 전환권을 행사하고 난 이후 또는 신주인수권을 행사한 이후에나 이익배당에 참가할 수 있는 전환사채나 신주인수권부사채와 구별된다.

(2) 발행결정

발행과 관련하여, 다음 ① 내지 ③의 사항(사채청약서, 채권, 사채원부에도 기재되어야 함; 상법시행령 25조 1호)으로서 정관에 규정이 없는 사항은 의사회가 결정한다. 다만, 정관에서 주주총회에서 이를 결정하도록 정한 경우에는 주주총회에서 결정한다(상법시행령 21조 1항 본문).

　　① 이익참가부사채의 총액(동항 1호)

　　② 이익배당참가의 조건 및 내용(동항 2호)

　　③ 주주에게 이익참가부사채의 인수권을 준다는 뜻과 인수권의 목적인 이익참가부사채의 금액(동항 3호)

　　　　이익참가부사채의 인수권을 가진 주주는 그가 가진 주식수에 따라 이익참가부사채의 배정을 받을 권리가 있다. 다만, 각 이익참가부사채의 금액 중 최저액에 미달하는 끝수 즉, 단수에 대해서는 배정받을 권리가 없다(동조 4항).

한편, 주주외의 자에게 이익참가부사채를 발행하는 경우에 그 발행할 수 있는 이익참가부사채의 가액과 이익배당 참가의 내용에 관하여 정관에 규정이 없으면 주주총회의 특별결의로 정하여야 한다(동조 2항, 434조). 이 결의를 할 때, 이익참가부사채의 발행에 관한 의안의 요령은 주주총회 소집통지 또는 공고에 적어야 한다(상법시행령 21조 3항).

(3) 발행절차

(가) 배정기준일 공고

회사는 일정한 날을 정하여, 그 날에 주주명부에 기재된 주주가 이익참가부사채의 배정을 받을 권리를 가진다는 뜻을 그 날의 2주일전에 공고하여야 한다. 다만, 그 날이 주주명부폐쇄기간 중일 때에는 그 기간의 초일의 2주일전에 이를 공고하여야 한다(상법시행령 21조 5항, 354조 1항).

(나) 주주에 대한 최고 등

주주가 이익참가부사채의 인수권을 가진 경우에는 각 주주에게 그 인수권을 가진 이익참가부사채의 액, 발행가액, 이익참가의 조건과 일정한 기일까지 이익참가부사채 인수의 청약을 하지 아니하면 그 권리를 잃는다는 뜻을 통지하여야 한다(상법시행령 21조 6항). 회사가 무기명식 주권을 발행하였을 때에는 이 내용을 공고하여야 한다(동조 7항).[1170] 이 통지 또는 공고도 역시 주주명부폐쇄기간의 초일의 2주간전까지 하여야 한다(동조 8항). 이 통지 또는 공고에도 불구하고, 그 기일까지 이익참가부사채 인수의 청약을 하지 아니한 경우에는 이익참가부사채의 인수권을 가진 자는 그 권리를 잃는다(동조 9항).

(다) 등기

회사가 이익참가부사채를 발행하였을 때에는 사채대금이 납입이 완료된 날부터 2주일 내에 본점소재지에서 다음 ① 내지 ④의 사항을 등기하여야 한다(동조 10항 본문).

① 이익참가부사채의 총액(동항 1호)
② 각 이익참가부사채의 총액(동항 2호)
③ 각 이익참가부사채의 납입금액(동항 3호)
④ 이익배당에 참가할 수 있다는 뜻과 이익배당 참가의 조건 및 내용(동항 4호)

이 사항들이 변경된 때에는 본점 소재지에서는 2주일내, 지점 소재지에서는 3주일내에 변경등기를 하여야 한다(동조 11항). 외국에서 이익참가부사채를 모집한 경우에 등기할 사항이 외국에서 생겼을 때에는 그 등기기간은 그 통지가 도달한 날부터 기산한다(동조 12항).

1170) 현재 무기명식 주식은 폐지되었으므로, 본 내용은 과거에 무기명식 주식을 발행한 회사에 한하여 적용될 것임.

라. 교환사채

(1) 의의

교환사채(Exchangeable Bond)란 주식이나 그 밖의 유가증권으로 교환할 수 있는 사채를 말한다(469조 2항 2호). 기본적으로 신주를 발행하는 것이 아니어서 주주의 이익을 침해할 우려가 없을 뿐만 아니라 이사회결의만으로 발행할 수 있기 때문에 자금조달수단으로 각광을 받을 수 있다.

(2) 발행결정

발행과 관련하여, 다음 ① 내지 ③의 사항(사채청약서, 채권, 사채원부에도 기재되어야 함; 상법시행령 25조 2호)을 이사회가 결정한다(상법시행령 22조).

① 교환할 주식이나 유가증권의 종류 및 내용

교환할 주식과 관련하여, 상법시행령에는 "… 회사 소유의 주식이나 그 밖의 다른 유가증권 …"(상법시행령 22조 1항 본문)이라고 명시되어 있으므로 자기주식을 포함한 회사소유의 기발행주식(신주 제외) 또는 유가증권을 교환대상으로 한다고 해석해야 할 것이다.

② 교환의 조건

③ 교환을 청구할 수 있는 기간

한편, 주주외의 자에게 발행회사의 자기주식으로 교환할 수 있는 사채를 발행하는 경우에 사채를 발행할 상대방에 관하여 정관에 규정이 없으면 이사회가 결정한다(동조 2항). 자기주식 처분을 원칙적으로 이사회의 권한으로 하고 있는 규정과 그 궤를 같이한다(342조).

(3) 교환대상 증권의 예탁

교환사채를 발행하는 회사는 사채권자가 교환청구를 하는 때 또는 그 사채의 교환청구기간이 끝나는 때까지 교환에 필요한 주식 또는 유가증권을 한국예탁결제원에 예탁하거나 전자등록기관에 전자등록해야 한다. 이 경우 한국예탁결제원 또는 전자등록기관은 그 주식 또는 유가증권을 신탁재산임을 표시하여 관리하여야 한다(상법시행령 22조 3항).

(4) 교환청구

사채의 교환을 청구하는 자는 청구서 2통에 사채권을 첨부하여 회사에 제출하여야 하며, 이 청구서에는 교환하려는 주식이나 유가증권의 종류 및 내용, 수와 청구연월일을 적고 기명날인 또는 서명하여야 한다(동조 4항, 5항).

마. 상환사채

(1) 의의

상환사채는 주식이나 그 밖의 유가증권으로 상환할 수 있는 사채를 말한다(469조 2항 2호).

(2) 발행결정

발행과 관련하여, 다음 ① 내지 ③의 사항(사채청약서, 채권, 사채원부에도 기재되어야 함; 상법시행령 25조 3호)을 이사회가 결정한다(상법시행령 23조).

① 상환할 주식이나 유가증권의 종류 및 내용

상환할 주식과 관련하여, 상법시행령에는 "… 회사가 그 소유의 주식이나 그 밖의 다른 유가증권 …"(상법시행령 23조 1항 본문)이라고 명시되어 있으므로, 자기주식을 포함한 회사소유의 기발행주식(신주 제외) 또는 유가증권을 상환대상으로 한다고 해석해야 할 것이다.

② 상환의 조건

③ 회사의 선택 또는 일정한 조건의 성취나 기한의 도래에 따라 주식이나 그 밖의 다른 유가증권으로 상환한다는 뜻

사채권자뿐만 아니라 회사도 사채권자에게 상환요구를 할 수 있다는 의미인데, 이에는 금전으로의 상환도 포함되는 것으로 볼 수 있을 것이다.[1171]

한편, 주주 외의 자에게 발행회사의 자기주식으로 상환할 수 있는 사채를 발행하는 경우에 사채를 발행할 상대방에 관하여 정관에 규정이 없으면 이사회가 결정한다(동조 2항).

1171) 김홍기, 735; 이철송, 1041; 임재연(I), 828; 주석상법 회사(V), 254; 최완진, 304.

(3) 상환대상 증권의 예탁

일정한 조건의 성취나 기한의 도래에 따라 상환할 수 있는 경우에는 상환사채를 발행하는 회사는 조건이 성취되는 때 또는 기한이 도래하는 때까지 상환에 필요한 주식 또는 유가증권을 한국예탁결제원에 예탁하거나 전자등록기관에 전자등록해야 한다. 이 경우 한국예탁결제원 또는 전자등록기관은 그 주식 또는 유가증권을 신탁재산임을 표시하여 관리하여야 한다(상법시행령 23조 3항).

(4) 상환절차

상법 및 상법시행령은 상환사채의 상환에 필요한 절차에 대하여 아무런 규정을 두고 있지 않다. 이에 대한 입법적인 보완이 필요하다고 본다.

바. 파생결합사채

(1) 의의

파생결합사채란 유가증권이나 통화 또는 그 밖에 기초자산의 가격, 이자율, 지표, 단위 또는 이를 기초로 하는 지수 등의 변동과 연계하여 미리 정하여진 방법에 따라 상환 또는 지급금액이 결정되는 사채를 말한다(469조 2항 3호, 상법시행령 24조).

(2) 발행결정

발행과 관련하여, <u>다음 ① 및 ②의 사항</u>(사채청약서, 채권, 사채원부에도 기재되어야 함; 상법시행령 25조 4호)을 이사회가 결정한다(상법시행령 24조).

　① 상환 또는 지급금액을 결정하는데 연계할 유가증권이나 통화 또는 그 밖의 자산이나 지표
　② 이 자산이나 지표와 연계하여 상환 또는 지급금액을 결정하는 방법

(3) 발행회사의 인가취득여부

상법상으로는 파생결합사채의 발행주체에 대한 규제는 없다. 그러나 자본시

장법에 의하면, 투자매매업은 누구의 명의로 하든지 자기의 계산으로 금융투자상품의 매도, 매수, 증권의 발행, 인수 또는 그 청약의 권유, 청약, 청약의 승낙을 영업으로 하는 것(동법 6조 2항)이라고 규정하면서, 이 투자매매업은 금융위원회의 인가를 받도록 하고 있다(동법 8조 1항). 살펴건대, 비록 자기가 증권을 발행하는 경우에는 투자매매업으로 보지 않는 것으로 규정하고 있지만(동법 7조 1항 본문), 투자신탁의 수익증권, 파생결합증권, 투자성 있는 예금, 보험계약에 해당하면 자기가 발행하더라도 역시 투자매매업으로 보게 되므로(동조 7조 단서 및 각호, 동법 77조 1항, 2항, 동법시행령 7조 1항), 상법상 파생결합사채의 발행회사가 이에 해당되는 경우에는 금융위원회의 투자매매업인가를 받아야 할 것이다.

XIX. 회사의 종료

1. 해산

가. 의의

주식회사의 해산이란 주식회사를 소멸시키는 법률요건으로서, 주식회사는 다음의 ① 내지 ⑥의 사유로 해산하는 바(517조 본문), 이 해산사유가 발생하면 <u>해산등기 등 다른 절차와 관계없이 당연해산한다.</u>1172) 한편 판례는 해산사유 중 <u>합병, 분할, 분할합병 및 파산을 제외하고는, 청산절차를 종료할</u> 때에 비로소 법인격이 소멸된다고 판시하고 있다(245조, 269조, 287조의45, 542조 1항, 613조 1항).[판례136]

> [판례136] 대법원 1985.6.25. 선고 84다카1954 판결
>
> 회사가 부채과다로 사실상 파산지경에 있어 업무도 수행하지 아니하고 대표이사나 그 외의 이사도 없는 상태에 있다고 하여도 적법한 해산절차를 거쳐 청산을 종결하기까지는 법인의 권리능력이 소멸한 것으로 볼 수 없음.

① 존립기간의 만료 기타 정관으로 정한 사유의 발생(517조 1호, 227조 1호)

1172) 대법원 1981.9.8. 선고 80다2511 판결 및 대법원 1964.5.5.자 63마29 결정.

　　　　주식회사가 소멸되느냐 여부와 직결되는 문제이므로, 이 사유는 정관에 명확하게 기재되어야 하며, 만일 객관적으로 불분명한 경우에는 그 효력이 없다고 보아야 할 것이다.1173) 이와 관련하여, 판례는 주식회사는 그 존립기간이 만료되면 해산되고, 회사가 해산하면 청산사무만 할 수 있는 것이지, 회사계속의 주주총회 특별결의없이 종전의 사업을 그대로 계속할 수는 없다고 보고 있다.1174)

　　　② 합병(517조 1호, 227조 4호)

　　　합병의 효력은 합병등기시에 발생하며(530조 2항, 234조),1175) 합병을 하면 소멸회사의 모든 권리·의무가 존속회사 또는 신설회사에 승계되므로 청산절차가 필요 없다.

　　　③ 파산(517조 1호, 227조 5호)

　　　파산은 선고한 때부터 그 효력이 발생하며(채무자 회생 및 파산에 관한 법률 311조), 파산에 의하여 해산한 법인은 파산의 목적의 범위 안에서는 아직 존속하는 것으로 보므로(동법 328조), 파산선고에 의하여 법인격이 즉시 소멸하는 것은 아니다.

　　　④ 법원의 명령 또는 판결(517조 1호, 227조 6호)

　　　⑤ 회사의 분할 또는 분할합병(517조 1호의2, 530조의2)

　　　⑥ 주주총회의 해산결의(517조 2호)

　　　주주총회의 특별결의에 의한다(434조).

나. 해산명령

(1) 의의

　　모든 회사에 공통되는 해산사유로서, 법원이 공익적 견지에서 회사설립의 준칙주의로 인한 폐해를 방지하고 도저히 회사를 존속시킬 수 없는 사유가 존재하는 경우에 회사의 해산을 명하게 하자는 취지이다. 즉, 법원은 다음의 사유가 있는 경우에는 이해관계인1176)[판례137]이나 검사의 청구에 의하여 또는 직권으로

1173) 권기범, 204; 주석상법 회사(V), 260; 최기원, 963.

1174) 대법원 1968.4.22.자 67마659 결정.

1175) 소멸회사에서는 소멸등기, 존속회사에서는 변경등기, 신설회사에서는 설립등기를 말함(528조 1항, 317조).

회사의 해산을 명할 수 있다(176조 1항 본문).

> **[판례137] 대법원 1995.9.12.자 95마686 결정**
>
> 전자랜드라는 명칭의 빌딩을 소유하고, 같은 명칭의 서비스표 및 상표등록을 한 자가 그 상호를 전자랜드주식회사로 변경하려고 하는데, 휴면회사인 전자랜드판매주식회사로 인하여 상호변경등기를 할 수 없다는 사실만으로는 이해관계인에 해당되기 어려움.

① 회사의 설립목적이 불법한 것인 때(동항 1호)

정관의 목적사업에는 불법성이 없으나 실제로 회사가 수행하고 있는 영업이 불법적인 경우에도 여기에 해당된다고 보아야 할 것이다.[1177]

② 회사가 정당한 사유없이 설립 후 1년내에 영업을 개시하지 아니하거나 1년 이상 영업을 휴지하는 때(동항 2호)

판례는 정당한 사유의 판단에 있어, 이를 <u>부정</u>한 사례로는, ① 회사의 기본재산인 동시에 영업의 근간이 되는 부동산의 소유권 귀속과 등기절차 등에 관련된 소송이 계속되기 때문에, 부득이 영업을 계속하지 못하였다 하더라도 <u>소송이 부당하게 제기된 것이었다면</u> 그 영업휴지에 정당한 사유가 있다고 볼 수 없다고 보았고,[1178] ② 호텔건축물을 준공예정기일까지 준공하지 못하고 영업개시를 못한 이유가 호텔의 내부구조변경과 호텔공정이 교통부 관광진흥자금 융자조건을 충족할 수 있는 정도에 이르지 아니하여 관광진흥자금이 배정되지 아니한 때문이었다 하더라도, 이러한 사유는 회사가 영업을 개시하지 아니한 정당한 사유가 있다고 할 수 없다고 보았으나,[1179] 이를 <u>긍정</u>한 사례로는, ① 시장경영 목적의 회사가 시장건물 신축 중 그 소유권을 둘러싼 분쟁으로 수년간 그 기능을 사실상 상실하고 정상적인 업무수행을 하지 못하다가 <u>그 후 확정판결에 기하여 정상적인 업무수행을 할 수 있게 된 경우에는</u> 그 영업휴지에 정당한 사유가 있다고 보았고,[1180] ② 음료수제조업에 관하여 영업을 양도한 후 1년 이상 주된 영업을 휴지하고 있는 회사가 종전에 <u>부수적으로 하던 부동산임대업을 계속하면서</u>

1176) 직접 법률상 이해관계가 있는 자로 한정하여야 할 것임.
1177) 강희갑, 87; 서헌제, 1126; 이철송, 133; 정경영, 333; 정찬형, 532; 한창희, 73.
1178) 대법원 1979.1.31.자 78마56 결정.
1179) 대법원 1987.3.6.자 87마1 결정.
1180) 대법원 1978.7.26.자 78마106 결정.

주주들에게 배당을 실시하고 있고, 영업양도 이후 수차례에 걸쳐 신규사업에 진출하기 위하여 가능한 사업을 모색하였으나 IMF경제위기상황에서 사업성, 수익성이 불확실하여 이를 포기한 점 등에 비추어 보면, 회사가 정당한 이유 없이 1년 이상 영업을 휴지하고 있다고 볼 수 없다고 보았다.1181)

③ 이사 또는 회사의 업무를 집행하는 사원이 법령 또는 정관에 위반하여 회사의 존속을 허용할 수 없는 행위를 한 때(동항 3호)

이사 등의 해임 또는 손해배상책임을 묻는 것만으로는 위법행위로 초래된 결과에 대한 해결이 되지 않고, 회사의 해산만이 유일한 해결책인 경우에 한하여 적용된다고 보아야 할 것이다.1182)[판례138]

> [판례138] 대법원 1987.3.6.자 87마1 결정
>
> 80.1.16. 회사설립 당시 대표이사가 발기인으로서 주금납입을 가장하고 약정한 투자도 하지 않을 뿐 아니라 호텔용 건축물 공사에 따른 공사보증금까지 횡령하는 바람에 자본불실로 대표이사만 빈번하게 교체될 뿐 공사를 제대로 진척시키지 못하여 이렇다 할 영업실적을 갖지 못하고 있던 중 81.7.15. 남부산세무서장으로부터 영업실적이 없다고 그 세적이 제적되기에 이르렀고, 그 후에도 대표이사로 있던 자들이 위 공사를 추진함에 있어 자본을 끌어들이는 과정에서 사기행위를 하여 형사처벌을 받는 등으로 공사를 중단하기도 하고 영업을 옳게 하지 못하고 있다가 84.8.14.에는 유일한 재산이던 위 대지와 건축물중 대지는 강제경매에 의하여 제3자에게 경락되어 버리고, 건물도 86.8.13. 제3자에게 양도함으로써 현재 아무런 자산을 갖고 있지 않으며, 앞으로도 전혀 갱생할 가능성이 없는 경우에는, 회사의 이사가 법령 또는 정관에 위반하여 회사의 존속을 허용할 수 없는 행위를 한 때에 해당함.

(2) 절차

해산명령신청이 있는 경우에 법원은 해산을 명하기 전일지라도 이해관계인이나 검사의 청구에 의하여 또는 직권으로 관리인의 선임 기타 회사재산의 보전에 필요한 처분을 할 수 있다(176조 2항). 해산명령청구 이후 해산명령시까지 회사재산을 빼돌리는 등의 행위를 사전에 차단하기 위한 규정이다.

또한 이해관계인이 청구한 경우에 법원은 회사의 청구에 의하여 상당한 담보

1181) 대법원 2002.8.28.자 2001마6947 결정. 이 판례에 반대하는 견해로는 양승규, "주식회사의 해산명령", 카톨릭법학 창간호, 2002, 205 내지 221쪽).

1182) 강희갑, 89; 김건식, 873; 서헌제, 1127; 이범찬외, 578; 이철송, 134; 정경영, 333; 정찬형, 533; 주석상법 회사(V), 265; 한창희, 73.

를 제공할 것을 명할 수 있는바(동조 3항), 이 청구를 남용하는 것을 막자는 취지이다.

회사가 담보제공청구를 함에는 이해관계인의 청구가 악의임을 소명하여야 하는 바(동조 4항), 담보제공에 대한 부담으로 이해관계인이 해산명령청구를 기피함으로써 이 제도가 유명무실화되는 것을 방지하기 위함이다.

해산명령에 관한 절차는 비송사건이므로 비송사건절차법에 따른다. 본점소재지의 지방법원 합의부의 관할이고(비송사건절차법 72조 1항), 재판은 이유를 붙인 결정으로써 하며(동법 90조 1항, 75조 1항), 법원은 재판을 하기 전에 이해관계인의 진술과 검사의 의견을 들어야 하고,[판례139] 회사, 이해관계인 및 검사는 해산명령에 대하여 즉시항고를 할 수 있다(동법 91조 전단). 이 항고는 집행정지의 효력이 있다(동법 91조 후단).

> [판례139] 대법원 1987.3.6.자 87마1 결정
>
> 비송사건절차법에 의하여 회사의 해산을 명하는 재판의 항고심절차에서는 반드시 필요적 변론을 거쳐야 하는 것은 아니므로, 항고인에게 변론의 기회가 부여되지 아니하였다 하여 위법하다고 할 수 없음.

(3) 효과

해산명령재판이 확정되면 회사는 해산된다.[판례140] 이 경우 법원은 주주 기타 이해관계인이나 검사의 청구에 의하여 또는 직권으로 청산인을 선임한다(542조 1항, 252조, 227조 6호).

> [판례140] 대법원 1980.3.11.자 80다68 결정
>
> 행정법령상 법인이 스스로 해산결의를 하거나 총사원의 동의로서 해산하는 경우에 주무관청의 인가가 필요하다 하더라도 법원이 해산명령을 함에는 위 인가가 필요치 않음.

다. 해산판결

(1) 의의

다음의 경우에, 부득이한 사유 즉, 회사를 해산하는 것 외에는 달리 주주의

의익을 보호할 방법이 없는 경우1183)에는, 발행주식총수의 10% 이상에 해당하는 주식을 가진 주주는 회사의 해산을 법원에 청구할 수 있다(520조 1항).[판례141]

① 회사의 업무가 현저한 정돈상태를 계속하여 회복할 수 없는 손해가 생긴 때 또는 생길 염려가 있는 때(동항 1호)

② 회사재산의 관리 또는 처분의 현저한 실당으로 인하여 회사의 존립을 위태롭게 한 때(동항 2호)

[판례141] 대법원 1993.2.9. 선고 92다21098 판결

민법상 조합관계에서, 신뢰관계를 기초로 하는 동업관계에 있어서 신뢰관계의 파괴원인이 일방 당사자에게만 있다고 하더라도, 그 파괴의 정도가 심하여 동업체의 목적달성이 불가능하게 된 경우에는 해산을 청구할 수 있는 부득이한 사유에 해당한다고 보아야 할 것이고, 이 경우 유책당사자의 해산청구라 하여 이를 배척할 수 없음.

(2) 절차

이건 소송은 본점소재지의 지방법원의 전속관할이며(520조 2항, 186조), 패소한 원고는 악의 또는 중대한 과실이 있는 때에는 회사에 대하여 연대하여 손해를 배상할 책임이 있다(520조 2항, 191조). 해산판결이 확정되면 회사는 해산하여 청산절차를 진행하게 된다. 이 경우 법원은 주주 기타 이해관계인이나 검사의 청구에 의하여 또는 직권으로 청산인을 선임한다(542조 1항, 252조, 227조 6호).

라. 휴면회사의 해산

(1) 의의

법원행정처장이 최후의 등기 후 5년을 경과한 회사는 본점의 소재지를 관할하는 법원에 아직 영업을 폐지하지 아니하였다는 뜻의 신고를 할 것을 관보로써 공고한 경우에, 그 공고한 날에 이미 최후의 등기 후 5년을 경과한 회사로서 공고한 날로부터 2월이내에 대통령령이 정하는 바에 따라 신고를 하지 아니한 때에는 그 회사는 그 신고기간이 만료된 때에 해산한 것으로 본다(520조의2 1항 본문). 그

1183) 대법원 2015.10.29. 선고 2013다53175 판결.

러나 그 기간 내에 등기를 한 회사에 대하여는 그러하지 아니하다(동항 단서). 5년 이상 법인관련 등기조차 안하고 방치되어 있는 주식회사를 해산시킴으로써 주식회사에 대한 공공의 신뢰를 회복하고, 실체 없는 주식회사가 범죄의 수단으로 악용되는 것을 방지하기 위하여 도입된 제도이다.

(2) 절차

위 관보로써 공고가 있는 때에는 법원은 해당 회사에 대하여 그 공고가 있었다는 뜻의 통지를 발송하여야 한다(동조 2항).

영업을 폐지하지 아니하였다는 뜻의 신고는 서면으로 하여야 하며(520조의2 1항, 상법시행령 28조 1항), 이 서면에는 ① 회사의 상호, 본점소재지, 대표자의 성명 및 주소, ② 대리인이 신고를 할 때에는 대리인의 성명 및 주소, ③ 아직 영업을 폐지하지 아니하였다는 뜻, ④ 법원의 표시, ⑤ 신고연월일을 적고, 회사의 대표자 또는 그 대리인이 기명날인하여야 하며(동조 2항), 대리인이 신고를 할 경우, 서면에는 대리권한을 증명하는 서면을 첨부해야 한다(동조 3항). 이 신고를 하지 아니하는 때에는 신고기한이 만료된 때에 해산한 것으로 의제된다. 해산등기는 등기관이 직권으로 하여야 한다(상업등기법 73조 1항).

본 규정에 의하여 해산한 것으로 본 회사는 그 후 3년이내에는 주주총회 특별결의에 의하여 회사를 계속할 수 있다(520조의2 3항, 434조).

해산이 의제된 회사가 3년이내에 회사를 계속하지 아니하는 경우에는 회사는 3년이 경과한 때에 청산이 종결된 것으로 본다(520조의2 4항). 그러나 판례는 주식회사가 해산이 의제되어 청산이 종결된 것으로 보게 되는 회사라도 어떤 권리관계가 남아 있어 현실적으로 정리할 필요가 있으면 그 범위 내에서는 아직 완전히 소멸하지 아니한 것으로 보며,[1184] 이러한 경우 그 회사의 해산당시 이사는 정관에 다른 규정이 있거나 주주총회에서 따로 청산인을 선임하지 아니한 경우에 당연히 청산인이 되고, 그러한 청산인이 없는 때에는 이해관계인의 청구에 의하여 법원이 선임한 자가 청산인이 되므로, 이러한 청산인만이 청산중인 회사의 청산사무를 집행하고 대표하는 기관이 된다고 판시하고 있다.[1185]

1184) 대법원 2001.7.13. 선고 2000두5333 판결, 대법원 1991.4.30.자 90마672 결정 및 대법원 1968. 6.18. 선고 67다2528 판결.
1185) 대법원 1994.5.27. 선고 94다7607 판결.

마. 해산의 통지 및 등기

회사가 해산한 때에는 <u>파산의 경우</u>[1186] 외에는 이사는 지체없이 주주에 대하여 그 통지를 하여야 하고(521조), 합병과 파산의 경우 외에는 그 해산사유가 있은 날로부터 본점소재지에서는 2주간내, 지점소재지에서는 3주간내에 해산등기를 하여야 한다(521조의2, 228조).

바. 해산의 효과

해산된 회사는 청산의 목적범위 내에서 존재한다(542조 1항, 245조). 후술하는 바와 같이, 청산인이 청산절차를 경료하게 된다.

사. 회사의 계속

회사가 <u>존립기간의 만료 기타 정관에 정한 사유의 발생</u> 또는 <u>주주총회의 결의</u>에 의하여 해산한 경우에는 <u>주주총회의 특별결의로 회사를 계속할 수 있다</u>(519조). 해산이 의제된 회사도 그 후 3년이내에 주주총회의 특별결의로 회사를 계속할 수 있다(520조의2 3항). 이 경우 회사가 이미 해산등기를 한 때에는 본점소재지에서는 2주간내, 지점소재지에서는 3주간내에 회사의 계속등기를 해야 한다(521조의2, 229조 3항).

명문의 규정은 없으나, 회사계속을 위해서는 <u>사실상 청산절차가 종결되기 전까지</u> 회사계속을 위한 주주총회 특별결의가 있어야 할 것이다. 왜냐하면 사실상 청산이 종결되면 법인격이 소멸되므로 계속을 위한 주주총회 특별결의대상이 존재하지 않는다고 보아야 할 것이기 때문이다.[1187]

한편, 회사계속의 효력이 언제 발생하느냐와 관련하여, 주주총회 특별결의시라는 견해와 계속등기시라는 견해로 나누어볼 수 있다. 살피건대, 구체적 타당성

[1186] 법원이 파산선고의 공고 및 알고 있는 채권자에 대한 송달을 하여야 함(채무자 회생 및 파산에 관한 법률 313조 1항, 2항).

[1187] 권기범, 216; 주석상법 회사(V), 272; 최기원, 113. 이에 반하여 잔여재산분배 전까지라는 견해로는 강희갑, 94; 이기수외, 116; 이범찬외, 587; 임재연(I), 287. 한편, 청산종결등기 전까지라는 견해로는 김정호, 781; 정동윤, 818; 최준선, 809; 일본 최고재판소 33.2.7. 민집 12. 12. 132.

과 법적 안정성을 적절히 조화시킨다는 관점에서 볼 때, 계속등기에 대항력만을
인정하는 견해 즉, <u>주주총회 특별결의시</u>에 회사계속의 효력이 발생하나,1188) <u>계</u>
<u>속등기를 하기 전까지는 선의의 제3자에게 대항하지 못한다</u>는 견해가 타당하다
고 생각한다.1189)

　　회사계속의 효력으로 청산의 목적범위 내에서만 인정되던 권리능력으로부터
해산되기 전의 정상적인 권리능력으로 복귀하게 된다.

2. 청산

가. 의의

　　주식회사의 청산(Liquidation)이란 주식회사가 해산하는 경우 <u>합병, 분할, 분할</u>
<u>합병 및 파산의 경우를 제외</u>하고, 법인격을 소멸시키기 위해 그 권리의무관계를
정리하는 절차를 말한다(531조 1항). 주주의 유한책임에 의해 채권자의 보호가 강조
되는 주식회사에서는 상법이 정한 청산절차의 준수가 요구된다.

나. 청산회사의 발생시기

　　청산회사의 발생시기는 <u>해산사유 발생시점</u>이다. 해산등기는 대항요건에 불
과하다.1190) 한편, 청산의 종료시점은 <u>실제로 청산이 종결된 때</u>이다.1191) 청산회
사는 청산의 목적범위 내에서 존속하는 것으로 본다(542조 1항, 245조). 즉, 청산회사
의 권리능력은 청산의 목적범위 내로 제한된다.1192) 그러나 민·형사소송법상 당
사자능력은 있다.[판례142]

1188) 권기범, 220; 정동윤, 819. 이에 반하여 회사계속의 등기를 한 때라는 견해로는 최준선, 810.
1189) 주석상법 회사(V), 273.
1190) 대법원 1981.9.8. 선고 80다2511 판결 및 대법원 1964.5.5.자 63마29 결정.
1191) 대법원 2001.7.13. 선고 2000두5333 판결, 대법원 1994.5.27. 선고 94다7607 판결 및 대법원
　　　 1968.6.18. 선고 67다2528 판결.
1192) 대법원 1959.5.6.자 4292민재항8 결정.

다. 청산인

　주식회사가 청산에 들어가더라도 주주총회와 감사는 그대로 존속한다. 감사
는 청산인의 직무의 집행을 감사하며(542조 2항, 412조), 청산인이 주주총회에 제출
할 의안 및 서류를 조사하여 법령 또는 정관에 위반하거나 현저하게 부당한 사항
이 있는지의 여부에 관하여 주주총회에서 그 의견을 진술하여야 한다(542조 2항,
413조).

(1) 취임

　합병·분할·분할합병 또는 파산의 경우 및 정관에 다른 정함이 있거나 주주
총회에서 타인을 선임한 때 이외에는 이사가 청산인이 된다(531조 1항).[판례143], [판
례144], [판례145] 이에 의한 청산인이 없는 경우에는 법원은 이해관계인의 청구에
의하여 청산인을 선임한다(531조 2항). 해산명령 또는 해산판결에 의하여 해산된 때
에는 법원은 주주 기타의 이해관계인이나 검사의 청구에 의하여 또는 직권으로
청산인을 선임한다(542조 1항, 252조, 227조 6호). 감사는 이사의 직무를 겸할 수 없으므
로, 청산인도 겸직할 수 없다(542조 2항, 411조).

[판례144] 대법원 1989.9.12. 선고 87다카2691 판결

청산법인의 주주총회에서 청산인을 선임하지 아니하고 이사를 선임하였다 하여 그 선임결의가 그 자체로서 무효가 된다고 볼 수 없음.

[판례145] 대법원 1991.12.24. 선고 91다4355 판결

회사의 해산 전에 법원의 가처분에 의하여 선임된 이사 직무대행자도 회사가 해산하는 경우 당연히 청산인 직무대행자가 됨.

(2) 정원 및 임기

주식회사의 청산인의 수에 대하여는 제한이 없으므로 1인이라도 무방하며, 그 경우에는 1인 청산인이 당연히 대표청산인이 된다.1193) 한편 임기에 대한 제한도 없다.

정관에 정한 청산인의 원수를 결한 경우에는 임기만료 또는 사임으로 인하여 퇴임한 청산인은 새로 선임된 청산인이 취임할 때까지 청산인의 권리의무가 있다(542조 2항, 386조 1항). 이 경우에 필요하다고 인정할 때에는 법원은 감사 기타 이해관계인의 청구에 의하여 일시 청산인의 직무를 행할 자를 선임할 수 있다. 이 경우에는 본점소재지에서 그 등기를 하여야 한다(542조 2항, 386조 2항).

(3) 임기종료

민법상 사망, 파산, 위임관계의 종료사유(민법 690조) 및 사임(동법 689조)이 이에 해당될 것이고, 비송사건절차법상 미성년자, 피성년후견인, 자격이 정지되거나 상실된 자, 법원에서 해임된 청산인, 파산선고를 받은 자도 이에 해당하며(비송사건절차법 121조), 법원이 선임한 경우 외에는 언제든지 주주총회의 결의로 이를 해임할 수 있고(539조 1항), 청산인이 그 업무를 집행함에 현저하게 부적임하거나 중대한 임무에 위반한 행위가 있는 때에는 발행주식총수의 100분의3 이상에 해당하는 주식을 가진 주주는 법원에 그 청산인의 해임을 청구할 수 있다(539조 2항).

1193) 대법원 1989.9.12. 선고 87다카2691 판결.

(4) 등기

청산인이 선임된 때에는 그 선임된 날로부터, 본점소재지에서는 2주간 내, 지점소재지에서는 3주간 내에 다음 사항을 등기하여야 하며, 변경등기시도 마찬가지이다(542조 1항, 253조 1항, 183조).[판례146]

① 청산인의 성명, 주민등록번호 및 주소. 다만, 회사를 대표할 청산인을 정한 때에는 그 외의 청산인의 주소를 제외한다(253조 1항 1호).

② 회사를 대표할 청산인을 정한 때에는 그 성명(동항 2호)

③ 수인의 청산인이 공동으로 회사를 대표할 것을 정한 때에는 그 규정(동항 3호)

> [판례146] 대법원 1968.6.18. 선고 67다2528 판결
>
> 청산결과의 등기를 경료하였더라도 채권이 있는 이상 청산은 종료되지 않으므로 그 한도에서 청산법인은 당사자능력이 있음.

(5) 청산인회 및 대표청산인

청산인은 회사와 민법의 위임의 관계가 준용된다(542조 2항, 382조 2항). 따라서 청산인은 회사에 대하여 <u>선량한 관리자의 주의의무</u>를 다하여야 한다. 청산인의 보수는 <u>정관에 그 액을 정하지 아니한 때에는 주주총회의 결의</u>로 이를 정한다(542조 2항, 388조). 청산인이 자기 또는 제3자의 계산으로 회사와 거래를 하기 위해서는 미리 청산인회에서 해당 거래에 관한 중요사실을 밝히고 청산인회의 승인을 받아야 한다(542조 2항, 398조). 대표청산인은 청산인회의 의사결정에 따라 청산사무에 관한 재판상 또는 재판외의 일체의 집행을 담당한다(542조 2항, 389조). 청산인회는 각 청산인이 소집하고(542조 2항, 390조), 청산인회의 결의는 청산인 과반수의 출석과 출석청산인의 과반수로 하여야 하며(542조 2항, 391조), 감사는 청산인회에 출석하여 의견을 진술할 수 있고(542조 2항, 391조의2), 청산인회의 의사에 관하여는 의사록을 작성하여야 하며(542조 2항, 391조의3), 청산인회는 회의의 속행 또는 연기의 결의를 할 수 있고(542조 2항, 392조, 372조), 청산인회는 청산인의 직무의 집행을 감독하며, 회사가 청산인에 대하여 또는 청산인이 회사에 대하여 소를 제기하는 경우에

감사는 그 소에 관하여 회사를 대표한다(542조 2항, 394조 1항).

(6) 손해배상책임

청산인이 고의 또는 과실로 법령 또는 정관에 위반된 행위를 하거나 그 임무를 게을리한 때에는 그 청산인은 회사에 대하여 연대하여 손해를 배상할 책임이 있고(542조 2항, 399조), 이 책임은 주주전원의 동의로 면제할 수 있으며(542조 2항, 400조), 청산인이 고의 또는 중대한 과실로 그 임무를 게을리한 때에는 그 청산인은 제3자에 대하여 연대하여 손해를 배상할 책임이 있고(542조 2항, 401조), 감사가 회사 또는 제3자에 대하여 손해를 배상할 책임이 있는 경우에 청산인도 그 책임이 있는 때에는 그 감사와 청산인은 연대하여 배상할 책임이 있다(414조 3항). 청산인이 법령 또는 정관에 위반한 행위를 하여 이로 인하여 회사에 회복할 수 없는 손해가 생길 염려가 있는 경우에는 감사 또는 발행주식총수의 100분의1 이상에 해당하는 주식을 가진 주주는 회사를 위하여 청산인에 대하여 그 행위를 유지할 것을 청구할 수 있으며(542조 2항, 402조), 발행주식총수의 100분의1 이상에 해당하는 주식을 가진 주주는 회사에 대하여 청산인의 책임을 추궁할 소의 제기를 청구할 수 있고(542조 2항, 403조), 이 경우 회사가 소송을 제기하지 않아 주주가 직접 회사를 위하여 소송을 제기하게 되면 회사는 이 소송에 참가할 수 있으며(542조 2항, 404조), 회사를 위해 직접 소송을 제기한 주주가 승소한 때에는 그 주주는 회사에 대하여 소송비용 및 그 밖에 소송으로 인하여 지출한 비용 중 상당한 금액의 지급을 청구할 수 있다(542조 2항, 405조). 대표소송이 제기된 경우에 원고와 피고의 공모로 인하여 소송의 목적인 회사의 권리를 사해할 목적으로서 판결을 하게 한 때에는 회사 또는 주주는 확정한 종국판결에 대하여 재심의 소를 제기할 수 있고(542조 2항, 406조), 다중대표소송에 관한 규정도 준용되며(542조 2항, 406조의2), 청산인 선임결의의 무효나 취소 또는 청산인해임의 소가 제기된 경우에는 법원은 당사자의 신청에 의하여 가처분으로서 청산인의 직무집행을 정지할 수 있으며 직무대행자를 선임할 수 있고(542조 2항, 407조), 이 경우 직무대행자는 가처분명령에 다른 정함이 있는 경우 및 법원의 허가를 받은 경우 외에는 회사의 상무에 속하지 아니한 행위를 하지 못한다(542조 2항, 408조).

(7) 청산인의 주요직무

현존사무의 종결, 채권의 추심과 채무의 변제, 재산의 환가처분 및 잔여재산의 분배이다(542조 1항, 254조 1항). 이와 관련한 절차는 다음과 같다.

(가) 최고

청산인은 취임한 날로부터 2월내에 회사채권자에 대하여 2개월 이상의 기간을 정하여 그 기간 내에 그 채권을 신고할 것과 그 기간 내에 신고하지 아니하면 청산에서 제외될 뜻을 2회 이상 공고로써 최고하여야 한다(535조 1항). 청산인은 알고 있는 채권자에 대하여는 각 별로 그 채권의 신고를 최고하여야 하며, 그 채권자가 신고하지 아니한 경우에도 이를 청산에서 제외하지 못한다(535조 2항).

(나) 채권신고기간내의 변제 불가

청산인은 위 신고기간내에 채권자에 대하여 변제를 하지 못한다(536조 1항 본문). 그러나 회사는 그 변제의 지연으로 인한 손해배상의 책임을 면하지 못한다(536조 1항 단서). 그럼에도 불구하고 청산인은 소액의 채권, 담보있는 채권, 기타 변제로 인하여 다른 채권자를 해할 염려가 없는 채권에 대하여는 법원의 허가를 얻어 이를 변제할 수 있다(536조 2항).

(다) 변제

1) 회사채권자에 대한 변제

신고기간이 경과하면 신고한 채권자 및 신고하지 아니하였더라도 회사가 알고 있는 채권자에 대하여 변제하여야 한다.

청산인은 변제기에 이르지 아니한 회사채무에 대하여도 이를 변제할 수 있는 바(542조 1항, 259조 1항), 조건부채권, 존속기간이 불확정한 채권, 기타 가액이 불확정한 채권에 대하여는 법원이 선임한 감정인의 평가에 의하여 변제하여야 한다(542조 1항, 259조 4항). 이 경우 이자없는 채권에 관하여는 변제기에 이르기까지의 법정이자를 가산하여 그 채권액에 달할 금액을 변제하여야 하며, 이자있는 채권으로서 그 이율이 법정이율에 달하지 못하는 것도 마찬가지이다(542조 1항, 259조 2항, 3항).

2) 사용인의 우선변제권

가) 의의

신원보증금의 반환을 받을 채권 기타 회사와 사용인간의 고용관계로 인한 채권이 있는 자는 회사의 총재산에 대하여 우선변제를 받을 권리가 있다(468조 본문). 회사와 사용인간의 고용관계로 인한 채권이 있는 자도 회사의 일반채권자에 포함될 것이나, 주로 회사의 사용인을 보호하기 위하여, 이 채권자에게 우선변제권을 인정해 준 것이다.

나) 채권의 범위

신원보증금 뿐만 아니라 급여, 상여금, 퇴직금 및 노동재해로 인한 손해배상청구권까지 포함된다고 보아야 할 것이다. 그러나 사용인의 지위에 있지 아니하는 이사 또는 감사의 보수는 제외된다고 보아야 할 것이다.

다) 우선변제의 효력

회사와 사용인간의 고용관계로 인한 채권이 있는 자는 <u>회사의 총재산</u>에 대하여 우선변제권이 있다. 이는 법정담보권이다. 이 채권자의 경매청구권도 인정하는 것이 타당할 것이다.[1194] 그러나 질권·저당권이나 「동산·채권 등의 담보에 관한 법률」에 따른 담보권에 우선하지 못한다(468조 단서).

참고로, <u>근로기준법</u>은 <u>최종 3개월분의 임금 및 재해보상금</u>은 질권·저당권 또는 「동산·채권 등의 담보에 관한 법률」에 따른 담보권에 따라 담보된 채권, 조세·공과금 및 다른 채권에 우선한다(근로기준법 38조 2항). 그리고 <u>임금, 재해보상금, 그 밖에 근로관계로 인한 채권</u>은 사용자의 총재산에 대하여 질권·저당권 또는 「동산·채권 등의 담보에 관한 법률」에 따른 담보권에 따라 담보된 채권 외에는 질권·저당권 또는 「동산·채권 등의 담보에 관한 법률」에 따른 담보권에 우선하지 아니하는 조세·공과금 및 다른 채권에 우선한다(동법 38조 1항). 한편, 「채무자 회생 및 파산에 관한 법률」은 채무자의 근로자의 임금·퇴직금 및 재해보상금을 공익채권으로 규정하면서(채무자 회생 및 파산에 관한 법률 179조 1항 10호), 회생채권과 회생담보권에 우선하여 변제하고, 회생절차에 의하지 아니하고 수시로 변제하도록 규정하고 있다(동법 180조 1항, 2항).

1194) 권기범, 1061; 김홍기, 700; 서헌제, 1072; 이기수외, 714; 이철송, 995; 임재연(I), 751; 정경영, 640; 정동윤, 800; 정찬형, 1174; 주석상법 회사(IV), 405; 최기원, 962; 최준선, 740.

(라) 잔여재산분배

청산인은 회사의 채무를 완제한 후에 나머지 회사재산을 주주에게 분배한다(542조 1항, 260조 본문). 즉, 잔여재산은 각 주주가 가진 주식의 수에 따라 주주에게 분배하여야 한다(538조 본문). 다만, 종류주식의 경우에는 그러하지 아니하다(538조 단서, 344조 1항). 만일 다툼이 있는 채무가 있는 경우에는 그 변제에 필요한 재산을 보류하고 잔여재산을 분배할 수 있다(542조 1항, 260조 단서).

(마) 제외된 채권자에 대한 변제

신고기간 내에 채권신고를 하지 않았기 때문에 청산에서 제외된 채권자는 분배되지 아니한 잔여재산에 대하여서만 변제를 청구할 수 있다(537조 1항). 일부의 주주에 대하여 재산의 분배를 한 경우에는 그와 동일한 비율로 다른 주주에게 분배할 재산은 위 잔여재산에서 공제한다(537조 2항). 따라서 재산분배가 개시되면 주주가 채권자보다 우선하여 변제받게 된다.

(8) 청산인의 부수적 직무

(가) 청산인의 신고

청산인은 취임한 날로부터 2주간내에, 해산사유와 그 연월일과 청산인의 성명, 주민등록번호 및 주소를 법원에 신고하여야 한다(532조).

(나) 회사재산조사 보고의무

청산인은 취임 후 지체없이 회사의 재산상태를 조사하여 재산목록과 대차대조표를 작성하고, 이를 주주총회에 제출하여 승인을 얻어야 하며, 승인을 얻은 후 지체없이 법원에 제출하여야 한다(533조).

(다) 대차대조표 등의 제출 및 승인 등

청산인은 정기총회회일로부터 4주간전에 대차대조표 및 그 부속명세서와 사무보고서를 작성하여 감사에게 제출하여야 하며(534조 1항), 감사는 정기총회회일로부터 1주간전에 위 서류에 관한 감사보고서를 청산인에게 제출하여야 하고(534조 2항), 청산인은 대차대조표 및 사무보고서를 정기총회에 제출하여 그 승인을 요구하여야 한다(534조 5항). 정기총회에서 재무제표를 승인한 후 2년내에 다른 결의가 없으면 회사는 청산인과 감사의 책임을 해제한 것으로 본다. 그러나 청산인 또는 감사의 부정행위에 대하여는 그러하지 아니하다(542조 2항, 450조).

청산인은 정기총회회일 1주간전부터 위 서류와 감사보고서를 본점에 비치하여야 하고(534조 3항), 주주와 회사채권자는 영업시간내에 언제든지 위 서류를 열람할 수 있으며, 회사가 정한 비용을 지급하고 그 서류의 등본이나 초본의 교부를 청구할 수 있다(534조 4항, 448조 2항).

(9) 청산의 종결

(가) 공고

청산인은 상법 447조의 재무제표에 대한 총회의 승인을 얻은 때에는 지체없이 대차대조표를 공고하여야 한다(542조 2항, 449조 3항, 1항, 447조).

(나) 결산보고서 제출 및 승인

청산사무가 종결한 때에는 청산인은 지체없이 결산보고서를 작성하고 이를 주주총회에 제출하여 승인을 얻어야 한다(540조 1항). 이 승인이 있는 때에는 회사는 청산인에 대하여 그 책임을 해제한 것으로 본다. 그러나 청산인의 부정행위에 대하여는 그러하지 아니하다(540조 2항).

(다) 청산종결의 등기

청산이 종결된 때에는 청산인은 결산보고서의 승인이 있은 날로부터 본점소재지에서는 2주간내, 지점소재지에서는 3주간내에 청산종결의 등기를 하여야 한다(542조 1항, 264조).

(라) 서류의 보존

회사의 장부 기타 영업과 청산에 관한 중요한 서류는 본점소재지에서 청산종결의 등기를 한 후 10년간 이를 보존하여야 한다. 다만, 전표 또는 이와 유사한 서류는 5년간 이를 보존하여야 한다. 이 보존에 관하여는 청산인 기타 이해관계인의 청구에 의하여 법원이 보존인과 보존방법을 정한다(541조).

XX. 주식회사의 합병

1. 의의

주식회사의 합병이란 일방회사의 권리의무를 포괄적으로 타방회사에 이전함으로써 별도의 청산절차 없이 일방회사가 해산되면서 그 일방회사의 주주에게 타방회사의 주식 등을 교부하는 조직개편을 말한다. 크게 흡수합병과 신설합병으로 나뉜다.[1195] 흡수합병은 소멸회사와 존속회사 간에 소멸회사가 소멸되면서 소멸회사의 모든 권리의무가 존속회사로 이전되고 동시에 소멸회사의 주주에게 존속회사의 주식 등을 교부하는 합병방법을 말한다. 반면에 신설합병은 소멸회사와 신설회사와의 관계에서 소멸회사가 모두 소멸하면서 소멸회사의 모든 권리의무를 새로이 설립되는 신설회사에 이전하고, 동시에 소멸회사의 주주에게 신설회사의 주식 등을 교부하는 합병방법을 말한다. 신설합병의 경우 정관의 작성 기타 설립에 관한 행위는 각 회사에서 선임한 설립위원이 공동으로 하여야 하는 바(175조 1항), 원칙적으로 설립위원 전원의 만장일치로 함을 의미한다고 보아야 할 것이다.[1196]

합병은 사업규모의 확장을 통해 규모의 경제를 달성하려는 목적과 부실기업의 정리를 통한 산업구조조정의 수단으로 사용되고 있다.[1197]

주식회사가 주식회사, 유한회사 또는 유한책임회사와 합병을 하는 경우에는 합병 후 존속하는 회사나 합병으로 설립되는 회사는 주식회사, 유한회사, 또는 유한책임회사이어야 한다(174조 2항). 유한책임을 지는 주식회사, 유한회사 또는 유한책임회사가 합병을 통해 무한책임을 지는 합명회사 또는 무한책임사원이 존재하는 합자회사로 변경되는 경우에는 사원의 책임이 가중되는 관계로 복잡한 절차를 거쳐야 하는 문제점을 발생시킬 수 있기 때문이다.

해산후의 회사는 존립 중의 회사를 존속하는 회사로 하는 경우에 한하여 합

1195) MBCA는 §11.02.에서 합병의 형태로 흡수합병만 규정하고 있음.

1196) 이기수외, 762; 장덕조, 541; 주석상법 회사(I), 153; 최기원, 1115.

1197) 2016.8.13.부터 시행된 "기업활력제고를 위한 특별법"(일명 원샷법)은 주무부처장관이 승인한 사업재편계획에 따른 상법상의 소규모합병, 간이합병 등에 관한 합병요건, 절차, 채권자보호절차 및 주식매수청구권 등에 대한 특칙을 규정하고 있음(2024.8.12.까지 유효).

병을 할 수 있다(동조 3항). 해산 후 청산절차를 거쳐 사라질 회사의 경우도 기업유지의 이념상 합병을 허용하되, 신설합병과 비교하여 절차가 상대적으로 간소한 흡수합병에 의해야 함을 규정한 것이다.

2. 합병절차

가. 합병계약서의 작성

회사가 합병을 함에는 우선 합병계약서를 작성하여야 한다(522조 1항).

(1) 흡수합병의 경우 합병계약서의 <u>필수적</u> 기재사항

(가) 존속하는 회사가 합병으로 인하여 그 발행할 주식의 총수를 증가하는 때에는 그 증가할 주식의 총수, 종류와 수(523조 1호)

소멸회사의 주주에게 존속회사가 신주를 발행해주는데 필요한 수권주식수를 증가시키기 위해 필요한 조항이다. 합병계약서에 기재하여 주주총회의 승인을 받을 경우 별도의 정관변경절차를 받을 필요가 없다.

(나) 존속하는 회사의 증가할 자본금과 준비금의 총액(동조 2호)

자본충실의 원칙을 통해 존속회사의 주주를 보호하기 위하여, <u>존속회사의 자본금 및 자본준비금의 합계액의 증가액은 소멸회사의 순자산액을 초과할 수 없다</u>고 보아야 할 것이다.[1198]

　　그러나 판례는 주권상장법인은 합병가액을 기준주가에 의하므로 경우에 따라 주당 자산가치를 상회하는 가격이 합병가액으로 산정될 수 있고, 주권비상장법인도 합병가액을 자산가치·수익가치 및 상대가치를 종합하여 산정한 가격에 의하는 이상, 역시 주당 자산가치를 상회하는 가격이 합병가액으로 산정될 수 있으므로, 결국 소멸회사가 주권상장법인이든 주권비상장법인이든 어느 경우나 존속회사가 발행할 합병신주의 액면총액이 소멸회사의 순자산가액을 초과할 수 있는 것이어서, 증권거래법 및 그 시행령이 적용되는 흡수합병의 경우에는 존속회사의 증가할 자본액이 반드시 소멸회사의 순자산가액의 범위 내로 제한된다고 할 수는 없다고

1198) 강희갑, 819; 권기범, 97; 이범찬외, 512; 임재연(II), 579.

판시하였고,1199) 한 회사가 다른 회사를 흡수합병하여 그 영업상 기능 내지 특성을 흡수함으로써 합병전의 통상수익보다 높은 초과수익을 갖게 된다면 합병 후 높은 수익율을 가져올 수 있는 피흡수회사의 무형적 가치는 영업권(영업권이라고 함은 어떤 기업이 특수한 기술과 사회적 신용 및 거래관계등 영업상의 기능 내지 특성으로 인하여 동종의 사업을 경영하는 다른 기업의 통상수익보다 높은 초과수익을 올릴 수 있는 무형의 재산적 가치)으로 볼 수 있는 것으로 판시함으로써,1200) 그 초과분을 영업권이라는 자산항목으로 계상함으로써 해결하는 합병방법의 유효성을 인정하고 있다.

　　한편, 존속회사가 액면주식을 발행한 회사인 경우에는 소멸회사의 주주들에게 교부하는 주식수에 액면금액을 곱한 금액만큼의 자본금이 증가될 것이며, 만일 합병차익이 발생하면 자본준비금으로 적립하고(459조 1항), 만일 소멸회사의 법정준비금을 승계하게 되면 이를 준비금으로 적립하게 될 것이다. 반면, 존속회사가 무액면주식을 발행한 회사인 경우에는 소멸회사로부터 승계하는 순자산가액이 소멸회사의 주주들에게 교부하는 주식의 총발행가액이 될 것이므로, 이에서 최소 2분의1 이상의 금액에 해당하는 발행가액을 자본금으로 계상하게 되고, 나머지는 자본준비금으로 계상하게 될 것이다(451조 2항). 단, 존속회사가 소멸회사의 주주에게 합병교부금만을 지급하는 경우에는 당연히 존속회사의 자본금 및 준비금은 증가하지 아니한다.

　　그리고 무증자합병이 허용되는가와 관련하여, 존속회사가 소멸회사의 주주에게 합병교부금만을 지급하는 방법이 상법상 인정되고 있고(523조 4호), 존속회사는 소멸회사의 순자산가치에 해당하는 합병신주를 반드시 발행하여야 하는 것도 아니어서, 합병신주가 발행되지 않는 무증자 합병이 허용된다고 보아야 할 것이다.1201)

(다) 존속하는 회사가 합병 당시에 발행하는 신주의 총수, 종류와 수 및 합병으로 인하여 소멸하는 회사의 주주에 대한 신주의 배정에 관한 사항(523조 3호)

1) 소멸회사와 존속회사의 전부 또는 일부 회사가 종류주식을 이미 발행하였거나 새로 발행하려는 경우에 합병신주의 배정방법

소멸회사가 종류주식을 발행한 때에는 종류주주총회의 결의에 의하여 합병

1199) 대법원 2008.1.10. 선고 2007다64136 판결.
1200) 대법원 1986.2.11. 선고 85누592 판결.
1201) 강희갑, 819; 김건식, 762; 송옥렬, 1192; 이범찬외, 512; 장덕조, 533; 정동윤, 950; 대법원 2004.12.9. 선고 2003다69355 판결.

신주의 발행에 관하여 특수한 정함을 하면 이에 따라야 할 것이다(436조, 344조 3항, 435조). 한편, 소멸회사의 우선주에 대하여 존속회사의 보통주를 발행하거나 소멸회사의 보통주에 대하여 존속회사의 우선주를 발행하는 것 또는 소멸회사의 우선주에 대하여 그 우선권의 내용이 다른 존속회사의 종류주식으로 배정하는 것도 종류주주총회의 승인을 받거나 당사회사의 주주들의 이익이 침해되지 않는 범위 내에서는 가능하다고 보아야 할 것이다.1202)

2) 양도제한주식에 대한 신주배정방법

소멸회사의 양도제한주식에 대하여 존속회사가 양도제한주식 또는 양도제한이 없는 주식을 배정하는 경우에는 별 문제가 없을 것이나, 소멸회사의 양도제한이 없는 일부주식에 대하여만 존속회사가 양도제한주식을 배정하는 경우에는 상법 436조를 유추적용하여 소멸회사의 당해 주주의 종류주주총회의 승인을 얻어야 하는 것으로 해석하는 것이 바람직할 것이다.1203)

3) 자기주식

① 소멸회사가 자기주식을 가지고 있는 경우에는 그 자기주식에 대해 존속회사가 신주배정을 하게 된다면 소멸회사의 소멸을 인정하지 않는 것이 되므로, 소멸회사가 가지는 자기주식은 합병에 의해 소멸된다고 보아야 할 것이다.1204)

② 소멸회사가 존속회사의 주식을 보유하고 있는 경우에는 합병에 의해 존속회사는 자기주식을 취득하게 되는 바(341조의2 1호), 존속회사가 계속 보유하거나(물론 6개월이내에 처분해야 할 것임) 소멸회사의 주주에게 배정 또는 처분(342조)이 가능할 것이다.1205)

③ 존속회사가 소멸회사의 주식을 보유하고 있는 경우에는 배정가능하다는 견해1206)와 불가능하다는 견해1207)가 대립하나, 상법상 명시적인 금지규정이 없

1202) 권기범, 101; 이범찬외, 514; 주석상법 회사(V), 342.

1203) 주석상법 회사(V), 343.

1204) 권기범, 100; 김건식, 763; 송옥렬, 1193; 이범찬외, 515; 이철송, 1059; 장덕조, 534; 주석상법 회사(V), 344.

1205) 김건식, 763; 송옥렬, 1194; 이범찬외, 515; 장덕조, 534. 이에 덧붙여, 존속회사가 소멸회사로부터 취득한 자기주식이나 합병 전부터 소유하는 자기주식을 소멸회사의 주주에게 교부할 수는 없다는 견해로서 권기범, 100; 최기원, 1107.

1206) 송옥렬, 1194; 이범찬외, 515; 장덕조, 534.

1207) 김건식, 763; 최기원, 1107.

는 상태에서는, 존속회사의 판단에 따라 배정이 가능한 것으로 보는 것이 타당할 것이다. 판례도 "존속회사가 보유하던 소멸회사의 주식에 대하여 반드시 신주를 배정하여야 한다고 볼 수도 없다."고 판시하여,[1208] 존속회사의 판단에 따라 배정 가능한 여지를 열어놓고 있는 것으로 판단된다.

4) 합병비율과 관련하여

소멸회사와 존속회사간의 합병비율은 공정하게 산정된 절대적 가치가 보장되어야 한다. 즉, 합병비율이 순자산가치, 수익가치와 시장가치가 구체적인 사례마다 적절하게 혼합되어 평가되어야 공정성이 유지된다고 볼 수 있다.[1209] 판례는, "증권거래법령이 정한 요건과 방법 및 절차 등에 기하여 합병가액을 산정하고, 그에 따라 합병비율을 정하였다면, 그 합병가액 산정이 허위자료에 기한 것이라거나 터무니없는 예상 수치에 근거한 것이라는 등의 특별한 사정이 없는 한, 그 합병비율이 현저하게 불공정하여 합병계약이 무효로 된다고 볼 수 없다."라고 판시하고 있다.[1210]

이와 관련하여, 이사는 합병승인을 위한 주주총회일의 2주전부터 합병을 한 날 이후 6월이 경과하는 날까지, ① 합병계약서, ② 합병으로 인하여 소멸하는 회사의 주주에게 발행하는 주식의 배정 또는 자기주식의 이전에 관하여 그 이유를 기재한 서면 및 ③ 각 회사의 최종의 대차대조표와 손익계산서를 본점에 비치토록 하고, 주주 및 회사채권자는 영업시간내에는 언제든지 이 서류열람을 청구하거나 회사가 정한 비용을 지급하고 그 등본 또는 초본의 교부를 청구할 수 있다(522조의2 1항).

(라) 존속하는 회사가 합병으로 소멸하는 회사의 주주에게 3호에도 불구하고 그 대가의 전부 또는 일부로서 금전이나 그 밖의 재산[1211]을 제공하는 경우에는 그 내용 및 배정에 관한 사항(523조 4호)

소멸회사의 주주에게 신주를 지급하지 아니하고 금전에 해당하는 합병교부금

1208) 대법원 2004.12.9. 선고 2003다69355 판결.
1209) 권기범, 99; 주석상법 회사(V), 346-350; 주식회사법대계III, 412; 최기원, 1106.
1210) 대법원 2009.4.23. 선고 2005다22701,22718 판결 및 대법원 2008.1.10. 선고 2007다64136 판결.
1211) MBCA § 11.02.(c)(3)에 의하면, "shares or other securities, eligible interests, obligations, rights to acquire shares, other securities or eligible interests, cash, other property, or any combination of the foregoing"에 해당함.

또는 그 밖의 재산을 지급함으로써 소멸회사의 주주를 배제할 수 있는 길을 열어주고 있다. 특히 소멸회사의 주주에게 그 밖의 재산도 제공할 수 있도록 허용함으로써 존속회사의 모회사의 주식을 제공함에 의한 삼각합병이 가능하도록 하고 있다.

합병교부금 지급과 관련하여, 소멸회사의 주주에게 존속하는 회사의 신주를 배정하지 아니하고, 전액 합병교부금만을 지급할 수 있다는 의미이다. 그러나 이 경우에도 주식평등의 원칙이 적용되어야 할 것인데,[1212) 만일 소멸회사의 주주 일부만이 합병교부금의 지급에 동의하는 경우에는 그 주주에게만 합병교부금을 지급하고, 나머지 주주에게는 존속회사의 신주를 지급하는 것은 허용된다고 볼 것이다.[1213)

그 밖의 재산의 지급과 관련하여, 그 밖의 재산이란 부동산, 동산, 사채, 유가증권, 무체재산권, 존속회사의 전환사채, 신주인수권부사채, 교환사채, 존속회사 소유의 자회사, 모회사 또는 기타 다른 회사의 주식 등이 이에 해당될 수 있다. 그러나 이에도 원칙적으로 주식평등의 원칙이 적용될 것이며, 그 밖의 재산은 공정하게 평가되어야 할 것이다.

(마) 각 회사에서 합병의 승인결의를 할 주주총회기일(523조 5호)

만일 이 기재가 없는 상태에서 합리적인 일자에 승인주주총회결의가 있거나 이 기재와 다른 날에 주주총회가 개최되어 승인결의가 이루어졌더라도 합리적인 사유가 있는 경우에는 무효사유로 보기는 어려울 것이다.[1214)

(바) 합병을 할 날(523조 6호)

합병의 효력은 존속회사가 본점소재지에서 합병등기를 한 때 발생하나(530조 2항, 234조), 그 이전에 실질적으로 소멸회사의 모든 권리의무가 존속회사로 이전되고, 합병관련 모든 실체적 절차가 완료되는 시점을 말한다.

(사) 존속하는 회사가 합병으로 인하여 정관을 변경하기로 정한 때에는 그 규정(523조 7호)

존속회사의 이사회는 공고로서 주주총회에 대한 보고에 갈음할 수 있다(526조

1212) 송옥렬, 1194; 주석상법 회사(V), 354; 주식회사법대계III, 421.
1213) 주석상법 회사(V), 354; 주식회사법대계III, 422.
1214) 강희갑, 820; 권기범, 102; 임재연(II), 580; 주석상법 회사(V), 355; 최기원, 1108.

3항). 이 경우 보고총회를 통해 정관을 개정할 수 없으므로, 합병계약서에 정관변경내용을 담아 주주총회승인을 얻도록 한 것이다.

(아) 각 회사가 합병으로 이익배당을 할 때에는 그 한도액(523조 8호)

존속회사와 소멸회사가 합병계약서 작성 이후부터 합병등기 이전까지 사이에 이익배당을 할 경우에는 그 한도액을 합병계약서에 기재하라는 의미이다. 이렇게 하여야만 합병계약서 작성 당시의 재산상태를 기준으로 정한 합병비율이 이익배당으로 인해 공정하지 못하게 되는 문제를 해결할 수 있기 때문이다.

(자) 합병으로 인하여 존속하는 회사에 취임할 이사와 감사 또는 감사위원회의 위원을 정한 때에는 그 성명 및 주민등록번호(523조 9호)

존속회사가 소멸회사의 이사와 감사 또는 감사위원회 위원을 승계하려면 존속회사의 보고총회를 거치면 되나, <u>이 보고총회는 이사회에 의해 공고로 갈음할 수 있으므로</u>(526조 3항), 이런 경우에 대비하여, 합병계약서에 이를 기재토록 함으로써, 합병승인을 위한 주주총회의 결의에 의해 위 임원들이 선임될 수 있도록 하기 위한 규정이다.

(차) 소규모합병을 하는 때에는 존속하는 회사의 합병계약서에 주주총회의 승인을 얻지 아니하고 합병을 한다는 뜻(527조의3 3항)

소규모합병의 경우, 이사회의 승인만으로 합병이 이루어진다는 뜻을 합병계약서에 명시함으로써, 주주와 채권자를 보호하기 위한 규정이다.

(2) 흡수합병의 경우 합병계약서의 <u>임의적</u> 기재사항

(가) 종업원의 승계

합병당사회사의 종업원 입장에서, 특히 소멸회사의 종업원 입장에서는 존속회사가 자신을 승계하느냐가 매우 중요한 이해관계가 있으므로, 일반적으로 종업원의 승계여부를 합병계약서에 명시하게 된다. 소멸회사의 권리의무는 존속회사에 포괄승계되는 것이 원칙이나(530조 2항, 235조), 만일 개별근로자가 이에 동의하지 않는 경우에는 소멸회사와의 고용계약이 승계되지 않는 것으로 보는 것이 타당할 것이다.1215)[판례147]

[판례147] 대법원 1994.3.8. 선고 93다1589 판결

　　회사의 합병에 의하여 근로관계가 승계되는 경우에는, 종전의 근로계약상의 지위가 그대로 포괄적으로 승계되는 것이므로, 합병 당시 취업규칙의 개정이나, 단체협약의 체결 등을 통하여 합병 후 근로자들의 근로관계의 내용을 단일화하기로 변경, 조정하는 새로운 합의가 없는 한, 합병 후 존속회사나 신설회사는 소멸회사에서 근무하던 근로자에 대한 퇴직금 관계에 관하여 종전과 같은 내용으로 승계하는 것으로 보아야 함.

(나) 선량한 관리자의 주의의무

합병당사회사들이 합병계약체결 이후 실제 합병이 종료될 때까지 영업을 계속하면서 합병계약서에 기재된 의무를 성실히 이행해야 하기 때문에, 합병당사회사들이 그 시점까지 선량한 관리자의 주의의무를 다해야 함을 합병계약서에 명시할 수 있을 것이다. 만일 이를 위반하는 경우에는 계약해제 및 손해배상청구의 법적 문제가 발생하게 될 것이다.

(다) 존속회사 임원의 임기보장

합병을 하는 회사의 일방이 합병 후 존속하는 경우에, 존속하는 회사의 이사 및 감사로서 합병 전에 취임한 자는 합병계약서에 다른 정함이 있는 경우를 제외하고는, 합병 후 최초로 도래하는 결산기의 정기총회가 종료하는 때에 퇴임하므로(527조의4 1항), 선임시 정해진 임기까지 그 직을 유지하기 위해서는, 합병계약서에 합병기일 전에 취임한 존속회사의 이사 및 감사는 선임시 정한 임기까지 그 직을 유지하도록 명시할 필요가 있다.

(라) 구체적 재산승계 내용 등

향후 발생할지도 모를 분쟁을 미연에 방지하기 위하여, 존속회사가 승계한 소멸회사의 재산을 구체적으로 합병계약서에 명시하는 경우가 일반적이다. 기타 임의적 기재사항으로는 합병계약의 변경, 해지 등이 있다.

1215) [판례147]; 양명조, 535; 주석상법 회사(V), 362.

(3) 신설합병의 경우 합병계약서의 기재사항

신설합병의 경우 합병계약서에 기재해야 할 사항은 다음과 같다.

① 신설회사의 설립목적, 상호, 회사가 발행할 주식의 총수, 액면주식을 발행하는 경우 1주의 금액, 종류주식을 발행할 때에는 그 종류, 수와 본점소재지(524조 1호)

② 신설회사가 합병당시에 발행하는 주식의 총수와 종류, 수 및 각 회사의 주주에 대한 주식의 배정에 관한 사항(동조 2호)

③ 설립되는 회사의 자본금과 준비금의 총액(동조 3호)

④ 각 회사의 주주에게 지급할 금액을 정한 때에는 그 규정(동조 4호)

⑤ 각 회사에서 합병의 승인결의를 할 사원총회 또는 주주총회의 기일(동조 5호, 523조 5호)

⑥ 합병을 할 날(524조 5호, 523조 6호)

⑦ 합병으로 인하여 설립되는 회사의 이사, 감사 또는 감사위원회의 위원을 정한 때에는 그 성명 및 주민등록번호(524조 6호)

나. 합병계약서 등의 공시

이사는 합병승인 주주총회일 2주전부터 합병을 한 날 이후 6월이 경과하는 날까지 다음의 서류들을 본점에 비치하여야 한다(522조의2 1항 본문).

① 합병계약서(동항 1호)

② 소멸회사의 주주에게 발행하는 주식의 배정에 관한 그 이유를 기재한 서면(동항 2호)

③ 각 회사의 최종의 대차대조표와 손익계산서(동항 3호)1216)

한편, 주주 및 회사채권자는 영업시간내에는 언제든지 위 서류의 열람을 청구하거나, 회사가 정한 비용을 지급하고 그 등본 또는 초본의 교부를 청구할 수 있다(동조 2항). 합병을 찬성 또는 반대하기 위한 자료를 주주에게 제공함으로써 합병승인 주주총회결의의 합리성과 공정성을 확보하기 위함과 동시에 회사채권자들도 채권자이의절차의 제기여부를 주주총회 이전에 고려할 수 있는 시간적 여

1216) 주총승인을 받아 확정된 가장 최근의 결산대차대조표 및 손익계산서를 말한다고 보아야 할 것임.

유 및 자료를 제공해 준다는데 본 규정의 의미가 있다.

다. 합병승인 주주총회결의

회사가 합병을 함에는 작성된 합병계약서를 특별결의에 의한 주주총회결의로 승인하여야 한다(522조 1항, 3항).1217) 즉, <u>흡수합병에서는 소멸회사와 존속회사 모두에서</u>, <u>신설합병</u>의 경우에는 <u>모든 소멸회사에서 주총특별결의에 의한 승인이 있어야</u> 한다. 다만, <u>간이합병(527조의2)과 소규모합병(527조의3)에서는 이사회결의로 대체된다.

그런데 합병계약서를 작성한다는 의미는 단순히 계약서문구를 만든다는 의미가 아니라 합병계약을 체결한다는 의미로 보아야 할 것인데, 그렇다면 합병계약을 체결한다는 것과 주주총회의 승인을 받는다는 의미를 어떻게 조화롭게 해석하느냐가 문제된다. 살피건대, 일반적으로 합병계약서의 내용 중에 계약체결 후에 주주총회의 승인을 받지 못하면 합병계약은 효력을 발생하지 못한다는 뜻을 기재하게 되는데, 그 이유는 주주총회의 승인이 전제되어야 효력이 발생된다는 뜻을 의미하며, 그렇다면 이런 명시적 문구가 없다고 하더라도 결국 합병계약은 추후 주주총회의 승인이 전제될 수밖에 없는 것이어서, <u>합병계약은 추후 주주총회의 승인을 득할 것을 정지조건으로 하는 계약</u>으로 보는 것이 타당하다고 판단된다.1218)

이와 관련하여, 존속회사가 소멸회사의 주식을 가지고 있거나 특정인이 양 회사의 주식을 모두 가지고 있는 경우에 의결권을 행사할 수 있는지 여부에 대하여, 이러한 관계는 특별이해관계(368조 4항)에서 지적하는 사적인 이해관계라기보다는 주식회사라는 사단법적 관계에서의 주주라는 지위에서 발생하는 관계이므로, 의결권을 행사할 수 있다고 보아야 할 것이다. 그러나 자회사에 의한 모회사 주식의 취득제한(342조의2), 합병당사회사가 보유하는 자기주식(369조 2항) 및 비모자회사간의 주식보유(369조 3항)에 해당하는 경우에는 당해 주식은 의결권이 없다.

<u>합병계약의 요령</u>은 주주총회 <u>소집통지에 기재하여야</u> 한다(522조 2항, 363조). 회

1217) 이 경우 주주총회의 소집통지를 하는 때에는 주식매수청구권의 내용 및 행사방법을 명시해야 함 (530조 2항, 374조 2항, 374조의2 1항, 2항).

1218) 강희갑, 818; 김건식, 741; 김정호, 717; 손진화, 736; 이범찬외, 511; 정동윤, 948; 정찬형 495; 최기원, 1101; 한창희, 48.

사의 합병으로 인한 어느 종류의 주주에게 손해를 미치게 될 경우에는 당해 종류 주주의 종류주주총회의 승인을 요한다(436조, 435조).

한편, 합병 후 존속회사 또는 신설회사가 주식회사인 경우에, 합병할 회사의 일방 또는 쌍방이 합명회사 또는 합자회사인 때에는 총사원의 동의를 얻어 합병 계약서를 작성하여야 한다(525조 1항). 이는 합병계약을 체결하기 전에, 합명회사 또는 합자회사의 총사원의 동의가 있어야 한다는 의미로 해석해야 할 것이다. 왜 냐하면 합명회사 또는 합자회사의 사원이 합병 후에 주주가 되므로 지위에 지대 한 변화가 야기되기 때문이다.

라. 합병반대주주의 주식매수청구권

(1) 의의

합병승인에 관하여 이사회의 결의가 있는 때에는 그 결의에 반대하는 주주는 주주총회 전에 회사에 대하여 서면으로 그 결의에 반대하는 의사를 통지한 경우에 는 그 총회의 결의일부터 20일이내에 주식의 종류와 수를 기재한 서면으로 회사에 대하여 자기가 소유하고 있는 주식의 매수를 청구할 수 있다(522조의3 1항).[1219] 이 제 도는 다수주주의 의사에 따른 회사의 근본적인 변경에 대응하여 소수주주를 보호 하기 위하여 그 회사를 떠날 수 있는 기회를 부여하자는데 그 취지가 있다.

(2) 요건, 절차 및 효력

(가) 사전반대통지

간이합병[1220]의 경우를 제외하고, 주식매수청구권을 행사하려는 반대주주는 주주총회 전에 서면으로 합병반대의 통지를 해야 한다. 당해 회사로 하여금 주식 매수청구권 행사 주식수를 예상할 수 있게 함으로써 추후 개최될 합병승인주주 총회의 반대주식수를 짐작하게 할 수 있게 하고, 더 나아가 합병승인 주주총회결 의 후에 회사가 부담할 주식매수금액이 감당할 수 있는 금액인지 판단할 수 있는

1219) 주권상장법인이 합병을 하는 경우에는 주주총회 후 반대주주의 주식매수청구기간을 20일에서 10일로 단축시켰고, 회사의 의무매수기간도 3개월로 연장시켰음(기업활력제고를 위한 특별법 20 조, 자본시장법 165조의5 1항, 2항).

1220) 존속회사가 소멸회사의 총발행주식의 90% 이상을 소유하고 있는 경우에 한함.

기회를 제공하기 위함이다.

(나) 매수통지

사전반대통지를 한 주주는 합병에 대한 주주총회 결의일로부터 20일이내에 자기소유주식을 매수할 것을 회사에 서면으로 청구할 수 있다(522조의3 1항). 간이합병의 경우에는 공고 또는 통지를 한 날부터 2주내에 회사에 대해 서면으로 합병의 반대의사를 통지한 주주는 그 기간이 경과한 날부터 20일이내에 주식의 종류와 수를 기재한 서면으로 회사에 대하여 <u>자기가 소유하고 있는 주식</u>[1221])의 매수를 청구할 수 있다(522조의3 2항).

사전반대통지를 한 후 주주총회에 참석한 후 찬성표를 던진 경우에는 주식매수청구를 포기한 것으로 간주하는 것이 타당할 것이다.[1222] 한편, <u>사전반대통지와 사후매수청구는 동일주주에 의해 행해져야</u> 하며, 따라서 사전반대통지한 주주가 주식을 양도한 후 양수인이 사후매수청구를 하더라도 양수인의 매수청구는 효력이 없다고 보는 것이 타당할 것이다.[1223] 주식매수청구권의 절차이행여부는 당사자별로 따지는 것이 제도의 취지에 맞으며, 합병을 방해하기 위한 수단으로 악용될 위험성도 있기 때문이다.

(다) 주식매매계약의 성립

회사는 주식매수청구를 받은 날로부터 2월이내에 그 주식을 매수하여야 한다(530조 2항, 374조의2 2항). 주식매수청구권은 <u>형성권</u>이므로, 권리의 행사에 의해 매매계약은 성립하고, <u>2월이내에 매매대금을 지급할 의무가 발생한다고</u> 보아야 할 것이다.[1224] 위 주식의 매수가액은 반대주주와 회사 간의 협의 즉, 합의에 의하여 결정한다(530조 2항, 374조의2 3항). 반대주주의 주식매수청구를 받은 날로부터 30일이내에 위 협의가 이루어지지 아니한 경우에는 회사 또는 주식매수를 청구한 주주는 법원에 대하여 매수가액의 결정을 청구할 수 있고(530조 2항, 374조의2 4항), 법원이 주식매수가액을 결정하는 경우에는 회사의 재산상태 그 밖의 사정을

1221) 자기 소유주식의 일부만의 매수청구를 금지할 이유는 없다고 봄.
1222) 김건식(반대의사의 철회로 봄), 827; 주석상법 회사(V), 328; 주식회사법대계III, 459.
1223) 주석상법 회사(V), 328. 이에 반하여, 주식인수증명을 전제로 주식양수인이 주식매수청구권을 행사할 수 있다는 견해로는 김건식, 828.
1224) 대법원 2011.4.28. 선고 2010다94953 판결 및 대법원 2011.4.28. 선고 2009다72667 판결.

참작하여 공정한 가액으로 이를 산정하여야 한다(530조 2항, 374조의2 5항).1225)

(라) 주권제출, 자기주식취득 및 처분

주식매수대금이 주식매수청구권자에게 지급되면, 당연히 주식매수청구권자

1225) 상속세및증여세법 60조는 상속세나 증여세가 부과되는 재산의 가액을 평가기준일 현재의 시가에 따른다고 정하고, 시가를 산정하기 어려운 경우에는 동법 61조부터 65조에서 정한 보충적 평가방법에 따라 평가한 가액을 시가로 보고 있고, 한편 동법시행령 54조 1항, 56조 1항은 동법의 위임에 따라 비상장주식의 보충적 평가방법을 '1주당 순손익가치와 1주당 순자산가치의 가중평균'으로 정하면서, 1주당 순손익가치를 산정할 때 '평가기준일 이전 3년간 사업연도의 1주당 순손익액'을 기준으로 정하였는데, 이는 과거의 실적을 기초로 미래수익을 예측하여 현재의 주식가치를 정확히 파악하려는 취지임. 1) 법원이 합병반대주주의 신청에 따라 비상장주식의 매수가액을 결정할 때에도 상증세법과 그 시행령에 따른 주식가치 평가를 활용할 수 있음 즉, 회사의 객관적 가치가 적정하게 반영된 것으로 볼 수 있는 정상적인 거래의 실례가 없는 경우 동법시행령에서 정한 순손익가치 산정방법에 따라 수익가치를 평가하여 비상장주식의 매수가액을 정할 수 있으며, 이는 회사의 순손익액이 사업연도마다 변동하기 때문에 3년간의 순손익액을 기준으로 회사의 미래수익을 예측하는 것은 합리적이라고 할 수 있음. 그러나 동법과 동법시행령의 위 규정들은 납세자의 법적 안정성과 예측가능성을 보장하기 위하여 비상장주식의 가치평가방법을 정한 것이기 때문에, 합병반대주주의 비상장주식에 대한 매수가액을 정하는 경우에 그대로 적용해야 하는 것은 아님. 또한 2) 비상장주식의 평가기준일이 속하는 사업연도의 순손익액이 급격하게 변동한 경우에 이러한 순손익액을 포함하여 순손익가치를 산정할 것인지는 그 변동의 원인이 무엇인지를 고려하여 결정해야 한다. 가령 비상장주식의 평가기준일이 속하는 사업연도의 순손익액이 급격하게 변동하였더라도 일시적이고 우발적인 사건으로 인한 것에 불과하다면 평가기준일이 속하는 사업연도의 순손익액을 제외하고 순손익가치를 산정해야 한다고 볼 수 있음. 그러나 그 원인이 일시적이거나 우발적인 사건이 아니라 사업의 물적 토대나 기업환경의 근본적 변화라면 평가기준일이 속하는 사업연도의 순손익액을 포함해서 순손익가치를 평가하는 것이 회사의 미래수익을 적절하게 반영한 것으로 볼 수 있음. 따라서 법원이 합병반대주주의 주식매수가액결정신청에 따라 비상장주식의 가치를 산정할 때 위와 같은 경우까지 동법시행령 56조 1항에서 정한 산정방법을 그대로 적용하여 평가기준일이 속하는 사업연도의 순손익액을 산정기준에서 제외하는 것은 주식의 객관적 가치를 파악할 수 없어 위법함.(대법원 2018.12.17.자 2016마272 결정). 한편, 주권상장법인의 주식매수가격 결정 시 합병계약 체결에 관한 이사회 결의일 전일 무렵의 시장주가를 기초로 가격을 산정하도록 정한 자본시장과 금융투자업에 관한 법률 시행령 176조의7 3항 1호에 따라서만 매수가격을 산정하여야 하는 것은 아닌 바, 합병 사실이 공시되지는 않았으나 자본시장의 주요 참여자들이 합병을 예상함에 따라 시장주가가 이미 합병의 영향을 받았다고 인정되는 경우에도 반드시 이사회 결의일 전일을 기준으로 주식매수가격을 산정하여야 한다고 볼 수 없으며, 따라서 주식매수청구권 행사시기와 가장 가까운 시점으로서 합병의 영향을 최대한 배제할 수 있는 때인 합병 가능성이 구체화된 상장일 전일을 기준으로 주식매수가격을 결정하는 것이 타당함(대법원 2022.4.14.자 2016마5394,5395,5396 결정; 갑 기업집단내 계열회사인 주권상장법인 을주식회사와 병주식회사가 경영권 승계작업의 일환인 합병을 함에 있어 이에 반대하는 을회사 주주가 법원에 주식매수가격의 결정을 청구한 사안에서 , 다수의 금융투자업자들이 적어도 병주식회사의 상장 무렵부터는 병주식회사와 계열회사의 합병을 통한 경영승계 방안을 예상하기도 하는 등 병주식회사와 유력한 합병 상대회사였던 을주식회사의 시장주가는 적어도 병주식회사의 상장 무렵부터는 합병의 영향을 받은 것이라고 볼 여지가 충분하고, 계열회사 사이의 합병에서 주식매수가격을 산정할 때는 합병 사실의 영향을 받는 시점을 보다 엄격하게 판단할 필요가 있으므로, 병주식회사의 상장일 전일을 기준으로 주식매수가격을 결정하는 것이 타당하다고 판시함).

는 주권을 회사에 반환하여야 한다. 이때 회사는 자기주식을 취득하게 되는데, 이를 처분하거나(342조) 소각할 수 있다(343조).

마. 채권자보호절차

(1) 의의

합병을 하게 되면 합병당사회사들의 책임재산이 중대한 변화를 겪게 되므로, 합병당사회사의 채권자들로서는 합병에 대한 지대한 이해관계를 갖게 된다. 따라서 <u>존속회사 및 소멸회사 모두에서 채권자보호절차를 거쳐야</u> 한다.

(2) 절차

회사는 합병관련 <u>주주총회의 승인결의</u>(간이합병, 소규모합병의 경우에는 이사회의 승인결의를 주주총회의 승인결의로 봄; 527조의5 2항)가 있은 날로부터 2주내에 채권자에 대하여 합병에 이의가 있으면 1월 이상의 기간내에 이를 제출할 것을 공고하고, <u>알고 있는 채권자</u>[판례148]에 대하여는 따로 따로 이를 최고하여야 한다(527조의5 1항).

> **[판례148] 대법원 1964.6.16. 선고 64다5 판결**
> 손해배상채권자가 채무자인 법인의 해산결의 이전에 손해배상청구의 소를 제기한 이상, 채무자가 알고 있는 채권자에 해당함.

채권자가 이 기간내에 이의를 제출하지 아니한 때에는 합병을 승인한 것으로 본다(527조의5 3항, 232조 2항). 이의를 제출한 채권자가 있는 때에는 회사는 채권자에 대하여 변제 또는 상당한 담보를 제공하거나 이를 목적으로 하여 상당한 재산을 신탁회사에 신탁하여야 한다(527조의5 3항, 232조 3항). 사채권자가 이의를 제기하려면 사채권자집회의 결의가 있어야 한다. 이 경우에는 법원은 이해관계인의 청구에 의하여 사채권자를 위하여 이의제기기간을 연장할 수 있다(530조 2항, 439조 3항).

바. 주식병합 및 주식분할

소멸회사의 주주에게 존속회사의 주식이 교부되는 경우, 필요에 따라 주식을 병합할 수 있는데, 이 경우 자본감소시 주식병합절차가 준용된다(530조 3항, 440조 내지 443조).

한편, 회사합병의 경우 회사는 주주총회 특별결의로 주식을 분할할 수 있다(530조 2항, 329조의2 1항, 434조). 이 경우 분할 후 액면주식 1주의 금액은 100원 미만으로 하지는 못하며(530조 2항, 329조의2 2항, 329조 3항), 상법 440조 내지 443조의 규정은 합병과 관련한 주식분할의 경우에 준용된다(530조 2항, 329조의2 3항, 440조 내지 443조).

사. 흡수합병의 보고총회

합병을 하는 회사의 일방이 합병 후 존속하는 경우에는, 이사는 ① 채권자보호절차 종료 후, ② 합병으로 인한 주식의 병합이 있을 때에는 그 효력이 생긴 후, ③ 병합에 적당하지 아니한 주식이 있을 때에는 합병 후 존속하는 회사에 있어서는 단주의 처리를 한 후,[1226] 지체없이 주주총회를 소집하고 합병에 관한 사항[1227]을 보고하여야 한다(526조 1항). 이 경우 이사회는 공고로서 주주총회에 대한 보고에 갈음할 수 있다(526조 3항).

합병당시에 발행하는 신주의 인수인은 위 보고총회에서 주주와 동일한 권리가 있다(동조 2항). 합병보고총회는 존속회사의 임시주주총회에 해당한다고 볼 수 있는데, 법문의 해석상 합병보고를 받을 권한만 있지 정관변경, 합병조건변경 등의 권한은 없다고 보는 것이 타당할 것이다.[1228]

1226) 소규모합병의 경우에는 소멸하는 회사의 상호 및 본점의 소재지, 합병을 할 날, 주주총회의 승인을 얻지 아니하고 합병한다는 뜻을 주주에게 통지한 후 존속하는 회사의 발행주식총수의 20% 이상에 해당하는 주식을 소유한 주주가 이에 반대하는 의사를 통지하지 않은 경우(527조의3 3항, 4항).

1227) 합병절차에 관한 일체의 사항 및 그 적법성 그리고 채권자보호절차 준수여부까지 포함하는 개념임.

1228) 권기범, 111; 정찬형, 500; 주석상법 회사(V), 374. 이에 반하여, 정관변경, 재무제표 승인 또는 이사·감사선임결의는 할 수 있으나 합병조건의 변경이나 합병폐지결의는 할 수 없다는 견해로는 이기수외, 762; 정동윤, 957; 주식회사법대계III, 475; 최기원, 1119.

아. 신설합병의 창립총회

합병으로 인하여 회사를 설립하는 경우에는 설립위원은 채권자보호절차의 종료 후, 합병으로 인하여 주식의 병합이 있을 때에는 그 효력이 생긴 후, 병합에 적당하지 아니한 주식이 있을 때에는 단주처리를 한 후 지체없이 창립총회를 소집하여야 한다(527조 1항). 창립총회에서는 정관변경의 결의를 할 수 있으나, 합병계약의 취지에 위반하는 결의는 하지 못한다(동조 2항).

창립총회의 역할은 흡수합병의 보고총회와 기본적으로 동일하다. 따라서 이 경우 이사회는 공고로서 주주총회에 대한 보고에 갈음할 수 있다(527조 4항).[판례149]

[판례149] 대법원 2009.4.23. 선고 2005다22701,22718 판결

상법 527조 4항은 신설합병의 경우 이사회의 공고로서 신설합병의 창립총회에 대한 보고에 갈음할 수 있다고 규정하고 있고, 상법 528조 1항은 신설합병의 창립총회가 종결한 날 또는 보고에 갈음하는 공고일로부터 일정기간 내에 합병등기를 하도록 규정하고 있으므로, 527조 4항은 신설합병의 창립총회 자체를 이사회의 공고로써 갈음할 수 있음을 규정한 조항이라고 해석됨. 한편, 상법 527조 2항은 신설합병의 창립총회에서 정관변경의 결의를 할 수 있되 합병계약의 취지에 위반하는 결의는 하지 못하도록 규정하고 있는데, 정관변경은 창립총회에서 할 수 있다는 것이지 반드시 하여야 하는 것은 아니고, 주식회사를 설립하는 창립총회에서는 이사와 감사를 선임하여야 한다는 상법 312조의 규정이 상법 527조 3항에 의해서 신설합병의 창립총회에 준용되고 있다 하더라도, 상법 524조 6호에 의하면, 합병으로 인하여 설립되는 회사의 이사와 감사 또는 감사위원회 위원을 정한 때에는 신설합병의 합병계약서에 그 성명 및 주민등록번호를 기재하게 되어 있고, 그 합병계약서가 각 합병당사회사의 주주총회에서 승인됨으로서 합병으로 인하여 설립되는 회사의 이사와 감사 등의 선임이 이루어지는 만큼, 이러한 경우에는 굳이 신설합병의 창립총회를 개최하여 합병으로 인하여 설립되는 회사의 이사와 감사 등을 선임하는 절차를 새로이 거칠 필요가 없고 이사회의 공고로 갈음할 수 있음.

신설합병의 창립총회에 관하여는 주식회사 설립시 창립총회에 관한 규정 즉, 의결정족수(527조 3항, 309조), 설립위원의 보고사항(527조 3항, 311조), 임원선임(527조 3항, 312조), 소집통지서에 정관변경 또는 설립폐지의 기재가 없더라도 결의가능 규정(527조 3항, 316조 2항), 소집통지(527조 3항, 308조 2항, 363조 1항, 2항), 소집지(527조 3항, 308조 2항, 364조), 의결권의 대리행사(527조 3항, 308조 2항, 368조 2항), 특별한 이해관계인의

의결권제한(527조 3항, 308조 2항, 368조 3항), 의결권의 불통일행사(527조 3항, 308조 2항, 368조의2), 의결권의 수(527조 3항, 308조 2항, 369조 1항), 의결권수의 계산(527조 3항, 308조 2항, 371조 2항), 연기·속행(527조 3항, 308조 2항, 372조), 의사록(527조 3항, 308조 2항, 373조), 결의의 하자에 관한 소(527조 3항, 308조 2항, 376조 내지 381조) 및 종류주주총회(527조 3항, 308조 2항, 435조)가 준용된다. 따라서 소집자가 설립위원이라는 점, 소멸회사의 주주만이 참석하여 합병신주를 배정받는다는 점, 소집통지서의 기재여부에 관계없이 정관변경결의가 가능하다는 점 및 결의요건이 강화되었다는 점을 제외하고는 보고총회에 대한 내용과 같다.

자. 등기 등

합병은 합병등기를 함으로써 그 효력이 생긴다(530조 2항, 234조). 즉, 존속회사는 변경등기, 소멸회사는 해산등기 그리고 신설회사는 설립등기를 해야 한다(528조 1항, 317조). 존속회사 또는 신설회사가 전환사채 또는 신주인수권부사채를 승계한 때에는 합병등기와 동시에 사채등기를 하여야 한다(528조 2항).

유한회사가 주식회사와 합병하는 경우에 존속회사 또는 신설회사가 주식회사인 때에는 법원의 인가를 얻지 아니하면 합병의 효력은 없다(600조 1항). 자본충실의 원칙에 위반하여 부실한 주식회사가 합병으로 탄생하는 것을 막기 위한 규정이다.

이사는 채권자보호절차의 경과, 합병을 할 날, 소멸회사로부터 승계한 재산의 가액과 채무액 기타 합병에 관한 사항을 기재한 서면을 합병을 한 날부터 6월간 본점에 비치하여야 한다(527조의6 1항). 주주 및 회사채권자는 영업시간내에는 언제든지 위 서류의 열람을 청구하거나 회사가 정한 비용을 지급하고 그 등본 또는 초본의 교부를 청구할 수 있다(527조의6 2항, 522조의2 2항). 이 규정을 통해, 합병 후에 합병관련 서류를 공개함으로써 합병관련 이해당사자들로 하여금 합병무효소송 등을 제기할 수 있는 기초를 제공해 주고 있다.

주식을 병합하지 아니하는 경우에, 합병으로 인하여 소멸하는 회사의 주식에 대한 질권은 소멸회사의 주주가 존속회사 또는 신설회사로부터 받는 금전이나 주식에 대하여도 미치고(530조 4항, 339조), 등록질권자는 존속회사 또는 신설회사에 대하여 직접 합병신주권의 교부를 청구할 수 있다(530조 4항, 340조 3항).

3. 특수한 합병절차

가. 간이합병

(1) 의의

흡수합병시 소멸회사의 총주주의 동의가 있거나 소멸회사의 발행주식총수의 90% 이상을 이미 존속회사가 소유하고 있는 때에는 소멸회사의 주주총회의 승인은 이를 이사회의 승인으로 갈음할 수 있다(527조의2 1항).1229) 주주총회를 개최해야 하는 시간과 비용을 절약하면서도 기존주주들의 이익에 침해가 발생하지 않을 경우에 한해 적용될 수 있는 규정으로서, <u>흡수합병에서 소멸회사에만 적용된다.</u>1230)

(2) 절차

소멸회사는 합병계약서를 <u>작성한 날</u> 즉, 계약체결일로부터 2주내에 주주총회의 승인을 얻지 아니하고 합병을 한다는 뜻을 공고하거나 주주에게 통지하여야 한다(527조의2 2항 본문). 특히 존속회사가 소멸회사 총발행주식의 90% 이상을 소유하고 있는 경우, 10% 미만의 주식을 소유하고 있는 주주에게 주식매수청구권을 행사할 수 있는 기회를 준다는 의미에서 그 취지가 있다. 다만, 총주주의 동의가 있는 때에는 공고하거나 통지할 필요가 없다(527조의2 2항 단서).

(3) 반대주주의 주식매수청구

소멸회사의 총주주가 합병에 동의하는 경우에는 당연히 이들에게 주식매수청구권이 인정될 수 없을 것이나, <u>반대주주가 있는 경우</u>에는 위 <u>공고 또는 통지를 한 날부터 2주내</u>에 회사에 대하여 <u>서면</u>으로 합병반대의 통지를 하고 <u>그 기간의 경과한 날부터 20일이내</u>에 주식의 종류와 수를 기재한 서면으로 <u>소멸회사에 대하여</u> 자기가 소유하고 있는 주식의 매수를 청구할 수 있다(522조의3 2항).

1229) 총주주 또는 당해 종류주주전원의 동의가 없는 한, 종류주주총회까지 대체한다고 보기는 어렵다고 판단됨(주석상법 회사(V), 383; 주식회사법대계III, 454).
1230) 흡수합병의 존속회사나 신설합병의 경우에는 적용되지 아니함.

나. 소규모합병의 경우

(1) 의의

흡수합병의 존속회사가 합병으로 인하여 발행하는 신주의 총수가 그 회사의 발행주식총수의 10%를 초과하지 아니하면서 동시에, 합병으로 인하여 소멸회사의 주주에게 지급할 금액을 정한 경우 그 금액이 존속회사의 최종 대차대조표상으로 현존하는 순자산액의 5%를 초과하지 아니하는 때에는 그 존속회사의 주주총회의 승인은 이를 이사회의 승인으로 갈음할 수 있다(527조의3 1항).[1231] 이사회결의만으로 승인됨으로써 시간과 비용을 절감할 수 있으나, 소멸회사가 부채가 많은 회사인 경우일지라도 존속회사가 주주총회의 결의를 거치지도 않고 동시에 반대주주의 주식매수청구권도 인정치 않음으로써[1232] 존속회사의 주주보호에 문제가 있는 규정이다.

(2) 요건

위에서 언급한 바와 같이, ① 존속회사가 발행하는 신주가 발행주식총수의 10% 이하이어야 한다.

또한, 합병으로 인하여 소멸회사의 주주에게 지급할 금액을 정한 경우에, 그 금액이 존속회사의 최종 대차대조표상으로 현존하는 순자산액의 5%를 초과하는 때에는 반드시 주주총회의 승인을 거쳐야 한다(527조의3 1항 단서). 따라서 소규모합병에 해당하기 위해서는, ② 소멸회사의 주주에게 지급하는 금액이 존속회사 순자산액의 5% 이하이어야 한다.

그리고 ③ 존속회사 발행주식총수의 20% 이상에 해당하는 주식을 소유한 주주가 소규모합병을 한다는 통지 또는 공고일로부터 2주간내에 회사에 대하여 서면으로 합병에 대해 반대하는 의사를 통지하지 않아야 한다(527조의3 4항의 반대해석).

1231) 총주주 또는 당해 종류주주전원의 동의가 없는 한, 종류주주총회까지 대체한다고 보기는 어렵다고 판단됨(주석상법 회사(V), 389; 주식회사법대계III, 454).

1232) 특히 반대주주가 존속회사 발행주식총수의 20% 미만일 경우에는 상법 527조의3에 따라 합병을 저지할 수도 없음.

(3) 절차

소규모합병을 하기 위해서는 ① 존속회사의 합병계약서에 주주총회의 승인을 얻지 아니하고 합병한다는 뜻을 기재하여야 하며(527조의3 2항), ② 존속회사는 합병계약서를 작성한 날부터 2주내에 소멸회사의 상호 및 본점소재지, 합병을 할 날 그리고 주주총회의 승인을 얻지 아니하고 합병을 한다는 뜻을 공고하거나 주주에게 통지하여야 한다(527조의3 3항).

(4) 반대주주의 주식매수청구권 불인정

간이합병과는 달리, 소규모합병에서는 반대주주의 주식매수청구권이 인정되지 않는다. 이는 주주의 권익을 심각하게 침해한다고 볼 수 있다. 따라서 입법론적으로 소규모합병의 경우에도 반대주주의 주식매수청구권을 인정하는 것이 바람직하다 할 것이다.1233)

4. 합병무효

가. 의의

합병이라는 단체법적 법률행위에 있어서는 일반 계약과는 달리 법적 안정성이 강하게 요구되므로, 상법은 합병에 하자가 있다 하더라도 반드시 소송으로써만 이를 주장할 수 있게 하는 등 제한을 가하고 있다.

나. 합병무효사유

합병무효사유로는 합병승인결의에 부존재, 무효 또는 취소사유가 있는 때, 채권자보호절차를 경료하지 아니한 때, 법령이 요구하는 정부의 인가를 받지 아니하고 합병을 한 때 등이 있다. 특히 문제되는 것은 합병비율이 현저하게 불공정할 경우 합병무효의 원인이 되는지 여부인데, 판례에 의하면 이를 합병무효사유로 인정하고 있다.[판례150]

1233) 동지 이철송, 1071; 임재연(II), 566; 장덕조, 540.

[판례150] 대법원 2008.1.10. 선고 2007다64136 판결

합병비율을 정하는 것은 합병계약의 가장 중요한 내용이고, 그 합병비율은 합병할 각 회사의 재산상태와 그에 따른 주식의 실제적 가치에 비추어 공정하게 정함이 원칙이며, 만일 그 비율이 합병할 각 회사의 일방에게 불리하게 정해진 경우에는 그 회사의 주주가 합병 전 회사의 재산에 대하여 가지고 있던 지분비율을 합병 후에 유지할 수 없게 됨으로써, 실질적으로 주식의 일부를 상실케 되는 결과를 초래하므로, 현저하게 불공정한 합병비율을 정한 합병계약은 사법관계를 지배하는 신의성실의 원칙이나 공평의 원칙 등에 비추어 무효이고, 따라서 합병비율이 현저하게 불공정한 경우 합병할 각 회사의 주주 등은 상법 529조에 의하여 소로써 합병의 무효를 구할 수 있음.

다. 원고 및 피고

합병무효의 소를 제기할 수 있는 자는 합병당사회사의 주주, 이사, 감사, 청산인, 파산관재인 또는 합병을 승인하지 않은 채권자에 한한다(529조 1항).1234) 회사채권자가 합병무효의 소를 제기한 때에는 법원은 회사의 청구에 의하여 상당한 담보를 제공할 것을 명할 수 있다(530조 2항, 237조, 176조 3항).

피고는 존속회사 또는 신설회사이다. 소멸회사는 이미 소멸하였기 때문에 피고의 당사자적격이 없다고 보아야 할 것이다.

라. 제소기간

합병무효의 소는 합병등기일로부터 6월내에 제기하여야 한다(529조 2항, 528조).

마. 전속관할 등

합병무효의 소는 본점소재지의 지방법원의 관할에 전속하며(530조 2항, 240조, 186조), 합병무효의 소가 제기된 때에는 회사는 지체없이 공고하여야 하고(530조 2항, 240조, 187조), 수개의 합병무효의 소가 제기된 때에는 법원은 이를 병합심리하여야 하며(530조 2항, 240조, 188조), 합병무효의 소가 그 심리 중에 원인이 된 하자가 보완되고 회사의 현황과 제반사정을 참작하여 합병의 무효화하는 것이 부적

1234) 입법론적으로는 집행임원에게도 소제기권을 인정해 주는 것이 바람직하다고 봄.

당하다고 인정한 때에는 법원은 그 청구를 기각할 수 있고(530조 2항, 240조, 189조), 합병무효판결은 제3자에 대하여도 그 효력이 있으나 판결확정 전에 생긴 회사와 주주 및 제3자간의 권리의무에 영향을 미치지 아니하며(530조 2항, 240조, 190조), 합병무효의 판결이 확정된 때에는 본점과 지점의 소재지에서 합병 후 존속회사의 변경등기, 소멸회사의 회복등기, 신설회사의 소멸등기를 하여야 하고(530조 2항, 238조), 합병을 무효로 한 판결이 확정된 때에는 합병을 한 회사는 합병 후 존속회사 또는 신설회사의 합병 후 부담한 채무에 대하여 연대하여 변제할 책임이 있으며(530조 2항, 239조 1항), 존속회사 또는 신설회사의 합병 후 취득한 재산은 합병을 한 회사의 공유로 하고(530조 2항, 239조 2항), 이 경우 각 회사의 협의로 그 부담부분을 정하지 못한 때에는 법원은 그 청구에 의하여 합병당시의 각 회사의 재산상태 기타의 사정을 참작하여 이를 정하며(530조 2항, 239조 3항), 합병무효의 소를 제기한 자가 패소한 경우에 악의 또는 중대한 과실이 있는 때에는 회사에 대하여 연대하여 손해를 배상할 책임이 있고(530조 2항, 240조, 191조), 회사채권자가 합병무효의 소를 청구한 때에는 법원은 회사의 청구에 의하여 상당한 담보를 제공할 것을 명할 수 있는데, 회사가 이 청구를 함에는 회사채권자의 청구가 악의임을 소명하여야 한다.(530조 2항, 237조, 176조 3항, 4항).

XXI. 주식회사의 분할

1. 의의

회사의 분할이란 하나의 회사의 재산이 2 이상으로 구분된 후, 그 구분된 재산을 기초로 회사를 신설하거나 그 구분된 재산을 다른 회사와 합병시킴으로써, 분할회사의 권리의무가 신설회사(단순분할의 경우) 또는 기존회사(분할합병의 경우)에 포괄승계되고, 원칙적으로 분할회사[1235]의 주주가 신설회사 또는 기존회사의 주주가 되는 단체법적 행위를 말한다. 합병의 반대개념이라고 볼 수 있다. 합병에

1235) 회사분할의 대상이 되는 회사를 말하며, 상법 530조의2에서의 "회사"가 이에 해당하고, 이후 조문에서는 "분할되는 회사"로 언급됨.

서와 마찬가지로, 주주와 회사채권자의 보호문제가 해석론적 및 입법론적으로 특히 고려해야 할 점이다.

2. 기능

　　① 규모의 비경제 즉, 규모가 적정이상으로 비대해져 오히려 경제적 효율이 떨어지는 현상이 발생하는 회사에서 이를 해결하기 위해 회사조직을 나누기 위한 방법으로 이용되며, ② 공정거래법에 반하여 공정경쟁을 해치는 일정 사업분야에서의 독점을 야기하는 회사에서 이러한 위법행위를 해결하기 위한 방편으로 사용되기도 하고,[1236] ③ 한 회사 내의 일부 사업부문이 높은 사업위험을 가지고 있는 경우 이를 분리시킴으로써 사업위험의 범위를 축소시키는 효과를 발휘하는 데 이용되기도 하며, ④ 적대적 M&A의 방어수단으로 사용되기도 하고, ⑤ 창업주의 자녀에게 상속을 위한 수단으로 이용되거나 창업주간에 동업관계를 해소하는 방법으로 사용되기도 한다.

3. 주체

　　분할의 주체는 주식회사로 한정된다. 따라서 소멸회사, 존속회사, 신설회사, 기존회사는 모두 주식회사이어야 한다.

　　주식회사이기만 하면 해산 후의 회사 즉, 청산회사도 분할의 주체가 될 수 있으나, <u>해산후의 회사는 존립중의 회사를 존속하는 회사로 하거나 새로 회사를 설립하는 경우에 **한하여**</u> 분할 또는 분할합병을 할 수 있다(530조의2 4항). 해산회사 자신을 존속회사로 하여 분할 또는 분할합병을 할 수 없다는 의미인데, 해산회사는 청산을 거쳐 소멸될 것을 전제로 하기 때문이다.

　　여기서 해산후의 회사란 존립기간의 만료 기타 정관에 정한 사유에 의해 해산하는 경우와 주주총회결의에 의해 해산하는 경우만을 의미한다고 보아야 할 것이고, 나머지 해산사유 즉, 합병, 파산, 해산명령 또는 해산판결에 의해 해산하는 경우는 각 관련규정에 따라야 하므로, 이 규정이 적용되지 않는다고 보아야 할 것이다.[1237]

1236) 미국에서 반독점법에 따라, 거대통신기업인 AT&T를 분할한 경우가 그 예임.

4. 회사분할의 형태

가. 단순분할

"회사는 분할에 의하여 1개 또는 수개의 회사를 설립할 수 있다(530조의2 1항)." 에서 의미하는 방법 즉, 분할회사가 회사 내의 영업을 2개 이상으로 구분한 후, 구분된 영업의 일부 또는 전부를 출자하여 신설회사들을 만드는 분할형태를 말한다. 이에는 소멸분할과 존속분할이 있다.

(1) 소멸분할

분할회사가 회사 내의 영업을 2개 이상으로 구분한 후, 자신은 해산하고, 구분된 영업을 2개 이상의 신설회사에 출자하는 형태를 말한다. 이 경우 분할회사의 주주는 2개 이상의 신설회사의 주주가 된다.

(2) 존속분할

분할회사가 회사 내의 영업을 2개 이상으로 구분한 후, 구분된 영업의 일부는 분할회사가 존속하면서 계속 영위하고, 나머지 영업을 1개 이상의 신설회사에 출자하는 형태를 말한다. 역시 분할회사의 주주는 동시에 신설회사의 주주가 된다.

나. 분할합병

"회사는 분할에 의하여 1개 또는 수개의 존립중의 회사와 합병할 수 있다(530조의2 2항)"에서 의미하는 방법 즉, 분할회사가 회사 내의 영업을 2개 이상으로 구분한 후, 구분된 영업 중 일부를 다른 회사와 합병하는 분할형태를 말한다. 이에는 흡수분할합병과 신설분할합병이 있다.

(1) 흡수분할합병

분할회사가 회사 내의 영업을 2개 이상으로 구분한 후, 구분된 영업 중 일부를 기존회사에 흡수합병시키는 형태를 말한다.

1237) 이철송, 1085; 임재연(II), 613; 주식회사법대계III, 507.

(2) 신설분할합병

분할회사가 회사내의 영업을 2개 이상으로 구분한 후, 구분된 영업 중 일부와 기존회사와의 신설회사를 만드는 형태를 말한다.

다. 단순분할과 분할합병의 혼용

단순분할과 분할합병의 혼용이란 회사가 분할에 의하여 1개 또는 수개의 회사를 설립함과 동시에 분할합병하는 것을 말하는 바(530조의2 3항), 이는 크게 4가지로 구분할 수 있다. 즉, ① 회사내의 영업을 2개 이상으로 구분한 후, 자신은 해산하고, 구분된 영업 중 일부는 신설회사에 출자하며, 나머지 구분된 영업을 기존회사에 흡수합병시키는 형태(단순분할에서의 소멸분할 + 분할합병에서의 흡수분할합병), ② 회사내의 영업을 2개 이상으로 구분한 후, 자신은 해산하고, 구분된 영업 중 일부는 신설회사에 출자하며, 나머지 구분된 영업과 기존회사와의 신설회사를 만드는 형태(단순분할에서의 소멸분할 + 분할합병에서의 신설분할합병), ③ 회사내의 영업을 2개 이상으로 구분한 후, 구분된 영업 중 일부는 분할회사가 존속하면서 계속 영위하고, 다른 일부는 신설회사에 출자하며, 나머지 영업을 기존회사에 흡수합병시키는 형태(단순분할에서의 존속분할 + 분할합병에서의 흡수분할합병), 그리고 ④ 회사내의 영업을 2개 이상으로 구분한 후, 구분된 영업 중 일부는 분할회사가 존속하면서 계속 영위하고, 다른 일부는 신설회사에 출자하며, 나머지 영업과 기존회사와의 신설회사를 만드는 형태(단순분할에서의 존속분할 + 분할합병에서의 신설분할합병)를 말한다.

라. 물적 분할

물적 분할이란 위에서 설명한 단순분할 또는 분할합병과는 달리, 존속회사의 주주가 기존회사 또는 신설회사의 주주가 되는 것이 아니라, 존속회사 자신이 기존회사 또는 신설회사의 주주가 되는 분할형태를 말한다.

5. 분할의 법적 성질

회사분할의 법적 성질과 관련하여, ① 분할은 합병의 반대이므로 분할도 인격의 분할이라고 주장하는 인격분할설이 있고,[1238] ② 인적분할은 주주에 의한 현물출자로 보고 물적 분할은 회사에 의한 현물출자로 주장하는 견해도 있으며,[1239] ③ 회사재산의 부분적 포괄승계와 그 대가로서의 주식의 부여를 본질적 요소로 하는 조직법, 단체법상의 행위 내지 제도로 보는 견해도 있다.[1240] 살피건대, ④ 회사분할은 회사의 영업을 분리하여 그 주체인 법인격을 달리하는 동시에 분할되는 영업에 상응하는 회사의 주식소유관계를 분리하는 단체법적 법률사실이라는 견해[1241]가 타당하다고 생각한다.

6. 분할의 대상

상법은 분할의 대상을 "재산"으로 표기하고 있는 바(530조의5 1항 7호, 530조의6 1항 6호, 530조의6 2항 4호, 530조의9 2항, 3항), 이 "재산"은 분할회사의 특정재산을 의미하는 것이 아니라, <u>회사의 영업목적을 위하여 조직화되고 유기적 일체로서 기능하는 영업재산 즉, 회사의 영업을 의미한다</u>고 보는 것이 타당할 것이다.[1242][판례 151] 왜냐하면 ① 단순한 재산만의 매각이 아닌, 회사분할제도를 별도로 만들어 분할회사의 주주에게 단순분할신설회사 또는 분할승계회사의 주식을 주는 이유가 결국 회사라는 영업목적의 유기적인 조직체의 분리를 전제로 할 뿐만 아니라, ② 이러한 해석이 회사분할을 통해 권리의무가 포괄승계되는 이론에도 부합하며, ③ 나아가 이러한 해석을 통해 분할회사의 책임이 단순재산의 매각이라는 논리를 통해 회피될 위험을 막을 수 있기 때문이다.

1238) 손진화, 746; 정찬형, 512; 최준선, 763.

1239) 서헌제, 1093; 이기수외, 773; 정동윤, 967.

1240) 권기범, 124. 이에 대하여 회사법에서 인정된 특수한 제도라는 견해로는 유시창, 434; 이범찬외, 533.

1241) 양명조, 546; 이철송, 1086; 장덕조, 547. 이에 대하여 인적분할과 물적분할의 측면을 동시에 가지고 있다는 견해로서 최기원, 1161.

1242) [판례151]; 양명조, 248; 이철송, 1088; 임재연(II), 615; 주석상법 회사(V), 429. 이에 반하여 개개의 재산도 분할할 수 있다는 견해로서 권기범, 131; 김건식, 776; 주식회사법대계III, 511.

[판례151] 대법원 2010.2.25. 선고 2008다74963 판결

분할되는 회사가 "출자한 재산"이라 함은 분할되는 회사의 특정재산을 의미하는 것이 아니라, 조직적 일체성을 가진 영업 즉, 특정의 영업과 그 영업에 필요한 재산을 의미하는 것으로 해석됨.

7. 분할의 절차

가. 이사회의 결의

먼저 이사회에서 분할계획서(단순분할의 경우) 또는 분할합병계약서(분할합병의 경우)에 대한 논의 및 승인절차를 거친 후, 주주총회승인절차로 진행된다.

나. 주주총회의 특별결의

회사가 분할 또는 분할합병을 하는 때에는 분할계획서 또는 분할합병계약서를 작성하여 주주총회의 특별결의에 의한 승인을 얻어야 한다(530조의3 1항, 2항). 이를 위한 주주총회의 소집통지에는 분할계획 또는 분할합병계약의 요령이 기재되어야 한다(동조 4항). 분할회사이든 분할합병의 상대방회사이든 주주총회의 특별결의를 얻어야 한다.

한편, **합병과 달리**, 분할 또는 분할합병의 승인을 위한 주주총회에서는 의결권이 배제 또는 제한되는 주식을 가진 주주도 의결권이 있다(동조 3항, 344조의3 1항). 의결권이 배제 또는 제한되는 주식을 가진 주주를 분할 또는 분할합병과정에서 보호하기 위한 취지이나,[1243] 합병에서는 보호하지 않으면서 분할 또는 분할합병에서만 보호하는 것은 균형을 잃은 입법으로 보아야 할 것이다.[1244]

1243) 김건식, 781; 주석상법 회사(V), 435; 최기원, 1184. 이에 반하여 무의결권주식에 대한 의결권인정은 불필요하며, 종류주주총회의 결의로 충분하다는 견해로는 송옥렬, 1228; 이기수외, 776. 한편 오류라는 견해로는 최준선, 770. 또한 근거를 찾기 어렵다는 견해로는 주식회사법대계III, 535.

1244) 김건식, 781; 이철송, 1091; 임재연(II), 631. 이에 대하여, 무의결권주식에 의결권을 부여하지 말고 주식매수청구권을 인정해야 한다는 견해로는 최기원, 1185.

다. 종류주주총회의 결의 등

분할회사가 종류주식을 발행한 경우, 회사의 분할 또는 분할합병으로 인하여 어느 종류의 주주에게 손해를 미치게 경우에는 그 종류주식의 주주총회의 결의가 있어야 한다(436조, 435조 1항). 이 종류주주총회의 결의는 출석한 주주의 의결권의 3분의2 이상의 수와 그 종류의 발행주식총수의 3분의1 이상의 수로써 하여야 한다(435조 2항).

또한 회사의 분할 또는 분할합병으로 인하여 분할 또는 분할합병에 관련되는 각 회사의 주주의 부담이 가중되는 경우에는 주주총회의 <u>특별결의</u> 및 <u>종류주주총회의 결의</u> 외에 그 <u>부담이 가중되는 주주전원의 동의</u>가 있어야 한다(530조의3 6항). 여기서 "주주의 부담이 가중되는 경우"란 분할의 결과로 추가출자를 요구하는 경우를 말한다고 보는 것이 타당할 것이다.1245)[판례152]

> **[판례152]** 서울고등법원 2008.11.6. 선고 2004나66911 판결(이 고등법원 판결은 대법원 2010.8.19. 선고 2008다92336 판결에 의하여 상고기각됨)
>
> "회사의 주주의 부담이 가중되는 경우"란, 회사의 부담이 가중되는 경우 즉, 회사의 부담이 가중됨에 따라 간접적으로 주주의 부담이 가중되는 경우와 같이 폭넓게 해석할 수는 없고, 주식회사의 본질상 주식인수가액을 한도로 출자의무가 있을 뿐인 주주에게 직접적인 의무 내지 부담을 가중하는 예외적인 경우로 한정하여 해석하여야 할 것이므로, 이 사건의 경우, 대우중공업의 청산가치가 감소되어 대우중공업의 주주에게 부담이 가중되었다 할지라도, 위 "회사의 주주의 부담이 가중되는 경우"에 해당되지 않음.

라. 단순분할절차

(1) 의의

단순분할은 분할회사의 분할과 회사의 신설이라는 두 단계의 절차를 경료해야 한다.

1245) [판례152]; 양명조, 551; 이기수외, 777; 이철송, 1092. 이에 반하여, 불필요하다는 견해로는 권기범, 139; 김건식, 781; 임재연(II), 632. 한편, 주주의 부담이 되는 모든 경우를 포함한다는 견해로는 유시창, 437; 이범찬외, 548; 홍복기외, 629.

(2) 분할계획서

분할에 의하여 회사를 설립하는 경우에는 이사회승인과 주주총회의 특별결의를 얻어야 할 분할계획서에 다음 사항이 기재되어야 한다(530조의5 1항).1246) 만일 분할절차가 분할계획서의 내용대로 이행되지 아니하는 경우에는 분할무효의 원인이 될 것이다.

① 설립되는 회사("단순분할신설회사")의 상호, 목적, 본점의 소재지 및 공고의 방법(동항 1호)

② 단순분할신설회사가 발행할 주식의 총수 및 액면주식, 무액면주식의 구분(동항 2호)

발행할 주식이란 수권자본을 말한다.

③ 단순분할신설회사가 분할 당시에 발행하는 주식의 총수, 종류 및 종류주식의 수, 액면주식, 무액면주식의 구분(동항 3호)

④ 분할되는 회사의 주주에 대한 단순분할신설회사의 주식의 배정에 관한 사항 및 배정에 따른 주식의 병합 또는 분할을 하는 경우에는 그에 관한 사항(동항 4호)

⑤ 분할회사의 주주에게 4호에도 불구하고 금전이나 그 밖의 재산을 제공하는 경우에는 그 내용 및 배정에 관한 사항(동항 5호)

금전 또는 그 밖의 재산("분할교부금") 즉, 관계회사의 주식 또는 사채 등을 분할대가의 일부로 지급하는 경우를 말한다. 단순분할에서는 주주없이 신설회사를 설립할 수 없기 때문에 신주교부없이 분할교부금만으로의 단순분할은 허용되지 않는다고 보아야 할 것이다.1247)

⑥ 단순분할신설회사의 자본금과 준비금에 관한 사항(동항 6호)

⑦ 단순분할신설회사에 이전될 재산과 그 가액(동항 7호)

1246) 분할계획서에는 합병계약서와 같이, 이하 ① 내지 ⑫에 기재한 사항 이외에 법령에 위반되지 아니하는 임의적 기재사항을 기재할 수 있음.

1247) 분할회사가 원칙적으로 채권자이의절차를 밟지 않아도 되는 단순분할절차를 이용하여 자본감소를 동시에 실행하면서 그 환급금을 분할교부금의 형태로 지급하는 경우에는, 이는 분할을 통하여 자본충실의 원칙을 잠탈하는 것이므로 채권자보호절차를 거쳐야 할 것임(주석상법 회사(V), 447; 주식회사법대계III, 531). 이에 대하여 입법론으로 분할교부금을 무제한 허용하게 되면 주주가 채권자에 앞서 출자를 환급받는 수단으로 악용될 위험성이 있으므로, 교부금이 분할대가의 예를 들어 10%를 초과하지 못하는 것으로 규정할 필요가 있다는 견해로는 이범찬외, 544; 이철송, 1093.

어떤 재산을 어떤 단순분할신설회사에 이전할 것인지를 정하여야 하는 데, 이 재산에는 적극재산뿐만 아니라 소극재산 즉, 채무도 포함하는 것으로 해석해야 할 것이다. 여기서 적극재산이란 단순한 특정재산만을 의미하는 것이 아니라, 특정영업과 그 영업에 속하여 조직화된 재산을 의미한다고 보아야 할 것이다.[1248]

⑧ 연대책임을 배제하기로 정한 경우에 그 내용(동항 8호)

분할회사가 주주총회 특별결의로 분할에 의하여 단순분할신설회사를 설립하는 경우에는 단순분할신설회사는 분할회사의 채무 중에서 분할계획서에서 승계하기로 정한 채무에 대한 책임만을 부담하는 것으로 정할 수 있으며, 이 경우 분할회사가 분할 후에 존속하는 경우에는 분할회사는 단순분할신설회사가 부담하지 아니하는 채무에 대한 책임만을 부담한다(530조의9 2항). 만일 분할계획서에 이 사항이 기재되지 아니하면 분할회사와 단순분할신설회사는 모두 분할회사의 종전 채무에 대한 연대책임을 부담하여야 한다(동조 1항).

⑨ 분할을 할 날(530조의5 1항 8호의2)

실제로 회사의 영업분할을 실행에 옮기는 기준일을 말한다고 보아야 할 것이다.[1249]

⑩ 단순분할신설회사의 이사와 감사를 정한 경우에는 그 성명과 주민등록번호(동항 9호)

단순분할의 경우 단순분할신설회사는 창립총회에서 이사 및 감사를 선출하게 되는데(530조의11 1항, 527조 3항, 312조), 창립총회를 이사회 공고로 갈음하게 되면(530조의11 1항, 527조 4항), 이사 및 감사를 선출할 수 없으므로, 분할회사의 주주총회에서 분할계획서의 승인을 통해 이사 및 감사를 선출할 수 있게 한 것이다. 한편, 창립총회를 개최한다 하더라도 사전에 이사와 감사를 선출할 수 있는 길을 열어주었다고 볼 수 있다.

⑪ 단순분할신설회사의 정관에 기재될 그 밖의 사항(530조의5 1항 10호)

분할계획서가 단순분할신설회사 정관의 역할을 담당하는 것을 전제로 한 규정인데, 단순분할신설회사가 별도로 정관을 작성하지 않아도 됨을 전제로 한 것이다.

1248) 대법원 2010.2.25. 선고 2008다74963 판결 참조.
1249) 합병을 할 날에 대응되는 것으로서, 분할의 효력이 발생하는 등기일을 말하는 것이 아니라 분할 등기를 제외한 모든 법적 절차가 완료되는 예정일을 말한다고 보아야 할 것임.

⑫ 존속분할의 경우 추가기재사항(530조의5 2항)

분할 후 분할회사가 존속하는 경우에는 존속회사에 관하여 위 분할계획서에 다음 각호의 사항을 추가로 기재하여야 한다. 분할로 인하여 정관변경 등 분할회사에 중대한 변경이 초래되므로, 이를 분할계획서에 기재하여 주주 및 회사채권자에게 알려줌과 동시에 분할승인 주주총회에서 이를 함께 처리하고자 하는 취지이다.

　　㉠ 감소할 자본금과 준비금의 액(동항 1호)

　　㉡ 자본감소의 방법(동항 2호)

　　　분할에 의하여 반드시 자본을 감소해야 하는 것은 아니고, 분할로 인해 순자산액이 자본금 및 법정준비금의 합계금액에 미달하는 경우에만 자본감소를 하여야 할 것이다.1250)

　　㉢ 분할로 인하여 이전할 재산과 그 가액(동항 3호)

　　㉣ 분할 후의 발행주식의 총수(동항 4호)

　　㉤ 회사가 발행할 주식의 총수를 감소하는 경우에는 그 감소할 주식의 총수, 종류 및 종류별 주식의 수(동항 5호)

　　㉥ 정관변경을 가져오게 하는 그 밖의 사항(동항 6호)

(3) 회사의 설립

분할회사만의 출자에 의하여 회사를 설립하는 경우(530조의4 단서)("단독분할설립")와 분할회사의 출자와 제3자의 출자를 합하여 회사를 설립하는 경우("모집분할설립")로 나뉜다.

(가) 설립의 주관

1) 단독분할설립

분할계획서에 설립회사의 정관에 기재될 사항들이 이미 기재되어 있고, 발기인이 출자하거나 모집주주를 모집해야 할 필요가 없다. 따라서 발기인이 필요치 아니하고 대표이사가 그 역할을 하게 된다.

1250) 이철송, 1095; 주석상법 회사(III), 450.

2) 모집분할설립

일반적인 회사설립에 관한 규정이 준용된다(530조의4 본문). 모집주주가 있는 경우에는 인수, 납입담보책임(321조) 및 손해배상책임(322조)의 주체가 필요하고, 상업등기규칙에 의하면 회사분할로 인한 모집주주가 있는 신설회사의 설립등기를 신청하는 경우에는 등기에 필요한 특정정보를 제공하도록 규정하고 있으므로(상업등기규칙 150조 6호, 129조 2호 내지 7호, 12호), 발기인이 반드시 있어야 할 것이다.

(나) 주식의 인수

1) 단독분할설립

분할회사의 출자만으로 회사가 설립되는 경우에는 주식의 인수는 분할계획서에 따르게 되므로, 별도로 일반 회사설립에 관한 규정이 준용될 필요가 없다.

2) 모집분할설립

분할회사의 출자와 관련해서는 위에서 설명한 바와 같으나, 모집주주가 인수하는 주식과 관련하여서는, 발기인은 주식청약서를 작성하고, 모집주주는 주식청약서를 통해 청약하며, 그 밖의 배정과 납입절차도 일반 회사설립에 관한 규정이 준용된다.

(다) 검사인의 조사, 보고 등

분할회사에서 단순분할신설회사로 이전되는 재산은 실질적으로 현물출자에 해당될 것이나, 상법은 단독분할설립의 경우에는 검사인의 조사, 보고가 필요없다고 규정하고 있다(530조의4 단서, 299조).1251) 그러나 모집분할설립의 경우에는 검사인의 조사, 보고가 이루어져야 할 것이다.

단독분할설립의 경우에는 창립총회가 없으며, 모집분할설립의 경우에는 원칙적으로 창립총회가 개최되어야 할 것이나, 특칙에 의해 이사회의 공고로 갈음할 수 있다(530조의11 1항, 527조 4항). 임원선임과 관련하여, 단독분할설립의 경우에는

1251) 이와 같은 조사, 보고의무의 면제는 현물출자에 국한되며, 나머지 변태설립사항의 경우에는 면제되지 아니한다고 보는 것이 타당할 것임(동지 이철송, 1098; 임재연(II), 634).

분할계획서에 의하지만 모집분할설립의 경우에는 창립총회에서 선임해야 할 것이다.

(라) 주식병합절차 준용

분할회사의 주주에게 주식을 발행함에 있어, 분할회사의 주주들이 가지고 있던 주식수에 변동이 없을 때에는 단순분할신설회사의 주식을 기준일 현재의 분할회사의 주주들에게 그 비율대로 발행하면 된다. 그리고 분할회사의 주식을 병합하는 경우에는 회사는 1월 이상의 기간을 정하여 회사분할의 뜻과 그 기간 내에 주권을 회사에 제출할 것을 공고하고, 주주명부에 기재된 주주와 질권자에 대하여는 각별로 그 통지를 해야 한다(530조의11 1항, 440조). 또한 주권을 제출할 수 없는 자가 있는 때에는 회사는 그의 청구에 의하여 3월 이상의 기간을 정하고 이해관계인에 대하여 그 주권에 대한 이의가 있으면 그 기간 내에 제출할 뜻을 공고하고 그 기간이 경과한 후에 신주권을 청구자에게 교부할 수 있다(530조의11 1항, 442조).1252) 한편, 단순분할신설회사의 주식을 주주들에게 배정함에 있어 단주가 생길 경우에는 단주를 경매하여 각 주수에 따라 그 대금을 주주에게 지급하되, 거래소의 시세있는 주식은 거래소를 통하여 매각하고, 거래소의 시세없는 주식은 법원의 허가를 받아 경매외의 방법으로 매각할 수 있다(530조의11 1항, 443조).

마. 분할합병절차

(1) 의의

분할합병은 회사분할과 회사합병이라는 두 가지 절차로 구성된다. 양 절차는 분할회사와 분할합병의 상대방회사(분할합병승계회사 또는 분할합병신설회사)의 각 대표이사 간에 분할합병계약서를 작성, 체결하여 이사회 및 주주총회의 승인을 받는 하나의 절차로 진행된다.

1252) 공고비용은 청구자의 부담으로 함.

(2) 분할합병계약서[1253]

(가) 흡수분할합병의 경우

분할회사의 일부가 다른 회사("분할합병의 상대방회사")와 합병하여 그 다른 회사가 존속하는 경우에는, 분할회사와 분할합병의 상대방회사 간에 분할합병계약서를 작성하게 된다. 이에는 다음 사항을 기재하여야 한다(530조의6 1항).

① 분할합병의 상대방회사로서 존속하는 회사("분할합병승계회사")가 분할합병으로 인하여 발행할 주식의 총수를 증가하는 경우에는 증가할 주식의 총수, 종류 및 종류별 주식의 수(동항 1호)

수권자본에 여유가 있는 경우에는 기재할 필요가 없다.

② 분할합병승계회사가 분할합병을 하면서 신주를 발행하거나 자기주식을 이전하는 경우에는 그 발행하는 신주 또는 <u>이전하는 자기주식</u>의 총수, 종류 및 종류별 주식의 수(동항 2호)

이에 대하여는 합병신주에 관한 내용이 그대로 적용된다. 따라서 그 기재방법도 합병계약서에서 설명한 바와 같다.

③ 분할합병승계회사가 분할합병을 하면서 신주를 발행하거나 자기주식을 이전하는 경우에는 분할회사의 주주에 대한 분할합병승계회사의 신주의 배정 또는 자기주식의 이전에 관한 사항 및 주식의 병합 또는 분할을 하는 경우에는 그에 관한 사항(동항 3호)

분할회사의 주주에게 주식종류별 1주당 분할합병승계회사의 특정종류 주식 몇 주를 배정할 것인지에 관한 내용이다. 흡수합병시 존속회사의 신주발행 또는 자기주식의 이전과 같다. 분할회사의 주주에게 그 지분비율대로 분할신주를 배정하지 않음으로서 주주평등의 원칙에 반하는 결과를 초래하는 경우에는 <u>주주 전원의 동의가 없는 한</u>, <u>분할무효사유</u>가 있는 것으로 보아야 할 것이다.[1254]

1253) 이하 (가), (나)의 사항은 절대적 기재사항임. 이외에도 흡수분할합병, 신설분할합병 모두의 경우에 임의적 기재사항을 분할합병계약서에 기재할 수 있을 것임; 주주총회 특별결의를 얻음에 있어, 의결권이 배제되는 종류주식(344조의3 1항)도 의결권이 있고(530조의3 3항), 이와 관련하여 분할합병계약서의 요령이 주주총회소집통지서(363조)에 기재되어야 하며(530조의3 4항), 회사의 분할합병으로 인하여 분할합병에 관련되는 각 회사의 주주의 부담이 가중되는 경우에는 주주총회 특별결의 및 상법 436조의 결의 외에 그 주주전원의 동의가 있어야 함(530조의3 6항).

1254) 권기범, 136; 주석상법 회사(V), 455; 주식회사법대계III, 523.

④ 분할합병승계회사가 분할회사의 주주에게 위 3호에도 불구하고, 그 대가의 전부 또는 일부로서 금전이나 그 밖의 재산을 제공하는 경우에는 그 내용 및 배정에 관한 사항(동항 4호)

분할합병승계회사가 분할회사의 주주에게 분할교부금만을 지급할 수 있는 규정이다. 이 경우 상법은 합병의 경우와 같이, 삼각분할합병을 허용하고 있다. 즉, 분할회사의 주주에게 제공하는 재산이 분할합병승계회사의 모회사 주식을 포함하는 경우에는, 자회사에 의한 모회사주식의 취득금지규정(342조의2 1항)에도 불구하고, 분할합병승계회사는 그 지급을 위하여 모회사 주식을 취득할 수 있다(530조의6 4항). 또한 분할합병승계회사는 분할합병 후에도 계속 모회사 주식을 보유하고 있는 경우에는 분할합병의 효력이 발생하는 날부터 6개월이내에 그 주식을 처분하여야 한다(동조 5항). 한편, 분할회사의 주주에게 분할교부금을 지급하는 경우에는 채권자를 위한 분할합병승계회사의 책임재산이 감소하므로, 채권자보호절차를 거쳐야 한다고 보아야 할 것이다(530조의11 2항, 527조의5).1255)

⑤ 분할합병승계회사의 자본금 또는 준비금이 증가하는 경우에는 증가할 자본금 또는 준비금에 관한 사항(동항 5호)

흡수합병에서 설명한 내용과 같다(523조 2호).

⑥ 분할회사가 분할합병승계회사에 이전할 재산과 그 가액(동항 6호)

단순분할의 경우에 분할계획서에서 설명한 내용과 같다(530조의5 1항 7호).

⑦ 분할합병승계회사의 연대채무 배제채택시, 동 규정(동항 7호, 530조의9 3항, 2항, 530조의3 2항, 434조)

분할합병의 경우에, 분할회사는 주주총회 특별결의로, 분할합병에 따른 출자를 받는 분할합병승계회사가 분할회사의 채무 중에서 분할합병계약서에 승계하기로 정한 채무에 대한 책임만을 부담하는 것으로 정할 수 있으므로,1256) 이렇게 정한 경우 그 내용을 기재한다는 뜻이다.

⑧ 각 회사에서 특별결의를 할 주주총회의 기일(530조의6 1항 8호, 530조의3 2항)

분할회사뿐만 아니라 분할합병승계회사에서도 주주총회 특별결의를 얻어야 하므로, 각 소집일을 합의하여 기재토록 한 것이다.

1255) 한편, 별도의 추가적 보호절차가 필요없다는 견해로는 주석상법 회사(V), 456; 주식회사법대계III, 524.

1256) 이 경우 분할회사가 분할합병 후에 존속하는 경우에는 분할회사는 분할합병승계회사가 부담하지 아니하는 채무에 대한 책임만을 부담함(530조의9 2항 후단).

⑨ 분할합병을 할 날(530조의6 1항 9호)

단순분할에서 언급한 내용과 같다(530조의5 1항 8호의2).

⑩ 분할합병승계회사의 이사와 감사를 정한 경우에는 그 성명과 주민등록번호(530조의6 1항 10호)

분할회사가 분할합병승계회사의 이사와 감사를 정하고자 하는 경우에 이를 분할합병계약서에 명시함으로써 그 구속력을 갖게 하고자 기재케 하는 것이다.

⑪ 분할합병승계회사의 정관변경을 가져오게 하는 그 밖의 사항(530조의6 1항 11호)

분할합병승계회사의 정관변경을 위한 별도의 주주총회 소집없이, 정관변경사항을 분할계약서에 기재케 하고, 이를 분할승인을 위한 주주총회에서 통과시키자는 취지이다.

(나) 신설분할합병의 경우(530조의6 2항)

분할회사의 일부가 다른 분할회사의 일부 또는 다른 회사와 회사를 설립하는 경우에는, 분할회사간 또는 분할회사와 다른 회사간에 분할합병계약서를 작성하게 된다. 이에는 다음 사항을 기재하여야 한다(530조의6 2항).

① 분할합병신설회사의 상호, 목적, 본점의 소재지 및 공고의 방법(530조의5 1항 1호), 분할합병신설회사가 발행할 주식(수권자본)의 총수 및 액면주식, 무액면주식의 구분(동항 2호), 분할합병신설회사의 자본금과 준비금에 관한 사항(동항 6호), 분할합병신설회사에 이전될 재산과 그 가액(동항 7호), 연대책임을 배제하기로 정한 경우에 그 내용(동항 8호), 분할을 할 날(동항 8호의2), 분할합병신설회사의 이사와 감사를 정한 경우에는 그 성명과 주민등록번호(동항 9호),1257) 및 분할합병신설회사의 정관에 기재될 그 밖의 사항(동항 10호)에 규정된 사항(530조의6 2항 1호)

② 분할합병신설회사가 분할합병을 하면서 발행하는 주식의 총수, 종류 및 종류별 주식의 수(동항 2호)

이 경우 자본충실의 원칙상, 신주총액은 분할회사들이 출자한 재산의

1257) 분할합병신설회사가 설립되므로 창립총회가 개최되어야 하는데(530조의4, 308조), 이사회의 공고로 창립총회를 대체할 수 있으므로(530조의11 1항, 527조), 이 경우에 이사와 감사를 선임할 방법이 없어 분할합병계약서에 기재케 하여 분할합병계약서의 승인을 통해 이사와 감사를 선임할 수 있게 한 것임.

순자산액을 초과하지 못한다고 보아야 할 것이다.

③ 각 회사의 주주에 대한 주식의 배정에 관한 사항과 배정에 따른 주식의 병합 또는 분할을 하는 경우에는 그 규정(동항 3호)

단순분할시, 단순분할신설회사의 주식배정에 관한 설명과 같다.

④ 각 회사가 분할합병신설회사에 이전할 재산과 그 가액(동항 4호)

단순분할시, 단순분할신설회사의 재산이전에 관한 설명과 같다.

⑤ 각 회사의 주주에게 지급할 금액을 정한 때에는 그 규정(동항 5호)

단순분할시, 분할교부금에서 설명한 바와 같다.

⑥ 각 회사에서 특별결의를 할 주주총회의 기일(동항 6호)

흡수분할합병시, 주주총회결의에 관해 설명한 바와 같다.

⑦ 분할합병을 할 날(동항 7호)

단순분할시, 분할을 할 날에서 설명한 바와 같다.

⑧ 각 회사의 분할합병을 하지 아니하는 부분의 기재(동조 3항)

분할회사가 존속할 경우에는 자본의 감소 등 변화된 사항을 분할합병계약서에 추가로 기재한다.1258)

(3) 분할합병계약서의 효력

모든 분할합병절차는 주주총회의 승인을 얻은 분할합병계약서의 내용대로 진행되어야 한다. 만일 이에 위반되는 경우에는 분할합병무효의 사유가 된다고 보아야 할 것이다.

(4) 창립총회

신설분할합병의 경우에는 채권자보호절차의 경료 후, 주식의 병합이 있을 때에는 그 효력이 생긴 후 그리고 병합에 적당하지 아니한 주식이 있을 때에는 단주의 처리를 한 후, 지체없이 창립총회를 소집해야 하나, 이사회의 공고로서 갈음할 수 있다(530조의11 1항, 527조, 527조의5, 443조).

1258) 만일 분할회사가 분할합병을 하지 아니하는 부분을 가지고 새로운 회사를 설립하는 경우에는 새로운 회사를 위한 분할계획서를 작성하여야 하며, 분할회사가 분할합병을 하지 아니하는 부분을 다른 회사에 합병시키고 해산하는 경우에는 별도로 분할합병계약서를 작성해야 함.

(5) 주식의 병합 등

분할합병과 관련하여, 분할회사의 주주들의 주식을 병합하거나 소각할 필요가 있는 경우에는 1개월 이상의 기간을 정하여 그 뜻과 그 기간 내에 주권을 분할회사에 제출할 것을 공고하고 주주명부에 기재된 주주와 질권자에 대하여는 각별로 통지를 하여야 한다(530조의11 1항, 440조). 한편, 병합에 적당하지 아니한 수의 주식이 있는 때에는 그 병합에 적당하지 아니한 부분에 대하여 발생한 신주를 경매하여 각 주수에 따라 그 대금을 종전의 주주에게 지급하여야 하나, 거래소의 시세있는 주식은 거래소를 통하여 매각하고, 거래소의 시세없는 주식은 법원의 허가를 받아 경매외의 방법으로 매각할 수 있다(530조의11 1항, 443조). 또한 상법 441조 및 442조도 준용된다(530조의11 1항).

(6) 간이분할합병, 소규모분할합병

분할합병시 분할회사가 소멸하는 경우에, 분할회사의 총주주의 동의가 있거나 분할회사의 발행주식총수의 90% 이상을 분할합병승계회사가 소유하고 있는 때에는 분할회사의 주주총회의 승인은 이를 이사회의 승인으로 갈음할 수 있다(530조의11 2항, 527조의2).

또한 분할합병승계회사가 분할합병의 대가로 발행하는 신주가 당해 회사의 발행주식 총수의 100분의10을 초과하지 아니하고, 동시에 분할교부금 총액이 분할합병승계회사의 최종대차대조표상 현존하는 순자산액의 100분의5를 초과하지 아니하는 때에는 분할합병승계회사의 주주총회의 승인은 이사회의 승인으로 이를 갈음할 수 있다. 단, 분할합병승계회사의 발행주식총수의 100분의 20 이상에 해당하는 주식을 소유한 주주가 주주총회의 승인을 얻지 아니하고 분할합병을 한다는 뜻을 공고 또는 통지를 한 날부터 2주내에 회사에 대하여 서면으로 분할합병에 반대하는 의사를 통지한 때에는 주주총회의 승인을 이사회의 승인으로 갈음할 수 없다(530조의11 2항, 527조의3).1259)

1259) 소규모분할합병은 단순분할이나 분합합병 중 신설분할합병에는 적용되지 않는다고 보아야 할 것임(임재연(II), 630; 주석상법 회사(V), 439; 주식회사법대계III, 541).

바. 채권자보호절차

(1) 단순분할의 경우

단순분할의 경우 분할회사 및 단순분할신설회사는 분할 전의 분할회사의 채무에 관하여 연대하여 변제할 책임이 있으므로(530조의9 1항), 일반적으로는 단순분할의 경우에는 채권자보호절차가 필요없다고 볼 수 있다.[판례153], [판례154], [판례155]

> **[판례153] 대법원 2010.12.23. 선고 2010다71660 판결 및 대법원 2008.2.14. 선고 2007다73321 판결**
>
> 변제기가 도래하지 않은 채무 및 회사분할의 효력발생 전에 아직 발생하지는 아니하였으나 이미 그 성립의 기초가 되는 법률관계가 발생하여 있는 채무도 연대책임의 범위에 포함됨(원심이 인정한 바와 같이 2007.5.18.자 및 2007.7.11.자 각 신용보증약정이 이 사건 제1,제2의 각 신용보증약정에 대한 경개가 아니라 그 보증조건을 단순히 갱신한 것에 불과한 이상, 이 사건 구상금 채무는 분할 전의 신용보증약정 및 이를 담보로 한 각 대출계약에 의해 그 기초가 되는 법률관계가 이미 성립되어 있었다 할 것이므로, 비록 원고가 피고의 분할 후인 2008.3.21.및 같은 해 5.30.소외 주식회사의 대출채무를 대위변제하였다 하여도 피고는 그로 인한 구상금 채무를 소외 주식회사와 연대하여 변제할 책임이 있음).

> **[판례154] 대법원 2011.5.26. 선고 2008두18335 판결, 대법원 2009.6.25. 선고 2008두17035 판결 및 대법원 2007.11.29. 선고 2006두18928 판결**
>
> 분할하는 회사의 분할 전 법 위반행위를 이유로 과징금이 부과되기 전까지는 단순한 사실행위만 존재할 뿐 과징금과 관련하여 분할하는 회사에 승계 대상이 되는 어떠한 의무가 있다고 할 수 없으므로, 특별한 규정이 없는 한, 신설회사에 대하여 분할하는 회사의 분할 전 법 위반행위를 이유로 과징금을 부과하는 것은 허용되지 않음.

> **[판례155] 대법원 2017.5.30. 선고 2016다34687 판결, 대법원 2010.8.26. 선고 2009다95769 판결**
>
> 상법 530조의9 1항의 연대책임의 법적 성격은 부진정연대채무임.

그러나 단순분할시 신설회사의 책임을 제한할 수 있다. 즉, 분할회사는 주주총회 특별결의로 분할로 인하여 회사를 설립하는 경우에는, 단순분할신설회사는 분할회사의 채무 중에서 분할계획서에서 승계하기로 정한 채무에 대한 책임만을 부담하는 것으로 정할 수 있으며, 이 경우 분할회사가 분할 후에 존속하는 경우에는 단순분할신설회사가 부담하지 아니한 채무에 대한 책임만을 부담한다(530조의9 2항). 따라서 이 경우에는 채무변제의 주체가 변경되므로 채권자보호절차가 필요하여 합병에 관한 채권자보호절차가 준용된다(530조의9 4항, 2항, 527조의5).1260) 그런데 그 밖의 단순분할과 관련해서는 채권자보호절차를 준용한다는 준용규정이 없으므로, 채권자보호에 있어 미흡한 면이 있다.1261)

(2) 분할합병의 경우

분할합병의 경우에는 합병의 경우와 마찬가지로 책임주체 및 담보재산의 중요한 변경을 야기하므로 합병에 적용되는 채권자보호절차가 준용된다(530조의11 2항, 527조의5, 232조 2항, 3항). 그리고 이 준용규정은 분할회사뿐만 아니라 분할합병의 상대방회사에도 적용된다고 보아야 할 것이다.

사. 반대주주의 주식매수청구권

단순분할에는 반대주주의 주식매수청구권이 인정되지 않으나, 분할합병은 합병과 유사한 결과를 야기하므로, 합병에서 인정되는 반대주주의 주식매수청구권이 분할합병에 준용된다(530조의11 2항, 522조의3).1262)

1260) 사채권자가 이의를 제기하려면 사채권자집회의 결의가 있어야 함(530조의9 4항, 439조 3항).

1261) 이범찬외, 548; 이철송, 1105. 이에 반하여 연대책임에 의하여 채권자에게 불리한 것이 없으므로, 채권자보호절차가 필요없다는 견해(서헌제, 1101; 양명조, 553; 장덕조, 552; 홍복기외, 630)가 있으나, 주주에 대한 합병교부금 지급으로 인하여 주주가 채권자보다 먼저 출자를 환급받음으로써 채권자의 이해관계에 영향을 미치는 경우가 발생될 수 있으므로, 이 견해는 타당하지 않음. 이와 관련하여 자본금 감소시에 적용되는 채권자보호절차를 이에 유추적용해야 한다는 견해로는 이철송, 1105.

1262) 분할합병의 경우에 합병에 있어 반대주주의 주식매수청구권에 관한 절차규정(530조 2항, 374조의2 2항 내지 5항)의 준용규정이 없는데, 이를 유추적용하는 것으로 해결할 수도 있으나, 입법론적으로는 준용규정을 명시하는 것이 바람직함.

아. 물적분할 절차

(1) 의의

상법상 회사분할 규정은 분할되는 회사가 분할 또는 분할합병으로 인하여 설립되는 회사의 주식의 총수를 취득하는 경우에 이를 준용한다(530조의12). 물적분할이란 분할회사가 분할 또는 분할합병으로 설립되는 회사의 주식을 분할회사의 주주에게 귀속시키지 않고 직접 전부 취득하는 분할방식을 말한다. 이러한 주식 귀속주체의 차이만 있을 뿐, 나머지 절차는 선택에 따라 앞서 설명한 분할 또는 분할합병의 절차가 적용된다.

(2) 적용범위

분할회사가 소멸되는 소멸분할의 경우에는 분할회사가 주식을 소유할 수 없으므로, 물적분할은 분할회사가 존속하는 존속분할에만 적용된다. 또한 분할회사가 분할 또는 분할합병으로 설립되는 회사의 주식을 소유해야 하므로, 설립되는 회사가 없는 흡수분할합병의 경우에는 물적분할이 허용될 수 없다.[1263] 한편, 분할 또는 분할합병으로 설립되는 회사의 주식을 분할회사의 주주가 일부라도 취득하는 경우에는 물적분할이 적용될 수 없다. 그리고 설립되는 회사의 주식의 총수를 취득한다는 의미는 분할회사에 배정되는 주식의 전부를 취득하는 것으로 해석되어야 하며, 설립되는 회사의 발행주식총수를 의미한다고 해석할 수는 없다고 보아야 할 것이다.

(3) 절차

물적분할에는 상법 530조의2 내지 530조의11의 규정이 적용되므로, 분할계획서 또는 분할계약서의 작성, 주주총회 특별결의에 의한 승인, 분할정보의 공시, 반대주주의 주식매수청구권, 채권자보호절차 및 연대책임원칙에 대한 규정들이 적용된다. 단, 물적분할은 분할회사가 직접 주식을 취득하게 되어 어느 종류의 주주에게 손해를 입힐 우려가 발생하지 아니하므로 종류주주총회의 승인이 필요 없다고 보아야 할 것이다.

1263) 양명조, 546; 이범찬외, 539; 주석상법 회사(V), 485; 홍복기외, 624. 이에 반하여 입법의 착오로서 허용된다고 해석해야 한다는 견해로는 이철송, 1107; 최준선, 772.

8. 분할의 등기

흡수분할합병의 경우에는 주주총회가 종결한 날 또는 보고에 갈음하는 공고일로부터 본점소재지에서는 2주내, 지점소재지에서는 3주내에, 단순분할 및 신설분할합병의 경우에는 창립총회가 종결된 날 또는 보고에 갈음하는 공고일로부터 본점소재지에서는 2주내, 지점소재지에서는 3주내에, 신설회사는 설립등기, 단순분할로 분할회사가 존속하는 경우 분할회사는 변경등기, 단순분할로 분할회사가 소멸하는 경우 분할회사는 해산등기, 흡수분할합병의 경우 분할합병승계회사는 변경등기를 각 경료하여야 한다(530조의11 1항, 528조 1항).

회사의 분할은 분할 후 존속한 회사 또는 분할로 인하여 설립된 회사가 그 본점소재지에서 등기를 함으로써 그 효력이 생긴다(530조의11 1항, 234조). 즉, <u>단순분할 또는 신설분할합병</u>의 경우에는 <u>신설회사가 설립등기를 한 때</u>에 분할의 효력이 발생하고, <u>흡수분할합병</u>의 경우에는 <u>분할합병승계회사가 변경등기를 한 때</u>에 분할의 효력이 발생한다.

9. 분할대차대조표 등의 공시

분할회사의 이사는 분할계획서 또는 분할합병계약서를 작성하여 주주총회의 승인을 얻는 날의 2주전부터, 분할의 등기를 한 날 또는 분할합병을 한 날 이후 6개월간 다음의 서류를 본점에 비치하여야 한다(530조의7 1항, 530조의3 1항).

① 분할계획서 또는 분할합병계약서,

② 분할되는 부분의 대차대조표,

③ 분할합병의 경우 분할합병의 상대방회사의 대차대조표 및

④ 분할 또는 분할합병을 하면서 신주가 발행되거나 자기주식이 이전되는 경우에는 분할회사의 주주에 대한 신주의 배정 또는 자기주식의 이전에 관하여 그 이유를 기재한 서면

또한 분할회사의 일부가 다른 회사와 합병하여 그 다른 회사가 존속하는 경우에 분할합병승계회사의 이사는 분할합병을 승인하는 주주총회일의 2주전부터, 분할합병의 등기를 한 후 6개월간 다음 서류를 본점에 비치하여야 한다(530조의7 2항, 530조의6 1항).

① 분할합병계약서,

② 분할회사의 분할되는 부분의 대차대조표 및

③ 분할합병을 하면서 신주를 발행하거나 자기주식을 이전하는 경우에는 분할회사의 주주에 대한 신주의 배정 또는 자기주식의 이전에 관하여 그 이유를 기재한 서면

위 분할회사의 이사 또는 분할합병승계회사의 이사가 위 서류를 비치하는 경우, 주주 및 회사채권자는 영업시간내에는 언제든지 위 서류의 열람을 청구하거나, 회사가 정한 비용을 지급하고 그 등본 또는 초본의 교부를 청구할 수 있다 (530조의7 3항, 522조의2 2항).

10. 분할의 효과

가. 법인격의 동일성

존속분할의 경우 분할회사가 존속하므로 분할회사의 법인격은 존속회사에 그 동일성이 유지된다고 볼 수 있지만, 분할로 인한 신설회사 또는 흡수분할합병의 분할합병승계회사는 분할회사의 법인격과 그 동일성이 유지된다고 볼 수 없으며, 분할회사가 소멸하는 경우에도 물론 동일성을 논할 여지가 없다.

나. 권리와 의무의 승계

(1) 의의

단순분할신설회사, 분할합병승계회사 또는 분할합병신설회사는 분할회사의 권리와 의무를 분할계획서 또는 분할합병계약서에서 정하는 바에 따라 승계한다 (530조의10). 즉, 회사분할에 의한 권리의무의 승계는 <u>분할계획서 또는 분할합병계약서에 기재된 범위내에서만</u> 이루어진다는 의미이다. 또한 이러한 승계는 법률규정에 따른 <u>포괄승계</u>이므로 당연히 승계되는 것이고, 별도의 이전행위를 요하지 아니한다.1264)

1264) 김동훈, 489; 김정호, 736; 김홍기, 756; 서헌제, 1105; 송옥렬, 1229; 양명조, 555; 이기수외, 779; 이범찬외, 550; 임재연(II), 650; 장덕조(합병에서의 포괄승계와는 의미가 다르다고 함), 554;

그러나 개별법령에서 명시적으로 제외규정을 두고 있거나 공법상의 인·허가를 받은 지위처럼 그 성질상 승계가 허용되지 않는 일신전속적인 권리의무는 분할계획서나 분할합병계약서에 기재되었더라도 포괄승계에서 제외된다고 보아야 할 것이다.[1265] 이와 관련하여, 판례는 <u>공동수급체의 구성원의 지위</u>(양 주식회사가 공동수급체를 형성하여 한국전력공사와 공사도급계약을 체결한 경우)는 민법상의 조합의 성질의 가지므로, 구성원 지위를 제3자에게 양도할 수 있기로 약정하지 아니한 이상, 포괄승계의 대상이 되지 아니한다고 보고 있다[1266].

다만, 판례는 법인의 권리의무가 <u>법률의 규정에 의하여 새로 설립된 법인에 승계되는 경우</u>에는 특별한 사유가 없는 한, <u>계속중인 소송에서 그 법인의 법률상 지위</u>도 새로 설립된 법인에 <u>승계된다</u>고 판시하고 있다.[1267]

(2) 분할회사의 경업금지의무 해당여부

분할회사가 분할의 상대방회사에게 승계시킨 영업과 경업관계에 있는 영업을 할 수 있을 것인지와 관련하여, 분할의 상대방회사를 보호하기 위하여 영업양도인의 경업금지의무(41조)를 유추적용함으로써 분할회사는 경업금지의무를 부담한다고 보는 것이 타당할 것이다.[1268]

(3) 주식취득

회사분할에 의하여 분할회사의 주주는 분할계획서 또는 분할합병계약서의 내용에 따라 단순분할신설회사, 분할승계회사 또는 분할합병신설회사의 주식을 취득하게 된다. 물적분할의 경우에는 분할회사가 주식을 취득한다. 한편, 소멸분할의 경우에는 분할회사가 소멸하게 되므로 분할회사의 주주는 분할회사의 주식을 상실하며, 존속분할을 하면서 자본감소를 하게 되면 분할회사의 기존주주권의 감소가 발생한다.

정경영, 694; 정동윤, 978; 최기원, 1204; 최완진, 423; 최준선, 774; 홍복기외, 633.

1265) 이철송, 1109; 임재연(II), 650; 장덕조, 555; 주석상법 회사(V), 481. 이에 반하여 개별적으로 판단해야 한다는 견해로는 김건식, 786.

1266) 대법원 2011.8.25. 선고 2010다44002 판결.

1267) 대법원 2002.11.26. 선고 2001다44352 판결.

1268) 물론 분할회사가 동일 영업을 양적으로 분리하여 일부만을 상대방회사에 승계시킨 경우에는 경업금지의무여부는 문제되지 아니함.

(4) 이사, 감사의 선임 및 정관변경

단순분할의 경우에 단순분할신설회사는 분할계획서에(530조의5 1항 9호), 분할합병의 경우에 분할합병승계회사(530조의6 1항 10호) 또는 분할합병신설회사는 분할합병계약서에(530조의6 2항 1호, 530조의5 1항 9호) 각 이사와 감사를 정한 경우 그 성명과 주민등록번호를 기재하고, 이에 대한 <u>각 회사의 주주총회</u>1269)의 특별결의를 받으면, <u>별도의 절차를 요하지 아니하고</u>, <u>변경등기</u>1270) 또는 <u>설립등기</u>1271)에 의해 이사 및 감사가 된다. 물론 각 이사, 감사의 취임의 동의가 전제되어야 할 것이다.

또한 흡수분할합병의 경우 분할합병계약서에 분할합병승계회사의 정관변경 사항을 기재할 수 있는 바(530조의6 1항 11호), 분합합병의 주주총회 승인결의에 의해 정관변경도 승인되었다고 보아야 할 것이고 그 정관변경의 효력은 변경등기에 의해 발생한다고 보아야 할 것이다.

(5) 분할회사의 채무승계 및 책임

(가) 채무승계

단순분할신설회사, 분할승계회사 또는 분할합병승계회사는 분할회사의 권리와 의무를 분할계획서 또는 분할합병계약서에서 정하는 바에 따라 승계한다(530조의10). 따라서 채무를 당연히 포괄승계하는 회사합병과 다르다.

(나) 원칙적인 연대책임

분할회사, 단순분할신설회사, 분할승계회사 또는 분할합병신설회사는 분할 또는 분할합병 전의 분할회사 채무로 관하여 연대하여 변제할 책임이 있다(530조의9 1항). 원칙적으로 회사분할로 인해 채권자가 피해를 입지 않도록 하기 위한 규정이다.

위 연대채무에는 분할 후의 분할회사에 발생한 채무 또는 분할 후 신설회사가 새로이 부담하는 채무는 포함되지 아니하며, 특별한 규정이 없는 한 신설회사에 대하여 분할하는 회사의 분할 전 법 위반행위를 이유로 과징금을 부과하는 것

1269) 단순분할신설회사 또는 분할합병신설회사의 경우에는 그 회사만 주주총회결의를 얻으면 되지만, 분할승계회사의 경우에는 분할회사 및 분할승계회사 모두의 주주총회결의를 얻어야 함.
1270) 분할승계회사의 경우에 해당됨.
1271) 단순분할신설회사 또는 분할합병신설회사의 경우에 해당됨.

은 허용되지 아니하나,[1272] 회사 분할 또는 분할합병의 효력발생 전에 발생하였
으나 분할 또는 분할합병시 변제기가 도래하지 않은 채무도 포함되고,[1273] 회사
분할 또는 분할합병의 효력발생 전에 아직 발생하지는 아니하였으나 이미 그 성
립의 기초가 되는 법률관계가 발생하여 있는 채무도 포함된다.[판례156]

> [판례156] 대법원 2010.12.23. 선고 2010다71660 판결
>
> 구상금채무는 분할 전의 신용보증약정 및 이를 담보로 한 각 대출계약에 의해
> 그 기초가 되는 법률관계가 이미 성립되어 있었다 할 것임.

이 연대책임은 부진정연대책임으로 보아야 할 것이고,[1274] 그 대상이 되는
채무의 시효기간까지 유효하며, 무한책임이다.

(다) 연대책임의 제한

1) 의의

원칙적인 연대책임에도 불구하고, 주주총회 특별결의로, 분할에 의하여 회사
를 설립하는 경우에는, 단순분할신설회사는 분할회사의 채무 중에서 분할계획서
에 승계하기로 정한 채무에 대한 책임만을 부담하는 것으로 정할 수 있고, 이 경
우 분할회사가 분할 후에 존속하는 경우에는 단순분할신설회사가 부담하지 아니
하는 채무에 대한 책임만을 부담한다(530조의9 2항). 또한 분할합병의 경우에 분할
회사는 주주총회 특별결의로, 분할합병에 따른 출자를 받는 분할합병승계회사 또
는 분할합병신설회사가 분할회사의 채무 중에서 분할합병계약서에 승계하기로
정한 채무에 대한 책임만을 부담하는 것으로 정할 수 있다. 이 경우 역시 분할회
사가 분할합병 후에 존속하는 경우에는 분할합병승계회사 또는 분할합병신설회
사가 부담하지 아니하는 채무에 대한 책임만을 부담한다(530조의9 3항).

무조건적인 연대책임으로 인한 회사분할제도의 무용론을 해결하기 위하여,
회사채권자를 보호하는 한도내에서 연대책임에서 벗어날 수 있는 길을 열어준
것이고, 승계한 영업 또는 재산과 관계없이 책임지는 채무를 제한할 수 있도록
규정한 것이다.

1272) 대법원 2007.11.29. 선고 2006두18928 판결.
1273) 대법원 2008.2.14. 선고 2007다73321 판결.
1274) 대법원 2010.8.26. 선고 2009다95769 판결.

2) 요건

승계하기로 한 채무의 내용이 <u>분할계획서 또는 분할합병계약서에 명시되어</u>야 하고, 이에 대한 주주총회 <u>특별결의</u>에 의한 승인을 얻어야 하며, 이의 입증책임은 연대책임이 아니라고 주장하는 측에 있다.[판례157]

> **[판례157] 대법원 2010.8.26. 선고 2009다95769 판결**
>
> 갑 주식회사의 전기공사업 부문을 분할하여 을 주식회사에 합병하는 내용의 분할합병이 이루어진 사안에서, 갑 주식회사가 출자한 재산에 관한 채무만을 을 주식회사가 부담한다는 취지가 기재된 분할합병계약서가 작성되어 이에 대한 갑 주식회사의 주주총회의 승인이 이루어졌다는 사정을 인정할 수 없으므로, 을 주식회사는 상법 530조의9 제1항에 의하여 위 분할합병계약서에 의하여 본래 부담하기로 정한 채무 이외의 채무에 대하여 연대책임을 지고, 나아가 위 분할합병계약서에 아무런 기재가 없고 주주총회의 승인을 얻은 적이 없는데도 갑 주식회사가 출자한 재산에 관한 채무만을 을 주식회사가 부담한다는 취지가 일간신문에 공고되었다고 하여 그에 따른 효력이 발생한다고 볼 수 없고, 채권자가 분할합병에 동의한 관계로 개별 최고를 생략하였다는 사정 등 역시 을 주식회사가 상법 530조의9 제1항에 의하여 부담하게 되는 연대책임의 성부에 아무런 영향을 미치지 못함.

<u>분할합병</u>의 경우뿐만 아니라(530조의11 2항, 527조의5) <u>단순분할</u>(연대책임을 부담하지 않는 경우; 530조의9 2항, 4항, 527조의5)의 경우에도 <u>채권자보호절차를 경료해야</u> 한다(530조의9 4항, 527조의5). 즉, 분할의 주주총회 승인이 있는 날부터 2주내에 채권자에 대하여 분할에 이의가 있으면 1월 이상의 기간 내에 이를 제출할 것을 공고하고, 알고 있는 채권자에 대하여는 따로 따로 이를 최고하여야 하고, [판례158], [판례159] 채권자가 이 기간내에 이의를 제출하지 아니한 때에는 분할을 승인한 것으로 보며, 이의를 제출한 채권자가 있는 때에는 회사는 그 채권자에 대하여 변제 또는 상당한 담보를 제공하거나 이를 목적으로 하여 상당한 재산을 신탁회사에 신탁하여야 한다(527조의5 3항, 232조 2항, 3항).

> **[판례158] 대법원 2004.8.30. 선고 2003다25973 판결**
>
> 만일 개별적인 최고를 누락한 경우에는 그 채권자에 대하여 분할채무관계의 효력이 발생할 수 없고, 원칙으로 돌아가 신설회사가 분할회사와 연대하여 변제할 책임을 짐.

[판례159] 대법원 2011.9.29. 선고 2011다38516 판결

회사의 대표이사 개인이 알고 있는 채권자도 회사가 알고 있는 채권자에 포함됨.

한편, 예외적으로 판례는 채권자가 회사분할에 관여되어 있고 회사분할을 미리 알고 있는 지위에 있으며, 사전에 회사분할에 대한 이의제기를 포기하였다고 볼만한 사정이 있는 등 예측하지 못한 손해를 입을 우려가 없다고 인정되는 경우에는 개별적인 최고를 누락하였다고 하여 그 채권자에 대하여 신설회사와 분할되는 회사가 연대하여 변제할 책임이 되살아난다고 할 수 없다고 판시하고 있다.[1275] 살피건대, 연대책임이 배제된다는 사실을 잘 알고 있는 채권자까지 보호할 필요는 없는 것이므로, 타당한 판결이라고 생각한다.[1276]

(6) 물상대위

명문의 규정은 없으나, 분할회사의 주식에 질권을 갖는 질권자는 분할로 인해 질권설정자가 취득하는 주식 또는 분할교부금에 대하여 물상대위의 효력을 가진다고 보아야 할 것이다(339조 참조).

11. 분할의 무효

가. 무효의 원인과 절차 등

분할무효의 원인으로는 분할계획 또는 분할합병계약서의 내용이 강행법규에 위반되거나 현저히 불공정한 경우 또는 분할절차가 위법한 경우 등이 있고,[1277] 분할무효는 소만으로 제기할 수 있으며, 제소권자는 각 회사의 주주, 이사, 감사, 청산인, 파산관재인 또는 분할을 승인하지 아니한 채권자만이고, 피고는 회사가 되어야 할 것이며(530조의11 1항, 529조 1항), 분할무효의 소는 분할등기 후 6월내에 제기하여야 하고(530조의11 1항, 529조 2항), 분할무효의 소는 본점소재지의 지방법원의

1275) 대법원 2010.2.25. 선고 2008다74963 판결.
1276) 손진화, 756; 장덕조, 559. 이에 반대하는 견해로는 이철송, 1120.
1277) 신설회사의 자본금이 승계한 자산을 초과하는 경우, 회사분할로 인해 분할회사의 주주가 취득하는 주식의 배정이 주식평등의 원칙에 위반하는 경우, 주주총회의 승인을 받지 않거나 결의에 하자가 있는 경우 또는 채권자보호절차를 경료하지 않는 경우 등을 말함.

관할에 전속하며(530조의11 1항, 240조, 186조), 분할무효의 소가 제기된 때에는 회사는 지체없이 공고하여야 하고(530조의11 1항, 240조, 187조), 수개의 분할무효의 소가 제기된 때에는 법원은 이를 병합심리하여야 하며(530조의11 1항, 240조, 188조), 분할무효의 소가 그 심리 중에 원인이 된 하자가 보완되고 회사의 현황과 제반사정을 참작하여 분할의 무효로 하는 것이 부적당하다고 인정한 때에는 법원은 그 청구를 기각할 수 있고(530조의11 1항, 240조, 189조), 분할무효의 소를 제기한 자가 패소한 경우에 악의 또는 중대한 과실이 있는 때에는 회사에 대하여 연대하여 손해를 배상할 책임이 있으며(530조의11 1항, 240조, 191조), 회사채권자가 분할무효의 소를 청구한 때에는 법원은 회사의 청구에 의하여 상당한 담보를 제공할 것을 명할 수 있는데, 회사가 이 청구를 함에는 회사채권자의 청구가 악의임을 소명하여야 한다.(530조의11 1항, 237조, 176조 3항, 4항).

나. 무효판결의 효력

분할무효의 판결은 제3자에게도 효력이 있으나, 판결확정 전에 생긴 회사와 주주 및 제3자간의 권리의무에 영향을 미치지 아니한다(530조의11 1항, 240조, 190조). 즉, 분할무효판결은 대세적 효력은 있으나, 소급효는 없다.

단순분할의 무효판결은 신설회사의 설립무효를 의미한다. 따라서 신설회사는 무효가 되고 신설회사가 소멸한 경우 분할회사가 부활하며 신설회사의 재산도 분할회사로 복귀한다.

분할합병의 무효판결은 승계한 재산과 채무의 분할회사로의 복귀를 초래하고, 분할 후에 신설회사 또는 분할합병승계회사가 취득한 재산은 분할회사와 분할합병의 상대방회사와의 공유로 하고(530조의11 1항, 239조 2항), 분할 후에 신설회사 또는 분합합병승계회사가 부담한 채무는 분할회사와 분할합병의 상대방회사가 연대하여 변제할 책임이 있으며(530조의11 1항, 239조 1항), 위 공유 및 연대책임의 경우에, 각 회사의 협의로 그 지분 또는 부담부분을 정하지 못한 때에는 법원은 그 청구에 의하여 분할당시의 각 회사의 재산상태 기타의 사정을 참작하여 이를 정한다(530조의11 1항, 239조 3항).

XXII. 주식의 포괄적 교환 및 주식의 포괄적 이전

1. 의의

주식의 포괄적 교환과 주식의 포괄적 이전이란 어느 회사(A)의 모든 주주가 그 회사주식 전부를 다른 회사(B)에 이전하며, 대신 B는 A의 주주에게 위 주식이전에 대한 대가로 B의 신주식 또는 B의 자기주식을 교부함으로써, B는 A의 완전모회사가 되고, A는 B의 완전자회사가 되는 단체법적 기업결합형태를 말한다. 단, 양자의 차이점은 주식의 포괄적 교환은 B가 기존회사이고 A와 B의 계약에 의해 이루어지는데 반하여, 주식의 포괄적 이전은 B가 신설회사이고 A의 단독 또는 공동(360조의16 1항 8호)계획에 따라 이루어진다는 점이다. 이 제도는 주식회사에만 인정되고 유한회사에는 인정되지 않는다.

주식의 포괄적 교환이 흡수합병에 대응하는 형태라면 주식의 포괄적 이전은 신설합병에 대응하는 형태이다. 주식의 포괄적 이전의 경우에는 완전모회사가 설립되기 전에 절차가 개시되므로, 주식의 포괄적 교환의 경우와 달리, 완전모회사에 의한 승인결의나 신주발행에 갈음한 자기주식의 이전은 있을 수 없다.[1278]

2. 효용 및 다른 제도와의 비교

이 제도는 지주회사[1279]의 설립을 용이하게 함으로써 구조조정을 용이하게 하고, 완전모회사의 형성을 통해 자회사를 완전하게 지배함으로써 다른 주주가 있는 경우에 발생하는 경쟁관계 즉, 소수주주권행사 및 적대적 M&A의 가능성을 차단하며, 관련 비용을 절감할 수 있다는 장점이 있다.

한편, 이 제도를 이용하지 않더라도 B가 A의 모든 주주로부터 주식을 개별적으로 양수하거나 공개매수의 방법을 사용하면 동일한 효과를 누릴 수 있으나,

---

[1278] 김건식, 814; 송옥렬, 1208; 이철송, 1148; 주석상법 회사(II), 610.

[1279] 지주회사란 자산총액이 1천억원 이상인 회사로서, 주식의 소유를 통하여 국내회사의 사업내용을 지배하는 것을 주된 사업(주된 사업이란 지주회사가 소유하고 있는 자회사의 주식가액의 합계액이 지주회사 자산총액의 100분의50 이상이어야 함)으로 하는 회사를 말함(공정거래법 2조 1의2호, 동법시행령 2조 1항, 2항).

절차가 복잡하고 관련비용이 증가하며 A의 모든 주주가 동의한다는 보장이 없을 뿐만 아니라 개별적 주식인수비용이 상승하는 부담이 생길 수 있다. 또한 A의 모든 주주가 그 주식을 B에 현물출자를 하고 B의 주식을 교부받거나 영업양수도를 통한 방법도 있으나, 복잡한 절차와 비용증가의 문제가 발생할 수 있다. 즉, 주식의 포괄적 교환, 이전은 B가 A의 개별 주주와의 합의없이도 단체법적인 방법을 통해 일괄하여 완전모회사 설립절차를 진행할 수 있게 됨으로써 시간과 비용을 절약할 수 있는 매우 효과적인 구조조정 수단인 것이다. 또한 합병과 비교할 때, 조직의 거대화로 인한 규모의 비경제를 겪지 않을 수 있고, 별도의 회사를 유지함으로써 사업위험을 줄임과 동시에 실질적으로 양 회사의 통일적 운영이 가능하다는 장점도 있다.

3. 법적 성질

경제적 효과만을 본다면, A의 주주가 B회사에 현물출자하고 그 대가로 B의 주식을 받는 것과 동일한 결과를 초래한다고 할 것이나, 현물출자의 경우에서 요구되는 엄격한 조사절차가 주식의 포괄적 교환, 이전에는 적용되지 않는다는 점을 감안할 때, 현물출자로 보는 데는 문제가 있다.

살피건대, 주식의 포괄적 교환, 이전은 위에서 지적한 점뿐만 아니라, 주주총회의 결의에 의한다는 점, 반대주주의 주식매수청구권이 인정된다는 점 등을 고려한다면, 단체법 또는 조직법상 행위로 보는 것이 타당할 것이다.[1280]

4. 주식의 포괄적 교환

가. 의의

회사(B)는 주식의 포괄적 교환에 의하여 다른 회사(A)의 발행주식의 총수를 소유하는 회사 즉, 완전모회사가 될 수 있고, 이 경우 A는 완전자회사라 한다(360조의2 1항). 주식의 포괄적 교환에 의하여 <u>A의 종전주주가 가지는 주식은 주식을</u>

1280) 강희갑, 392; 권기범, 149; 송옥렬, 1205; 양명조, 575; 이철송, 1130; 임재연(II), 676; 장덕조, 562; 정동윤, 984; 정찬형, 795; 주석상법 회사(II), 612; 최기원, 1132; 한창희, 213.

교환하는 날에 B에 이전하고, A의 종전주주는 B가 주식교환을 위하여 발행하는 신주의 배정을 받거나 B의 자기주식을 이전받음으로서 B의 주주가 된다(동조 2항).[1281] A와 B의 계약에 의하여 조직법적으로 행하여진다는데 특징이 있으며, B는 하나의 회사이어야 하나, A는 하나가 아니라 2 이상의 복수회사이더라도 상관없다고 해석하는 것이 타당할 것이다.[1282]

나. 절차

(1) 주식교환계약서의 작성

포괄적 주식교환을 하고자 하는 회사는 주식교환계약서를 작성하여 주주총회의 특별결의를 통해 승인을 얻어야 한다(360조의3 1항, 2항). 물론 이사회의 승인은 전제되어야 할 것이다. 주식교환계약서에는 다음 각호의 사항을 적어야 한다(동조 3항).

① 완전모회사가 되는 회사가 주식교환으로 인하여 정관을 변경하는 경우에는 그 규정(동항 1호)

발행예정주식수를 증가시키는 등 주식의 포괄적 교환으로 인하여 정관을 변경시킬 필요가 있는 경우에, 그 사항을 포함시켜 주주총회의 결의를 받게 함으로써 정관변경을 위한 별도의 주주총회결의가 필요없도록 절차를 간소화시키기 위한 목적이다.

② 완전모회사가 되는 회사가 주식교환을 위하여 신주를 발행하거나 자기주식을 이전하는 경우에는 발행하는 신주 또는 이전하는 자기주식의 총수, 종류와 종류별 주식의 수 및 완전자회사가 되는 회사의 주주에 대한 신주의 배정 또는 자기주식의 이전에 관한 사항(동항 2호)

이와 관련하여, 자본충실의 원칙을 준수하기 위한 두 가지 특칙을 두고 있다. 즉, 완전모회사가 되는 회사의 자본금은 주식의 포괄적 교환의 날에 완전자회사가 되는 회사에 현존하는 순자산액에서 (완전자회사가 되는 회사의 주주에게 제공할 금전이나 그 밖의 재산의 가액 + 완전자회사가 되는 회사의 주주에게 이전하는 자기주식의 장부가액)을 뺀 금액을 초과하여 증가시킬 수 없다(360조의7 1항, 360조의3 3항 2호). 또한 완

1281) 물론 기존 A의 주주에게 B의 주식이 아닌 교부금만을 지급할 수 있게 함으로써, 기존 A의 주주를 배제시킬 수 있는 여지도 남겨두고 있음(360조의2 3항 4호).
1282) 권기범, 149; 김정호, 786; 이철송, 1131; 정동윤, 984; 주석상법 회사(II), 613; 홍복기외, 641.

전모회사가 되는 회사가 주식의 포괄적 교환 이전에 완전자회사가 되는 회사의 주식을 이미 소유하고 있는 경우에는 <u>완전모회사가 되는 회사의 자본금</u>은 주식의 포괄적 교환의 날에 <u>완전자회사가 되는 회사에 현존하는 순자산액에 그 회사</u><u>(완전자회사가 되는 회사)의 발행주식총수에 대한 주식교환으로 인하여 완전모회사가</u><u>되는 회사에 이전하는 주식의 수의 비율을 곱한 금액</u>에서 (완전자회사가 되는 회사의 주주에게 제공할 금전이나 그 밖의 재산의 가액 + 완전자회사가 되는 회사의 주주에게 이전하는 자기주식의 장부가액)을 뺀 금액의 한도를 초과하여 이를 증가시킬 수 없다(360조의7 2항, 1항, 360조의3 3항 2호). 위 두 가지 중 어느 경우이든 초과액(교환차익)은 자본준비금으로 적립하여야 한다(459조 1항).

③ 완전모회사가 되는 회사의 자본금 또는 준비금이 증가하는 경우에는 증가할 자본금 또는 준비금에 관한 사항(동항 3호)

④ 완전자회사가 되는 회사의 주주에게 2호에도 불구하고 그 대가의 전부 또는 일부로 <u>금전</u>이나 <u>그 밖의 재산</u>을 제공하는 경우에는 그 내용 및 배정에 관한 사항(동항 4호)

완전자회사가 되는 회사의 주주에게 주식이 아닌 교부금 즉, 금전 또는 그 밖의 재산만을 지급할 수 있게 함으로써, 동 주주를 완전모회사와 완전자회사에서 완전히 배제시키는 것을 가능케 하였다.

또한 동 주주에게 "<u>완전모회사의 모회사주식</u>"을 포함하는 그 밖의 재산을 지급하는 것도 허용함으로써 <u>삼각주식교환을 가능케 하였다</u>. 즉, 상법 342조의2 1항에도 불구하고, 동법 360조의3 3항 4호에 따라 완전자회사가 되는 회사의 주주에게 제공하는 재산이 완전모회사가 되는 회사의 모회사 주식을 포함하는 경우에는 완전모회사가 되는 회사는 그 지급을 위하여 그 <u>모회사의 주식을</u><u>취득할 수 있다</u>. 이 경우 완전모회사가 되는 회사는 취득한 그 회사의 모회사 주식을 <u>주식교환 후에도 계속 보유하고 있는 경우</u> 주식의 포괄적 교환의 효력이 발생하는 날부터 <u>6개월이내</u>에 그 주식을 처분하여야 한다(360조의3 6항, 7항).

더 나아가, <u>역삼각합병</u> 즉, 위 예에서 B회사가 A회사의 주주로부터 A회사 발행주식전부를 양도받으면서 그 대가로 A회사의 주주에게 B회사의 모회사인 C회사의 주식을 교부한 후, B회사가 A회사에 흡수합병되는 것이 <u>가능하게 되</u><u>었다</u>(이렇게 하면 C회사는 A회사의 모회사가 됨).1283)

1283) 2014.10.6.자로 정부가 국회에 제출한 상법 일부개정법률안의 주요내용 나.2). 참조.

⑤ 각 회사가 위 1항의 결의를 할 주주총회의 기일(동항 5호)

완전자회사 및 완전모회사 모두 주주총회의 특별결의를 요하는데, 그 주주총회 일자를 말하며, 반드시 동일한 일자일 필요는 없을 것이다.

⑥ 주식의 포괄적 교환을 할 날(동항 6호)

주식의 포괄적 교환의 효력이 발생하는 날 즉, 완전자회사가 되는 회사의 주주가 소유하는 주식이 완전모회사가 되는 회사로 이전되는 날을 말하며, 동일자로 완전자회사가 되는 회사의 주권은 무효로 된다(360조의8 1항 3호).

⑦ 각 회사가 주식의 포괄적 교환을 할 날까지 이익배당을 할 때에는 그 한도액(동항 7호)

주식의 포괄적 교환계약을 체결한 이후, 일방회사가 이익을 배당할 경우에는 당해 회사의 순자산가액이 감소하고 그 결과 교환비율에 영향을 미치게 되므로, 이익배당 한도액을 주식교환계약서에 명시토록 하여 교환비율의 결정에 신중을 기하게 하기 위함이다.

⑧ 완전모회사가 되는 회사에 취임할 이사와 감사 또는 감사위원회의 위원을 정한 때에는 그 성명 및 주민등록번호(동항 9호)

완전자회사의 주주였던 자가 완전모회사의 주주가 되므로, 이 주주의 의사가 반영되어 새로이 이사, 감사 또는 감사위원이 선임되는 경우, 이를 기재토록 하여 별도로 주주총회 결의없이 이들이 취임할 수 있도록 한 것이다. 한편, 감사위원회 위원은 원칙적으로 이사회에서 임명하나(415조의2 1항, 393조의2), 이에 대한 예외로서 주식의 포괄적 교환의 경우에는 주식교환계약서를 주주총회에서 승인하는 방법을 통해 결과적으로 주주총회에서 선임하게 된다.

(2) 주주총회의 승인

완전모회사가 될 회사 및 완전자회사가 될 회사 모두에서 주주총회의 특별결의를 얻어야 한다(360조의3 1항, 2항). 만일 주식의 포괄적 교환으로 인하여 어느 종류의 주주에게 손해를 미치게 될 때에는 주주총회의 결의 외에 해당 종류주식의 주주의 종류주주총회의 결의도 얻어야 한다(436조, 435조 1항). 또한 주식의 포괄적 교환으로 인하여 주식의 포괄적 교환에 관련되는 각 회사의 주주의 부담이 가중되는 경우에는 이러한 결의들 외에 그 주주전원의 동의가 있어야 한다(360조의3 5항, 360조의3 1항, 436조).

(3) 주주총회 소집 및 공시

회사는 주주총회 소집통지에 ① 주식교환계약서의 주요내용, ② 반대주주의 주식매수청구권의 내용 및 행사방법, ③ 일방회사의 정관에 주식의 양도에 관하여 이사회의 승인을 요한다는 뜻의 규정이 있고 다른 회사의 정관에 그 규정이 없는 경우 그 뜻을 모두 기재하여야 한다(360조의3 4항, 363조, 360조의5 1항).

또한 이사는 주주총회의 회일의 2주전부터 <u>주식교환의 날</u>1284) 이후 6월이 경과하는 날까지 ① 주식교환계약서, ② 완전모회사가 되는 회사가 주식의 포괄적 교환을 위하여 신주를 발행하거나 자기주식을 이전하는 경우에는 완전자회사가 되는 회사의 주주에 대한 신주의 배정 또는 자기주식의 이전에 관하여 그 이유를 기재한 서면 및 ③ <u>주주총회의 회일</u>(간이주식교환의 경우에는 공고 또는 통지를 한 날)<u>전 6월이내의 날에 작성한 주식의 포괄적 교환을 하는 각 회사의 최종 대차대조표 및 손익계산서</u>를 모두 본점에 비치하여야 한다(360조의4 1항, 360조의3 1항, 360조의9). <u>주주</u>는 영업시간내에 위 서류들의 열람 또는 등사를 청구할 수 있다(360조의4 2항, 391조의3 3항). 주식의 포괄적 교환은 회사의 재산에 변동을 가져오는 것은 아니므로, <u>채권자보호절차는 적용되지 아니하며</u>, 따라서 회사채권자는 위 서류들의 열람 또는 등사청구권도 없다.

(4) 주권의 실효절차

완전자회사가 되는 회사의 주주의 주식은 주식의 포괄적 교환에 의해 완전모회사가 되는 회사로 주권의 교부 없이도 이전되므로, 주식의 포괄적 교환에 의하여 완전자회사가 되는 회사는 주주총회에서 승인시, 기존주권을 실효시키는 절차가 필요하다. 따라서 ① 주주총회 승인을 한 뜻, ② 주식의 포괄적 교환의 날의 전날까지 주권을 회사에 제출하여야 한다는 뜻 및 ③ 주식의 포괄적 교환의 날에 주권이 무효가 된다는 뜻을 모두 주식의 포괄적 교환의 날 1월전에 공고하고, 주주명부에 기재된 주주와 질권자에 대하여 따로 따로 그 통지를 하여야 한다(360조의8 1항).

이 경우에 구주권을 회사에 제출할 수 없는 자가 있는 때에는 회사는 그 자의 청구에 의하여 3월 이상의 기간을 정하고 이해관계인에 대하여 그 주권에 대

1284) 주식교환을 할 날(360조의3 3항 6호)을 의미한다고 보아야 할 것임.

한 이의가 있으면 그 기간 내에 제출할 뜻을 공고하고 그 기간이 경과한 후에 신주권을 청구자에게 교부할 수 있으며, 이 공고비용은 청구자의 부담으로 한다(360조의8 2항, 442조).

(5) 단주의 처리

완전모회사가 완전자회사의 주주에게 교부하기 위하여 신주를 발행하는 경우, 이에 적당하지 아니한 수의 주식이 있는 때에는 그 적당하지 아니한 부분에 대하여 발행한 신주를 경매하여 각 주수에 따라 그 대금을 종전의 주주에게 지급하여야 한다. 그러나 거래소의 시세있는 주식은 거래소를 통하여 매각하고, 거래소의 시세없는 주식은 법원의 허가를 받아 경매외의 방법으로 매각할 수 있다(360조의11 1항, 443조).

(6) 질권자의 물상대위 등

완전모회사가 완전자회사의 주주에게 발행하는 신주, 자기주식 또는 교부금에 대하여도 종전 완전자회사의 주식을 목적으로 한 질권을 행사할 수 있고(360조의11 2항, 339조), 이 경우 등록질권자는 완전모회사에 대하여 신주 또는 자기주식의 주권을 자신에게 교부해줄 것을 청구할 수 있다(360조의11 2항, 340조).

다. 반대주주의 주식매수청구권

주식의 포괄적 교환에 대한 주주총회 승인과 관련하여 먼저 이사회의 결의가 있는 때에 그 결의에 반대하는 주주(완전모회사 및 완전자회사의 주주 모두가 해당됨; 의결권이 없거나 제한되는 주주를 포함함)는 주주총회 전에 회사에 대하여 서면으로 그 결의에 반대하는 의사를 통지한 경우에는 그 총회의 결의일부터 20일이내에 주식의 종류와 수를 기재한 서면으로 회사에 대하여 자기가 소유하고 있는 주식의 매수를 청구할 수 있다(360조의5 1항, 360조의3 1항). 간이주식교환의 경우 주주총회결의가 없으므로, 주식의 포괄적 교환 공고 또는 통지를 한 날부터 2주내에 회사에 대하여 서면으로 주식교환에 반대하는 의사를 통지한 주주는 그 기간이 경과한 날부터 20일이내에 주식의 종류와 수를 기재한 서면으로 회사에 대하여 자기가 소유하고 있는 주식의 매수를 청구할 수 있다(360조의5 2항, 360조의9 2항). 이 주식매

수청구를 받으면 해당 회사는 청구받은 날부터 2개월이내에 그 주식을 매수하여
야 하고, 그 주식의 매수가액은 주주와 회사간의 협의 즉, 합의에 의하여 결정하
며, 주식매수청구일로부터 30일이내에 위 협의가 이루어지지 아니한 경우에는 회
사 또는 주식의 매수를 청구한 주주는 법원에 대하여 매수가액의 결정을 청구할
수 있고, 이 경우 법원은 회사의 재산상태 그 밖의 사정을 참작하여 공정한 가액
으로 매수가액을 산정하여야 한다(360조의5 3항, 374조의2 2항 내지 5항).

라. 간이주식교환, 소규모주식교환

(1) 간이주식교환

완전자회사가 되는 회사의 총주주의 동의가 있거나 그 회사의 발행주식총수
의 100분의90 이상을 완전모회사가 되는 회사가 소유하고 있는 때에는 <u>완전자회
사가 되는 회사의 주주총회의 승인</u>은 이를 <u>이사회의 승인으로 갈음할 수 있다</u>(360
조의9 1항).

이 경우 완전자회사가 되는 회사는 주식교환계약서를 작성한 날부터 2주내에
주주총회의 승인을 얻지 아니하고 주식의 포괄적 교환을 한다는 뜻을 공고하거나
주주에게 통지하여야 한다. 다만, 총주주의 동의가 있는 때에는 공고 및 주주에게
의 통지를 생략할 수 있다(360조의9 2항).

한편, <u>간이주식교환에 반대하는 완전모회사 및 완전자회사의 주주는 주식매
수청구권을 행사할 수 있다</u>.

(2) 소규모주식교환

(가) 의의

완전모회사가 되는 회사가 주식의 포괄적 교환을 위하여 발행하는 신주 및
이전하는 자기주식의 총수가 그 회사의 발행주식총수의 100분의10을 초과하지
아니하는 경우에는 <u>완전모회사가 되는 회사의 주주총회의 승인</u>은 이를 이사회의
승인으로 갈음할 수 있다(360조의10 1항 본문, 360조의3 1항). 다만, ① 완전자회사가 되
는 회사의 주주에게 제공할 금전이나 그 밖의 재산을 정한 경우에 그 금액 및 그
밖의 재산의 가액이 최종 대차대조표에 의하여 완전모회사가 되는 회사에 현존

하는 순자산액의 100분의5를 초과하는 때(360조의10 1항 단서, 360조의4 1항 3호) 또는
② 완전모회사가 되는 회사의 발행주식총수의 100분의20 이상에 해당하는 주식
을 가지는 주주가 완전모회사가 되는 회사의 주주총회 승인을 얻지 아니한다는
공고 또는 통지를 한 날부터 2주내에 완전모회사가 되는 회사에 대하여 서면으로
주식의 포괄적 교환에 반대하는 의사를 통지한 경우에는, 각 완전모회사의 주주
총회의 승인을 받아야 한다(360조의10 1항, 4항, 5항). 특히, <u>소규모주식교환의 경우에
는 간이주식교환의 경우와는 달리, 완전모회사의 반대주주가 주식매수청구권을
행사할 수 없다</u>(360조의10 7항, 360조의5).

(나) 교환계약서의 기재

소규모주식교환의 경우에는, 주식교환계약서에 완전모회사가 되는 회사에
관하여 주주총회의 승인을 얻지 아니하고 주식의 포괄적 교환을 할 수 있는 뜻을
기재하여야 한다(360조의10 3항, 360조의3 1항). 또한 주주총회의 승인을 얻지 아니하
므로 정관변경 승인도 불가능하며, 주식교환계약서에 정관변경에 관한 사항을 기
재하지 못한다(360조의10 3항, 360조의3 3항 1호).

(다) 공시

완전모회사가 되는 회사는 주식교환계약서를 작성한 날부터 2주내에 완전자
회사가 되는 회사의 상호와 본점, 주식의 포괄적 교환을 할 날 및 주주총회 승인
을 얻지 아니하고 주식의 포괄적 교환을 한다는 뜻을 공고하거나 주주에게 통지
하여야 한다(360조의10 4항, 360조의3 1항). 이 경우, 이사는 위 <u>공고 또는 통지일의 2
주전부터</u> 주식의 포괄적 교환의 날 이후 6월이 경과하는 날까지 ① 주식교환계
약서 및 ② 완전모회사가 되는 회사가 주식의 포괄적 교환을 위하여 신주를 발행
하거나 자기주식을 이전하는 경우에는 완전자회사가 되는 회사의 주주에 대한
신주의 배정 또는 자기주식의 이전에 관하여 그 이유를 기재한 서면 및 ③ 공고
또는 통지를 한 날 이전 6월이내의 날에 작성한 주식의 포괄적 교환을 하는 <u>각
회사의 최종 대차대조표 및 손익계산서</u>를 모두 본점에 비치하여야 한다(360조의10
6항, 360조의4 1항).

마. 효과

(1) 효력발생시점

주식의 포괄적 교환의 효력이 발생하는 시점은 "주식을 교환하는 날"(360조의2 2항) 즉, 주식교환계약서에 기재하는 "주식교환을 할 날"(360조의3 3항 6호)이 된다. 주식의 포괄적 교환은 등기대상이 아니므로 그 효력과 등기여부와는 아무런 관계없고, 단지 완전모회사가 신주를 발행하는 경우, 자본금과 발행주식총수의 변경이 발생하므로 등기를 해야 할 뿐이다.

(2) 이사 및 감사의 임기

주식의 포괄적 교환에 의하여 완전모회사가 되는 회사의 이사 및 감사로서 주식의 포괄적 교환 전에 취임한 자는 주식교환계약서에 다른 정함이 있는 경우를 제외하고는, 주식의 포괄적 교환 후 최초로 도래하는 결산기에 관한 정기총회가 종료하는 때에 퇴임한다(360조의13).

주식교환계약서에서 특별한 약정이 있는 경우를 제외하고는, 새로이 완전모회사의 주주가 되는 종전 완전자회사의 주주의 이익을 고려하여, 주식의 포괄적 교환 후 최초로 도래하는 결산기에 관한 정기총회시에 새로이 이사와 감사를 선출하도록 한 것이다.

(3) 사후공시

이사는 ① 주식의 포괄적 교환의 날, ② 주식의 포괄적 교환의 날에 완전자회사가 되는 회사에 현존하는 순자산액, ③ 주식의 포괄적 교환으로 인하여 완전모회사에 이전한 완전자회사의 주식의 수, 그리고 ④ 그 밖의 주식의 포괄적 교환에 관한 사항 전부를 기재한 서면을 주식의 포괄적 교환의 날부터 6월간 본점에 모두 비치하여야 하고, 주주는 영업시간내에 이 서면의 열람 또는 등사를 청구할 수 있다.(360조의12, 391조의3 3항). 사전공시제도(360조의4)와 덧붙여 이 사후공시제도를 추가함으로써, 주식의 포괄적 교환의 적정성에 대한 감시를 강화하도록 한 것이다.

바. 주식의 포괄적 교환무효의 소

(1) 의의

주식의 포괄적 교환과 관련한 내용 또는 절차에 하자가 있는 경우, 이를 다투는 법적 수단으로서 주식의 포괄적 교환무효의 소를 규정하고, 오로지 이 방법을 통해서만 무효를 주장할 수 있게 함으로써 법적 안정성을 강화하고 있다.

(2) 무효사유

교환비율이 불공정한 경우, 완전모회사의 자본금이 완전자회사의 순자산을 초과하여 증가한 경우, 주식교환계약서를 작성하지 아니한 경우 및 동 계약서의 기재사항을 누락한 경우 등이 있다.

(3) 절차

주식의 포괄적 교환의 무효는 각 회사의 주주·이사·감사·감사위원회의 위원 또는 청산인에 한하여 주식의 포괄적 교환의 날부터 6월내에 소만으로 이를 주장할 수 있다(360조의14 1항). 주식의 포괄적 교환무효의 소는 완전모회사가 되는 회사의 본점소재지의 지방법원의 관할에 전속한다(360조의14 2항). 주식의 포괄적 교환무효의 소가 제기된 때에는 회사는 지체없이 공고하여야 한다(360조의14 4항, 187조). 주주가 주식의 포괄적 교환무효의 소를 제기한 때에는 법원은 이해관계인의 청구가 악의임을 소명한 회사의 청구에 의하여 상당한 담보를 제공할 것을 명할 수 있다(360조의14 4항, 377조, 176조 4항). 수개의 주식의 포괄적 교환무효 소가 제기된 때에는 법원은 이를 병합심리하여야 한다(360조의14 4항, 188조). 주식의 포괄적 교환무효의 소가 그 심리중에 원인이 된 하자가 보완되고 회사의 현황과 제반사정을 참작하여 설립을 무효로 하는 것이 부적당하다고 인정한 때에는 법원은 그 청구를 기각할 수 있다(360조의14 4항, 189조).

(4) 판결의 효력

(가) 대세적 효력

주식의 포괄적 교환무효의 판결은 제3자에 대하여도 그 효력이 있다(360조의14

4항, 190조 본문).

주식의 포괄적 교환을 무효로 하는 판결이 확정된 때에는 완전모회사는 주식의 포괄적 교환을 위하여 발행한 신주 또는 이전한 자기주식의 주주에 대하여 그가 소유하였던 완전자회사의 주식을 이전하여야 한다(360조의14 3항). 이 경우 이로 인하여 완전모회사가 완전자회사의 종전주주로부터 받을 완전모회사의 주식 또는 금전 등에 대하여도 완전자회사의 주식을 목적으로 한 질권을 행사할 수 있고(360조의14 4항, 339조), 이 경우 등록질권자는 완전모회사가 완전자회사의 종전주주로부터 받을 완전모회사의 주식에 대한 주권의 교부를 완전모회사에 대하여 청구할 수 있다(360조의14 4항, 340조 3항).

한편, 무효판결 확정시 명문의 규정은 없으나, 종전 완전자회사의 주주였던 자가 주식의 포괄적 교환으로 인하여 완전모회사로부터 받은 금전, 신주 또는 자기주식은 완전모회사였던 회사로 반환되어야 할 것이다. 따라서 완전모회사는 지체없이 무효확정판결의 뜻과 3월 이상의 기간내에 신주의 주권을 회사에 제출할 것을 공고하고 주주명부에 기재된 주주와 질권자에 대하여는 각별로 그 통지를 하여야 한다(360조의14 4항, 431조 2항). 한편, 이 무효확정판결은 본점과 지점의 소재지에서 등기하여야 한다(360조의14 4항, 192조).

(나) 비소급효

주식의 포괄적 교환무효의 판결이 확정된 때에는 신주는 <u>장래에 대하여</u> 그 효력을 잃는다(360조의14 4항, 431조 1항). 즉, 소급효가 없다. 따라서 무효판결이 확정될 때까지 이루어진 모든 기존 주식의 포괄적 교환을 기초로 한 대외적 행위의 효력에는 영향을 미치지 아니한다.

반면에, 주식의 포괄적 교환무효의 소를 제기한 자가 패소한 경우에 악의 또는 중대한 과실이 있는 때에는 회사에 대하여 연대하여 손해를 배상할 책임이 있다(360조의14 4항, 191조).

5. 주식의 포괄적 이전

가. 의의

회사는 주식의 포괄적 이전에 의하여 완전모회사를 설립하고 완전자회사가 될 수 있다(360조의15 1항). 즉, 주식의 포괄적 이전에 의하여 완전자회사가 되는 회사의 주주가 소유하는 그 회사의 주식은 설립되는 완전모회사에 이전하고, 그 완전자회사가 되는 회사의 주주는 그 완전모회사가 발행하는 주식의 배정을 받음으로써 그 완전모회사의 주주가 된다(동조 2항).

주식의 포괄적 이전은 기존회사와의 계약에 의한 완전모회사 및 완전자회사 관계를 성립시키지 않고, <u>자신의 일방적 계획에 따라</u> 새로운 회사를 설립하여 이 신설회사를 완전모회사로 만들고 자신은 완전자회사가 된다는데 그 특징이 있다. 주식의 포괄적 이전도 주식의 포괄적 교환과 마찬가지로, 그 법적성질은 현물출자가 아닌 단체법적인 행위로 보아야 할 것이다. 또한 기존회사를 전제로 하는 간이주식이전 또는 소규모주식이전은 인정되지 아니한다.

나. 절차

(1) 주식이전계획서의 작성

주식의 포괄적 이전을 하고자 하는 회사는 다음 각호의 사항을 적은 주식이전계획서를 작성하여 주주총회의 승인을 받아야 하는데(360조의16 1항), 먼저 이사회의 승인을 얻어야 할 것이다.

① 설립하는 완전모회사의 정관의 규정(동항 1호)

일반 주식회사 설립시 요구되는 정관의 절대적 기재사항(289조 1항)이 반드시 포함된 정관의 기재사항을 말한다.

② 설립하는 완전모회사가 주식의 포괄적 이전에 있어서 발행하는 주식의 종류와 수 및 완전자회사가 되는 회사의 주주에 대한 주식의 배정에 관한 사항(동항 2호)

설립하는 완전모회사의 자본금은 주식의 포괄적 이전의 날에 완전자회사가 되는 회사에 현존하는 순자산액에서 그 회사의 주주에게 제공할 금전 및 그 밖의 재산의 가액을 뺀 액을 초과하지 못한다(360조의18). 주식의 포괄적 교환에서 설명한 바와 같이, 자본충실의 원칙을 지키기 위함이다. 자본금을 초과하는 금원(이전차익)은 자본준비금으로 계상하여야 한다(459조 1항).

③ 설립하는 완전모회사의 자본금 및 자본준비금에 관한 사항(동항 3호)

④ 완전자회사가 되는 회사의 주주에게 2호에도 불구하고 금전이나 그 밖의 재산을 제공하는 경우에는 그 내용 및 배정에 관한 사항(동항 4호)

완전자회사의 주주가 이전하는 완전자회사 주식에 대한 대가로, 완전자회사의 주주에게 새로이 설립되는 완전모회사의 주식뿐만 아니라 금전 또는 그 밖의 재산을 교부할 수 있다. 완전모회사의 주식을 하나도 대가로 사용하지 않는다는 의미는 결국 완전모회사의 설립을 부정하는 결과를 초래하므로 허용될 수 없다. 따라서 최소한 완전모회사의 1주 이상의 주식이 대가로 사용되어야 한다. 한편, 완전모회사는 신설회사이므로 금전 또는 그 밖의 재산을 조달하는 방법으로는 사채를 발행하여 그 대가로 지급하거나 대가를 미지급금으로 계상한 후 향후 완전자회사로부터의 배당으로 상계하거나 외부차입을 통해 지급하는 방법이 있을 것이다.

⑤ 주식의 포괄적 이전을 할 시기(동항 5호)

주권실효절차에서 주권제출기간이 만료되는 시점을 의미한다고 보아야 할 것이다.1285)

⑥ 완전자회사가 되는 회사가 주식의 포괄적 이전의 날까지 이익배당을 할 때에는 그 한도액(동항 6호)

주식교환계약서에서 설명한 내용과 기본적으로 동일하다.

⑦ 설립하는 완전모회사의 이사와 감사 또는 감사위원회의 위원의 성명 및 주민등록번호(동항 7호)

주식교환계약서에서 설명한 내용과 기본적으로 동일하다.

⑧ 회사가 공동으로 주식의 포괄적 이전에 의하여 완전모회사를 설립하는 때에는 그 뜻(동항 8호)

완전자회사가 될 회사가 1개 회사가 아닌 2개 이상의 회사도 공동으로 신설회사를 만들어 주식의 포괄적 이전을 할 수 있음을 나타내는 규정이다.1286)

1285) 강희갑, 411; 양명조, 586; 이범찬외, 567; 이철송, 1145; 주석상법 회사(II), 647; 최기원, 1149.
1286) 한편, 주식의 포괄적 교환에서 2이상의 완전자회사가 허용된다고 보아야 함은 앞에서 설명한 바

만일 복수의 완전자회사가 될 회사 중에 일부가 주주총회에서 주식이전계획서를 승인하지 아니한 경우, 나머지 완전자회사가 될 회사들의 주주총회 승인만으로 주식의 포괄적 이전의 효력이 발생할 것인지가 문제된다. 살피건대, 일부의 주주총회의 불승인이 있게 되면, 완전모회사가 될 회사 간의 자본금, 발행주식(동항 2호, 3호)에 문제가 발생하게 되므로, 이 회사를 제외하고 다시 주식이전계획서를 만들어 추진하지 않는 한, 나머지 완전자회사가 될 회사의 주주총회 승인만으로는 주식의 포괄적 이전의 효과가 발생한다고 볼 수는 없다고 해석해야 할 것이다.1287)

(2) 완전모회사가 될 회사의 설립

주식의 포괄적 이전에서 완전모회사의 설립절차는 일반 주식회사 설립절차와는 달리, 주식의 청약, 배정 및 납입이라는 절차가 필요 없고, 주식이전계획서에 따라 완전자회사의 주주의 모든 주식이 완전모회사로 이전된다. 또한 이사와 감사의 선임도 위에서 살펴본 바와 같이, 별도의 주주총회승인 없이, 선임될 이사와 감사가 주식이전계획서에 기재되어 동 계획서를 주주총회에서 승인함으로써 이루어지게 된다. 물론 각 이사, 감사의 취임의 동의가 전제되어야 할 것이다.

(3) 주권실효절차

주식의 포괄적 이전을 통해 완전자회사의 주주의 주식이 전부 완전모회사로 이전되므로 완전자회사는 당해 주식의 실효절차를 밟아야 한다. 즉, 주식의 포괄적 이전에 의하여 완전자회사가 되는 회사는 주식이전계획서를 승인하는 주주총회 결의를 한 때에는 ① 승인 주주총회결의를 한 뜻, ② 1월을 초과하여 정한 기간내에 주권을 회사에 제출하여야 한다는 뜻 및 ③ 주식이전의 날에 주권이 무효가 된다는 뜻을 모두 공고하고, 주주명부에 기재된 주주와 질권자에 대하여 따로따로 그 통지를 하여야 한다(360조의19 1항, 360조의16 1항). 이 경우 구주권을 회사에 제출할 수 없는 자가 있는 때에는 완전자회사는 그 자의 청구에 의하여 3월 이상의 기간을 정하고, 이해관계인에 대하여 그 주권에 대한 이의가 있으면 그 기간

와 같음.

1287) 동지 강희갑, 412; 양명조, 587; 이철송, 1145. 이에 반하여 원칙적으로 주주총회의 승인을 얻은 회사들만으로 주식의 포괄적 이전이 성립하나, 주식이전계약서에 반대특약이 있는 경우에는 예외라는 주장으로는 최기원, 1151.

내에 제출할 뜻을 공고하고 그 기간이 경과한 후에 신주권을 청구자에게 교부할 수 있으며, 이 공고비용은 청구자의 부담으로 한다(360조의8 2항, 442조).

(4) 단주의 처리, 질권자의 물상대위 및 질권교부청구권

단주의 처리(360조의22, 360조의11 1항), 질권자의 물상대위 및 등록질권자의 질권교부청구권(360조의22, 360조의11 2항, 339조, 340조 3항)은 주식의 포괄적 교환에서 설명한 바와 같다.

(5) 공시

이사는 주주총회의 회일의 2주전부터 주식이전의 날 이후 6월을 경과하는 날까지 ① 주식이전계획서, ② 완전자회사가 되는 회사의 주주에 대한 주식의 배정에 관하여 그 이유를 기재한 서면 및 ③ 주주총회의 회일전 6월이내의 날에 작성한 완전자회사가 되는 회사의 최종 대차대조표 및 손익계산서를 모두 본점에 비치하여야 하며, 이 경우 주주는 영업시간내에 위 서류의 열람 또는 등사를 청구할 수 있다(360조의17 1항, 360조의16 1항, 391조의3 3항).

또한 주식의 포괄적 이전의 날부터 6개월간의 사후공시와 관련하여서는 주식의 포괄적 교환에서 설명한 바와 같다(360조의22, 360조의12).

다. 반대주주의 주식매수청구권

<u>주식의 포괄적 이전에 반대하는 완전자회사의 주주는 주식매수청구권을 행사할 수 있다</u>(360조의22, 360조의5). 완전모회사에는 행사할 대상주식이 없으므로 인정되지 아니한다.

라. 효과

주식의 포괄적 이전을 한 때에는 설립한 완전모회사의 본점의 소재지에서는 2주내에, 지점의 소재지에서는 3주내에, 일반 주식회사 설립시 등기사항을 등기하여야 하는 바(360조의20, 317조 2항), 주식의 포괄적 이전의 효력은 설립한 완전모회사가 그 본점소재지에서 위 등기 즉, <u>설립등기</u>를 함으로써 발생한다(360조의21).

마. 주식이전무효의 소

주식의 포괄적 이전의 무효는 각 회사의 주주·이사·감사·감사위원회의 위원 또는 청산인에 한하여 주식이전의 날부터 6월내에 소만으로 이를 주장할 수 있다(360조의23 1항). 이 소는 완전모회사가 되는 회사의 본점소재지의 지방법원의 관할에 전속한다(360조의23 2항). 주식의 포괄적 이전을 무효로 하는 판결이 확정된 때에는 완전모회사가 된 회사는 주식의 포괄적 이전을 위하여 발행한 주식의 주주에 대하여 그가 소유하였던 완전자회사가 된 회사의 주식을 이전하여야 한다(360조의23 3항).1288) 주식이전무효의 판결이 확정된 때에는 해산의 경우에 준하여 청산하여야 하고,1289) 이 경우 법원은 주주 기타 이해관계인의 청구에 의하여 청산인을 선임할 수 있다(360조의14 4항, 193조). 그 밖의 내용은 주식교환무효의 소에서 설명한 내용과 같다(360조의14 4항, 187조 내지 193조, 377조).

XXIII. 지배주주에 의한 소수주주 주식의 전부취득

1. 의의

회사의 발행주식총수의 100분의95 이상을 자기의 계산으로 보유하고 있는 주주(이하 "지배주주"라 함)는 회사의 경영상 목적을 달성하기 위하여 필요한 경우에는 회사의 다른 주주(이하 "소수주주"라 함)에게 그 보유하는 주식의 매도를 청구할 수 있고(360조의24 1항), 지배주주가 있는 회사의 소수주주는 언제든지 지배주주에게 그 보유주식의 매수를 청구할 수 있다(360조의25 1항).

1288) 이와 관련하여 질권자의 물상대위권(339조) 및 등록질권자의 주권교부청구권(340조 3항)이 준용되는 구체적 내용은 주식의 포괄적 교환에서 설명한 바와 같음.

1289) 완전모회사를 청산하는 경우, 완전모회사가 소유하던 완전자회사 주식을 종전 완전자회사의 주주에게 이전할 의무와 회사채권자에 대한 채권변제의무 중 어느 것을 우선해야 하는지가 문제되나, 회사법의 기본원리상 회사채권자가 우선해야 된다고 봄(동지 양명조, 589; 이철송, 1149; 정경영, 707).

2. 기능 및 비판

회사를 보다 능률적이고 저비용구조로 운용하기 위한 방편으로 이 제도가 활용되고 있다. 즉, 지배주주의 입장에서는 소수주주의 반대에 의한 시간 및 비용의 소모적인 싸움에서 벗어나, 보다 신속하고 과단성있는 의사결정에 따라 회사를 효율적으로 이끌어갈 수 있다는 장점이 있고, 이에 반하여 소수주주 입장에서도 어차피 그들이 속한 회사의 지배구조에 영향을 미치지 못하며 시장에서 제 가치를 인정받지 못하는 상황하에서, 지배주주로부터 정당한 주식가치를 받는 조건으로 회사에서 물러나는 것도 이익이 될 수 있다고 볼 수 있다. 그러나 소수주주의 소유주식에 대한 정당한 대가를 지급한다는 이유로 회사의 구성원으로서의 지위를 박탈하는 것이 과연 주식회사의 자율적인 합의에 따른 자치법적인 본질에 맞는 것이냐에 대한 의문은 여전히 남아있다.

3. 지배주주의 매도청구

가. 요건

(1) 주체

회사의 발행주식총수의 100분의95 이상을 자기의 계산으로 보유하고 있는 주주이어야 한다.

여기서 회사란 상장회사뿐만 아니라 비상장회사도 포함된다. 95% 이상 보유를 산정함에 있어, 당해 주주가 회사인 경우에는 모회사 및 자회사가 보유한 주식을 합산하여 계산하며, 당해 주주가 회사가 아닌 경우에는 그 주주가 발행주식총수의 100분의50을 초과하는 주식을 가진 회사가 보유하는 주식도 그 주주가 보유하는 주식과 합산하여 계산한다(360조의24 2항). 의결권없는 주식의 경우에도 이 권리를 행사하고자 하는 주주는 의결권없는 주식의 발행주식총수의 95% 이상을 보유해야 하는 것으로 해석함이 타당할 것이다. 또한 발행주식총수에는 회사의 자기주식도 포함하여 95%여부를 판단하는 것이 합리적일 것이다.[1290] 당해 주

1290) 송옥렬, 859; 임재연(II), 718; 주석상법 회사(II), 692; 주식회사법대계III, 740. 이에 반하여 자기
　　　 주식까지 포함하는 경우에는 자기주식 규모가 큰 회사에서는 대주주가 매도청구를 하는 길이 실

주 <u>자기의 계산</u>으로 하는 경우에는 누구명의로 하던 상관이 없다.

(2) 경영상 목적 달성의 필요성

지배주주가 사적 이익을 취하기 위하여 이 제도를 남용하는 것을 견제하기 위한 규정이라고 해석해야 할 것이다. 즉, 회사의 이익에 부합하는 경우에 한하여 적용될 수 있는 것이며, 입증책임은 이를 주장하는 지배주주가 부담한다고 해석함이 타당할 것이다.[1291]

(3) 주주총회의 승인

지배주주가 매도청구를 할 때에는, <u>미리 주주총회의 승인</u>을 받아야 한다(360조의24 3항). 구체적인 결의방법을 정하고 있지 아니하므로, 이 결의는 <u>보통결의</u>를 말한다고 보아야 할 것이다.[1292]

한편, 주주총회의 결의시, 당해 지배주주는 <u>특별이해관계있는 자</u>로서 의결권이 배제되는지 여부가 문제된다. 살피건대, 이 제도가 회사의 이익을 위한 것이라는 관점에서 볼 때 특별이해관계있는 자에 해당되지 아니하며, 따라서 <u>의결권이 배제되지 않는다</u>고 보아야 할 것이다.[1293]

주주총회의 소집을 통지할 때에는 ① 지배주주의 회사 주식의 보유 현황, ② 매도청구의 목적, ③ 매매가액의 산정 근거와 적정성에 관한 공인된 감정인의 평가 및 ④ 매매가액의 지급보증에 관한 사항을 적어야 하고, 매도를 청구하는 지배주주는 주주총회에서 그 내용을 설명하여야 한다(360조의24 4항). 경영상 목적달성에의 필요성 여부 및 공정한 보상을 소수주주에게 지급하는지 여부에 대한 주주의 판단에 도움을 주기 위한 규정이다.

또한 지배주주는 매도청구의 날 1개월전까지 ① 소수주주는 매매가액의 수령과 동시에 주권을 지배주주에게 교부하여야 한다는 뜻 및 ② 교부하지 아니할

질적으로 봉쇄된다는 이유로 자기주식은 배제된다는 견해로는 김건식, 837. 이 문제를 해결하기 위하여 자기주식을 자회사가 보유한 주식으로 보아 분자에 포함시켜 해결하자는 견해로는 송옥렬, 859.

1291) 이철송, 1153; 임재연(II), 718; 정찬형, 811; 주석상법 회사(II), 696; 주식회사법대계III, 744.

1292) 임재연(II), 722; 주식회사법대계III, 747. 95% 이상을 보유한 지배주주가 이 권리를 행사한다는 전제이므로 주주총회는 결의는 사실상 무의미하다고 판단됨.

1293) 권기범, 188; 송옥렬, 860; 임재연(II), 723; 주석상법 회사(II), 698; 주식회사법대계III, 748; 최준선, 796.

경우 매매가액을 수령하거나 지배주주가 매매가액을 공탁한 날에 주권은 무효가 된다[1294]는 뜻을 공고하고, 주주명부에 적힌 주주와 질권자에게 따로 그 통지를 하여야 한다(360조의24 5항). 이 공고 또는 통지의무는 매도청구와는 별개이고, 절차도 단축될 수 있으므로, 주주총회 승인이 있기 전에 이행하여도 무방하다고 본다.[1295] 또한 이 공고 또는 통지에 매도청구기준일을 정할 수 있을 것이나, 언급이 없는 경우에는 그 공고 또는 통지 후 1개월이 되는 시점을 매도청구기준일로 하기로 위 공고 또는 통지시점에서 의사표시한 것으로 보아야 할 것이다.

(4) 매도청구의 상대방

개인적인 거래로서 지배주주와 소수주주간에 계약에 의한 취득과는 달리, 이 제도는 단체법적으로 소수주주로 하여금 지배주주에게 주식을 강제로 매도해야 할 의무를 부과하므로, 지배주주는 나머지 소수주주전원을 상대로 매도청구를 하여야 할 것이다.[1296]

나. 효과

(1) 형성권

지배주주의 매도청구를 받은 소수주주는 매도청구를 받은 날부터 2개월내에 지배주주에게 그 주식을 매도하여야 한다(360조의24 6항). 지배주주의 매도청구권은 소수주주의 의사여하에 관계없이 그 효력이 발생하므로 그 법적 성질은 형성권으로 보아야 할 것이다.[1297] 따라서 매도청구시점에서 형성권의 행사로 매매계약은 성립하고, 지배주주는 그로부터 2개월이내에 주식매매대금 지급의무를 이행해야 한다고 해석하여야 할 것이며, 이 기간내에 주식매수가액이 확정되지 않는 경우에는 그 기간 경과로 지배주주에 지체책임이 발생한다고 보아야 할 것이다.[1298]

1294) 상법 360조의26에 따라 매매대금지급시 주권교부와 관계없이 주식이 이전되므로, 이를 공고 또는 통지를 통해 주주 또는 질권자에게 알려주기 위함임.

1295) 김건식, 839; 송옥렬, 861; 임재연(II), 724. 이에 반하여 주주총회 승인 후에 해야 한다는 견해로는 주석상법 회사(II), 700; 주식회사법대계III, 750.

1296) 김건식, 839; 송옥렬, 861; 이철송, 1153; 주석상법 회사(II), 709; 주식회사법대계III, 751.

1297) 김건식, 839; 송옥렬, 860; 이철송, 1154; 임재연(II), 727; 주석상법 회사(II), 702; 주식회사법대계III, 751.

(2) 가격결정

　　매매가액은 매도청구를 받은 소수주주와 매도를 청구한 지배주주간의 협의 즉, 합의로 결정하는 바(360조의24 7항), 매도청구를 받은 날부터 30일내에 매매가액에 대한 협의가 이루어지지 아니한 경우에는 매도청구를 받은 소수주주 또는 매도청구를 한 지배주주는 법원에 매매가액의 결정을 청구할 수 있고(360조의24 8항), 법원이 주식의 매매가액을 결정하는 경우에는 회사의 재산상태와 그 밖의 사정을 고려하여 공정한 가액으로 산정하여야 한다(360조의24 9항).

　　이와 관련하여, 판례는 비상장주식의 매수를 청구하는 경우, 그 주식에 관하여 객관적 교환가치가 적정하게 반영된 정상적인 거래의 실례가 있으면 그 거래가격을 시가로 보아 주식의 매수가액을 정하여야 할 것이나, 그러한 거래사례가 없으면 비상장주식의 평가에 관하여 보편적으로 인정되는 시장가치방식, 순자산가치방식, 수익가치방식 등 여러 가지 평가방법을 활용하되, 당해 회사의 상황이나 업종의 특성 등을 종합적으로 고려하여 공정한 가액을 산정하여야 하고, 한편, 비상장주식에 관하여 객관적 교환가치가 적정하게 반영된 정상적인 거래의 실례가 있더라도, 거래시기, 거래경위, 거래 후 회사의 내부사정이나 경영상태의 변화, 다른 평가방법을 기초로 산정한 주식가액과의 근접성 등에 비추어 위와 같은 거래가격만에 의해 비상장주식의 매수가액으로 결정하기 어려운 경우에는 위와 같은 거래가액 또는 그 거래가액을 합리적인 기준에 따라 조정한 가액을 주식의 공정한 가액을 산정하기 위한 요소로 고려할 수 있으며,1299) 반면에, 상장주식의 경우에도 주식의 매수가격은 지배주주와 소수주주 간의 협의로 결정하되, 협의가 이루어지지 아니하는 경우의 매수가격은 "이사회결의일 전일부터 과거 2개월, 1개월, 1주일간 각 공표된 매일의 증권시장에서 거래된 최종시세가격을 실물거래에 의한 거래량을 가중치로 하여 가중산술평균한 가격의 산술평균가격"(자본시장법 시행령 176조의7 3항 1호)으로 하며, 지배주주 또는 소수주주가 그 매수가격에 대하여도 반대하면 법원에 매수가격의 결정을 청구할 수 있다고 판시하고 있다(자본시장법 165조의5 3항).1300)

1298) 대법원 2011.4.28. 선고 2009다72667 판결.

1299) 대법원 2006.11.23.자 2005마958,959,960,961,962,963,964,965,966 결정 및 대법원 2006.11.24. 자 2004마1022 결정.

(3) 주식의 이전시기

주식의 이전시기는 주식을 취득하는 지배주주가 <u>매매가액을 소수주주에게</u> <u>지급한 때이다</u>(360조의26 1항).1301) 즉, 주권을 교부하지 않더라도 지배주주가 매매 대금을 소수주주에게 지급하는 때에 이 법률규정에 따라 주식이전의 물권적 효 과가 발생한다고 보아야 할 것이다. 따라서 소수주주가 주권을 교부하였다 하더 라도 지배주주가 매매가액을 지급하지 아니한 때에는 주식이 이전되지 아니한다. 한편, 대금지급시 교부되지 아니한 당해 주권은 실효된다고 보아야 할 것이다(360 조의24 5항).

만일 매매대금의 이행기인 2개월이내에 대금이 지급되지 아니한 경우가 문 제된다. 살피건대, 이행지체인지 여부는 분명히 가려질 수 있어 지배주주의 이익 을 부당하게 침해할 염려가 없고, 향후 재판에 의하더라도 지연이자를 받는다는 보장이 없음에도 소수주주의 주식의 소유권이 지배주주에게 이전한다는 것은 소 수주주의 정당한 이익에 반하므로, 기존 매매가액에 지연이자까지 포함하여 지급 해야만 주식이 이전된다고 보는 것이 타당할 것이다.1302)

한편, 공정하지 않은 가액을 매매가액으로 지급한 경우에는 공정성여부에 대한 판단은 결국 법원에 의해 가려질 것이므로 판결결과가 나올 때까지는 주식 이전의 효력이 유지되는 것으로 보는 것이 타당할 것이다.

그리고 매매가액을 지급할 소수주주를 알 수 없거나 소수주주가 수령을 거 부할 경우에는 지배주주는 그 가액을 공탁할 수 있으며, 이 경우 주식은 <u>공탁한</u> <u>날에 지배주주에게 이전된 것으로 본다</u>(360조의26 2항).

다. 요건위반의 경우

매도청구와 관련하여 주주총회결의를 거치지 아니한 경우, 주주총회 소집통 지시 필요사항을 기재하지 아니한 경우, 주주총회에서의 설명의무를 이행하지 아

1300) 다만, 본서의 주주총회특별결의에서 언급된 [판례40]의 대법원 2011.10.13.자 2008마264 결정 참조.
1301) 이 경우, 반드시 소수주주가 보유하는 주식 전부에 대하여 권리를 행사해야 하고, 여기서 매매가 액이란 지배주주가 일방적으로 산정하여 제시한 가액이 아니라 소수주주와 협의로 결정된 금액 또는 법원이 산정한 공정한 가액을 말함(대법원 2020.6.11. 선고 2018다224699 판결).
1302) 이에 반대하는 견해로는 주석상법 회사(II), 713.

니한 경우 또는 회사 경영상 목적달성에 필요하지 아니한 경우에는 매도청구권 행사의 효력이 인정되지 아니한다고 보아야 할 것이며, 이를 다투기 위해서는 주주총회결의 취소, 무효확인 또는 부존재확인의 소를 제기해야 할 것이다.

4. 소수주주의 매수청구

가. 요건

(1) 형성권

소수주주의 매수청구권은 위 지배주주의 매도청구권과 같이, <u>형성권으로 보아야 할 것이어서, 지배주주는 이를 거절할 수 없고, 회사의 경영상 목적달성에 필요한지 여부와는 상관없이,</u> 소수주주는 매수청구권을 행사할 수 있으며(360조의25 1항),1303) 단지 주식매매가격을 협의 즉, 합의에 의해 정해야 할 것이다. 또한 소수주주의 매수청구권은 원하는 소수주주만이 행사하면 될 것이다.

(2) 절차

매수청구를 받은 지배주주는 매수를 청구한 날을 기준으로 2개월내에 매수를 청구한 주주로부터 그 주식을 매수하여야 한다(360조의25 2항). 위 2개월은 지배주주의 매도청구에서 살펴본 바와 같이, 매매대금지급의 이행기라고 보아야 할 것이다.

그 매매가액은 매수를 청구한 주주와 매수청구를 받은 지배주주 간의 협의 즉, 합의로 결정하되(360조의25 3항), 매수청구를 받은 날부터 30일내에 매매가액에 대한 협의가 이루어지지 아니한 경우에는 매수청구를 받은 지배주주 또는 매수청구를 한 소수주주는 법원에 대하여 매매가액의 결정을 청구할 수 있다(360조의25 4항, 3항). 법원이 주식의 매매가액을 결정하는 경우에는 회사의 재산상태와 그 밖

1303) 자회사의 소수주주가 상법 360조의25 1항에 따라 모회사에게 주식매수청구를 한 경우에 모회사가 지배주주에 해당하는지 여부를 판단함에 있어, 상법 360조의24 1항은 회사의 발행주식총수를 기준으로 보유주식의 수의 비율을 산정하도록 규정할 뿐 발행주식총수의 범위에 제한을 두고 있지 않으므로 자회사의 자기주식은 발행주식총수에 포함되어야 하며, 또한 상법 360조의24 2항은 보유주식의 수를 산정할 때에는 모회사와 자회사가 보유한 주식을 합산하도록 규정할 뿐 자회사가 보유한 자기주식을 제외하도록 규정하고 있지 않으므로 자회사가 보유하고 있는 자기주식은 모회사의 보유주식에 합산되어야 함(대법원 2017.7.14.자 2016마230 결정).

의 사정을 고려하여 공정한 가액으로 산정하여야 한다(360조의25 5항).

나. 효력

주식의 이전시기는 주식을 취득하는 지배주주가 <u>매매가액을 소수주주에게</u> <u>지급한 때</u>이고, 매매가액을 지급할 소수주주를 알 수 없거나 소수주주가 수령을 거부할 경우에는 지배주주는 그 가액을 공탁할 수 있으며, 이 경우 주식은 공탁한 날에 지배주주에게 이전된 것으로 보는 바(360조의26), 주식의 이전시기와 관련한 기타 사항은 위 지배주주의 매도청구권에서 언급한 바와 같다.

제 **3** 편

유한회사

제 3 편　유한회사

Ⅰ. 총　설

　　유한회사는 주식회사와 같은 물적회사로서, 물적 기초는 지분으로 표시되며, 지분의 소유자인 사원이 모인 사원총회와 이사 그리고 감사가 회사의 중요한 기관이다. 유한회사는 주식회사보다 인적 요소가 보다 가미된 회사형태로서, 사원이 정관에 기재되어야 하고, 지분을 증권화할 수 없으며,[1] 감시제도가 완화되어 있는 관계로, 주식회사보다 폐쇄적인 구조가 장점(감사가 반드시 있어야 할 필요가 없고, 대차대조표의 공고의무가 없는 점 등)인 동시에 단점(자본조달의 한계가 있는 점 등)이 될 수 있는 회사형태이다. 특히 우리나라에 진출해 있는 유수의 다국적 기업들이 유한회사 형태를 유지하고 있는 점이 흥미롭다.

---

[1] 유한회사는 사원의 지분에 관하여 지시식 또는 무기명식의 증권을 발행할 수 없음(555조).

Ⅱ. 유한회사의 설립

1. 설립절차

가. 정관

(1) 절대적 기재사항

유한회사를 설립함에는 사원이 다음과 같은 사항(절대적 기재사항)이 기재된 정관을 작성하여야 하고, 각 사원 즉, <u>사원전원</u>이 기명날인 또는 서명하여야 한다 (543조 1항, 2항).

① 목적, 상호, 사원의 성명, 주민등록번호 및 주소(동조 2항 1호, 179조 1호 내지 3호)

이에 의해 <u>사원이 확정</u>된다. 합리적인 범위 내에서 사원의 자격요건을 규정하는 것은 허용된다고 보는 것이 타당할 것이다.[2]

② 자본금의 총액(543조 2항 2호)

최고액의 제한이 없어졌으며, 수권자본제가 적용되지 아니한다.

③ 출자 1좌의 금액(동항 3호)

<u>100원 이상</u>으로 <u>균일</u>하여야 한다(546조). 지분의 공유도 가능하다(558조). 무액면 출자좌는 인정되지 아니한다.

④ 각 사원의 출자좌수(543조 2항 4호)

별도의 <u>지분인수절차가 필요 없다</u>.

⑤ 본점의 소재지(동항 5호)

유한회사의 정관은 공증인의 인증을 받음으로써 효력이 생긴다. 다만, 자본금 총액이 10억원 미만인 경우에는 각 발기인이 정관에 기명날인 또는 서명함으로써 효력이 생긴다고 보는 것이 타당할 것이다(543조 3항, 292조).[3]

유한회사의 설립 및 존속시 1인 이상의 사원이면 충족되므로(609조 1항 1호), 1인 이상의 사원이 정관을 작성하면 된다.

---

2) 권기범, 1077; 이철송, 1161.
3) 손진화, 778; 주석상법 회사(Ⅵ), 45; 최준선, 873.

(2) 상대적 기재사항

다음의 사항은 정관에 기재함으로써 그 효력이 있다(544조).

　① 현물출자를 하는 자의 성명과 그 목적인 재산의 종류, 수량, 가격과 이에 대하여 부여하는 출자좌수(동조 1호)

　② 회사의 설립 후에 양수할 것을 약정한 재산의 종류, 수량, 가격과 그 양도인의 성명(동조 2호)

　③ 회사가 부담할 설립비용(동조 3호)

유한회사에는 변태설립사항에 대한 <u>검사인에 의한 조사제도가 없다.</u>

나. 초대이사 및 초대감사의 선임

정관으로 이사를 정하지 아니한 때에는 회사성립 전에 사원총회를 열어 이를 선임하여야 한다(547조 1항). 이 경우 사원총회는 각 사원이 소집할 수 있다(동조 2항). 이 성립 전의 사원총회는 주식회사의 창립총회에 해당한다고 볼 수 있으므로, 유한회사도 원칙적으로 성립 후의 사원총회의 규정을 성립 전의 사원총회에 유추적용할 수 있는 것으로 보아야 할 것이다.[4]

유한회사는 정관에 의하여 1인 또는 수인의 감사를 둘 수 있다. 즉, 감사는 <u>임의 기관</u>으로서, 정관으로 감사를 정하지 아니한 때에는 회사성립 전에 사원총회를 열어 이를 선임할 수 있고, 이 경우 사원총회는 각 사원이 소집할 수 있다(568조, 547조).

다. 출자의 이행

이사는 사원으로 하여금 출자전액의 납입 또는 현물출자의 목적인 재산전부의 이행을 시켜야 한다. 이 경우 현물출자를 하는 사원은 납입기일에 지체없이 출자의 목적인 재산을 인도하고 등기, 등록 기타 권리의 설정 또는 이전을 요할 경우에는 이에 관한 서류를 완비하여 교부하여야 한다(548조, 295조 2항).

유한회사는 주식회사와 같이, 신지분발행시 유한회사의 동의가 있으면 출자

---

4) 김동훈, 649; 김건식, 941; 양명조, 685; 이범찬외, 638; 이철송, 1162; 정경영, 743; 주석상법 회사 (Ⅵ), 60; 최기원, 980; 최준선, 874.

금과 회사에 대한 채권을 상계할 수 있는 바(596조, 421조 2항), 유한회사 설립시에
도 사원의 출자금과 사원의 회사에 대한 채권과의 상계가 허용될 수 있는지가 문
제된다. 살피건대, 설립시에는 자본금 확정의 원칙이 엄격히 지켜져야 할 것이므
로, 설립시 상계는 적용될 수 없다고 보아야 할 것이다.5)

　　한편, 유한회사의 사원이 납입의무를 이행하지 아니하는 경우에는 주식회사
의 실권절차(307조)가 없으므로, 민법상 채무불이행의 원칙에 따라 이행을 강제하
거나(민법 389조, 390조) 사원 전원의 동의로 정관을 개정하여 추진하거나 또는 사원,
이사 및 감사의 연대납입의무에 의해 해결하거나 아니면 설립절차를 중단해야
할 것이다.6)

라. 설립등기

　　유한회사의 설립등기는 납입 또는 현물출자의 이행이 있은 날로부터 2주간
내에 하여야 한다(549조 1항, 548조). 이 설립등기를 함으로써 유한회사가 성립된다
(172조).7) 등기할 내용은 다음과 같다(549조 2항).

　　　① 목적, 상호 및 본점소재지와 지점을 둔 때에는 그 소재지(동항 1호, 179조
1호 2호, 5호)

　　　② 자본금의 총액 및 출자1좌의 금액(549조 2항 2호, 543조 2항 2호, 3호)

　　　③ 이사의 성명·주민등록번호 및 주소. 다만, 회사를 대표할 이사를 정한
때에는 그 외의 이사의 주소를 제외한다(549조 2항 3호).

　　　④ 회사를 대표할 이사를 정한 때에는 그 성명, 주소와 주민등록번호(549조
2항 4호)

　　　⑤ 수인의 이사가 공동으로 회사를 대표할 것을 정한 때에는 그 규정(549조
2항 5호)

　　　⑥ 존립기간 기타의 해산사유를 정한 때에는 그 기간과 사유(549조 2항 6호)

---

5) 김동훈, 649; 주석상법 회사(VI), 63.
6) 권기범, 1070; 김건식, 942; 김정호, 929; 김홍기, 859; 송옥렬, 1233; 이기수외, 802; 임재연(II),
　 824; 정경영, 743; 정동윤, 848; 정찬형, 1257; 최기원, 981; 최완진, 388; 최준선, 875.
7) 2016.4.29. 현재 우리나라에서 설립등기된 유한회사 수는 62,419개임. 위 일자 현재 우리나라에
　 설립등기된 총 회사수 964,229개의 약 6.47%를 차지함(법원행정처장, 정보공개결정통지서(종합민
　 원과-4447), 2016.5.12. 참조).

⑦ 감사가 있는 때에는 그 성명 및 주민등록번호(549조 2항 7호)

유한회사의 지점 설치 및 이전시 지점소재지 또는 신지점소재지에서 등기를 하는 때에는 ① 목적, 상호 및 본점소재지(549조 3항, 179조 1호, 2호, 5호), ② 이사의 성명·주민등록번호 및 주소(다만, 회사를 대표할 이사를 정한 때에는 그 외의 이사의 주소를 제외함(549조 3항, 2항 3호)), ③ 회사를 대표할 이사를 정한 때에는 그 성명, 주소와 주민등록번호(549조 3항, 2항 4호), ④ 수인의 이사가 공동으로 회사를 대표할 것을 정한 때에는 그 규정(549조 3항, 2항 5호) 및 ⑤ 존립기간 기타의 해산사유를 정한 때에는 그 기간과 사유(549조 3항, 2항 6호)에 규정된 사항을 등기하여야 한다. 다만, 회사를 대표할 이사를 정한 때에는 그 외의 이사는 등기하지 아니한다.8)

2. 설립에 대한 책임

주식회사와 같은 회사불성립시의 책임과 회사관여자의 책임은 유한회사에는 없고, 회사가 성립한 경우에 다음과 같은 책임이 있다.

가. 현물출자 등에 관한 회사성립시의 사원의 책임

현물출자 및 재산인수의 회사성립당시의 실가가 정관에 정한 가격에 현저하게 부족한 때에는 회사성립당시의 사원은 회사에 대하여 그 부족액을 연대하여 지급할 책임이 있다(550조 1항, 544조 1호, 2호). 이 사원의 책임은 무과실책임으로 보아야 할 것이다.9) 한편, 이 사원의 책임은 면제하지 못한다(550조 2항).

나. 출자미필액에 대한 회사성립시의 사원 등의 책임

회사성립 후에 출자금액의 납입 또는 현물출자의 이행이 완료되지 아니하였음이 발견된 때에는 회사성립당시의 사원, 이사와 감사는 회사에 대하여 그 납입되지 아니한 금액 또는 이행되지 아니한 현물의 가액을 연대하여 지급할 책임이

---

8) 상법 181조 내지 183조의 규정은 유한회사의 등기에 준용함(549조 4항).
9) 권기범, 1072; 김건식, 942; 김동훈, 651; 김정호, 929; 송옥렬, 1233; 이범찬외, 639; 임재연(II), 824; 정경영, 745; 정동윤, 848; 주석상법 회사(VI), 83; 최완진, 389; 최준선, 876.

있다(551조 1항). 이 책임도 무과실책임으로 보아야 할 것이다. 한편, 사원의 책임은 면제하지 못하나, 이사와 감사의 책임은 총사원의 동의가 없으면 면제하지 못한다(동조 2항, 3항).

3. 설립무효 및 취소

회사의 설립의 무효는 그 사원, 이사와 감사에 한하여, 설립의 취소는 그 취소권있는 자에 한하여 회사설립의 날로부터 2년내에 소만으로 이를 주장할 수 있다(552조).[10] 사원이 유한회사의 사원이 되겠다는 의사표시를 취소할 수 있다는 점이 특이한 점인데, 나아가 사원이 제한능력자이거나 착오, 사기, 강박에 의하여 의사표시를 한 자인 경우 그의 대리인 또는 승계인도 취소할 수 있다(552조 2항, 184조 2항, 민법 140조).

Ⅲ. 사　　원

1. 사원의 권리

사원의 경제적 이익에 관한 권리로는 이익배당청구권(580조), 출자인수권(588조) 및 잔여재산분배청구권(612조) 등이 있고, 회사지배에 관여할 권리로는 의결권, 회사설립무효, 취소의 소제기권(552조), 합병무효, 증자무효, 감자무효의 소제기권(236조, 595조, 597조, 445조), 사원총회결의 취소, 무효확인, 부존재확인, 부당결의변경·취소의 소제기권(578조, 376조 내지 381조) 등이 있으며, 소수사원권으로 이사, 청산인에 대한 위법행위유지청구권(564조의2, 613조 2항, 402조), 이사, 청산인 해임청구의 소제기권(567조, 385조 2항, 613조 2항, 539조 2항), 사원총회소집청구권(572조), 회계장부열람권(581조), 업무, 재산상태검사권(582조), 해산청구권(613조 1항, 520조), 이사, 감사, 청산인에 대한 대표소송제기권(565조, 570조, 565조, 613조 2항, 565조) 등이 있다.

---

10) 대세적 효력 및 비소급효(190조)를 비롯한 상법 185조 내지 193조의 규정이 준용됨.

2. 사원의 의무

사원의 의무는 자본금출자의무라 할 것인데, 그 의무에 따른 책임은 본법에 다른 규정이 있는 경우외에는 그 출자금액을 한도로 한다(553조). 따라서 주식회사와 같은 유한책임이다. 회사는 정관의 규정 또는 사원총회의 결의로도 그 책임을 가중시킬 수 없다고 보아야 할 것이다.[11]

다만, 본법에 다른 규정이 있는 예외로서, 현물출자 등에 관한 회사성립시의 사원의 책임(550조), 출자미필액에 대한 회사성립시의 사원의 책임(551조), 현물출자시의 전보책임(593조) 및 유한회사의 주식회사로의 조직변경시 순재산액 전보책임이 있다(607조).

3. 지분

가. 의의

각 사원은 그 출자좌수에 따라 지분을 가진다(554조). 지분이란 사원이 회사에 대하여 갖는 권리의무의 총계를 말한다고 보아야 할 것이다.

나. 지분의 양도

사원은 그 지분의 전부 또는 일부를 양도하거나 상속할 수 있다(556조 본문). 그런데 사원의 지분은 지시식 또는 무기명식의 증권으로 발행하지 못하므로, 민법상 지명채권 양도방법에 따라 양도할 수밖에 없다. 즉, 유한회사의 지분은 당사자의 의사표시만으로 그 양도의 효력이 발생한다.

그러나 정관으로 지분의 양도를 제한할 수 있다(556조 단서). 사원전원의 동의 또는 사원총회의 특별결의로 양도를 제한할 수 있을 것이다. 그런데 그 양도제한에 위반한 양도의 효력이 문제된다. 살피건대, 당사자간에는 유효하되, 취득자의 성명, 주소와 그 목적이 되는 출자좌수를 사원명부에 기재하지 아니하면 이로써 회사와 제3자에게 대항하지 못한다고 보아야 할 것이다(557조).

---

11) 이범찬외, 640; 이철송, 1164; 정경영, 747; 주석상법 회사(IV), 113; 최완진, 390; 최준선, 877.

다. 지분에 대한 질권설정

지분은 질권의 목적으로 할 수 있다(559조 1항). 이 경우 정관으로 질권설정을 제한할 수 있으며(559조 2항, 556조), 질권자의 성명, 주소와 그 목적이 되는 출자좌수를 사원명부에 기재하지 아니하면 이로써 회사와 제3자에게 대항하지 못한다(559조 2항, 557조). 따라서 유한회사의 경우 약식질은 인정되지 않는다고 보아야 할 것이다. 한편, 질권자의 물상대위권이 인정되며(560조 1항, 339조), 질권자는 회사로부터 직접 이익배당, 잔여재산의 분배 또는 339조에 따른 금전의 지급을 받아 다른 채권자에 우선하여 자기채권의 변제에 충당할 수 있다(560조 1항, 340조 1항).

라. 자기지분취득 및 질권설정에 대한 제한

유한회사는 주식회사와 달리, 배당가능이익으로 자기지분을 취득할 수 없고, 특정목적에 의한 경우(회사의 합병 또는 다른 회사의 영업전부의 양수로 인한 경우, 회사의 권리를 실행함에 있어 그 목적을 달성하기 위하여 필요한 경우 또는 단지분의 처리를 위하여 필요한 경우[12])만 자기지분을 취득할 수 있다(560조 1항, 341조의2). 한편, 유한회사는 발행지분 총수의 20분의1을 초과하여 자기의 지분을 질권의 목적으로 받지 못하지만, 회사의 합병 또는 다른 회사의 영업전부의 양수로 인한 경우, 회사의 권리를 실행함에 있어 그 목적을 달성하기 위하여 필요한 경우에는 그 한도를 초과하여 질권의 목적으로 할 수 있다(560조 1항, 341조의3, 341조의2 1호, 2호). 유한회사가 보유하는 자기지분을 처분하는 경우에 ① 처분할 지분의 종류와 수, ② 처분할 지분의 처분가액과 납입기일 및 ③ 지분을 처분할 상대방 및 처분방법으로서 정관에 규정이 없는 것은 이사가 결정한다(560조 1항, 342조).

마. 지분의 소각

유한회사의 지분의 소각이란 회사존속 중 특정지분을 절대적으로 소멸시키는 회사의 행위이다. 유한회사의 지분은 자본감소에 관한 규정에 따라서만 원칙

---

12) 유한회사의 사원은 지분매수청구권이 인정되지 아니하므로, "주주가 주식매수청구권을 행사한 경우"(341조의2 4호)는 준용될 수 없음.

적으로 소각할 수 있다(560조 1항, 343조 1항).

바. 사원명부의 면책력

사원 또는 질권자에 대한 유한회사의 통지 또는 최고는 사원명부에 기재한 주소 또는 그 자로부터 회사에 통지한 주소로 하면 된다. 이 통지 또는 최고는 보통 그 도달할 시기에 도달한 것으로 본다(560조 2항, 353조, 304조 2항).

Ⅳ. 유한회사의 기관

1. 이사

가. 선임

유한회사에는 <u>1인 또는 수인의 이사를 두어야</u> 한다(561조). 유한회사에는 <u>의사회가 없다</u>. 초대이사는 정관으로 정할 수 있으나(547조 1항), 그 밖의 이사는 사원총회에서 선임한다(567조, 382조 1항). 이사는 반드시 사원이어야 하는 것은 아니나, 정관에 의해 이사의 자격을 제한할 수는 있다고 보아야 할 것이다.[13] 또한 유한회사의 이사는 임기제한도 없다.

유한회사와 이사는 민법상 위임관계이다(567조, 382조 2항). 퇴임이사(386조), 이사의 보수(388조), 표현대표이사의 행위와 회사의 책임(395조), 경업겸직금지(397조), 회사에 대한 책임(399조), 회사에 대한 책임의 감면(400조), 제3자에 대한 책임(401조), 직무집행정지, 직무대행자 선임(407조) 및 직무대행자의 권한(408조)에 관한 규정은 유한회사의 이사에 준용된다. 유한회사의 이사의 경업겸직과 관련한 승인권은 사원총회가 가진다(567조). 한편, 판례는 유한회사의 이사의 보수는 <u>정관 또는 사원총회의 결의</u>가 있어야 지급할 수 있으므로, 그 같은 절차가 이행되었다고 인정할 증거가 없는 한, 이사보수청구는 이유없다고 보고 있다.[14]

---

13) 권기범, 1077; 서헌제, 1206; 양명조, 692; 이철송, 1167; 정동윤, 857; 최기원, 990. 이에 반대하는 견해로는 주석상법 회사(Ⅵ), 152.

나. 퇴임

이사는 언제든지 사임할 수 있으며, 이사의 사망, 파산, 성년후견개시심판을 받은 경우에도 이사는 퇴임하게 된다(민법 690조). 이사도 언제든지 사원총회의 특별결의로 해임될 수 있다(567조, 385조 1항). 이사가 그 직무에 관하여 부정행위 또는 법령이나 정관에 위반한 중대한 사실이 있음에도 불구하고 사원총회에서 그 해임이 부결된 때에는 소수사원이 법원을 통해 해임소송을 제기할 수도 있다(567조, 385조 1항, 385조 2항).

다. 대표권

이사는 회사를 대표한다. 이사가 수인인 경우에 정관에 다른 정함이 없으면 사원총회에서 회사를 대표할 이사를 선정하여야 한다. 정관 또는 사원총회는 수인의 이사가 공동으로 회사를 대표할 것을 정할 수 있다. 그럼에도 불구하고, 제3자의 회사에 대한 의사표시는 공동대표의 권한있는 사원 1인에 대하여 이를 함으로써 그 효력이 생긴다(562조, 208조 2항). 회사가 이사에 대하여 또는 이사가 회사에 대하여 소를 제기하는 경우에는 사원총회는 그 소에 관하여 회사를 대표할 자를 선정하여야 한다(563조).

라. 업무집행

이사는 업무집행권이 있다. 즉, 이사가 수인인 경우에 정관에 다른 정함이 없으면, 회사의 업무집행, 지배인의 선임 또는 해임과 지점의 설치·이전 또는 폐지는 이사 과반수의 결의에 의하여야 한다. 그럼에도 불구하고, 사원총회는 지배인의 선임 또는 해임을 할 수 있다(564조).

마. 의무

유한회사의 이사는 주식회사의 이사와 마찬가지로, 위임관계에 기초한 <u>선량</u>

---

14) 대법원 1983.3.22. 선고 81다343 판결.

한 관리자의 주의의무가 있으며, 경업겸직금지의무(567조, 397조)와 <u>회사와의 자기</u>
<u>거래금지의무</u>(564조 3항)(이사는 감사가 있는 때에는 그 승인이 있는 때에 한하여, 감사가 없는 때
에는 사원총회의 승인이 있는 때에 한하여 자기 또는 제3자의 계산으로 회사와 거래를 할 수 있으며,
이 경우에는 민법 124조의 규정을 적용하지 아니함)를 부담한다.

바. 책임

(1) 자본충실책임

자본금 증가 후에 아직 인수되지 아니한 출자가 있는 때에는 이사와 감사가
공동으로 이를 인수한 것으로 본다(594조 1항). 자본금 증가 후에 아직 출자전액의
납입 또는 현물출자의 목적인 재산의 급여가 미필된 출자가 있는 때에는 이사와
감사는 연대하여 그 납입 또는 급여미필재산의 가액을 지급할 책임이 있다(594조
2항). 이 경우 이사와 감사의 책임은 총사원의 동의가 없으면 면제하지 못한다(594
조 3항, 551조 3항).

(2) 손해배상책임

유한회사의 이사가 고의 또는 과실로 법령 또는 정관을 위반하거나 임무를
게을리한 때에는 회사에 대한 연대손해배상책임을 지고(567조, 399조), 이사가 고의
또는 중대한 과실로 그 임무를 게을리한 때에는 제3자에 대하여 연대하여 손해를
배상할 책임이 있다(567조, 401조). 이 경우 자본금 총액의 100분의3 이상에 해당하
는 출자좌수를 가진 사원은 회사에 대하여 이사의 책임을 추궁할 소의 제기를 청
구할 수 있으며(565조 1항), 이 경우 주식회사의 대표소송에 관한 규정이 준용된다
(403조 2항 내지 7항, 404조 내지 406조).

2. 감사제도

가. 감사

유한회사는 정관에 의하여 1인 또는 수인의 감사를 둘 수 있다(568조 1항). 즉,
유한회사의 감사는 임의기관이며, 임기의 제한을 받지 아니한다. 또한 감사는 언

제든지 회사의 업무와 재산상태를 조사할 수 있고 이사에 대하여 영업에 관한 보고를 요구할 수 있다(569조). 임시총회는 감사도 소집할 수 있으며(571조 1항), 설립 및 증자시의 자본전보책임이 있고(551조, 594조), 설립무효, 취소의 소(552조 1항) 및 증자무효의 소(595조 1항)를 제기할 권한이 있다.

또한 유한회사와의 관계가 위임관계이며(382조), 언제든지 사원총회 특별결의로 해임될 수 있다(386조). 그 밖에 주식회사의 이사, 감사에 관한 규정 즉, 보수(388조), 책임의 감면(400조), 직무집행정지, 직무대행자선임(407조), 겸직금지(411조), 조사보고의무(413조), 회사 또는 제3자에 대한 책임(414조) 및 주식회사의 이사에 대한 대표소송(565조)의 규정은 감사에 준용된다(570조).

나. 검사인

사원총회는 이사가 제출한 서류와 감사의 보고서를 조사하게 하기 위하여(578조, 367조) 또는 회사의 업무와 재산상태를 조사하게 하기 위하여(572조 3항, 366조 3항) 각 검사인을 선임할 수 있다.

또한 회사의 업무집행에 관하여 부정행위 또는 법령이나 정관에 위반한 중대한 사유가 있는 때에는 자본금 총액의 100분의3 이상에 해당하는 출자좌수를 가진 사원은 회사의 업무와 재산상태를 조사하게 하기 위하여 법원에 검사인의 선임을 청구할 수 있다(582조 1항). 이 경우 검사인은 그 조사의 결과를 서면으로 법원에 보고하여야 하고, 법원은 이 보고서에 의하여 필요하다고 인정한 경우에는 감사가 있는 때에는 감사에게, 감사가 없는 때에는 이사에게 사원총회의 소집을 명할 수 있으며, 검사인의 보고서는 사원총회에 제출하여야 한다(동조 2항, 3항, 310조 2항).

다. 기타 사원총회, 소수사원 등에 의한 감시

사원총회는 사원의 자기거래(564조 3항) 및 경업겸직행위(567조, 397조)에 대한 승인권을 행사하며, 이사의 해임결의(567조, 385조 1항), 법원을 통한 검사인의 선임(572조 3항, 366조 3항, 578조, 367조) 및 재무제표의 승인을 통해 감시권을 행사할 수 있다.

소수사원도 유지청구권(564조의2), 대표소송(565조), 이사해임의 소(567조, 385조 2항),

사원총회소집권(572조 1항), 회계장부열람권(581조 1항)을 통해 감시권을 행사할 수 있다.

사원도 단독으로, 증자무효의 소(595조 1항), 감자무효의 소(597조, 445조), 사원총회결의 취소, 무효확인, 부존재확인 및 부당결의취소·변경의 소(578조, 376조 내지 381조) 및 재무제표의 열람권(579조의3, 448조)을 통해 감시권을 행사할 수 있다.

3. 사원총회

가. 권한

사원총회의 결의사항은 주식회사의 주주총회와는 달리, 결의사항에 제한이 없다. 즉, 주주총회는 상법 또는 정관에 정하는 사항에 한하여 결의할 수 있으나 (361조), 사원총회는 이런 규정이 없으므로, 명시된 권한 즉, 영업양도 등(576조), 정관변경(584조), 다른 회사와의 합병(598조), 해산(609조 1항 2호) 및 회사의 계속(610조)에 관한 결의 외에 기타 모든 사항에 대해 제한없이 결의할 수 있다.

나. 소집

(1) 소집권자

사원총회는 이 법에서 달리 규정하는 경우외에는 이사가 소집한다. 그러나 임시총회는 감사도 소집할 수 있다(571조 1항). 자본금 총액의 100분의3 이상에 해당하는 출자좌수를 가진 사원은 회의의 목적사항과 소집의 이유를 기재한 서면을 이사에게 제출하여 총회의 소집을 청구할 수 있는 바(572조 1항), 이는 정관으로 달리 정할 수 있다(동조 2항). 이 청구가 있은 후 지체없이 사원총회소집의 절차를 밟지 아니한 때에는 청구한 사원은 법원의 허가를 받아 총회를 소집할 수 있다 (572조 3항, 366조 2항).

(2) 소집절차

사원총회를 소집할 때에는 사원총회일의 1주전에 각 사원에게 서면으로 통지서를 발송하거나 각 사원의 동의를 받아 전자문서로 통지서를 발송하여야 한다(571조 2항). 이 통지서에는 회의의 목적사항을 적어야 한다(571조 3항, 363조 2항). 총사원의 동의가 있을 때에는 소집절차 없이 총회를 열 수 있다(573조). 사원총회는 정관에 다른 정함이 없으면 본점소재지 또는 이에 인접한 지에 소집하여야 한다(571조 3항, 364조).

다. 의결권

각 사원은 출자 1좌마다 1개의 의결권을 가진다. 그러나 정관으로 의결권의 수에 관하여 다른 정함을 할 수 있다(575조). <u>정관으로 의결권수에 관해 달리 정할 수 있다는 점은 주식회사와 다른 점</u>이다. 즉, 정관에 의해 출자좌수에 관계없이 1인 1의결권으로 하거나 일정한 출자좌수를 초과하는 출자좌수에 대하여는 의결권을 인정하지 아니하는 것도 가능하다.

단, 의결권을 완전히 박탈하는 것은 허용되지 않으며,15) 정관에 의한 특수한 의결권의 정함은 원시정관 또는 총사원의 동의만에 의해야 한다고 보아야 할 것이다.16)

라. 결의방법

(1) 결의요건

사원총회의 결의방법은 보통결의, 특별결의 및 총사원의 동의가 있다. 보통결의는 정관 또는 본법에 다른 규정이 있는 경우 외에는 총사원의 의결권의 과반수를 가지는 사원이 출석하고 그 의결권의 과반수로써 하여야 한다(574조).

특별결의는 총사원의 반수 이상이며 총사원의 의결권의 4분의3 이상을 가지는 자의 동의를 말한다(585조 1항). 이 경우 의결권을 행사할 수 없는 사원은 이를 총사원의 수에, 그 행사할 수 없는 의결권은 이를 의결권의 수에 산입하지 아니한다(585조 2항). 이러한 특별결의사항으로는 정관에 의한 지분양도의 제한(556조 단서),

---

15) 김건식, 949; 김동훈, 661; 서헌제, 1210; 송옥렬, 1237; 양명조, 691; 장덕조, 638; 정경영, 750; 정동윤, 855; 정찬형, 1263; 최기원, 993; 최준선, 881; 한창희, 483.

16) 이철송, 1171; 임재연(II), 834; 주석상법 회사(VI), 277; 최기원, 993; 최준선, 881. 이에 반대하는 견해로는 권기범, 1082; 김건식, 949; 송옥렬, 1237.

영업양도 등(576조 1항, 374조 1항 1호 내지 3호) 및 사후설립(576조 2항), 현물출자 등(586조), 정관변경(585조), 제3자에게 출자인수권 부여(587조, 585조), 자본금 증가의 경우 사후증자(596조, 576조 2항),17) 다른 회사와의 합병(598조, 585조), 설립위원의 선임(599조, 585조, 175조), 유한회사의 해산(609조 1항 2호, 585조) 및 계속(610조 1항, 585조)이 있다.

유한회사는 총사원의 일치에 의한 총회의 결의로 주식회사로 조직변경할 수 있다(607조 1항 본문). 다만, 회사는 그 결의를 정관으로 정하는 바에 따라 사원총회의 특별결의로 할 수 있다(607조 1항 단서, 585조).

(2) 서면결의

사원총회의 결의를 하여야 할 경우에 총사원의 동의가 있는 때에는 서면에 의한 결의를 할 수 있다(577조 1항). 결의의 목적사항에 대하여 총사원이 서면으로 동의를 한 때에는 서면에 의한 결의가 있은 것으로 본다(동조 2항). 서면에 의한 결의는 사원총회의 결의와 동일한 효력이 있다(동조 3항).18)

V. 자본금의 변동

1. 자본금의 증가

가. 출자좌수의 증가에 의한 자본금의 증가

(1) 총회결의에 의한 출자인수권자의 결정

사원총회의 특별결의가 요건이다(584조, 585조). 정관에 다른 정함이 없더라도 ① 현물출자를 하는 자의 성명과 그 목적인 재산의 종류, 수량, 가격과 이에 대하여 부여할 출자좌수, ② 자본금 증가 후에 양수할 것을 약정한 재산의 종류, 수량, 가격과 그 양도인의 성명 및 ③ 증가할 자본금에 대한 출자의 인수권을 부여할 자의 성명과 그 권리의 내용을, 자본금 증가의 결의에서 정할 수 있다(586조).

---

17) 증자 후 2년내에 증자 전부터 존재하는 재산으로서 영업을 위하여 계속하여 사용할 것을 자본금의 20분의1 이상에 상당한 대가로 취득하는 계약을 말함.

18) 사원총회에 관한 규정은 서면에 의한 결의에 준용함(577조 4항).

미리 유한회사가 특정한 자에 대하여 장래 그 자본금을 증가할 때 출자의 인수권을 부여할 것을 약속하는 경우에는 사원총회의 특별결의에 의하여야 한다(587조, 585조).

위 자본금 증가의 결의 또는 사전에 특정한 자에게 출자인수권을 부여한 경우를 제외하고는, 사원은 증가할 자본금에 대하여 그 지분에 따라 출자를 인수할 권리가 있다(588조).

(2) 출자의 인수 및 이행

자본금 증가의 경우에 출자의 인수를 하고자 하는 자는 인수를 증명하는 서면에 그 인수할 출자의 좌수와 주소를 기재하고 기명날인 또는 서명하여야 한다(589조 1항). 만일 출자인수권자가 출자를 인수하지 아니하는 경우에는, 증자 결의시 다른 정함이 없는 한 사원총회의 특별결의로 새로운 인수인을 정해야 한다. 한편, 유한회사는 광고 기타의 방법에 의하여 인수인을 공모하지 못한다(동조 2항).

출자의 인수가 있은 때에는, 이사는 사원으로 하여금 출자전액의 납입 또는 현물출자의 목적인 재산전부의 급여를 시켜야 한다. 현물출자를 하는 출자인수인은 납입기일에 지체없이 출자의 목적인 재산을 인도하고 등기, 등록 기타 권리의 설정 또는 이전을 요할 경우에는 이에 관한 서류를 완비하여 교부하여야 한다(596조, 548조, 295조 2항).

(3) 자본금증가 등기

유한회사는 자본금 증가로 인한 출자 전액의 납입 또는 현물출자의 이행이 완료된 날부터 2주내에 본점소재지에서 자본금 증가로 인한 변경등기를 하여야 한다(591조). 자본금의 증가는 주식회사의 신주발행과는 달리, 본점소재지에서 변경등기를 함으로써 효력이 생긴다(592조). 그러나 자본금 증가의 경우에 출자의 인수를 한 자는 위 변경등기일이 아닌 출자의 납입의 기일 또는 현물출자의 목적인 재산의 급여의 기일로부터 이익배당에 관하여 사원과 동일한 권리를 가진다(590조).

(4) 자본전보책임

현물출자와 사후증자 재산의 자본금 증가당시의 실가가 자본금 증가의 결의에 의하여 정한 가격에 현저하게 부족한 때에는 그 결의에 동의한 사원은 회사에 대하여 그 부족액을 연대하여 지급할 책임이 있다. 이 사원의 책임은 면제하지 못한다(593조, 586조 1호, 2호, 550조 2항, 551조 2항).

　　자본금 증가 후에 아직 인수되지 아니한 출자가 있는 때에는 이사와 감사가 공동으로 이를 인수한 것으로 보며(594조 1항), 자본금 증가 후에 아직 출자전액의 납입 또는 현물출자의 목적인 재산의 급여가 미필된 출자가 있는 때에는 이사와 감사는 연대하여 그 납입 또는 급여미필재산의 가액을 지급할 책임이 있다(594조 2항). 이 경우 이사와 감사의 책임은 총사원의 동의가 없으면 면제하지 못한다(594조 3항, 551조 3항).

나. 1좌의 금액의 증가에 의한 자본금의 증가

　　모든 사원의 동의에 의해 1좌의 금액을 증가시킴으로써 자본금을 증가시킬 수 있다. 유한책임의 원칙에 반하는 추가출자를 강제시킬 수는 없기 때문이다.

2. 자본금의 감소

　　자본금 감소는 지분의 소각 또는 병합(440조)에 의할 것인데, 단수지분의 처리는 주식병합절차를 준용한다(597조, 443조).

　　자본금 감소는 사원총회 특별결의에 의한 정관변경절차를 통해 감소방법이 정해져야 하며(584조, 585조, 597조, 439조 1항), 채권자보호절차를 경료해야 한다(597조, 439조 2항).

　　자본금 감소는 변경등기를 해야 하지만(549조 4항, 183조, 180조), 증자등기와는 달리, 변경등기에 의해서 자본금감소의 효력이 발생하는 것은 아니며, 자본금 감소절차가 완료되는 때에 그 효력이 발생한다고 보아야 할 것이다.

3. 증자 또는 감자무효

　　자본금 증가의 무효는 사원, 이사 또는 감사에 한하여 본점소재지에서의 등기를 한 날로부터 6월내에 소만으로 이를 주장할 수 있다(595조 1항, 591조). 기타 사항은 신주발행무효의 소에 관한 규정이 준용된다(430조 내지 432조).

자본금 감소의 무효에 대하여도 주식회사의 감자무효의 소에 관한 규정이
준용된다(445조, 446조).

VI. 정관변경

유한회사의 정관은 사원총회의 특별결의로 변경할 수 있다(584조, 585조). 주식
회사와는 달리 정관변경을 위한 사원총회 소집통지에 <u>의안의 요령을 기재할 필
요는 없다</u>(433조 2항이 준용되지 아니함). 정관변경의 내용이 설립등기사항의 변경을
초래하는 경우에는 본점소재지에서는 2주간내, 지점소재지에서는 3주간내에 변
경등기를 하여야 한다(549조 4항, 183조).

VII. 유한회사의 회계

1. 재무제표의 작성

이사는 매결산기에 ① 대차대조표, ② 손익계산서 및 ③ 자본변동표 또는 이
익잉여금 처분계산서(또는 결손금 처리계산서)19)와 그 부속명세서를 작성하여야 한다
(579조 1항, 447조 1항 3호, 상법시행령 16조). 감사가 있는 때에는 이사는 정기총회회일
로부터 4주간전에 이 서류를 감사에게 제출하여야 하며, 감사는 이 서류를 받은
날로부터 3주간내에 감사보고서를 이사에게 제출하여야 한다(579조 2항, 3항).
또한 이사는 매결산기에 영업보고서를 작성하여야 한다(579조의2 1항). 감사가
있는 때에는 이사는 정기총회회일로부터 4주간전에 영업보고서를 감사에게 제출
하여야 하며, 감사는 이 서류를 받은 날로부터 3주간내에 감사보고서를 이사에게
제출하여야 한다(579조의2 2항, 579조 2항, 3항).

---

19) 주식회사 등의 외부감사에 관한 법률 2조에 따른 외부감사 대상회사의 경우에는 현금흐름표 및
　　주석을 포함함.

이사는 정기총회회일의 1주간전부터 5년간 재무제표, 영업보고서 및 감사보고서를 본점에 비치하여야 한다(579조의3, 579조, 579조의2). 주주와 회사채권자는 영업시간내에 언제든지 이 비치서류를 열람할 수 있으며 회사가 정한 비용을 지급하고 그 서류의 등본이나 초본의 교부를 청구할 수 있다(579조의3 2항, 448조 2항). 주식회사와는 달리 유한회사에서는 <u>대차대조표의 공고의무가 없다</u>.

2. 이익배당

이익의 배당은 정관에 다른 정함이 있는 경우 외에는 각사원의 출자좌수에 따라 하여야 한다(580조). 즉, 정관에서 출자좌수에 비례하지 않는 이익배당을 정할 수 있으며, 이는 원시정관 또는 총사원의 동의에 의해서만 가능하다고 보아야 할 것이다.[20] 이와 관련하여 판례는 사원총회의 계산서류 승인에 의한 배당금의 확정과 배당에 관한 결의가 없는 경우에는 이익배당이 허용되지 않는다고 보고 있다.[21]

3. 주식회사의 회계관련 규정의 준용

유한회사의 계산에 대하여는 주식회사의 재무제표의 승인, 공고(449조 1항, 2항), 이사, 감사의 책임해제(450조), 이익준비금(458조), 자본준비금(459조), 법정준비금의 사용(460조), 이익배당과 위법배당의 반환(462조), 중간배당(462조의3) 및 회계장부열람권(466조)[22]규정을 각 준용한다.

---

20) 이철송, 1174; 임재연(II), 837; 정동윤, 863; 최준선, 888. 이에 반하여 불이익을 입는 해당 사원들이 모두 동의하면 무방하다는 견해로는 권기범, 1087.

21) 대법원 1983.3.22. 선고 81다343 판결.

22) 상법 581조에서 소수사원의 회계장부열람권을 규정하고 있으므로, 상법 466조의 준용은 불필요함; 한편, 유한회사는 정관으로 각 사원이 회계장부열람권을 행사할 수 있다는 뜻을 정할 수 있는데, 이 경우 부속명세서는 작성하지 아니함(581조 2항, 579조 1항).

VIII. 합병 및 조직변경

1. 합병

가. 요건

유한회사가 다른 회사와 합병을 함에는 <u>사원총회의 특별결의</u>가 있어야 한다 (598조, 595조). 회사의 합병으로 신회사를 설립하는 경우에는 설립위원의 선임은 사원총회의 특별결의에 의하여야 한다(599조, 175조).

유한회사가 유한회사, 주식회사 또는 유한책임회사와 합병을 하는 경우에는 합병 후 존속하는 회사나 합병으로 설립되는 회사는 유한회사, 주식회사 또는 유한책임회사이어야 한다(174조 2항). 유한책임을 지는 주식회사, 유한회사 또는 유한책임회사가 합병을 통해 무한책임을 지는 합명회사 또는 무한책임사원이 존재하는 합자회사로 변경되는 경우에는 사원의 책임이 가중되는 관계로 복잡한 절차를 거쳐야 하는 문제점을 발생시킬 수 있기 때문이다.

단, 합병 후 존속하는 회사 또는 합병으로 인하여 <u>설립되는 회사가 주식회사인 때에는 법원의 인가를 얻지 아니하면 합병의 효력이 없다</u>(600조 1항). 또한 합병을 하는 회사의 일방이 사채의 상환을 완료하지 아니한 주식회사인 때에는 합병 후 존속하는 회사 또는 합병으로 인하여 설립되는 회사는 유한회사로 하지 못한다(600조 2항). 유한회사는 사채를 발행할 수 없기 때문이다.

해산후의 회사는 존립 중의 회사를 존속하는 회사로 하는 경우에 한하여 합병을 할 수 있다(174조 3항). 해산 후 청산절차를 거쳐 사라질 회사의 경우도 기업유지의 이념상 합병을 허용하되, 신설합병과 비교하여 절차가 상대적으로 간소한 흡수합병에 의해야 함을 규정한 것이다.

유한회사가 합병을 한 때에는 사원총회가 종결한 날로부터 본점소재지에서는 2주간, 지점소재지에서는 3주간내에 합병 후 존속하는 유한회사에 있어서는 변경등기, 합병으로 인하여 소멸되는 유한회사에 있어서는 해산등기, 합병으로 인하여 설립되는 유한회사에 있어서는 설립등기를 하여야 한다(602조, 603조, 526조, 527조, 549조 2항).

나. 물상대위

유한회사가 주식회사와 합병하는 경우에 합병 후 존속하는 회사 또는 합병으로 인하여 설립되는 회사가 유한회사인 때에는 물상대위 규정은 종전의 지분을 목적으로 하는 질권에 준용한다(601조 1항, 339조). 이 경우에 질권의 목적인 지분에 관하여 출자좌수와 질권자의 성명 및 주소를 사원명부에 기재하지 아니하면 그 질권으로써 회사 기타의 제3자에 대항하지 못한다(601조 2항).

다. 기타 준용

기타 합명회사의 합병에 관한 규정 및 주식회사의 합병에 관한 규정이 유한회사의 합병의 경우에 준용된다(603조).

2. 조직변경

가. 주식회사에서 유한회사로의 조직변경

(1) 요건, 절차 및 효력

주식회사는 <u>총주주의 일치</u>에 의한 주주총회의 결의로 그 조직을 변경하여 이를 유한회사로 할 수 있다(604조 1항 본문). 그러나 <u>사채의 상환을 완료하지 아니한 경우에는 그러하지 아니하다</u>(604조 1항 단서). 유한회사는 사채를 발행할 수 없기 때문이다.

이 조직변경의 경우에는 회사에 현존하는 순재산액보다 많은 금액을 자본금의 총액으로 하지 못한다(604조 2항). 한편, 이 주주총회결의에 있어서는 정관 기타 조직변경에 필요한 사항을 정하여야 한다(604조 3항).

또한 이 조직변경의 경우 <u>채권자보호절차를 경료해야</u> 하며(608조, 232조), 주식회사가 그 조직을 변경한 때에는 본점소재지에서는 2주간내에, 지점소재지에서는 3주간내에 주식회사에 있어서는 해산등기, 유한회사에 있어서는 설립등기를 하여야 한다(606조, 604조, 549조 2항). <u>이 등기에 의해 조직변경의 효력이 발생한다.</u>

(2) 물상대위

주식회사와 유한회사의 합병시 물상대위(601조) 규정은 이 경우에 준용된다 (604조 4항, 339조).

(3) 전보책임

이 조직변경의 경우에 회사에 현존하는 순재산액이 자본금의 총액에 부족한 때에는 주주총회 결의당시의 이사와 주주는 회사에 대하여 연대하여 그 부족액을 지급할 책임이 있다. 이 경우 주주의 책임은 면제하지 못하며, 이사의 책임은 총주주의 동의가 없으면 면제하지 못한다(605조, 550조 2항, 551조 2항, 3항).

나. 유한회사에서 주식회사로의 조직변경

(1) 요건, 절차 및 효력

유한회사는 주식회사로만 조직변경할 수 있다. 유한회사는 총사원의 일치에 의한 사원총회의 결의로 주식회사로 조직을 변경할 수 있다. 다만, 회사는 그 결의를 정관으로 정하는 바에 따라 상법 585조의 사원총회의 특별결의로 할 수 있다(607조 1항, 585조).

이 경우 조직을 변경할 때 발행하는 주식의 발행가액의 총액은 회사에 현존하는 순재산액을 초과하지 못한다(607조 2항). 또한 이 조직변경은 법원의 인가를 받지 아니하면 효력이 없다(607조 3항). 한편, 이 사원총회결의에 있어서는 정관 기타 조직변경에 필요한 사항을 정하여야 하며(607조 5항, 604조 3항), 채권자보호절차를 경료하여야 한다(608조, 232조).

한편, 유한회사가 그 조직을 변경한 때에는 본점소재지에서는 2주간 내에, 지점소재지에서는 3주간내에 유한회사에 있어서는 해산등기, 주식회사에 있어서는 설립등기를 하여야 한다(607조 5항, 606조, 604조, 549조 2항). 이 등기에 의해 조직변경의 효력이 발생한다.

(2) 물상대위

주식회사와 유한회사의 합병시 물상대위(601조) 규정은 이 경우에 준용된다 (607조 5항, 601조 1항, 339조). 이 경우 유한회사의 등록질권자는 주식회사에 대하여 당해 주식에 관한 주권의 교부를 청구할 수 있다(607조 5항, 340조 3항).

(3) 전보책임

이와 같이 조직을 변경하는 경우 회사에 현존하는 순재산액이 조직변경으로 발행하는 주식의 발행가액 총액에 부족할 때에는 사원총회결의 당시의 이사, 감사 및 사원은 연대하여 회사에 그 부족액을 지급할 책임이 있다. 이 경우 <u>사원의 책임은 면제하지 못하며, 이사와 감사의 책임은 총사원의 동의가 없으면 면제하지 못한다</u>(607조 4항, 550조 2항, 551조 2항, 3항).

IX. 해산 및 청산

1. 해산

유한회사는 ① 존립기간의 만료 기타 정관으로 정한 사유의 발생, ② 합병, ③ 파산, ④ 법원의 명령 또는 판결 또는 ⑤ 사원총회의 특별결의로 인하여 해산한다(609조 1항, 227조 1호, 4호 내지 6호, 585조).

한편, 위 ① 또는 ⑤의 사유로 회사가 해산한 경우에는 사원총회의 특별결의로써 회사를 계속할 수 있다(610조 1항, 227조 1호, 609조 1항 2호, 585조). 이 경우 이미 회사의 해산등기를 하였을 때에는 본점소재지에서는 2주간내, 지점소재지에서는 3주간내에 회사의 계속등기를 하여야 한다(611조, 229조 3항).

부득이한 사유가 있는 경우에는 발행지분총수의 10% 이상을 가진 사원은 유한회사의 해산을 법원에 청구할 수 있다(613조 1항, 520조).

유한회사가 해산된 때에는 합병과 파산의 경우외에는 그 해산사유가 있은 날로부터 본점소재지에서는 2주간내, 지점소재지에서는 3주간내에 해산등기를 하여야 한다(613조 1항, 228조).

2. 청산

　　주식회사와 같이, 법이 정한 절차에 따른 청산만이 인정되므로, 주식회사의 청산에 관한 규정 중 청산중의 회사(245조), 법원선임에 의한 청산인(252조), 청산인의 등기(253조), 청산인의 직무권한(254조), 청산인의 회사대표(255조), 채무의 변제(259조), 잔여재산의 분배(260조), 청산종결의 등기(264조), 청산인의 결정(531조), 청산인의 신고(532조), 회사재산조사보고의무(533조), 대차대조표, 사무보고서, 부속명세서의 제출, 감사, 공시, 승인(534조), 회사채권자에의 최고(535), 채권신고기간내의 변제(536), 제외된 채권자에 대한 변제(537), 청산의 종결(540조) 및 서류의 보존(541조)에 관한 규정은 유한회사의 청산에 준용된다.

　　유한회사에서는 이사회가 없으므로, <u>청산인회도 인정되지 아니하며</u>, 청산인에 관하여는 유한회사 및 주식회사 이사에 관한 규정들이 준용된다(613조 2항). 유한회사에 있어 잔여재산은 <u>정관에 다른 정함이 있는 경우외에는</u> 각사원의 출자좌수에 따라 사원에게 분배하여야 한다(612조). 유한회사의 이익배당에서와 같은 취지의 규정이다.

제 **4** 편

합명회사

합명회사

I. 총 설

합명회사란 회사의 채무에 관하여 연대책임을 부담하는 무한책임사원으로 구성된 회사를 말한다. 합명회사의 실질은 조합에 가까우나, 법인격을 보유하면서 대외적으로 독립적인 권리의무의 주체가 될 수 있으며, 내부적으로는 무한책임사원간의 인적 신뢰관계가 중요시 되고, 연대책임을 부담하는 무한책임사원이 회사를 이끌어가게 된다.

회사는 다른 회사의 무한책임사원이 되지 못한다(173조). 이는 법률에 의한 회사의 권리능력에 대한 제한규정이다. 입법정책적으로 볼 때, 회사가 다른 회사와 연대책임관계를 형성하는 무한책임사원이 된다는 것은 독자적인 존립목적상 바람직하지 않으므로, 다른 회사의 주주 또는 유한책임사원은 될 수 있어도 무한책임사원은 되지 못한다고 규정한 것이다.

II. 설립절차

1. 정관 작성

가. 의의

합명회사의 설립에는 2인 이상의 사원이 공동으로 정관을 작성하여야 하는 바(178조), 정관에는 절대적 기재사항으로 ① 목적, ② 상호, ③ 사원의 성명·주민 등록번호 및 주소, ④ 사원의 출자의 목적과 가격 또는 그 평가의 표준, ⑤ 본점의 소재지 및 ⑥ 정관의 작성년월일을 기재하고 총사원이 기명날인 또는 서명하여야 한다(179조). 이는 절대적 기재사항으로서 하나라도 누락되면 정관의 효력이 없고, 향후 설립무효의 사유가 된다.

나. 정관과 조합계약

합명회사를 설립하기 위해서는 먼저 2인 이상의 사원이 될 자가 조합계약을 체결하고, 이를 기초로 정관을 작성한다. 이 조합계약은 사원이 될 자간에만 효력을 미치고, 회사에는 효력을 미치지 아니한다고 보아야 할 것이다.

다. 정관의 법적 성질

정관의 법적 성질과 관련하여, 계약설과 자치법설이 대립한다. 살피건대, 정관은 이를 만드는 사원간의 합의를 기초로 한다는 점에서 계약의 특성을 가지고 있다고 볼 수 있으나, 이에 그치지 않고 당해 회사의 전반에 영향을 미치는 자치 규범으로서의 효력이 있을 뿐만 아니라 정관변경에 반대하는 사원도 변경된 정관에 따라야 하는 점을 감안할 때, 단순한 계약을 넘어 회사를 규율하는 법규성을 인정하는 것이 타당하다고 판단되므로, 자치법설에 찬성한다.1)

---

1) 이철송, 96. 이에 반하여 계약설을 주장하는 견해로는 김정호, 873; 정동윤, 872; 주석상법 회사(I), 178.

라. 상대적 기재사항 및 임의적 기재사항

상대적 기재사항이란 정관에 반드시 기재하여야 하는 사항은 아니나, 당해 내용의 효력을 발생시키기 위해서는 정관에 기재를 요하는 사항을 말한다. 이에는 업무집행사원(201조 1항), 공동업무집행사원(202조), 대표사원의 결정(207조 본문), 공동대표의 결정(208조 1항), 사원의 퇴사권(217조 1항), 사원의 퇴사원인(218조 1호), 지분의 환급(222조), 해산원인(227조 1호) 및 임의청산(247조 1항) 등이 있다.

임의적 기재사항이란 절대적 기재사항과 상대적 기재사항에 해당하지 아니하는 사항으로서, 합명회사의 본질과 강행법규 또는 사회질서에 반하지 아니하는 한, 어떠한 사항이라도 기재될 수 있다.

2. 등기

가. 설립등기

합명회사는 설립등기에 의해 성립된다(172조).[2] 설립등기에는 ① 목적, 상호, 사원의 성명·주민등록번호·주소 및 본점의 소재지(179조 1호 내지 3호, 5호)와 지점을 둔 때에는 그 소재지(단, 회사를 대표할 사원을 정한 때에는 그 외의 사원의 주소를 제외함), ② 사원의 출자의 목적, 재산출자에는 그 가격과 이행한 부분, ③ 존립기간 기타 해산사유를 정한 때에는 그 기간 또는 사유, ④ 회사를 대표할 사원을 정한 경우에는 그 성명·주소·주민등록번호 및 ⑤ 수인의 사원이 공동으로 회사를 대표할 것을 정한 때에는 그 규정을 등기하여야 한다(180조). 이 사항에 변경이 있는 때에는 본점소재지에서는 2주간내, 지점소재지에서는 3주간내에 변경등기를 하여야 한다(183조).

나. 지점의 설치등기 등

회사의 <u>설립과 동시에</u> 지점을 설치하는 경우에는 설립등기를 한 후 2주내에 지점소재지에서 상법 180조 1호 본문(목적, 상호, 사원의 성명·주민등록번호·주소 및 본점

---

2) 2016.4.29. 현재 우리나라에서 설립등기된 합명회사 수는 2,451개임. 위 일자 현재 우리나라에 설립등기된 총 회사수 964,229개의 약 0.25%를 차지함(법원행정처장, 정보공개결정통지서(종합민원과-4447), 2016.5.12. 참조).

의 소재지(179조 1호 내지 3호, 5호)(다른 지점의 소재지는 제외함) 및 동법 180조 3호 내지 5
호까지의 사항(존립기간 기타 해산사유를 정한 때에는 그 기간 또는 사유, 회사를 대표할 사원을
정한 경우에는 그 성명·주소·주민등록번호 및 수인의 사원이 공동으로 회사를 대표할 것을 정한 때에
는 그 규정)을 등기하여야 한다. 다만, 회사를 대표할 사원을 정한 경우에는 그 외
의 사원은 등기하지 아니한다(181조 1항).

　한편, 회사의 <u>성립 후</u>에 지점을 설치하는 경우에는 본점소재지에서는 2주내
에 그 지점소재지와 설치 연월일을 등기하고, 그 지점소재지에서는 3주내에 상법
180조 1호 본문(다른 지점의 소재지는 제외한다) 및 동조 3호 내지 5호까지의 사항을 등
기하여야 한다. 다만, 회사를 대표할 사원을 정한 경우에는 그 밖의 사원은 등기
하지 아니한다(181조 2항).

　회사가 본점을 이전하는 경우에는 2주간내에 구소재지에서는 신소재지와 이
전년월일을, 신소재지에서는 상법 180조 각호의 사항을 등기하여야 한다(182조 1
항). 회사가 지점을 이전하는 경우에는 2주내에 본점과 구지점소재지에서는 신지
점소재지와 이전년월일을 등기하고, 신지점소재지에서는 상법 180조 1호 본문(다
른 지점의 소재지는 제외함) 및 동조 3호 내지 5호까지의 사항을 등기하여야 한다. 다
만, 회사를 대표할 사원을 정한 경우에는 그 밖의 사원은 등기하지 아니한다(182조
2항).

　또한 사원의 업무집행을 정지하거나 직무대행자를 선임하는 가처분을 하거
나 그 가처분을 변경·취소하는 경우에는 본점 및 지점이 있는 곳의 등기소에서
이를 등기하여야 한다(183조의2).

Ⅲ. 설립의 무효와 취소

1. 설립취소

가. 취소원인

합명회사의 설립취소 원인으로는 미성년자가 법정대리인의 동의없이 설립행

위를 한 경우(민법 5조), 사기·강박에 의하여 설립행위를 한 경우(민법 110조) 또는 사원이 그 채권자를 해할 것을 알고 회사를 설립한 때 등이 있다.

나. 주장방법, 원고 및 취소 등

설립의 취소는 그 <u>취소권있는 자에</u> 한하여 <u>회사성립의 날로부터 2년내에 소만으로</u> 이를 주장할 수 있다(184조 1항).

원고는 취소권이 있는 자 즉, 제한능력자, 착오로 인하거나 사기·강박에 의하여 의사표시를 한 자 및 그의 대리인 또는 승계인만이다(민법 140조). 만일 사원이 그 채권자를 해할 것을 알고 회사를 설립한 때에는 채권자는 그 사원과 회사에 대한 소로 회사의 설립취소를 청구할 수 있다(185조).

피고는 회사이다. 만일 사원이 회사에 대하여 설립취소의 소를 제기하는 경우에 회사를 대표할 사원이 없을 때에는 다른 사원 과반수의 결의로 그 소송에서 회사를 대표할 사원을 선정하여야 한다(211조).

이 설립취소의 소는 본점소재지의 지방법원의 전속관할이고(186조), 설립취소의 소가 제기된 때에는 회사는 지체없이 공고하여야 하며(187조), 수개의 설립취소의 소가 제기된 때에는 법원은 이를 병합심리하여야 하고(188조), 설립취소의 소가 그 심리중에 원인이 된 하자가 보완되고 회사의 현황과 제반사정을 참작하여 설립을 무효 또는 취소하는 것이 부적당하다고 인정한 때에는 법원은 그 청구를 기각할 수 있다(189조).

다. 판결

설립취소의 판결은 제3자에 대하여도 그 효력이 있다(190조 본문). 즉, 대세적 효력이 있다. 그러나 판결확정 전에 생긴 회사와 사원 및 제3자간의 권리의무에 영향을 미치지 아니한다(190조 단서). 즉, 승소확정판결의 소급효가 없다. 설립취소의 판결이 확정된 때에는 해산의 경우에 준하여 청산하여야 하며, 이 경우 법원은 사원 기타의 이해관계인의 청구에 의하여 청산인을 선임할 수 있다(193조). 설립취소의 소를 제기한 자가 패소한 경우에 악의 또는 중대한 과실이 있는 때에는 회사에 대하여 연대하여 손해를 배상할 책임이 있다(191조). 설립취소의 판결이 확정된 때에는 본점과 지점의 소재지에서 등기하여야 한다(192조).

　　그러나 설립취소의 판결이 확정된 경우에 그 무효나 취소의 원인이 특정한 사원에 한한 것인 때에는 다른 사원전원의 동의로써 회사를 계속할 수 있으며, 이 경우 그 무효 또는 취소의 원인이 있는 사원은 퇴사한 것으로 보며, 새로 사원을 가입시켜서 회사를 계속할 수도 있고(194조, 229조 2항), 이미 회사의 해산등기를 하였을 때에는 본점소재지에서는 2주간내, 지점소재지에서는 3주간내에 회사의 계속등기를 하여야 한다(194조 3항, 229조 3항).

2. 설립무효

가. 무효원인

(1) 객관적 원인

　　합명회사의 객관적 설립무효 사유로는 정관이 무효인 경우 또는 설립등기가 무효인 경우이다. 정관이 무효인 경우는 정관의 절대적 기재사항이 누락된 때, 정관에 강행법규 또는 사회상규에 위반되는 기재 또는 합명회사의 본질에 반하는 기재가 있는 때 등이 있다.

(2) 주관적 원인

　　합명회사는 사원간의 인적 신뢰관계가 매우 중요하므로, 설립행위자인 사원의 설립관련 의사표시의 흠결 즉, 의사무능력, 비진의표시(민법 107조 1항 단서) 또는 통정허위표시(민법 108조 1항)가 인정되면 설립무효의 사유가 된다.

나. 설립무효의 소

　　설립의 무효는 그 <u>사원에 한하여</u>, 회사성립의 날로부터 2년내에 소만으로 이를 주장할 수 있다(184조 1항). 기타 사항은 설립취소의 소에서 언급한 바와 같다.

Ⅳ. 내부관계

1. 의의

합명회사의 <u>내부관계</u>에 관하여는 <u>정관 또는 본법에 다른 규정이 없으면</u> 조합에 관한 <u>민법의 규정을 준용</u>한다(195조). 즉, 합명회사의 내부관계란 회사와 사원간의 관계 및 사원상호간의 관계를 말하는데, 합명회사의 내부관계와 관련하여 정관 또는 본법에 다른 규정이 있으면 그것이 우선하여 적용되고, 없으면 민법의 조합에 관한 규정이 적용된다는 의미이다.[판례160] 민법의 조합에 관한 규정을 적용한다는 의미는 합명회사의 내부관계가 실질적으로 조합이라는 것을 뜻한다. 정관과 상법 중에 어느 것이 우선하는지는 명시되어 있지 아니하나, 내부관계에 한정해서는 원칙적으로 사원자치에 맡기는 것이 타당하므로, 대부분 정관이 우선하여 적용된다고 보아야 할 것이다.3)

> [판례160] 대법원 2015.5.29. 선고 2014다51541 판결
>
> 합명회사의 내부관계에 관한 상법 규정은 <u>원칙적으로 임의규정임.</u>

2. 출자

가. 의의

합명회사의 사원은 정관에 따라 출자의무를 이행해야 한다(179조 4호). 출자란 합명회사의 사업목적을 영위하기 위하여 사원이 회사에 대하여 하는 제공을 말하는데, 이러한 출자의 대상에는 <u>동산, 부동산, 채권, 지적재산권, 영업권 등 일체의 재산뿐만 아니라 노무 또는 신용</u>이 해당된다. 사원이 무한책임을 부담하므로 노무 또는 신용출자도 허용된다(222조 본문). 노무출자란 사원이 정신적 또는 육체적 노동을 회사에 제공함을 말하고, 신용출자란 회사를 위한 채무보증, 담보제공,

---

3) 김정호, 880; 손진화, 808; 양명조, 599; 이기수외, 833; 이범찬외, 604; 이철송, 149; 정경영, 714; 주석상법 회사(Ⅰ), 206; 최기원, 1014; 최완진, 351; 최준선, 827; 홍복기외, 745.

어음배서 등 사원의 신용을 회사가 이용케 함을 말한다.

나. 출자의무의 성질

출자의무는 사원자격과 운명을 함께 하므로, 회사의 설립 또는 사원의 입사시 발생하고, 회사의 청산절차의 종결 또는 사원의 퇴사로 소멸한다. 따라서 회사 설립 후 입사하는 사원은 정관으로 출자할 내용을 정하기 위해 정관변경이 필요하며, 기존사원의 출자내용의 변경도 정관변경이 필요하다.

다. 출자의무의 이행

출자의무이행의 구체적인 방법은 정관으로 정하되, 정관의 정함이 없으면 업무집행의 일환으로 결정한다(195조, 민법 706조 2항). 사원은 회사의 채무에 대해 무한책임을 부담하므로, 반드시 회사설립 또는 신입사와 동시에 해야 하는 것은 아니다. 한편, 그 이행청구는 사원평등의 원칙에 따라야 한다. 청산시 회사의 현존재산이 그 채무를 변제함에 부족한 때에는 청산인은 변제기에 불구하고 각 사원에 대하여 출자를 청구할 수 있다(258조).

출자방법과 관련하여, 구체적인 출자대상에 따라 부동산은 등기, 동산은 인도, 채권은 양도의 대항요건을 갖추어야 한다.

만일 출자의무를 불이행하는 경우에는 일반 민법상 채무불이행 책임을 부담하는데, 금전출자 불이행의 경우 연체이자 및 손해배상책임을 지며(195조, 민법 705조), 채권출자 불이행의 경우에는 역시 이자를 지급하는 외에 이로 인하여 생긴 손해를 배상하여야 한다(196조 단서). 또한 출자의무 불이행은 제명(220조 1항 1호)이나 업무집행사원 또는 대표사원의 권한상실 사유(205조 1항, 216조)가 된다.

3. 업무집행

가. 의의

업무집행이란 회사의 목적사업을 달성하기 위한 사무를 수행함을 말한다.

대내적 및 대외적 활동을 포함하고, 법률행위뿐만 아니라 사실행위도 포함한다.

나. 업무집행기관

(1) 사원

각 사원은 정관에 다른 규정이 없는 때에는 회사의 업무를 집행할 권리와 의무가 있다(200조 1항). 합명회사의 사원은 무한책임을 지므로, 이에 상응하는 업무집행기관으로서의 지위를 원칙적으로 사원에게 부여한 것이다.[4] 그러므로 정관의 규정 또는 총사원의 동의로도 사원이 아닌 자에게 업무집행권한을 부여 또는 위임할 수는 없다.[5] 그러나 각 사원의 업무집행에 관한 행위에 대하여 다른 사원의 이의가 있는 때에는 곧 행위를 중지하고 총사원 과반수의 결의에 의하여야 한다(동조 2항). 사원이 업무를 집행함에는 선량한 관리자의 주의의무를 다해야 한다(195조, 민법 707조, 681조).

(2) 업무집행사원

정관으로 사원의 1인 또는 수인을 업무집행사원으로 정한 때에는 그 사원이 회사의 업무를 집행할 권리와 의무가 있다(201조 1항). 업무집행사원을 직접 정관으로 정하지 아니하거나 그 선임방법을 정관으로 정하지 아니한 경우에는 총사원의 3분의2 이상의 찬성으로 선임한다(195조, 민법 706조 1항). 업무집행사원이 2인 이상 있는 경우에는 업무집행사원 각자가 업무를 집행하나, 다른 업무집행사원의 이의가 있는 때에는 곧 그 행위를 중지하고 업무집행사원 과반수의 결의에 의하여야 한다(201조 2항). 업무집행사원도 업무를 집행함에는 선량한 관리자의 주의의무를 다해야 한다(195조, 민법 707조, 681조).

(3) 공동업무집행사원

정관으로 수인의 사원을 공동업무집행사원으로 정한 때에 그 전원의 동의가 없으면 업무집행에 관한 행위를 하지 못한다. 그러나 지체할 염려가 있는 때에는

---

4) 사원자격과 기관자격이 분리되는 즉, 소유와 경영의 분리를 추구하는 주식회사와 대조됨.
5) 권기범, 249; 김건식, 890; 김동훈, 538; 서헌제, 1152; 송옥렬, 1247; 이범찬외, 609; 이철송, 150; 장덕조, 587; 정동윤, 879; 정찬형, 545; 최기원, 1018; 최완진, 354; 최준선, 831.

그러하지 아니하다(202조).

다. 업무집행권한의 제한

정관에 의해 일정한 사원에게만 업무집행권을 인정하던지 아니면 사원의 업무집행권의 범위를 제한할 수 있다.

또한 지배인의 선임과 해임은 정관에 다른 정함이 없으면 업무집행사원이 있는 경우에도 총사원 과반수의 결의에 의하여야 한다(203조). 지배인의 선임도 업무집행권의 일환이나 지배인이 회사에서 차지하는 중요도에 비추어 일반적인 업무집행권에서 제외시킨 것이다.

한편, 사원이 업무를 집행함에 현저하게 부적임하거나 중대한 의무에 위반한 행위가 있는 때에는 법원은 사원의 청구에 의하여 업무집행권한의 상실을 선고할 수 있고(205조 1항),6) 상법 195조에 의하여 준용되는 민법 708조에 따라 법원의 선고절차를 거치지 않고 총사원이 일치하여 업무집행사원을 해임함으로써 권한을 상실시킬 수 있다.[판례161]

> [판례161] 대법원 2015.5.29. 선고 2014다51541 판결
>
> 정관에서 달리 정하고 있지 않는 이상, 합명회사의 사원은 상법 205조를 이용하는 방법 또는 민법 708조를 이용하는 방법 중 어느 하나의 방법으로 다른 사원 또는 업무집행사원의 업무집행권한을 상실시킬 수 있음.

라. 직무집행정지와 직무대행자

사원의 업무집행정지가처분결정과 함께 선임된 직무대행자는 가처분명령에 다른 정함이 있거나 법원의 허가를 얻은 경우 외에는 법인의 통상업무에 속하지 아니한 행위를 하지 못한다. 직무대행자가 이에 위반한 행위를 한 경우에도 회사는 선의의 제3자에 대하여 책임을 진다(200조의2).

한편, 사원의 업무집행을 정지하거나 직무대행자를 선임하는 가처분을 하거

---

6) 정관변경이나 총사원의 동의로 업무집행권을 상실시킬 수 없을 때, 최후의 수단으로 법원을 통해 업무집행권을 박탈하도록 한 것임.

나 그 가처분을 변경·취소하는 경우에는 본점 및 지점이 있는 곳의 등기소에서 이를 등기하여야 한다(183조의2).

마. 업무감시권 및 재산상태검사권

합명회사의 각 사원은 언제든지 회사의 업무 및 재산상태를 검사할 수 있다 (195조, 민법 710조). 각 사원은 무한책임을 부담하므로 회사업무가 적정하게 집행되 는지를 감시, 검사할 권한이 당연히 부여된다. 이 규정은 강행규정으로 정관에 의하여 제한될 수 없다고 보아야 할 것이다.[7]

4. 단체적 의사결정

가. 의의

합명회사의 사원이 지분을 타인에게 양도하거나(197조) 정관을 변경하거나(204조) 회사를 임의해산하고자 하는 경우에는 총사원의 동의를 요하고, 각 사원의 업무 집행에 관한 행위에 대하여 다른 사원의 이의가 있는 때에는 총사원 과반수의 결 의에 의하여야 하므로(200조 2항), 이러한 경우 등에는 합명회사의 단체적 의사결정 이 필요하다.

나. 의결권

의결권과 관련하여 상법은 1인 1의결권주의를 명시하고 있지 않다. 이론적 으로는 합명회사의 사원은 무한책임을 지므로, 지분의 크기에 관계없이 각자 동 일한 의결권을 갖는다고 보는 것이 타당하나, 판례는 민법상 조합의 경우 정관에 의해 달리 정할 수 있다고 보고 있다.[8] 살피건대, 합명회사의 내부관계에 관하여

---

7) 김건식, 893; 김홍기, 826; 서헌제, 1153; 이범찬외, 610; 이철송, 152; 최완진, 355; 최준선, 832. 이에 반하여 정관규정으로 제한이 가능하다는 견해로는 김정호, 890; 최기원, 1021. 한편, 정관 또 는 총사원의 동의로도 박탈할 수 없다는 견해로는 김동훈, 541; 송옥렬, 1248; 이기수외, 836; 장 덕조, 589; 정경영, 718; 정동윤, 881; 정찬형, 548; 주석상법 회사(I), 225.

8) 대법원 2009.4.23. 선고 2008다4247 판결.

는 정관 또는 본법에 다른 규정이 없으면 조합에 관한 민법의 규정이 준용되므로 (195조), 합명회사의 정관의 규정에 의해 지분의 크기에 따라 의결권의 차등을 둘 수 있는 것은 가능하다고 보는 것이 타당할 것이다.

다. 의결권행사방법

상법은 합명회사의 의사를 결정하기 위한 기관으로 <u>사원총회를 요구하고 있지 않다.</u>9) 따라서 합명회사의 단체적 의사결정은 <u>사원전원의 과반수</u>에 의하며(민법 706조 2항), 각 사원의 의사는 반드시 물리적 회의를 통해 드러날 필요는 없고, 어떠한 방식으로든 사원의 의사를 파악할 수 있는 방법이면 충분하다. 서면결의도 가능하다. 그러나 사원간에 인적 신뢰관계가 중시되므로 의결권의 대리행사는 허용되지 않는다고 보아야 할 것이다.10)

라. 의사결정의 하자

상법은 합명회사의 단체적 의사결정에 하자가 있는 경우, 이를 다투는 방법을 별도로 규정하고 있지 않다. 따라서 일반 민사소송법상 무효확인소송을 통해 다투어야 할 것이다. 이 경우 소송의 상대방 즉, 피고는 사원 개인이 아닌 회사이어야 한다.11)

5. 손익분배

합명회사의 사원은 무한책임 즉, 최종적인 책임을 부담하기 때문에, <u>이익이 없어도 배당이 허용</u>되고, 주식회사와 같은 법정준비금제도도 없다. 따라서 합명회사의 정관으로 손익분배의 시기를 정하되, 정관에 명시적 규정이 없으면, 상법의 일반규정에 의해 대차대조표를 작성하는 결산기에 하게 될 것이다(30조 2항).

---

9) 물론 정관에 의해 사원총회를 설치하는 것은 가능함.
10) 강희갑, 116; 김건식, 892; 서헌제, 1155; 이기수외, 835; 이범찬외, 610; 이철송, 153; 임재연(II), 749; 정경영, 717; 주석상법 회사(I), 224; 최기원, 1019. 이에 반하여, 정관으로 일정한 범위를 정하거나 사원전원의 동의하는 경우에는 허용된다는 견해로는 김정호, 886.
11) 대법원 1991.6.25. 선고 90다14058 판결.

사원이 무한책임을 지는 결과로 손익분배는 각 사원의 지분의 크기와 일치할 필요는 없고, 정관에서 자유로이 정할 수 있으며, 정관에 명시적 규정이 없으면 민법에 따라 각 사원의 출자가액에 비례하되, 이익 또는 손실에 대하여 분배의 비율을 정한 때에는 그 비율은 이익과 손실에 공통된 것으로 추정한다(민법 711조).

이익의 분배는 정관에 특별한 규정이 없으면 금전으로 하고, 손실의 분배는 지분의 감소를 통하되, 지분이 마이너스(-)가 되는 경우 최소한 퇴사시에는 그 마이너스(-)금액을 실제로 회사에 보전하여야 한다.

6. 사원의 의무

가. 경업겸직금지의무

(1) 의의

사원은 다른 사원의 동의가 없으면 자기 또는 제3자의 계산으로 회사의 영업부류에 속하는 거래를 하지 못하며, 동종영업을 목적으로 하는 다른 회사의 무한책임사원 또는 이사가 되지 못한다(198조 1항). 즉, <u>다른 사원전원이 동의하는 경우에 한하여, 경업 또는 겸직이 허용</u>된다. 사원의 사익추구행위로 인해 회사에 손해가 발생하면 결국 다른 사원의 책임을 가중시킬 것이므로 이러한 규정을 두게 된 것이다. 이 규정은 임의규정이므로 정관으로 달리 정할 수 있을 것이다.[12]

(2) 의무위반의 효과

(가) 개입권

사원이 위 규정에 위반하여 거래를 한 경우에 그 거래가 자기의 계산으로 한 것인 때에는 회사는 이를 회사의 계산으로 한 것으로 볼 수 있고, 제3자의 계산으로 한 것인 때에는 그 사원에 대하여 회사는 이로 인한 이득의 양도를 청구할 수 있다(동조 2항). 주식회사의 경업금지의무에서의 개입권과 같은 취지의 규정이다. 즉, <u>겸직금지규정에는 적용되지 아니한다</u>.

---

12) 김건식, 894; 서헌제, 1156; 이범찬외, 611; 이철송, 154; 정경영, 718; 정동윤, 881; 주석상법 회사 (I), 217; 최준선, 832. 이에 반하여 정관에 의해 총사원의 동의보다 완화하여 정할 수 있다는 견해로는 임재연(II), 750; 정찬형, 548; 최기원, 1022.

개입권은 회사의 그 사원에 대한 손해배상의 청구에 영향을 미치지 아니한다(동조 3항). 즉, 개입권으로 보전되지 아니하는 회사의 손해가 있는 경우에는 별도로 손해배상청구가 가능하도록 한 규정이다.

개입권은 다른 사원 과반수의 결의에 의하여 행사하여야 하며, 다른 사원의 1인이 그 거래를 안 날로부터 2주간을 경과하거나 그 거래가 있은 날로부터 1년을 경과하면 소멸한다(동조 4항). 이 기간의 경과로 인한 개입권의 소멸은 주식회사의 개입권과 같이 제척기간으로 보아야 할 것이다.

(나) 기타

합명회사는 위 의무위반을 사유로 하여 다른 사원 과반수의 결의에 의하여 그 사원의 제명의 선고를 법원에 청구할 수 있으며(220조 1항 2호), 업무집행권 또는 대표권의 상실의 선고를 법원에 청구할 수 있다(205조 1항, 216조).

나. 자기거래금지의무

사원은 다른 사원 과반수의 결의가 있는 때에 한하여 자기 또는 제3자의 계산으로 회사와 거래를 할 수 있다(199조 전단). 즉, 다른 사원과반수가 동의하는 경우에 한하여, 사원의 자기거래가 허용된다. 사원의 사익추구행위로 인해 회사에 손해가 발생하면 결국 다른 사원의 책임을 가중시킬 것이므로 이러한 규정을 두게 된 것이다.

한편, 이 경우에는 다른 사원 과반수의 동의로 자기거래가 허용되므로, 본인의 동의로 자기계약 또는 쌍방대리가 허용되는 민법 124조를 적용할 필요가 없다(199조 전단).

7. 정관변경

가. 총사원의 동의

정관을 변경함에는 총사원의 동의가 있어야 한다(204조). 합명회사의 조합적 특성을 감안한 규정이다. 물론 임의규정이므로, 정관의 별도규정으로 이를 완화

할 수 있다고 해석해야 할 것이다.13)

  합명회사의 본질에 반하거나 강행법규 또는 사회상규에 위반되는 사항으로의 정관변경은 허용될 수 없다고 보아야 할 것이다.14) 사원의 사망, 임의퇴사, 제명 등 자동으로 정관이 변경되어야 할 사항인 경우에는 총사원의 동의를 요하지 않는다고 보아야 할 것이다.15)

  한편, 정관변경사항이 등기를 요하는 사항인 경우에는 변경등기를 하여야 할 것이다(183조).

나. 정관변경의 효력

  정관변경의 효력은 <u>원칙적으로 총사원의 동의가 있는</u> 때이다. 단, 조건부 또는 시기부로 정관변경에 총사원이 동의한 경우에는 조건의 성취시점 또는 시점의 도래시점에 정관변경의 효력이 발생한다. 정관변경사항이 등기사항인 경우에도 정관변경의 효력발생시점은 변경등기시점과는 무관하다.

8. 사원의 변동

가. 합명회사 성립 후에 사원자격 원시취득

  합명회사의 지분이란 사원자격 즉, 회사재산에 대해 보유하는 비율을 말한다. 합명회사 성립 후에 총사원의 동의하에 어떤 자가 새로운 사원자격 즉, 지분을 원시적으로 취득하게 되면 사원의 변경이 발생한다. 이 경우 총사원의 동의가 있으면 동시에 정관변경의 효력이 발생하고 또한 동시에 사원자격을 취득한다고 보아야 할 것이다.

  <u>회사성립 후에 가입한 사원은</u> 그 <u>가입 전에 생긴 회사채무에 대하여 다른 사원과 동일한 책임을 진다</u>(213조).

---

13) 김건식, 911; 김동훈, 556; 김홍기, 827; 서헌제, 1161; 이기수외, 845; 이범찬외, 612; 이철송, 156; 임재연(II), 765; 정동윤, 896; 정찬형, 564; 최기원, 1047; 최완진, 358.

14) 김동훈, 555; 김홍기, 827; 서헌제, 1161; 손진화, 819; 이기수외, 845; 이범찬외, 612; 정경영, 721; 정동윤, 896; 정찬형, 564; 최기원, 1047.

15) 김건식, 911; 김동훈, 556; 서헌제, 1161; 이기수외, 845; 이철송, 156; 임재연(II), 765; 정경영, 722; 정동윤, 896; 정찬형, 564; 주석상법 회사(I), 234; 최기원, 1047.

나. 지분양수도

지분양수도에는 2가지 형태가 있다. 첫째, 지분양수도계약에 의해 양도인은 지분전부를 양도하고 사원의 지위가 상대적으로 소멸하며, 양수인이 당해 지분을 승계취득하여 새로운 사원이 되는 경우와 둘째, 지분의 일부만을 양수도하여 양도인은 기존지분에서 양도한 지분을 제외한 지분만을 소유하며, 양수인은 양수한 일부지분을 취득하면서 새로운 사원의 지위를 취득하는 경우이다. 어느 경우이던, <u>사원은 다른 사원의 동의를 얻지 아니하면 그 지분의 전부 또는 일부를 타인에게 양도하지 못한다</u>(197조). 즉, 지분의 전부 또는 일부의 양수도는 다른 사원전원의 동의를 요한다. 이 동의시 정관변경의 효력이 발생한다고 보아야 할 것이다.16) 이와 관련하여, 이 규정은 임의규정이므로, 정관으로 다른 사원 과반수의 동의만으로 지분양수도가 허용되는 것으로 정하는 것은 가능하다고 본다.17) 지분의 양수도를 제3자에게 대항하기 위하여는 지분양도등기를 해야 한다(183조). <u>지분을 전부양도하여 사원의 지위를 상실하는 경우에도 당해 사원은 본점소재지에서 퇴사등기를 하기 전에 생긴 회사채무에 대하여는 등기 후 2년내에는 다른 사원과 동일한 책임이 있다</u>(225조).

다. 퇴사

사원의 지위가 절대적으로 소멸하는 경우를 말한다. 이에는 임의퇴사, 당연퇴사 및 지분압류채권자의 청구에 의한 퇴사 등이 있다.18)

(1) 임의퇴사

정관으로 회사의 존립기간을 정하지 아니하거나 어느 사원의 종신까지 존속할 것을 정한 때에는, 사원은 영업연도말에 한하여 퇴사할 수 있다(217조 1항). 이

---

16) 양명조, 610; 이기수외, 838; 이철송, 158; 임재연(II), 752; 정동윤, 885; 정찬형, 551; 주석상법 회사(I), 213; 최기원, 1026; 최완진, 353; 최준선, 829.

17) 권기범, 245; 김동훈, 544; 김건식, 897; 서헌제, 1159; 손진화, 810; 이범찬외, 606; 임재연(II), 752; 장덕조, 591; 정경영, 720; 정동윤, 886; 정찬형, 552; 주석상법 회사(I), 213; 최기원, 1026. 이에 반하여 반드시 다른 사원 전원의 동의가 필요하다는 견해로는 김홍기, 828; 송옥렬, 1249; 이철송, 158.

18) 사원의 책임이 제한되는 유한회사 및 주식회사의 경우는 퇴사제도가 없음.

경우 사원은 6월전에 이를 예고하여야 하며(동항), 부득이한 사유가 있을 때에는 언제든지 퇴사할 수 있다(동조 2항).

(2) 당연퇴사

일정한 사유가 발생하면 사원의 의사여부와 관계없이 당연히 퇴사가 된다(218조). 인적 신뢰관계가 상실된 사원을 배제시키고 나머지 사원들이 합명회사를 계속할 수 있도록 한 규정이다. 당해 사유는 다음 6가지가 있다.

(가) 정관에 정한 사유의 발생(동조 1호)

당해 합명회사는 강행법규 또는 사회질서에 반하지 않는 사유를 퇴사사유로 정관에 정할 수 있다. 이에는 사원의 자격상실의 사유, 조건, 기한 등이 있다.

(나) 총사원의 동의(동조 2호)

총사원의 동의가 있으면, 부득이한 사유가 없더라도 예고없이 퇴사할 수 있다.

(다) 사망(동조 3호)

정관으로 그 상속인이 회사에 대한 피상속인의 권리의무를 승계하여 사원이 될 수 있음을 정할 수 있으며, 이 경우 상속인은 상속의 개시를 안 날로부터 3월내에 회사에 대하여 승계 또는 포기의 통지를 발송하여야 하며, 상속인이 이 통지 없이 3월을 경과한 때에는 사원이 될 권리를 포기한 것으로 본다(219조).

(라) 성년후견개시(218조 4호)

사원이 성년후견개시결정을 받았을 때를 말한다(민법 부칙 3조).

(마) 파산(218조 5호)

신청에 의한 법원의 결정으로 파산선고를 받았을 때를 말한다(채무자회생 및 파산에 관한 법률 305조 1항).

(바) 제명(218조 6호)

1) 의의

인적 신뢰관계가 상실된 사원을 그의 의사에 반하여 나머지 사원들의 과반수의 의사 및 법원의 판결에 의하여 퇴사시키고, 이와 관계없이 당해 합명회사는 계속하여 목적사업을 수행하는 제도를 말한다. <u>주식회사 및 유한회사에는 없는 규정이다.</u>

사원의 기본적인 권리를 강제로 박탈시킨다는 점에서 당해 합명회사의 정관으로 제명을 용이하게 하는 것은 허용되지 아니한다고 보아야 할 것이나, 강화하는 것은 가능하다고 할 것이다.[19]

2) 사유

출자의무를 이행하지 아니한 때(220조 1항 1호), 경업겸직금지의무 위반한 행위가 있는 때(동항 2호, 198조 1항), 회사의 업무집행 또는 대표에 관하여 부정한 행위가 있는 때, 권한없이 업무를 집행하거나 회사를 대표한 때(220조 1항 3호) 또는 기타 중요한 사유가 있는 때(동항 4호)에 한한다.

그러나 위 사유가 있더라도, <u>제명의 결과 해산사유가 발생하게 되는 경우에는 제명할 수 없다.</u> 왜냐하면 만일 사원이 2인인 경우에는 과반수결의를 얻을 수 없을 뿐만 아니라, 기업유지의 취지에도 반하기 때문이다.[20][판례162]

> [판례162] 대법원 1991.7.26. 선고 90다19206 판결
>
> 다른 사원 과반수의 결의란 그 문언상 명백한 바와 같이 제명대상인 사원 이외에 다른 사원 2인 이상의 존재를 전제로 하고 있는 점, 위 제명선고제도의 취지나 성질 등에 비추어 보면, 무한책임사원과 유한책임사원 각 1인만으로 된 합자회사에 있어서는 한 사원의 의사에 의하여 다른 사원의 제명을 할 수는 없음.

3) 절차

위와 같은 제명의 사유가 있는 때에는 회사는 다른 사원 과반수의 결의에 의하여 그 사원의 제명의 선고를 법원에 청구할 수 있다(220조 1항 각호외의 부분). 이 소송은 본점소재지의 지방법원의 관할에 전속한다(220조 2항, 206조, 186조).

---

19) 송옥렬, 1252; 이철송, 161; 장덕조, 601. 이에 반하여 강행규정이므로 어느 경우도 허용되지 않는다는 견해로는 강희갑, 133; 권기범, 273; 서헌제, 1172; 임재연(II), 762; 정경영, 728; 정동윤, 899; 정찬형, 569; 주석상법 회사(I), 278; 최준선, 842. 또한 임의규정이므로 정관으로 배제 또는 제한이 가능하다는 견해로는 최기원, 1043.
20) [판례162]: 서헌제, 1173; 양명조, 620; 이기수외, 844; 이철송, 161; 임재연(II), 763; 정경영, 728; 정동윤, 899; 정찬형, 569; 주석상법 회사(I), 277; 최기원, 1042; 최준선, 842.

4) 효과

법원의 제명판결에 의하여 제명의 효과 즉, 퇴사의 효력이 발생한다. 그러나 제명된 사원과 회사와의 계산은 제명의 소를 제기한 때의 회사재산의 상태에 따라서 하며, 그 때부터 법정이자를 붙여야 한다(221조). 제명된 사원의 이익을 보호하기 위한 규정이다. 제명판결이 확정된 때에는 본점과 지점의 소재지에서 등기하여야 한다(220조 2항, 205조 2항).

(3) 지분압류채권자의 청구에 의한 퇴사

사원의 지분을 압류한 채권자는 영업연도 말에 그 사원을 퇴사시킬 수 있다. 그러나 회사와 그 사원에 대하여 6월전에 그 예고를 하여야 하며, 그 예고는 사원이 변제를 하거나 상당한 담보를 제공한 때에는 그 효력을 잃는다(224조). 이와 관련하여, 판례는 사원의 채권자가 사원의 지분을 압류하여도 다른 사원의 동의(197조)를 얻어야만 이를 환가할 수 있는 점 등을 감안하여, 사원의 지분을 압류한 채권자에게 퇴사청구권을 인정하고 지분환급에 의하여 채권의 변제를 받을 수 있게 한 것으로서, 이 퇴사청구권은 사원 지분의 압류채권자가 직접 일방적 의사표시로 사원을 퇴사시킬 수 있도록 한 형성권이며, 이에 따라 채권자가 예고기간을 정하여 예고를 한 이상 다른 의사표시 없이도 영업연도 말에 당연히 퇴사의 효력이 발생하고, 사원이 이를 저지하기 위하여서는 영업연도 말이 되기 전에 변제를 하거나 상당한 담보를 제공하여야 하며, 변제 또는 담보제공이 없이 영업연도 말이 도래하여 일단 퇴사의 효력이 발생하였다면 그 후 사원 또는 채권자가 일방적으로 위 퇴사의 의사표시를 철회할 수 없고, 이는 퇴사의 효력이 발생한 후 사원이 채권자에게 채무를 변제한 경우에도 마찬가지라고 판시하고 있다.[21]

또한 판례는 상당의 담보를 제공한 때라 함은 압류채권자와의 사이에서 담보물권을 설정하거나 보증계약을 체결한 때를 말하는 것이므로, 실질적으로 보증과 같은 채권확보의 효력이 있는 중첩적 채무인수계약이 압류채권자와의 사이에서 체결되거나 또는 압류채권자가 그 채무인수를 승낙한 때에는 퇴사예고는 그 효력을 잃는다고 보고 있다.[22]

---

21) 대법원 2014.5.29. 선고 2013다212295 판결.
22) 대법원 1989.5.23. 선고 88다카13516 판결.

(4) 기타의 퇴사사유

설립무효의 판결 또는 설립취소의 판결이 확정된 경우에 그 무효나 취소의 원인이 특정한 사원에 한한 것인 때에는 다른 사원전원의 동의로써 회사를 계속할 수 있다. 이 경우 그 무효 또는 취소의 원인이 있는 사원은 퇴사한 것으로 본다(194조 1항, 2항).

또한 존립기간의 만료 기타 정관으로 정한 사유의 발생 또는 총사원의 동의로 회사가 해산하는 경우에는 사원의 전부 또는 일부의 동의로 회사를 계속할 수 있는데, 이 경우 동의를 하지 아니한 사원은 퇴사한 것으로 본다(229조 1항).

(5) 퇴사의 효과

① 퇴사시 사원의 지위는 절대적으로 소멸한다. ② 퇴사한 사원은 본점소재지에서 퇴사등기를 하기 전에 생긴 회사채무에 대하여는 등기 후 2년내에는 다른 사원과 동일한 책임이 있다(225조). ③ 퇴사한 사원의 성명이 회사의 상호 중에 사용된 경우에는 그 사원은 회사에 대하여 그 사용의 폐지를 청구할 수 있다(226조). ④ 퇴사시 지분의 계산은 정관에 특별한 규정이 없으면, 민법의 조합에 관한 규정에 의해 퇴사당시의 회사재산상태에 의한다(195조, 민법 719조 1항). 그러나 퇴사한 사원과 회사와의 계산은 퇴사한 때의 회사재산의 상태에 따라서 하며 그 때부터 법정이자를 붙여야 한다(221조). ⑤ 퇴사한 사원은 당해 합명회사에 대하여 지분환급청구권을 보유한다. 퇴사한 조합원의 지분은 그 출자의 종류여하에 불구하고 금전으로 반환할 수 있다(195조, 민법 719조 2항). <u>퇴사한 사원의 지분이 마이너스(-)인 경우에는 퇴사시 그 마이너스(-)금액을 회사에 보전하여야</u> 한다.

라. 지분의 상속

합명회사는 사원간의 인적 신뢰관계가 중요하므로, 정관에 달리 정함이 없는 한 사원의 사망은 퇴사의 원인이 되며(218조 3호), 상속인은 피상속인의 지분의 환급을 청구할 권리를 상속할 뿐이다.

물론, <u>정관의 규정</u>으로 사원이 사망한 경우에 그 상속인이 회사에 대한 피상속인의 권리의무를 승계하여 사원이 될 수 있음을 정할 수 있으며, 이 경우 상속인은 상속의 개시를 안 날로부터 3월내에 회사에 대하여 승계 또는 포기의 통지를 발송하여야 하고, 만일 상속인이 전항의 통지 없이 3월을 경과한 때에는 사원이 될 권리를 포기한 것으로 본다(219조).

한편, 합명회사의 해산 후 즉, 청산중에 사원이 사망한 경우에는 그 상속인이 지분을 승계한다(246조). 청산중에 상속인에게만 지분을 환급해 줄 수는 없기 때문이다. 이 경우 그 상속인이 수인인 때에는 청산에 관한 사원의 권리를 행사할 자 1인을 정하여야 하며, 이를 정하지 아니한 때에는 회사의 통지 또는 최고는 그 중의 1인에 대하여 하면 전원에 대하여 그 효력이 있다(246조).

마. 지분에 대한 질권설정 및 압류

(1) 지분에 대한 질권설정

지분은 민법에 따라 권리질의 목적이 될 수 있다고 보아야 할 것이다.[23) 총사원의 동의 없이도 질권설정이 가능하도록 하되, 질권을 실행하는 경우 질권을 설정한 사원의 권리보호를 위해 경매권은 인정되지 아니하는 것으로 해석하는 견해가 있으나,[24) 질권을 실행하는 경우 사원이 변경되는 결과를 초래케 되므로 지분양도에 준하여 다른 사원전부의 동의가 있으면 가능하다고 해석하는 것이 타당하다고 본다.[25)

(2) 지분에 대한 압류

압류채권자를 보호하기 위하여, 1 사원의 지분의 압류는 사원이 장래이익의 배당과 지분의 환급을 청구하는 권리에 대하여도 그 효력이 있는 것으로 규정하고 있고(223조), 2 사원의 지분을 압류한 채권자는 원칙적으로 6개월전의 예고를 통해, 영업연도 말에 그 사원을 퇴사시킬 수 있으며(224조 1항), 3 임의청산시 사원의 지분을 압류한 자가 있는 때에는 재산처분방법에 관하여 그 동의를 얻어야 하도록 규정하고 있다(247조 4항).

---

23) 권기범, 246; 김건식, 898; 송옥렬, 1250; 이기수외, 838; 이철송, 165; 임재연(II), 753; 장덕조, 592; 정경영, 721; 정동윤, 887; 정찬형, 553; 최기원, 1027; 최완진, 353; 최준선, 829.

24) 강희갑, 110; 김건식, 898; 송옥렬, 1250; 이범찬외, 606; 이철송, 165; 정찬형, 553.

25) 권기범, 246.

V. 외부관계

1. 합명회사의 대표

가. 의의

정관으로 업무집행사원을 정하지 아니한 때에는 각 사원은 회사를 대표한다 (207조 본문). 따라서 업무집행사원을 정관으로 정한 때에는 업무집행사원이 회사를 대표한다.

수인의 업무집행사원을 정한 경우에 각 업무집행사원은 회사를 대표한다(207조 본문). 따라서 업무집행사원이 수인있는 경우에는 각자대표가 원칙이다. 그러나 정관 또는 총사원의 동의로 업무집행사원 중 특히 회사를 대표할 자를 정할 수 있다(207조 단서). 이 경우에는 선정된 업무집행사원만이 회사를 대표한다.

회사를 대표할 사원을 정한 경우에는 그 성명·주소 및 주민등록번호를 등기하여야 한다(180조 4호).

나. 대표사원의 권한

회사를 대표하는 사원은 회사의 영업에 관하여 재판상 또는 재판외의 모든 행위를 할 권한이 있다. 이 권한에 대한 제한은 선의의 제3자에게 대항하지 못한다(209조).

회사가 사원에 대하여 또는 사원이 회사에 대하여 소를 제기하는 경우에 회사를 대표할 사원이 없을 때에는 다른 사원 과반수의 결의로 선정하여야 한다(211조).

다. 공동대표사원

회사는 정관 또는 총사원의 동의로 수인의 사원이 공동으로 회사를 대표할 것을 정할 수 있다(208조 1항). 합명회사의 대표권이 남용되어 회사이익이 침해되는 것을 방지하기 위한 규정이다. 공동대표사원은 등기사항이다(180조 5호). 판례에 의하면, 정관으로 수인의 사원이 공동으로 회사를 대표할 것을 정하고도 이를 등기하지 않은 경우, 공동대표사원 중 1인이 단독으로 한 대표행위가 정관에 위배된다는 점을 들어 선의의 제3자에게 대항할 수 없다고 판시하고 있다.26)

그러나 제3자의 회사에 대한 의사표시는 공동대표의 권한있는 사원 1인에 대하여 이를 함으로써 그 효력이 생긴다(208조 2항). 수동대표의 경우 제3자의 이익을 보호하고, 이렇게 하더라도 회사의 이익을 침해할 위험은 없기 때문이다.

라. 대표권의 상실

업무집행사원이 권한상실선고를 받은 경우에는 대표권도 상실된다(216조, 205조).

마. 대표사원의 불법행위

회사를 대표하는 사원이 그 업무집행으로 인하여 타인에게 손해를 가한 때에는 회사는 그 사원과 연대하여 배상할 책임이 있다(210조). 제3자 보호를 강화하기 위하여 회사와 당해 대표사원이 연대책임을 지도록 한 것이다.

2. 사원의 책임

가. 의의

회사의 재산으로 회사의 채무를 완제할 수 없는 때에는 <u>각 사원은 연대하여</u> 변제할 책임이 있다(212조 1항). 즉, 합명회사의 실질은 조합이므로 그 사원은 회사채권자에 대하여 무한, 연대책임을 부담한다는 의미이다. 이 책임은 회사채권자를 보호하기 위한 강행규정이므로 정관규정 또는 총사원의 동의로도 이를 감면할 수 없다고 보아야 할 것이다.27) 한편, 판례는 이 사원의 책임은 회사가 채무를

---

26) 대법원 2014.5.29. 선고 2013다212295 판결.

27) 강희갑, 122; 서헌제, 1165; 송옥렬, 1254; 이기수외, 840; 이철송, 166; 임재연(II), 756; 장덕조, 595; 정동윤, 891; 정찬형, 559; 주석상법 회사(I), 251; 최기원, 1032; 최완진, 358. 이에 대하여 책임감면약정은 회사내부관계에서는 효력이 있으나, 회사채권자에게는 영향을 미치지 않는다는 견해로는 권기범, 262; 김건식, 901.

부담하는 시점에서 법률의 규정에 의해 당연히 발생한다고 판시하고 있다.28)

나. 성질

합명회사 사원의 책임은 출자액에 국한되지 않고, 한도가 없는 <u>무한</u>책임이고, 회사채권자가 직접 사원에게 청구할 수 있는 <u>직접</u>책임이며, <u>사원은 다른 사원과 **연대**</u>책임을 부담한다. 이와 관련하여 명문의 해석상 사원과 합명회사간에는 연대채무관계가 형성되지 않는 것으로 보아야 할 것이다.29)

한편, 사원이 회사채무에 관하여 변제의 청구를 받은 때에는 회사가 주장할 수 있는 항변으로 그 채권자에게 대항할 수 있고, 회사가 그 채권자에 대하여 상계, 취소 또는 해제할 권리가 있는 경우에는 사원은 전항의 청구에 대하여 변제를 거부할 수 있으므로(214조), 사원의 책임은 회사채무에 대하여 <u>보종성</u>이 있다고 보아야 할 것이다.

또한 판례는 사원의 책임은 회사의 재산으로 회사의 채무를 완제할 수 없을 때 부담하는 채무이므로, <u>보충성</u>이 있다고 보고 있다(212조 3항).30)

다. 책임자

책임의 주체인 사원은 대표사원 및 업무집행사원을 포함한 모든 사원을 말한다. 그런데 회사채권자를 보호하기 위하여 다음과 같은 3가지 규정을 두고 있다.

① 회사성립 후에 가입한 사원은 그 가입 전에 생긴 회사채무에 대하여 다른 사원과 동일한 책임을 진다(213조).

② 사원이 아닌 자가 타인에게 자기를 사원이라고 오인시키는 행위를 하였을 때에는 오인으로 인하여 회사와 거래한 자에 대하여 사원과 동일한 책임을 진다(215조). 금반언의 법리 또는 외관이론에 따른 책임이다.

③ 퇴사한 사원 또는 지분전부를 양도한 사원도 본점소재지에서 퇴사등기를

---

28) 대법원 2012.4.12. 선고 2010다27847 판결 및 대법원 2009.5.28. 선고 2006다65903 판결.
29) 권기범, 261; 김동훈, 547; 서헌제, 1166; 송옥렬, 1254; 이철송, 168; 임재연(II), 757; 장덕조, 595; 정동윤, 894; 정찬형, 559; 주석상법 회사(I), 252.
30) 대법원 2011.3.24. 선고 2010다99453 판결.

하기 전에 생긴 회사채무에 대하여는 등기 후 2년내에는 다른 사원과 동일한 책임이 있다(225조).

라. 책임의 요건

(1) "회사의 재산으로 회사의 채무를 완제할 수 없는 때"의 의미

이는 회사의 부채 총액이 회사의 자산 총액을 초과하는 상태 즉, 채무초과 상태를 의미하는데, 판례는 "회사의 재산으로 회사의 채무를 완제할 수 없는 때"란 회사의 부채 총액이 회사의 자산 총액을 초과하는 상태 즉, 채무초과 상태를 의미하는데, 이는 회사가 실제 부담하는 채무 총액과 실제 가치로 평가한 자산 총액을 기준으로 판단하여야 하고, 대차대조표 등 재무제표에 기재된 명목상 부채 및 자산 총액을 기준으로 판단할 것은 아니며, 나아가 회사의 신용·노력·기능(기술)·장래 수입 등은 원칙적으로 회사의 자산 총액을 산정하면서 고려할 대상이 아니라고 보고 있다.31)

(2) "회사재산에 대한 강제집행이 주효하지 못한 때"(212조 2항)에도 사원은 회사채무에 대한 책임을 부담

판례는 회사채권자가 "회사의 재산으로 회사의 채무를 완제할 수 없는 때"를 증명하는 것이 현실적으로 용이하지 않다는 점을 고려하여, 회사 재산에 대한 강제집행이 주효하지 못한 때에 해당한다는 객관적 사실을 증명하는 것만으로도 각 사원에게 직접 변제책임을 물을 수 있도록 함으로써 회사 채권자를 보다 폭넓게 보호하려는 데 그 취지가 있으므로, 위와 같은 법 규정의 취지 및 문언적 의미 등을 종합하여 보면, "강제집행이 주효하지 못한 때"란 회사채권자가 회사 재산에 대하여 강제집행을 하였음에도 결국 채권의 만족을 얻지 못한 경우를 뜻한다고 판시하고 있다.32)

---

31) 대법원 2012.4.12. 선고 2010다27847 판결.
32) 대법원 2011.3.24. 선고 2010다99453 판결.

(3) 적용배제

사원이 회사에 변제의 자력이 있으며 집행이 용이한 것을 증명한 때에는 적용하지 아니한다(212조 3항). 즉, 이 책임이 성질은 보충적인 것이므로, 회사의 변제자력 및 용이한 집행을 사원이 입증한 경우에는 회사재산에 대해 집행을 해야 할 것이다.

마. 책임의 내용

사원은 대체할 수 없는 회사의 채무를 제외하고,33) 회사와 동일한 채무 및 그의 손해배상채무에 대한 책임을 부담한다.

한편, 사원의 회사에 대한 채권이 ① 사원관계와 무관한 경우에는 회사에 대한 일반채권자에 대해서와 마찬가지로 다른 사원이 책임을 진다고 보아야 할 것이나, ② 사원관계로부터 발생한 경우에는 다른 사원이 책임지지 않는다고 보아야 할 것이다.34)

바. 채무이행의 효력

사원이 회사채무에 대해 회사채권자에게 이행하면 회사채무는 소멸한다. 이경우 변제한 사원은 회사에 대해 구상권을 취득하고(민법 425조 유추적용), 변제할 정당한 이익이 있는 자로서 당연히 회사채권자를 법정대위하며(민법 481조), 다른 사원에 대해서도 연대채무규정에 따라 구상권을 취득한다(민법 425조). 이와 관련하여, 구상청구를 받은 다른 사원이 회사에 변제자력이 있음을 이유로 구상을 거부할 수 있는지가 문제된다. 살피건대, 변제한 사원이 회사의 변제자력이 있음을 주장하지 않은 경우에는 거부가 가능하다고 보아야 할 것이나,35) 변제한 사원이 이미 주장한 경우에는 이를 이유로 변제자의 구상을 거부할 수 없다고 보는 것이

---

33) 대법원 1956.7.5. 선고 4289민상147 판결.
34) 권기범, 266; 이철송, 168; 정동윤, 894; 주석상법 회사(I), 257; 최기원, 1037. 이에 반하여 상법 212조의 적용을 부정하고 각 사원은 그 손실분담의 비율에 따라 그 사원에게 변제하면 충분하다는 견해로는 강희갑, 126; 서헌제, 1167; 송옥렬, 1255; 장덕조, 598; 정찬형, 563; 한창희, 510.
35) 이철송, 169.

형평의 원칙상 타당할 것이다.36)

사. 책임의 소멸

이 사원의 책임은 본점소재지에서 해산등기를 한 후 5년을 경과하면 소멸하되, 이 기간경과 후에도 분배하지 아니한 잔여재산이 있는 때에는 회사채권자는 이에 대하여 변제를 청구할 수 있다(267조). 한편, 퇴사한 사원 및 지분을 전부 양도한 사원은 퇴사등기 후 2년이 경과하면 이 책임이 소멸된다(225조). 이 각 기간은 제척기간이다.

VI. 해산 및 청산

1. 해산

해산은 법인격의 소멸을 초래하는 사유이다. 합명회사의 해산사유로는 ① 존립기간의 만료 기타 정관으로 정한 사유의 발생,37) ② 총사원의 동의,38) ③ 사원의 1인으로 된 때,39) ④ 합병,40) ⑤ 파산41) 및 ⑥ 법원의 명령 또는 판결이 있다.

---

36) 권기범, 268; 김홍기, 836; 서헌제, 1169; 송옥렬, 1255; 양명조, 616; 이기수외, 841; 임재연(II), 759; 장덕조, 598; 정동윤, 895; 정찬형, 564; 주석상법 회사(I), 258; 최기원, 1038.

37) 단, 사원 전부 또는 일부의 동의로 회사를 계속할 수 있으며, 이 경우 동의를 하지 아니한 사원은 퇴사한 것으로 봄(229조 1항).

38) 단, 사원 전부 또는 일부의 동의로 회사를 계속할 수 있으며, 이 경우 동의를 하지 아니한 사원은 퇴사한 것으로 봄(229조 1항); 이와 달리, 물적회사인 주식회사에서는 주주총회의 특별결의(517조 2호), 유한회사에서는 사원총회의 특별결의를 요함(609조 1항 2호).

39) 그러나 새로 사원을 가입시켜서 회사를 계속할 수 있음; 이에 반해 주식회사는 1인주주 회사가 허용됨.

40) 신설합병의 경우에는 모든 당사회사가 해산하나, 흡수합병의 경우에는 소멸회사만 해산하고, 존속회사는 해산하지 않으며, 합병의 경우에는 청산절차를 거치지 아니하고 바로 소멸됨. 한편, 합명회사가 합병을 함에는 총사원의 동의가 있어야 하며(230조), 합명회사가 합병을 한 때에는 본점소재지에서는 2주간내, 지점소재지에서는 3주간내에 합병후 존속하는 회사의 변경등기, 합병으로 인하여 소멸하는 회사의 해산등기, 합병으로 인하여 설립되는 회사의 설립등기를 하여야 함(233조).

41) 일반법인에 대하여는 지급불능뿐만 아니라 그 부채의 총액이 자산의 총액을 초과하는 때 즉, 채무

합병 및 파산의 경우를 제외하고는, 해산하면 청산절차로 들어가는데, 이 경우 <u>회사는 해산된 후에도 청산의 목적범위 내에서 존속하는 것으로 본다</u>(245조).

회사가 해산된 때에는 합병과 파산의 경우 외에는 그 해산사유가 있은 날로부터 본점소재지에서는 2주간내, 지점소재지에서는 3주간내에 해산등기를 하여야 한다(228조).

회사채권자에 대한 사원의 책임은 본점소재지에서 해산등기를 한 후 5년을 경과하면 소멸하며, 이 경우 이 기간경과 후에도 분배하지 아니한 잔여재산이 있는 때에는 회사채권자는 이에 대하여 변제를 청구할 수 있다(267조, 212조).

2. 청산

가. 의의

합병과 파산의 경우를 제외하고, 회사가 해산하면 기존의 모든 법률관계를 정리하는 절차가 필요한데, 이것이 청산절차이다. 즉, 청산절차에서는 현존사무의 종결, 채권의 추심과 채무의 변제, 재산의 환가처분 및 잔여재산의 분배가 이루어지게 된다(254조 1항). 청산방법은 크게 임의청산과 법정청산이 있다.

나. 임의청산

(1) 의의

정관 또는 총사원의 동의로 해산된 회사의 재산처분방법을 정하는 방법을 말하는데, 이 방법이 원칙적인 방법이다(247조 1항 전단). 그러나 사원이 1인이 되어 해산하거나 법원의 명령 또는 판결에 의해 해산하는 경우에는 임의청산이 허용되지 아니한다(동조 2항). 따라서 임의청산의 경우는 존립기간의 만료 기타 정관으로 정한 사유로 해산하는 경우와 총사원의 동의로 해산하는 경우만이다.

초과도 파산선고를 할 수 있으나(채무자회생 및 파산에 관한 법률 306조 1항), 합명회사 및 합자회사의 존립 중에는 지급불능만이 파산선고사유이고, 채무초과는 파산선고사유가 아님(동조 2항).

(2) 채권자보호절차

임의청산을 하는 경우에는 회사채권자를 보호하기 위하여 채권자보호절차를 경료하여야 한다.

(가) 일반

임의청산의 경우에는 해산사유가 있는 날로부터 2주간내에 재산목록과 대차대조표를 작성하여야 한다(247조 1항 후단).

회사는 청산의 결의가 있은 날부터 2주내에 회사채권자에 대하여 청산에 이의가 있으면 일정한 기간 내에 이를 제출할 것을 공고하고 알고 있는 채권자에 대하여는 따로따로 이를 최고하는데, 이 경우 그 기간은 1월 이상이어야 하고(247조 3항, 232조 1항), 채권자가 이 기간 내에 이의를 제출하지 아니한 때에는 청산을 승인한 것으로 보며(247조 3항, 232조 2항), 이의를 제출한 채권자가 있는 때에는 회사는 그 채권자에 대하여 변제 또는 상당한 담보를 제공하거나 이를 목적으로 하여 상당한 재산을 신탁회사에 신탁하여야 한다(247조 3항, 232조 3항).

회사가 이 채권자보호절차 규정에 위반하여 그 재산을 처분함으로써 회사채권자를 해한 때에는 회사채권자는 그 처분의 취소를 법원에 청구할 수 있는 바(248조 1항), 이 취소의 소는 본점소재지의 지방법원의 관할에 전속하고(248조 2항, 186조), 이 위법한 재산처분행위로 인하여 이익을 받은 자나 전득한 자가 그 행위 또는 전득당시에 채권자를 해함을 알지 못한 경우에는 취소되지 아니하며(248조 3항, 민법 406조 1항 단서), 이 취소의 소는 채권자가 취소원인을 안 날로부터 1년, 법률행위가 있는 날로부터 5년내에 제기하여야 하고(248조 3항, 민법 406조 2항), 이 취소판결의 효력 및 원상회복은 모든 채권자의 이익을 위하여 그 효력이 있다(248조 3항, 민법 407조).

(나) 지분압류채권자의 보호절차

사원의 지분을 압류한 자가 있는 때에는 임의청산을 하기 위해서는 그 동의를 얻어야 한다(247조 4항). 회사가 이 위반하여 그 재산을 처분한 때에는 사원의 지분을 압류한 자는 회사에 대하여 그 지분에 상당하는 금액의 지급을 청구할 수 있고, 이 경우에는 위에서 설명한 채권자취소의 소의 절차가 적용된다(249조).

다. 법정청산

(1) 의의

법정청산사유로는, ① 사원이 1인이 되어 해산하는 경우, ② 법원의 명령 또는 판결[42]에 의해 해산하는 경우 및 ③ 정관 또는 총사원의 동의로 해산하면서 <u>회사재산의 처분방법을 정하지 아니한 경우</u>(250조, 247조 1항)이다.

(2) 청산인

(가) 의의

청산인이란 법정청산절차 중 회사를 대표하며, 청산사무를 집행하는 자이다. 청산인과 회사는 민법상 위임관계이며(265조, 382조 2항), 청산인의 자기거래가 제한된다(265조, 199조).

(나) 선임

청산인은 총사원 과반수의 결의로 선임하되, 청산인의 선임이 없는 때에는 업무집행사원이 청산인이 된다(251조).

그러나 회사가 사원이 1인이 되어 해산하거나 법원의 명령 또는 판결로 해산된 때에는, 법원은 사원 기타의 이해관계인이나 검사의 청구에 의하여 또는 직권으로 청산인을 선임한다(252조, 227조 3호, 6호).

(다) 권한

청산인의 직무는 ① 현존사무의 종결, ② 채권의 추심과 채무의 변제, ③ 재산의 환가처분 및 ④ 잔여재산의 분배이다(254조 1항). 청산인이 수인인 때에는 청산의 직무에 관한 행위는 그 과반수의 결의로 정한다(254조 2항). 회사를 대표할 청산인은 위 직무에 관하여 재판상 또는 재판외의 모든 행위를 할 권한이 있다(254조 3항). 청산인이 수인있는 경우, 원칙적으로 각자 회사를 대표하나, 정관 또는 총사원의 동의로 대표청산인 또는 공동대표청산인을 정할 수 있다(265조, 207조, 208조).

---

42) 부득이한 사유가 있는 때에는 합명회사의 각 사원은 회사의 해산을 법원에 청구할 수 있으며, 이 경우 위 소송은 본점소재지의 지방법원의 관할에 전속하고, 패소한 경우에 악의 또는 중대한 과실이 있는 때에는 회사에 대하여 연대하여 손해를 배상할 책임이 있음(241조, 186조, 191조).

업무집행사원이 청산인으로 된 경우에는 종전의 정함에 따라 회사를 대표하며, 법원이 수인의 청산인을 선임하는 경우에는 회사를 대표할 자를 정하거나 수인이 공동하여 회사를 대표할 것을 정할 수 있다(255조). 대표청산인의 권한에 대한 제한은 선의의 제3자에게 대항하지 못한다(265조, 209조 2항).

(라) 해임

사원이 선임한 청산인은 총사원 과반수의 결의로 해임할 수 있으며(261조), 청산인이 그 직무를 집행함에 현저하게 부적임하거나 중대한 임무에 위반한 행위가 있는 때에는 법원은 사원 기타의 이해관계인의 청구에 의하여 청산인을 해임할 수 있다(262조).

(마) 손해배상책임

청산인이 고의 또는 과실로 법률 또는 정관에 위반한 행위를 하거나 그 임무를 게을리한 경우에는 회사에 대하여 연대하여 손해를 배상할 책임이 있고(265조, 399조), 청산인이 고의 또는 중대한 과실로 그 임무를 게을리한 때에는 그 청산인은 제3자에 대하여 연대하여 손해를 배상할 책임이 있다(265조, 401조). 또한 대표청산인이 그 업무집행으로 인하여 타인에게 손해를 가한 때에는 회사는 그 대표청산인과 연대하여 배상할 책임이 있다(265조, 210조).

(바) 등기

청산인이 선임된 때에는 그 선임된 날로부터, 업무집행사원이 청산인이 된 때에는 해산된 날로부터 본점소재지에서는 2주간내, 지점소재지에서는 3주간내에 다음의 사항을 등기하여야 하며(253조 1항), 다음 사항에 변경이 있는 때에는 본점소재지에서는 2주간내, 지점소재지에서는 3주간내에 변경등기를 하여야 한다(253조 2항, 183조).

① 청산인의 성명·주민등록번호 및 주소(단, 회사를 대표할 청산인을 정한 때에는 그 외의 청산인의 주소를 제외함)(동항 1호)

② 회사를 대표할 청산인을 정한 때에는 그 성명(동항 2호)

③ 수인의 청산인이 공동으로 회사를 대표할 것을 정한 때에는 그 규정(동항 3호).

(3) 청산사무의 집행

(가) 재산상태 조사, 보고 등

청산인은 취임한 후 지체없이 회사의 재산상태를 조사하고 재산목록과 대차
대조표를 작성하여 각 사원에게 교부하여야 하며, 청산인은 사원의 청구가 있는
때에는 언제든지 청산의 상황을 보고하여야 한다(256조).

(나) 청산사무

1) 현존사무의 종결
청산개시 당시 존재하던 회사의 법률관계를 종결짓는 것으로, 현존사무의
종결을 위해 필요한 경우가 아닌 한, 새로운 법률관계를 창설치 못한다.

2) 채권의 추심
회사가 보유한 채권을 채무자로부터 이행받는 것을 말한다. 물론 채무자의
동의가 없는 한, 변제기가 도래한 채권만 이행받는 것이 가능할 것이다.

3) 채무의 변제
청산인은 변제기에 이르지 아니한 회사채무에 대하여도 이를 변제할 수 있
다(259조 1항). 이 경우에 조건부채권, 존속기간이 불확정한 채권 기타 가액이 불확
정한 채권에 대하여는 법원이 선임한 감정인의 평가에 의하여 변제하여야 한다
(동조 4항).

한편 이자없는 채권에 관하여는 변제기에 이르기까지의 법정이자를 가산하여
그 채권액에 달할 금액을 변제하여야 하며,[43] 이자있는 채권으로서 그 이율이 법
정이율에 달하지 못하는 것도 변제기까지의 법정이율과 동 채권이자의 차액에 상
당하는 이자를 가산하여 그 채권액에 달할 금액을 변제하여야 한다(동조 2항, 3항).

4) 재산의 환가처분
청산을 위해 회사재산을 금전으로 교환하는 것을 말하는데, 청산인이 회사
의 영업의 전부 또는 일부를 양도하는 방법을 포함한다(257조).

---

43) 기한의 이익을 포기한 청산회사를 위한 규정임.

5) 잔여재산분배

회사가 채무를 완제한 후 나머지 재산을 사원에게 분배하는 것을 말한다. 청산인은 회사의 채무를 완제한 후가 아니면 회사재산을 사원에게 분배하지 못하나, 다툼이 있는 채무에 대하여는 그 변제에 필요한 재산을 보류하고 잔여재산을 분배할 수 있다(260조).

잔여재산의 분배방법에 관하여 상법 또는 정관에 규정이 없는 경우에는 조합에 관한 민법규정에 따라 각 사원의 출자가액에 비례하여 분배한다(195조, 민법 724조 2항).

(다) 출자청구

회사의 현존재산이 그 채무를 변제함에 부족한 때에는 청산인은 변제기에 불구하고 각 사원에 대하여 출자를 청구할 수 있으며, 이 경우 출자액은 각 사원의 출자의 비율로 이를 정한다(258조).

(라) 청산중의 파산

청산중 법인의 재산이 그 채무를 완제하기에 부족한 것이 분명하게 된 때에는 청산인은 지체없이 파산선고를 법원에 신청하고 이를 공고하여야 하며, 이 경우 청산인은 파산관재인에게 그 사무를 인계함으로써 그 임무가 종료하고, 이 공고는 법원의 등기사항의 공고와 동일한 방법으로 하여야 한다.(254조 4항, 민법 88조 3항, 93조).

(4) 청산의 종결

청산인은 그 임무가 종료한 때에는 지체없이 계산서를 작성하여 각 사원에게 교부하고 그 승인을 얻어야 한다. 이 계산서를 받은 사원이 1월내에 이의를 하지 아니한 때에는 청산인에게 부정행위가 있는 경우를 제외하고, 그 계산을 승인한 것으로 본다(263조).

(5) 청산종결의 등기

청산이 종결된 때에는 청산인은 청산관련 계산서에 대한 총사원의 승인이 있은 날로부터 본점소재지에서는 2주간내, 지점소재지에서는 3주간내에 청산종결의 등기를 하여야 한다(264조, 263조).

(6) 장부, 서류의 보존

회사의 장부와 영업 및 청산에 관한 중요서류는 본점소재지에서 청산종결의 등기를 한 후 10년간 이를 보존하여야 하나, 전표 또는 이와 유사한 서류는 5년 간 이를 보존하여야 하며, 이 경우에는 총사원 과반수의 결의로 보존인과 보존방법을 정하여야 한다(266조).

VII. 조직변경

합명회사는 총사원의 동의로 일부사원을 유한책임사원으로 하거나 유한책임사원을 새로 가입시켜서 합자회사로 변경할 수 있으며(242조 1항), 이 규정은 합명회사의 사원이 1인으로 된 때 새로운 사원을 가입시켜 회사를 계속하는 경우에 준용된다(242조 2항, 229조 2항, 227조 3호).

이 경우 합명회사사원으로서 유한책임사원이 된 자는 전조의 규정에 의한 본점등기를 하기 전에 생긴 회사채무에 대하여는 등기 후 2년내에는 무한책임사원의 책임을 면하지 못한다(244조, 242조 1항).

한편, 합명회사를 합자회사로 변경한 때에는 본점소재지에서는 2주간내, 지점소재지에서는 3주간내에 합명회사에 있어서는 해산등기, 합자회사에 있어서는 설립등기를 하여야 한다(243조).

제 **5** 편

합자회사

I. 총 설

합자회사란 무한책임사원과 유한책임사원으로 조직된 회사이다(268조). 무한책임사원은 회사의 경영을 담당하고 회사의 채무에 대한 무한책임을 짐에 반하여 유한책임사원은 회사의 경영에 참가하지 않는 대신에 회사의 채무에 대해 자신이 출자한 지분한도 내에서만 책임을 부담하며 회사에 이익이 발생시 이 지분에 대한 이윤의 배분을 받게 된다. 합자회사는 무한책임사원만으로 조직된 합명회사에다 유한책임사원이 가미된 형태이므로 일부특별규정을 제외하고는 전반적으로 합명회사의 규정이 준용된다(269조). 따라서 이하에서는 합명회사와 다른 내용만을 중심으로 설명하기로 한다.

II. 설 립

합자회사의 정관 및 설립등기에는 합명회사의 정관 및 설립등기에 기재할 사항이외에 각 사원이 무한책임 또는 유한책임인 것을 기재하여야 한다(270조, 179조, 271조, 180조).[1]

또한 합자회사가 지점을 설치하거나 이전할 때에는 지점소재지 또는 신지점 소재지에서 ① 목적, ② 상호, ③ 사원의 성명·주민등록번호 및 주소, ④ 본점소 재지, ⑤ 존립기간 기타 해산사유를 정한 때에는 그 기간 또는 사유, ⑥ 회사를 대표할 사원을 정한 경우에는 그 성명·주소 및 주민등록번호 및 ⑦ 수인의 사원 이 공동으로 회사를 대표할 것을 정한 때에는 그 규정을 등기하여야 하는데, 무 한책임사원만을 등기하되, 회사를 대표할 사원을 정한 경우에는 다른 사원은 등 기하지 아니한다(271조 2항, 180조 1호 본문, 3호 내지 5호, 179조 1호 내지 3호 및 5호).

III. 내부관계

1. 출자

합자회사의 유한책임사원은 신용 또는 노무를 출자의 목적으로 하지 못한다 (272조). 물론 무한책임사원은 신용 또는 노무를 출자의 목적으로 할 수 있다. 주식 회사와 같은 물적회사에서 자본충실의 원칙이 중요한 이유와 같다.

2. 업무집행

가. 업무집행권

무한책임사원은 정관에 다른 규정이 없는 때에는 각자가 회사의 업무를 집 행할 권리와 의무가 있다(273조). 반면에, 유한책임사원은 회사의 업무집행이나 대 표행위를 하지 못한다(278조). 한편, 지배인의 선임과 해임은 업무집행사원이 있는 경우에도 무한책임사원 과반수의 결의에 의하여야 한다(274조).

이와 관련하여 정관 또는 총사원의 동의로 유한책임사원도 업무집행권을 가 질 수 있느냐가 문제되나, 회사의 내부관계인 업무집행은 임의규정이므로 가능하

---

1) 2016.4.29. 현재 우리나라에서 설립등기된 합자회사 수는 14,983개임. 위 일자 현재 우리나라에 설립등기된 총 회사수 964,229개의 약 1.55%를 차지함(법원행정처장, 정보공개결정통지서(종합민 원과-4447), 2016.5.12. 참조).

다고 보는 것이 타당할 것이다.2)

합자회사의 무한책임사원뿐만 아니라 유한책임사원도 각자 업무집행사원에 대한 권한상실선고를 청구할 수 있다고 해석하는 것이 타당하나,3) 무한책임사원 1인뿐인 합자회사에서 업무집행사원에 대한 권한상실선고는 이를 할 수 없다. 왜 냐하면 회사의 업무집행사원 및 대표사원이 없는 상태로 돌아가게 되어 권한상 실제도의 취지(회사의 운영에 있어서 장애사유를 제거하는데 목적이 있고 회사를 해산상태로 몰고 가자는데 목적이 있는 것이 아님)에 어긋나기 때문이다.4)

나. 유한책임사원의 감시권

유한책임사원은 영업연도 말에 있어서 영업시간내에 한하여 회사의 회계장 부·대차대조표 기타의 서류를 열람할 수 있고 회사의 업무와 재산상태를 검사할 수 있으며, 중요한 사유가 있는 때에는 유한책임사원은 언제든지 법원의 허가를

---

2) 대법원 1977.4.26. 선고 75다1341 판결; 강희갑, 149; 권기범, 284; 김건식, 920; 김동훈, 598; 김정호, 917; 서헌제, 1186; 손진화, 831; 송옥렬, 1258; 양명조, 634; 이기수외, 852; 임재연(II), 775; 장덕조, 605; 정동윤, 910; 정찬형, 581; 주석상법 회사(I), 415; 최기원, 1060; 한창희, 524. 이에 반대하는 견해로는 김홍기, 841; 이철송, 179; 최준선, 853.

3) 대법원 2012.12.13. 선고 2010다82189 판결.

4) 대법원 1977.4.26. 선고 75다1341 판결 및 대법원 1966.1.25. 선고 65다2128 판결. 한편, 합자회사에서 업무집행권한 상실선고제도(269조, 205조)의 목적은 업무를 집행함에 현저하게 부적임하거나 중대한 의무위반행위가 있는 업무집행사원의 권한을 박탈함으로써 그 회사의 운영에 장애사유를 제거하려는 데 있는 바, 업무집행사원의 권한상실을 선고하는 판결은 형성판결로서 그 판결 확정에 의하여 업무집행권이 상실되면 그 결과 대표권도 함께 상실되므로, 합자회사에서 무한책임사원이 업무집행권한의 상실을 선고하는 판결로 인해 업무집행권 및 대표권을 상실하였다면, 그 후 어떠한 사유 등으로 그 무한책임사원이 합자회사의 유일한 무한책임사원이 되었다는 사정만으로는 형성판결인 업무집행권한의 상실을 선고하는 판결의 효력이 당연히 상실되고 해당 무한책임사원의 업무집행권 및 대표권이 부활한다고 볼 수 없음. 또한 합자회사에서 업무집행권한의 상실을 선고받은 무한책임사원이 다시 업무집행권이나 대표권을 갖기 위해서는 정관이나 총사원의 동의로 새로 그러한 권한을 부여받아야 하는 바(273조, 269조, 201조 1항, 207조), 합자회사에서 무한책임사원들만으로 업무집행사원이나 대표사원을 선임하도록 정한 정관의 규정은 유효하고, 그 후의 사정으로 무한책임사원이 1인이 된 경우에도 특별한 사정이 없는 한 여전히 유효하다 할지라도, 유한책임사원의 청구에 따른 법원의 판결로 업무집행권한의 상실을 선고받아 업무집행권 및 대표권을 상실한 무한책임사원이 이후 다른 무한책임사원이 사망하여 퇴사하는 등으로 유일한 무한책임사원이 된 경우에는 업무집행권한을 상실한 무한책임사원이 위 정관을 근거로 단독으로 의결권을 행사하여 자신을 업무집행사원이나 대표사원으로 선임할 수는 없다고 봄이 옳은 바, 이렇게 해석하는 것이 판결에 의한 업무집행권한 상실선고제도의 취지와 유한책임사원의 업무감시권의 보장 및 신의칙 등에 부합하므로 결국 이러한 경우에는 유한책임사원을 포함한 총사원의 동의에 의해서만 해당 무한책임사원이 업무집행사원이나 대표사원으로 선임될 수 있을 뿐임(대법원 2021.7.8. 선고 2018다225289 판결).

얻어 위 열람과 검사를 할 수 있다(277조). 원칙적으로 업무집행권이 없는 유한책임사원을 보호하기 위한 규정이다.

3. 유한책임사원에 대한 경업 및 자기거래 허용

유한책임사원은 다른 사원의 동의없이 자기 또는 제3자의 계산으로 회사의 영업부류에 속하는 거래를 할 수 있고, 동종영업을 목적으로 하는 다른 회사의 무한책임사원 또는 이사가 될 수 있다(275조).

무한책임사원은 다른 사원 과반수의 결의가 있는 때에 한하여 자기 또는 제3자의 계산으로 회사와 거래를 할 수 있다(269조, 199조). 반면, 유한책임사원은 상법 275조에 의해 원칙적으로는 경업겸직금지의무가 없으나, 정관으로 업무집행권을 부여한 경우에는 무한책임사원과 같이 경업겸직금지의무를 부담하는 것이 타당할 것이다.5)

4. 손익분배

정관으로 달리 정함이 없으면, 사원의 손익분배의 비율은 각 사원의 출자가액에 비례하여 이를 정하되, 유한책임사원은 출자액을 한도로 하여 손실을 부담한다(269조, 195조, 279조, 민법 711조).

5. 사원의 변동

가. 지분양도

무한책임사원의 지분의 양도에는 총사원의 동의가 필요하지만(269조, 197조), 유한책임사원은 무한책임사원 전원의 동의가 있으면 그 지분의 전부 또는 일부를 타인에게 양도할 수 있으며, 이는 지분의 양도에 따라 정관을 변경하여야 할

---

5) 권기범, 280; 김건식, 921; 김동훈, 601; 김홍기, 843; 양명조, 637; 임재연(II), 776; 장덕조, 606; 정경영, 736; 정동윤, 911; 정찬형, 582; 최기원, 1062. 이에 반하여 경업겸직금지의무가 없다는 견해로는 강희갑, 150; 송옥렬, 1258; 이기수외, 852; 이범찬외, 623; 이철송, 181; 주석상법 회사 (I), 419; 최완진, 371.

경우에도 같다(276조). 즉, 유한책임사원의 지분양도에는 다른 유한책임사원의 동의는 요하지 않는다. 어느 사원의 지분양도가 다른 유한책임사원의 이해관계에 영향을 미치지 않기 때문이다.

나. 합자회사 성립 후에 사원자격 원시취득

합자회사 성립 후에 지분양수도에 의하지 아니하고, 신입사원이 입사하여 사원으로서의 지위를 취득하기 위하여는 정관변경을 요하고 따라서 총사원의 동의를 얻어야 한다(269조, 204조). 그러나 이 경우 정관변경은 회사의 내부관계에서는 총사원의 동의만으로 그 효력을 발생하는 것이므로, 신입사원은 총사원의 동의가 있으면 정관경정이나 등기부에의 기재를 기다리지 않고 그 <u>동의가 있는 시점에 곧바로 사원으로서의 지위를 취득한다.</u>6)[판례163]

> [판례163] 대법원 2002.4.9. 선고 2001다77567 판결
>
> 합자회사의 무한책임사원인 대표사원과 제3자 사이의 동업계약이 제3자가 합자회사와 사이에 합자회사에 출자금을 출자하고 새로 유한책임사원의 지위를 원시취득하기로 하는 입사계약이라고 봄.

다. 유한책임사원의 사망 및 성년후견개시 심판의 퇴사원인 제외

합자회사의 유한책임사원이 사망한 때에는 그 상속인이 그 지분을 승계하여 사원이 된다(283조 1항). 이 경우 상속인이 수인인 때에는 사원의 권리를 행사할 자 1인을 정하여야 하며, 이를 정하지 아니한 때에는 회사의 통지 또는 최고는 그 중의 1인에 대하여 하면 전원에 대하여 그 효력이 있다(283조 2항). 또한 유한책임사원은 성년후견개시 심판을 받은 경우에도 퇴사되지 아니한다(284조). 유한책임사원의 책임이 유한하기 때문이다.

---

6) 대법원 1996.10.29. 선고 96다19321 판결.

라. 제명

판례는 무한책임사원과 유한책임사원 각 1인만으로 된 합자회사에 있어서는 한 사원의 의사에 의하여 다른 사원의 제명을 할 수는 없다고 보고 있다.7) 한편, 수인을 제명할 때에는 제명할 사원 개개인에 대하여 다른 사원 과반수의 결의가 있어야 한다.[판례164]

> [판례164] 대법원 1976.6.22. 선고 75다1503 판결
>
> 합자회사의 사원 중 수명이 제명대상인 경우에는 피제명 각인에 대하여 타의 사원의 동의 여부의 기회를 주어 개별적으로 그 제명의 당부를 나머지 다른 사원의 과반수의 의결로 결의하여야 하는 것이고, 가사 그 제명원인 사유가 피제명사원 전원에 공통되는 경우라 할지라도 타의 사원의 동의여부의 기회도 주지 않고 일괄제명 의결방법으로 한 제명결의는 적법한 제명결의라 할 수 없음.

마. 지분압류채권자에 의한 퇴사

무한책임사원의 지분은 총사원의 동의가 있는 한 양도할 수 있으며, 채권자에 의하여 압류될 수도 있는 것이므로(269조, 197조, 223조, 224조), 채무자에 속한 무한책임사원의 지분이 그 의사에 반하여 제3자에게 양도된 것으로 등기되었다면, 채무자는 이의 회복을 위하여 그 말소등기를 청구할 수 있다고 하여야 할 것이고, 이 채무자의 채권자는 자기의 채권을 보전하기 위하여 필요한 경우에는 채무자에 속하는 말소등기청구권을 대위행사할 수 있다.8)

---

7) 대법원 1991.7.26. 선고 90다19206 판결.
8) 대법원 1971.10.25. 선고 71다1931 판결.

Ⅳ. 외부관계

1. 회사의 대표

유한책임사원은 <u>회사의 대표행위를 하지 못한다</u>(278조).9)

2. 책임

합자회사의 무한책임사원은 회사채무에 대하여 무한책임을 진다(269조, 212조).

그러나 유한책임사원은 그 출자가액에서 이미 이행한 부분을 공제한 가액을 한도로 하여 회사채무를 변제할 책임이 있으며, 이 경우 회사에 이익이 없음에도 불구하고 배당을 받은 금액은 변제책임을 정함에 있어서 이를 가산한다(279조). 유한책임사원은 그 출자를 감소한 후에도 본점소재지에서 등기를 하기 전에 생긴 회사채무에 대하여는 등기 후 2년내에는 책임을 면하지 못한다(280조). 또한 유한책임사원이 타인에게 자기를 무한책임사원이라고 오인시키는 행위를 한 때에는 오인으로 인하여 회사와 거래를 한 자에 대하여 무한책임사원과 동일한 책임이 있으며, 유한책임사원이 그 책임의 한도를 오인시키는 행위를 한 경우에도 동일하다(281조).

유한책임사원이 무한책임사원으로 변경된 경우에 그 변경 전에 생긴 회사채무에 대하여 무한책임을 지며(282조, 213조), 무한책임사원이 유한책임사원으로 변경된 경우에는 본점소재지에서 변경등기를 하기 전에 생긴 회사채무에 대하여는 등기 후 2년내에는 무한책임을 부담한다(282조, 225조).

한편, 판례는 합자회사의 무한책임사원이 한 대물변제계약 등 법률행위가 사해행위에 해당하는지를 판단할 때, 무한책임사원 고유의 채무 총액과 합자회사의 부채 총액을 합한 액이 무한책임사원 고유의 재산 총액을 초과하는 경우에는 그 법률행위는 특별한 사정이 없는 한, 사해행위에 해당한다고 볼 수 있지만, 합자회사의 무한책임사원의 책임이 위와 같이 보충성을 갖고 있는 점 등에 비추어 법률행위 당시 합자회사가 그 재산으로 채무를 완제할 수 있었다는 점(212조 1항)

---

9) 대법원 1966.1.25. 선고 65다2128 판결.

이 주장·입증된 경우에는 합자회사의 채무를 고려함이 없이 무한책임사원 고유의 채무 총액과 고유의 재산 총액을 비교하여 법률행위가 사해행위에 해당하는지를 판단함이 상당하다고 판시하고 있다.10)

또한 판례는 합자회사가 회사 재산으로 채무를 완제할 수 없거나 또는 회사 재산에 대한 강제집행이 주효하지 못하여 결국 합자회사의 무한책임사원이 근로자들에 대한 회사의 임금채무를 변제할 책임을 지게 되었다 하더라도 보충적인 위 책임의 성질이나 일반 담보권자의 신뢰보호 및 거래질서에 미치는 영향 등을 고려할 때 이를 회사가 사업주로서 임금채무를 부담하는 경우와 동일하다고 보아 무한책임사원 개인 소유의 재산까지 임금 우선변제권의 대상이 되는 사용자의 총재산에 포함된다고 해석할 수는 없다고 보고 있다.11)

그리고 판례는 정관에 기재된 합자회사 사원의 책임 변경은 정관변경의 절차에 의하여야 하고, 이를 위해서는 정관에 그 의결정족수 내지 동의정족수 등에 관하여 별도로 정하고 있다는 등의 특별한 사정이 없는 한, 총사원의 동의가 필요하다고 판시하고 있다(269조, 204조).12)

V. 해산 및 계속

합자회사의 해산사유는 합명회사의 해산사유와 기본적으로 동일하다. 그러나 합자회사는 무한책임사원 또는 유한책임사원의 전원이 퇴사한 때에는 해산되며, 이 경우 잔존한 무한책임사원 또는 유한책임사원은 전원의 동의로 새로 유한책임사원 또는 무한책임사원을 가입시켜서 회사를 계속할 수 있고, 회사계속 후에 가입한 유한책임사원 또는 무한책임사원은 그 회사계속 전에 생긴 회사채무에 대하여 각각 다른 유한책임사원 또는 무한책임사원과 동일한 책임을 진다(285조, 213조, 229조 3항).

또한 합자회사는 사원전원의 동의로 그 조직을 합명회사로 변경하여 계속할

---

10) 대법원 2012.4.12. 선고 2010다27847 판결.
11) 대법원 1996.2.9. 선고 95다719 판결.
12) 대법원 2010.9.30. 선고 2010다21337 판결.

수 있으며, 유한책임사원 전원이 퇴사한 경우에도 무한책임사원은 그 전원의 동의로 합명회사로 변경하여 계속할 수 있는데, 이 경우에는 본점소재지에서는 2주간내, 지점소재지에서는 3주간내에 합자회사에 있어서는 해산등기를, 합명회사에 있어서는 설립등기를 하여야 한다(286조).

VI. 청　산

합자회사의 청산절차는 합명회사와 기본적으로 동일하다. 그러나 합자회사의 청산인은 무한책임사원 과반수의 의결로 선임하며, 이를 선임하지 아니한 때에는 업무집행사원이 청산인이 된다(287조).

제 **6** 편

유한책임회사

유한책임회사

I. 총 설

유한책임회사는 내부적으로는 사원 간에 내부적 신뢰관계가 중요시되는 조합의 실질을 보유하면서도 대외적으로는 유한책임을 지는 사원만이 존재하는 회사이다. 물적회사의 장점인 유한책임을 채택하여 활발한 창업을 유도하면서도 내부적으로는 강한 결속력을 가질 수 있다는 점에서 그 존재의의가 있다. 미국의 Limited Liability Company("LLC")제도에서 유래하였다.

합자회사와의 차이점은 무한책임사원이 없다는 점이고, 합명회사와의 차이점은 내부적으로는 동일하나 사원이 대외적인 유한책임을 진다는 점이다. 따라서 유한책임회사의 내부관계는 정관 또는 상법에 다른 규정이 없는 한, 합명회사에 관한 규정을 준용한다(287조의18).

Ⅱ. 유한책임회사의 설립

1. 설립절차

가. 정관의 작성

유한책임회사를 설립할 때에는 사원은 정관을 작성하여야 한다(287조의2). 정관에는 다음 각호의 사항을 적고, 각 사원이 기명날인하거나 서명하여야 한다(287조의3).

    ① 목적, 상호, 사원의 성명·주민등록번호 및 주소, 본점의 소재지 및 정관의 작성년월일(동조 1호, 179조 1호 내지 3호, 5호, 6호)

    ② 사원의 출자의 목적 및 가액(287조3 2호)

    ③ 자본금의 액(동조 3호)

    ④ 업무집행자의 성명(법인인 경우에는 명칭) 및 주소(동조 4호)

    업무집행자인 유한책임사원 또는 제3자의 성명 및 주소를 말하며, 업무집행자가 법인인 경우에는 법인의 상호 및 주소를 말한다. <u>유한책임회사는 법인이 업무집행자가 될 수 있는 상법상 회사들 중 유일한 회사이다</u>(287조의5 1항 4호).

나. 출자의 이행

사원은 정관의 작성 후 설립등기를 하는 때까지 금전이나 그 밖의 재산의 출자를 전부 이행하여야 한다(287조의4 2항). 현물출자를 하는 사원은 납입기일에 지체없이 유한책임회사에 출자의 목적인 재산을 인도하고, 등기, 등록, 그 밖의 권리의 설정 또는 이전이 필요한 경우에는 이에 관한 서류를 모두 갖추어 교부하여야 한다(동조 3항). 사원은 <u>신용이나 노무를 출자의 목적으로 하지 못한다</u>(동조 1항).

다. 등기

유한책임회사는 본점의 소재지에서 다음 각호의 사항을 등기함으로써 성립한다(287조의5 1항).1) 유한책임사원은 등기사항이 아니다. 이 등기사항이 변경된 경우에는 본점소재지에서는 2주내에 변경등기를 하고, 지점소재지에서는 3주내에 변경등기를 하여야 한다(동조 4항). 유한책임회사가 지점을 설치하는 경우 및 본점이나 지점을 이전하는 경우에는 합명회사의 경우와 같다(동조 2항, 3항, 181조, 182조).

① 목적, 상호, 본점소재지 및 지점을 둔 경우에는 그 소재지(287조의5 1항 1호, 179조 1호, 2호, 5호)

② 존립기간 기타 해산사유를 정한 때에는 그 기간 또는 사유(287조의5 1항 2호, 180조 3호)

③ 자본금의 액(287조의5 1항 3호)

④ 업무집행자의 성명, 주소 및 주민등록번호(법인인 경우에는 명칭, 주소 및 법인등록번호). 다만, 유한책임회사를 대표할 업무집행자를 정한 경우에는 그 외의 업무집행자의 주소는 제외한다(동항 4호).

⑤ 유한책임회사를 대표할 자를 정한 경우에는 그 성명 또는 명칭과 주소(동항 5호)

⑥ 정관으로 공고방법을 정한 경우에는 그 공고방법(동항 6호)

⑦ 둘 이상의 업무집행자가 공동으로 회사를 대표할 것을 정한 경우에는 그 규정(동항 7호)

2. 설립무효 또는 취소

유한책임회사의 설립의 무효는 그 사원 및 업무집행자에 한하여, 설립의 취소는 그 취소권있는 자에 한하여 회사성립의 날로부터 2년내에 소만으로 이를 주장할 수 있다(287조의6, 184조). 그 밖의 내용은 합명회사의 규정을 준용한다(287조의6, 185조 내지 194조).

---

1) 2016.4.29. 현재 우리나라에서 설립등기된 유한책임회사 수는 473개임. 위 일자 현재 우리나라에 설립등기된 총 회사수 964,229개의 약 0.05%를 차지함(법원행정처장, 정보공개결정통지서(종합민원과-4447), 2016.5.12. 참조).

Ⅲ. 내부관계

1. 의의

유한책임회사의 내부관계에 관한 상법규정은 합명회사의 경우와 같이 임의규정이나, 유한책임사원만으로 구성된다는 점 때문에 채권자보호에 관한 규정은 강행규정이다.

2. 업무집행

가. 업무집행자의 선임

유한책임회사는 정관으로 사원 또는 사원이 아닌 자를 업무집행자로 정하여야 하고, 1명 또는 둘 이상의 업무집행자를 정한 경우에는 업무집행자 각자가 회사의 업무를 집행할 권리와 의무가 있으며,[2] 정관으로 둘 이상을 공동업무집행자로 정한 경우에는 그 전원의 동의가 없으면 업무집행에 관한 행위를 하지 못한다 (287조의12).

법인이 업무집행자인 경우에는 그 법인은 해당 업무집행자의 직무를 행할 자를 선임하고, 그 자의 성명과 주소를 다른 사원에게 통지하여야 하며, 이 경우 선임된 직무수행자에 대하여는 업무집행자에 대한 자기거래제한 및 업무집행에 관한 규정을 준용한다(287조의15, 287조의11, 287조의12).

나. 직무대행자

법원은 유한책임회사의 업무집행자의 업무집행을 정지하거나 직무대행자를 선임하는 가처분을 하거나 그 가처분을 변경 또는 취소할 수 있으며, 이 경우에는 본점 및 지점이 있는 곳의 등기소에서 등기하여야 한다(287조의5 5항). 이 직무대

---

2) 수인의 업무집행자가 있는 경우에 그 각 업무집행자의 업무집행에 관한 행위에 대하여 다른 업무집행자의 이의가 있는 때에는 곧 그 행위를 중지하고 업무집행자 과반수의 결의에 의하여야 함 (201조 2항).

행자는 가처분명령에 다른 정함이 있는 경우 및 법원의 허가를 얻은 경우 외에는 법인의 통상업무에 속하지 아니한 행위를 하지 못하며, 직무대행자가 이에 위반한 행위를 한 경우에도 회사는 선의의 제3자에 대하여 책임을 진다(287조의13, 287조의5 5항, 200조의2).

다. 업무집행자의 권한상실선고

업무집행자가 업무를 집행함에 현저하게 부적임하거나 중대한 의무에 위반한 행위가 있는 때에는 법원은 유한책임사원의 청구에 의하여 업무집행권한의 상실을 선고할 수 있으며, 이 경우 이 소는 본점소재지의 지방법원의 관할에 전속한다(287조의17, 205조).

라. 유한책임회사와 업무집행자간의 이익충돌방지

(1) 경업겸직금지

업무집행자는 유한책임사원 전원의 동의를 받지 아니하고는 자기 또는 제3자의 계산으로 회사의 영업부류에 속한 거래를 하지 못하며, 같은 종류의 영업을 목적으로 하는 다른 회사의 업무집행자·이사 또는 집행임원이 되지 못하고, 이 경우 업무집행자가 이를 위반하여 거래를 한 경우에는 합명회사의 경업겸직금지 규정과 관련된 개입권, 손해배상청구 및 제척기간에 관한 규정이 준용된다(287조의10, 198조 2항 내지 4항).

(2) 자기거래제한

업무집행자는 다른 유한책임사원 과반수의 결의가 있는 경우에만 자기 또는 제3자의 계산으로 회사와 거래를 할 수 있다(287조의11).

마. 감시권

업무집행자가 아닌 유한책임사원은 영업연도 말에 있어서 영업시간내에 한하여 회사의 회계장부·대차대조표 기타의 서류를 열람할 수 있고 회사의 업무와 재산상태를 검사할 수 있으며, 중요한 사유가 있는 때에는 유한책임사원은 언제든지 법원의 허가를 얻어 이 열람과 검사를 할 수 있다(287조의14, 277조).

바. 손해배상책임

유한책임회사와 업무집행자간의 관계와 관련하여 상법상 명문의 규정은 없으나, 민법상 위임의 관계라고 보아야 할 것이다(287조의18, 195조, 민법 681조). 따라서 업무집행자가 임무를 게을리한 경우에는 유한책임회사에 대하여 위임계약위반을 이유로 한 손해배상책임을 진다. 그런데 이 경우 유한책임사원은 회사에 대하여 업무집행자의 책임을 추궁하는 소의 제기를 청구할 수 있으며, 이에 관하여는 주식회사의 대표소송에 관한 규정이 준용된다(287조의22, 403조 2항 내지 4항, 6항, 7항, 404조 내지 406조).

3. 의사결정

업무집행자의 경업겸직승인(287조의10), 정관변경(287조의16), 대표의 선정(287조의19) 또는 자본금의 감소(287조의36)의 경우에는 유한책임사원 <u>전원의 동의</u>를 요하며, 업무집행자의 자기거래(287조의11), 대표소송에서의 회사대표의 선정(287조의21)을 포함한 전반적인 유한책임회사의 업무집행에 관한 의사결정은 유한책임사원 <u>과반수의 결의</u>에 의하는데, 어느 경우이든 유한책임사원 1인마다 1개의 의결권을 가진다(278조의18, 195조, 민법 706조 2항). 사원총회를 반드시 설치해야 하는 것은 아니다.

4. 정관변경

유한책임회사의 정관을 변경하려면 유한책임사원 전원의 동의를 요한다. 이는 임의규정이므로, 정관으로 보다 완화된 결의요건을 정하는 것은 가능할 것이다.[3] 상법도 "정관에 다른 규정이 없는 경우"라고 명시하여, 정관의 명시적 규정

---

[3] 권기범, 299; 김정호, 940; 김홍기, 851; 양명조, 675; 이범찬외, 634; 이철송, 199; 장덕조, 609; 정동윤, 929; 정찬형, 609; 최기원, 1073; 최완진, 379; 최준선, 866.

에 의해 총사원의 동의없이 정관변경을 가능하게 할 수 있는 여지를 남겨두고 있다(287조의16).

5. 회계

가. 의의

유한책임회사의 회계는 상법과 상법시행령으로 규정한 것 외에는 일반적으로 공정하고 타당한 회계관행에 따른다(287조의32).

나. 자본금

사원이 출자한 금전이나 그 밖의 재산의 가액을 유한책임회사의 자본금으로 한다(287조의35). 자본금의 증가는 정관변경사항이므로 총사원의 동의를 요하며(287조의16), 자본금 감소의 경우에는 정관 변경의 방법으로 자본금을 감소할 수 있고, 이 경우 채권자보호절차를 거쳐야 하되, 단, 감소 후의 <u>자본금의 액이 순자산액 이상</u>[4]인 경우에는 채권자보호절차를 거치지 않아도 된다(287조의36, 232조).

다. 재무제표의 작성, 보존, 비치 및 공시

업무집행자는 결산기마다 대차대조표 및 손익계산서 그리고 자본변동표와 이익잉여금 처분계산서(또는 결손금 처리계산서) 중 어느 하나에 해당하는 서류를 작성하여야 한다(287조의33, 상법시행령 5조). 업무집행자는 위 서류를 본점에 5년간 갖추어 두어야 하고, 그 등본을 지점에 3년간 갖추어 두어야 하며, 사원과 유한책임회사의 채권자는 회사의 영업시간내에는 언제든지 재무제표의 열람과 등사를 청구할 수 있다(287조의34, 287조의33).

---

4) "순자산액이 감소 후의 자본금 이상"이 정확한 표현이라고 판단됨.

라. 잉여금의 분배

유한책임회사는 대차대조표상의 순자산액으로부터 자본금의 액을 뺀 금액 즉, 잉여금을 한도로 하여 분배할 수 있다. 이에 위반하여 잉여금을 분배한 경우에는 유한책임회사의 채권자는 그 잉여금을 분배받은 자에 대하여 회사에 반환할 것을 청구할 수 있으며, 이 청구에 관한 소는 본점소재지의 지방법원의 관할에 전속한다(287조의37 1항 내지 3항).

잉여금은 정관에 다른 규정이 없으면 각 사원이 출자한 가액에 비례하여 분배하며, 잉여금의 분배를 청구하는 방법이나 그 밖에 잉여금의 분배에 관한 사항은 정관으로 정할 수 있다(동조 4항, 5항).

유한책임회사의 사원의 지분의 압류는 잉여금의 배당을 청구하는 권리에 대하여도 그 효력이 있다(동조 6항).

마. 사원의 변동

(1) 입사

유한책임회사는 정관을 변경함으로써 새로운 사원을 가입시킬 수 있다. 이 사원의 가입은 정관을 변경한 때에 효력이 발생하나, 단, 정관을 변경한 때에 해당 사원이 출자에 관한 납입 또는 재산의 전부 또는 일부의 출자를 이행하지 아니한 경우에는 그 납입 또는 이행을 마친 때에 사원이 되고, 사원 가입시 현물출자를 하는 사원은 납입기일에 지체없이 유한책임회사에 출자의 목적인 재산을 인도하며, 등기, 등록, 그 밖의 권리의 설정 또는 이전이 필요한 경우에는 이에 관한 서류를 모두 갖추어 교부하여야 한다(287조의23, 287조의4 3항).

(2) 지분의 양도

사원은 다른 사원의 동의를 받지 아니하면 그 지분의 전부 또는 일부를 타인에게 양도하지 못한다(287조의8 1항).

그럼에도 불구하고, 업무를 집행하지 아니한 사원은 업무를 집행하는 사원 전원의 동의가 있으면 지분의 전부 또는 일부를 타인에게 양도할 수 있으나, 단,

업무를 집행하는 사원이 없는 경우에는 사원 전원의 동의를 받아야 하는데, 정관으로 이에 관한 사항을 달리 정할 수 있다(동조 2항, 3항).

한편, 유한책임회사는 그 지분의 전부 또는 일부를 양수할 수 없으며, 유한책임회사가 지분을 취득하는 경우에 그 지분은 취득한 때에 소멸한다(287조의9).

(3) 퇴사

(가) 의의

사원의 퇴사에 관하여는 정관으로 달리 정하지 아니하는 경우에는 사원은 6개월전에 예고함으로써 영업연도 말에 한하여 퇴사할 수 있다(287조의24, 217조). 퇴사한 사원의 성명이 유한책임회사의 상호 중에 사용된 경우에는 그 사원은 유한책임회사에 대하여 그 사용의 폐지를 청구할 수 있다(287조의31).

(나) 사유

사원은 정관에 정한 사유의 발생, 총사원의 동의, 사망, 성년후견개시, 파산 또는 제명으로 인하여 퇴사한다(287조의25, 218조).

사원의 제명에 관하여는 합명회사의 제명에 관한 규정을 준용한다. 단, 사원의 제명에 필요한 결의는 정관으로 달리 정할 수 있다(287조의27, 220조).

사원의 지분을 압류한 채권자가 그 사원을 퇴사시키는 경우에는 합명회사의 규정을 준용한다(287조의29, 224조).

(다) 지분환급

퇴사 사원은 그 지분의 환급을 금전으로 받을 수 있다. 퇴사 사원에 대한 환급금액은 퇴사시의 회사의 재산 상황에 따라 정하되, 퇴사 사원의 지분 환급에 대하여는 정관으로 달리 정할 수 있다(287조의28).

(라) 채권자보호절차

유한책임회사의 채권자는 퇴사하는 사원에게 환급하는 금액이 잉여금을 초과한 경우에는 그 환급에 대하여 회사에 이의를 제기할 수 있으며, 이 이의제기에 관하여는 합명회사의 규정을 준용한다. 다만, 지분을 환급하더라도 채권자에게 손해를 끼칠 우려가 없는 경우에는 회사는 채권자에 대하여 변제, 상당한 담

보제공 또는 이를 목적으로 하여 상당한 재산을 신탁회사에 신탁할 필요가 없다
(287조의30, 287조의37, 232조).

(4) 지분의 상속

유한책임사원이 사망한 경우에는 원칙적으로 지분상속이 허용되지 않으나
(287조의25, 218조 3호), 정관으로 상속할 수 있음을 정할 수 있고, 이 경우 합명회사
의 경우와 같은 권리승계의 통지절차가 준용된다(287조의26, 219조).

Ⅳ. 외부관계

1. 회사대표

가. 대표의 선정

업무집행자는 유한책임회사를 대표하며(287조의19 1항), 업무집행자가 둘 이상
인 경우 정관 또는 총사원의 동의로 유한책임회사를 대표할 업무집행자를 정할
수 있다(동조 2항).

나. 공동대표

유한책임회사는 정관 또는 총사원의 동의로 둘 이상의 업무집행자가 공동으
로 회사를 대표할 것을 정할 수 있으며(동조 3항), 이 경우에 제3자의 유한책임회사
에 대한 의사표시는 공동대표의 권한이 있는 자 1인에 대하여 함으로써 그 효력
이 생긴다(동조 4항).

다. 대표권

유한책임회사를 대표하는 업무집행자는 회사의 영업에 관하여 재판상 또는

재판외의 모든 행위를 할 권한이 있으며, 이 권한에 대한 제한은 선의의 제3자에게 대항하지 못한다(동조 5항, 209조).

라. 손해배상책임

유한책임회사를 대표하는 업무집행자가 그 업무집행으로 타인에게 손해를 입힌 경우에는 회사는 그 업무집행자와 연대하여 배상할 책임이 있다(287조의20).

마. 회사와 대표사원간의 소

유한책임회사가 사원(사원이 아닌 업무집행자를 포함)에 대하여 또는 사원이 유한책임회사에 대하여 소를 제기하는 경우에 유한책임회사를 대표할 사원이 없을 때에는 다른 사원 과반수의 결의로 대표할 사원을 선정하여야 한다(287조의21).

2. 책임

유한책임회사의 유한책임사원의 책임은 이 법에 다른 규정이 있는 경우 외에는 그 출자금액을 한도로 한다(287조의7).

V. 해산 및 청산

유한책임회사는 ① 존립기간의 만료 기타 정관으로 정한 사유의 발생, ② 총사원의 동의, ③ 합병,5) ④ 파산, ⑤ 법원의 명령 또는 판결6) 또는 ⑥ 사원이 없게 된 경우에 해산한다(287조의38, 227조 1호, 2호, 4호 내지 6호). 즉 유한책임회사는 사원이 1인이더라도 합명회사와는 달리 해산하지 않는다.

---

5) 유한책임회사의 합병에 관하여는 합명회사의 합병에 관한 규정이 준용됨(287조의41, 230조, 232조 내지 240조).

6) 유한책임회사의 사원이 해산을 청구하는 경우에는 합명회사의 사원에 의한 해산청구 규정이 준용됨(287조의42, 241조).

유한책임회사의 청산에는 <u>합명회사의 임의청산</u>(247조 내지 249조)이 허용되지 않는다. 따라서 유한책임회사가 해산된 때에는 총사원 과반수의 결의로 청산인을 선임하며, 청산인의 선임이 없는 때에는 업무집행사원이 청산인이 되고(287조의45, 251조), 나머지 청산절차는 합명회사의 청산에 관한 규정과 동일하다(287조의45, 245조, 246조, 252조 내지 257조, 259조 내지 267조).

유한책임회사가 해산된 경우에는 합병과 파산의 경우 외에는 그 해산사유가 있었던 날부터 본점소재지에서는 2주내에 해산등기를 하고, 지점소재지에서는 3주내에 해산등기를 하여야 한다(287조의39).

VI. 유한책임회사의 계속

존립기간의 만료 기타 정관으로 정한 사유의 발생 또는 총사원의 동의가 있는 경우에는 사원의 전부 또는 일부의 동의로 회사를 계속할 수 있고, 이 경우 동의를 하지 아니한 사원은 퇴사한 것으로 보며, 만일 이미 회사의 해산등기를 하였을 때에는 본점소재지에서는 2주간내, 지점소재지에서는 3주간내에 회사의 계속등기를 하여야 한다(287조의40, 287조의38, 227조 1호, 2호, 229조 1항, 3항).

VII. 조직변경

유한책임회사는 총사원의 동의에 의하여 주식회사로 변경할 수 있다(287조의43 2항). 유한책임회사의 조직의 변경에 관하여는 합명회사의 채권자보호절차규정(232조), 주식회사의 유한회사로의 조직변경규정(604조), 이사·주주의 순재산액 전보책임규정(605조), 조직변경의 등기규정(606조) 및 유한회사의 주식회사로의 조직변경규정(607조)을 모두 준용한다(287조의44).

제 **7** 편

외국회사

외국회사

I. 총 설

상법상 외국회사의 정의가 없는데, 외국회사가 무엇인가에 대한 학설로는 본점소재지주의, 설립준거법주의, 영업중심지주의 등 다양한 견해가 제시되어 왔다. 국내 통설은 설립준거법주의로서, 외국법에 따라 설립된 회사가 외국회사라는 견해이다. 살피건대, 회사에 법인격을 부여하는 근거가 되는 법률이 내국이냐 외국이냐에 따라 외국회사를 정의하는 것이 회사의 본질에 보다 적합하다고 판단되므로 설립준거법주의에 찬성한다. 참고로 국제사법 16조는 "법인 또는 단체는 그 설립의 준거법에 의한다."라고 명시하여 저촉법적인 문제를 해결하고 있다.

외국회사가 영리성을 보유해야 하는지가 문제되나, 회사는 영업을 통한 영리성이 그 핵심이므로, 외국법상 비영리법인이라 할지라도 우리나라에서 영리를 추구하고 있는 경우에는 외국회사에 해당된다고 보아야 할 것이다.[1]

외국회사가 법인격을 보유해야 하는지와 관련해서도, 외국법에 따라 법인성이 부여되지 않는다 하더라도, 우리나라에서 영리행위를 할 경우에는 이를 상법에서 규율할 필요성이 있으므로, 외국회사는 당해 설립지법에 따라 반드시 법인격이 부여될 필요는 없다고 본다.[2]

---

1) 김건식, 978; 주석상법 회사(VII), 40. 이에 반하여 영리법인이어야 한다는 견해로는 최기원, 1321.
2) 강희갑, 882; 정경영, 765; 주석상법 회사(VII), 41; 최기원, 1321; 최완진, 429; 최준선, 896.

Ⅱ. 상법의 규정

1. 의의

상법은 "외국에서 설립된 회사라도 <u>대한민국에 그 본점을 설치</u>하거나 대한민국에서 <u>영업할 것을 주된 목적</u>으로 하는 때에는 대한민국에서 설립된 회사와 같은 규정에 따라야 한다(617조)."라고 규정하여, 외국회사일지라도 국내법의 적용을 받는 경우가 있을 수 있음을 명시함으로써 국내 상거래질서를 보호하고 있다.

2. 외국회사의 지위

외국회사는 다른 법률의 적용에 있어서는 법률에 다른 규정이 있는 경우 외에는 대한민국에서 성립된 동종 또는 가장 유사한 회사로 본다(621조). 외국법인이라 할지라도 우리나라 법의 적용대상으로 만듦으로써 외국회사를 차별없이 동등하게 대우하겠다는 평등원칙이 반영된 규정이다.

3. 국내에서 영업을 하기 위한 조건

가. 대표자 선정

외국회사가 대한민국에서 영업을 하려면 대한민국에서의 대표자를 정해야 한다(614조 1항). 이러한 외국회사의 대표자는 국내에서 회사의 영업에 관하여 재판상 또는 재판외의 모든 행위를 할 권한이 있으며(614조 4항, 209조 1항), 그 업무집행으로 인하여 타인에게 손해를 가한 때에는 회사는 그 사원과 연대하여 배상할 책임이 있다(614조 4항, 210조).

나. 영업소 등의 설치

외국회사가 국내에서 영업을 하기 위해서는, 대표자를 선정하는 것과는 별

도로, 국내에 영업소를 설치하거나 대표자 중 1명 이상이 대한민국에 그 주소를
두어야 한다(614조 1항).

다. 등기

외국회사는 그 영업소의 설치에 관하여 대한민국에서 설립되는 동종의 회사
또는 가장 유사한 회사의 지점과 동일한 등기를 하여야 한다(614조 2항).3) 이 등기
에서는 회사설립의 준거법과 대한민국에서의 대표자의 성명과 그 주소를 등기하
여야 한다(614조 3항). 이 등기사항이 외국에서 생긴 때에는 등기기간은 그 통지가
도달한 날로부터 기산한다(615조). 외국회사는 그 영업소의 소재지에서 위 등기를
하기 전에는 계속하여 거래를 하지 못하며, 이에 위반하여 거래를 한 자는 그 거
래에 대하여 회사와 연대하여 책임을 진다(616조).

4. 주식 및 사채의 양도 등 규정의 준용

주식의 양도성(335조), 주식의 양도승인(335조의2 내지 335조의7), 주식의 양도방법
(336조), 주식이전의 대항요건(337조), 주식의 입질(338조), 주식의 등록질(340조 1항), 주
권발행의 시기(355조), 주권의 기재사항(356조), 주식의 전자등록(356조의2), 사채권의
발행조건(478조 1항), 기명사채의 이전(479조) 및 기명식, 무기명식간의 전환(480조)
의 규정은 대한민국에서의 외국회사의 주권 또는 채권의 발행과 그 주식의 이전
이나 입질 또는 사채의 이전에 준용한다(618조 1항). 이 경우에는 처음 대한민국에
설치한 영업소를 본점으로 본다(618조 2항).

5. 대차대조표 등의 공고

외국회사로서 이 법에 따라 등기를 한 외국회사(대한민국에서의 같은 종류의 회사
또는 가장 비슷한 회사가 주식회사인 것만 해당함)는 정기주주총회에서의 재무제표 등의 승

---

3) 2016.4.29. 현재 우리나라에서 등기된 외국회사 수는 5,168개임. 그 중 주식회사 4,361개, 유한회
사 735개, 유한책임회사 55개, 합명회사 9개, 합자회사 8개임(법원행정처장, 정보공개결정통지서
(종합민원과-4447), 2016.5.12. 참조).

인과 같은 종류의 절차 또는 이와 비슷한 절차가 종결된 후, 지체없이 ① 대차대
조표 또는 ② 복식부기의 원리에 의하여 해당 회사의 재무상태를 명확히 하기 위
하여 회계연도 말 현재의 모든 자산·부채 및 자본의 현황을 표시한 서류로서 대
차대조표에 상당하는 형식을 갖춘 것을 대한민국에서 공고하여야 한다(616조의2 1항,
449조, 상법시행령 43조). 이에 대하여는 주식회사의 관보, 일간신문에 의한 공고방법
또는 전자적 공고방법에 관한 규정이 준용된다(616조의2 2항).

6. 영업소 폐쇄명령

외국회사가 대한민국에 영업소를 설치한 경우에 다음의 사유가 있는 때에는
법원은 이해관계인 또는 검사의 청구에 의하여 그 영업소의 폐쇄를 명할 수 있다
(619조 1항). 이와 관련하여서는 회사의 해산명령에 관한 관리인의 선임 기타 회사
재산의 보전에 필요한 처분에 관한 규정을 준용한다(176조 2항 내지 4항).

① 영업소의 설치목적이 불법한 것인 때(동항 1호)

② 영업소의 설치등기를 한 후 정당한 사유없이 1년내에 영업을 개시하지
아니하거나 1년 이상 영업을 휴지한 때 또는 정당한 사유없이 지급을 정지한 때
(동항 2호)

③ 회사의 대표자 기타 업무를 집행하는 자가 법령 또는 선량한 풍속 기타
사회질서에 위반한 행위를 한 때(동항 3호)

7. 청산

위와 같이 영업소의 폐쇄를 명한 경우에는 법원은 이해관계인의 신청에 의
하여 또는 직권으로 대한민국에 있는 그 회사재산의 전부에 대한 청산의 개시를
명할 수 있다. 이 경우에는 법원은 청산인을 선임하여야 한다(620조 1항). 이에 관
하여는 주식회사 청산시 회사채권자에의 최고(535조), 채권신고기간내의 변제(536
조), 제외된 채권자에 대한 변제(537조) 및 542조의 준용규정은 그 성질이 허하지
아니하는 경우외에는 전항의 청산에 준용하며(620조 2항), 이 청산에 관한 규정들은
외국회사가 스스로 영업을 폐쇄한 경우에 준용한다(620조 3항).

제 **8** 편

벌   칙

회 사 법

제 8 편   벌 칙

I. 총 설

회사는 영리행위를 추구하는데, 그 과정에서 범죄행위를 저지르는 경우가 많다. 특히 현재 자본주의하에서 회사의 위법행위로 인해 많은 폐해와 부작용이 발생하고 있음이 현실이다. 따라서 이러한 회사의 범법행위에 대하여 기존의 형법을 비롯한 형사처벌법규 이외에 상법상에 벌칙규정을 둠으로써 보다 효율적으로 회사의 상법위반행위에 대한 처벌을 하고, 그럼으로써 보다 올바른 회사관련 상법질서를 확립하고자 하는 것에 본 처벌규정을 둔 목적이 있다. 그러나 현재 다수의 형사특별법들이 존재하고 있으므로, 본 상법상 벌칙이 얼마나 효용이 있는지는 의문이다.

II. 형 사 범

1. 특별배임죄

가. 발기인, 이사 기타 임원 등의 특별배임죄

회사의 발기인, 설립위원, 업무집행사원, 이사, 집행임원, 감사위원회 위원, 감사, 청산인 또는 직무대행자, 지배인 기타 회사영업에 관한 어느 종류 또는 특정한 사항의 위임을 받은 사용인이 그 임무에 위배한 행위로써 재산상의 이익을 취하거나 제3자로 하여금 이를 취득하게 하여 회사에 손해를 가한 때에는 10년 이하의 징역 또는 3천만원 이하의 벌금에 처한다(622조, 175조, 386조 2항, 407조 1항, 415조, 542조 2항, 567조). 이 규정은 형법상 배임죄에 관한 특별규정이다. 미수범도 처벌한다(624조). 징역과 벌금을 병과할 수 있다(632조). 위 행위자가 법인인 경우에는 본조의 벌칙은 그 행위를 한 이사, 집행임원, 감사, 그 밖에 업무를 집행한 사원 또는 지배인에게 적용한다(637조).

이와 관련하여, 판례는 상법 622조 소정의 특별배임죄의 주체는 상법상 회사의 적법한 이사나 대표이사의 지위에 있는 자에 한하고, 주주총회나 이사회가 적법히 개최된 바도 없으면서 마치 결의한 사실이 있는 것처럼 결의록을 만들고 그에 기하여 이사나 대표이사의 선임등기를 마친 경우, 그 결의는 부존재한 결의로서 효력을 발생할 수 없고 따라서 그와 같은 자는 회사의 이사나 대표이사의 지위에 있는 자라고 인정할 수 없어 위 특별배임죄의 주체가 될 수 없다고 보고 있다.[1] 한편, 판례는 배임죄에 있어서 "임무에 위배하는 행위"라 함은, 처리하는 사무의 내용, 성질 등에 비추어 법령의 규정, 계약의 내용 또는 신의칙상 당연히 하여야 할 것으로 기대되는 행위를 하지 않거나 당연히 하지 않아야 할 것으로 기대되는 행위를 함으로써 본인과의 신임관계를 저버리는 일체의 행위를 포함한다고 판시하고 있다.[2] 한편, 판례는 이 특별배임죄가 성립하려면 임원 등의 임무

---

1) 대법원 1986.9.9. 선고 85도218 판결, 대법원 1978.11.28 선고 78도1297 판결 및 대법원 1978.5.9 선고 77도3751 판결.

2) 대법원 2009.2.26. 선고 2008도522 판결, 대법원 2003.1.10. 선고 2002도758 판결 및 대법원 1998.2.10. 선고 96도2287 판결.

위배행위로 인하여 당해 회사에 대하여 재산상손해를 발생시키고 그 임무위배성 및 손해발생의 각 요건에 대한 인식과 인용을 필요로 하는 것이라고 판시하고 있다.3) 또한 판례는 여기에서 "회사에 손해를 가한 때"라 함은 회사에 현실적으로 재산상의 손해가 발생한 경우뿐만 아니라 회사 재산 가치의 감소라고 볼 수 있는 재산상 손해의 위험이 발생한 경우도 포함된다고 보고 있다.4)

나. 사채권자집회의 대표자 등의 특별배임죄

사채권자집회의 대표자 또는 그 결의를 집행하는 자가 그 임무에 위배한 행위로써 재산상의 이익을 취하거나 제3자로 하여금 이를 취득하게 하여 사채권자에게 손해를 가한 때에는 7년 이하의 징역 또는 2천만원 이하의 벌금에 처한다(623조). 미수범도 처벌한다(624조). 징역과 벌금을 병과할 수 있다(632조). 위 행위자가 법인인 경우에는 본조의 벌칙은 그 행위를 한 이사, 집행임원, 감사, 그 밖에 업무를 집행한 사원 또는 지배인에게 적용한다(637조). 그러나 그 법정형이 업무상 배임죄보다 가벼운 것은 이해하기 어렵다.

2. 주요주주 등 이해관계자와의 거래 위반의 죄

상법 542조의9 1항5)을 위반하여 신용공여를 한 자는 5년 이하의 징역 또는 2억원 이하의 벌금에 처한다(624조의2). 징역과 벌금을 병과할 수 있다(632조). 회사의 대표자나 대리인, 사용인, 그 밖의 종업원이 그 회사의 업무에 관하여 동조의 위반행위를 하면 그 행위자를 벌하는 외에 그 회사에도 해당 조문의 벌금형을 과한다. 다만, 회사가 준법지원인을 통해 준법통제기준에 따른 의무를 성실히 이행한 경우 등 회사가 그 위반행위를 방지하기 위하여 해당 업무에 관하여 상당한 주의와 감독을 게을리하지 아니한 경우에는 그러하지 아니하다(634조의3, 542조의13).

---

3) 대법원 1981.1.27. 선고 79도2810 판결.
4) 대법원 2000.11.24. 선고 99도822 판결.
5) 상장회사는 ① 주요주주 및 그의 특수관계인, ② 이사(401조의2 1항 각호의 어느 하나에 해당하는 자를 포함) 및 집행임원 또는 ③ 감사에 해당하는 자를 상대방으로 하거나 그를 위하여 신용공여(금전 등 경제적 가치가 있는 재산의 대여, 채무이행의 보증, 자금 지원적 성격의 증권 매입, 그 밖에 거래상의 신용위험이 따르는 직접적·간접적 거래로서 대통령령으로 정하는 거래를 말한다. 이하 이 조에서 같다)를 하여서는 아니됨.

3. 회사재산을 위태롭게 하는 죄

상법 622조 1항에 규정된 자, 검사인, 공증인(298조 3항, 299조의2, 310조 3항, 313조 2항)(인가공증인의 공증담당변호사를 포함한다. 이하 이 장에서 같다)이나 감정인(299조의2, 310조 3항, 422조 1항)이 ① 주식 또는 출자의 인수나 납입, 현물출자의 이행, 변태설립사항(290조), 상법 416조 4호[6] 또는 동법 544조[7])에 규정된 사항에 관하여 법원·총회 또는 발기인에게 불실한 보고를 하거나 사실을 은폐한 때, ② 누구의 명의로 하거나를 불문하고 회사의 계산으로 부정하게 그 주식 또는 지분을 취득하거나 질권의 목적으로 이를 받은 때, ③ 법령 또는 정관에 위반하여 이익배당을 한 때 또는 ④ 회사의 영업범위 외에서 투기행위를 하기 위하여 회사재산을 처분한 때에는 5년 이하의 징역 또는 1천 500만원 이하의 벌금에 처한다(625조). 징역과 벌금을 병과할 수 있다(632조). 위 행위자가 법인인 경우에는 본조의 벌칙은 그 행위를 한 이사, 집행임원, 감사, 그 밖에 업무를 집행한 사원 또는 지배인에게 적용한다(637조).

위 ②와 관련하여, 판례는 대표이사가 회사의 자금으로 주주 8명으로부터 주식을 액면금액에다 그 동안의 은행금리 상당의 돈을 덧붙여 주식대금을 지급하고 자사주를 취득한 경우, 주주 아닌 자에게 주식을 양도하지 않기로 하는 주주총회의 결의가 있었고, 그 취득에 주주들이 양해하였으며, 취득 후 1년이 지난 뒤에 대표이사 자신이 회사가 지급한 주식대금보다 많은 돈을 회사에 지급하고 자사주를 양수하였더라도 자기주식취득금지위반죄에 해당한다고 보았다.[8] 위 ④와 관련하여, 판례는 "투기행위"라 함은 거래시세의 변동에서 생기는 차액의 이득을 목적으로 하는 거래행위 중에서 사회통념상 회사의 자금운용방법 또는 자산보유수단으로 용인될 수 없는 행위를 말하는 것인바, 상법 625조는 회사 임원 등의 특별배임죄를 규정한 상법 622조 및 일반적인 업무상배임죄를 규정한 형법 356조의 <u>보충규정</u>으로서, 특별배임죄 또는 업무상배임죄가 성립하는 경우에는 별도로 상법 625조 위반죄가 성립하지 않는 것으로 해석함이 상당하다고 판시하고 있다.[9]

---

6) 현물출자를 하는 자의 성명과 그 목적인 재산의 종류, 수량, 가액과 이에 대하여 부여할 주식의 종류와 수(신주발행사항 중 원칙적인 이사회의 결정사항 중 하나임)를 말함.

7) 유한회사의 정관에 규정될 변태설립사항을 말함.

8) 대법원 1993.2.23. 선고 92도616 판결.

9) 대법원 2007.3.15. 선고 2004도5742 판결 및 대법원 2003.4.11. 선고 2003도574 판결.

4. 주식의 취득제한 등에 위반한 죄

① 자회사에 의한 모회사주식의 취득금지(342조의2 1항, 2항)를 위반한 자, ② 주식의 포괄적 교환에서 완전모회사가 되는 회사의 그 회사의 모회사주식 보유기간 6월이내 처분의무(360조의3 7항)를 위반한 자, ③ 흡수합병의 경우 존속회사의 그 모회사주식 보유기간 6월이내 처분의무(523조의2 2항)를 위반한 자 또는 ④ 분할합병에서 분할합병승계회사의 그 모회사주식 보유기간 6월이내 처분의무(530조의6 5항)를 위반한 자는 2천만원 이하의 벌금에 처한다(625조의2). 징역과 벌금을 병과할 수 있다(632조).

5. 부실보고죄

회사의 이사, 집행임원, 감사위원회 위원, 감사 또는 직무대행자(386조 2항, 407조 1항, 415조, 567조)가 주식회사에서 유한회사(604조) 또는 유한회사에서 주식회사(607조)로의 조직변경의 경우에 상법 604조 2항 또는 607조 2항의 순재산액에 관하여 법원 또는 총회에 부실한 보고를 하거나 사실을 은폐한 경우에는 5년 이하의 징역 또는 1천 500만원 이하의 벌금에 처한다(626조). 징역과 벌금을 병과할 수 있다(632조).

6. 부실문서행사죄

① 상법 622조 1항에 게기한 자, 외국회사의 대표자, 주식 또는 사채의 모집의 위탁을 받은 자가 주식 또는 사채를 모집함에 있어서 중요한 사항에 관하여 불실한 기재가 있는 주식청약서, 사채청약서, 사업계획서, 주식 또는 사채의 모집에 관한 광고 기타의 문서를 행사한 때 또는 ② 주식 또는 사채를 매출하는 자가 그 매출에 관한 문서로서 중요한 사항에 관하여 불실한 기재가 있는 것을 행사한 때에는 5년 이하의 징역 또는 1천 500만원 이하의 벌금에 처한다(627조). 징역과 벌금을 병과할 수 있다(632조). 위 행위자가 법인인 경우에는 본조의 벌칙은 그 행위를 한 이사, 집행임원, 감사, 그 밖에 업무를 집행한 사원 또는 지배인에게 적용한다(637조).

판례는 "신주의 인수조건과 시장조성의 여부, 위 회사의 자금사정에 대하여 부실한 기재가 있는 유가증권 신고서 및 그 첨부서류"가 본조의 문서에 해당함을 인정하였다.10)

7. 납입가장죄 등

상법 622조 1항에 게기한 자가 납입 또는 현물출자의 이행을 가장하는 행위를 한 때 또는 이 행위에 응하거나 이를 중개한 자는 5년 이하의 징역 또는 1천 500만원 이하의 벌금에 처한다(628조). 징역과 벌금을 병과할 수 있다(632조). 위 행위자가 법인인 경우에는 본조의 벌칙은 그 행위를 한 이사, 집행임원, 감사, 그 밖에 업무를 집행한 사원 또는 지배인에게 적용한다(637조).

이와 관련하여 판례는 "단지 회사의 대주주로서 회사의 경영에 상당한 영향력을 행사해오다가 증자과정을 지시·관여한 사람"은 본죄의 행위주체가 될 수 없다고 판시하였다.11)

한편 판례는 견금의 경우 즉, 주식회사의 설립 또는 증자를 위하여 은행에 납입하였던 돈을 그 설립등기 내지 증자등기가 이루어진 후 바로 인출하였다 하더라도 그 인출금을 <u>주식납입금 상당의 자산을 양수하는 대금으로 사용한 경우</u>에는 납입가장죄가 성립하지 아니한다고 판시하였다.12) 즉, 판례는 설립등기나 증자등기를 마친 후 바로 그 납입한 돈을 인출하였다 할지라도 이를 **회사를 위해 사용하였다**면 납입가장죄가 성립되지 않는다고 보고 있다.13)

또한 판례는 회사가 신주를 발행하여 증자를 함에 있어서 <u>신주발행의 절차적, 실체적 하자가 극히 중대한 경우</u> 즉, 신주발행의 실체가 존재한다고 할 수 없고 신주발행으로 인한 변경등기만이 있는 경우와 같이 신주발행의 외관만이 존재하는 소위 신주발행의 부존재라고 볼 수밖에 없는 경우에는, 처음부터 신주발행의 효력이 없고 신주인수인들의 주금납입의무도 발생하지 않으며 증자로 인한 자본 충실의 문제도 생기지 않는 것이어서, 그 주금의 납입을 가장하였더라도 상

---

10) 대법원 2003.3.25. 선고 2000도5712 판결.
11) 대법원 2006.6.2. 선고 2005도3431 판결.
12) 대법원 2005.4.29. 선고 2005도856 판결.
13) 대법원 1993.8.24. 선고 93도1200 판결.

법상의 납입가장죄가 성립하지 아니한다고 판시하였다.[14]

8. 초과발행죄

회사의 발기인, 이사, 집행임원 또는 직무대행자(386조 2항, 407조 1항)가 회사가 발행할 주식의 총수를 초과하여 주식을 발행한 경우에는 5년 이하의 징역 또는 1천 500만원 이하의 벌금에 처한다(629조). 징역과 벌금을 병과할 수 있다(632조).

9. 발기인, 이사 기타의 임원의 독직죄

상법 622조와 623조에 규정된 자, 검사인, 공증인(298조 3항, 299조의2, 310조 3항, 313조 2항)이나 감정인(299조의2, 310조 3항, 422조 1항)이 그 직무에 관하여 부정한 청탁을 받고 재산상의 이익을 수수, 요구 또는 약속한 때에는 5년 이하의 징역 또는 1천 500만원 이하의 벌금에 처한다(630조 1항). 위 행위자가 법인인 경우에는 본조의 벌칙은 그 행위를 한 이사, 집행임원, 감사, 그 밖에 업무를 집행한 사원 또는 지배인에게 적용한다(637조). 동 이익을 약속, 공여 또는 공여의 의사를 표시한 자도 5년 이하의 징역 또는 1천 500만원 이하의 벌금에 처한다(630조 2항). 징역과 벌금을 병과할 수 있다(632조).[15] 법인이 수수한 이익은 이를 몰수하며, 그 전부 또는 일부를 몰수하기 불능한 때에는 그 가액을 추징한다(633조).

10. 권리행사방해 등에 관한 증수뢰죄

① 창립총회, 사원총회, 주주총회 또는 사채권자집회에서의 발언 또는 의결권의 행사, ② 상법 제3편에 정하는 소의 제기, 발행주식의 총수의 100분의1 또는 100분의3 이상에 해당하는 주주, 사채총액의 100분의10 이상에 해당하는 사채권자 또는 자본금의 100분의3 이상에 해당하는 출자좌수를 가진 사원의 권리의 행사 또는 ③ 유지청구권(402조) 또는 신주발행유지청구권(424조)에 정하는 권리의 행사에 관하여 부정한 청탁을 받고 재산상의 이익을 수수, 요구 또는 약속한

---

14) 대법원 2006.6.2. 선고 2006도48 판결.
15) 대법원 2006.11.23. 선고 2006도5586 판결.

자는 1년 이하의 징역 또는 300만원 이하의 벌금에 처한다. 그 이익을 약속, 공여 또는 공여의 의사를 표시한 자도 같다(631조). 징역과 벌금을 병과할 수 있다(632 조). 범인이 수수한 이익은 이를 몰수하며, 그 전부 또는 일부를 몰수하기 불능한 때에는 그 가액을 추징한다(633조).

11. 납입책임면탈죄

납입의 책임을 면하기 위하여 타인 또는 가설인의 명의로 주식 또는 출자를 인수한 자는 1년 이하의 징역 또는 300만원 이하의 벌금에 처한다(634조).

12. 주주의 권리행사에 관한 이익공여의 죄

주식회사의 이사, 집행임원, 감사위원회 위원, 감사, 직무대행자(386조 2항, 407 조 1항, 415조), 지배인, 그 밖의 사용인이 주주의 권리 행사와 관련하여 회사의 계산으로 재산상의 이익을 공여한 경우에는 1년 이하의 징역 또는 300만원 이하의 벌금에 처한다. 동 이익을 수수하거나, 제3자에게 이를 공여하게 한 자도 같다(634 조의2).

Ⅲ. 행 정 범

1. 서설

과태료는 형사벌과는 다른 행정벌의 하나이다. 따라서 행위별로 과태료가 부과된다. 위에서 살펴 본 형사벌에 해당하는 위법행위와 비교할 때 그 위법성이 약하므로, 형사벌이 아닌 그보다 약한 행정벌을 과하겠다는 입법취지로 보아야 할 것이다.

이하 상법 635조(상법 635조 1항 1호는 제외) 또는 636조에 따른 과태료는, 대통령령으로 정하는 바에 따라 법무부장관이 부과·징수한다(637조의2 1항). 이 과태료

처분에 불복하는 자는 그 처분을 고지받은 날부터 60일이내에 법무부장관에게 이의를 제기할 수 있다(동조 2항). 이 과태료 처분을 받은 자가 이의를 제기한 때에는 법무부장관은 지체없이 관할 법원에 그 사실을 통보하여야 하며, 그 통보를 받은 관할 법원은 「비송사건절차법」에 따른 과태료 재판을 한다(동조 3항). 위 기간 내에 이의를 제기하지 아니하고 과태료를 납부하지 아니한 때에는 국세 체납처분의 예에 따라 징수한다(동조 4항).

2. 상법 635조 1항의 행위

회사의 발기인, 설립위원, 업무집행사원, 업무집행자, 이사, 집행임원, 감사, 감사위원회 위원, 외국회사의 대표자, 검사인, 공증인(298조 3항, 299조의2, 310조 3항, 제313조 2항), 감정인(299조의2, 310조 3항, 422조 1항), 지배인, 청산인, 명의개서대리인, 사채모집을 위탁받은 회사와 그 사무승계자 또는 직무대행자(386조 2항, 407조 1항, 415조, 542조 2항, 567조)가 다음 각호의 어느 하나에 해당하는 행위를 한 경우에는 500만원 이하의 과태료를 부과한다. 다만, 그 행위에 대하여 형을 과할 때에는 그러하지 아니하다.

① 회사편에서 정한 등기를 게을리한 경우(635조 1항 1호)

② 회사편에서 정한 공고 또는 통지를 게을리하거나 부정한 공고 또는 통지를 한 경우(동항 2호)

③ 회사편에서 정한 검사 또는 조사를 방해한 경우(동항 3호)

④ 회사편의 규정을 위반하여 정당한 사유없이 서류의 열람 또는 등사, 등본 또는 초본의 발급을 거부한 경우(동항 4호)

⑤ 관청, 총회, 사채권자집회 또는 발기인에게 부실한 보고를 하거나 사실을 은폐한 경우(동항 5호)

⑥ 주권, 채권 또는 신주인수권증권에 적을 사항을 적지 아니하거나 부실하게 적은 경우(동항 6호)

⑦ 정당한 사유없이 주권의 명의개서를 하지 아니한 경우(동항 7호)

⑧ 법률 또는 정관에서 정한 이사 또는 감사의 인원수를 궐한 경우에 그 선임절차를 게을리한 경우(동항 8호)

⑨ 정관·주주명부 또는 그 복본, 사원명부·사채원부 또는 그 복본, 의사

록, 감사록, 재산목록, 대차대조표, 영업보고서, 사무보고서, 손익계산서, 그 밖에 회사의 재무상태와 경영성과를 표시하는 것으로서 상법 287조의33 및 447조 1항 3호에 따라 대통령령으로 정하는 서류, 결산보고서, 회계장부, 상법 447조·534조·579조 1항 또는 613조 1항의 부속명세서 또는 감사보고서에 적을 사항을 적지 아니하거나 부실하게 적은 경우(635조 1항 9호)

⑩ 법원이 선임한 청산인에 대한 사무의 인계를 게을리하거나 거부한 경우(동항 10호)

⑪ 청산의 종결을 늦출 목적으로 상법 247조 3항, 535조 1항 또는 613조 1항의 기간을 부당하게 장기간으로 정한 경우(635조 1항 11호)

⑫ 상법 254조 4항, 542조 1항 또는 613조 1항을 위반하여 파산선고 청구를 게을리한 경우(635조 1항 12호)

⑬ 상법 589조 2항을 위반하여 출자의 인수인을 공모(公募)한 경우(635조 1항 13호)

⑭ 상법 232조, 247조 3항, 439조 2항, 527조의5, 530조 2항, 530조의9 4항, 530조의11 2항, 597조, 603조 또는 608조를 위반하여 회사의 합병·분할·분할합병 또는 조직변경, 회사재산의 처분 또는 자본금의 감소를 한 경우(635조 1항 14호)

⑮ 상법 260조, 542조 1항 또는 613조 1항을 위반하여 회사재산을 분배한 경우(635조 1항 15호)

⑯ 상법 302조 2항, 347조, 420조, 420조의2, 474조 2항 또는 514조를 위반하여 주식청약서, 신주인수권증서 또는 사채청약서를 작성하지 아니하거나 이에 적을 사항을 적지 아니하거나 또는 부실하게 적은 경우(635조 1항 16호)

⑰ 상법 342조 또는 560조 1항을 위반하여 주식 또는 지분의 실효 절차, 주식 또는 지분의 질권처분을 게을리한 경우(635조 1항 17호)

⑱ 상법 343조 1항 또는 560조 1항을 위반하여 주식 또는 출자를 소각한 경우(635조 1항 18호)

⑲ 상법 355조 1항, 2항 또는 618조를 위반하여 주권을 발행한 경우(635조 1항 19호)

⑳ 상법 358조의2 2항을 위반하여 주주명부에 기재를 하지 아니한 경우(635조 1항 20호)

㉑ 상법 363조의2 1항, 542조 2항 또는 542조의6 2항을 위반하여 주주가 제안한 사항을 주주총회의 목적사항으로 하지 아니한 경우(635조 1항 21호)

㉒ 상법 365조 1항, 2항, 578조, 467조 3항, 582조 3항에 따른 법원의 명령을 위반하여 주주총회를 소집하지 아니하거나, 정관으로 정한 곳 외의 장소에서 주주총회를 소집하거나, 동법 363조, 364조, 571조 2항, 3항을 위반하여 주주총회를 소집한 경우(635조 1항 22호)

㉓ 상법 374조 2항, 530조 2항 또는 530조의11 2항을 위반하여 주식매수청구권의 내용과 행사방법을 통지 또는 공고하지 아니하거나 부실한 통지 또는 공고를 한 경우(635조 1항 23호)

㉔ 상법 287조의34 1항, 396조 1항, 448조 1항, 510조 2항, 522조의2 1항, 527조의6 1항, 530조의7, 534조 3항, 542조 2항, 566조 1항, 579조의3, 603조 또는 613조를 위반하여 장부 또는 서류를 갖추어 두지 아니한 경우(635조 1항 24호)

㉕ 상법 412조의5 3항을 위반하여 정당한 이유없이 감사 또는 감사위원회의 조사를 거부한 경우(635조 1항 25호)

㉖ 상법 458조부터 460조까지 또는 583조를 위반하여 준비금을 적립하지 아니하거나 이를 사용한 경우(635조 1항 26호)

㉗ 상법 464조의2 1항의 기간에 배당금을 지급하지 아니한 경우(635조 1항 27호)

㉘ 상법 478조 1항 또는 618조를 위반하여 채권을 발행한 경우(635조 1항 28호)

㉙ 상법 536조 또는 613조 1항을 위반하여 채무 변제를 한 경우(635조 1항 29호)

㉚ 상법 542조의5를 위반하여 이사 또는 감사를 선임한 경우(635조 1항 30호)

㉛ 상법 555조를 위반하여 지분에 대한 지시식 또는 무기명식의 증권을 발행한 경우(635조 1항 31호)

㉜ 상법 619조 1항에 따른 법원의 명령을 위반한 경우(635조 1항 32호)

3. 상법 635조 2항의 행위

발기인, 이사 또는 집행임원이 주권의 인수로 인한 권리를 양도한 경우에도 <u>500만원 이하</u>의 과태료에 처한다.

4. 상법 635조 3항의 행위

회사의 발기인, 설립위원, 업무집행사원, 업무집행자, 이사, 집행임원, 감사, 감사위원회 위원, 외국회사의 대표자, 검사인, 공증인(298조 3항, 299조의2, 310조 3항, 제 313조 2항), 감정인(299조의2, 310조 3항, 422조 1항), 지배인, 청산인, 명의개서대리인, 사채모집을 위탁받은 회사와 그 사무승계자 또는 직무대행자(386조 2항, 407조 1항, 415조, 542조 2항, 567조)가 다음 각호의 어느 하나에 해당하는 행위를 한 경우에는 <u>5천만원 이하</u>의 과태료를 부과한다.

① 상법 542조의8 1항을 위반하여 사외이사 선임의무를 이행하지 아니한 경우(635조 3항 1호)

② 상법 542조의8 4항을 위반하여 사외이사 후보추천위원회를 설치하지 아니하거나 사외이사가 총위원의 2분의1 이상이 되도록 사외이사 후보추천위원회를 구성하지 아니한 경우(635조 3항 2호)

③ 상법 542조의8 5항에 따라 사외이사를 선임하지 아니한 경우(635조 3항 3호)

④ 상법 542조의9 3항을 위반하여 이사회 승인없이 거래한 경우(635조 3항 4호)

⑤ 상법 542조의11 1항을 위반하여 감사위원회를 설치하지 아니한 경우(635조 3항 5호)

⑥ 상법 542조의11 2항을 위반하여 동법 415조의2 2항 및 542조의11 2항 각호의 감사위원회의 구성요건에 적합한 감사위원회를 설치하지 아니한 경우(635조 3항 6호)

⑦ 상법 542조의11 4항 1호 및 2호를 위반하여 감사위원회가 동법 415조의2 2항 및 542조의11 2항 각호의 감사위원회의 구성요건에 적합하도록 하지 아니한 경우(635조 3항 7호)

⑧ 상법 542조의12 2항을 위반하여 감사위원회위원의 선임절차를 준수하지 아니한 경우(635조 3항 8호)

5. 상법 635조 4항의 행위

회사의 발기인, 설립위원, 업무집행사원, 업무집행자, 이사, 집행임원, 감사, 감사위원회 위원, 외국회사의 대표자, 검사인, 공증인(298조 3항, 299조의2, 310조 3항,

313조 2항), 감정인(299조의2, 310조 3항, 422조 1항), 지배인, 청산인, 명의개서대리인, 사채모집을 위탁받은 회사와 그 사무승계자 또는 직무대행자(386조 2항, 407조 1항, 415조, 542조 2항, 567조)가 다음 각호의 어느 하나에 해당하는 행위를 한 경우에는 1천만원 이하의 과태료를 부과한다.

　　① 상법 542조의4에 따른 주주총회소집의 통지·공고를 게을리하거나 부정한 통지 또는 공고를 한 경우(635조 4항 1호)

　　② 상법 542조의7 4항 또는 542조의12 5항을 위반하여 의안을 별도로 상정하여 의결하지 아니한 경우(635조 4항 2호)

6. 등기전의 회사명의의 영업

　　회사의 성립 전에 회사의 명의로 영업을 한 자는 회사설립의 등록세의 배액에 상당한 과태료에 처한다. 이 규정은 상법 616조 1항의 규정에 위반한 자에 준용된다(636조).

찾아보기

판례색인

사항색인

저자소개

이 종 훈

서울대학교 법과대학 학사, 석사, 박사
미국 Cornell University, Law School 졸업(LL.M.)
영국 University of Oxford, Department of Law, 방문학자
미국 UC Berkeley, School of Law, 방문학자(Fulbright Scholar)
독일 University of Tübingen, Law School, 방문학자
제27회 사법시험 합격, 사법연수원 17기
한국변호사, 변리사, 세무사, 미국 뉴욕주변호사
법무법인 김신유(현 화우) 등 로펌 근무
(전) 이화여자대학교 및 한국외국어대학교 법과대학 겸임교수
　　　서울특별시, 국토교통부, 행정안전부, 관세청 등 각 고문변호사
　　　대한상사중재원 중재인 등
(현) 명지대학교 법과대학 교수(상법, 기업금융법, 자본시장법, 세법)

저서

Corporation Laws and Cases of South Korea(Wolters Kluwer, 2018)
상법총칙·상행위법(박영사, 2017)

로펌경험 외국자문회사들

Alstom, Cartier Korea, Coca-Cola, Commerz Bank, Converse,
Industrial and Commercial Bank of China, Kodak Korea,
Makro Korea, Merck Korea, Philips, PolyGram, Price Waterhouse,
Reebok, R. J. Reynolds, Reuters, Siemens AG, VeriSign, etc.

제 4 판
회사법

초판발행   2016년 8월 30일
제4판발행   2024년 2월 14일

지은이   이종훈
펴낸이   안종만 · 안상준

편 집   윤혜경
기획/마케팅   김민규
표지디자인   권아린
제 작   고철민 · 조영환

펴낸곳   (주) 박영사
                  서울특별시 금천구 가산디지털2로 53, 한라시그마밸리 210호(가산동)
                  등록 1959. 3. 11. 제300-1959-1호(倫)

전 화   02)733-6771
f a x   02)736-4818
e-mail   pys@pybook.co.kr
homepage   www.pybook.co.kr
I S B N   979-11-303-4593-2   93360

정 가   43,000원